青少年文化产品研究

王泉根 等 / 著

天津出版传媒集团

新蕾出版社

图书在版编目 (CIP) 数据

青少年文化产品研究 / 王泉根等著. -- 天津：新蕾出版社, 2021.1
ISBN 978-7-5307-6993-5

Ⅰ.①青… Ⅱ.①王… Ⅲ.①青少年-文化产品-研究-中国 Ⅳ.①G114

中国版本图书馆 CIP 数据核字(2021)第 005710 号

书　　名	青少年文化产品研究　QINGSHAONIAN WENHUA CHANPIN YANJIU
出版发行	天津出版传媒集团 新蕾出版社
	http://www.newbuds.com.cn
地　　址	天津市和平区西康路 35 号(300051)
出 版 人	马玉秀
电　　话	总编办(022)23332422 发行部(022)23332679　23332351
传　　真	(022)23332422
经　　销	全国新华书店
印　　刷	天津新华印务有限公司
开　　本	787mm×1092mm　1/16
字　　数	700 千字
印　　张	36.5
版　　次	2021 年 1 月第 1 版　2021 年 1 月第 1 次印刷
定　　价	138.00 元

著作权所有，请勿擅用本书制作各类出版物，违者必究。
如发现印、装质量问题，影响阅读，请与本社发行部联系调换。
地址：天津市和平区西康路 35 号
电话：(022)23332677　邮编：300051

作者分工说明

王泉根:负责项目统筹,制定大纲,统稿、修改、定稿;撰写绪论、余论及后记。

张国龙:撰写第一编第一章。

舒伟:撰写第一编第二章、第三章第一节。

王雅欣、张宇:撰写第一编第三章第二节。

王蕾、赵萍:撰写第一编第四章。

严晓驰:撰写第一编第五章。

崔昕平:撰写第一编第六章。

郑欢欢:撰写第二编第一章、第二章。

王利剑:撰写第二编第三章、第四章。

高晶:撰写第三编第一章、第四章、第五章、第六章、第七章。

杨鹏:撰写第三编第二章、第三章。

吴岩、汪元元、徐河、贾彬、董洪伟、杨琴琴:撰写第四编。

目 录

绪论：青少年文化产品的生产现状与引导策略研究   1

第一编   青少年文学与传播研究   17

第一章   青少年文学创作现状及引导策略   20
    第一节   少年小说创作现状考察及引导策略   23
    第二节   青春文学创作现象考察及引导策略   28
    第三节   成长小说创作现状考察及引导策略   79

第二章   全球语境下的儿童与青少年幻想文学创作透视   91
    第一节   幻想文学的理论与研究任务   91
    第二节   以英国为中心的国外幻想文学   95
    第三节   新世纪以来的中国幻想文学   101

第三章   幻想文学的本体特征及其对青少年的影响   106
    第一节   幻想文学的本体特征研究   107
    第二节   欧美幻想文学影视化现象及其对国内青少年的影响   113

第四章   中国图画书的本体研究与原创艺术突围   141
    第一节   中国图画书的昨天与今天   142
    第二节   图画书的本体研究   148
    第三节   原创图画书存在的问题与突围对策   159

第五章　新媒介视域下的"成人绘本"及其困境	163
第一节　成人绘本的产生与形态	164
第二节　成人绘本的困境与对策	168
第六章　青少年图书出版传播现状与对策研究	172
第一节　青少年图书出版传播现状与热点分析	173
第二节　青少年文学图书生产的引导策略	189
本编参考文献	200

第二编　青少年影视研究　　205

第一章　教育与禁忌：电影对少年儿童的影响	208
第一节　利用电影开展儿童媒介素养教育	209
第二节　主流电影对青少年价值观的影响	213
第二章　国产儿童电影的创作现状与发展策略	228
第一节　国产儿童电影创作现状	229
第二节　国产儿童电影发展策略探析	234
第三章　中国儿童电视节目的变革与突围	243
第一节　中国儿童电视节目现状	244
第二节　中国儿童电视节目的变革之道	257
第四章　中国儿童电视剧的现状与出路	266
第一节　中国儿童电视剧现状	266
第二节　中国儿童电视剧的改进策略	275
本编参考文献	292

第三编　青少年动漫研究　　295

第一章　动漫、动漫产业与文化软实力　　298
　　第一节　动漫与泛动漫、大动漫　　299
　　第二节　我国动漫产业与文化软实力　　302

第二章　国外动漫对中国青少年及动漫产业的影响　　305
　　第一节　日本动漫和美国动漫　　305
　　第二节　其他国家和地区的动漫产业　　316

第三章　中国动漫的历史源流　　320
　　第一节　中国动画发展简史　　320
　　第二节　中国漫画发展简史　　326

第四章　国内青少年动漫产业发展环境　　333
　　第一节　产业政策和技术平台　　333
　　第二节　我国动漫产业的投融资环境　　341
　　第三节　知识产权保护　　346

第五章　青少年动漫内容生产现状与引导策略　　349
　　第一节　原创动画和原创漫画　　349
　　第二节　新媒体动漫　　358
　　第三节　动漫舞台剧　　361

第六章　青少年动漫产业传播现状与引导策略　　365
　　第一节　动漫媒介　　365
　　第二节　动漫品牌授权　　370
　　第三节　动漫衍生产品　　374

第七章　动漫产业集群化发展现状与引导策略　377
第一节　动漫教育和动漫展会　377
第二节　动漫产业基地　385
第三节　动漫主题公园　390
第四节　青少年动漫产业面临的机遇与挑战　392

本编参考文献　397

第四编　青少年数字化产品研究　399

第一章　数字文化概述　401
第一节　传播媒介与青少年数字化产品　401
第二节　数字化时代的青少年　407
第三节　青少年数字化产品的研究现状与任务　414

第二章　青少年网瘾及其管理对策　418
第一节　网瘾的概念与评判标准　418
第二节　网瘾成因与克服对策　422

第三章　网络音视频对青少年的影响与对策　425
第一节　网络音视频的特点与行业现状　425
第二节　网络音视频对青少年的影响　430
第三节　治理网络音视频中的乱象　433

第四章　网络交流沟通产品对青少年社会化的影响与对策　444
第一节　网络交流沟通产品及其研究思路　444
第二节　Web1.0模式之下的网络交流沟通产品对青少年社会化的影响
——以BBS/论坛为例　446
第三节　Web2.0模式之下的网络交流沟通产品对青少年社会化的影响
——以社交网站为例　454

第四节　Web3.0 模式之下的网络交流沟通产品——以微博为例　　469
　　第五节　加强青少年网络社交管理的相关对策　　481

第五章　移动新媒体对青少年的深层影响与对策　　489
　　第一节　移动新媒体及其对青少年影响的研究　　490
　　第二节　移动新媒体对青少年的影响问题与对策　　496

第六章　儿童电子游戏与儿童文学　　499
　　第一节　电子游戏与儿童电子游戏　　500
　　第二节　儿童电子游戏与儿童文学文本转换的可能性与现状　　509
　　第三节　儿童电子游戏与儿童文学文本转换中存在的问题分析　　529
　　第四节　儿童电子游戏与儿童文学相互推进的深度可能　　540

本编参考文献　　560

余论：青少年文化产品与青少年文化创意产业　　567

后记　　571

绪论：
青少年文化产品的生产现状与引导策略研究

本书的研究对象是21世纪以来的青少年文化产品。因本书定稿与调研的时间关系，本书研究对象的取样时间主要为21世纪初的十余年，即2000年至2013年，这是必须在开篇说明的第一个问题。

至于"青少年文化产品"，广义的"青少年"涵盖了青年、少年与儿童，因而青少年文化产品中自然也会有某类以儿童为接受主体的产品（如儿童电影），这就如同国家新闻出版广电总局每年发布的"向全国青少年推荐百种优秀出版物"中也包含幼儿读物一样。但本书研究的文化产品，是以青年、少年为消费主体和接受主体的产品，这是必须在开篇说明的第二个问题。

青少年文化产品是以青少年为消费主体与接受主体的文化产品，具有时尚性、先锋性、流行性等鲜明的时代特征，并且彰显青少年自身特点的价值与认知体系，是青少年认知方式、表达方式和生存方式的重要体现。青少年文化产品包括两大系列：一是专为青少年创作、生产的产品，如青少年文学、动漫、少儿影视。二是虽不专为青少年生产，却是青少年广泛接触、使用并实际上已成为以青少年为主体消费对象的产品，这主要是数字化产品，如与青少年文化环境密切相关的新媒体、网络音乐、网络视频、网络游戏、网络社交平台等。

在21世纪中国社会文化、中国青少年文化发展与变迁的大格局下，全方位、多维度地考察青少年文化产品的生产现状、存在问题以及对青少年主体生命建构的深层影响；梳理和探讨青少年文化产品的主要门类及属性，重点探讨最受青少年欢迎同时也是对青少年身心影响最大的青少年文学、影视、动漫、数字化产品等门类；在充分认识与把握青少年文化产品生产现状、存在问题的基础上，调动多学科的学术资源，提出青少年文化产品的引导策略、发展空间与改进措施，以期促进青少年精神生命的健康成长与中国社会文化建设——这是本书的研究目的与任务。

一、青少年与青少年文化产品

青少年是国家和民族的未来与希望,党和国家历来十分重视青少年的思想道德建设和文化产品的教育影响作用。青少年是文化产品的最大受众,青少年文化产品的生产现状与传播接受,直接关系着民族下一代精神生命的成长状态。

如上所述,青少年文化产品包括两大系列:一是专为青少年创作、生产的产品,如青少年文学、动漫、少儿影视以及图画书;二是虽不专为青少年生产,却为青少年所广泛接触、使用的产品,这主要是数字化产品。总而言之,进入21世纪以来,深刻影响当今青少年的文化产品主要有以下几类:一是青少年文学,包括青春文学、幻想文学(奇幻、科幻、魔幻)、图画书;二是电影电视,包括主流电影、儿童电影、电视剧、娱乐节目;三是动漫,包括动画片、漫画书、动漫衍生产品;四是数字化产品,包括网络音乐、网络视频、网络社交、网络游戏等。

青少年文化产品具有时尚性、先锋性、流行性等鲜明的时代特征,并且彰显青少年自身特点的价值与认知体系,是青少年认知方式、表达方式和生存方式的重要体现。改革开放以来,特别是进入21世纪以来,随着社会经济文化的变革、全球化时代的到来以及多元传媒的超常规发展,当今青少年文化的生产、消费、接受处于一个特别活跃、复杂而又亟须探讨、引导的时期。

一方面,高科技、信息化、多样化的文化产品,极大地满足了青少年选择、接受文化的需要,使青少年真正获得了社会文化的知情权、参与权、表达权,享受到了精神阅读的自由和快乐。但另一方面,多元文化格局的碰撞与市场化、消费化、快餐化、碎片化倾向,又使青少年价值观的正确形成在即时与长远共存、自由与重负共生、批判与消费共在的背景下面临多重困境与挑战,尤其是网络与数字化产品等带给当今青少年心理的负面影响,已经到了必须引起全社会高度重视与警惕的时候。

研究表明,青少年长期沉溺于网络、动漫、数字化产品,会从根本上改变其价值观,导致人生理想错位、个人主义抬头、思想道德滑坡、价值信仰多元;同时也会改变青少年的认知方式、社会行为,导致其社交能力减退、语言陌生化(如网络"火星文")、性格孤僻(宅男宅女现象)。

调查表明,目前网络上的非学术信息中,47%与成人色情有关。这对正处于身心发展的"暴风骤雨"阶段、理性认知能力和成熟人格尚未形成的青少年而言,网络及数字化产品中的成人色情与暴力信息,已经极大地威胁到了青少年生命主体的健康成长,甚至成为诱发堕落与犯罪的因素。

面对当今青少年文化产品多元复杂的严峻现状,我们需要进行深入具体的探索与研究,并付诸实践:

一是在深入调研的基础上,全方位、多层次地探讨当今青少年文化产品的生产现状、传播现状、接受现状,即多元文化与多样传媒格局下的当今社会发展变迁最终造就了怎样的青少年文化;

二是深入阐释这种先锋性与时尚性、消费性与欲望性并存的当今青少年文化产品的新形态、新特点、新趋势,探讨青少年文化产品对青少年的主体生命精神到底产生了怎样的影响,以及这种影响对于构建中国和谐社会、实现中华民族伟大复兴中国梦的深层次意义;

三是从青少年精神生命健康成长的目标出发,调动教育学、心理学、传播学、艺术学、社会学、语言学等多学科学术资源,探讨青少年文化产品的存在问题与深层次原因,提出有学理深度与实践意义的引导策略和思路;

四是通过以上综合研究,丰富具有中国特色与鲜明时代性的中国青少年文化的理论研究成果,同时也为有关部门提供具有现实意义和参考价值的对策。

由于青少年文化产品既涉及青少年问题,又涉及文化问题与文化产品问题,因而这方面的研究属于跨学科性质的综合研究,既有理论观念,也有具体实证与实践。从目前国内外研究现状考察,专门研究"青少年文化产品"的综合性研究成果尚是一个薄弱环节,更遑论对我国青少年文化产品的现状分析与引导策略研究。

二、青少年文学与传播

青少年文学是基于受众对象的年龄特点形成的文学品类。该概念在20世纪二三十年代的美国取得独立地位,在我国大致生成于20世纪80年代,其重点考察的是当下中国青少年文学中的青春文学、幻想小说和图画书。

青春文学的概念在我国诞生于21世纪初,因以小说创作为主,亦指称青春小说、成长小说。其特质在于以处于青春期的青少年为叙述主角,展现他们丰富、驳杂的成长故事。

幻想小说是幻想文学的一种,《牛津世界儿童文学百科》(1995年版)释义如下:"与口头传承的文学不同,它是指由特定的作家创作的,通常拥有一个长篇小说的长度,包含了超自然、非写实要素的虚构文学。"幻想小说已成为当代青少年的流行阅读对象。

图画书，英文为 Picture Book，又称绘本。"绘本"之译，源自日文。培利·诺德曼在《阅读儿童文学的乐趣》中对图画书的定义是：Picture Book 是通过一连串连贯的图画与相对较少的文字（有时没有文字）互相结合来传递信息或讲述故事的儿童书。我国也较多使用"绘本"一词，突出其手绘的特性、印制、装帧的精美，以及艺术、文化的内涵。

进入 21 世纪以来，青少年文学创作成为文化热点。在青春文学方面，以"80 后"为代表的"青春写作"如日中天，不少"80 后"之外的作家也出版了许多青春小说，还出现许多寄居于青春文学旗下的作品。近年来，青春写作不但从"单兵作战"升级为"群体出击"，以巨大的内聚力拉动了退守边缘的文学出版市场，而且自身也渐趋成熟、理性。

幻想小说方面，从风靡世界的"魔戒""纳尼亚传奇"系列到造就出版业神话的"哈利·波特"系列，幻想小说向青少年展示出无穷的魅力。引进版作品还带动了本土原创作品的诞生，《时光魔琴》等作品成为年轻读者追捧的目标。伴随这股潮流，衍生出一系列名目各异的幻想类小说，除传统的"科幻"外，又有"魔幻""奇幻""玄幻"等，创作数量庞大，在青少年中流传甚广。

图画书在我国同样勃兴于 21 世纪初。2002 年，幾米绘本经辽宁教育出版社推出，迅速掀起"幾米旋风"，经由其作品改编的动画片《微笑的鱼》、电影《向左走·向右走》等更是得到了广大青少年观众的认可和喜爱。同年 12 月，由接力出版社出版的香港"麦兜麦唛"系列绘本，引燃内地"麦兜"热潮。除儿童绘本之外，青春绘本、成人绘本成为更具需求潜力的产品。伴随全球绘本阅读蔚然成风，大量内容优秀、装帧精美的图画书进入我国，带动本土绘本创作蓬勃发展，熊亮、周翔、蔡皋、朱成梁等本土绘本创作者不断涌现，作品数量大幅增长，出版者、推广者明显增多。

上述文化产品的共同特点在于"新"，它们在我国均处于"成长期"。对于青春文学，批评界的批评处于随市场之波而逐流的情状，尚未回归学术本位，贬多于褒，焦虑多于鼓励，诘问多于关怀。同时，多数青春文学作品本身仅是附丽于文学华氅之下的时尚消费品，缺乏对成长的理性认知，缺乏力度和深度。但草率的否定性评价，泯灭了其中充盈才气和灵气的青年作家。片面的评价不但不利于青春文学的健康发展，更在青少年读者与成人评价之间筑起了不可逾越的高墙。

在幻想小说方面，存在诸多亟待辨析的问题，如：东西方幻想文学是否处于同一文学体系之内？西方有关幻想文学的理论是否能够解决中国幻想文学作品中存在的争论？

中国幻想文学的特征是怎样的？当下幻想作品与中国文化之间的联系和断裂应该怎样理解，这种联系和断裂将给青少年带来怎样的影响？在创作层面不能回避的事实是，一直以来中国似乎缺乏产生具有世界影响力的幻想文学作品，而以网络为主要载体的奇幻、玄幻作品又充斥着个人英雄主义、美女情结、急功近利的心态和不劳而获的投机心理等。这种一味迎合青少年读者幻想欲、成功欲、财富欲、探险欲、情感欲的创作，必然会在青少年的社会化成长过程中造成不良影响。

在图画书（绘本）方面，突出的问题是，在巨大利益面前，出版社盲目重复，低质模仿，缺乏创新与原创精神。而且，与大量出版但大多滞销的本土绘本相反，排在销售榜前列的仍是中国台湾和国外畅销绘本，如幾米、朱德庸、宫西达也的作品等。怎样做好本土原创绘本，怎样将传统文化融入这一新的艺术形式，怎样将中国绘本推向世界，以及怎样看待这种由社会、心理等诸多因素促成的、有别于纯文字阅读的"轻阅读"方式，都亟待解答。

将对青少年文学的考察纳入青少年文化产品体系，是西方近年来研究青少年文学的一种趋势和策略。不同时代的文学映射不同的时代，在当下文化环境中成长起来的青少年，其创作的作品与其接受的作品，必然不可避免地受到时代的影响。青少年文学研究需要从文化视角，针对典型问题做出评价判定，以形成对阅读、创作和出版的理论引导。具体内容包括：

（一）青春文学与青少年亚文化。界定青春文学，阐释青少年亚文化的形成原因、基本特征和发展趋势，剖析其与青春文学之间的互渗关系。

（二）"书写青春""青春书写"与文学的诗性拯救。考察青春文学的沿革，深度解读"70后"青春文学的"审丑"的文化心态；解析"80后"青春文学由"滥性"向"忧伤"和"纯美"的转型，提出青春文学的出路，为青春文学批评提供有效参照。

（三）幻想文学创作与接受征候分析。考察全球语境下的儿童与青少年幻想文学创作现状，探讨中国本土幻想文学的发展与对策；展开幻想文学对青少年影响的调研和评估，探讨欧美幻想文学影视化现象及其对国内青少年的影响。

（四）青少年图画书的外来文化濡染与本土原创。考察图画书在我国的引进、传播与原创状态，探讨图画书的本土演化与外来影响，分析本土原创图画书的发展瓶颈与艺术策略。

（五）时代背景下的图画书的文化与教育功能。从幾米绘本等个案分析入手，分析这种兼具文学气质和绘画意韵的表意方式所带来的独特阅读感受,进而探讨在读图时代下,图画书在青少年中流行的原因,探讨图画书对青少年情商、美感培养和释压、慰藉等方面的多重功能。

(六)青少年图书相对于电视、网络媒介而言所具有的"绿色"优势,已使青少年图书成为出版业界最具活力也最具诱惑力与竞争力的板块,但同时也出现了库存攀升、重复跟风、伪书猖獗、打榜图书品种单一等问题。通过考察青少年文学图书在青少年群体中的传播现状,从图书出版观念层面、传播媒介运用层面、阅读接受与引导层面,探讨如何正确引导青少年受众的阅读需求,发挥书籍的文化价值,实现青少年文学图书传播的理想状态,提出对策。

三、青少年影视

青少年电影电视,是青少年接触频率最高的媒介,是大众影视媒介与青少年"联姻"的产物。青少年电影电视的重心在少儿影视。作为综合艺术,少儿影视与青少年文学相比,在媒介符号、艺术形态、接受(观赏或阅读)情境的规定性等方面都有着质的不同。同时,少儿影视受众的专一性,决定了其"儿童本位"的基本特征。少儿电影是综合了文学、戏剧、音乐、绘画、摄影等多种艺术门类的综合艺术,以影像为基本表征,以镜头为最小表意单位,通过镜头以及镜头之间的关系,带给青少年比文字更为直接的视觉冲击力、情绪感染力和美感效应。少儿电视尽管在技术原理上与少儿电影非常相似,但在观看方式等方面有着明显的区别。少儿电视主要包含儿童电视剧、儿童专题栏目、儿童文艺节目等丰富多彩的节目形态。

近年来,我国儿童电影的创作数量稳步增长,自2005年以来,儿童片占当年国产故事片生产总量的比例一直稳居10%以上。一方面,逐年递增的年产量为我国儿童电影提供了良好的产业化基础;另一方面,人口资源优势、儿童文化消费升温、动画电影培育的影院观影热潮等,也为国产儿童片的发展提供了有利条件,中国儿童电影已经进入发展快车道。

儿童电视方面,儿童电视剧稳中求进,《水浒少年》《乘着歌声的翅膀》《家有儿女》《小留学生》《快乐星球》等数十部儿童电视剧先后获得我国电视剧领域最高政府奖"飞天奖",尤其是以《家有儿女》《快乐星球》为代表的将教育与娱乐、市场与儿童发展较好地结合的优秀作品,显示了中国儿童电视剧发展的巨大潜力。儿童文艺节目异彩纷呈,21世纪以来,随着少儿频道的壮大,儿童晚会越来越丰富精彩,少儿春节联欢晚会和各种儿童专题性晚会也成了近年儿童电视文艺的重头戏,《"乐满神州·欢动2008"北京卡酷动画春节联欢晚会》《托起明天的太阳——首都青少年爱心慈善晚会》等都是近年来涌现的优秀儿童电视文艺晚会作品。儿童文艺电视竞赛活动也是近年来非常重要的形式,如中央电视台的《英雄出少年》《智慧树》,中国教育电视台的《你好宝贝》,天津广播电视台的《糖心家族》,上海广播电视台的《好奇探长》《欢乐蹦蹦跳》等。

客观而言,我国儿童影视作品在创作观念、技术水平、制片发行机制、经营模式、管理意识等方面都还存在局限。这是我国儿童影视快速成长过程中面临的现实问题,直接关系到未来的发展与走向。

我国儿童电影存在的问题主要集中在以下两个方面:第一,整体创作质量不高,"叫好又叫座"的优秀作品比重偏低,低水平重复、题材撞车、同质化生产现象普遍存在,急需从管理机构到创作一线树立、贯彻和实施"上层次、出精品"的理念,加大儿童电影专业创作队伍建设力度。第二,儿童电影的产业化程度非常低,目前能够进入商业院线参与市场博弈的国产儿童片,要么是有国际力量参与的合拍片,如《熊猫回家路》《功夫梦》,要么是以品牌效应和营销策略制胜的儿童片,如《寻找成龙》。整体数量十分有限,而且考虑到儿童观众的特殊性,也不能简单以商业模式作为儿童电影发展的唯一目标。因此,要真正实现"儿童电影为儿童"的创作目的,我们还需要积极探索儿童电影的创作生产、发行放映渠道、社会影响力和市场占有率等问题。

我国儿童电视文艺发展中也存在诸多问题:首先,儿童电视剧作为受孩子欢迎、对儿童有益的重要节目形式,其自身生存能力不如动画片,但又得不到主管部门的重视和支持,几乎处于放任自流的状态。据统计,2010年,全国生产完成并获准发行的剧目共计436部14685集。其中,当代青少年题材电视剧只有12部407集,分别占2.75%、2.77%,产量明显走低。市场经济条件下对少年儿童题材电视剧创作的投入不够、创作人才流失,急需主管部门采取切实措施加以扶持等问题仍然存在。其次,儿童电视节目虽然因为播出平台的壮大而有了发展,但绝大多数节目还是处于自产自销状态,不但投入与产出不成正比,而且缺乏有效的引导与评价,影响了节目制作水平的进一步提高。因此,在建立儿童电视节目是否符合儿童健康成长需要的评价机制和优秀儿童电视节目持续稳定发展的长效机制两方面,急需探索和努力。

青少年电影电视研究立足于电影范畴中的主流电影、儿童电影,以及电视范畴中的儿童电视剧和电视娱乐节目,研究其生产现状,探讨其对少儿精神成长的价值和功能以

及可行的引导策略。具体内容如下:

(一)儿童媒介视野下的儿童影视。从传播学的角度,分析儿童媒介环境中的儿童影视及其与儿童成长的关系。

(二)主流电影与青少年教育。分析新世纪以来中国电影在产业化背景下呈现出的"大众化与多样化并存"现象。针对目前一些主流电影在相当程度上进入了新的文化认同阶段,并因其意识形态性的特征得到青少年青睐的现象,本书将以个案研究的方法,探讨《云水谣》《张思德》等主旋律电影在少年儿童思想道德建设中的作用。

(三)商业大片与电影分级。商业大片是电影工业的基石,对包括少年儿童在内的观众产生了巨大影响,当代年轻人对于商业文化的认同,很大比例来源于商业大片对于包括少年儿童在内的观众群体的价值观的引导。本书将探讨商业大片对少年儿童的负面影响及有效的应对策略。

(四)儿童电影与文化建构。儿童电影作为有效影响儿童发展的艺术形式之一,在人文教育方面具有极高的价值,在儿童成长过程中发挥着其他艺术形式不可替代的作用。本书将重点分析我国儿童电影创作现状以及存在的主要问题,并就如何提高儿童电影的艺术风格、如何建构中国儿童电影文化提出看法。

(五)儿童电视剧与艺术成长。儿童电视剧作为一种独立的艺术形态,有着其独有的审美特征和社会影响。因而需要重点分析中国儿童电视剧在成长的过程中遇到的突出问题,如儿童电视剧取材创作的速度赶不上儿童观众欣赏兴趣和风格的变化、传媒业市场化模式的形成对儿童电视剧生产的正负面影响等,分析问题产生的原因并提出建议。

(六)电视娱乐节目与少年儿童。电视娱乐节目通过一定的中介形式和大众参与,在相互交流中形成一种娱乐氛围。针对当前儿童收视兴趣呈现成人化特点、一些儿童电视节目制作呈现成人化倾向、儿童成为"被娱乐"对象等问题展开探讨,提出对策,力图为少年儿童营造健康成长的绿色空间。

青少年电影电视研究应透过当下热点现象,深度探析影视传媒对少年儿童的影响,揭示儿童影视在少年儿童的知识结构、行为方式、价值观念、人格修养、审美情趣乃至世界观、人生观的形成等方面复杂的关联,提出建设性意见。

四、青少年动漫

动漫产品以贴近青少年现实生活和想象世界的题材内容,创意新颖、灵活多样的表现形式,夸张直观、制作精良的人物形象和强烈的音效,形成多感官刺激,备受个性张扬、热爱新鲜事物的青少年喜爱。动漫产业指以创意为动力、以动漫文化为基础、以版权为核心的盈利模式,广泛涉及影视、网络、音像、书籍出版以及玩具、文具、服装等行业的现代文化产业。动漫产业因市场潜力巨大、前景广阔而被称为"新兴的朝阳产业"。据《2009年度未成年人电视媒体收视行为调研报告》数据显示,未成年人对娱乐及动漫节目的喜爱程度达到了72.93%。青少年不但成为动漫产业的主要消费群体,而且其消费规模正在日益扩大。

目前,在政府、企业、市场"三力合一"的作用下,中国动漫产业发展势头良好。我国首部动漫蓝皮书——《中国动漫产业发展报告(2011)》显示,2010年我国动漫产业总产值共计470.84亿元,比2009年增长27.8%。其中,制作完成电视动画片385部(时长共计220530分钟),较2009年增长28%,是2005年的5.16倍;生产动画影片16部,票房收入再创新高;优秀漫画刊物月发行量达上百万册。一系列优秀的电视动画片,如《西游记》《蓝猫淘气3000问》《蓝皮鼠和大脸猫》《中华五千年历史故事》《三毛流浪记》《大耳朵图图》《福娃奥运漫游记》《羊羊运动会》脱颖而出;一大批质量上乘的优秀动画影片,如《麦兜响当当》《奥运在我家》《淘气包马小跳》《麋鹿王》均获得了不俗的票房成绩,2011年《梦回金沙城》入围了第83届奥斯卡最佳动画长篇奖,并在美国电影动画频道播出,标志着国际动画产业界对我国原创动画电影质量的肯定。2013年,我国核心动漫产品出口额达到10.2亿元,国产动漫业整体呈现出数量众多、质量上乘、日趋成熟并走向世界之势。

在动漫产品受到青少年狂热追捧的形势下,动漫产业自身发展不够完善、动漫产品对青少年产生诸多负面影响等问题也逐渐显露:

第一,国产动漫产业模式初步形成,但产业链条尚待完善,衍生产品缺乏深度开发与高端创意,种类单一,后劲不足;原创动漫知识产权保护不力,动漫周边产品盗版现象严重。如何在行业快速增长的基础上避免产业功能定位雷同、文化含量不足,如何形成相对成熟的动漫产业链模式,尚需从业人员积极探索。

第二,目前我国动漫产业拥有数量庞大的从业人员和制作团队,但漫画原创能力不足,盲目跟风现象严重,电视人才特别是高端电视人才严重匮乏,动漫艺术教育相对落后。创新能力不足已成为中国动漫产业发展的瓶颈。

第三,国内动漫产品对消费群体——青少年心理特点和消费偏好认识不足,受众流失明显。表现在国内动漫产品多以低龄儿童为主要受众,部分作品充斥着简单幼稚的情节和概念说教,对青少年缺乏吸引力。这导致中学及以上年龄段的受众转而追逐日本、欧美动漫产品,丧失了对本土动漫的热情。《2009年中国动漫行业市场调查研究及投资分析报告》统计数据显示,青少年最喜爱的卡通作品中,日本卡通占60%,欧美卡通占29%,中国原创卡通(包括港澳台地区在内)只占11%。在排名前10位的"中国读者最喜爱的动漫作品"和"中国读者最喜爱的动漫作家"中,没有中国的作品、作家。

第四,在世界文化交流日益频繁的今天,部分国内从业者盲目模仿国外作品,"西化""日化"严重,民族文化内涵匮乏。由于在国外动漫引进过程中没有完善的审查和年龄分级机制,部分引进作品存在阴暗、暴力、色情等内容,低俗内容和负面情绪引发青少年不良认知和价值观混乱。立足青少年受众,依据国情,借鉴国外动漫产业经验,建立不同等级的动漫消费市场势在必行。

动漫产品的内涵是文化产业,具有极大的外延性。产业引导,意义重大。在现有的研究中,对动漫产品与青少年关系的泛论较多,针对个别问题的讨论较多,但基础研究严重不足,无法为实践提供有效的指导和帮助。同时,目前针对外来动漫产品的不良影响多采取"堵"的措施,靠"禁""停"来限制,不能从根本上解决问题,也需要追本溯源,寻求对策。

本书从搜集动画产业发展第一手资料入手,一方面基于国内动漫产业自身发展状况与目前研究现状,确定以横向比较的方式,探寻欧美、日韩动画产业的成功原因,在总结国外动漫产业经验的基础上,为建构中国动漫业的发展之路提供对策;另一方面以文化研究的视野,探讨动漫产品给青少年带来的不良影响,探讨如何肩负传承民族文化的使命,基于我国优秀传统文化建立自己的动漫美学理论,借助文化内涵形成自有的动漫文化特色。具体内容如下:

(一)世界和中国动漫产业发展研究,基于产业发展状况与青少年接受状况两个维度,给予不同角度的呈现,聚焦需解决的问题。

中国动画产业分析:中国动画发展现状、历史源流及发展瓶颈。

中国漫画发展分析:21世纪头十年中国漫画发展历程、现状及机遇。

中国动漫产业链建设:21世纪十余年来的中国动漫产业链缺失状态勾勒,横向对比国外动漫产业,提出产业突围策略。

(二)美式动漫分析:以美式动漫为案例,探讨当代动画发展与技术更新的密切关系,剖析迪斯尼将欢乐变为产业的全新经营理念、商业动画片制作的经济奇迹和糅合各种世界文化元素的文化资源利用策略。

（三）日式动漫分析：探讨日本动漫的产业化经营，借鉴其新颖的创意、精良的制作、产品的开发和配套的中介服务，尤其是其动漫品牌形象衍生产品开发的层次性、丰富性，以及成熟的"漫画—动画—衍生产品—消费者"产业链模式。

（四）欧洲动漫分析：探讨欧洲动漫作品自由多变、贴近现实生活、充满浓郁人文情怀、富有个性和文化内涵、具有试验性和探索性等特点，借鉴其形成文化底蕴、渗透人文精神、展现地域与民族特色的模式，强化动漫作品的文化功能。

（五）动漫对青少年的影响分析：立足青少年接受层面，重点探讨动漫产品与青少年文化价值观形成、认知行为发展、现实人际关系建立、语言学习能力等方面的重要关联，深入探究并提出应对策略。

动漫产业研究的重心有两个方面：对影响中国青少年的动画、漫画和衍生产品的生产现状进行更为精准和更具学理性的论述；对中国动画、漫画的创作及动漫产业链的建构，提出更具有思想性、指导性和操作性的引导策略。动漫产业研究应立足于动漫产业的发展与动漫产品的创作引导两个维度，宏观与微观协同发力，并展开比较借鉴的国际视野，寻求我国青少年动漫产业发展的应然之路。

五、青少年数字化产品

数字化产品（Digital Production），是指一系列民用数据处理和表征装置及其服务，人们从装置和服务中建立起包括新闻、音乐、视频、网络文学、网络游戏、网络社交在内的数字交互行为。数字化产品可划分成两个大类：一类是数字化娱乐类产品，以网络文学、网络音乐、网络视频和电子游戏为代表，用户可通过电脑、手机、数字电视等载体，获得多媒体、多应用、多功能的数字娱乐效果；另一类是数字化交流沟通产品，其源头是电子邮件，经由网络论坛、博客、即时通信软件、社交网站，不断发展完善。数字化产品的考察对象为：与青少年文化环境密切相关的新媒体和网络文学、网络音乐、网络视频、网络游戏、网络社交等数字化产品。

当下，数字化产业呈现出更新速度快、使用者众多、信息传播迅速、互动性强等特点。相关统计报告显示，我国各类数字化产品正以超过 20% 的增长速度持续发展。尤其值得关注的是，青少年群体成为数字化产品的重要受众。

2015 年 12 月 15 日，中国网络空间研究院在浙江乌镇发布《中国互联网 20 年发展报告》。数据显示，中国网民数量从 1997 年 10 月的 62 万人增加到 2015 年 7 月的 6.68

亿人,网民规模达到全球第一,网站总数达413.7万余个,域名总数超过2230万个,CN域名数量约1225万个,在全球国家顶级域名中排名第二。①2015年6月1日,中国互联网络信息中心在第二届国家网络安全宣传周上发布了《2014年中国青少年上网行为研究报告》。本届国家网络安全宣传周突出青少年网络安全教育,报告显示,截至2014年12月底,中国青少年网民规模达2.77亿,占整体网民的42.7%,占青少年总体的79.6%,60.1%的青少年网民信任互联网上的信息,整体对互联网信任度高、依赖性强,安全意识较弱。

而据2011年的资料,截至2010年底,我国网民总数只有4.57亿,但其中19岁以下网民已占28.4%,30岁以下网民占近六成。根据网络使用率分析,几乎全部青少年网民都是数字化产品的用户。2010年中国大型网络游戏活跃用户规模为1.1亿,其中学生用户占到40.7%。截至2010年12月,中国网络交友用户2.35亿,其中青少年成为网站社交的主力军和增长点,以QQ等为代表的即时通信软件在我国青少年中已经普及。

在网络文学方面,网民(多为18~30岁)发表的网络原创作品,具有青春化、娱乐化、通俗化、游戏化、自由化、类型化等特征。从蔡智恒的《第一次的亲密接触》、安妮宝贝的《告别薇安》等"80后"熟悉的网络文学作品,到此后的幻想文学、青春文学热潮,再到玄幻、武侠、悬疑、言情、盗墓、穿越、历史、校园题材的火爆,网络文学中出现了一系列对青少年影响巨大的作品。在网络音乐方面,因其新颖的数字化音乐产品制作、传播和消费模式,加上网友的原创、翻唱、改唱都可以上传分享、接受评论、传播互动,其反精英化、草根化特点和开放性、参与性对广大青少年形成极大的吸引力。同样,网络视频也具备原创和分享的特性,能够满足青少年体验新生事物、探索外部世界、缓解精神压力的需要,成为青少年重要的数字化消费品。国内比较成熟的视频网站如优酷网、酷6网、六间房等均以青少年为主要用户群体。在网络游戏方面,这种新型数字化娱乐方式通过信息网络传播和实现多人同时参与,使青少年在一定程度上抽离现实,进入虚拟空间,凭借角色转换完成任务以体验更具互动性、真实性的游戏快感。在网络交友方面,我国青少年中常见的数字化交流沟通形式日趋多样,如微博、即时通信软件、社交网站等,吸引了大批青少年参与其中。

虽然数字化交流沟通方式带来了很好的传播效果,数字化产品也给青少年打开了

---

① 中国网事20年[N].新京报,2015-12-16(A09).

另一个世界的窗口,扩展了他们的视野,但一旦信息不良,造成的影响将无法估量。目前,尽管数字化产业发展迅速,但却处于少监控和少辅导的状态。

同时,理论界对数字化产品的研究数量与质量也显不足,一些社会调研机构或咨询公司的行业研究报告或业界人士的网络专栏文章存在研究不规范、样本不足、泛泛而论、个别问题讨论较多而基础研究严重不足等问题,青少年接触数字化产品过程中暴露出的诸多问题尚未得到有效的引导。诸如网络文学存在的整体质量不高、价值观多元、商业化气息浓重、惯性复制等不良倾向;网络音乐中部分渲染悲观颓废等负面情绪的作品对青少年心理的不利影响;网络视频的虚拟性和开放性造成的监管困难,暴力低俗内容丛生;网络游戏存在的内容不健康问题和伴随而来的游戏成瘾的心理问题;社交网站的非实名制导致各种信息鱼龙混杂,对青少年形成不良影响;等等。这些数字化产品存在的隐患极有可能导致青少年出现各方面的问题,如价值观迷失、认知改变、社交能力减退、现实和想象混淆、个性改变、社会行为改变等。

基于数字化产品在青少年生活中的全面渗透以及存在的种种问题,亟待对其进行比较深入系统的基础研究,厘清其对青少年产生影响的直接证据,并以此为基础做出反应。

纵观国内外研究成果,它们虽从基本理论和基本可能性方面分析了数字文化的形态,但直接针对我国青少年数字化产品生产与接受现状、产生的具体问题和可能的发展等方面所展开的研究极为不足,或缺乏准确、科学、权威的影响数据,局限于陈述现象;或没有试图揭示心理原因,提出治理方式;或没有形成面对整个行业的教育战略,缺乏心理学和教育学研究的指导,辅导机制不健全;等等。

数字化产品的研究重点在于从众说纷纭且质量堪忧的前期工作中深入下去,获得较为扎实而有说服力的新结果。这需要广泛的信息获取、准确的提炼加工与严谨的思辨,必须集中最优秀的专家,从剖析问题入手,纵深展开以下几项研究:

(一)青少年数字化产品生产传播与接受形态的研究。

(二)对数字化产品影响青少年心理和行为状况的准确调查。

(三)对数字化产品影响青少年心理和行为的深度原因分析。

(四)在前两项研究的基础上,提出数字化产品影响青少年问题的对策。

数字化产品的研究方法包括:第一,以文献分析法对文献进行整理和综述,查证与辨析观点;第二,以问卷调查法对网络文学等数字化产品在中国青少年中的影响做较大范围数据获取;第三,针对相关主题和获得的数据,组织相关专家分别展开各个问题的集中研讨,并由此形成报告。

数字化产品研究的难点在于调研数据的数量和质量、焦点专家的选取。数字化产品研究的创新点与特色也正在于此:真正从数据上获得当前数字产品对青少年读者影响的第一手资料,将数据与理论分析相互结合。同时,采用专家焦点会商的方法对资料进行判别和综合,将比之前多数研究(仅仅是个体或一个专家带领一个团队所进行的工作)要深入和扎实。在此基础上,利于呈现对所研究问题的前瞻性分析。

六、关于本书论题的研究

由于青少年文化产品既涉及青少年问题,又涉及文化问题与文化产品问题,因而本书属于跨学科性质的综合研究,既有理论观念,也有具体实证与实践问题。从目前国内外研究现状考察,专门研究"青少年文化产品"的综合性研究成果尚是一个薄弱环节,更遑论对我国当今青少年文化产品的现状分析与引导策略研究,因而本书的研究具有对现实问题的"补白"性质。

本书虽因"补白"性质而必然在创作过程中存在诸多困难,但当前国家充分重视文化产业的研究和建设,特别是党和政府高度重视青少年思想道德建设与实现中华民族伟大复兴的方针、举措,为本书的实施提供了充分的思想基础和学理保障。

本书立足于改革开放以来尤其是 21 世纪以来青少年文化产品呈现出的新的文化生态和形态的基本现实,在 21 世纪中国社会文化、中国青少年文化发展与变迁的大格局下,全方位、多维度地考察青少年文化产品的生产现状、存在问题及对青少年主体生命建构的深层影响;梳理和探讨青少年文化产品主要门类及属性,并重点探讨最受青少年欢迎同时也是对青少年身心影响最大的青少年文学、影视、动漫、数字化产品等四大门类。

青少年文化产品,特别是其中的青春文学、数字化产品、动漫产品等对青少年的身心影响,已是一个受到全社会重视、令家长揪心、被有关部门充分关注的课题。但由于多种原因,目前国内学界对此领域的研究尚显薄弱。本书的研究对象具有跨学科、交叉性的特点,涉及教育学、心理学、传播学、艺术学、社会学、语言学等学科,同时又涉及教育、网络、电影、动漫、出版、青少年管理等诸多行业和部门。因而要求作者必须充分熟悉、把握与运用这些学科所涉及的与本书研究内容有关的新观念、新思维、新成果,探讨青少年文化产品对青少年主体生命的实质性影响。

本书的创新之处集中体现在填补"青少年文化产品"综合研究的空白,期待通过对我国青少年文化产品的生产现状、存在问题的充分调研和探究,发挥多学科研究的学术资源优势,提出当今青少年文化产品生产的引导策略,为促进21世纪文化产业——青少年文化产品与文化创意产业的发展献计献策,并为构建具有中国话语、问题意识、创新精神的"青少年文化"理论做出实质性的努力。

▶ 第一编

青少年
文学与传播研究

青少年文学是基于读者的年龄特点而形成的文学门类。这类文学在20世纪二三十年代的美国文坛取得独立地位,在中国,具有明确美学特征的青少年文学概念大致产生于20世纪80年代。本编重点考察当下中国青少年文学中的少年小说、青春文学、成长小说、幻想小说和图画书(绘本)等的生产现状,并提出相应的引导策略。

进入21世纪以来,中国青少年文学成为热点。其中,最具有代表性的当数青春文学。以"80后"为代表的"青春写作"如日中天,其中的代表作家如韩寒(《三重门》)、郭敬明(《幻城》)、孙睿("草样年华"系列)、胡坚(《愤青时代》)、郭妮(《麻雀要革命》)等。不少"80后"之外的作家也创作了许多青春小说,还出现许多"寄居"于青春文学旗下的作品。近年来,青春写作从"单兵作战"升级为"群体出击",以巨大的内聚力拉动了退守边缘的文学出版市场,并渐趋成熟、理性。

从风靡世界的《北风后面的国家》、"魔戒""纳尼亚传奇"系列到造就出版业神话的"哈利·波特"系列,幻想小说向青少年展示出无穷的魅力。引进版作品带动了本土原创作品的诞生,《时光魔琴》等成为年轻读者追捧的目标。伴随着幻想小说热,衍生出一系列名目各异的幻想类小说。除传统的"科幻"外,还有"魔幻""奇幻""玄幻"等。作品数量庞大,且在青少年中广为流传。

图画书(绘本)在中国同样兴起于21世纪初。2002年,幾米绘本经辽宁教育出版社推出,迅速掀起"幾米旋风"。由幾米作品改编的动画片《微笑的鱼》、电影《向左走·向右走》《地下铁》《恋之风景》等更是受到广大观众的喜爱。同年12月,由接力出版社出版的香港"麦兜麦唛"系列绘本,引爆内地"麦兜"热潮。随着全世界掀起绘本阅读的热潮,大量内容丰富、装帧精美的绘本进入中国,从而推动本土绘本创作的蓬勃发展,涌现出了弯弯、寂地、钱海燕、熊亮、周翔、蔡皋、朱成梁等本土绘本作家。

上述青少年文学品类的共同特点在于"新",它们在中国均处于成长期。比如,对于青春文学的批评,尚处于随市场之波而逐流的情状,并未回归学术本位。贬多于褒,焦虑多于鼓励,诘问多于关怀。同时,多数青春文学作品不过是附丽于文学华鬘之下的时尚消费品,缺乏对成长的理性认知。但是,草率的否定性评价无疑泯灭了其中充盈才气和灵气的青年作家,如冯唐、李傻傻、张悦然等。片面的评价不但不利于青春文学的健康发展,更在青少年读者与成人评价之间筑起了不可沟通的高墙。

幻想小说亦存在诸多亟待辨析的问题。比如,中西方理论界对于幻想文学的考量,是否处于同一文学体系之内?西方有关幻想文学的理论是否能够解决中国幻想文学作品存在的争论?中国幻想文学的特征是怎样的?应该怎样认知中国幻想文学作品与中国文化之间的联系和断裂?这种联系和断裂将给青少年带来怎样的影响?不可回避的事实是,中国一直没有产生具有世界影响力的幻想文学作品。此外,以网络为主要载体的奇幻、玄幻等作品又充斥着个人英雄主义、美女情结、急功近利的心态和不劳而获的投机心理等。这种一味迎合青少年读者幻想欲、成功欲、财富欲、探险欲、情感欲的创作,必然会对青少年成长产生不良影响。

图画书(绘本)突出的问题是,受巨大利益的驱使,出版的作品多为重复、低质的模仿。与大量出版但大多滞销的本土绘本不同,位居销售榜前列的仍是中国台湾和国外畅销的作品,比如幾米、朱德庸、宫西达也等的绘本。怎样做好本土原创绘本?怎样将传统文化融入这一新的艺术形式?怎样将中国绘本推向世界?怎样评价这种由社会等诸多因素促成的有别于纯文字阅读的"轻阅读"方式?确实亟待解答。

将青少年文学的考察纳入青少年文化产品体系,是西方近年来研究青少年文学的一种趋势和策略。不同时代的文学映照着不同的时代语境,在当下文化语境中成长起来的青少年,其创作、接受的作品,必然不可避免地受到时代的影响。本编拟从文化视角,针对典型问题做出评判,以期给予阅读、创作和出版有效的理论引导。

第一章 青少年文学创作现状及引导策略

成长,是人之存在的重要表征。正如人无法抗拒死亡,人亦难以抗拒成长。尽管人诞生于偶然之中,但一朝临世,注定与成长如影随形。所谓成长,即"生长而成熟""向成熟阶段发展"之意。发展,无疑是成长的本真状态,沿物质、精神两个维度结伴而行,既决定了人的生理状貌,又拓展了人的精神境界,从而负载着"人之为人"的重大使命。如同一粒埋入泥土的种子,从萌芽、吐绿到长成参天大树,必然会遭逢数载酷暑严寒。人,作为宇宙中生命存在的最高形态,其成长无疑最曲折、最丰富、最驳杂、最变幻莫测。每个人"上下求索"的成长之旅,可谓"路漫漫其修远",其求解、求证的过程注定山重水复。一言以蔽之,成长既表现为生理、心理的日渐成熟,又关涉个性、人格的日臻完善,从而确定自我的社会坐标,实现与社会环境和谐共生。

身体发育乃成长的物质内容。根据生理学的界定,一般人从10岁左右开始发育(女孩的生理发育略早于男孩),即进入"青春期"。青春期(Adolescence)是儿童向成人的过渡阶段,被称为"人生的十字路口""一片难以通过又必须通过的雷区"等,其突出的特点是性发育的突飞猛进,因此青春期又被称为性成熟期。国外医学界将青春期的年龄定为10—19岁,我国医学界将其界定为13—18岁,且男女有差别。一般说来,女孩进入青春期比男孩早1—2年。许多学者还把青春期分为三个阶段,即青春前期(10—13岁)、青春中期(13—16岁)和青春后期(16—20岁)。到了20岁,生理发育已趋成熟,意味着人在生理上已经长大,具备有效生育资质。

成长的精神内涵兼具心理学和社会学意义。心理学意义上的成长,指成长者性意识的觉醒,理性思维能力的健全、成熟,以及对社会主流价值和审美认知标准等的认同。按照社会学规约,18岁便表明一个人步入了成人行列,从此获得了诸多成人的权利,并须履行相应的责任和义务。而且,各种不成文的习俗亦为其开启了通往成人特权之门。[1]18岁还意味着从"自然之我"向"自为之我"的进化,从"自然状态"向"社会状态"的升华。也就是说,个体成长的本体意旨在于个性的理性超越,成长者能从容地找到自我在社会体系中的位置,即完成个体"社会化"[2],以及克服社会学家帕森斯所说的"同一性危机"[3]。从此种意义上说,成长往往决定集体、社会乃至人类的精神发展向度。[4]

---

[1] Hans Sebald. Adolescence: A Social Psychological Analysis[M].NJ:Prentice-Hall,1984:6.
[2] 美国结构功能主义社会学家帕森斯(Parsons,T)把"社会化"分为"童年期社会化"和"成年期社会化"两个阶段。前者即初级社会化,是儿童人格发展的非特殊性阶段,儿童在这个时期为日后将在社会生活中扮演的角色做准备;后者指个人对自己在社会体系中所扮演的稳定角色的学习。
[3] 帕森斯认为,不能正确认识自己、自己的职责和自己在社会生活中所应承担的角色,这种异常的人格发展现象即"同一性危机"。
[4] 即巴赫金在《教育小说及其在现实主义历史中的意义》一文中所说,个人的成长"不是他的私事。他与世界一同成长,他自身反映着世界本身的历史成长"。(巴赫金.巴赫金全集:第三卷:小说理论[M].白春仁,晓河,译.石家庄:河北教育出版社,1998:232.)

无论是生理学还是心理学、社会学意义上的成长，其中"性的成长"无疑是核心，是成长之旅中最重大的事件，具有里程碑意义。正如精神分析学泰斗奥地利的弗洛伊德（Freud,S）所言，每个人面临的所有问题都与基本欲望（原欲或性）相关。它通过各种方式，或隐或显地表现出来，直接或间接行使其功能。"常人的意见，总认为性冲动不存在于童年，它是在生活史上某一段被称为青春期的日子里突然冒出来的。这种误解十分普遍，主要源自我们目前对性生活基本原则的无知"，而"男女性征的截然分化始自青春期……对后来的人格发展，比别的因素还有决定性的影响"。①一般说来，一个人进入青春期，生理上的变化，尤其是第二性征的发展，一如化蛹成蝶般剧烈。仿佛一夜之间，男孩便长出了胡须、喉结、腋毛和阴毛，"梦遗"亦不期而至。女孩的胸部悄然凸显，"初潮"倏至。②"性生理"的剧变，诱发了性心理（性意识）的觉醒。如果说性生理的成长是显在的，具有客观物理性，那么性心理（性意识）的成长则是隐在的，具有主观精神性。相对于性生理的成长来说，一个人性意识的发展更复杂、深奥、曲折。梦遗（初潮），对于男孩（女孩）来说无疑是石破天惊的大事。对生理上发生的这场必然会来临的巨变的懵懂无知，以及难以名状的惊惧，无异于强烈的地震波冲击着他们敏感、怯懦、脆弱的心灵。来自心灵深处的芜杂颤音，似乎只有文学家温润的笔墨才能描摹出蛛丝马迹。

在上述问题中，最敏感、最微妙、最深邃、最驳杂、最棘手的，无疑是"性"的成长。

不言而喻，成长是人生永恒的重大命题，不可规避，无法逃遁。每个人的成长之旅，是对生命个体存在的记录，是对玄妙生命本体的解读，是对繁复、曲折的人生的演绎。

在文学书写的诸多主题中，"成长"与"爱""死亡""生命"等一样，不但常写弥新，且具经典性和永恒性。显而易见，成长，成为重要的文学书写资源之一。文学与成长的亲密接触，是一场场必然会发生的心灵之约，是对自我及他人的一次次深度窥视、体察和观照，更为文学和成长本身赢得了一次次凤凰涅槃的契机。

文学诸体不约而同地对成长主题投入了极大的热情，但从文体优势、开掘深度、取得的成就来看，小说无疑最具叙说成长的资质。"所谓小说的'成长'主题，也就是通过叙

---

① 弗洛伊德.性学三论；爱情心理学[M].林克明，译.西安：太白文艺出版社，2004:57-96.
② 美国心理学家詹姆斯·O.卢格认为，女孩性发育期一般始于"乳蕾"的出现，有时则是阴毛的出现，同时体内性器官开始发育生长。男孩子则表现为睾丸和阴囊的发育。（詹姆斯·O.卢格.人生发展心理学[M].陈德民，周国强，罗汉，等，译.南京：学林出版社，1996:688.）而英国心理学家J.C.考尔曼认为，"（性）发育期开始于女子月经来潮和男子阴毛长出"。（J.C.考尔曼.青春的本性[M].杨高潮，杨新潮，译.杭州：浙江人民出版社，1987:13.）

事来建立主人公在经历'时间'之后终于形成了自足的人格精神结构——即'主体'(生成)过程的话语设置。"①于是,小说家族中便诞生了一种被称为"成长小说"的叙说样式。

需要说明的是,本编将但凡涉及成长主题的文学样式称为成长文学,重点考察"少年小说""成长小说"和"青春文学"等的创作现状,并提出相应的引导策略。

第一节 少年小说创作现状考察及引导策略

作为一种以"成长"为书写重心的文学样式,成长文学注定与儿童文学存在千丝万缕的联系。为了厘清二者之间的姻亲关系,本部分需要阐释儿童文学的基本问题。

一、成长与儿童文学、少年小说

在1989年11月20日召开的联合国大会上,颁布了联合国《儿童权利公约》,其第一条规定,"儿童指18岁以下的任何人,除非对其适用之法律规定的成年年龄低于18岁"。它包含了两方面的含义:其一,"儿童"即"未成年人"。与"儿童"相对应的一个概念是"成人",因此,"儿童"即"未成年人"的总称。其二,"儿童"的分类。很明显,"儿童"是一个比较宽泛的概念,从年龄结构和心理特征来看,可分为三个阶段,即幼年(0—6岁)、童年(7—12岁)和青少年(13—18岁)。由此可见,"儿童文学"是指为0—18岁的任何人服务的一种文学样式。它是一个非常宽泛的概念,根据阅读对象接受心理与领悟能力的差异,目前,国内学术界普遍认同王泉根对儿童文学的"三个层次"的划分,即幼年文学、童年文学和少年文学。②

所谓"幼年文学"(或称"幼儿文学"),是指为0—6岁的幼儿服务的文学。这一时期,孩子的生活主要是游戏,心智处于启蒙阶段。因此,这一时期的文学特别注重娱乐性和趣味性,丰富幼儿的语言知识,强调正面教育,写法简单、纯净、浪漫。主要文体形式有儿歌等,如大家耳熟能详的《鹅》(骆宾王)、《弯弯的月儿,小小的船》(叶圣陶)。幼儿主要在成人的帮助下阅读。

所谓"童年文学"(或称狭义的"儿童文学"),是为7—12岁的儿童服务的文学。此时期,孩子的生活以学习为主,富于幻想,求知欲旺盛。因此,童年文学注重想象与认识,以正面引导为主。创作方法以浪漫主义和现实主义互补为特色。既有类型化的人物形象,又有性格丰满的典型。主要文体有童话等,如《卖火柴的小女孩》(安徒生)。此阶段以儿

---

① 樊国宾.主体的生成:50年成长小说研究[M].北京:中国戏剧出版社,2003:2.
② 王泉根.现代中国儿童文学主潮[M].重庆:重庆出版社,2000:503-505.

童自主阅读为主,成人引导阅读为辅。

所谓"少年文学",是为13—18岁的少年服务的文学。此时期,他们迎来了成长的黄金时节,生理和心理成长突飞猛进,如同化蛹成蝶。他们将面临成长的诸多问题,迷茫、困惑、彷徨……由不成熟走向成熟,由幼稚日趋成熟。生活对于他们来说,可谓"一半是海水,一半是火焰"。社会生活的方方面面,或多或少,或深或浅,皆进入他们的视野。少年文学注重全景式的生活描写,主要讲述有关成长的故事,以少年小说为主体,如《草房子》(曹文轩)。少年小说多表现处于青春期的少男少女生理和心理的旺盛成长,尤其注重描写他们个性、人格成长的心路历程。按照上文对"成长"的界定,少年小说作为书写"成长"主题的一种小说样式,是成长文学的重要组成部分。

在西方文学中,"少年小说"(Teenage Novels 或 Young Adult Fiction)是除"成长小说"外书写"成长"主题的重要文学样式。一般认为,这一文学概念起源于20世纪30年代的美国,罗丝·威尔·德雷恩的《让风暴怒吼吧》是标志性作品。尽管在此之前已出现以少年为主人公、专为少年人写作的小说文本,却未形成少年小说这一概念。专为少年人创作的小说大量出现在19世纪,具有代表性的作品有斯蒂文森的探险小说《宝岛》《绑架》和《黑箭》,马克·吐温的《汤姆·索亚历险记》和《哈克贝历·费恩历险记》,以及托马斯·休斯的《汤姆·布朗的求学时代》等。少年小说属于少年文学范畴,是一种为13—18岁的孩子服务的小说样式。少年小说中的少年主人公大多进入了生理学意义上的青春期,其突出的特点是生理、心理的迅猛发展,尤其是性(包括性生理和性心理)发育突飞猛进,因此这一阶段又被称为"性成熟期"。性意识的萌动、发展是少年人告别童稚岁月、跨入成人门槛的重要表征,亦是童年和少年的本质区别。由于处于青春期的儿童情绪不稳定,所以这一阶段亦被称为"危险期"。因此,少年小说应"特别重视美育与引导,帮助少男少女健全地走向青年,走向成熟……强调正面教育的同时,应注重全景式的生活描写,引导少年正确把握和评价社会人生的各个方面"[①]。由于少年人的感知和认知能力较童年时期有了质的飞跃,阅读能力大大增强,少年小说除主要运用现实主义创作手法外,还应适当运用意识流、象征、哲理化等多种现代派创作技法,以增加作品的深度、厚度,既满足少年人旺盛的求知欲,又能提高他们对文学作品的理解力和感受力。

二、成长主题与少年小说

综上所述,少年小说可归入成长小说范畴。但是,并非所有的少年小说都是成长小

---

① 王泉根.现代中国儿童文学主潮[M].重庆:重庆出版社,2000:504-505.

说,只能说少年小说中的一部分符合成长小说审美规范的作品属于成长小说。中国的大多数少年小说只关注成长的某个片段,缺乏对成长的完整性描述,许多处于成长之中的主人公并没有长大成人。因此,这样的成长主题书写是不完整和不完美的。从对成长主题书写的深度来看,国内的少年小说文本大体可分为两大类:

其一,描写完整、完美的成长状态。比如,曹文轩的长篇成长小说《青铜葵花》,讲述了一个令人备感温暖的成长故事:在那个非常的年月里,与母亲阴阳两隔的城市小女孩葵花,跟随被下放到农村的画家爸爸,像浮萍一样漂流到大麦地村。不久,爸爸溺水而亡,葵花成了孤女。不幸中的万幸,哑巴男孩青铜一家收留了她,待葵花如同家人。这不是亲人胜似亲人的关爱和呵护,让葵花很快忘记了丧失双亲的伤痛,重新找回了童年的无忧无虑。几年后,城里来人接葵花回去,葵花悲悲戚戚不忍离开。她走后,青铜终日坐在高高的大草垛上盼她归来。日复一日,奇迹终于发生了:青铜似乎看见了葵花归来的身影,极度的兴奋让他奋力大声呼喊她的名字。这个哑巴少年居然能够开口说话了。小说着力展现了苦难岁月里苦难生存境遇中的纯美,包括苦难本身之美,即苦难是必然的、永恒的,面对苦难时需要保持一种处变不惊的优雅风度;苦难之中漫溢着的善良、正直的人性之美,即平凡、朴实的青铜一家,给予了葵花真切的体恤和爱护,这份爱超越了血缘,因为无私、高贵而纯美;苦难之中少年相依相守的纯情之美,哑巴少年给予了伶仃孤女葵花无言的手足之爱,葵花和他心有灵犀,他们一起走过的稚纯的成长岁月,留下了一串串温暖的成长脚印。这纯美的真情真爱,驱散了苦难的阴翳,驱散了多舛命运的梦魇,甚至驱散了病魔的阴魂,从而照亮了他们快乐的成长天空,被命运欺凌的成长得以"完整""完美"。

其二,描写成长的某一个片段。在作品结尾,成长者的个性、人格仍处于成长之中,如秦文君的《花彩少女的事儿》。林晓梅等尽管逐渐褪去了童年时期的稚嫩,但她们无论在生理上还是在心理方面皆未能完成化蛹成蝶的质变。这样的作品可看作成长小说的一种未完成状态。成长小说是成长主题书写的最高形态,是成长书写的最有效的文学样式。考虑到成长书写的复杂性和中国成长小说书写的特殊情况,避免概念上的混淆和纠缠不清,本书把成长小说分成两大部类:其一,未完成的成长——描写成长片段的少年小说,或称成长主题小说;其二,成长完成——成长小说。所谓成长完成,是指展现了成长的完整过程,涉及成长中的方方面面,尤其是重点描写了成长过程中的一些核心(标志性)事件,诸如受挫、离家、性成长、顿悟……成长主人公在经历了这些事件之后,并非按照经典成长小说的模式那样一定会长大成人。但作为成长小说,一定要将成长的过程尽可能纵深地展现出来。

从某种意义上说,人的一生都处于成长之中。但是,青少年阶段的成长无疑是人生中至关重要的,往往决定了一生的走向。因此,从生理学、心理学、社会学等方方面面关注青少年的成长,无疑是儿童观念的一场划时代革命。20世纪90年代的中国少年小说的最大突破,恰好在于对于成长主题的深入探究。作为学者、作家的曹文轩,他对"成长"的理论认知具有得天独厚的优势。他认为"旧有的儿童文学概念,根本无法覆盖成人世界以下的全部生活领域。成长小说将撤销旧有儿童文学概念的种种限制。它将引起大量从前的儿童文学必须截住而不让其进入的话题"[1]。他呼吁将成长小说引入儿童文学领域,拓展了成长小说和儿童文学的生存空间。作为中国儿童文学界的标志性作家,他在谈及自己的长篇小说《根鸟》时说:"这是一本成长小说,或者说'路上小说'。中国目前还未有这个概念。"他在谈及郁秀的长篇小说《太阳鸟》时,认为"中国出现了一个新的小说类型——成长小说"。他在桑地的《看上去很丑》一书的序言中写道:"这是一部成长小说。……中国几乎没有成长小说,甚至没有'成长小说'这一概念。在儿童文学与成人文学之间,有一大片开阔地带,长久地荒芜着。……现在已到了命名的时候了。"

王泉根在许多文章中皆论及成长书写问题。他认为新时期儿童文学的拓展表征是"摆脱了'成人中心论'的羁绊,确认了以儿童文学必须切合少年儿童的精神世界与思维特征为基准的主体性原则,重建人的意识,塑造未来民族性格"[2],"孩子总是要长大的,成长是儿童永远的梦。现代教育正是要使生物学层面的个体生命真正转化为文学层面的主体角色。在成长过程中'学会求知,学会做事,学会共处,学会做人'"[3],从而阐明了教育和成长之间的姻亲关系。他还探讨了儿童文学与儿童成长心理之间的逻辑关系。他认为,"走向当代少年儿童的内心世界,表现一代新人多姿多彩、健康向上的生命气象与精神成长"[4],是20世纪八九十年代中国儿童文学发展的趋向之一。

朱自强在不少文章中论述了成长和成长小说。他认为儿童文学是"成长"文学:"儿童是'成长'的人种,在短短的十几年间,就经历了幼年、童年、少年三个不同的人生阶段

---

[1] 曹文轩.论"成长小说"[M]//赵郁秀.当代儿童文学的精神指向:第六届亚洲儿童文学大会文选 中英文本.沈阳:辽宁少年儿童出版社,2002:135-144.
[2] 王泉根.中国新时期儿童文学的深层拓展[J].北京师范大学学报(社会科学版),2000(4):45.
[3] 王泉根.中国儿童文学的历史性跨越[N].文艺报,2002-10-22.
[4] 王泉根.现代中国儿童文学主潮[M].重庆:重庆出版社,2000:225.

"……把儿童走向成人的成长仅仅看作是丢弃未成熟的东西的过程,是一种肤浅的想法。人类的早年生命是天赋的存在根基,所谓成长,不是'抛弃'这个生命存在根基,而是在幼年、童年、少年、青年、壮年等成长的各个阶段上,不断地把新的具有价值的东西(包括社会化中的具有正面价值的东西)充实进这个生命根基里去。真正的健康的成长,'放弃'的只是作为生命形态的表面的东西,保存的则是对人性来说不可欠缺的本质的东西。因此,成长也有一个如何保持的课题,不保持是反成长的,不能鼓励、帮助儿童保持可贵天性的环境,也是反成长的。……儿童文学中的小说则以儿童现实生活的具体描写来呈现儿童的成长状态:困境及其出路。儿童的精神成长既是日积月累的,也有飞速拔节的时节。儿童文学中有一类作品倾心于表现儿童心灵急速成长的关节,特别是描写自我意识(自我同一性)的觉醒和确立,人们将其称为'成长小说'。"[①]他还从"成长"出发,并在小说范畴之内阐释了成长小说的美学特征。"青春期遭遇最大的一个问题,也是最有价值的问题就是自我同一性的问题,就是自我意识的寻找和建立的问题。艺术地表现出成长中的少年的自我意识的建设过程,是很多成长小说的第一要件。成长小说的第二个要件就是必须具有充满逻辑力量的故事情节。与消解故事情节的某些现代小说不同,成长小说一定要有故事情节,这是表现成长的需要。没有经历和经验,人就无法成长。表现成长的过程,需要足够的容器,因此成长小说往往拥有长篇或者中篇的篇幅。在这样的篇幅里,如果故事情节缺乏有力的动机来推动,主人公成长的步伐就不能走远。成长小说的情节应该具有纵深感,不能是平面的,也不能原地踏步,而要有质的发展。成长小说的第三个要件是需要呈现出主人公精神上的磨难和寻路状态。"[②]综观此时期的儿童小说创作,对于成长的书写往往是片面的、偏狭的。其重要症结在于,把孩子想象得纯洁无瑕,多表现其阳光、纯真的一面,而绝少关注其心灵世界偶尔飘过的几丝云翳,以及接近成人之门的世故与狡诈等。

进入21世纪以来,随着互联网技术的兴盛,网络生活日常化,人们的思维、行为方式、书写、阅读习惯等受到了前所未有的冲击。加上中国社会商品化进程的深化,价值观念、审美趋向的多元,人们的自我意识和主体意识空前膨胀。面对新的文化语境,中国的少年小说创作已悄然发生了新变。其中,最明显的改变在于对性成长的书写。许多作家开始关注少年生理和心理的完整化、同步性,尤其是对性意识成长的关注,可谓中国儿

[①] 朱自强.儿童文学概论[M].北京:高等教育出版社,2009.
[②] 梅子涵,曹文轩,方卫平,等.中国儿童文学五人谈[M].天津:新蕾出版社,2001.

童小说书写的又一次质的飞跃。以往的少年小说书写,少年大多作为单向度的人而存在,其成长是不完整的,更难言完美。当然,实现完整、完美成长的书写,中国儿童小说才刚刚起步。如何沉潜于幽微的儿童世界,聚焦儿童真实的心灵律动,无疑路漫漫其修远!

第二节 青春文学创作现象考察及引导策略

所谓"青春文学",乃以小说创作为主,亦称"青春小说"。此乃21世纪以来被媒体爆炒的概念,主要指出生于20世纪80年代(简称"80后")的作家的写作。作为文学术语,其所具有的美学特征可大致归纳为:以处于青春期的青少年为叙述主角,展现他们丰富、驳杂的成长故事的小说文本,仍属"少年小说"和"成长小说"范畴。进入21世纪以来,"低龄化写作"的人造神话虽已式微,但"80后"所创作的青春小说却如日中天,代表作品有《三重门》(韩寒,2000)、《告别薇安》(安妮宝贝,2000)、《幻城》(郭敬明,2003)、《愤青时代》(胡坚,2002)、《麻雀要革命》(郭妮,2006)等。2004年甚至被誉为"青春文学年",代表作有《岛·柢步》(郭敬明)、《樱桃之远》(张悦然)、《红×》(李傻傻)、"草样年华"系列(孙睿)、《粉红四年》(易粉寒)、《我不是聪明女生》(董晓磊)等。青春文学从"单兵作战"升级为"群体出击",并以巨大的内聚力拉动了退守边缘的文学出版市场。而且,不少"80后"之外的作家也创作了许多青春文学作品,代表作品有何大草的《刀子和刀子》等。此外,还有许多寄居在青春文学旗号之下的作品。

一、青春文学何以蔚然成风

欲探究青春文学何以蔚然成风,需首先考察其存在的时代语境。自20世纪90年代以来,中国的经济和社会结构剧变,这势必会影响人们的心理结构、价值取向等。在此背景下诞生的青春文学,无论是文本内容还是发展态势,均烙印着鲜明的时代特色。概而言之,主要体现在以下几方面:

第一,由计划经济向市场经济转型,消费水平提升,贫富差距和城乡差距拉大。

1.消费水平提升。由于家庭经济水平提高,青少年开始拥有一定的消费力。他们对文化产品的消费,直接推动了青春文学市场的繁荣。他们属于张颐武所称"尿不湿一代",即80年代末,"尿不湿"进入中国,标志着一个消费社会的降临。"用过即扔"意味着便捷,但减少了父母和孩子之间的交流,放任孩子自由宣泄。当下,"尿不湿一代"已经长大,日益展示出物质丰裕社会青少年的趣味,并成为文化消费的主力。[①]

[①] 张颐武.新世纪文学:跨出新文学之后的思考[J].文艺争鸣,2005(4).

2.贫富差距拉大。21世纪以来中国整体上富裕了,不可否认,即使"一部分人先富起来",也仍有大批低购买能力者。中学生之间的攀比,折射出贫富差距。不仅影响青少年的物质生活,还会导致其产生心理落差乃至心理失衡。这种情状在青春文学作品中时有反映。

> 那个时候我没有钱,能听着几百块的CD机也觉得开心。
> 我是记得在我高一的时候小A都已经用3000多的CD机了,为此我非常鄙视他。而且也让我更加感叹中国的贫富差距。
>
> ——郭敬明《我爱你,我爱你》

这篇郭敬明早期散文中出现的小A,在现实生活中确有其人。小A是郭敬明的校友,高他一届,成绩优异,能力很强,很有主见。更重要的是,家里很有钱。在郭敬明的很多作品中,小A是重要的原型。比如《夏至未至》中的陆之昂、《光线消失的井池》里的颜汩。可见,郭敬明对小A的深深羡慕,其深层原因就是经济差距。当郭敬明摆脱贫穷之后,其作品如"小时代"系列中自然就充斥着各种奢侈品。

> 去年的时候我去杭州玩儿,去我一个很有钱的朋友(称呼他小K)家做客,他家是别墅,庭院里有一个特别大的游泳池。那天他请了好多朋友一起玩儿,我和小K两个人姿势优雅地涂完防晒霜,戴上了PRADA的大墨镜,我穿着Dolce&Gabbana的泳裤,他穿着GUCCI的泳裤,两个人靠在游泳池边上,身边的水面上浮着个ARMANI的托盘,里面装着各种进口的水果……
>
> ——《最小说》2009年第7期

郭敬明回应炫富质疑时声称,他所有的钱都是写作所得,挣钱花钱,理直气壮。不难看出,他现在所做的一切其实就是试图找补中学时与小A之间巨大的贫富差距。

3.城乡差距拉大。改革开放以来,伴随着城市化进程的加快,城乡差距虽在缩小,但城市文明日益排挤乡村文明,乡村审美处于弱势地位,甚至渐渐淡出人们的视线。这势必对农村青少年心理造成困扰。

第二,家庭结构的变化。经济结构的变化在一定程度上导致家庭结构的变化。家庭作为基本的社会单位,与青少年的成长息息相关。改革开放以来,中国家庭主要发生了三种变化,即家庭模式由单职工家庭转变为双职工家庭、离婚率不断上升和独生子女家庭普遍存在。

1.双职工家庭的普遍化。进入20世纪下半叶,许多女性开始走向职场,夫妻都工作已经成为家庭的常态。无论从女权还是社会经济发展的角度看,此乃进步现象,但是,也带来了一些问题,最明显的就是父母花在子女身上的时间减少。"80后"一代中,大多数由爷爷奶奶外公外婆带大,导致亲子关系的隔阂。一旦进入青春期,问题往往集中爆发。而父母不恰当的教育方式,更会加重这些问题。

2.离婚率攀升。据统计,截至2011年,中国的离婚率已连续七年上升。仅2011年一个季度,我国就有46.5万对夫妻办理了离婚登记,较上年同期增长17.1%,平均每天有5000多个家庭解体。离婚率攀升所带来的最严重的后果,就是对子女的心理伤害。

3.独生子女家庭普遍存在。独生子女政策让"80后"一代既成为掌上明珠,又陷入了寂寞、孤独的境地。传统大家庭中兄弟姐妹的陪伴消失了,孩子们面对的更多的是父母的高度期望与殷切寄托。这既是幸福,也是不幸。父母的万千宠爱倾注于一身,很容易产生极端的望子成龙心态,甚至过度溺爱。

家庭的这些变化所带来的问题,在青春文学中皆有所反映。他们或因"爸爸妈妈都忙于工作,根本不搭理我"而自我放纵,或因"爸爸妈妈管我太严让我成龙成凤,而这些我根本做不到"而自暴自弃,或因爸爸妈妈过度溺爱、百依百顺而极端自私。总之,亲子关系是青春文学书写的重要内容。

很多学者在论及青春文学时发表过类似言论:"80后"一代衣食无忧,作品中哪里来的这么多痛苦?事实上,社会结构、家庭结构的变革给这一代青少年带来了很多痛苦。富裕并不代表幸福,因为班里有更富有的同学,嫉妒油然而生;爸爸妈妈很少见面或见面就吵架,会使人伤心;无法实现父母的高要求,会产生焦虑;家中没有兄弟姐妹陪伴,会产生孤独。嫉妒、伤心、焦虑、孤独——"80后"一代并不像看上去那么幸福。

第三,价值观的变化。不少人为"80后"贴上"没有使命感""没有理想"的标签。"五四"一代青年的理想是实现国家独立;新中国成立后成长的那一代人作为在集体主义价值观教育下长大的青年,希望祖国能更加富强繁盛,甘愿为祖国贡献出青春。但"80后"一代似乎没有宏大的理想,因为国家已经独立、富强,他们之前的几代青年所梦想的都已实现,他们陷入了实现理想之后的空虚。"我对掌握知识保家卫国这样的事情丝毫没有兴趣,我的兴趣在于这是一个陌生的地方。这意味着,我在一个熟悉的地方碌碌无为了很多年后,将到一个新的地方继续碌碌无为。我的目的很明确——遇见一个漂亮的姑娘。我一直以为这是一个很卑鄙的想法,后来发现原来在我的同学中,这是个很崇高的理想。"(韩寒《像少年啦飞驰》)这就是对"理想缺失的一代"最好的反映。

这不再是一个崇尚集体主义的年代了,缺乏统一的价值观和集体理想。从个性化和人性解放的角度上说无疑是进步,但任何事情都有两面性,极端地高扬个性主义必然带来诸多问题。他们大多以自我为中心,但对于自我究竟是什么却没有概念,从而陷入了"我不知道我以后要做什么"的空虚。青春文学中泛滥的无病呻吟、伤春悲秋,皆源于此。

第四,媒介环境的变化。当下是视觉时代、信息时代和网络时代。便捷的网络环境直接导致当代青少年容易获取大量信息,导致欧美、日韩的亚文化潮流(日式动漫、摇滚音乐等)迅速进入"80后"一代的视野。很明显,青春文学作品深受这些亚文化潮流的影响。网络时代的又一个产物是信息的碎片化。这是尼尔·波兹曼在著作《娱乐至死》中提出的观点。他认为现在是点击、广告时代,任何信息在人脑海中停留的时间都很短,没有深刻印象和灵魂冲击,有的只是浮光掠影的碎片。这种碎片化的信息获取方式潜在地影响着人们的思维方式和写作方式,因此,大多数青春文学作品亦呈现出碎片化的特质。

近年来,网络上风行一种新现象,即 SNS 网站大肆占据青少年的网络生活。SNS 全称 Social Network Service,即社交网络服务。国内的相关网站主要有腾讯网、人人网、新浪微博和豆瓣网等。社交网站开始逐步霸占普通青少年的日常生活,更严重的后果是一批青少年已经患上了虚拟社交依赖症。人与人面对面的交流越来越少,更多的是通过社交网络来沟通。这种新型社交带来了很多问题,它使得人际交流的表演性质大大增强,同时也带来了虚拟化背后的孤独。有论者就 SNS 网站对大学生人际关系影响这一题目进行研究,抽样问卷的统计结果表明,花越多的时间(每周大于 7 小时,即平均每天 1 小时以上)在人人网上交友的人其孤独指数越高。[①]

二、青春文学写什么

青春文学究竟写什么?它表现什么样的主题意蕴?下文从青春文学与当代社会的联系这一角度切入,深入考察中国青春文学现象,解读青春文学作品中折射出的"80后"一代与自身、家庭、朋友、社会之间的关系,探究其中呈现出的青春景观和青少年生存状态。

---

① 周曦.SNS 网站对于大学生同学间人际关系的影响——以"校内网"为例[D].厦门:厦门大学,2009.

(一)书写经验世界

不少青春文学作品以作者的亲身经历为题材,尤其是初期作品,大多以经验世界作为写作起点。"说起我们为什么一直都写些发生在自己身上的真事,因为我们还来不及虚构,眼皮底下的还写不完呢。这是我听到的对诸如'自传'等批评最好的反驳。我想就是因为,现实比小说还像小说,我们都不想回避它。只有原景重现,才能更明白发生过什么。如果不记录下来,也许我们就忘了。"[①]这正好代表了一部分青春文学作者的写作心态。他们希望真切地记录下这段青春岁月,不论好坏。读者读到的一般不是成长小说呈现的主人公成长、变化的过程,而多是成长中的孤独、痛苦、迷惘、寂寞等情绪。他们对关注与关爱的渴望,与当下社会产生矛盾甚至格格不入,正好体现了青少年亚文化的边缘化和反抗性特点。主要体现在以下几方面:"成长疼痛与残酷青春""困苦的青春——农村青少年的生存与发展"和"青少年犯罪"。

其一,成长疼痛与残酷青春。成长不可能是一帆风顺的,青春期充满了太多不确定因素。疼痛与残酷,成为青春文学书写的关键词。主要体现在"与周围环境的矛盾""内心隐秘的痛苦"和"过渡中的挣扎与迷惘"等几个维度。

1.与周围环境的矛盾。青春期的少男少女自主意识日益突出,与周围环境产生的矛盾相应增多并复杂化。他们生活的主要环境是学校和家庭,矛盾多集中在这些地方,多表现为亲人相处中的叛逆、与朋友交往时的自我定位偏差和认同感不强,以及处理朦胧爱情时的不成熟等。这些问题或多或少与独生子女孤独的生存境况、城市生活重压之下忙碌的父母无暇充分顾及孩子的情感世界有关。比如,《悲伤逆流成河》直面成长的残酷,作者讲述了易遥、齐铭、顾森湘和顾森西四个高中生经历的困境和危机,将故事情境推向极端,着重表现了易遥在客观生存环境中的艰难。17岁的她在单亲家庭中艰难成长,母亲缺乏生活技能,只能以身体交易抚养她。母女间的矛盾日益激化,直到母亲去世她才明白这是一份多么沉甸甸的母爱。邻居家的同龄男孩齐铭是典型的好孩子,拥有幸福的家庭和充满希望的未来,给予了易遥适时的温暖。二人不是普通的朋友、同学关系,却又并非恋人。易遥的成绩不好,后来爱上不良少年并意外怀孕。顾森湘作为传统意义上的优秀学生,此时出现在齐铭的生活中。齐铭必须在二者间做出选择,他清楚与易遥的相处会为他的生活带来消极影响和不确定的未来,那绝不是他想要的。后来他选择了

[①]春树.长达半天的欢乐[M].上海:上海文艺出版社,2012:1.

顾森湘,易遥也和顾森西在一起。由于易遥的无心之失,顾森湘被侵犯后自杀。易遥难以承受重压而跳楼身亡。齐铭无法面对现实而自杀。这部作品在非常态的背景下书写了青春期少年在亲情、友情、爱情中体验的痛苦,并涉及单亲家庭对孩子的影响及女中学生怀孕等社会问题。孙睿的《路上父子》亦将故事背景建立在单亲家庭中。妈妈去世后,丁小天和爸爸丁大民相依为命。随着丁小天的成长,这对寻常父子从互相依赖到疏远、分歧、对立。后来,通过一次偶然的共同上路,终于实现和解。丁小天对人生有了新的领悟,家庭氛围重归和谐。颜歌的《五月女王》讲述了少女袁青山与客观社会环境的冲突。袁青山由于身体发育得快而被人歧视,在成长中经历了被人冷落与遗忘的痛苦。为了让心仪的男生张沛能接纳自己,她小心翼翼,不顾冷遇,付出了远远超过这个年龄的孩子所能承受的代价。她还没长大成人,就被归入另类,为了生存步履维艰。是她确实有问题,还是她所处的环境有问题?是否另类,往往建立在相对单一的评价标准上。她的乞求与期盼,必然会在她的成长中留下印记。

    2.内心隐秘的痛苦。青春时代的生命健康、美好,充满活力,在对青春时光无比珍惜与无心挥霍的同时,青少年的内心常常有一种隐秘的、无法言说的痛苦。有人曾经质问春树:你们这一代人到底有什么痛苦? 的确,"80后"没有经历过战争,没有经历过饥饿,甚至不懂得何为赤贫。但在恒长的模式化的平淡岁月里,他们常常感到细小而深刻的痛苦。这种痛苦在战争或饥饿等危及生命的情境中往往会暂时被忽略,可在安定的日常生活中却凸显出来。这在"80后"的青春写作中则表现为一种原因不甚明了的痛苦,一种不可名状的幽微情愫。春树堪称表现此种情状的代表,其作品因过度宣泄内心的痛苦、过分描写衰败堕落的生活、过于颓废和阴暗而屡屡被禁。她的成名作《北京娃娃》被禁,《长达半天的欢乐》因过于消极,发行前已做了删改,仍在面世两个月后被禁。《长达半天的欢乐》是春树的半自传体小说,记录了热爱朋克、摇滚的后青春期叛逆少年春无力,不堪忍受机械化的生活而从高中退学,后在各个城市漂泊、流浪的故事。春无力退学后过着"看电视、听音乐、写小说、采访摇滚乐队、大概六个月换一次男友"[1]的生活,并且抽烟喝酒,在商场偷东西,不停地旅行,不断地接触各式各样的男性。在这个过程中,她因为热爱朋克音乐,结识了一些同样还有梦想的年轻人。

    春树说这部书只是想既不伪高调也不伪低调地记录下自己的青春生活,还有生活

---

[1] 春树.长达半天的欢乐[M].上海:上海文艺出版社,2012:17.

中出现过的各种年轻人,试图表现一种自由、青春的朋克力量。这与她的青春观是相符合的。她曾在采访中提到,"青春应该为所欲为,因为青春只有一次"。其实,人生的每一个阶段都只有一次,不可重来也不可复制。以"青春只有一次"为理由而为所欲为,是不甚公允的。该作品给人印象最深刻的当数"闲着也是闲着,不如去死"这类的宣言。春无力觉得李小枪那种"可以随时去死"的想法不错,因为"年轻人,不死还能干吗呢?反正大家都处在没什么理想的状态中,闲着也是闲着"[①]。李小枪被一个朋友砍死,春无力表示自己不想说什么了,只用两处"战死街头"体现自己渴望做一个战死街头的朋克的梦想。

此种夸大的痛苦,实则与对时代的迷茫、自身责任感的缺失和理想的失落密不可分。从春树对"80后"一代的认识可见一斑:

> 如果我要给80后起个名字,我要叫它"速食一代"。旨在随时写诗,想写什么写什么,不顾及风格,写过就扔。我是典型的速食一代,连吃的都喜欢最简单的,中国饭吃起来太浪费时间了,我就爱吃汉堡包、百事可乐、三明治,打开就吃,吃完就扔,简单方便,我就喜欢这样的粗俗、直接。在我们之前,有垮掉的一代、迷茫的一代、爱与和平的一代、虚无的一代,可我们都不是。前辈们的刻意反讽、解构有了收获,它们到了我们这里就成了天经地义、理所当然。我们的反叛不是反叛,而是理所当然。我们本身就是叛逆。我们是没有理想、没有责任感、没有传统观念、没有道德的一代。所以我们比70后以及60后、50后、40后……更无所顾忌,更随心所欲。因为这个世界简直就是我们的,或者这个世界从一开始就不是我们的,那我们还追求什么?我们对于理想以及目标都没什么执着的追求。执着不适合我们。速战速决、屡败屡战适合我们。我们乐此不疲。[②]

这是一种质疑一切、没有理想、缺乏追求的价值观。不论我们是否承认,当下社会确实已经与传统产生了断裂。在如此环境中长大的孩子们身上,必然会出现新现象、新问题。一些学者认为,"80后"是生活在道德真空中的"游戏机一代"[③]。被经济快速发展浪潮所冲击的这个时代,容易让人茫然失措。失去了信仰和方向,内心的痛苦更容易萌芽、滋长。

---

① 春树.长达半天的欢乐[M].上海:上海文艺出版社,2012:5.
② 春树.长达半天的欢乐[M].上海:上海文艺出版社,2012:103–104.
③ 陶东风.游戏机一代的架空世界——"玄幻文学"引发的思考[J].文艺争鸣,2007(4).

两性情感是青少年常常面对的另一大问题。囿于传统的家庭、学校教育,青少年的情感往往被压制。这往往成为他们痛苦的另一个源头。《十八岁给我一个姑娘》较为深入地探讨了这一问题。少男少女之间往往关系微妙,一个动作、一个眼神都极有深意,能够引起情绪的跌宕起伏。正如冯唐所言,"那个小姑娘自己可能压根不知道有个小屁孩儿为她如此心潮汹涌、胸口肿胀"[1],青春期激烈的情感很多时候因害怕遭受同伴嘲笑、调侃而不能言说,或因家长和老师的管制以及担心被对方拒绝而不敢表达,或者表达之后得不到回应。事过境迁,回望青春时,那淡淡的悸动早已是"心口上的一颗朱砂痣",在当时却可能是情感上的沉重负担。

张悦然的《樱桃之远》表现了神秘力量带来的隐秘痛苦。身世堪怜的段小沐有先天性心脏病。在超现实因素的作用下,杜宛宛能够感受到段小沐的痛苦,却不明白其中的原因,更无法告诉别人。在极大的困扰下,她伤害了段小沐,造成小沐残疾的同时也为自己整个童年乃至青少年时期的生活带来挥之不去的阴影。虽然作品中呈现的是超自然元素导致的痛苦,但现实中的确存在无法向他人诉说的隐秘。拥有自己的秘密是成长的标志,但也可能对成长产生负面影响。

3.过渡中的挣扎与迷惘。这一主题的关注者颇多,包括韩寒、春树、冯唐、孙睿等在内的青春文学作者,或多或少都表现了与成人社会的碰撞,以及在其间找寻位置的艰难。春树颇具代表性,被誉为"最具战斗姿态"的青春文学作家。《北京娃娃》是她的自传体小说,被称为中国文学史上唯一一部由处于青春状态的作者写成的真正意义的"残酷青春告白"。林嘉芙(春树的代言人)是一个不愿迈入成人社会且要与世界作战的少年。林嘉芙从14岁到17岁之间坎坷的情感经历和生活历程令人震撼,她十几岁就开始吸烟,与几个男人发生性关系,我行我素,令父辈们惊愕、不知所措。她在理想、情感、社会、家庭、欲望、成人世界之间奔突、呼号,甚至绝望。总之,春树在《北京娃娃》里以离经叛道为武器,表达了对传统成人社会的无所适从和不懈抵抗。而《2条命——世界上狂野的少年们》则表现出她对成人社会的极致否定:

我们真的拥有青春吗?我有长大的恐惧,又有谁能配得上我的憧憬,和我组建一个家庭?我宁可要幼稚的坚定,也不要成熟的犹疑。……我想拒绝大多数的成年人,我恐惧

---

[1] 冯唐.十八岁给我一个姑娘[M].沈阳:万卷出版公司,2010.

他们的成熟和城府。我要拒绝大部分的年轻人,我恐惧他们在现实面前的不堪一击。我相信我还有仅存的对美好的追求和等待,我知道它们会在时光的流逝之中消失殆尽。①

作品中有两个极为相似的女生遇断和楠楠,两个人都疯狂地热爱摇滚乐,热爱文学,都以为自己很潇洒,但又总是在人生的道路上迷失方向。遇断愤怒、痛苦、孤独,她知道自己在成人的复杂社会中越陷越深,随时都有沉没淹死的危险。因为必须面对的现实是老谋深算和金钱主义,它们已经打败了一切,让她失去了保持纯粹与继续追梦的可能。更令她绝望的是:"成年人是什么样你还不了解吗?同化他!不可能。"最终,两人得以相见,遇断用刀捅死了好孩子楠楠。理由十分清晰:这是一种解脱,"我宁可让你死,也不愿意你这样活着"。春树借遇断表达了自己的愿望——希望青春是一个长梦,永远不醒,永远不用踏入难以契合的成人社会。她的另一部作品《抬头望见北斗星》也表现了青年对社会和生活的失望与无奈。

孙睿的《活不明白》以四个性格迥异的青年人的工作、爱情为主线,描绘了大学毕业生初涉社会的艰辛,理想和现实之间的巨大落差,独立思考的精神面对世俗社会时的无能为力,对美好爱情的无限向往却无法把握等。主人公倪蒙在频繁更换工作中对未来和生活愈加不明白。同时,面对初恋女友和正在交往的女孩,他对爱情也愈加不明白,在迷茫中跌跌撞撞,不知所措。作品对大学生毕业后漂流的生活和迷茫的状态进行了翔实、生动的描述,对何谓真正有意义的生活提出质问。

"80后"作家的青春经历固然有其局限性,正如抽样分析必有误差,但大致可作为观察一代人青春生存状态的参照。"80后"是中国第一代独生子女,相比于父辈、祖辈,家庭经济条件的普遍改善让他们不必过早承担经济压力,在家长的过分重视和呵护下成长,他们转向对自身的关注是可以理解的,不过,作品中满篇的愁与苦着实令人费解。事实上,疼痛与残酷并不专属于某一个人生阶段,而是生命中始终不可剥离的部分。对"80后"作家多有包容和欣赏的曹文轩也表示:"他们的文章,秋意太重,一个初涉人世的少年,一落笔,就满纸苍凉,很孤独,很颓废,很绝望,很仇恨,一副受了莫大灾难与折磨的样子,仿佛这个世界丢弃了他……爱做出哀怨的神情,甚至爱给人一副充满敌意的形象。我就很怀疑,他们这番浓重的秋意与敌意,究竟有多大的真实性。"② 不论真实与否,

---

① 春树.2条命——世界上狂野的少年们[M].上海:上海文艺出版社,2012:43.
② 曹文轩.他们的意味——"80后"写作与时代[J].中关村,2005 (1).

这正是"80后"青春文学作家们选择的表达方式。

其二,困苦的青春——农村青少年的生存与发展。农村题材虽是"80后"青春文学中较少涉及的,但农村青少年是一个庞大的群体,对他们的关注自然不可回避。此类作品主要展现农村少年如何面对自己的生活,面对和他人的接触,面对社会上形形色色的人。农村少年是走向城市还是留在农村?走进城市的农村孩子清楚地知道自己的未来,一所打工子弟学校里可能只有那么两三个学生能够考上市里的普通高中,剩下的将回到家乡念职高或者跟随父母出外打工。留在农村乡镇、远离父母的孩子有可能考上县重点或市重点,不过这只是小概率事件,大多数依然要延续父母的道路。李傻傻是写作这一主题的典型代表。他出生于乡村,成长于湘西南乡野,被称为"少年沈从文"。他的出现被认为是对当下青春文学中缺乏的乡村和底层经验的补充。他对泥土和大地的亲近,使他的生活经验不同于当下的大多数青春文学写手。尤其与郭敬明式作者的对比最为鲜明。

李傻傻的散文集《被当作鬼的人》描写了他对湘西农村生活的记忆,大多运用儿童视角,书写乡村经验,并不是完全意义上的目前学界讨论的青春文学,但对农村少年的成长情况有所观照,在此也纳入考察范畴。李傻傻出生于1981年,正赶上改革开放、农民开始摆脱土地的束缚而涌入城市的大潮。在这样的背景下,农村青少年离开乡村的愿望非常强烈。他们逃学、离家出走,甚至为进城上学而卖命。他们迫不及待地逃离被文人美化的田园牧歌式的生活,迫不及待地涌入光怪陆离、充满诱惑和陷阱的都市。《火光》表现了他们融入城市的艰难过程:

今年暑假,我和妈妈在他(爸爸——引者注)打工的地方见到了他,他打工是因为我需要钱上学,……在工地上,我看到他穿着宽大的汗衫,头上的安全帽是黄色的,全身晒得像一块焦黄的腊肉。他拖着一辆小翻斗车,里面装着砖头、木头、小石头。他经过我和妈妈身边的时候,走了过来,在龙头下洗了脸,吃我们带过去的西瓜。他说,这个西瓜还没熟。朝我们笑的时候,我发现他的牙齿因为戒烟已经白了很多,同时头发也白了很多,因为老了。他老了。①

这条对父辈而言曲折艰辛的路,在下一代那里也难以平坦多少。从乡村到城市的艰

---

① 李傻傻.李傻傻三年文集[M].北京:中国青年出版社,2006:247.

难是不难设想的,但大量进城务工的人员往往会将各种不良境遇隐藏,对家乡的人们报喜不报忧,造成城市一片美好的假象。"来自乡村的李傻傻仿佛一位泄密者,将农村青年进城后的遭遇毫不留情地揭露出来,写他们在下等录像厅、通宵网吧、劣等饭馆里的遭遇,写他们必然失败的爱情。失败的爱情经验中掺杂着窘迫、饥饿、屈辱和劣质方便面的气味。"①贾飞的《红玫瑰》比较特殊,讲述了一个农村女孩在走向都市的过程中,经过挣扎、沉沦,最终成为一个优秀的企业家。这样的光鲜案例,实为个案。

经济上的沉重负担以及与农村藕断丝连的关系,是困扰农村青少年的另一重要因素。李傻傻的《1993年的马蹄》通过全家人为了"我"读大学筹钱的过程,展现了负重累累的马驹在奔向城市的途中负载着不能承受的道德之重,以及对乡村文明爱恨交织的感情状态。地区间的发展不平衡以及城乡贫富差距,已经切实地局限了农村青少年发展的空间。与乡村若即若离的关系,成为他们的心理重负。他们不能彻底抛却乡村,也无法继续自然融入其中。

打工文学作为关涉农村青少年的一部分,对观察他们的生存状态颇具价值。安子的《青春驿站》等作品虽文学性不强,但其巨大的真实性引起了打工者的共鸣。作品呈现了到城市谋生的人们充满酸甜苦辣的青春故事,他们的生活、未来、婚姻、家庭以及不安定的因素纷繁复杂。

精神、道德和物质等层面上的多重困难,逐步在人们心里滋生出一种徘徊于城乡之间的无处安放的漂泊感。李傻傻的《红×》可窥见一斑。"红×"是老师批改作业时常用的符号,颇具象征意味。15年前,主人公沈生铁的父亲沈田玉在杀死情敌之后,潜逃西安。15年后,被学校开除的沈生铁不敢回家,瞒着父母在城市里游走,与李小蓝、杨晓等女孩周旋。他宁愿偷窃、做苦工都不愿长期接受女友的帮助,他对各种状态的生活都是怀疑和抵触的。他不想回农村,进入城市后却又迷失了自己,失去了在乡村时的平淡从容,城市的丑陋和潜藏的罪恶又让他不满和愤怒。作者说主人公在"追寻青春的尊严和自由",其实他一直在学校和社会、城市与乡村之间游走,迷恋现代化的灯红酒绿,试图融入都市,又不舍得乡村生活中原有的质朴美好和悠闲。最终,他沿着父亲15年前走过的路线乘火车去见他无限依恋的人——杨晓的母亲杨繁,并在她的帮助下,回到补习学校学习一年,考上大学,生活重回正轨,向都市文明靠近。韩寒的《三重门》对此问题其实早有关

---

① 张柠.乡村与都市的双重梦魇——谈李傻傻的创作[J].南方文坛,2007(4).

注。林雨翔从镇中学到市重点中学后,感受到城里人莫名的优越感的压迫。新一代农村青年在城市化大潮的冲击下,经历着乡村和都市的双重梦魇——一种是鬼魅的、噩梦般的乡村经验,还有一种是充满城市下水道和农贸市场烂菜叶的都市经验。渴望摆脱前者,又无法被后者接纳。①总之,在大量书写城市经验的青春文学作品中,李傻傻的著作是一种很好的补充。

其三,青少年犯罪。毒品、暴力伤人等犯罪事件,是一部分青少年成长的陷阱,与家庭环境、学校教育以及青少年叛逆和过剩能量的宣泄诉求等有关。一些青春文学作品对此种非常态青春事件予以关注。九夜茴的《匆匆那年》被称为"'80后'的血色浪漫",记录"80后"成长轨迹的同时,探讨了青少年犯罪等事件。九夜茴的《花开半夏》(又名《弟弟,再爱我一次》)由一起真实的少年犯罪案件改编而成。孤儿魏如风偶然认识了夏如画和她的奶奶,姐弟俩共同度过贫穷而温暖的童年。奶奶去世后,姐弟二人相依为命,困厄重重。夏如画不幸遭受侵犯,魏如风因此伤人。由于种种不可抗力,他陷入黑社会泥沼,为求生不得不参与贩毒。夏如画和魏如风作为一对毫无血缘关系的姐弟,因年龄的增长以及极端的成长经历,感情逐步发生变化。面对爱情时两人小心翼翼、互相试探,当他们摆脱束缚决定在一起时,却由于贩毒案被侦破而难成眷属。作品以夏如画的去世和魏如风的精神失常而结束,指向的是青少年犯罪后没有出路的结局。李海洋的《少年查必良伤人事件》也讲述了青少年误入犯罪歧途的经历。16岁的查必良为了所谓的自由生活,将"混混儿"确立为自己的少年理想,从受伤者变成伤人者。

毋庸置疑,青少年时期犯罪对人一生的影响是极其残酷的,在监狱中度过的青春时光极可能令他们终其一生都难以回到正常的生活轨道。九夜茴在一次签售会上曾说,原以为《花开半夏》中的故事是少见的个例,后来在网络讨论时却发现校园暴力、校园涉黑涉毒的事件颇多。近年来美国校园频频发生枪击案等恶性伤人事件,正是这一问题的现实呈现。其对公民人身安全、社会公共安全造成的潜在威胁不容忽视。青春文学作品在写到这一问题时,悲悯、叹息多于批判,然而,理性的思考与必要的包容都是不可或缺的。

(二)反叛与批判

反叛是青春期的标志性特征之一,它与青春期的精神焦虑、精力旺盛和阅历有限等

---

① 张柠.乡村与都市的双重梦魇——谈李傻傻的创作[J].南方文坛,2007(4).

相关,是青少年抗拒传统文化规约的一种态度。随着文明的演进,"80后"一代拥有更为明确的自我意识和张扬叛逆的个性特点。相对宽松的环境令他们的反叛得以舒展,能够在一定程度上发出不同的声音。青春文学反叛书写颇具影响的"有韩寒、春树、李海洋、易术,以及将叛逆搬到虚拟世界去放大的一些玄幻写手"①。其中尤以韩寒为甚。韩寒对教育体制、传统文化和社会问题的批判犀利、深入。

其一,批判教育体制。部分青春文学作者以亲身选择实现了对传统教育的反叛,比如韩寒、春树等,他们大多在校期间成绩不理想,或退学,或肄业。不少青春文学作品对中高考和后高考时代的批判较为深入。《三重门》一经面世,韩寒就被媒体塑造为教育体制反叛者的重要代表。他本人在"离经叛道"这条路上也走得相当远。

韩寒尚在求学期间便发表了各种"独立"于教育体制之外的文字,他从上到下、由里及外,将学科、学生、老师和学校一一吐槽。《三重门》《零下一度》《一座城池》《光荣日》等从不同层面抨击教育体制。从古时的科举到现在的中考、高考,中国的考试总是全民的考试。家中有一个孩子考试,全家人都处于备战状态。巨大的关注度裹挟着巨大的压力,这既可能促使孩子勤奋学习,又可能将孩子推向逆反之途。

韩寒多以谐谑、讽刺的笔调书写对现行教育体制的不认同,即便写吃喝玩乐,也总能与批判教育联系起来。教材、教师、教学方法、考试制度等,统统成为其批判的靶子。

> 语文书里作者文章的主题立意仿佛保守男女的爱情,隐隐约约觉得有那么一点,却又深藏着不露;学生要探明主题辛苦得像挖掘古文物,先要去掉厚厚的泥,再拂掉层层的灰,古文物出土后还要加以保护,碰上大一点的更要粉刷修补,累不堪言。马德保就直接多了,不讨论,不提问,劈头就把其他老师的多年考古成果传授给学生。学生只负责转抄,把黑板上的抄到本子上,把本子上的抄到试卷上,几次测验下来成果显赫,谬误极少。②

> 老枪的梦想从小就是成为一个文学家,真是没有想到这个时候还要当文学家的,我们的热情,居然还有没在学校里就给灭了的。③

---

① 焦守红.当代青春文学生态研究[M].长沙:湖南师范大学出版社,2008:273.
② 韩寒.三重门[M].沈阳:万卷出版公司,2010:15.
③ 韩寒.像少年啦飞驰[M].沈阳:万卷出版公司,2010:24.

在韩寒笔下,学校是一个淹没学生个性、实施种种不合理手段的僵化之地,疯狂地磨灭梦想的激情与追梦的可能性。其作品中的主人公大多经历了痛苦的学校生活,他们迷惑不解,迷失了方向,急切地寻找自己想要的生活而不得,转而陷入巨大的空虚和漫无边际的游荡中。《三重门》中的林雨翔在即将面临处分时萌生出走的想法,也许放开纷纷扰扰会更自在一些,但不能放开。就像攀住一块凸石,脚下是深渊,明知爬不上去,手又痛得流血,不知道该放还是不该放。《一座城池》中的"我"肄业后,和健叔、大学生王超整日在城市里闲晃,做着奇特的梦。《像少年啦飞驰》中的"我"所在的高中是一个"很卑鄙的学校",但考上野山师范中文系对"我"而言,不过是在一个熟悉的地方碌碌无为了几年后,将到一个新的地方继续碌碌无为。《他的国》中的左小龙开着摩托车漫无目的地巡游,周遭是无边无际的迷雾……

　　如果说韩寒以幽默、调侃、看似玩世不恭的态度表达反叛,那么春树则以极端的负面情绪予以尖锐批判。《北京娃娃》的前传《红孩子》中的主人公林嘉芙,虽然成绩不优秀,但她有过"无忧无虑胡作非为的童年",有过亲密的好友和孩子间朦胧的暗恋。然而,一切在初三那年发生了转折。"我爱这所学校,在我初三以前。我对这所学校的憎恨并不是它的错。是我遇到了我这辈子不该遇到的第一个人——我初三的班主任纪老师。"[①]从春树带有自传性色彩的不少作品中,大体可以窥视其本人的成长轨迹。学校和教师对她的消极影响特别明显。她在《我上职高,为什么退学》一文中,讲述了她初中毕业后对职业高中生活的不适应,职高两年走过的弯路给她带来的阴影一直在延续。春树可谓被学校教育的重压扭曲了的典型。

　　中学时代结束后的"后高考时代",亦成为青春文学批判的对象。尤以孙睿的"草样年华"四部曲(《草样年华·壹:北×大的故事》《草样年华·贰:后大学时代》《草样年华·叁:跑调的青春》和《草样年华·肆:盛开的青春》)为代表。该系列作品自2001年就在北京高校流传。作品以邱飞、周舟、杨阳等几个大学生的学习、爱情、工作和生活为主线,反讽和嘲弄大学生活,失落、空虚中又带着明显的眷恋。同时,调侃大学教育体制,引人深思。高考前被描述得无比美好的大学生活,实际却是另一番景象。和中小学类似的班委制度,讲台上不知所云的老师,大学生思想品德修养(简称"大思修")、马克思主义哲学

[①] 春树.红孩子[M].上海:上海文艺出版社,2012:3.

(简称"马哲")等老调重弹的思想政治课程,让日子在并不轻松的状态下轻易流逝,邱飞等对大学的美好愿望也随之破灭。第一学期期末考试的来临,更是深度、全景式地展现了大学众生相。邱飞在结束与医大女生的恋情时,迎来了期末考试的"噩耗"。从他复习备考的荒诞,可窥见大学教与学之间的貌合神离。

  校园里有一家复印店,平常日子买卖清淡,勉强度日,但每逢学期末,其生意异常火爆,学生排队等候复印的现象屡屡发生……复印店的生意如此火爆,想必和任课教师存有千丝万缕的联系。首先,任课教师故意字迹潦草,这样就会有一部分学生因字迹晦涩而放弃抄笔记,但字迹不会潦草得没有一个学生能够辨认出,否则大家复印谁的笔记;其次,任课教师故意把课堂气氛搞得枯燥无味,使得一部分学生失去对这门课的兴趣而不再出现于课堂,这样,到了期末考试的时候,他们不得不去复印笔记;再次,任课教师故意在黑板上写下颇多的内容,以便让学生多复印几页,给复印室创汇。①

  上课抄笔记,下课印笔记,考试背笔记,考后扔笔记,可能是为数不少的大学生真实学习状态的写照。韩寒的杂文《大学生的问题》直接批判大学生"最眼高手低又什么都不会",申明工作时要"先把学校里学的都忘掉,然后忘来忘去没忘掉的可能才是很少的有一点用的东西"。②至此,从基础教育到高等教育,都被青春文学作者统统批判,包括教育行政体系和教育改革问题等也难以侥幸逃脱。总之,青春文学对教育的反叛俨然成为一道壮观的风景。

  其二,反叛文化传统。反文化和亚文化是有区别的。一些学者认为反文化是亚文化的极端形式,另一些学者指出二者不可混淆。相比较而言,反文化带有明显的政治色彩,而亚文化的政治色彩较弱,更多地作为主流文化的边缘文化而存在。因此,此处提出的反叛文化传统,意在指向不少青春文学对文化传统的否定,对主流文化的不满和颠覆,而非纯粹意义上的反文化。青春文学书写的反叛已不仅仅是为了写作,而是成为一种姿态和旗帜,甚或可以视作群体的特点之一。他们不愿接受所谓的优良传统和精英文化教育,试图解构传统,并建立自己的价值体系。

  博士、专家、教授作为传统文化教育体制内的标杆,近年来频遭调侃。韩寒对他们的

---

① 孙睿.草样年华·壹:北×大的故事[M].武汉:长江文艺出版社,2011:102.
② 韩寒.韩寒五年文集(上)[M].南昌:二十一世纪出版社,2006:278.

批判可谓活跃。他向高学历者发出正面攻击,"有些博士其实见识没有多少长进,只是学会了怎么把一句人都听得懂的话写得鬼都看不懂"①。不仅如此,作为一个文学青年,他对文学传统也颇有微词。在做某一期电视节目时,韩寒曾表示老舍、茅盾、冰心等人作品的文学价值有限,因此他受到各方关注和批判。后来,他撰写了《大师们,我等无条件屈服于您》一文,说明了事情的经过,表示"老舍"是他的口误,但坚持认为这里面他唯一错的是把老舍和巴金搞混了,老舍的文笔还是不错的。他很坚定地认为,"巴金、冰心、茅盾三人的文笔和文采是非常一般的……个人比较欣赏梁实秋、林语堂、鲁迅、钱钟书这些文采和文字天赋比较好的"②。

一般而言,所谓主流价值观往往是需要大家努力靠近、趋同的标准,但青春文学对其的反叛颇为常见。冯唐的北京三部曲(《十八岁给我一个姑娘》《万物生长》和《北京,北京》)情节不是特别连贯,通过三个断面构成主人公秋水从幼儿园到大学,生理、心理成长发展的过程。冯唐相信"在无聊中取乐,低俗一些,这比较接近生命的本质",北京三部曲中仿佛贯穿着一种"流氓"情结。他笔下的语文老师顶着大脑袋,精通中国文人的传统绝技:牢骚与胡说八道;数学老师也"有个大得出奇的脑袋,里面没装多少与数学有关的东西"③。相反,他笔下的老流氓孔建国是一个充满人生智慧且能够体验细小的低级趣味的人,可看作是秋水成长的引路人。"老流氓孔建国是我枯燥生活中的光亮,没什么正经工作,总在街前楼后晃荡。""不阳光的东西都被消灭了的时候,老流氓孔建国是所有不阳光的东西的化身。老流氓孔建国是香烟、毒品、酒精、颓废歌星、……小黄画片、巫术、邪教、帮会、格调、时尚、禁止在报纸上宣传的真理、老师不教给我们的智慧、月亮的暗面。"④很多类似句子的主语都是"老流氓孔建国",作者似乎有意强调,那个老流氓以自己率直的生活态度影响着秋水性格的形成。

秋水对老流氓孔建国逐步形成的个人崇拜,在初三上完生理卫生课之后达到顶峰。初三时秋水对于自己的生理变化感到不解和莫名的恐惧,学校请来的老师对此又讳莫如深,既说这是正常现象,却又说它是"资本主义的、旧社会的、封建的",还说如果持续的话,要告诉班主任,向"校长和区里汇报记录并上报市教育局",反而让他更恐惧、不敢

---

① 韩寒.零下一度[M].沈阳:万卷出版公司,2010:97.
② 韩寒.可爱的洪水猛兽[M].沈阳:万卷出版公司,2009:4.
③ 冯唐.十八岁给我一个姑娘[M].沈阳:万卷出版公司,2010:68.
④ 冯唐.十八岁给我一个姑娘[M].沈阳:万卷出版公司,2010:21.

睡觉,以为自己离死亡越来越近。最终,还是所谓的老流氓孔建国告诉他这些现象是"再自然不过的事情,不要大惊小怪,没有教养的样子"①。一般人眼中"最没有教养"的孔建国,却十分正经地教育秋水。冯唐借秋水之口表达了对传统教育模式的否定,对主流价值观的反叛与解构。

其三,批判公共事务。青春文学作者中,对社会问题的批判以韩寒为代表。2004年《南方人物周刊》评选"影响中国 公共知识分子50人"时,韩寒并未入选。2008年,在网上流传的"2008年度百位华人公共知识分子"名单中,韩寒与北岛、陈丹青等人入选。这意味着韩寒已不是当年的韩寒了,他已具备了针对公共问题发言的能力,并具有较强的号召力与影响力。②他的转变及动因虽遭到麦田等人的质疑,但他的博文和杂文创作确实对社会公共事务进行了批判性考量。就图书市场的号召力而言,郭敬明、饶雪漫等都能和他一较高下。但是,在对公共事务的批判方面,他在同期的青春文学作者中堪称独树一帜。韩寒在与百度的版权之争中胜出,可见其影响力之大。由于百度文库作为分享类平台而存在,已经严重影响到作家的收益和知识产权。作家们维权之初,韩寒的两篇博客"檄文"仅在新浪网上的点击量就超过百万,引起了广泛关注,对百度造成了巨大的舆论压力。

韩寒以《三重门》走进青春文学疆域。《三重门》并未着意书写对政治的不满,但不经意间已对社会公共事务和政治问题有所关涉,以对贪污腐败现象的讽刺为主。教育系统的行政官员不过是丑陋的权钱交易的执行者,"似乎很难找出一样东西数量上会比中国的贪官多,但恋爱里女孩子的表情就是一个大例外"③。

2008年后,韩寒不再局限于批判政府官员。他在公共事务领域涉及的层面越来越多,批判政府的言论控制、行政效率低下、官员不作为等问题时言辞犀利。对于那些跟他写信诉苦,希望能通过他的文章引起社会关注的人,他在文中表示:

真正苦难深重的人已经未必能够申诉,对于正在申诉自己苦难的人,他们始终没有一个申诉的途径。他们曾经向干部申诉,后来发现好像除了干部以外也没其他什么人欺负他们,于是他们向组织申诉,后来发现组织是由大大小小的干部组成,然后他们找到

---

① 冯唐.十八岁给我一个姑娘[M].沈阳:万卷出版公司,2010:29.
② 赵勇.从文学韩寒到政治韩寒[J].法治周末,2012 (2).
③ 韩寒.三重门[M].沈阳:万卷出版公司,2010:178.

了信访办去登记了一下自己,以便于公安机关监控,最后他们到法院去缴纳了诉讼费。这条路上绕来绕去都是敌军,于是他们另辟蹊径,他们找到了媒体,但是发现苦难者太多,自己的苦难不够深重,没有达到新闻的级别。然后他们找到了网络,但是发现倒霉蛋太多,他们的倒霉不够独特,没有达到被顶的级别,然后,他们怎么办?①

他以笑中带泪的方式直接表现民众在当下的政治环境中上访无门的困窘,反映出政府工作的某些侧面。韩寒类似的杂文并不少。2011年,他在台湾出版了杂文集《敏感词》。而《青春》《出发》(台北:新经典图文传播)、《漂移中国》〔香港:牛津大学出版社(中国),台湾商务印书馆代理〕等杂文集都在港台地区出版。从这个层面上看,青春文学众多作者中难有出其右者。

韩寒以反叛者、质疑者、挑战者的形象面对各种政治、社会问题,成为当代青少年亚文化中的一个典型现象。韩寒学会了正话反说,反话正说,绵里藏针,打擦边球。②他在自我调侃、自嘲意味浓厚的语言中表达自己的思考,敢于说一些体制内专家不敢说的话。即使在转型为赛车手之后,他也持续关注社会问题,以自身的影响力吸引更多人的目光。但是,若将"公共知识分子""意见领袖"的称号套在他身上还是有待商榷的。依据德国思想家哈贝马斯对公共知识分子的界定——"那些积极投身到现代社会自我理解的公共过程中去的行为者,也就是积极投身到文化公共领域、政治公共领域以及民族公共领域中去的行为者。这些人不是选派出来的,而是主动表达意见,关注普遍话题,在各种不同的利益之间做到不偏不倚。换言之,'公共知识分子'的社会职责和历史使命就在于为建立国家层面和国际层面上的民主制度而努力。"③——如果说左拉、萨特、阿隆等是知识分子的话,将韩寒封为"公共知识分子"显然有点滑稽。撇开"公知"与否,不论韩寒在文学上的表现如何,他作为这一代青年反叛传统的代表,作为近年来国内亚文化分析的典型案例,都将是文学、文化研究绕不开的话题。

以韩寒为代表的叛逆青年,在一定程度上代表那一代青少年中的某一群体对教育、传统文化以及当下社会环境的不满。事实上,每一代青少年都会反叛。巴金在《家》中曾发出过反叛的呼喊。在任何一个时代,年轻人和掌握主流话语权的中老年群体间都存在

---

① 韩寒.漂移中国[M].香港:牛津大学出版社(中国),2010:33.
② 赵勇.从文学韩寒到政治韩寒[J].法治周末,2012(2).
③ 曹卫东.权力的他者[M].上海:上海教育出版社,2004:66.

着代际冲突。不同年龄阶段的人在价值立场、思想成熟度和社会化程度等诸多方面迥然不同。儿童在自己的思维逻辑和处事方式的维度内,形成自己的规约并逐步接受,随着成长,他们不得不抛弃过去已经接受的规约而接纳成人社会的规则时,产生矛盾和冲突是必然的。获得话语权者为了捍卫已有的权益和地位,自然会进行抵抗,两代人之间的博弈和对抗是社会发展的常态。若干年后,当"80后"成为社会的中坚力量,他们的孩子必将会有叛逆言行。问题只在于当时的经济、政治、人文环境是否允许叛逆的存在,以及如何应对。

(三)逃离与回归

处于边缘地位的青少年群体与处于主流地位的成年人群体之间必然存在诸多冲突。一部分青少年遵守成人社会既定的评价机制,依据社会规约安排生活。另一部分青少年则背向现实世界,迷恋逃离现实,甚至陷入虚无主义。在青春文学作品中,逃离大体有三种结果:持续游荡,最终没能找到出路;以死相抗(以春树的作品为代表);融入世俗生活,屈从于现实规则。第一类孩子往往被社会边缘化;第二类多为个案,但对家庭的伤害无疑是毁灭性的;第三类孩子属于大多数,历经痛苦的选择,伴随无奈和不甘心,最终臣服于成人社会规约。

其一,逃离的条件。随着改革开放的不断深入,当下的社会环境和经济发展状况为青少年提供了短暂逃离的可能。为生计所迫的人往往选择余地不大,必须遵守社会规则,参加社会生产以获取生活资料。中国家庭经济条件的逐步改善,使得部分城市青少年的生存压力减轻,可以更为从容地沉浸于自己的独立世界。

世纪之交,中国创意产业蓬勃发展。教育界对开发想象力和创造力的重视促进了青少年想象力的解放,给予了青少年更多自由发展的空间。文学创作及发表言论的氛围相对宽松,加之中国文学中玄妙、志怪的传统,以及西方幻想文学的虚构性,为不满足于日常经验书写的青少年提供了资源,他们得以在远离现实的文学生产和消费领域自由活动。

日新月异的网络技术提供的平台,让青少年可以通过键盘、鼠标、代码等构成的网络虚拟空间进行沟通。虚拟世界使真实生活的质感日趋下降,人与人的距离越来越远,生活的真实感大大降低。当下青少年多是独生子女,且不得不承受"精英教育"的焦虑,巨大的应试压力以及家庭的极大关注促使他们产生逃避倾向。不可忽视的还有影视的冲击,尤其是日韩作品,不论是偶像剧和现实差异巨大的背景设定、情节发展,还是动漫中美好的二次元世界,皆可成为他们逃离现实的诱因。

其二,逃离的表现。青少年逃离社会的表征多种多样,诸如内心叛逆的萌芽、蠢蠢欲动的愿望,以及直接的对抗。青春文学作者大多表现出与现实格格不入的姿态,一些代表人物大多具有主动辍学的经历。比如,韩寒七门功课不及格,高二时退学;春树从职业高中退学;郭敬明肄业于上海大学。从某种意义上说,对新奇性和刺激感的追逐是与生俱来的心理欲求,青少年尤甚。这是青春文学书写逃离的重要标志。或猎奇,或进入过去的时空,或推倒过去经历的种种失败获得重新开始的机会……对不同时空的构建和营造,可以暂离现实,在一定程度上缓解了压力。这与网络游戏、恐怖电影等产生的心理效果是相似的。

大多数青春文学对社会的关注不够(韩寒和冯唐例外),只是沉溺于内心情感的宣泄,尤其迷醉于书写幽微情愫的起伏。以张悦然为例,除《水仙已乘鲤鱼去》等作品对现实有过蜻蜓点水式的关注,其余的多表现个体,甚至带有神秘色彩。以郭敬明为代表的"萌芽系"作家的许多作品,隔离青春与现实,在纸醉金迷的物质世界或单纯的情感世界里哭哭笑笑。除了"情",无他。许多青春文学作品在小镇、公路、郊外等独立空间内叙事,或隐或显地表现作者希望逃离当下的心境。即使以城市为背景,亦多写居室经验或在城市里游荡,韩寒、春树的作品即是。

其三,回归。逃离途中必然会遇到种种问题,诸如强势的主流话语和家庭往往在青少年逃离的路上设下了重重障碍。以韩寒(他在叛逆之路上走得很长很远,按当下的价值体系衡量堪称"成功青年")为例,他描述自己高中时代退学后的生活——"孤独,深深的孤独",悄悄地、故作轻松地、拼命地写。他害怕,"如果不坚持写,有一天世界就把他忘了"。十几岁的他必须处理与整个成人世界的紧张关系,这个巨大的难题逼迫他做出回应。他有时候用无所谓的态度,有时候用无礼的语言,有时候干脆拒绝对话。这是个死结,世界不可能为他而改变,他也不愿意退让。当他走出学校大门的时候,头上插满了"问题少年""差生"和"异端"等各种标签。他和教育制度格格不入,互相轻视。后来,他做客央视《对话》栏目,和在场的成人们各说各话,差点吵起来。退学事件也让家庭蒙羞,父母在同事和朋友的不断询问下十分难堪。受挫和反击,质疑和证明,韩寒在很长一段时间里都在面对这样的考验。如今,人们看到的是一个"光芒万丈"的韩寒,似乎没有人留意曾经的少年韩寒一直生活在对抗的旋涡里,独自行走在边缘。《三重门》里林雨翔的结局准确地表现了这样一种非常矛盾的心态,传统和规约的制约力量确实太大,克服从众心理委实不易,背离势必面临重重阻碍,且前途难卜。

许多青春文学因价值趋向不定,令主流阶层深感忧虑。穿越、架空、重生等作品的大量衍生,虽张扬了想象力,却干扰了追捧的读者的价值判断——分不清历史与当下,分不清真实与虚幻,甚至引发一些危险。青少年的成长固然需要成年人适当的引导,但对青少年的过度焦虑实为杞人忧天。钱理群先生曾质疑"一代不如一代"的说法,直言中国历史不同时期"一代不如一代"的论断非常相似,几乎每一代人都不满意下一代,而且批评的言辞都差不多。比如,"五四"时期刘半农曾批评20世纪30年代的青年不认真读书、喜欢乱骂人等。如今,那些青年人大多作古,他们对后辈的批评也不外乎是不读书、乱骂人之类。这种颇具反讽意味的循环的确耐人寻味。然而,历史车轮照样滚滚向前——这一代人尽管被上一代人看衰,但最终接了上一代人的班,完成了历史赋予他们的使命。然后,他们似按照惯例批评下一代人。为下一代人(尤其是青年人)担忧,实在是杞人之忧。每一代人会有他们自己的问题,但不能看得太重,因为最终要靠他们自己来解决。青年本是多变。一是要相信青年,二是要相信时间。①

按照经验主义的思维定式,年长者往往以自己的标准去衡量下一代,总是希望孩子们按照自己的标准和期待去成长。而孩子们无法一步到位地完成社会的期待,但成长天然地包含着妥协的过程,人无法永远停在懵懂的青春时代,想要走入成人的社会,大多数人不得不先向这个社会中已有的规约妥协。这就是时间的力量。"80后"在匆匆逃离之后,也终将回归。冯唐无疑是书写回归的代表。

任何人都可以书写自我的青春记忆,但能对青春记忆进行成熟再现和表现的,大都得与那段记忆拉开距离。于是,关于青春的书写便成为一种回溯性的反思写作。没有拉开距离、没有经过岁月沉淀的往事在进入文学时,固然具有生活的真实,呈现了原始景观,较易引起同代读者的共鸣而形成轰动效应,但很难达到"艺术真实"的高度。②昆德拉、库切、王蒙等的青春书写皆见证了此规律。

冯唐是1971年生人,比青春文学作家群体年长十岁以上,2000年已年近三十。走过青春、迈向中年的他,向读者展示了后青春时代的"回归"景观。在北京三部曲的最后一部《北京,北京》中,年轻人在经历了对女性的幻想、对浪漫情感的追求之后,开始寻找让他们安身立命的位置和让他们宁神定性的妻子,期待真实、长久、稳定的生活。冯唐在该

---

① 钱理群.拒绝遗忘——钱理群文集[M].北京:中国大百科全书出版社,2009:320.
② 赵勇.文学生产与消费活动的转型之旅——新世纪文学十年抽样分析[J].贵州社会科学,2010 (1).

书的后记中提到,年轻人至此没了幻想,一不小心也就俗了,认了天命之后,不再和自己较劲儿。天蓦然暗下来,所有道路和远方同时模糊,小肚腩立刻鼓起来。作者讲述了在他的认知中,人如何离开毛茸茸的状态,开始社会化,开始装模作样,即使力量有限也要用尽全力地扛起身上的担子,成为社会中坚。在字里行间中,读者能看到冯唐对这种"俗世"状态的不认同、不甘心,但是必须承认,对大多数人而言这是必经之路。

无独有偶,孙睿的"草样年华"系列的第三部,终结在张超凡的婚礼(社会契约)和周舟的怀孕(家庭责任)上,即将而立的他们最终向社会和人生责任屈服。这和美国当年的"垮掉的一代"有某种相似之处,美国的历史已经向我们证明,人们曾经无比担心的"垮掉的一代"最终成为中流砥柱,支撑起了今天的美国。

总之,青春文学产生于市场经济下的消费主义时代,与商业的联系十分紧密,存在着作者偶像化与读者粉丝化的现象。韩寒、郭敬明等作者身上笼罩着偶像光环,他们的读者也非传统意义上的普通读者。书籍的装帧也体现出这一点,比如万卷出版公司出版的一套春树文集,封面上皆有春树很个性化的照片,这种促销方式常出现在娱乐行业中。

青春文学是在批判中成长起来的,其叛逆的姿态、远离现实的趋向与传统的捍卫者背道而驰。他们批判传统文学经典和规则,试图与之拉开距离的同时,又与其形成了奇妙的合谋关系。以韩寒为代表的一些青春文学作家往往被评论家从文字、风格的相似性等方面,与传统名家联系起来。比如,从韩寒、胡坚到李傻傻,都曾与鲁迅、王小波和塞林格等文学大家相对应,《万物生长》《三只人》等动辄被称为中国版的《麦田里的守望者》。

被放大的特殊性存在于以青春文学作家为代表的"80后"一代身上。王国维曾说,"一代有一代之文学"。每一代都有自身的特点,这是由特定时代决定的,并不独独出现于"80后"身上,他们亦绝非都不积极向上。鲁迅曾说,"青年又何能一概而论?有醒着的,有睡着的,有昏着的,有躺着的,有玩着的,此外还多。但是,自然也有要前进的"[①]。当下的青春文学中呈现出来的反叛、逃离与回归是成长的自然过程,每一代人都有自己的青春,没有哪一代人的青春会是容易的,也没有哪一代人会青春常驻。反叛终将消退,青少年要实现向社会的过渡,要自力更生,自然有碰撞、有挫折、有痛苦。年长者应当处理好青春的反叛,适当加以疏导,不必求全责备,将其放大甚至妖魔化。

---

① 鲁迅.鲁迅文集Ⅳ[M].兰州:甘肃文化出版社,2018:46.

不论主流学界如何评价青春文学，不论已经走过青春岁月的曾经的读者如何回顾这些作品，处于中学时代的学生还是阅读甚至喜欢着它们。它们记录着一代人的青春，陪伴过许多人的青春，就像琼瑶、金庸的作品之于20世纪八九十年代步入青春期的那一代人一样。

三、青春文学的商业化标签

韩寒、郭敬明、张悦然是青春文学的三面旗帜，麾下分别聚拢着三种不同创作倾向的作家群。如果说韩寒代表的是反叛，张悦然引领的是纯文学，郭敬明则毫无疑问地站在了商业化的风口浪尖。这种简单的概括显然不够准确，"青春文学"自诞生之日起就披上了消费主义的外衣，具有鲜明的商业性，郭敬明不过是这个群体中的一员。如若追溯"青春文学"概念的源起，就不能不发现端倪。

在当下中国文学语境下提及青春文学，自然规避不了"80后写作"和"全国新概念作文大赛"。全国新概念作文大赛无疑是青春文学的推手，是它为这些名不见经传的少年作家搭建了一个平台，让他们可以进入主流文坛，从此扬名立万。事实上，全国新概念作文大赛对于少年作家来说不过是一个契机，和"超级女声""中国好声音"等很多选秀比赛一样，参加比赛获得名次可以让选手在短时间内获得极高的人气，频繁出现在各大电视台、晚会现场。如果没有娱乐公司在幕后对选手进行持久的宣传和包装，这些所谓的"今日之星"很快就会被新的偶像覆盖，沦为"明日黄花"。很多人都以为每届全国新概念作文大赛的一等奖只有一个人，第一届获奖者是韩寒，而郭敬明蝉联第三、四届的一等奖。实际情况是每届全国新概念作文大赛一等奖都有20余人，除了韩寒、郭敬明以及有机会出版个人作品的零星几个作者，其余的获奖者大多寂寂无闻。全国新概念作文大赛让一些人得以进入梦寐以求的高校，开始另一段旅程，而更多的人则是领过奖杯奖状，仍然回到原有的人生轨道上。因此，让青春文学以铺天盖地之势席卷而来，真正在全国范围内引起巨大反响的根源在于出版社的商业炒作。

在转企改制的趋势下，出版社开始自负盈亏。为了能够在众多竞争同行中胜出，每个出版单位都在积极寻找新的选题和新的爆点。而全国新概念作文大赛只是打开了一扇门，让商家看见了门后所蕴藏的巨大商机。为了掘取青春消费的高额利润，各个出版社开始纷纷打造属于自己的青春文学明星作家，并根据不同的写作风格冠以不同的名目，诸如"残酷青春""玉女作家"和"言情小天后"等，并配合媒体推广拉动图书销量，打造出版神话。因此，青春文学自诞生之日起就与市场唇齿相依。

当取得巨大商业成功的青春文学作家们拥有了自己固定而庞大的读者群,自然就有了相对自由的选择权。随着年龄的增长、人生阅历的增加,他们对于文学和未来的生活都有了新的看法。因此,他们开始分化、转向。比如,韩寒由抱怨高考、抱怨社会的少年逐步演变为具有社会影响力的知识分子;张悦然拼命挣脱青春文学偶像派的帽子,向严肃文学或纯文学无限靠近;而郭敬明选择了继续走青春文学畅销作家的路,并慢慢开始变成一个文化商人。从此种意义上说,只有郭敬明延续了青春文学的商业性,并将其推向一个新的高度。因此,以郭敬明为代表的青春文学作家最能够体现青春文学的商业性。

所谓青春文学的商业性,概括来说就是提前设定作品所面向的读者群,并以这部分读者的阅读兴趣作为写作导向,采用商业营销手段来经营文学生产,从而创造惊人的图书销量,获得更多的经济效益。这类作家除郭敬明外,较为典型的还有饶雪漫和郭妮等。

郭敬明作为最具代表性的商业型青春文学作家,少年成名于全国新概念作文大赛,之后原创小说陷入抄袭官司,在众人为一个天才少年就此陨落而扼腕叹息时,他却华丽转身,由畅销书作家向文化商人过渡,引领自己的团队占据青春文学的半壁江山。由此,可将郭敬明的创作经历大致分为三个阶段。

其一,背靠全国新概念作文大赛,书写少年时代的反叛。此阶段的标志性事件即郭敬明获得第三、四届全国新概念作文大赛一等奖,代表作为《爱与痛的边缘》(2002)和《左手倒影,右手年华》(2003)。郭敬明以连续两年获得全国新概念作文大赛一等奖的噱头,开始成为很多人谈论的对象,并在2002年和2003年先后推出自己的两部作品集。值得一提的是,从2003年至今,郭敬明再也没有出过散文集。在《幻城》初版出版八年后再版的后记里,郭敬明说自《左手倒影,右手年华》后再也没有写过散文。[1]在这两部作品集里,读者会看到与现在大众眼中不太一样的郭敬明。除了郭氏风格中的淡淡忧伤,原来他也曾有着韩寒式的批判精神——以戏谑的方式批判高考制度对学生天性的压抑和对人格、个性的扭曲:

天这样东西么是专门让人担心刮风下雨以及会不会塌下来的,地这样东西么是专门让人害怕地震岩浆以及会不会裂开来的,时间这样东西么是专门让人觉得对不起自

---

[1] 郭敬明.幻城[M].武汉:长江文艺出版社,2008:239.

己对不起国家对不起全宇宙的,高考这样东西么是专门考验我们是不是会疯掉的,分科这样东西么是让我们知道从小接受的"全面发展"教育是根本错误的。

…………

文科表上一共有四栏:家长意见,班主任意见,学校意见,最后才是自己选择文科的理由。于是我发现自己的意愿被摆在无足轻重的地位。发现这一点时我惊诧不已,我还一直傻傻地以为念书是个人的事儿呢![1]

——《七天里的左右手》

《七天里的左右手》选自郭敬明的《爱与痛的边缘》,描写了郭敬明高二面临文理分科时在报志愿的一周里内心的矛盾和挣扎。文理科就像是他的左右手,选择任何一科都无异于自断一手。最终他内心对于文科的渴望被现实生活中"学好数理化,走遍天下都不怕"的传统观念扼杀,不得不进入理科班学习。在这两段文字中,郭敬明对高考秉持了一贯的批评态度,同时也质疑文理分科体制。郭敬明所描述的场景、所抒发的情感代表了诸多同龄人的心声,因此在这一年龄段的读者中引起了强烈的共鸣。

尽管二中的文科不怎么的,但它却带有浓重的哲学味道。

矛盾无处不在,整个校园充满辩证色彩。老师说,教育不是为了高考,掌握知识是最重要的。说完之后拿出书,叫我们把高考不考的章节划掉,再理直气壮地告诉我们,高考不考,我们就不学。我想如果老师们去古代卖矛和盾的话一定会生意红火。最难得的是他们可以对着讲台下百余只疑惑的眼睛而始终目光坚定。这种目光对峙的较量每每都是我们败下阵来,老师的坚定不移也最终让我们相信:是我们弄错了。[2]

——《围城记事》

《围城记事》也选自《爱与痛的边缘》,所谓的围城即郭敬明所在的二中,这所重点高中是其他学生梦寐以求的求学圣地,但郭敬明却想着如何从这围城中逃离,过自己想要的自由生活。《围城记事》记录了二中发生的点点滴滴,以上节选文字只是其中一个片段。但此情境在很多高中都发生过,既让学生哭笑不得,又让学生无可奈何。在此阶段,

---

[1] 郭敬明.爱与痛的边缘[M].武汉:长江文艺出版社,2003:28.
[2] 郭敬明.爱与痛的边缘[M].武汉:长江文艺出版社,2003:46.

郭敬明的作品中开始显露出他以青春记事为主线、淡淡忧伤为底色的写作风格。除此之外,还有对教育体制和高考制度的批判。

其二,作为少年作家初登文坛,一跃成为青春文学新掌门人。此阶段的标志性事件为《幻城》(2003)的出版。代表作除《幻城》外,还有《梦里花落知多少》(2003年,此作陷抄袭官司,郭敬明败诉)和《1995—2005夏至未至》(2005)。如果说前两部作品集让郭敬明尚处于不温不火的状态,《幻城》的出版则令郭敬明一跃成为青春文学的新一代领军人物。十万册的首印量虽与后来动辄百万的印量无法比拟,但对于一个初登文坛的大一学生来说确系惊人的意外。自2003年1月底上市至当年12月,《幻城》累计销售84万册,跃居当年全国畅销书排行榜三甲。

《幻城》不仅受到读者的追捧,主流文学界前辈对这部横空出世的作品亦给予了高度评价。中国作家协会副主席叶辛称"《幻城》是一种全新文字样式,值得肯定",北京大学中文系教授曹文轩则评价其"用的是一种高贵、郑重的腔调,绝无半点油腔滑调……作者竟然是一个岁数不大的人儿",复旦大学中文系教授王宏图认为其"不失为一部天才之作"。显然,郭敬明的才华得到了主流作家和研究者的肯定,其小说成为难得的叫好又叫座的作品。

《梦里花落知多少》从幻想转入现实,着力描绘青春期少男少女的成长故事,华丽、炫目的文字下流淌出化不开的寂寞、忧伤,形成了其小说的基调,并赢得了大量读者。名誉纷至沓来,争议接二连三。先是《幻城》被读者指出抄袭日本动漫《圣传》,并在网络上罗列出详细的抄袭细节。郭敬明对于文字高超的掌控能力实现了图画到文字的转变,说是抄袭,难免牵强。而《梦里花落知多少》被指抄袭庄羽的《圈里圈外》,经法院调查取证,最终判定郭敬明抄袭,并勒令其在公共平台向庄羽致歉。对此,郭敬明不以为然,认为同样的题材任何作家都可以书写,不能因此就判定抄袭。在2005年出版的《1995—2005夏至未至》中,他设置了傅小司这一人物形象,以影射被称作小四的自己。当傅小司的绘画作品被指抄袭时,立夏为傅小司辩驳:"画了香樟就是抄袭《香樟树》啊?那画了梧桐就抄袭《梧桐雨》了?要是一不小心画了白鸽和橄榄叶,你是不是还要告他抄袭毕加索了?"[①]毫无疑问,郭敬明借此为自己辩驳,否认抄袭。

总之,此阶段郭敬明开始了长篇小说创作,并以少男少女的成长故事作为书写的主

---

① 郭敬明.1995—2005夏至未至[M].沈阳:春风文艺出版社,2006:169.

题,以华丽的文字和忧伤的情绪为主要创作风格。毁誉参半是郭敬明以作家身份正式迈入文坛的第一步,虽官司缠身,指责不断,但郭敬明并未如许多人所料的那般消失,而是在挫折中逐步成长,并悄然酝酿着由文人向商人的转型。

其三,青春偶像引领文坛潮流,少年作家转型文化商人。此阶段的标志性事件是郭敬明的"上海柯艾文化传播有限公司"的成立,将文学创作从个人兴趣转变为职业,从个人创作转变为团体出击,代表作是《悲伤逆流成河》(2008)和"小时代"系列1.0—3.0(2008—2011)。

在"柯艾"成立之前,郭敬明已成立了"岛"工作室,虽推出了十本《岛》杂志,但不过是一群热爱文学的文艺小青年的小打小闹。"柯艾"成立后,郭敬明更多地扮演了商人角色,占有青春文学更多的市场份额和追求高利润是此阶段的主要目标。

"柯艾"成立后的第一个大动作就是推出《最小说》杂志。创办属于自己的青春文学杂志是很多青春文学作家的梦想,比如韩寒的《独唱团》,饶雪漫的《最女生》《漫女生》,郭妮的《火星少女》等。与传统杂志的营销思路不同,青春文学杂志通常以一位"明星作家"为主体,采用连载的方式,利用作家的个人魅力吸引大批粉丝购买,从而产生轰动效应,带动杂志的销量。

郭敬明在《最小说》试行版连载长篇小说《悲伤逆流成河》,凭借郭敬明的个人影响力,《最小说》在业界销量一路领先。值得一提的是,郭敬明凭借此部作品引起严肃文学界的广泛关注,《悲伤逆流成河》被媒体誉为"郭敬明转型之作"。郭敬明的小说创作从青春文学正式走向严肃文学领域。媒体称郭敬明站在全新的成人角度来讲述故事,打破了当时青春文学固有的或温暖美好或残酷冰冷的单调模式,确立了青春文学创作和阅读的新视角。事实上,这不过是郭敬明青春叙事的一种延续,虽然郭敬明选取的人物来自单亲家庭,看似反映了一些社会问题,但其内部仍延续了郭氏固有的叙事方法——不是为了反映单亲家庭孩子所面临的种种问题引发读者的深思,而是为主角找寻一件看起来悲惨的外衣而已。

2007年11月,郭敬明加入中国作家协会,成为最年轻的作家协会成员,似乎表明主流作家群体对郭敬明的接纳。这件事引起轩然大波,很多读者认为郭敬明媚俗妥协,自降身价。

"小时代"系列是郭敬明在《最小说》连载的第二部小说,运用全新理念,引入电视剧的"故事季"概念,拉长了整部作品的创作周期,使作品更具时代气息,让作品和创作者共同成长。"小时代"系列预计五年连载完毕。五年中，随着郭敬明自身经历的变化，故事中的主人公也从校园走入社会，出现了"言情+商战"的新模式。这与郭敬明投身商界成为文化商人显然有着莫大的关联。

在商业化道路上走得较远的青春文学作家除了郭敬明外，还有饶雪漫和郭妮。

饶雪漫，生于1972年，虽从年龄段来看无法归入青春文学作家之列，但她有关青春的书写确实赢得了广大读者的追捧，因而她通常被归类为青春文学作家。她14岁开始写作，至今已有50多部作品出版，包括"青春爱情"系列、"青春疗伤"系列、"青春疼痛"系列等。其文笔独特，语言优美，故事动人，风格多变，享有"文字女巫"美誉。饶雪漫是青春文学作家中少有的"70后"作家，当读者将青春文学简单地等同于"80后"作家作品时，疑问自然多多：当少年作家度过青春期后，他们是否还能够创作出青春主题的作品？青春文学是否会就此消亡？一种回答是青春存在，青春文学就会一直存在，"80后"作家之后还会有"90后""00后"作家，一代人书写一代人的青春。而饶雪漫显然提供了另一种答案——部分作家可以将青春文学始终作为自己创作的主题，即使自己的青春不再，依然可以通过其他途径获取最新鲜的青春经验，把握当下少男少女的心理动态，写出符合时代潮流的文学作品。

在多年的文学创作中，饶雪漫始终亲近女孩，自2004年起通过举办"坏女孩"夏令营聆听成长期女孩的心声，关注女孩成长问题，从而写出最真实的女生故事，成为万千女生心目中最喜爱、最信任的作家。

饶雪漫的作品多次登上全国各地（含港台地区）畅销书排行榜，高额的版税让她三次荣登中国作家富豪榜——2008年以800万元的版税收入荣登第三届中国作家富豪榜第4位，2009年以600万元的版税收入荣登第四届中国作家富豪榜第6位，2012年以450万元的版税收入荣登第七届中国作家富豪榜第12位。

虽然饶雪漫没有成立自己的文化公司，没有成为专职文化商人，但是在经营自己的图书时，她也融入了诸多商业元素。比如，推出"疼痛青春"等概念。另外，饶雪漫首创了"图书娱乐化"和"图书影像化"概念，即在自己的图书中启用海选出的平凡女生作为模特，并附送主题曲、影视剧光碟等，成为青春文学界亮丽的风景。

除个人创作外，饶雪漫与伍美珍、郁雨君还在2001年成立了国内第一个作家组合——花衣裳创作组合，至2004年悄然解散前，陆续推出100余部"花衣裳"系列作品，为青少年阅读市场注入新鲜活力，具有深远影响。该组合自成立伊始就受到广泛关注，写作向来被认为是个人的事,不同作家如何融为一体令人怀疑。但是,这是读者对于该组合的误解,花衣裳创作组合并不是三人合写同一部书,而是分写同一系列中的不同书目,较为相似的写作风格让她们可以以团体的形式出现。随着饶雪漫、伍美珍的单飞,组合不得不解散,但此举无疑是文学创作的一次大胆尝试。

与郭敬明相比,饶雪漫更为明确地提出了自己所面向的阅读群体——处于青春期的少女,以她们的情感经历为主线构建故事,表现青春成长的疼痛主题。

郭妮被誉为"华语小天后",其小说多写12—16岁少女的青春恋爱故事,代表作有《麻雀要革命》《天使街23号》《恶魔的法则》《壁花小姐奇遇记》和《再见苏菲斯》等。郭妮最引人注目的是"日产万字"的巨大写作量,这既取决于她个人的勤奋努力,又得益于其团队的创作模式。郭妮的作品作为少女言情小说,具有类型化制作与流水线生产的特点。

作为郭妮的伯乐,路金波在谈及郭妮时毫不遮掩其文学创作的单一性,反而将这种类型化作为其优势加以强化。"商业的价值在于单一,只有纯粹才会强悍。所以我喜欢的作者是单一的作者,读者想到他就知道他写什么类型的作品,这样才会有很强的市场号召力。"①

由于作品的类型化、流水线生产得以实现,郭妮的文学创作过程可以分为以下几个环节:

首先,团队采编故事,写出1000字左右的故事梗概,设定人物及基本情节;然后,郭妮根据故事梗概和人物设置,选取适当的故事情节进行整编,形成最终的小说;最后,出版公司对图书进行商业包装,推向市场。真正需要郭妮制作的仅仅是将基本成型的零件依据图纸重新组合,由此,日产万字便不足为奇。虽然很多人并不认同郭妮的创作方式,对类型化文学亦多持批判态度,但不可否认的是,少女言情小说获得了广阔的市场。2008年,郭妮以550万元的版税收入荣登第三届中国作家富豪榜第6位。其间的矛盾反映了文学和商业之间的冲突,郭妮类言情小说作家显然将砝码加在了商业方面,将图书放入文化工业的生产中,作品与普通商品无异。

通过以上三位代表作家的作品与商业合谋的情状,可窥见所谓青春文学的商业性最直观的表现就是图书销量。动辄以百万为单位进行印刷出版,这是纯文学少有的景

---

① 赵勇.BBS、博客、粉丝与书商——《明朝那些事儿》的生产元素[J].文艺争鸣,2010 (13).

象。此类青春文学作品为何能够在图书市场低迷的时代创造销售奇迹呢?其根本原因在于对读者群体的预设。韩寒也好,张悦然也罢,更多的是依着自己的本性自由写作,将自己所感所思以文字的形式呈现在读者面前,至于哪些读者会选择他们的作品则交给读者自己决定。而商业型的作家对于作品所面向的阅读群体有明确的目标,主要是12—20岁的男孩女孩。

明确的读者群让作家的创作更具针对性,为了能够获得较高的人气,作家充分研究这部分读者的阅读兴趣和心理需求,将高中或大学校园作为故事发生的背景,在"与世隔绝"的象牙塔中描绘属于青春阶段的点滴往事,涉及学生生活的方方面面,展现最纯粹的爱情、友情和亲情,引起读者的强烈共鸣。市场有需求——作家按需生产——市场需求获得满足,随着市场需求的不断更新、增长,作家不断变换自己的生产方向,逐步形成符合市场要求的良性循环,图书销量自然居高不下。

概而言之,商业型青春文学之所以畅销,离不开以下几个商业化标签:疼痛、虚幻、华丽与哲理。

其一,疼痛。"疼痛青春"的概念最早由饶雪漫提出。与春树所代表的残酷青春的概念不同,所谓疼痛,饶雪漫在"私房物语"中说"有点寂寞,有点痛,有点张扬,有点不知所措。有点需要安慰。那么,点开它,有点美"。抽取其中的关键词,最重要的是"寂寞"与"安慰"。

1.孤独、寂寞的忧伤。郭敬明用华美的笔调催生出寂寞感伤的花朵。他的小说中虽然也有阳光和欢笑,却处处弥漫着忧伤。

  身边的人说我走路的姿势是寂寞的,双手插在口袋里,眼睛盯着前面一处不可知的地方。小A(朋友——引者注)说我写字的时候才是真正寂寞的,眼睛里是忽明忽暗的色泽,姿势是一种完美的防御。其实当我抬头仰望天空的时候我才是真正寂寞的,可是我总是在只有一个人的时候才仰望天空。正如那个作家说的那样:你永远也看不见我最爱你的时候,因为我只有在看不见你的时候,才最爱你。同样,你永远也看不见我最寂寞的时候,因为我只有在你看不见我的时候,我才最寂寞。[①]

[①] 郭敬明.爱与痛的边缘[M].武汉:长江文艺出版社,2003:15.

> 我是一个在感到寂寞的时候就会仰望天空的小孩,望着那个大太阳,望着那个大月亮,望到脖子酸痛,望到眼中噙满泪水。①

> 一个人总是下意识地靠近一些与自己相似的人。我记得有人这么说过。于是我知道了,原来我身体里流淌的血液是如此的寂寞。冰蓝色的血液最寂寞。②

这三段文字均选自《爱与痛的边缘》,选文中频繁出现"寂寞"一词。统计全书,共有93处提及了"寂寞"。很多人说郭敬明是在贩卖寂寞,这是少年的无病呻吟,为赋新词强说愁。因为郭敬明小说中的人物忧伤的原因并不是来自贫困、怀才不遇等,恰恰相反,他们生于优越的家庭,衣食无忧还可尽情挥霍,父母宠爱,朋友成群。正是这种在成人看来做梦都能笑醒的环境里,滋生出了属于独生子女时代少年特有的忧伤——那就是似乎不可言说的孤独和寂寞。

> 而我是个普通的高二的男生,我身上唯一不普通的地方就是我有个很了不起的妈。我妈不是白领,她是金领。所以我也握着大把大把的货币,和大把大把寂寞的时光。③

> 我妈依然每天从不同的地方给我打电话,今天在海南对我说椰子很好吃,明天就在哈尔滨对我说天气冷要多穿衣服。我知道她很爱我,我也很爱她,如果她不是金领我会更爱她。④

从郭敬明的作品中不难窥见中国不少独生子女的成长影子,父母为了能够让自己的儿女吃好穿好用好而奋力打拼,但伴生的是和孩子在一起的时间越来越少。父母在孩子的成长过程中逐渐处于一种缺席的状态,没有兄弟姐妹的孩子只剩下大把大把的寂寞。他们所渴望的不是父母能够给多少零花钱,而是父母有多少时间可以和他们在一起。郭敬明作为这个时代独生子女的一员,能够准确体会并把握这种微妙的情感,并代

---

① 郭敬明.爱与痛的边缘[M].武汉:长江文艺出版社,2003:27.
② 郭敬明.爱与痛的边缘[M].武汉:长江文艺出版社,2003:34.
③ 郭敬明.爱与痛的边缘[M].武汉:长江文艺出版社,2003:79.
④ 郭敬明.爱与痛的边缘[M].武汉:长江文艺出版社,2003:86.

大部分人表达出来。

　　这种寂寞的讯息在郭敬明的小说中随处可见。比如《幻城》中的卡索——幻雪帝国的王,当他站在权力最顶峰的时候,周围却无人陪伴。他深爱的梨落因为身份低微无法嫁给他,他的未婚妻岚裳因为被人玷污而羞愧自杀,弟弟樱空释为了能够还他自由,在与他争夺王位时死在他的剑下……空空的世界只剩下他自己。因此,在得知有起死回生的方法之后,卡索才会不顾一切让所爱的人复活。但是,小说并没有止步于此。樱空释转世后变成了火族的小王子,与冰族水火不容,卡索最爱的梨落为了可以嫁给他而在重生时变成岚裳,岚裳因为想要得到他的爱而变成了梨落。最后,卡索夜夜舍下的是心中的梨落,陪伴的却是岚裳。这种重生后带来的感情错位,让卡索的寂寞升级,演变为即使有人陪伴在身边,他依然是寂寞的。如果映射到现实生活中,就是对志同道合的朋友的一种渴望。围绕在身边的人可能很多,但是能懂得你的人很少,这也是一种寂寞,是灵魂无可皈依的寂寞。

　　2.制造疼痛与抚摸疼痛。事实上,青春的疼痛并非郭敬明这类作家所描述的青春所独有。如果说春树等所传递的青春疼痛是——白刀子进,红刀子出,将迸溅一地的血描写为妖娆的盛放的花,那么郭敬明等书写的却是——小刀不小心划过手指,有点疼,流点血,但作者立马为你止血,并轻轻抚摸你的伤口,跟你说没关系。他们一边制造疼痛,一边抚慰疼痛。

　　饶雪漫在《左耳》中描写了小耳朵、张漾、许弋、吧啦等几个少男少女之间的爱恨情仇。小耳朵左耳听力不好,如果谁站在她左边说话她就听不见,这样一个不起眼而又内向的女孩某一天突然暗恋上了男生许弋,而描绿色眼影着长裙的放浪女孩吧啦追到了许弋。心碎的小耳朵偶然与吧啦成为朋友,并认识了吧啦真正心仪的男生——张漾。吧啦意外去世,随后,小耳朵与许弋相恋,但最终难逃分手的命运。张漾与女友蒋皎来到北京,过着极其颓废的生活。当蒋皎改名为蒋雅希走向舞台时,张漾与她分手。母亲抛弃了张漾后嫁给许弋的父亲,张漾对许弋满怀仇恨,以至于利用吧啦报复许弋,欲使其身败名裂。但吧啦的死对张漾打击很大,使他深感愧疚。后来,父亲告诉了张漾"母亲改嫁"的真相,张漾终于没有了仇恨,爱上了单纯的小耳朵,并不惜一切让小耳朵幸福。许弋在吧啦死后不再相信爱情,家庭也迭遭变故,他短暂放任过自己,却因另一个女孩夏米米的出现找回纯真的初恋感觉。夏米米被蒋皎的经纪人吴明明害死,许弋误以为凶手是蒋皎,不顾一切要与蒋皎同归于尽。张漾在许弋报复蒋皎的时候挺身而出,从着火的酒吧救出了很多人,自己短暂失忆,最终回到了小耳朵的身边。作品涉及很多疼痛主题,比如初恋的失败、年轻的冲动、朋友的去世、残杀与报复等。但是,小耳朵的纯真、善良和坚持,让这些灰色的主题闪现出一种纯洁的光芒。她如同天使,追寻属于自己的爱情,并最终得到幸福。读者读后自然会产生强烈的幸福感,逐渐相信爱和善良。

温暖不等同于大团圆结局,也可以是随时随地抚慰,以强烈、真挚的友情和爱情等美好的因素慢慢注入伤痛的裂缝,弥合心灵的痛。比如《夏至未至》中的陆之昂,为了傅小司两肋插刀,最终因维护傅小司与人发生打斗,致一人死亡,被判无期徒刑,在狱中度过余生。读者在悲叹有情人不能终成眷属、物是人非的同时,至少可以为他们真挚的友情而感动。

即或在当事人都死去的《悲伤逆流成河》中,亦有温暖的存在。

"又和你妈吵架了?"

"嗯。"

"怎么回事?"

"算了别提了,"易遥揉着胳膊上的淤青,那是昨天被她妈掐的,"你知道我妈那人,就是神经病,我懒得理她。"

"……嗯。你没事吧?"

"嗯。没事。"

深冬的清晨整个弄堂都还是一片安静,像是被浓雾浸泡着,没有一丁点儿声响。

今天是礼拜六,所有的大人都不用上班。附近的小孩都还小,最大的一个念小学一年级。高中的学生奉行着不成文的规定,周六一定要补课。所以,一整条弄堂里只有他们两个人不急不慢地行走着。

齐铭突然想起什么,放下一边的肩带,把书包顺向胸前,拿出牛奶,塞到易遥手里:"给。"

易遥吸了下鼻子,伸手接了过去。

两个人走向光亮的弄堂口,消失在一片白茫茫的浓雾里。[1]

---

[1] 郭敬明.悲伤逆流成河[M].武汉:长江文艺出版社,2007:2.

易遥的生活环境已经不能用艰苦二字来形容,但在困顿的空隙中还有齐铭的默默关怀,让心灵深处有了如弄堂口一般的光亮。

总之,商业型青春文学书写的疼痛不是惨烈得不忍直视的无望青春,而是可以看见希望与真善美的青春。这种疼痛是处于成长中的少男少女必须经历的过程,作家书写此类作品的目的不在于单纯地表现疼痛,而是落脚于疼痛之后化蛹成蝶的蜕变。这便是春树的作品面临被禁的命运,而此类作品却可以赚得盆满钵满的原因。

其二,虚幻——不切实际的幻想的满足。主要表现在"灰姑娘情结——对纯粹爱情的渴望"和"小资情调与品牌消费"。

1.灰姑娘情结——对纯粹爱情的渴望。所谓"灰姑娘情结",即对"麻雀变凤凰"的认同和期望。有人说"灰姑娘"是全世界女性共同的梦想,即普通女性理想中的伴侣是童话中的王子——集地位、金钱、身份、英俊于一身,她们奢望有朝一日能像童话中的灰姑娘一样穿上属于自己的水晶鞋,从此和王子过上幸福美满的生活。

以郭妮为代表的作家创作的青春言情小说非常熟悉此种心理欲求,借用偶像剧和日本少女漫画的人物设置和情节建构,将现代校园版灰姑娘故事表现得淋漓尽致。

人物设置模式化——男女主人公往往相差悬殊,体现在经济、家庭环境、长相、身材等诸方面。女主人公出身于中下等家庭,长相普通,身材扁平或微胖。而男主人公身份显赫,貌似潘安,身材堪比男模。

情节设置类型化——故事情节一般是:女主人公意外闯入男主人公生活,男主人公对于异类的女主人公毫无好感,借机找麻烦;男配角出现,对女主人公无微不至地关怀;在长久的对抗中,女主人公纯真善良的品质打动了男主人公,让习惯了纸醉金迷生活的男主人公感到非常可贵,于是倾其所有,对女主人公一心一意;女主人公被男主人公感动,两人过上了幸福的生活。熟悉日本少女漫画和台湾偶像剧的人,立刻能够发觉其中惊人的相似。

这一类作品讲述大部分读者所向往的至死不渝的纯粹爱情。少女们对于爱情总是抱有美好的憧憬,渴望获得另一半全心全意的呵护和宠爱。青春文学中的男主人公对于爱情都有着难以置信的执着,经常利用自己的有利条件为女主人公制造惊喜,极大地满足了少女们对于恋爱情节的想象。

以郭妮的《麻雀要革命》为例,小说的主人公是一个出身平凡的女孩麻秋秋,性格懦弱,胆小怕事,常常遭受不公平的对待。有人告诉她到了早川高中就能得到幸福,于是她考上了早川高中。在早川,她遇到了金映明和蒙太一。金映明和蒙太一关系很不好,秋秋身陷两人的争斗之中。同时,金映明对秋秋的关心,招致金的追求者对秋秋极度残忍的报复。秋秋并没有向命运低头,而是通过自身的努力取得了身边人的尊重和信任,逐步成长。

长相普通、身材一般的麻秋秋家贫如洗,没有父亲,却有一个整天歇斯底里、哭个不停的神经质妈妈,还有两个头脑愚笨、人品低劣的哥哥。男主角蒙太一作为蒙氏家族的继承人,家境优渥,外表出众,似乎难以找出任何缺点。最令人着迷的是,蒙太一对女主人公感情专一。与男主角形成竞争关系的男配角金映明,在钢琴、绘画、篮球、唱歌方面都天赋异禀,旁人难以企及,其家世与男主角几乎不相上下。他虽然屡遭女主人公拒绝,但痴心不改。阅读此类小说时,读者往往将自己置换入小说中,陷入"人人都爱灰姑娘"的情境中,获得现实生活无法获得的快感。

蒙太一直冲进了店里,摸着下巴环视了一周,最后目光落在了一条悬挂在店中央的绿色蕾丝连衣裙上:"呜……这个!喂,服务员!把那条裙子拿下来给我的小麻雀试穿!"

"……"店员小姐上下打量了我一番,又转头看了一眼那条漂亮的绿色连衣裙,忽然一改刚才的甜美,挑起细细的眉毛,眼睛里流露出一丝淡淡的嘲讽,"对不起,那条连衣裙已经被预订了,不能试穿。"

"那……那……"我尴尬地抽动了一下嘴角,"那就不用了……"

"嗯? 不能试穿?!"蒙太一黑着脸,怒目圆睁地瞪着那个店员小姐,"小麻雀要穿的衣服,就算已经穿在了玉皇大帝的身上也要给我脱下来! 快点去把那条绿色的裙子拿来! 少废话! 快去!"

店员小姐先是一怔,当她突然看到蒙太一脖子上那条醒目的骷髅头项链的时候,脸色突然一变:"好……我,我这就去……"[①]

蒙太一带着麻秋秋到商店选购衣服,店员对于打扮普通的麻秋秋冷眼相待,看到代表蒙太一身份的项链时态度却180度大转弯。能够在商场中任意选购昂贵的衣服、首饰是大部分女生的梦想,当自己难以获得的待遇通过白马王子得以实现时,幸福感更加强

---

① 郭妮.麻雀要革命 4[M].南昌:二十一世纪出版社,2007:14-15.

烈。而且蒙太一略显霸道的对话,体现出了男主人公对女主人公的宠溺。

总之,优质的配偶、梦幻的情节、忠贞的爱情,这些现实生活中几乎难以同时实现的元素在小说中全部呈现,极大地满足了读者不切实际的幻想。

2.小资情调与品牌消费。在郭敬明等的小说中,人物的生活方式和精神状态都弥漫着"小资文化"气息。事实上,"小资情调"并非始于郭敬明,张爱玲曾被称为"小资教母","70后"作家卫慧在作品中也经常提到消费品牌,比如CK内裤等。到了"80后"作家笔下,消费品牌更是成为一种司空见惯的符号散布于作品中。郭敬明的"小时代"系列,表现尤为明显。

拎着Marc Jacobs包包的年轻白领从地铁站嘈杂的人群里用力地挤出来,踩着10厘米的高跟鞋飞快地冲上台阶,捂着鼻子从衣衫褴褛的乞丐身边翻着白眼跑过去。

…………

而在上海市中心的那个顶级楼盘里,优雅昂贵的气息缓慢地流动在黄金麻建造而成的外立面之间。

顾延盛一边打着手机,一边招呼旁边的女佣往他的Hermes茶杯里倒奶茶的时候……这得来源于他女儿每天逼他喝的一些抗衰老保养品和帮他挑选的昂贵的男性护肤保养品。

……过了一会儿,拿回来的时候,杯子里已经倒满了新的巴西咖啡。

……直到顾延盛准备出门的时候,她才又抬起头来:"爸,如果你不是要去参加夏威夷草裙聚会的话,请把现在你脖子上那条春花烂漫的领带换掉好吗?"顾里停下来,回过头,对Lucy(她家的保姆)说:"去把我帮他买的那条Hermes的暗蓝色领带拿出来。"

顾里轻轻地放下咖啡杯:"妈,我昨天已经给Cartier打了电话了,如果他们敢把那串珠宝卖给你,我就叫爸爸的所有朋友和我的所有朋友全部转投到Bvlgari去。"

…………

说完,她提起旁边的Fendi包,转身出门了……①

短短的几段文字中,罗列了数种奢侈品品牌的名称。韩寒曾经在接受一家媒体采访

---

① 郭敬明.小时代1.0:折纸时代[M].武汉:长江文艺出版社,2008:5.

时称,郭敬明的"小时代",自己在网上看过几章,就像写给城乡接合部的人看的,估计是想向他们展示一下大上海的风情和奢侈吧。

《小时代2.0:虚铜时代》上市七天,销售量就突破了120万册。这样的数据所传达的信息似乎是,现在的年轻读者买郭敬明的账,喜欢这种奢侈品堆砌的小资生活。

如果按消费水平将人群划分,那些有能力任意消费奢侈品的人可以与繁华的城市对应,那些完全没有能力购买奢侈品的人可以与相对落后的农村对应,那些通过努力积攒可以偶尔消费奢侈品的人则与城乡接合部对应。"小时代"系列的读者不仅属于第三种人,前两种人亦包括在内。

对于没有能力消费奢侈品的读者来说,"小时代"系列所展示的"生活"与他们真正的生活存在距离感。都市、时尚、丰富、奢华……几乎所有在现实中缺失的元素在书中都可以拥有。有一种生活总是让我们可望而不可即,当在现实生活中无法获得满足的时候,就在小说中假想自己的幸福。

对于具有足够能力消费奢侈品的读者来说,高额消费不是不切实际的幻想,而是司空见惯的常态。他们喜欢郭敬明的小说来自一种炫耀心理,他们可以轻易地读出每一个奢侈品牌,如数家珍地介绍这些品牌的历史、设计师及最新单品,他们因可以获得别人难以企及的生活而沾沾自喜。

而处于以上两者之间的人群,在无法购买时存在羡慕、渴望的心态,而偶尔消费后便会产生极大的满足感。因此,无论何种人群,都是这些具有小资气息的文学作品的潜在消费人群。

其三,华丽与哲理——炫目的文风,富含深刻哲理的语句。

郭敬明等的作品之所以一直受到读者的追捧,还有一个重要的原因在于他在语言运用方面的卓越才能。在他们的创作中,语言不再单单局限于简单地对生活状态进行描摹,亦非仅限于对情感和意义的准确表达,更多的是穷尽语言本身蕴含的声音与形象,从而生成语言的新奇性和个性化。郭敬明语言的一大特点便是通过对本体的个性化比喻,选取全新的角度,将司空见惯的事物陌生化。比如,将青春比作点滴瓶,将青春的忧伤比作无法忘却的回忆与璀璨年华之间流淌的河水。很多比喻确实精准到位,让读者拍案叫绝,甚至奉为青春箴言。

除了华丽的诗性语言,对于青春、爱情的独到见解也能够引起读者的共鸣。

很多我们以为一辈子都不会忘记的事情，就在我们念念不忘的日子里，被我们遗忘了。

原来和文字沾上边的孩子从来都是不快乐的，他们的快乐像贪玩的小孩，游荡到天光，游荡到天光却还不肯回来。

我常常在思索我们的青春，它真是一个奇形怪状的玩意儿，短短的身子偏偏拖了一个长长的尾巴，像翅膀一样招摇着，久久不肯离去。

爱情就是这样，有些人慢慢遗落在岁月的风尘里，哭过，笑过，吵过，闹过，再恋恋不舍也都只是曾经。

我们都是单翅膀的天使，只有拥抱着才能飞翔。

谁是谁的救世主呢？谁也不是，在错位的情感里，我们只能各自为各自的那份痛楚买单，痛到极致，也不能埋怨旁人一分。

青春的很多感悟是相通的，但不是每个人都可以将这种感受恰如其分地表达出来。当青春文学作家做到了，读者自然会产生"知音"之感。

总之，商业型的青春文学作家的贡献在于他们引起了读者对于文学的广泛关注。当然，作家需要时刻保持清醒，平衡商业与文学的关系。如果商业气息过于浓重，而掩埋了文学的面貌，这类文学在短期内也许会获得较高的收益，但因失去了文学土壤的滋养，终究会走向末路。

《纽约时报》曾经评价郭敬明为中国最成功的作家，原因有二：一是同行难以望其项背的版税收入；二为举办"THE NEXT·文学之新"全国新人选拔赛，确立自己的文学标准。姑且不论这种评价出于何种动机，但它强调了郭敬明同其他作家的差异——发掘更多年轻的青春文学作家，这对于文学的发展是有好处的。问题在于这个由郭敬明制定的标准是否有效。首届"文学之新"比赛的评委王海鸰说，"这些选手的技术纯熟，没有新鲜感，情节大众化，似曾相识。一上来就用电视剧的方法写小说、编故事，一唱三叹，没有'三角'不成戏，太多地运用巧合，却没有任何生活的真实和人物的真实"。由此可见，今日的"文学之新"大赛和当年的全国新概念作文大赛已不能同日而语，后者确实贯彻了新的概念，发掘出一批真正描写青春的优秀少年作家，但前者并没有将文学之"新"体现出来，作家逐步脱离了现实生活，转而投入到想象的生活中，失去了青春文学最根本的意义。

米兰·昆德拉、王朔等都曾以"青春"为名书写自己年轻时候的经历,作品多完成于作者远离青春之后。生活的积累、沉淀增加了人文素养的厚度,让他们回首时带有很多中年的思考。青春文学最大的收获在于这些年轻作家对于青春的当下书写,新鲜而充满激情。当年青春文学作家横空出世时,面对诸多评论家的责难,大众更多地给予了包容,认为年轻就是这些作家的本钱,不必苛责他们写不出与前辈作家同样"成熟"的作品,因为他们的可贵之处就是本色表现青春风采。如果年轻作家过多地受到商业的浸染,陷入为畅销而写作的泥沼中,从而失去了最具优势的根本,也就失去了存在的意义。

总之,商业型青春文学一直处于单摆状态,在商业和文学之间来回摆动。在市场调控下,作家为了获得更大的利润而向读者妥协,文学的力量在此过程中逐渐消解。当此类文学与商业过分接近时,作品由于文学给养弱化而趋于类型化,缺乏新鲜感和生命力,反而失去大量读者。于是,文学生产者将转而增加文学的成分,以期改变市场的颓势。青春文学向纯文学方向逐渐靠近,重新赢得读者。当一种模式达到高潮后必然会向相反方向推进,如是反复。

四、接近主流与传统:坚守文学理想

中国青春文学蓬勃发展的这十年间,既出现了韩寒、春树等以叛逆姿态进入公众视野的作家,又出现了郭敬明、饶雪漫等顺应市场经济潮流写作而获得巨大商业利益的流行写手。此外,还有一批作家坚守文学理想,既不刻意离经叛道吸引眼球,又与时尚写作保持一定的距离,写出了一些带有青春特点又为传统文坛所瞩目的好作品。与前两类作家不同的是,这批写作态度更为严肃的作家,或继承了20世纪80年代先锋派小说作家的衣钵,或承续了张爱玲式的都市审美趣味,或努力回归纯文学……虽难以概而言之,但本书着力归纳出其写作风格。具体说来,可分为以下四种:

(一)"80后五虎将"——李傻傻、胡坚、蒋峰、小饭和张佳玮

"80后五虎将"这一称谓最初由媒体命名。2004年马原主编了《重金属——80后实力派五虎将精品集》,标志着"80后五虎将"得到主流文坛的认可。在该书的序言中,马原高度评价了五位青年的作品,称在他们身上看到了当年先锋作家们——何立伟、刘索拉、徐星、阿城、残雪、莫言和马原等的影子,并预言他们20年后将成为文坛力将。马原似乎发现了五个人共同的写作趋向——文学野心和先锋诉求。

郭敬明是一个没有文学野心的人,他在一次访谈中说,"我从不认为自己是一个作家,我只是认为自己是一个比较认真写字的人。我并没有说要在自己的作品里达到多么

高的思想性,或者要展示什么写作技巧,这些我从来没有想过。对我来说,写作就好像在写日记一样,本来是一件很平常的事情,没有必要把它放在一个很高的高度来谈"。不难看出,郭敬明把自己定位为一个写手。而"五虎将"与郭敬明完全不同,他们有着明确的文学理想与追求。比如,在蒋峰的《快乐前行,低迷折回》中有过这样的对白:

你以后打算做什么?我问我女朋友。
考个会计师,或者找个有钱又帅又迷恋我的男人嫁出去。你呢?
我想写出最好的华语小说,看上去这个愿望应该比你那个容易实现。

可见,蒋峰等明确意识到自己身为作家,阅读和模仿的对象多属纯文学意义上的名作名家。此外,他们从精神上继承了余华、马原、苏童等人的"先锋文学",醉心于经营叙事技巧,制造故事迷宫。他们是与经典文本、传统作家距离最近的一批青春文学作家。

在蒋峰的全国新概念作文大赛获奖作品《比喻:鹅卵石、教育及才华横溢》中,对经典作品的熟稔可见一斑:

在属于达里奥·福的那一年冬天,我们的故事才刚刚开始。几乎每一个放学后的傍晚,我们都各自拿一串糖葫芦走在一起。那个冬天冷得令我们都无法咬下来一个山楂。整串的糖葫芦仿佛夜明光束一样反射着淡淡的月光。多数的时候是我们不说话。等我们想谈点什么的时候,我们就谈起文学,或许这是世界上最美妙的事情。更美妙的是,我们很少提及某一位作家或是某一部作品。我们像是谈论落在山谷里的雪那样怀着美好的愿望谈这样的文学:不再背负着文学史的、纯净的、理想中的文学。就那么一次,谭凯峰无意提到了我们谈论过的唯一作家:王小波。之后我们就发现,他是我们共同的作家。我们满怀兴趣地找到了王小波在文学上的合法双亲:卡尔维诺和玛格丽特·杜拉斯。前者是王小波始终引以自豪的作家;后者的部分主题在其《黄金时代》得到延伸。六个星期以后,在冬天即将结束的一个开始解冻的晚上,谭凯峰告诉我,假如王小波还活着,而且还不至于被他那种近乎暧昧的风格毁掉的话,他早晚会飞往斯德哥尔摩。但是那一年属于达里奥·福,一个自称小丑的无政府主义者。

这篇小杂文后列了十四条注释,详细解释了文中提到的十几位世界著名作家,包括达里奥·福、海明威、卡尔维诺、玛格丽特·杜拉斯、金斯堡、拜伦、萨拉马戈、卡夫卡、君特·格拉斯、纳博科夫、略萨、皮兰德娄和普鲁斯特等。不难发现,蒋峰的学习对象是纯文学意义上的大家,而他的理想也直指世界文学最高奖项——诺贝尔文学奖。

蒋峰后来的作品确实具有某些经典之质。《维以不永伤》叙述了一个通俗故事——三角恋,凶杀,未成年人未婚先孕等。设若让郭敬明来讲述,一定会易读好看,催人泪下。但是,蒋峰不愿意循规蹈矩地"通俗",而是不断变换叙述者,不断切换叙事的视角,用了四五种文体,完全打乱了时间顺序。

"五虎将"中的其他几位亦如此。小饭的作品气质冰冷诡异,得到了残雪的肯定。他的新书入选"上海新锐作家文库"系列。张佳玮具有古典主义情怀,其出道之作《倾城》是一部古典题材的作品,营造了一个故事迷宫。如今,张佳玮在网络上以"信陵公子"闻名,写一些充满智慧与幽默的文化小品文。

(二)"新海派"——张悦然、周嘉宁和苏德

"新海派"的代表人物有张悦然、周嘉宁和苏德等。之所以被称作"新海派",原因大概有二,即都有海外留学背景,作品充满了现代都市符码和都市审美趣味。

张悦然无疑是"新海派"作家群中知名度最高的一位。她以短篇起家,作品充满诡艳的辞藻和意象,表现的是强烈的、极端的甚至是病态的情感。现代都市符码和都市审美趣味在其作品中可以信手拈来。

来机场之前我和小舞去乌节路闲逛。我们试了很多种东西。试听了CD,当然我们也去试了很多种香水。我身上的Lancome的Miracle和Chanel No.5混在一起,使我很妖冶。我们一个一个地试,就像小的时候到了游乐园,一个一个地坐大型电动玩具一样。

机场的前半夜是人最少的时候。星巴克的女侍开始坐下来吃她的宵夜。那是一块样子很好看的奶酪蛋糕,她给自己煮了一杯Espresso,开始看当地的报纸,Straitimes。她在看一场演唱会的宣传广告。……

我和小舞都讲话讲得很累了,于是插上电源,用手提电脑放影碟。是《苏州河》。我又看到了中国的薄雾蒙蒙的清冷的早晨,还有我很久很久没有见到的骑自行车的人群。我觉得人群老了。比我走的时候老了。

——张悦然《这些那些》

很明显，这不是郭敬明式的炫富，而是一种西式的小资情调。咖啡和香水品牌都以英文出现，可能是张悦然自然的思维习惯与落笔方式。她出身于知识分子家庭，衣食无忧。她有过留学背景，生活的地方是新加坡、上海等国际化大都市。这一切都决定了其作品的"海派"情调，很符合现代人的都市审美趋向。

除了书写都市情调，张悦然作品的另一特点则是"公主情结"。

> 我认识毁之前刚和我高大的男友分手。他讲了一句话，就坚定了我和他分开的决心。他说，爱情像吃饭，谁都不能光吃不干。我的十八岁的爱情啊，被他粗俗地抛进这样一个像阴沟一般污浊的比喻里，我怎么洗也洗不干净了。我的纯白爱情，在他的手里变污。我做梦都在洗我的爱情，我一边洗一边哭，我的污浊的爱情横亘在我的梦境里，怎么洗也洗不干净。我承认我一直生活得很高贵。我在空中建筑我玫瑰雕花的城堡。生活悬空。我需要一个王子，他的掌心会开出我心爱的细节，那些浪漫的花朵。他喜欢蜡烛胜于灯，他喜欢绘画胜于篮球。他喜欢咖啡店胜于游戏机房。他喜欢文艺片胜于武打片。他喜欢悲剧胜于喜剧。他喜欢村上春树胜于喜欢王朔。不对，他应该根本不喜欢王朔。
>
> ——张悦然《毁》

张悦然的成长经历应该是一帆风顺的，甚至可以说她是被娇宠长大的。正是这种要风得风要雨得雨的生活，培养了她的"公主情结"。如果她一味写自己的幸福人生恐怕是没有什么读者的，所以她只得预设、臆想一些残酷极端的故事——用她自己的话来说就是"贩梦"。现实生活太一帆风顺了，她只有在小说中虚构残酷与苦难。她借鉴经典童话和民间文学的故事框架来讲故事，小说中的主人公总是出身于破碎的家庭，极端缺爱，内心偏执，拥有毁灭一切的激情。

张悦然的小说最大的问题是"不接地气"。她的文学想象力和架构故事的能力的确超凡，但是她的故事没有生命力，没有源头。她的写作就像飘在空中，而不是脚踏实地。《誓鸟》之后，张悦然沉寂了很久。后来她主办了一本叫作《鲤》的杂志主题书，主打纯文学牌。杂志旨在介绍外国作品、举办文化沙龙和发表原创小说。张悦然在《鲤》上发表过一篇作品《好事近》，尝试书写同性恋题材，尽力由虚幻转向写实。不过，《好事近》中的人物依旧是极端化的，结局依旧是被谋杀或死亡。说到底，这个故事依旧是不符合现实生活逻辑的，而只存在于她天马行空的想象中。

（三）"学院派"——颜歌、笛安和七堇年

将颜歌、笛安和七堇年归为一类，因她们都受过系统的高等教育。颜歌是毕业于四川大学的比较文学博士。七堇年是"好孩子"典范，高考前英语就考过了GRE，之后在香港攻读新闻传播专业研究生。笛安本科读历史系，研究生读了社会学，父母均是作家。可以说，她们都是"80后"作家中低调的实力派，也是被主流评论界最为看好的青年作家。她们学历高、文化素养高，有着严肃的文学理想。

颜歌与郭敬明是同乡。早期的颜歌其实和早期的郭敬明很像，是运用华词丽句和构建梦幻城堡的高手。但颜歌及时转向了更高层次的文学，而郭敬明则一直在文学和商业之间沉浮。在回应读者质疑《幻城》抄袭颜歌作品时，颜歌的回应非常宽容、低调："我之所以会改变我的写作风格是因为我的文章比《幻城》内敛很多，在他的无限夸大上我看到了这种东西的极度弊端。那种语言会遮蔽一个故事的本质。小说的本质是情节，它不是像散文那样的东西。因为这件事和其他的种种因素，我要改变过去的写作方式。……对于郭敬明，我们以前是非常要好的朋友，而且我认为写小说是非常私人的东西，无论是谁，都是一名写作者，也都应该受到尊敬。"

颜歌写作《白马》《请带我到平乐去》（后来写成长篇小说《五月女王》）等时，就不再书写诡丽的历史和虚幻的梦境，而是将笔触对准中国的普通小镇，开始书写小镇上的家长里短。《五月女王》讲述了一个异常高大的女巨人袁青山的故事，她因与众不同而承受的痛苦以及对一位男生的绝望的爱情，中间还牵扯了小镇两代人之间复杂的恩怨情仇。一个相当传统的背景，配上了一个相当深刻的主题，颜歌将这个故事写得老练、精彩。《白马》依旧讲述小镇故事，依旧叙说情欲纠缠与家长里短。通过儿童视角，将世俗故事与孩童式的天真结合到一起，还将幽默、爽辣的四川方言融入其中。至此，颜歌的叙事分寸已较为成熟。

顶着"作家二代"光环的笛安，并非徒有虚名。她的早期作品《告别天堂》虽写青春的爱与恨，但写得有血肉，弥漫着人间气息，不似张悦然那么飘忽。她的"龙城三部曲"（《西决》《东霓》和《南音》）则回归了最传统的家族叙事，讲述了龙城郑家第三代青年男女的爱恨纠葛。作品着力塑造了三个堂兄妹。独生子女时代，曾经的手足之情只能在堂（表）兄弟姐妹那里获得。果敢美丽的大姐东霓、善良懦弱的哥哥西决，以及刁蛮天真的小妹南音，都有着现代青少年身上的性格特征。三人的关系盘根错节，东霓和西决甚至还出现了看似不伦的姐弟恋情，后来证明西决并非郑家的亲生孩子，所以这段不伦恋情有了

"合理性"。笛安的"龙城三部曲"本可以写得更好,回归传统的家庭叙事和鲜明丰满的人物设定都预示着一部优秀作品的诞生。但是,从情节来看,笛安却不可避免地受到了通俗文学(或者郭敬明旗下团队)的影响,开始猎奇,希求出人意料而博人眼球,陷入了通俗小说的窠臼。小说明明有着名作式的开篇,却不期然庸俗化了,令人惋惜。

短篇小说《圆寂》写边缘群体,不是春树式的坏孩子或摇滚青年,而是残疾人和社会底层。男孩袁季生下来就是个没有四肢的肉球,自幼以乞讨为生。女孩普云是个被扔在寺庙门口的弃婴,成年后只得以卖淫为生。两个饱尝人世辛酸的人同病相怜——不是爱情,而是"同是天涯沦落人"的友情。普云挣脱出泥潭成为有钱人的太太,而依旧在寺庙门口乞讨的袁季目光里一片祥和。故事不像许多青春文学作品那样热衷于描写残酷和死亡,而以"哀而不伤,暖色尚存"作为结局。这是中国青春文学十年中所贡献出的优秀作品之一。

七堇年曾因类似安妮宝贝的文风而饱受诟病。她早期的一些散文、小说语体上确有安妮宝贝的痕迹,内容却并非安妮宝贝式的苍白,而有着真诚、丰满的故事内核。

十八岁,在千辛万苦熬过了高三之后,我没有考上清华。原因竟然不是因为数学,而是文科综合。揭晓分数的那天,我听完电话里的报数,在草稿纸上算了三遍加法,得到的仍然是那一个不想面对的分数。我倒在床上蒙头痛哭了整整一天。母亲坐在客厅,也是默不作声地落泪。过了很久很久,她悄悄来到我的床边,抚摸着我的头,那么无奈而痛心地安慰我,不要哭了,乖,不要哭了。烈日不怜悯我的悲伤,耀我致盲。彼时过于年轻脆弱,我只知道蒙头痛哭,在七月盛夏,眼泪与汗水一样丰沛而无耻。我仿佛听见生命缓缓关上大门的嘎吱声……我一度以为,我一度那样真真切切地以为,这是我人生中最无可挽回的失败。

在后来一声声高中好友们的名牌大学录取的报喜中,在后来一次次昔日好友满面春风的首都顶尖高校的精英型同学会中……在后来的后来……我愚蠢而耐心地反复咀嚼着这一次失败的味道,几近一蹶不振,为这一个理想的幻灭赔上了此后将近三年的无所事事的荒凉青春。

是在二十岁出头的关头,才明白过来,不懂得从一次失败中站起来,永远跪在地上等待怜悯并且期待永不可能的时间倒流,才是人生中最无可挽回的失败。

以上文字出自她早期的散文《稻城》,写出了一个好学生高考失败后的痛彻心扉。重要的是,她并没有沉溺于痛苦的诉说,而是从痛苦中醒悟——"不懂得从一次失败中站起来,永远跪在地上等待怜悯并且期待永不可能的时间倒流,才是人生中最无可挽回的失败。"显然已超越了玩味痛苦和夸大痛苦的青春文学的惯常表述。

七堇年的第一部长篇小说《大地之灯》令人惊艳。矫情、肤浅的痕迹虽尚在,但不可否认它在当代青春文学作品中的超拔之姿。《大地之灯》讲述了一个庞大、恢宏的故事,从知青年代写到现今社会,既有别具风情的青藏高原、偏僻的小兴安岭农村、南方小城,又有炎热的尼泊尔和现代化的都市。一些论者认为《大地之灯》囊括了截然不同的地域文化、宗教背景和时代苦难,令人惊叹。故事的主角之一卡桑是一个藏族孤儿,是在青春文学书写中罕见的少数民族主人公。由此可见,她开始在写作风格和主题上尝试突破青春叙事的局限。

遗憾的是,七堇年后来的《澜本嫁衣》未能延续《大地之灯》的精彩。作品讲述了一个出身悲惨的少女成长为一个命运悲惨的妓女的人生历程。故事平庸,充满了较多的欲望描绘和博人眼球的做作与残忍。让人不得不感叹,在青春文学浮躁化、浅薄化浪潮的冲击下,一些较为清醒、严肃的作家也在不可避免地被同化。

(四)"遗失的美好"——刘莉娜、朱婧、徐璐、马天牧和落落

"五虎将""新海派"和"学院派"的不少作品已显成熟之质,在某些作家身上仿佛能看见未来余华、莫言、苏童等的身影。不可否认,青春文学的横空出世填补了中国文学史的空白。以往,中国只有儿童文学和成人文学之分。而儿童后、成人前这段时间(即青春期)似乎成了真空地带。正是青春文学的登场,让中学生及大学低年级的少男少女真正有了属于自己的"我手写我心"的文学。这种"我手写我心"的文字难免幼稚、肤浅,毕竟有几人在十七八岁就深刻得堪比哲人呢?虽幼稚,却不乏真诚,这无疑是青春文学的特点之一。"五虎将""新海派"和"学院派"们超出年龄的老练,却在一定程度上超出了普通青少年群体的欣赏水平和接受能力,颇有几分曲高和寡的寂寞。

之所以称刘莉娜、朱婧、徐璐、马天牧和落落等为"遗失的美好",因为他们通常都很低调(落落知名度相对高一点)。青春文学风生水起的那些年,她们虽站在舞台上,却没有走到舞台的中心。她们的作品多是短篇,发表在《萌芽》《布老虎青春文学》等刊物上,影响力并不大。但是,他们的作品确实具有真正的属于青春文学的纯质。初恋、友情、成长,有忧伤,也有痛苦。不过,痛苦是有度的,能够透过黑暗看到光明,传递的是一种积极

向上的价值观。这在"秋意甚浓"的青春文学大潮中,殊为难得。

刘莉娜的《风中密码》是青春文学十年中的佳篇,讲述女学生暗恋高中生物老师的故事。方方说,"意想不到一个高中生能将自己很秘密的初恋情感写得这么美丽、纯洁,而且分寸把握得这样好,文字亦干净,纯熟"。铁凝认为,"干净、纯美、独特、柔软的情感,通过作者酣畅而又分寸得当的叙述与结构,使这篇作品呈现出一种优雅又充满青春活力的景象、一种难以言说的至真至善的奇妙的气质"。诚然,干净、优美、纯粹,乃刘莉娜作品最大的特点。

徐妍曾评说朱婧有寂寞生花之笔,一向擅长剖白转型期文化背景下小资少女的青春心事,善于施展叙事魔法,对单恋、三角恋、古典恋、现代恋的故事模式驾轻就熟。的确,朱婧笔下有浓情蜜意,虽然多有分手等悲剧情节,但她的心是热的。朱婧在创作谈中曾告白:"最初的爱,最初的伤害,最初的纪念,最初的梦想。这一切,是故事隐秘的主题。我一直想用自己的文字,回溯一些时光,找到我们记忆深处的片段——那些从来没有被弄脏的美好,那些我们拒绝去触摸的疼痛。最初的感动、最初的爱恋关于谁,最初的吻的气息、最初的伤害的痕迹在哪里,最初的眼泪在谁的身后悄然落下,最初的时光,最初的心情,你什么时候挥手和它心酸微笑着说了再见。"《猫咪森林》讲述了两个闺蜜的成长历程,清新、温暖。《关于爱,关于药》是一个现代的三角恋故事,却被朱婧写得淡然而富有诗意,颇具古典情怀。而《人生若只如初见》尝试古典题材,写了庄子和他的妻子的故事。

徐璐一直坚持书写校园生活题材。不同于许多青春文学作家对高中时代的偏爱,徐璐多讲述大学生活。她以理性思辨见长,作品中散发出睿智、乐观的气质。《李莫愁们的念去去》讲述四个女大学生各自的情史,爱、感动、阳光、理想与痛、遗忘、阴霾、幻灭盘根错节,却在纠缠中被理性分析。爱情与理想,都给读者一种向上的力量。

马天牧的代表作是《仰望》(发表于《布老虎青春文学》)。一个患有"儿童性早熟"病症的女孩,因为身体过早发育而被同学视为怪女孩,没有朋友。高中时她的成长就停止了,个子停留在1.52米。后来,她上了大学,仍旧因病而自卑。她在网络上认识了一个男生,聊得很投缘。当男生提出见面时,她胆怯了。后来,那个叫柯辰的男生要求女孩做他的女朋友,她答应了。女孩最终战胜了心病,获得了幸福。"开始的日子会有许多的不习惯,现在我很爱这三十四厘米的距离。我们已经习惯保持一个低头一个仰望的姿势,这是我们最默契的姿势。我想,我的病真的好了。我前所未有地快乐起来,我开始爱我的身体,它虽不完美却是我独一无二的,虽然比别人的小,却是陪着我的心一起长大的。我想我真的长大了,还和简·爱一样,拥有了我的幸福。"

落落以漫画评论出道,她曾是很多动漫杂志的编辑,后来以发表在《新蕾·story100》上的一系列深受日系纯爱动漫影响的小说闻名。2005年落落出版长篇小说《年华是无效信》,讲述了两个女孩——宁遥与王子杨亦敌亦友、亲密又带着嫉妒的复杂关系。落落把高中女生之间的友情写到了某种极致,或许任何一个女孩读到宁遥的故事时都会产生共鸣。女孩之间的那种幽暗、微妙的小情绪、小心眼儿,女生之间的那种虚荣、嫉妒,一一被落落抖搂出来。《年华是无效信》中的友情不是美好的,却是真实的。

2009年落落出版了长篇小说《尘埃星球》。正值花季的少年夏圣轩和夏政颐是离异家庭的单亲子女,比邻而居,是朋友亦如手足,还有专属于少年间的微妙的羁绊。两人父母的再度结合让他们心生抗拒。《尘埃星球》本可以作为《年华是无效信》的男生版,但突兀的结局是一个败笔——夏政颐在爬山时坠崖而死。落落惯于用细腻、优美的语言叙述那些"生命中温暖而美好的事情"。但《尘埃星球》的结局实在令人质疑,既不符合她一贯的风格,也不符合故事的情节逻辑,以至于读者不得不发问:"为什么青春文学中总得有血的影子?"或许,落落也未能免俗。写《年华是无效信》时候的落落还没加入郭敬明旗下的"柯艾"公司,而写《尘埃星球》的时候,她已是郭敬明团队中的一员。郭敬明的几部长篇(以《悲伤逆流成河》为代表)的结局都相当惨烈。很明显,郭敬明的风格其实就代表着整个团队的风格。落落在写作《尘埃星球》时,可能不自觉地与老板的风格趋同——结局一定要出现意外死亡或自杀是郭敬明式的审美模式,也是这个团队的写作模式。因为郭敬明已经大红大紫,他的这种审美风格就有了被模仿的合理性。不可否认,一些个性化十足的作家在青春文学的商业化大潮的洗涤中慢慢丧失了属于自己的独特性。

尽管以上青春文学实力派作家们的风格各异,但他们的作品仍具有共通性。

其一,个性化的私人叙事。"80后"一代书写的多是个体生命的高度敏感和情绪的起伏,以及对于自我高度的关切和呵护。[①]这种个性化的私人叙事是对中国当代文学宏大叙事传统的反拨。当下业已成名的成人作家,热衷于书写中国大历史进程对个人命运的影响,作品中记录时代、历史、社会,醉心于书写国家民族的"史诗",而"80后"写的是个人的"私小说"。七堇年说,"世界的悲伤与灾难都太多,我们活在平静遥远的角落,无力

---

① 张颐武.当下文学的转变与精神发展——以"网络文学"和"青春文学"的崛起为中心[J].探索与争鸣,2009(8).

怜悯。人间既非天堂又非地狱,末日尚远,我们唯能维护着自己的天地"。他们的作品无涉社会、政治、国家大事、民族记忆,突出的是个体生命存在的意义。

其二,多元文化交融的文体特色。有学者称"80后"的文体是"马赛克"文体,是各种文化资源的碎片拼贴和聚集。①青春文学显然受到了ACG、电影、摇滚乐等各种亚文化的影响。

1.ACG。"ACG"是Animation(动画)、Comics(漫画)和Game(游戏)三者合起来的简称。日本作为亚洲动漫产业的先行者和领头羊,其ACG文化辐射到了全亚洲乃至全世界,形成了拥有大批受众及广泛影响力的ACG亚文化圈。动画、漫画、游戏是当今的主流ACG文化,轻小说、DRAMA(广播剧)和COS(角色扮演)等是其衍化分支。ACG亚文化研究已进入学界视野。

青春文学深受ACG文化的影响,最典型的例子莫过于《幻城》对日本女子漫画组合CLAMP的作品《圣传》的抄袭风波。其实,CLAMP对郭敬明的影响不仅仅体现在《幻城》相似的框架设定上,还体现在文字风格方面。CLAMP这个女子五人组合以画风华丽、故事残酷著称。她们的漫画有着鲜明的个人特色,画面元素极致绚丽,锁链、樱花瓣和羽毛是她们的标志性符号,被称为"后美型主义"。她们的故事内容也有鲜明特色,无外乎两大主题——命运(沉重的宿命论和悲剧气氛)和爱(保护最重要的人)。郭敬明的华丽铺陈、极度渲染的文风,显然与CLAMP神似。其作品情节上浓重的宿命论和悲剧氛围,亦与CLAMP异曲同工。

落落本就是漫画杂志编辑出身,是不折不扣的御宅族。她早期的短篇作品全部脱胎于日系的少女漫画,《如果声音不记得》中甚至人物名字都是日式的。

青春文学作品深受ACG亚文化影响的另一大表现是作品的插画化,即图文书的出现,比如张悦然的《红鞋》《是你来检阅我的忧伤了吗》都以图文书的形式发行。

2.电影。电影作为与文学、建筑、音乐、舞蹈等齐名的艺术样式,在视觉文化时代的当下,得到了前所未有的发展。文学与电影相比,反而衰落了。影视文化对文学进行着潜移默化的"收编",小说创作越来越电影化,青春文学也不例外。张悦然的《红鞋》借鉴了电影《这个杀手不太冷》的情节设定,另一部长篇《樱桃之远》借鉴的则是波兰电影大师奇斯洛夫斯基的《薇若妮卡的双重生命》。此外,青春文学作品中描写主人公的日常生活

---

① 王涛.代际定位与文学越位:"80后"写作研究[M].成都:巴蜀书社,2009:201.

时,看电影也是出现频率很高的一件事情。而且,所看电影的气质与作家气质非常相符。比如,落落笔下的人物看的就是日本的岩井俊二(《情书》),而张悦然笔下的主人公观看的多是沉闷、深刻的艺术片。

3.摇滚乐。青春文学作品中描写主人公的日常生活时,除了看电影,听歌也是出现频率颇高的事情,所听的乐曲以欧美摇滚乐为主。春树的作品整个就是建立在朋克音乐基础上的,从描写内容(地下乐队)到叛逆形式。

郭敬明在早期的散文作品《我们最后的校园民谣》中说,"我喜欢的音乐是两个极端——摇滚和校园民谣"。而在他早期的小说《天亮说晚安》中,充满了关于主人公沉迷摇滚音乐的描述:"我住在一栋三层楼的木房子里,最下面是我父母,中间是我,最顶层是个比我大一岁的男孩子,名字叫颜叙。生活沉默,摇滚乐听到死……很久之后我知道了那两个箱子中装满了 CD 碟片,除了摇滚还是摇滚。我说的很久之后是真的很久之后了,因为那个时候我已经整夜整夜地跑上楼去,一直听摇滚乐听到天亮。"

张悦然在《桃花救赎》中提到了美国女歌手 Tori Amos。有趣的是,徐璐的《被海迷死的鱼》中也提到了这位独特的摇滚女歌手:"红头发手上拿着两盒 CD。严井朝盒子上瞟了一眼,居然也是齐秦的! 莫非,刚才她也在广场上,她也同样为歌声所吸引,一样来找寻这首歌? 严井有点兴奋。她扶了一把耳机,换了一只手拿 CD。严井看到了另一张 CD,Tori Amos 的《Little Earthquakes》。封页上的漂亮女人命运多舛,头发的颜色是自然天成的酒红色。"

音乐对青春文学的影响还体现在形式上的糅合,出现了音乐小说这一崭新的体裁。比如郭敬明的《迷藏》、七堇年的《尘曲》,皆随书附赠作者作曲演唱的同名 CD。

其三,疼痛、忧伤的书写格调。这便是曹文轩所说的"秋意太浓",亦被众多批评家诟病。究其原因,与时代的价值观变化有关。"80 后"是理想缺失的一代,他们不知道自己要什么,只知道自己不要什么。面对这样的时代,忧伤一方面是他们真实的内在写照,另一方面也是抵挡成长和社会化的绝望盾牌。

五、青春文学的得与失

纵观青春文学十年发展历程,其存在的价值和意义主要体现在以下几方面:

其一,中国文学向来崇尚宏大叙事,聚焦乡村题材,反映社会变迁。青春文学大多摒弃宏大叙事传统,以都市搭建叙事舞台,在一定程度上体现了文学的革新。

其二,以处于青春期的准成年人为叙事主角,全面、深入、细致展现人生过渡时期的状貌,填补了儿童文学与成人文学之间的空白。

其三,以"自画青春"的方式吸引青少年进行文学阅读,从而拯救了日益边缘化的文学。20世纪90年代以来,随着市场经济大潮的来临,中国文学式微,纯文学图书乏人问津。青春文学在此时横空出世,写作者多为处于青春期的未成年人,作品中的主人公多为写作者的同龄人。因"自画青春"具有亲历性、当下性和现场感,颇具原生态意味,从而"激活了青少年阅读文字的愿望,在图像文化冲击下让青少年通过自己的感受接触文字,从而让他们养成阅读的习惯,这对于他们接受经典的文学和传统的文学界的写作都大有裨益"①。许多青春文学作家成为青少年的偶像,作品中偶或提及文学大师的作品(郭敬明关注过苏童,七堇年推荐过清少纳言的《枕草子》,韩寒推崇钱钟书、王小波),客观上推介了一些被冷落的经典名著。偶像效应明显强于老师等所谓专家权威的苦口婆心。

其四,真实、真情、真诚,引起强烈共鸣。青春文学作家们的书写大多非常真诚,满怀真情,真实地表达所见所闻所思,深入展现当下摇曳多姿的青春风景。青春期通常被冠名"叛逆",被成人视为雷区和沼泽地,代际冲突、初恋忧伤、升学压力等是核心事件。青春文学作家们作为代际冲突的当事人和代言人,往往能够宣泄出大多数同龄人骨鲠在喉的情绪,从而引起共鸣。以文学的诗性特质缓解青春期压抑、焦虑等情绪,在一定程度上实现了文学和教育的双重功效。比如,《风中密码》(刘莉娜)聚焦少女暗恋、《七天里的左右手》(郭敬明)质疑高中文理分科制度、《稻城》(七堇年)铺写高考落榜的绝望、《年华是无效信》(落落)直面友情的复杂等,令青少年读者感同身受,狂热追捧。

当然,大多数青春文学不过是附丽于文学华鬓之下的一种时尚消费品。对成长的理性认知的贫乏,削弱了作品的力度和深度。青春文学存在的诸多问题可归纳如下:

其一,忽视边缘群体,漠视中国文化传统。前面已述,青春文学主要聚焦城市,忽视乡村、弱势群体、残疾人等底层、边缘群体。深挚地书写边缘群体之作可谓寥若晨星,仅有《圆寂》(笛安)、《仰望》(马天牧)、《五月女王》(颜歌)和《大地之灯》(七堇年)等。这与中国当下高速城市化的现状相契合,即城市侵吞乡村,乡村文明遭城市文明排挤,几无立锥之地。李傻傻、小饭、水格等长于乡村的青春文学作家最初的作品弥漫着浓郁的乡村气息,但很快被都市化。水格说"我不得不承认,城市最终俘虏了我。我的大部分文字

---

① 张颐武.当下文学的转变与精神发展——以"网络文学"和"青春文学"的崛起为中心[J].探索与争鸣,2009(8).

背景都是城市,我有时候觉得我很卑鄙,我用文字掩盖了我从村庄走出来的事实"。随着中国改革开放的深化,西方文化潮水般涌入。当下青少年对西方文化的熟稔与趋同、对中国文化传统的冷漠令人担忧。"国外的现代文化湮没了东方文青的心灵,青春文学在中国文化与外国文化之间呈现出单边倒的结构,表现出以都市有产文人风貌为主的西式文化正在青春文学中强势延伸。"[①]大多数青春文学的审美风格或"哈日",或西化,具有民族特色的寥寥。呈现在作品中的 21 世纪初的中国青年千人一面,大多有一副"优越而任性""高贵而忧伤"的面孔。

其二,真诚失落,个性缺失,千篇一律。亲历性、当下性和现场感是青春文学的魅力所在,需要写作者抱以极大的真诚。然而在利益的驱使下,许多写作者把写作当作获取名利的行为秀,与真诚渐行渐远。作品失去了灵魂,袒露出空虚和浅陋。此外,由于韩寒等大红大紫,效仿者甚众,从而导致审美风格的趋同。比如,郭敬明"柯艾"公司麾下的写手,作品大多烙印着郭敬明式的"明媚忧伤""45 度角仰望天空"。

其三,对成长的理性认知不足,玩味无病呻吟,玩味绝望和灰暗。人生并非总是风和日丽,青春是美好的,但交织着忧伤,掺杂着残酷。灰色的青春事件自然不可回避,但灰色并非青春的本色,或者说青春并非只有单一的灰色。即或写灰色,亦应让读者从中看到希望,给读者以诗性拯救。然而,许多青春文学作品满纸颓唐、悲哀和绝望,主人公似乎一出生就被世界抛弃,除了死别无他择。这无疑背离了当下青少年生活的本真状态,无疑是"为赋新词强说愁",把绝望和灰色当作博得关注的表演道具。比如,《蔷薇求救讯号》(卢丽莉)讲述"自杀宣言"网站上众多青年男女留下的自杀宣言。他们成长的背景各异,但都被绝望所裹挟。人生的每一条路都是迷途,铺满了绝望,自杀是唯一的选择。当下大多数青少年的生存本相果真如此?

青春文学在国内风起云涌的这十年间,世界范围内也出现了一股书写青春的热潮。将国内外作品进行比较,不难发现共同点。比如日本,既出现了书写残酷青春的作品(金原瞳《裂舌》),又诞生了以不良少年的犯罪行为为主要书写内容之作("池袋西口公园"系列),还有展现正面力量的"80 后"青年作家青山七惠的《一个人的好天气》(获得了"芥川奖")。比如欧美,既出现了书写少女成长主题的《白夹竹桃》,又展现青少年一代混乱迷惘的情感关系的《绯闻女孩》,还出现了充斥着商业化流行元素的伪奇幻作品《暮光

[①]焦守红.当代青春文学生态研究[M].长沙:湖南师范大学出版社,2008:180.

之城》。可见,残酷青春、叛逆少年、情感混乱并非中国青春文学的独特产物,在世界范围内是共通的。

而今,"80后"作家们早已走过了青春期,青春事件不再是他们书写的重心。郭敬明的"小时代"系列目标读者群为后青春期的都市白领。落落封存了青涩男女生的校园恋情故事,转而讲述"剩女"故事。一部分"80后"走进了婚姻,为人父为人母,属于他们的青春时代渐渐远去。"90后"一代不再狂热追逐青春文学,"穿越""校园轻文学""网络玄幻"和"网络言情"成为新宠。这些所谓新的文学品类在一定程度上能激发青少年的想象力,但它们远离现实,颠覆传统价值观,毫无节制地"戏说",无所顾忌地放纵、宣泄,被称为典型的"意淫文学",显然给青少年的健康成长造成了干扰。

总之,批评界对青春文学的批评还未回归"学术"本位,尚处于随"市场"之波而逐流的情状。总的说来贬多于褒,焦虑多于鼓励,诘问多于关怀。当然,大多数青春文学文本的确不过是附丽于文学华鬘之下的一种时尚消费品。对成长的理性认知的贫乏,削弱了作品的力度和深度。此外,将青春文学作为个案来考察,显然不能一言以蔽之。一些作品不乏才气和灵气,其当下感和现场感非一般成人作家可及。写作技法的时尚、叙述语言的张力和写作激情的饱满,的确给文学注入了新鲜血液。

第三节　成长小说创作现状考察及引导策略

20世纪90年代以来,成长主题开始成为中国儿童文学书写的一种重要向度。由于对成长小说这一具有经典美学特征的小说样式认识和理解的偏差,许多被称为成长小说的文本不过是对成长主题的一种表现,或者说是对成长小说的庸俗化理解,即把所有涉及成长问题的小说统称为成长小说。因此,导致了作为少年文学之一极的成长小说一直游荡在少年文学之外。这不能不说是中国儿童文学的重大缺憾。进入21世纪以来,这种情况有了较大的改观。不少论者对成长小说进行了全面、深入的探讨,不少作家对成长小说有了新的认知。尤其是对于作为成长的核心问题——性,有了更为深刻的认识。因此,中国的成长小说书写有了长足的进步。

一、成长小说创作观察

前文已经探讨了成长小说与儿童文学之间的姻亲关系。儿童文学作家对成长的书写,主要体现在少年小说文本中。以秦文君(《男生贾里》)、陈丹燕(《上锁的抽屉》)和丁阿虎(《今夜月儿明》)等为代表的一批作家,大多书写当代中学生的成长故事,展现新时代中学生成长的风采,呵护他们成长的欢笑和泪水。之后,以曹文轩(《红瓦》)、常新港(《女生苏丹》)、饶雪漫(《QQ兄妹》)等为代表的一批以成长为书写主题的少年小说作家的作品,备受广大青少年喜爱。这些作品在一定程度上担当了青少年成长的精神导师。

中国儿童文学作家的成长书写,具有以下几方面的特点:1.由于"以儿童为本位"的儿童文学的受众年龄上限为18岁,因此,大多数儿童文学作家的成长小说所描写的成长主人公并未超过18岁。前文已经论及,成长并非一蹴而就,亦非如生理学所规定的那般准时,因此,大多数儿童文学作家书写的所谓成长小说,并未展示年轻的主人公由幼稚走向成熟的全过程,不过是展现了其成长的片段。从严格意义上说,这样的成长书写不过是成长小说的雏形。2.对当下青少年成长问题的关注,使得作品具有极强的当下意识,尤其能引起广大中学生的共鸣。比如《女生贾梅》(秦文君)、《花季·雨季》(郁秀)等。3.缺乏成长小说的基本理论知识,对成长的书写处于自发状态,对成长的书写流于表象,未能穷尽成长的方方面面,未能窥破成长的真谛,难以成为阅读者(主要是未成年人)的重要参照。

本书所考察的成长小说文本大致可分三类,见下表:

类别	作者	读者	叙说对象	代表作品
第一类	成年人	成年人	已发生的成长往事	《与往事干杯》等
第二类	未成年人	未成年人	正在发生的成长故事	《柳眉儿落了》等
第三类	成年人	未成年人	关注、呵护成长者的成长	《草房子》等

从叙述时态看,第一类成长小说运用的是过去时,后两类多用现在进行时。第一类成长大多已成往事,成长主人公的成长结果基本明了,文本不过充当了成长的刻录机,无法与其互动。后两类成长因还未完成,所以具有多种可能性和潜在的增殖空间。文本处于开放(或未完成)状态,即存留有大量空白,需要阅读者填充。这些文本主要存在于中国的少年小说中,写作这类文本的作家通常被命名为儿童文学作家。他们的作品大多出现在中国不多的几种少儿文学刊物中,比如《儿童文学》《少年文艺》等。与成人文学相比,他们的生存环境非常逼仄:发表场所稀缺,且一直置身于"儿童文学不过是小儿科"

之类的舆论氛围中。但是,他们对成长的影响却是任何一个成人文学作家、任何一部成人文学作品所难媲美的。仅从书刊的发行量来说,前者与后者明显不在一个档次。毕竟,任何一个国家主要的阅读群体显然是中小学生。

  作为舶来品的成长小说这一文学概念,在进入中国之前被所谓的教育小说所取代。经过意识形态的干预、改造之后,它得以迈进当代中国本土。其中,《红楼梦》《青春之歌》等,可谓中国最具有典型意义的成长小说范本。但是,由于中西文化的差异,中国的成长小说在内质上已经发生了很大的变异。这种因文化语境不同而产生出的成长小说的主体性差异景观,客观上导致了中西方成长小说在审美等功能层面上的差距。难怪有论者说,具有本体意义的成长小说至今还未在中国诞生。尽管进入20世纪90年代之后,由于中国传统价值观念的转型,以成长为书写主题的成长小说从本质上发生了裂变,作为主体的成长者表现出了与林道静等截然不同的精神面貌,但是,他们的成长仍旧是迷茫、混沌的,精神的超越仍旧亟待完成。在20世纪90年代中后期风光无限的棉棉、卫慧,她们歇斯底里地张扬"身体写作",她们那些以宣泄"残酷的青春"而惊世骇俗的文本,无疑都在讲述有关"我"、有关青春的成长故事。"我"的言、行、思都烙印着绝对生猛的个性(或自我),所有惊世骇俗的反常之举,都是为了"自我的寻找和确证"。为了实现自我而不惜以对自我的伤害为代价,把生活的表象当作人生的本质,从而与平庸的日常生活达成妥协,身不由己地沉陷于感官功能的刺激和享受之中。"这种只要此岸而不要彼岸的成长,旁证了文化现代性构想的结构性缺陷;只有认知——工具理性的现代性潜能得到释放是远远不够的。……为什么自由选择的绝对化最终却导致了选择的贫困化?……价值选择的无限可能与具体价值的选择的无可能性,没有产生出(成长)'主体',而是产生出了人之成长的一种宿命性悲剧。"[1]这正是当下中国成长小说所面临的困境!

  其一,缺乏顿悟与主体生成。欧美的经典成长小说经典在叙说成长主人公历经磨难,尤其是在遭逢了标志性事件(比如"死亡""再生"等)之后,实现了顿悟,从而长大成人,主体性得以生成。在成长主人公的成长之旅中,尽管时常会出现导师的身影,但导师们并非主人公的救世主,并不承担为迷茫的成长主人公指引成长方向的角色,顶多成为他们成长的见证人。也就是说,成长不过是成长者自个儿的事,主要需要成长者自己去完成。然而,中国作家笔下的成长主人公在成长之旅中大多离不开精神导师的导引,否

---

[1] 樊国宾.主体的生成:50年成长小说研究[M].北京:中国戏剧出版社,2003:227-233.

则,他们的成长就无法完成。这在一定程度上映衬了写作主体"成长观"的陈旧:以成年人的优越感居高临下地面对未成年人的成长,忽略了成长者成长的自主性和主导性。与其说是成长者在成长,毋宁说成长者不过是充当了成长的傀儡。这样的成长者,其主体性显然难以生成。

其二,缺少长大成人的结局。如同童话故事中的程式化结尾,所有经历了磨难的美丽的公主,最终都能和英俊的王子过上幸福的生活。欧美成长小说中的成长主人公最终都能长大成人,完成成长。而中国作家笔下的成长主人公们的成长,一般有三种结果:完成成长,长大成人;仍旧处于成长之中;成长夭折。前面述及,成长小说与其他文学样式的重要区别在于,它无法回避教育功能,必须实现文学性和教育性的互动。若成长主人公未能实现顿悟,长大成人,主体生成,也就无从实现启迪读者的教育功效。

其三,忽视对非常或反常的成长之性的关注。欧美的成长小说书写不设防,尤其是对成长之性的书写没有禁区。常态下的成长之性自然成为成长书写的永恒主题,亦不忽略诸如同性恋、性心理畸形等非常态或反常态的成长之性的书写。而中国作家(尤其是儿童文学作家)在书写常态下的成长之性时"犹抱琵琶半遮面"("70后""80后"作家例外),不敢轻易进行反常或异常的成长之性叙说。此种情状对于写作题材的丰富性,以及表现成长的全面性、完整性来说是一种缺憾。作为成长之核心的性,自然是成长小说书写的一种公共资源。性的成长,是成长主题不可回避甚至是不可或缺的一种叙事视域。然而,性的成长一度成为书写的禁区和盲区。笔者认为,中国20世纪50至70年代的成长是无性成长,成长书写是无性书写。无性成长不是完整、完美的成长,无性书写是成长书写的一种缺憾。突破成长的书写禁忌,无疑有益于复归完整的人性。

然而,在成长书写的所有主题中,性的成长仿若带刺的玫瑰,抑或是令人眩晕的红罂粟。时至今日,尽管中国的性文化语境已发生了前所未有的巨变,但总体说来,文学对性的成长的书写仍旧显露出投鼠忌器的心态,大多数作家仍旧在禁忌与放纵的夹缝间惶惑、延宕。诚然,性的成长如同一把双刃剑。一方面,人对性怀有的神秘感和羞耻感,是人区别于动物的不可逾越的道德底线。而且,对滥交等性禁忌是确保人类种族生命得以延续,以及维系正常人伦的保证。另一方面,性的放纵是人之本性的一种表现,是对自然人性和自由生存状态的追索。但是,它所带来的负面影响可以说灾难深重。因为对性的神秘感和羞耻感的消解,对生命的敬畏感也就荡然无存。为性而性,降低了人之存在的精神品格。这种基于寻求解放和自由的性之放纵,往往无法获得真正的解放和自由,甚而成为另一种桎梏。比如,棉棉、卫慧们张扬的"身体写作",不惜以对自我的伤害为代价,把生活的表象当作人生的本质,从而与平庸的日常生活达成妥协,身不由己地沉陷于感官功能的刺激、享受之中。

进入21世纪以来,中国的文化语境呈现出了新的特质,而成长之性亦呈现出新质新貌。随着互联网的日新月异,网络已成为人们日常生活中的一部分。当下成长者的成长无疑烙印了深深的"E时代"特色,他们的成长之性必然注入了新的内容:因为物质生活的富足,他们生理的成长提前,性的发育与成熟前所未有地迅猛,但性生理与性心理的发育明显不成比例;"早恋"不再是新鲜话题,而"网恋"亦不再是时尚,大有取代传统恋爱方式之势;同居已被大众默认;"一夜情"仍旧在潜滋暗长;等等。因此,中国作家对"成长"的书写,必然应做出新的调整,以增强文本的当下感,从而实现督导当下的成长者的书写旨意。

总之,作为一种特殊的文学样式,成长小说承担的功能显然具有复合性。它以文学表达为本,竭力彰显娱乐性和游戏精神。同时,它责无旁贷地承担着部分教育功能,在关注成长者的成长状态的同时,也督导他们的成长。成长小说若不能让成长者顿悟,若不能促使成长者历经风雨之后长大成人,就不是真正意义上的"成长小说"。成长小说对"性的成长"的表述情态,应该是严肃的、探讨的、反思的、诗意的、启迪的,力避性场景的原生态裸露,力避对自然情欲的煽动、夸饰,力避只求生活真实而忽略艺术剪裁。

二、成长小说的理论研究

20世纪90年代以降,成长小说可谓中国文学重要的增长点。与成长小说书写的繁荣相律动的是,成长小说研究的蔚为大观,出现了一些专门(或深入)研究成长小说的学者,其中,具有代表性的学者有李扬、杨武能、樊国宾、芮渝萍、李学武、李虹、张国龙等。

与成长书写的长足进步互动的是,此时段成长小说的理论阐释发生了质的飞跃。一些学者开始从各个层面深入探讨成长小说。其中,最具代表性的论述如下:

刘半九于1979年12月在其译作《绿衣亨利》的序言中,对成长小说给予了具有美学意义的深度探究——"在近代西欧文学,特别是德语文学的画廊中,就有一种界乎传记而不能称为传记的品种,名曰'教育小说'(Bildungsroman)。这种文学品种不同于一般的长篇小说,不是以一个或几个成熟的、定型的性格为中心,通过一些特殊的、复杂的以至离奇的生活现象或传奇情节,呈现某个社会的某个时期的横断面。它也不同于一般的传记作品,不是以真实的、不可改变的人物或事件为描写对象,来表现这个人物在特定社会中所产生的历史作用,并通过这个具体人物反映作者的有关的历史见解。'教育小说',顾名思义,首先来源于作者的这样一个基本观念:人决不是所谓'命运'的玩具,人是可以进行自我教育的,可以通过自我教育来创造自己的生活,来充分发挥自然所赋予他的潜能。因此,在这个观念的指导下,教育问题便成为这类作品内容的重要组成部分。……'教育小说'往往是以一个所谓'白纸状态'(tabularasa)的青少年为主人公,通过他的毫不离奇的日常生活,通过他一生与其他人相处和交往的社会经历,通过他的思想感情在社会熔炉中的磨炼、变化和发展,描写他的智力、道德和精神的成熟过程、他的整个世界观的形成过程。"刘半九考察了成长小说术语语词,通过将其与长篇小说、传记相比较,发现其独特之处——成长主人公的性格变化,以及成长主人公"自我教育"的特性,从而为成长小说命名。

1993年,李扬在《抗争宿命之路》(时代文艺出版社,1993)一书中,以《经典文本分析:〈青春之歌〉与成长小说》为题,专节论述了成长小说。从某种意义上说,他对《青春之歌》的解读是惊世骇俗的,超越了革命文学的传统解读藩篱,在成长小说维度激发了这部小说新的活力,既拓展了《青春之歌》的文化意蕴,又为成长小说在中国的生长奠定了理论基础。此后,他在《50~70年代中国文学经典再解读》一书中,继续从成长小说维度解读《青春之歌》,进一步阐释了成长小说理论及其对成长小说作品解读的方法。"在《青春之歌》中,'爱情'——'性'与'政治'是相互说明的。这正是'成长小说'的题中之意。——在'成长小说'中,'成长'并不是指主人公在生理意义上的长大,与主人公一起成长的还有历史本身。在这里,'个人'就是'历史',而'历史'就是'个人'。与此相应的是,我们在《青春之歌》这样的成长小说中看到的'性'与'政治',就不再仅仅只是相互说明或相互印证的关系,女性命运与知识分子道路,在意义层面上作为象征的不断置换,成为小说最为重要的文本策略之一。"[①]

1999年,杨武能以《〈威廉·迈斯特的学习时代〉:逃避庸俗》一文,作为其译作《威廉·迈斯特的学习时代》(广西师范大学出版社,2003)的序言。该文亦对成长小说进行了概念界定:"顾名思义,这种小说写的都是一个人受教育和由幼稚到成熟的发展成长过程。当然,这儿的所谓受教育是广义的,并非仅只意味着在学校里念书,更多地还是指增加生活的阅历,经受生活的磨炼,最后完成学习和修养。至于学习和修养的结果,却因各

[①] 李扬.50~70年代中国文学经典再解读[M].济南:山东教育出版社,2003:129-130.

人的内在天赋和外在环境的不同而不同；只是也终将像浮士德似的通过种种的迷雾而走上正途，认识并且实现人生和自我的价值。"①此定义强调了成长主人公由幼稚走向成熟的成长历程，并拓展了成长主人公所受"教育"的外延——在社会生活中的历练。

2001 年，李学武在其博士论文《蝶与蛹——中国当代小说成长主题的文化考察》中说："论述的是中国当代小说中的成长主题，但话头却是从描述西方的成长小说开始的。论著从一开始，就给人一番开阔的视野。它先给中国当代小说的成长主题，呈现出一个巨大的参照系，尔后再对中国当代小说的成长主题进行描述与分析。……中国当代是没有经典意义的成长小说的，但成长主题却在当代小说中一直存在着，甚至是当代小说中的一个十分显赫的主题。不过，它以细致的解读文本的方式向我们证实，这些主题是在中国特有的文化与政治语境中展开的，与西方的成长主题大不一样。在对比之下，我们对中国小说中的成长主题及它背后的语义有了深切的了解。"②

2002 年，樊国宾在其博士论文《主体的生成——50 年成长小说研究》一文中，试图通过对当代文学中若干部成长主题小说的分析，探究下列问题："1.两个时期两种模态成长小说的叙事格局和主题路线分别是怎样的？2.两个时代不同的成长小说文本，它们所蕴藉的差异显著的现代性伦理奠基原则及其根源是怎样的？3.两种不同的'成长'主题所牵涉的元伦理观念的比较显示了这一主题怎样的思想史背景？4.从表现'成长'的文学叙事角度，可能洞见哲学意义上的'主体'生成机制是怎样的？5.当代小说在主题上将向何种深度延伸？"③总之，樊国宾对中国 50 年成长小说进行了系统、深入的研究，并对成长小说中成长主体的生成进行了哲学演绎，具有宏阔的理论视野和坚实的思辨力。不过，他对成长小说的界定过于宽泛、随意，且对文本的细读脱离文学视域（似乎并未在文学层面探讨成长小说）。对成长小说本体的忽视，不能不说是该论著的一大缺憾。

2004 年，芮渝萍的《美国成长小说研究》出版，这是国内第一部系统探究西方成长小说的专著。这部论著探讨了成长小说的概念、美学特征，以及以德国、英国和美国为代表的成长小说王国之成长小说发展概略，并着重从成长小说本体和文化视角，探讨了成长小说的方方面面。其中，不少论述具有系统性和纵深性，在一定程度上填补了成长小说研究领域中的某些空白。不过，该论著距离成长小说的诗学建构标准尚存相当距离。尤

---

① 歌德.威廉·迈斯特的学习时代[M].杨武能，译.桂林：广西师范大学出版社，2003：1.
② 李学武.蝶与蛹：中国当代小说成长主题的文化考察[M].北京：中国社会科学出版社，2003：7-8.
③ 樊国宾.主体的生成：50 年成长小说研究[M].北京：中国戏剧出版社，2003：3.

其是在逻辑性方面还有待加强。此外,将论著命名为《美国成长小说研究》,有以偏概全的嫌疑。

2005年,李虹在其博士论文《都市里的青春:"70后作家群"①的成长书写》中,通过考察"70后"小说的创作实绩,认为"70后"小说以都市的青春"自诉"为主流,逐步突破对青春自我记忆的反复言说,叙事视野普遍拓展至日常都市里的芸芸众生。由执着于都市青春的、个人的生命体验到瞩目都市底层或边缘的生活,"70后"小说由"自传体"或"半自传体"迈向了对更广阔的当下国人都市人生的想象。但是,即便如此,"70后"小说的都市叙事始终以青春为本位,保持着"成长"或成长性主题,并始终未曾脱离消费时代的欲望化写作策略。李虹对文本的解读细腻、深刻,但理论视野不够开阔,有从文本到文本之弊。

2006年,张国龙在其博士论文《成长之性——中国当代成长主题小说的文化阐释》中,基于"成长之性"这一叙事视域,全面考察了中国当代成长主题小说对"成长之性"的景观呈现,"并从文化学、社会学、教育学和心理学等视角,阐释了这些文本中所呈现的"成长之性"景观的文化负载,以期为成长主题小说面临的"性"的书写困境,找寻到突围之路,从而实现以下几种目标:1.廓清作为成长核心、公共话题的"性",如何被"纯私人化""隐秘化"和"羞耻化",甚至被摒弃于成长主题之外,进而制造出"无性成长"假象? 2.全景呈现中国当代小说各时段成长主题书写中的"性",即无性化、性的非常态化和性的放纵与狂欢。3.推行"完整"成长理念,即无"性"成长不是健康、完整的成长。只有"灵"与"肉"的双栖双飞,才能展现成长的完美(诗性之美);剥离涂抹在"性"之上的迷彩,试图在性、文明、禁忌和文学中找寻到和谐共生之所。4.找寻经典文本,试图以文学的"诗性"品格帮助成长者消解"性"的紧张,走出"性"的惶惑;将"性"这一敏感话题通过文学的诗意方式传达给成长者,还"性"以本性,使其成为成长主题书写的一种公共、共享资源,实现文学性和教育性、物理性与精神性、禁忌与狂欢的互动。该文"全景呈现各时段成长主题书写中的'性',并从文化学、教育学和心理学等视角,考察了'成长之性'景观的文化

---

① 李虹在博士论文中写道:"'70后作家群'指出生于1970年至1979年、出道于90年代中后期、大量作品集中问世于新世纪初的一批作家。他们大都既不是享受国家待遇的专业作家,也不是与作家协会签约的合同作家,几乎都是自由作家或非职业作家。如果从1996年初《小说界》推出'70年代以后'栏目从而使70后作家群受到集体性关注算起,到我写作此论文的2005年初,70后作家群已有了8年的成长和发展期。此间,70后小说创作始终立足于城市,即使偶有乡土叙事,亦以城市为文学视角。70后小说属于上个世纪90年代兴起的大陆城市文学一脉。"

负载。论文提出了'完整、完美成长',即生理之性与心理之性的统一的理念,这在理论上具有开拓意义。论文还提出了'无性成长'等重要观点,颇具启发性"①。

总之,此时段的成长小说研究日渐深入,呈繁荣之势。但是,成长小说作为舶来品在中国的生长期毕竟较为短暂,理论探究仍旧处于起步阶段。总体看来,对成长小说研究存在着以下几方面的不足:1.缺乏系统的成长小说理论建构。目前,大多数学者所操持的成长小说理论,不过是对西方经典成长小说理论的模仿,并未能给成长小说理论补充新鲜血液。2.对世界成长小说发展史的研究几乎是一片空白,《成长小说概论》之类的专著至今还没出现。这便是作者苦心孤诣写作本专著的初衷。由于与"史"相关的资料匮乏,加上作者外文水平的粗疏,本著作对成长小说发展史的梳理仍为蜻蜓点水,有待更多具有深厚中西学术交融背景的学者高屋建瓴。3.有关作品解读的论文居多,但大多数作品的解读依托的成长小说理论有失公允。因对"成长小说"和"成长主题"等成长小说基本理论问题缺乏准确把握,从而导致解读的失效。4.缺乏对中西成长小说的比较研究。囿于文化语境的差异,中西成长小说书写势必在许多方面存在质的不同。

三、存在问题与对策

综观此时期青少年文学的创作现状,存在以下几方面的隐忧。清除这些流弊,将促使青少年文学更为有效地生产。

其一,对少年儿童性的误解。毋庸置疑,青少年文学应以"少年儿童"为本位,彰显少年儿童的本性。但是,不少作家为了遮盖作品中的"成人"气息,刻意"蹲下身来",甚至拿腔捏调地模仿"儿童"口吻,企图以原生态的"儿童语言"进行叙事。这显然是对少年儿童的误解。作品中流泻出矫揉造作的"孩子气"和"娃娃腔"(即"伪儿童性"),纯粹把少年儿童当作"孩子"看,实为把他们等同于弱智。殊不知成长于电子时代的少年儿童,他们的言、行、思已大异于前,他们内心世界的丰富、驳杂远远超乎成人作家的想象。捕捉鲜活的"儿童语言"不过是表现少年儿童本性的一个方面,更为重要的是,作家是否保有一颗纯正的童心,是否用心观看、聆听过少年儿童的心灵颤音,能否准确地解读少年儿童心灵的潮涨潮落,并能以审美的姿态去书写少年儿童世界的喜怒哀乐。

其二,对"教育性"的误解。不可否认,"新时期"以降,大多数论者、作家便羞于谈论儿童文学的"教化功能",甚至视其为洪水猛兽。在作品中张扬"教化功能",竟然成了许

---

① 见张国龙博士论文答辩决议。

多老一代少年儿童小说作家的墓志铭;义无反顾打倒"教化功能",则成为不少所谓"新潮"的少年小说作家扬名的战旗。造成此种尴尬局面的主要原因在于:把少年儿童世界看作了一个封闭、纯粹的童话世界,一个自足的实体,一个类似于真空和隔离状态的狭窄禁区。片面强化少年世界无边的想象力和自由自在的秉性,而忽略了少年儿童世界亦是一个开放的区域,是一个不断延展的具有多种可能性和复杂性的球形世界。事实上,每一个孩子从小就会面对纷繁复杂的大千世界:他们要与家人和亲戚朋友接触,与幼儿园里的老师和小朋友接触,与小学和中学里的老师同学接触,乃至与一些社会上的人接触……总之,他们必然会接触到成人世界的方方面面,大多数人在上大学之前,除不会面对性生活外,几乎将触及所有事情的边缘,只不过他们感受这些事物的深度和体验的视角不同罢了。从某种意义上说,他们的世界和成人世界虽然表现情态不同,但内容却是相似的。这才是他们所面对的完整的、本真的世界!既然如此,他们如何去面对这个世界?如何才能保持与世界的和谐关系?难道不需要借鉴人类世代积淀下来的处世哲学精髓,仅仅依凭他们的直觉和无所顾忌、无所畏惧的莽撞就能成功地完成他们的"成人仪式"?一言以蔽之,少年小说不可成为"教育"的附庸,亦不可与"教育"势不两立。少年小说应以审美的姿态观照少年儿童世界,以文学的诗性培养少年儿童的审美趣味和认识世界与自我的能力。

其三,对"游戏精神"的误解。由于"反教化"情绪,21世纪初的中国青少年文学殚思竭虑,竞相取悦、纵容孩子。这绝非危言耸听!不少作品以张扬童心、个性为幌子,一不小心则变相教唆孩子学习不好的内容。与"反教育性"相对应的即为强化"游戏精神"。尽管"游戏性"是青少年文学不可或缺的元素,但失去了"教育性"的青少年文学也就失去了存在的合理性和有效性。儿童阅读的理想境界在于,在快乐的阅读中享受到审美教育。过度强化游戏精神,甚至以游戏性遮蔽教育性,以快乐教育替代整个教育,明显是矫枉过正。少年儿童世界具有多维性,快乐仅仅是其中的一维。成长于传媒化和网络化时代的儿童,多元化的价值观令他们迷惑,许多青少年文学作家却掩耳盗铃式地鼓吹"快乐至上"。

鼓吹"快乐至上",实则是将"快乐"庸俗化。不少青少年文学中所书写的快乐不过是表层的、原始的感官感受,是失重的、轻飘飘的甚至是没心没肺的快乐。然而,生活、人生的真相并非如此。在这种片面的快乐观误导下的少年儿童,一旦面临不快乐的事情,他们心理的断裂显然是可怕的。真正的快乐是丰富、多元的,而审美愉悦、体验悲剧之美的愉悦、感受苦难之美的愉悦等，无疑是快乐的最高境界。快乐是一种心境，是看待世界和他人的一种方式，而不仅仅是一笑而过，笑过无痕。

刻意的幽默、过分的调侃和恶俗的搞笑，伤害了文学的神圣性、庄重性和诗性。许多青少年文学作家为了取悦读者，不遗余力地幽默、调侃、搞笑。"读者喜欢"不过是文学作品获得成功的一种要素，并非唯一标准。把"读者喜欢"作为创作的法宝，无疑是只见一棵树而忽视了一片森林。过度放大青少年文学的娱乐、消遣功能，竭尽轻松、幽默、夸张、变形之能事，实为"为搞笑而搞笑，不笑就胳肢你笑"。这不能不说是背离青少年文学本真世界的另一种形式的"异化"！谑近于虐是幽默文学的大忌。真正的幽默是含而不露，隽永而不粗俗，俏皮、机智而不插科打诨。

其四，对"农村儿童"的忽视。中国作为农业大国，农村人口曾经占总人口的80%。因此，生活在农村的孩子是中国儿童的主体。然而，因为经济拮据、资讯匮乏，许多孩子无法读到写给他们的文学作品。因为读者群主要是城市孩子，所以作家、出版工作者不约而同地把工作重心放在城市孩子身上，从而导致了农村儿童题材小说的贫乏。这种忽视和冷漠，对本已处于弱势地位的农村孩子来说是极为不公平的，也不利于城市孩子的健康成长。事实上，中国当下农村孩子的生存境遇已经成为一个亟待解决的问题。尤其是在许多经济不发达的地区，农村劳动人口过剩，农民工大量进入城市，早已成了一种极为普遍的现象。真正在农村生活的多是老幼病残者。那儿的大多数孩子的幼年、童年和少年时代，几乎是和爷爷奶奶一同度过的，他们大多在父母"缺席"的环境中成长。由爷爷奶奶养大的孩子与由爸爸妈妈养大的孩子相比，在性情等方面显然存在巨大的差异。自从中国第一代独生子女诞生以来，"小皇帝"和"小公主"便应运而生。然而，对于大多数生活在农村的孩子来说，他们却面临着另一番成长环境。谁真正在意过他们的笑声和泪水？谁充当了他们成长的精神导师？谁能呵护他们的童稚岁月？谁真正关心过他们的心理健康？尽管中国儿童文学界涌现出了曹文轩等执着书写农村孩子成长故事的优秀儿童文学作家，但屈指可数。而且，由于成长环境的差异，他们似乎难以有效书写当下农村孩子的成长。这的确是一种重大缺陷！

其五，对"叛逆"的误解。叛逆，是青少年成长的重要表征。随着青春期的来临，青少年生理、心理剧烈成长，他们求知求新的欲望空前高涨。他们处于主流文化边缘，往往受制于主流文化。因此，他们从骨子里反对一切"文化"的束缚，片面追求自由自在。"青少年文化"从总体上说是一种"亚文化"，不大可能跻身主流。这种文化大多无害，且对主流文化是一种激活,往往通过"文化反哺"来影响主流文化。从美国"垮掉派"的发展态势来看,他们中大多数人后来却成了社会的中坚。青少年亚文化与主流文化之间的代际差异永难消弭,但不会形成分庭抗礼的局面,矛盾冲突最终会自动消解。即一方面被对方认可、接受,另一方面进行自我调整。然而,中国的青少年文学在对待"叛逆"事件时,往往采取非此即彼的态度——要么鼓吹"听话的孩子没出息",要么宣扬"做一个好孩子"。这显然有悖于青少年成长的真实情状。正视叛逆的存在,以文学的诗性传达成人经验,潜移默化地疏导弥漫于青少年心灵深处的过剩的逆反情绪,只有这样才能确保儿童小说对"叛逆"的有效书写。

其六,对"成长"的误解。成长,无疑是青少年文学常写常新的话题。但是,大多数作品仅仅在成长的外部空间用力,对成长者内心的挣扎以及对成长者诸多迷惑的人生问题书写的力度不够。直至文本结尾,成长者的惶惑仍旧是惶惑,成长者仍旧处于成长之中。无须赘述,青少年文学具有区别于成人小说的独特功效——运用艺术的力量启迪少年儿童混沌的心智,导引他们长大成人。一个处于"成长"之中的青少年文学文本,显然不是一个完整的"成长小说"范本。因此,许多论者认为中国至今还没出现真正意义上的"成长小说",不能不说是中国青少年文学的悲哀。

"性"的成长,显然是所有成长问题中最核心、最棘手的。然而,中国青少年的"无性成长"生态仍没有得到综合治理(尽管王刚的《英格力士》对成长中的"性"给予了深度、温情的关怀)。大多数青少年文学作家笔下的儿童仍旧处于"无性"成长状态,文本中偶然呈现的"性之成长",也被善意地遮掩和虚饰。随着网络、传媒等的无孔不入,21世纪的少年儿童面临的成长环境已大异于前。他们获取"性信息"的渠道四通八达,而成人试图制造出"无性"假象显然是自欺欺人。性的成长不可规避,对于青少年文学作家来说如何在作品中传达出"性"的诗意成长,是亟待突破的瓶颈。

其七,对"苦难"的误解。在物质条件相对富足的当下,绝大多数成年人的头脑里盘旋着一种错误观念:现在的少年儿童生活在蜜罐里,他们与苦难绝缘。殊不知,这是对苦难的狭隘理解。事实上,人的存在本身就具有悲剧性,人生就是一个充满苦难的过程。物质上的苦难不过是苦难的表象,而精神上的苦难才是苦难的本质。对于任何一个成长者来说,都会遭遇成长的困惑、心灵的挣扎。这是成长永恒的主题。基于偏狭的"苦难观",大多数青少年文学作家忽视了苦难的存在,或者说对"苦难"做了冷处理,片面强调青少年文学是快乐的文学,刻意制造出虚假、虚浮、浅显的快乐文字以取悦读者。作品中漂浮着甜腻的气息,柔媚无力,精神上严重"缺钙"。不管是男孩还是女孩,一律一口的"娃娃腔"或"娘娘腔",要么刻意标新立异,要么莫名其妙、玩世不恭。

当下不少中国的青少年文学作家书写"苦难",往往注重对主人公"苦难"经历的再现,尽可能将主人公渲染成一个令人扼腕的"苦孩子",而不像美国作家弗兰克·迈考特的《安琪拉的灰烬》那样,对"苦难"本身做"淡处理",即苦而不怨,难而不馁,抑或有怨有恨,却隐忍不发。作者无意于再现、强调"苦难"的狰狞,而是将其作为生存世界中一种常见的东西。这种对待"苦难"的心境,蕴藉了一种超然、一份达观:生存即折磨,苦难就是确证。我们既然已存身于世,别无选择,只能面带微笑,无怨无恨,默默承受。这不是对苦难的消极逃避,而是超越似乎难以超越的苦难的一种积极的生存策略。此亦为中国青少年文学书写"苦难"的高标。

第二章　全球语境下的儿童与青少年幻想文学创作透视

《2010年度国家社会科学基金项目课题指南》有关中国文学部分首次列入了"幻想文学研究",这是值得学者和批评家关注的一个具有很大发展潜力的研究领域。本书将幻想文学作为重要研究对象,这是完全必要的,因为幻想文学正是最受青少年喜欢的文学类型。

第一节　幻想文学的理论与研究任务
一、国外的幻想文学重要观念

在国外,学者将现代幻想文学划分为分析性与梦幻性的两极——前者追求思考和批判,以英国作家 H.G.威尔斯为代表;后者追求梦幻性的奇异幻想,以《人猿泰山》的作者美国作家 E.R.巴勒斯为代表(布赖恩·奥尔迪斯之说)。在幻想文学理论研究方面,凯瑟琳·休姆(Kathryn Hume)在《幻想与模拟:西方文学对现实的回应》(*Fantasy and Mimesis:Responses to Reality in Western Literature*,1984)一书中提出的文学创作的"一体两端说"值得关注。休姆指出:"任何文学作品都可以被置于一个统一体的某处,这个统一体的一端是模拟,另一端是幻想。一切文学作品都是这两种冲动的产物。"[①]那些位于

[①] Kathryn Hume.Fantasy and Mimesis:Responses to Reality in Western Literature[M].New York:Methuen,1984:20.

"模拟"一端的就是以写实性为主要特征的作品,而位于"幻想"一端的就是那些以非写实性为主要特征的作品。用休姆的话来说,所谓幻想就是对于公认的常识性现实的背离。而对于公认的常识性现实的不同的背离方式可以成为人们区分童话小说、科幻小说和奇幻小说这三种现当代最具影响力的幻想文学类型的必要尺度。例如,科幻小说的最显著特点是通过认知因素去背离或改变公认的常识性现实。这种认知因素来自科学发现和科技进步所激发的可能性。而童话小说和奇幻小说对现实的背离是由愿望的满足性决定的(托尔金语)。

20世纪90年代西方出版了两部权威的幻想文学百科全书,它们是约翰·克鲁特(John Clute)和彼得·尼科尔斯(Peter Nicholls)编纂的《科幻小说百科全书》(*The Encyclopaedia of Science Fiction*,1993),约翰·克鲁特与约翰·格兰特(John Grant)合编的《幻想文学百科全书》(*The Encyclopaedia of Fantasy*,1997)。这两部百科全书已经成为相关研究人员不可或缺的参考书和工具书。

作为西方新马克思主义学派批评家,杰克·齐普斯(Jack Zipes)的幻想文学研究,尤其是童话研究也是非常重要的。齐普斯对德国新马克思主义学者赫伯特·马尔库塞、西奥多·W.阿多诺、马克斯·霍克海默、于尔根·哈贝马斯和恩斯特·布洛赫等人的著作进行过深入研究,所以他的研究是有高度和深度的,也是有批判性和洞穿性的。齐普斯从政治批评角度评价了各种幻想文学及童话研究的模式和理论——例如在《关于民间故事和童话故事的激进理论》(修订补充版,2002)的第5章"童话故事和幻想故事的乌托邦功能"中分析比较了马克思主义哲学家恩斯特·布洛赫的童话观和天主教徒托尔金的童话观及创作,评述了他们的相同之处和不同之处;在第6章"布鲁诺·贝特尔海姆的道德魔杖"中批判性地评述了贝特尔海姆的精神分析学童话研究。而在《别把幸福寄托在王子身上:当代北美和英国的女性主义童话故事》(1986)中,齐普斯评价了当代女性主义童话批评。除此之外,他还探讨了口传民间故事和文学童话故事在当今文化工业的大众传播媒体的形式中长盛不衰的深层原因(即童话"魔力"的社会心理功能),剖析了童话和幻想故事受西方文化工业深刻影响的"迪斯尼化"现象:幻想故事已经工具化了,其结果势必出现淡化和消解所有严肃童话故事的解放心智之"魔力"的危险。齐普斯指出,20世纪50年代以来,许多作家已经认识到,他们面对的绝大多数读者已经"迪斯尼化"了,已经受到迪斯尼文化工业的深刻影响。在当代西方社会,伴随着全球化的进程和大型媒体联合企业的形成,文化工业在影响民间故事和童话故事的艺术形式和它们的传播方面更加成为一个决定性的因素。只有从社会政治视野认识民间故事和童话故事自身的创造和历史的演进，把握在口传民间故事向文学童话故事演进的过程中起了很大作用的社会-历史力量，才能理解潜藏在"魔法魅力"后面的社会-心理动能，才能使人们在不同的文化语境中去理解和运用民间故事和童话故事，而不被文化工业制作的流行文化所遮蔽。[①]从总体上看，齐普斯致力于在社会政治的语境下考察民间童话和文学童话，侧重于童话故事与历史、文化和思想观念变化之间的关系，尤其是童话故事的意义如何在历史进程中随着各种文化和社会机制对它们的利用而发生变动。齐普斯的研究弥补了那些以文本为中心的批评模式的不足之处，后者在关注语篇本身产生的意义的同时，往往忽略了社会与文化语境对童话意义变化所产生的影响。

从20世纪70年代到21世纪初，童话小说、奇幻小说和科幻小说等已经从单一的书面文字载体演变为影响广泛的与电影、电视载体表现形式共存的文化现象。众多儿童文学和青少年文学作品纷纷通过走上屏幕成为大众文化现象。无论是科幻小说、奇幻小说还是童话小说，优秀的幻想文学作品对于儿童及青少年的成长都具有深刻的影响，对于发展他们的阅读水平和创造性思维都具有极大的益处。而优秀的科幻小说作者既要具备高超的文学素养和科学文化素养，也要具备坚实的文字修养和精湛的文学表现技巧。对于幻想文学的研究涉及文学性和幻想性等因素的研究。幻想文学作品要遵循自己的艺术规律，用托尔金的话说，就是优秀幻想文学应当追求的"现实的内在一致性"。

二、国内幻想文学研究的高起点

国内的相关研究要站在高起点，具备国际视野，争取获得高水平的研究成果。要解决幻想文学研究的本土化和中国化问题，首先需要进行必要的理论译介，在此基础上推动中国视野中具有创新意义的研究工作。在这方面出现了值得关注的动态。2008年3月，由北京师范大学中国儿童文学研究中心和天津理工大学外国语学院主办，由《外国文学》杂志社、《中华读书报》、北京科普作家协会等协办的"多丽丝·莱辛科幻小说学术研讨会"在北京师范大学举行。与会的国内外国文学、科幻文学、儿童文学以及科学哲学方面的专家学者从不同视角审视了英国女作家多丽丝·莱辛的小说创作及其带来的启示。多丽丝·莱辛的创作涉及女权主义、非洲问题、科技文化主题以及现实主义叙事和科幻领域，她的科幻小说通过对星空探索、生态危机、环境污染等主题的独特阐释，表现了

[①] Jack Zipes.Breaking the Magic Spell:Radical Theories of Folk and Fairy Tales.Revised and Expanded Edition[M].Lexington:University Press of Kentucky,2002:ix-xii.

对人类历史与命运的深刻思考与忧虑。此次研讨会对于促进国内学界对相关议题的思考具有积极的作用。

此外,由北京师范大学中国儿童文学研究中心吴岩教授主持编译的国内首套"西方科幻文学理论经典译丛"(五册),已由安徽文艺出版社于2011年出版,它们分别是:奥尔迪斯的《亿万年大狂欢:西方科幻小说史》,该书对西方科幻文学发展史进行了全面梳理,对各个时期的发展脉络进行了精辟的分析,并绘出了科幻文学未来发展的轨迹;苏恩文的《科幻小说变形记:科幻小说的诗学和文学类型史》和《科幻小说面面观》,这两部书是根据马克思主义和俄国形式主义文艺理论而著述的西方科幻文学研究的经典著作,影响了西方科幻文学理论近半个世纪的进程;弗雷德里克·詹姆逊等人的《科幻文学的批评与建构》,这部著作是人们了解西方当代科幻文学本质的重要读物;著名科幻作家阿西莫夫的《阿西莫夫论科幻小说》,这是作家对自己创作生涯中诸多事件的总结和反思。这五本专著从各个侧面揭示了西方科幻文学理论研究的重要成果,是国内学界及相关研究者和创作者了解西方科幻文学发展和理论研究现状、认识和超越西方科幻文学研究与创作的重要资源。这套译作的出版改变了国内相关领域科幻文学理论翻译引进的空白现状,有助于实质性地推动国内包括幻想文学在内的相关研究和创作的开展。

三、幻想文学研究的任务

幻想文学的类型研究是开展幻想文学研究首先要面临的问题。幻想文学范畴宽泛,包罗甚广,是多种相似的但又具有不同艺术追求的非写实性文学类型的统称。其中,童话小说、奇幻小说和科幻小说是三种影响最大的幻想文学类型,它们之间具有千丝万缕的联系,既相互渗透、交叉,又有所区别,具有不同的文体特征和艺术追求。对它们进行区别研究对于幻想文学的理论研究和幻想文学的创作实践都是很有必要的。

此外,对于幻想文学在数字化传媒时代的发展趋势(从文本到剧本,从剧本到屏幕)也是需要特别关注的。如果说纸质媒介和印刷文化的发展使人类的文学创作达到高峰,那么在21世纪,当图像、影视、网络及数字化新媒介等"视觉革命"极大地冲击和改变着人们的阅读习惯,在文化工业以前所未有的速度和规模将幻想文学推上市场、推向世界的今天,文学作品的文学性将遭遇商业化取向可能造成的浅化和娱乐化之后果——这是包括幻想文学在内的一切文学创作所面临的巨大挑战(或者机遇),也是幻想文学研究所要探讨的课题。

第二节　以英国为中心的国外幻想文学

无论在世界任何地方,幻想文学都是极受儿童和青少年读者喜爱的文学类型之一。事实上,幻想文学对于发展广大儿童及青少年读者富有想象力的阅读能力和创造性思维都具有极大的益处。在西方,从古希腊神话、《荷马史诗》《圣经》,到《格列佛游记》、乌托邦叙事乃至工业革命以来兴起的科幻小说和儿童幻想小说,幻想文学成为绵延至今的文学和文化现象。而在英国这一世界儿童文学的发源地,工业革命和儿童文学革命所催生的儿童和青少年幻想文学异军突起,形成了从维多利亚时期的两部"爱丽丝"小说到20世纪末的"哈利·波特"系列小说的英国儿童与青少年幻想小说创作主潮,蔚为壮观,影响之大,遍及世界。梳理一下英国儿童幻想文学的兴起和发展,对于我们的创作者和研究者无疑具有重要的参照意义。

一、英国儿童幻想文学的兴起和发展

维多利亚后期,英国儿童幻想文学借助现代小说艺术的翅膀,从传统童话中脱颖而出,大放异彩。这一时期的名篇佳作数量之多、艺术水平之高,令世人瞩目,其代表性作品有:F.E.佩吉特(F.E. Paget)的《卡兹科普弗斯一家的希望》(1844);约翰·罗斯金(John Ruskin)的《金河王》(1851);萨克雷(W.M. Thackeray)的《玫瑰与指环》(1855);金斯利(Charles Kingsley)的《水孩子》(1863);刘易斯·卡罗尔(Lewis Carroll)的《爱丽丝漫游奇境记》(1865)和《爱丽丝镜中世界奇遇记》(1871);乔治·麦克唐纳(Gorge Macdonald)的《乘着北风遨游》(1871)和《公主与科迪》(1883);奥斯卡·王尔德(Oscar Wilde)的童话集《快乐王子及其他故事》(1888)和《石榴之家》(1891);吉卜林(J.Rudyard Kipling)的《林莽传奇》(1894—1895);贝特丽克丝·波特(Beatrix Potter)的《兔子彼得的故事》(1902);伊迪丝·内斯比特(Edith Nesbit)的《五个孩子与一个怪物》(1902)、《五个孩子和凤凰与魔毯》(1904)、《五个孩子和一个护身符》(1906)、《魔法城堡》(1907);约翰·巴里(John Barrie)的《小飞侠彼得·潘》(1904);肯尼斯·格雷厄姆(Kenneth Grahame)的《柳林风声》(1908);等等。这是真正意义上的英国儿童文学的第一个黄金时代。卡罗尔的两部"爱丽丝"小说不仅是对维多利亚时期说教性儿童图书写作倾向的激进反叛与颠覆,而且是对包括欧洲经典童话在内的所有传统童话的突破和超越。内斯比特的幻想文学创作形成了以五个孩子为主人公的"集体人物"以及有限定条件魔法的"内斯比特传统",对传统童话的叙事模式进行了更新与发展,预设了各种现代社会语境下主人公进入幻想世界或魔法

世界的方式,对后人影响深远。

从19世纪末到20世纪20至40年代,正当英国文坛上现代主义小说流派兴起和盛行之时,英国儿童幻想小说的创作仍然秉承着张扬幻想、解放想象的童话审美理想而沿着自己的轨道继续前行。这一时期的儿童幻想小说代表作有休·约翰·洛夫廷(Hugh John Lofting)的"杜立德医生"系列(1920)、米尔恩(A.A.Milne)的《小熊温尼·菩》(1926)、约翰·梅斯菲尔德(John Masefield)的《午夜的人们》(1927)和《欢乐盒》(1935)、特拉芙丝(P.L.Travers)的"随风而来的玛丽·波平丝"系列(1934—1936)、霍尔丹(J.B.S.Haldane)的《我的朋友利基先生》(1937)、托尔金(J.R.R.Tolkien)的早期作品《霍比特人》(1937)、威廉姆斯(U.M.Williams)的《小木马历险记》(1938)、怀特(T.H.White)的《石中剑》(1938),20世纪40年代的重要作品有皮皮(BB,D.J.Watkins-Pitchford)的《灰矮人》(1942)等。此外,苏格兰作家、政治家约翰·布坎(John Buchan)创作的《神奇的手杖》(1932),以及发表于1939年的两部讲述返回过去的旅行故事——希尔达·刘易斯(Hilda Lewis)的《魔船》和阿利森·厄特利(Alison Uttley)的《时间旅行者》也开拓了新的主题(题材)。40年代出现了不少描写想象世界的作者,如伊丽莎白·高奇(Elizabeth Goudge)、沃金斯·皮奇福德(Watkins Pitchford)、克罗夫特·迪金森(Croft Dickinson)、埃里克·林克莱特(Eric Linklater)、朗默·戈登(Rumer Godden)、贝弗利·尼科尔斯(Beverley Nichols)等。从总体上看,如果说维多利亚时期的经典儿童幻想小说呈现了奇崛厚重的魔法因素(地下奇境和镜中世界,能满足愿望的沙精,魔法护符,神奇的凤凰,以及其他使现实与幻想交替互换的魔法因素),那么在20世纪30年代以来的英国儿童幻想小说表现出从奇崛奔放走向平缓凝重的趋向,同时更趋于童趣化;魔法因素则趋于平淡化或日常生活化,那些具有神奇魔力的物件往往是儿童熟悉的日用品或玩具,如手杖、模型船、木马等;拥有神奇魔法的人物及魔法因素也出现了日常生活化(故事可置于现代社会的平民化生活背景之中)的走向。

在动荡的20世纪50年代和60年代,由于为儿童及青少年读者而写作的这一特殊性,英国儿童幻想小说仍然秉承着童话幻想叙事的宗旨,探索着新的表达题材和表述话语,从而进入又一个重要发展时期,即英国儿童文学的第二个黄金时代。这一时期的代表性作品有玛丽·诺顿(Mary Norton)的《借东西的小人》(1952),菲利帕·皮尔斯(Philippa Pearce)的《汤姆的午夜花园》(1958),刘易斯(C.S.Lewis)的"纳尼亚传奇"系列〔《狮子·女巫和衣橱》(1950)、《凯斯宾王子》(1951)、《"黎明踏浪者"号的远航》(1952)、《银椅》

(1953)、《能言马和王子》(1954)、《魔法师的外甥》(1955)、《最后之战》(1956，获卡内基奖)］,托尔金的"魔戒"系列(1954—1955),法姆(Penelope Farmer)的《夏季飞鸟》(1962),布里格斯(MKatharine M.Briggs)的《霍伯德·迪克》(1955)和《凯特与胡桃夹子》(1963),琼·艾肯(Joan Aiken)的《雨滴项链》(1963),罗尔德·达尔(Roald Dahl)的《小詹姆与大仙桃》(1961)、《查理和巧克力工厂》(1964)、《魔法手指》(1966),阿伦·加纳(Alan Garner)的《布里森格曼的魔法石》(国内译为《宝石少女》,1960)、《伊莱多》(1965)、《猫头鹰恩仇录》(1967,获卡内基奖),波斯顿(L.M.Boston)的"绿诺威庄园"系列[《绿诺威庄园的孩子们》(1955)、《绿诺威庄园的不速之客》(1961,获卡内基奖)等],海伦·克雷斯韦尔(Helen Cresswell)的《做馅饼的专家》(1967)、《路标》(1968)、《巡夜者》(1969),罗斯玛丽·哈利斯(Rosemary Harris)的《云中月》(1968)、《日中影》(1970)、《闪亮的晨星》(1972),等等。与维多利亚时代的儿童幻想小说相比，这一时期的作家们在创作的主题方面进行了新的重要拓展。

二、斑斓多彩的英国儿童幻想小说

20世纪70年代以来,随着全球政治和经济集团多极化发展格局的形成,以及各种新思潮的涌现,传统的思想观念继续发生着裂变。保守的英国文化遭到来自方方面面的冲击,从甲壳虫乐队、摇滚乐、流行音乐和爵士乐到玩世不恭的嬉皮士文化,各种流行文化风靡英伦。而民族主义的抬头,让少数族裔和有色人种发出了抗议,还有女权主义运动逐渐兴起……各种社会问题和新的思潮、新的文化现象剧烈地冲击着人们长期以来形成的保守观念和文化心理,而且必然将影响到包括儿童文学作家在内的当代英国作家们的思考和创作。英国儿童幻想小说创作进入了一个新的历史时期,不少作家汲取了新的文学表现因素,英国儿童幻想小说创作朝着多样化的方向发展,总体上呈现出斑斓多彩、继往开来的格局。

1970年以来,大量作家——特别是女权主义作家——意识到童话及想象力对意识形态巨大的"塑形作用",在英美等国出现了以创作或重写童话为中心的创作潮流,史称"童话文艺复兴"(Marchenrenaissance)。大量童话变体出现,如简妮特·温特森(Jeanette Winterson)的儿童幻想小说《吻女巫》(1989)、安妮·舍克顿(Anne Sexton)的女权主义童话诗集《蜕变》(1971)、罗伯特·蒙施(Robert Munsch)的儿童童话绘本《纸袋公主》(1980)等。

在风靡欧美的托尔金和刘易斯作品的影响下,英国儿童幻想小说创作朝着多样化的方向发展。人们能够看到各种儿童与青少年幻想文学的变体，如童话奇幻、英雄奇幻、科学奇幻、超人英雄奇幻、宝剑与魔法奇幻等。此外，罗尔德·达尔的"狂欢化"儿童幻想小说创作、彼得·迪金森（Peter Dickinson）探索"变幻莫测"的世界的儿童幻想小说、佩内洛普·利弗里（Penelop lively）以"时间、历史与记忆"为特色的儿童幻想小说创作、海伦·克雷斯韦尔多样化的童话奇幻创作、黛安娜·W.琼斯（Diana Wynne Jones）的童话奇幻创作、以安吉拉·卡特（Angela Carter）为代表的成人本位的新童话叙事、苏珊·库珀（Susan Cooper）基于传统因素的创新文本、罗琳（J.K.Rowling）的长篇儿童幻想小说力作"哈利·波特"系列等，都产生了很大的影响。这一时期的代表性作品有苏珊·库珀在《大海之上，巨石之下》（1965）之后的另外四部系列作品——《黑暗在蔓延》（1973）、《绿巫师》（1974）、《灰国王》（1975）、《银装树》（1977），彼得·迪金森的《变幻三部曲》（1968—1970）、《金色的城堡》（1980），海伦·克雷斯韦尔的《在码头上方》（1972）、《波利·弗林特的秘密世界》（1982），佩内洛普·利弗里的"阿斯特科特"系列（1970）、《托马斯·肯普的幽灵》（1973），理查德·亚当斯（Richard Adams）的《沃特希普荒原》（1972），科林·达恩（Colin Donn）的《动物远征队》（1979），莱昂内尔·戴维森（Lionel Davidson）的《在李子湖的下面》（1980），罗尔德·达尔的《魔法手指》（1970）、《查理和大玻璃升降机》（1975）、《好心眼的巨人》（1983）、《女巫》（1985）、《玛蒂尔达》（1989），黛安娜·W.琼斯的《哈尔的移动城堡》（1986）、"克里斯托曼奇历代记"系列等，迪克·金·史密斯（Dick King-Smith）的《狗脚丫小猪戴格》（1980）、《牧羊猪》（1983）、《哈莉特的野兔》（1994）等一系列农场动物小说，J.K.罗琳（J.K.Rowling）的"哈利·波特"系列〔《哈利·波特与魔法石》（1997）、《哈利·波特与密室》（1998）、《哈利·波特与阿兹卡班的囚徒》（1999）、《哈利·波特与火焰杯》（2000）、《哈利·波特与凤凰社》（2003）、《哈利·波特与混血王子》（2005）、《哈利·波特与死亡圣器》（2007）〕，以及菲利普·普尔曼（Philip Pullman）的"黑质三部曲"〔《黄金罗盘》（1995）、《魔法神刀》（1997）和《琥珀望远镜》（2000）〕、《发条钟》（1997），等等。

三、"世界图像的时代"的"爱丽丝"故事

"爱丽丝"故事不仅在纸质媒介和印刷文化的时代（人类文学创作的高峰阶段）引领风骚，而且在 21 世纪的数字化传媒时代仍然具有激进的潜能。

在当今"世界图像的时代"，以电影为代表的影像叙事通过集声音、色彩、图像于一体的视觉模态造就了影响巨大的文化传播样式。

在当今的图像化时代，儿童与青少年幻想文学的经典之作更是成为各种影视改编的重要资源。20世纪以来,随着工业时代影视技术的发展,人类进入了飞速发展的视觉化图像时代,对"爱丽丝"小说的银幕改编也经历了从默片、黑白片、彩色片到数字3D大片的阶段,成为一个蔚为壮观的文化现象。以"爱丽丝"为片名的影视改编包括:

1.*Alice in Wonderland*(1903,默片,片长8分钟,制片兼导演Cecil Hepworth和Percy Stow,英国)

2.*Alice's Adventures in Wonderland*(1910,喜剧默片,片长10分钟,Edison Manufacturing Company出品,美国)

3.*Alice in Wonderland*(1915,默片,片长15分钟,Nonpareil Feature Film Company出品,导演W. W. Young)

4.*Alice in Wonderland*(1931,第一部有声"爱丽丝"影片,Common Wealth Pictures Corporation出品,导演Bud Polland)

5.*Alice in Wonderland*(1933,影片,片长90分钟,制片Louis D. Leighton,导演Norman Mcleod,片长90分钟,美国)

6.*Alice in Wonderland*(1937,电视片,导演George More O'Ferrall)

7.*Alice*(1946,电视短片,BBC出品,导演George More O'Ferrall,英国)

8.*Alice in Wonderland*(1949,影片,导演Lou Bunin)

9.*Alice in Wonderland*(1951,动画片,迪斯尼公司出品;在此之前,迪斯尼公司已在1923年至1927年间推出了近六十部黑白、无声动画短片,配合由真人出演的爱丽丝进行改编,如1936年根据第二部"爱丽丝"小说改编的《爱丽丝镜中历险记》)

10.*Alice in Wonderland*(1951,真人实景与木偶混合版影片,英、法、美合拍)

11.*Alice in Wonderland in Paris*(1966,动画片)

12.*Alice in Wonderland or What's a Nice Kid Like You Doing in a Place Like This?*(1966,动画片,Hanna-Barbera Productions出品,美国)

13.*Alice in Wonderland*(1966,电视影片,导演Jonathan Miller)

14.*Alice's Adventures in Wonderland*(1972,歌舞片)

15.*Alice in Wonderland*(1976,成人歌舞喜剧影片,导演Bud Townsend)

16.*Alice*(1981,影片)

17.*Alisa in Wonderland*(1981,动画片,Kievnauch Film出品)

18.*Alice v Zazerkale*(1982,卡通动画片)

19. *Alice at the Palace*（1981，影片）

20. *Alice in Wonderland*（1983，影片）

21. 爱丽丝梦游记（1983，动画片，导演 Shigeo Koshi，日本）

22. *Alice in Wonderland*（1985，导演 Harry Harris，电视影片，CBS 出品）

23. *Alice in Wonderland*（1986，电视影片，编剧兼导演 Barry Letts，BBC 出品，英国）

24. *Alice Through the Looking Glass*（1987，电视片，导演 Andrea Bresciani）

25. *Alice*（1988，影片，导演 Jan Švankmajer）

26. *Alice in Wonderland*（1988，动画片，Burbank Films 出品，澳大利亚）

27. *Adventures in Wonderland*（1991—1995，电视系列片，迪斯尼公司出品）

28. *Sugar & Spice: Alice in Wonderland*（1991，动画短片，编剧 Steve Kramer，日本）

29. *Alice in Wonderland*（1995，动画影片，导演 Toshiyuki Hiruma，日本、美国合拍）

30. *Alice Through the Looking Glass*（1998，电视片，导演 John Henderson）

31. *Alice Underground*（1999，电影短片，编剧兼导演 John Henderson，英国）

32. *Alice in Wonderland*（1999，DVD 影片，导演 Nick Willing，NBC 出品）

33. *Alice in Wonderland*（2003，Hallmark Entertainment 出品，美国）

34. *Abby in Wonderland*（2008，DVD 影片，芝麻街，美国）

35. *Alice*（2009，电视片，RHI Entertainment 制作，英国科幻有线频道播出）

36. *Alice in Wonderland*（2010，影片，中文名译《爱丽丝梦游仙境》，迪斯尼公司出品，导演 Tim Burton；2010 年 3 月该片以胶片、数字 2D、数字 3D 和 IMAX 3D 四种版本同时在中国上映）

37. *Alice in Murderland*（2010，影片，编剧兼导演 Dennis Devine）

38. *Once Upon a Time in Wonderland*（2013，电视系列片）

此外，根据 Martin Gardner 的不完全统计，从 1950 年至 1999 年，出现了 10 部"爱丽丝"电视（系列）片，还有两部专题教育片：1.《好奇的爱丽丝》（1972，彩色片，片长 15 分钟）由华盛顿特区的 Design Center 为国家心理健康研究所摄制，是为初中生拍摄的预防毒品教程的组成部分。影片中，一个真人饰演的爱丽丝走进动画角色当中：毛毛虫抽着大麻，疯帽匠吸食迷幻剂，睡鼠服用巴比妥类药物，三月兔给自己注射苯丙胺，而大白兔则是吸食毒品的领头人。只有柴郡猫独善其身，是爱丽丝良知的化身。2.《爱丽丝漫游奇境：如何鉴别差异》（1978），由迪斯尼公司制作，开始部分是真人动作情景，随后通过动画讲解有关鉴别差异的道理,比如花园里那些会说话的花就因为爱丽丝与它们不一样而很不友善地对待她。这些改编自"爱丽丝"小说的教育片尤其值得人们关注。

值得提及的还有由 RHI Entertainment 制作的具有科幻色彩的新版"爱丽丝"电视剧(1999)。编剧兼导演 Nick Willing 将原著改编为一个发生在现代的故事,女主人公爱丽丝无意中穿越镜子进入一个由邪恶的红桃皇后统治的极其怪异的城市,在帽匠、渡渡鸟和白衣骑士等的帮助下,爱丽丝与红桃皇后展开了斗争。该片影响了 2010 年上映的 3D 大片《爱丽丝梦游仙境》。

2008 年,麦琪·泰勒的数字插图本《爱丽丝漫游奇境记》是极富特色的插图本改编。它通过数字影像艺术再现爱丽丝的梦境世界,以鲜艳别致的视觉化效果拓展了梦境想象的疆界。通过数字技术,麦琪不仅用视觉谜语取代了文字的双关语,而且调用了维多利亚时期小女孩的照片、动物的图画及旧货市场的小商品等元素,将卡罗尔时代的童年意象改编为电视消费文化语境中的视觉化意象。

21 世纪,图像、影视、网络及数字化新媒介等"视觉革命"极大地冲击和改变着人们的阅读习惯。在文化工业以前所未有的速度和规模将幻想文学作品推上市场、推向世界的今天,对于这两部"爱丽丝"儿童幻想小说的改编早已超越了单纯的儿童文学范畴,进入到当代文化、教育和娱乐的广阔领域。与以印刷品形态呈现的图书相比,改编自儿童幻想文学经典的图像化叙事方式以独特的魅力吸引着众多儿童和青少年观众,影响着他们的人格发展,引导他们进入文学经典的世界,培养他们的审美敏感性和欣赏经典的兴趣。有关改编自"爱丽丝"小说的青少年教育片的研究可为相关领域探索青少年影视制作如何体现人文教育价值提供有益的参考。

第三节 新世纪以来的中国幻想文学

新世纪以来,中国本土作家进行了比以往任何时期都更加积极而且卓有成效的幻想文学创作,中国文坛涌现出一批包括曹文轩的幻想小说"大王书"系列和张之路的长篇小说《汉字奇兵》等在内的优秀幻想文学作品。

一、曹文轩、张之路、王晋康等的幻想文学创作

仅以第八届全国优秀儿童文学优秀奖参评与获奖作品为例,曹文轩的《黄琉璃》("大王书"系列的第一部),在开拓中国幻想小说创作的视野和路径方面做出了富有意义的努力。与托尔金的"魔戒"一样,《黄琉璃》用长篇叙事表现宏大的史诗性主题,描述文明与暴政的冲突、个人命运与悲壮使命的冲突、逃避与责任的冲突，讲述百折不挠的正义力量与邪恶凶险的王权势力的生死大搏斗，小说主题宏大，叙事宏大，场面宏大，人物众多，体现了人类幻想的崇高之美。围绕着反抗暴政的艰难征战这一叙事主线，"大王书"系列展开了黑白两大阵营之间的谋略博弈和沙场鏖战，一幅幅波澜壮阔、起伏跌宕的战争画面以传奇的方式展现在读者眼前，成为本书最富中国文化色彩的神奇性元素。作者将托尔金的中洲世界转换为中国文化语境中的幻想世界，并且富有创造性地开拓了融中西文化因素于一体的幻想文学的神奇性叙事。

如果说《黄琉璃》追求的是史诗性大气磅礴的幻想叙事，那么汤素兰的《奇迹花园》营造的则是富有浓郁诗情画意的童话奇境，将西方传统童话因素与中国传统文化因素融合在一起。我们宁愿把这个"奇迹花园"称作"奇境花园"：星星、月亮、云朵、松树、老鼠、老獾、刺猬、狐狸、风孩子、南风妈妈……还有中国文化传统故事与民俗民谣中的人物与角色，全都不留痕迹地出现在这个花园里，演绎着生命的奇迹、人类温情的奇迹；那深藏书中的"颜如玉"将手中的毛笔变成神奇的魔杖，于是她成了一个乐于助人的小仙女；小黑猫可以用木匠制作的捕星网去捕捉一颗属于自己的星星；青蛙小子可以乘月亮飞碟前去参加小丑王子和白纸公主的订婚舞会，并爱上了青蛙公主；兔子太太、蛤蟆先生、黑猫几凡、老獾先生、狐狸先生还有小兔子共同上演了新的"拔萝卜"游戏，不过他们拔出的是一棵奇异的草，找回了大家丢失的宝贝；黑猫几凡不用在河里钓鱼了，他可以在地里种出一种长满鱼果的肥鱼树，使那些四处漂泊的流浪猫都能过上舒适的生活。通观全书，读者感受到的是轻灵飘逸的童话诗意和温馨感人的人间故事。而李东华的《猪笨笨的幸福时光》是一个充满幽默情趣的动物童话故事。故事的主角猪笨笨一家生活在"其大无比镇"，猪妈妈生了十二个孩子，但身边只留下了这个又胖又笨的猪笨笨。猪笨笨拥有的不是"贫嘴张大民的幸福生活"，而是童话世界中的生活经历。作品具有乌托邦意味。

张之路的科幻小说《小猪大侠莫跑跑·绝境逢生》可称为校园科幻故事，号称大侠的四年级学生莫跑跑与几个同学被召集到生命研究所参与一项秘密的高端科技实验，但他夜里误闯实验室禁地，居然进入了被严密把守着的"极限穿越器"，于是惊险的故事展开了。在"转基因计划"与"极限穿越器"等科学名词背后是关于亲情、友情和正义的主题因素。事实上，作为作家和电影编剧的张之路在中国儿童幻想文学创作方面是很有特色的。他创作的幻想文学作品还有《霹雳贝贝》《非法智慧》《蝉为谁鸣》《极限幻觉》《魔表》

《疯狂的兔子》《乌龟也上网》《空箱子》《我和我的影子》《还魂记》《螳螂》，以及长篇小说《汉字奇兵》，等等。其中，《汉字奇兵》讲述的是世界上独特的集形象、声音和字义三者于一体的汉字所演绎的传奇故事。作者沿着中国文字的形成、发展和变化的历史轨迹，讲述了被字仙变成小人儿的主人公如何在神奇的汉字世界里与邪恶力量展开殊死搏斗，最终夺取胜利的故事。在征战的历程中，出现了甲骨文的领地、篆文的城堡和鼎的家族，出现了由逃难的甲骨文、金文、小篆、大篆、隶书、简化字等组成的队伍，而"象形、指事、会意、形声、转注、假借"则成为正义之师战胜邪恶之军的战斗方式，出色的想象力由此可见一斑。

此外，作家彭懿的《小河花妖》和《我捡到一条喷火龙》亦是可读性很强的儿童幻想小说，前者通过十岁的男孩夏壳壳去解开奶奶童年时的一个秘密而展开富有神奇色彩的故事，后者令人想到英国儿童幻想文学作家迪克·金·史密斯的幻想小说《深湖水怪》：一个小男孩在海边玩耍时捡到一个大蛋，拿回家收藏后从中孵出一个大水怪。云南昆明的青年作家汤萍的《黑魔字》也是很有特色的幻想小说，讲述"书虫儿村庄"的孩子卷入与以黑魔头为代表的邪恶力量的冲突的故事。这是作者的幻想小说"魔界"系列中的第三部，另外几部分别是《魔书重现》《神奇的护身符》和《永生之水》。在这几部幻想小说里，汤萍已经显示出不俗的把握幻想文学的能力。湖北的青年作家彭绪洛长期致力于创作探险小说，在完成了历史奇幻探险小说《穿越楼兰古国》等作品之后，作者更是通过探险体验延伸其创作的想象空间，值得关注。

与此同时，我们欣喜地看到，科幻文学作家王晋康依托本土神话资源创作的幻想小说《古蜀》以卓尔不群的艺术成就体现了中国幻想文学创作的积极探索。《古蜀》根据古蜀文明遗址中金沙遗址和三星堆遗址的神话记载与传说，以深远的想象力讲述古蜀国的历史变迁和文明发展历程的动人故事，引人入胜地还原了这段已经被湮没、消失的灿烂文明。从整体看，《古蜀》故事瑰丽而奇峻，对于三星堆青铜器皿高超的冶炼技术及青铜文化的产生、体现"九日居下枝"的青铜神树（树枝上栖息着9只神鸟）、眼球明显突出眼眶的青铜人面像等都进行了绘声绘色、富有想象力的述说。探讨《古蜀》幻想叙事的艺术特点对于探索中国幻想文学的创作经验无疑具有积极而重要的理论和实践意义，其中包括对于幻想奇迹的童趣化和商业化规律的认识，以及对幻想文学佳作的出版发行和影像改编的探讨。

二、旨在"保卫想象力"的幻想文学活动

2012年7月19日至20日,由中国作家协会儿童文学委员会、中国少年儿童新闻出版总社主办,《儿童文学》杂志承办的"中国幻想文学创作研讨会"在北京召开。举办此次研讨会的目的是探究儿童幻想文学创作的基本问题,包括门类区分、艺术潮流、写作特色以及作家队伍建设等。这次会议对于推动国内儿童与青少年幻想文学的创作和研究,打造既有中国文化特色又具有国际竞争实力,同时真正契合少年儿童接受和要求的精品力作无疑具有积极的推动作用。在研讨会开幕式上,出版方还推出了2012暑期《儿童文学》幻想文学新作共二十余部。事实上,相关出版社已出版陈柳环的"萝铃的魔力"系列以及《影子镇》等作品,发行量超过150万。此外,黄春华的《猫王》、晏菁的《我是你的守护星》、顾抒的"夜色玛奇莲"系列等作品也受到读者广泛好评。而此次推出的作品有星河的《枪杀宁静的黑客》、翌平的《燃烧的星球》等科幻小说,有黄颖曌的"黑夜鸟幻想小说"系列第一部《黑夜鸟之黑夜阴歌》、范先慧的"黄丝结笔记"系列(《封神之兽》和《狐仙的智齿》)、李秋沅的《以尼玛传说》等从中国传统文化中汲取养分又具有现代普世价值的奇幻作品,有邹凡凡的《列奥纳多的秘密》、顾抒的《夜色玛奇莲——毛豆邂逅"贝西"意大利餐厅》等具有现代叙事节奏和都市悬疑元素的作品,还有彭绪洛的"时光定位钟"系列(《穿越郑和年间》四部)、刘珈辰的《失落的天珠》等融合了历史、探险、穿越等元素且可读性极强的冒险故事。

另一件值得国内儿童与青少年文学创作者赞赏的行动是有关学术团体与出版社共同举办的旨在"保卫想象力"的"大白鲸世界杯"原创幻想儿童文学奖的设立。这项国内奖励力度最大的儿童幻想文学奖(特等奖奖金为15万元)是2013年由北京师范大学中国儿童文学研究中心和大连出版社共同设立的。

首届"大白鲸世界杯"文学奖的获奖作品共16部。科幻小说作家王晋康的《古蜀》,以超凡的想象力和精湛的文字叙述,艺术地再现了远古时期发生在蜀国的历史传奇,塑造了杜宇、鳖灵、娥灵、凤鸟、朱雀、羲和、西王母等天界与凡间的艺术形象,被誉为"新世纪幻想文学创作新的艺术突破与重要收获"。童话作家汤素兰的《点点虫虫飞》用清新活泼的语言和富有诗意的想象营造出充满童趣与哲理的童话世界。哈琳的《七面幸运色子》讲述了一个充满悬念、惊险刺激的幻想故事,主人公无意间得到了一颗能偶尔掷出七面的幸运色子,继而借助这颗色子的魔力和智慧战胜了来自深海、企图依靠七面色子报复人类、毁灭城市的海洋怪物。左炜的《最后三颗核弹》是个饶有趣味的科幻故事,将读者带入人类面临的前所未有的能源危机的处境之中——石油、天然气、可燃冰、煤炭等全部耗尽,只剩下最后三颗核弹。对光明的渴求使少年主人公精诚所至、梦想成真,他与萤火虫的际遇既充满真实的生活气息,又引发了令人惊叹的与外星来客的相识与相知,最终解决了地球人类的能源危机。陈梦敏的《现在是雪人时间》是一篇童话,歌颂春天、友情,赞美为正义、美好而不惜牺牲自己的精神。北风之神想通过搜集春天的歌声来保持冬天对人间的统治,雪人小卷用牺牲自己的方式保证了春天的到来。刘东的《我爸我妈的外星儿子》讲述的是一个地球儿童和一个外星儿童之间的友谊,表现了宇宙中不同生命形态之间的理解和认同。唐哲的《未来拯救》是一篇科幻小说。为救治病重的母亲,三个少年穿越时空前往20年后的未来,求取治病良药。然而他们却遇到国际财团垄断经营,而且恶意制造病毒。通过不懈的努力,三个少年最终创造了奇迹,改写了命运。王巨成的《故事呼啦啦地飞》是一部长篇童话,以怪诞的故事折射社会现实,一边是一些被自己的利益所驱使的人疯狂地弄虚作假、坑蒙拐骗,一边是孩子的童心、勇敢与智慧使真相毕现。周学军的《雪镇四十天》以充满悬念的故事和独具一格的想象,呈现了一个似真似幻的森林小镇——雪镇。追逐松鼠的男孩锁冬冬误入地图上根本找不到的雪镇,却见到了奇异的小镇景观、怪异的动物居民和一个个满怀心事的外来人。廖少云的《云雀谷》以感伤的笔触讲述发生在"云雀谷"的农庄和小镇中的故事。一位躲避世人歧视的母亲、一个双目失明的小女孩、几条生存困难的流浪狗,人与动物之间建立起亲密无间的情感通道,经历患难与共的生存挣扎,赶走敌人,最终收获真诚美好的关爱并学会相互扶持。李志伟的《玫瑰山物语》讲述的是一个悲壮的古代传奇。从国王、公主到征战归来的大将军,从祭师的断臂再植术到令人惊骇的"木化术"和"冰冻魔法",作品呈现了独特的幻想奇趣,须用龙血作药引来破解大将军遭受的"冰冻魔法"的故事设定,引发了更为惊险的冲突。闵小玲的《寻找失踪的舅舅》呈现的是一个似真似幻的童话世界,孩子们因自己的生活被大人们过度规划而陷于苦闷,幸好精灵小妖的陪伴让童年的七彩得以保全。耿湘春的《独耳猫和小老鼠灰灰》用单纯清新的童话手法讲述发生在一只独耳猫和小老鼠灰灰之间的感人故事,让我们真切地体验到梦想、友谊和幽默的力量,为传统童话"猫和老鼠"谱写了新的篇章。刘红茹的《地球儿女》讲述了一个独特的科幻故事。当世界进化到通过实验室生产人类后代的时代,人们在没有"爱情基因"的社会中又会怎样生活呢?这成为一个具有哲理意味的拷问。马士钧的《疯狂的鸡毛信》讲述了一个由真而幻、幻极而真的校园故事,跌宕起伏,激情四射,表达了对于校园学童中弱势群体的真挚理解和关爱。赵华的《彗星公主》系作者"亚特斯蒂4号"系列的第三部,涉及多种科学元素,亦不失丰满的审美想象。它讲述地球动物通过帮助彗星公主获得恐龙蛋,进而帮助人类赶走外星复仇者,拯救地球环境的故事,体现了温馨的人道主义情怀。"大白鲸世界杯"原创幻想儿童文学奖的设立无疑是一个良好的开端,相信会有更多出色的儿童幻想作品奉献给国内青少年读者。

三、问题与对策

当然,从整体上看,国内的幻想文学及儿童幻想小说的创作既难以满足时代的需要,也无法满足青少年读者的需求。在国内不少奇幻和玄幻小说中,将西方幻想文学的创作模式简单挪用过来,再与中国本土的传说故事进行简单嫁接的不在少数,但很容易陷入平庸的"四不像"模式。在国内的青少年幻想文学创作实践方面,一个不能回避的事实是,我们几乎没有产生什么具有世界影响力的幻想文学作品。而以网络为主要载体的奇幻、玄幻等作品大多充斥着个人英雄主义、美女情结、性解放、急功近利的心态和不劳而获的投机心理等。这种一味迎合青少年读者幻想欲、成功欲、财富欲、探险欲、感情欲的创作,必然会在青少年的社会性成长过程中造成不良影响。如何借鉴世界优秀幻想文学的创作实践,打造具有中国民族特色的优秀幻想文学精品,对于中国实现从儿童文学大国迈向儿童文学强国的目标显然具有非常重要的理论意义和现实价值。

中国应当从儿童文学大国向儿童文学强国迈进,这是国内儿童文学研究者与创作者的普遍共识。要实现这一宏伟目标,对于幻想文学创作的研究需要进一步加强,这是毋庸置疑的。

第三章 幻想文学的本体特征及其对青少年的影响

事实上,"幻想文学"是对多种相似但具有不同艺术追求的非写实性文学类型的统称。它范畴宽泛,包罗甚广,在缺乏具体语境的情况下特指性并不明确。英国科幻文学作家及西方科幻小说史学者布赖恩·奥尔迪斯对此深有体会,他说:"幻想文学(Fantasy)作为一个描述性术语具有难以把握的广泛通用性是众所周知的。"[①]一般而言,现当代幻想文学类型主要包括奇幻小说(含童话小说)和科幻小说。

---

① Aldiss B, Wingrove D.Trillion Year Spree: The History of Science Fiction[M].London: House of Stratus, 2001: 5-6.

第一节 幻想文学的本体特征研究

一、以"在场"方式表现"不在场"的人物事件

从文学大语境看,幻想文学是与现实主义文学相对而言的。众所周知,现实主义或写实性文学作品是直接反映人们所熟悉的经验世界的,其人物和事件都是在现实中可能出现并可以被验证的,往往通过与现实相吻合的"在场"方式直接展现出来。相比之下,幻想文学是在客观现实经验无法证实的意义上,通过如临其境的"在场"方式来表现"不在场"的人物和事件,其叙事特征就是"以实写虚,以实写幻"。当然,这种"不在场"之物的出场就是人类幻想或想象的结果。用当代哲学家的话来说,想象是一种心智的"逃离在场"(flight from the presence)。按照张世英的表述,想象的基本含义是飞离在场。他认为审美意识的最高境界就在于通过想象,以在场的东西显现出无限的不在场的东西,使不在场的与在场的综合为一体,从而使鉴赏者玩味无穷。①而在英国学者托尔金的表述中,想象力是一种构想特殊心理意象的能力。用他的话说,人类的头脑能够形成有关那些实际上并不在场的事物的心理意象。这种构想特殊心理意象的能力就是想象力,不能简单地归于玄想(fancy);这些心理意象不仅是"实际上不在场的,而且是在我们的第一世界里根本就找不到的"事物,但想象力需要一种高超的艺术形式去追求"现实的内在一致性",而不是随心所欲地天马行空。这就是幻想的艺术,是介于想象力与最终的幻想文学创作结果(替代性创造)之间的一种操作运行的连接。②

从文学发展史看,幻想文学无疑是人类最古老的文学表达形式。自古以来,人类无不怀有拓展自己经验视野的深切愿望。这种愿望自然成为人类驰骋想象、感知和认知大自然及人类世界的原动力,同时也催生了各民族的原初幻想文学:神话叙事。各民族的远古神话是先民不自觉的幻想叙事。从《荷马史诗》奇异的航海故事到尤赫姆拉斯的哲理性传奇小说《神的历史》和琉善的《真实的故事》,这一传统一直延续到讲述闵希豪森男爵离奇的经历以及那些奇异的、在其他行星上旅行的故事,这些故事往往具有讽刺性和社会批判性,日后逐渐演变为科幻小说的前身。同时,富有神奇色彩的各种奇游记、奇遇记成为一种流行的童话叙事模式。

二、中国的神话传统与幻想文学

事实上,中国是一个具有深厚神话传统的文化古国,历史上产生过大量优美的神

---

① 张世英.论想象[J].江苏社会科学,2004(2).
② J.R.R.Tolkien.The Tolkien Reader[M].New York:Ballantine Books,1966:68.

话。仅《山海经》《庄子》《列子》《淮南子》以及《楚辞》等典籍著作就记载了很多的神话,数量之多,意境之美,哲理之深邃,想象之深远,绝不亚于西方神话。中国上古时代的神话思维是相当发达的,已经产生了众多的神灵和相应的传说故事。"后羿射日""女娲补天"等神话故事的丰富想象力和宏大壮丽的叙述画卷及气势丝毫不逊于西方的北欧神话和希腊神话。

但由于中国文学传统历来崇尚现实主义精神,在文学创作上形成了"子不语怪力乱神"的求实写真的叙事传统。这种观念和态度在很大程度上影响了人们对神话想象力艺术的理解,由此阻碍了幻想文学创作的兴起,在特定意义上导致了幻想文学叙事与中国文化传承之间的断层或断裂。从历史渊源看,儒家学派及历代学者对于神话一类的著作或予以删减,或将其与史实相比附,对不合史实的则加以合理化的改造,使许多上古神话失去了本来的面目。封建社会初期的一些典籍中保存了一些神话传说的片段,但叙述中缺少前后连贯的矛盾冲突(希腊神话的一个重要特点就是故事的连贯性),缺少较丰满的思想感情,连神灵的容貌、外形都很少交代(使人敬畏但不可亲,甚或敬而远之)。

此外,另一个事实则是袁珂先生指出的,中国的"古文献当中常有因'言不雅驯'而被删弃、篡改的地方,如禹化熊开山不见于今本《淮南子》,而见于《汉书·武帝纪》颜师古注的引文;舜服鸟工龙裳以救井廪之难不见于今本《列女传》,而见于《楚辞·天问》洪兴祖补注的引文;……经删改而无法查证到的,还不知有多少"①。要知道这些被删弃、篡改的"言不雅驯"之处应该是古神话中最富神奇性的内容,这对于古童话传统的形成不能不说是一大遗憾。有些神话可以在诸如《左传》《史记》《尚书》等史书中找到;有些进入了文学诗集之中,如《诗经》《楚辞》;还有些进入了宗教、哲学典籍中,如《老子》《庄子》《淮南子》《墨子》《论语》等,大部分神话则成为零散的、无系统的片段章句。所以中国的神话资源虽然非常丰富,却十分散乱,一如散落的珠玉,而没有形成系统的严密体系。

另一个重要的事实是,由于思想观念的影响,中国历史上的神话研究很不发达,人们长期以来没有对神话遗产进行认真系统的挖掘整理和研究。这导致中国很难产生像《神谱》《伊利亚特》《奥德赛》这样包含神话内容的史诗巨著,或者像《俄狄浦斯王》《普罗米修斯》三部曲和《奥瑞斯忒斯》三部曲等以神话作为素材的文学剧作。

事实上希腊神话的丰富完整和系统性也有赖于后人的不断挖掘和整理。如罗马诗

---

① 袁珂.中国神话史[M].上海:上海文艺出版社,1988:19.

人奥维德（公元前 43—公元 18）的代表作《变形记》共 15 卷，包含 250 多个故事，堪称集希腊罗马神话之大成的"神话词典"。而在现代社会，希腊神话的普及还应归功于德国作家施瓦布在前人基础上挖掘和整理而创作的《希腊古典神话》（楚图南的中文译本《希腊的神话和传说》就是根据奥·马克思和恩·莫维兹 1946 年的英文译本译出的）。苏联学者库恩教授也根据《荷马史诗》、赫西俄德的《神谱》、古希腊悲剧作家的作品、奥维德的《变形记》和《古代名媛》、维吉尔的史诗《伊尼德》、普鲁塔克的《希腊罗马名人传》、罗德岛诗人阿波罗尼奥斯的长诗《阿尔戈英雄记》等材料编著了《古希腊的传说和神话》。更有许多现当代作家为小读者讲述《荷马史诗》里的故事。相比之下，在中国，一部包含大量神话素材的《山海经》就长期被归入巫书之列，更少有人去深入地进行整理研究了。凡此种种，中国在时间的长河中难以形成真正崇尚文学虚构和想象的浪漫主义的艺术倾向，不能不说是一种遗憾。

令人感叹的是，用英国学者托尔金的童话文学观进行观照，中国明代的《西游记》无愧为具有卓越艺术高度的童话奇书。明代谢肇浙在《五杂俎》里评说《西游记》："虽极幻无当，然亦有至理存焉。"恰恰从托尔金提出的"神话想象"和"童话艺术"这两个层面可以发现这部幻想文学杰作的"童话至理"。从总体看，《西游记》之所以"流为丹青，至今脍炙人口"，是因为它不仅充分体现了童话内含之"幻想、恢复、逃避、慰藉"等因素，而且充分体现了童话对人类基本愿望的满足性。这些愿望包括探究宇宙空间和时间的深度、广度，与其他生物进行交流和沟通，探寻奇怪的语言和古老的生活方式。

三、英国托尔金的幻想文学创作实践和理论观念

事实上，托尔金的幻想文学创作实践和理论观念对于儿童与青少年幻想文学的创作和研究具有积极的认识论意义。托尔金本人的"魔戒"系列（The Lord of the Rings）从 1954 年问世，到 1965 年出版平装本，不仅受到青少年读者的热烈欢迎，而且在欧美国家几乎成为家喻户晓的作品。与此同时，该作品被一些西方文学批评家斥为"青少年的逃避主义读物"。在相当长的时间里，文学批评家和文学教授把"魔戒"系列挡在文学主流的殿堂之外。道理很简单，根据某种文学常识，凡是流行的或通俗的，往往不是高雅的、经典的。

然而随着时间的流逝，西方学者和批评家终于承认托尔金是一个伟大的作家，认为托尔金取得的文学成就事实上代表着一种新的文学发展的主流。用贾瑞德·罗布戴尔（Jared Lobdell）教授的话说，小说的未来就在奇幻文学的创作之中。此后，学界和批评界

对托尔金在当代文学史上的地位愈加重视，随之兴起的是对托尔金文学成就的全方位研究，使托尔金研究成为西方文学研究领域的一门显学。

一方面出现了各种对托尔金作品进行注解和提供导读的工具书或词典性质的百科全书。如《〈魔戒〉插图导读》(*The Illustrated Guide of The Lord of the Rings*, David Day, 1979)，对托尔金幻想世界的资料和资源进行整理汇编，从历法年代、地理地图到中洲魔幻家族，野兽、妖怪、种族、诸神、植物，以及词汇用语，包括托尔金为书中各种角色创造的各种语言。相似的还有《托尔金：插图版百科全书》(*Tolkien: The Illustrated Encyclopedia*, David Day, 1991)和《托尔金指南》(*Tolkien Companion*, J.E.A. Tyler, 1995)等。2005年出版的《魔戒：读者指南》(*The Lord of the Rings: A Reader's Companion*, Wayne G. Hammond)编撰了有关"魔戒"系列作品的历史资料、相关名词术语的相互参照、印刷错误和最新更正，以及尚未发表的有关材料、注解，包括与作品内容有关的作者信件等。

另一方面，专家学者从各个层面开展托尔金学术研究。从20世纪60年代末以来，学者们编写了大量托尔金研究专著，如《托尔金与批评家》(*Tolkien and the Critics*, Neil D. Isaacs, 1968)、《托尔金的世界》(*Tolkien's World*, Randel Helms, 1974)和《中洲的神话世界》(*The Mythology of Middle-Earth*, Ruth S. Noel, 1978)等。至1995年，《托尔金世纪大会成果汇编》(*The Proceedings of the J.R.R.Tolkien Centenary Conference*, Ed. Patricia Reynolds and Glen H. GoodKnight, 1995)收录了许多重要的研究成果，包括托尔金作品中的时间试验、托尔金如何为战后英国开一代新风、托尔金作品中的古英语研究、托尔金作品中的力量与知识、女性权威人物的塑造，以及探讨了托尔金作品中的物理学等诸多方面。于2004年创办的《托尔金研究》年刊(*Tolkien Studies*)致力于发表有卓见、有深度的托尔金学术研究的最新成果。

《论童话故事》(*On Fairy-Stories*, 1938, 1966)是托尔金最重要也最具影响的童话和幻想文学专论。1938年3月8日，托尔金应苏格兰圣·安德鲁斯大学的邀请做了一个"安德鲁·朗"讲座，题目就是《论童话故事》。这篇长文于1947年发表在《写给查尔斯·威廉的文章》中，后来又与短篇小说《里格的树叶》一起收入他的文集《树与叶》中。在这篇专论中，托尔金对童话文学及幻想文学的悠久历史和多重功能进行了全面考察，并通过对自己的幻想文学创作实践进行反思而获得了新的认识。在文中，作者详尽地阐述了自己的童话文学观念，包括对童话故事概念的界定、对童话故事起源的追溯、对童话文学功能的探寻。作为较早地从心理学层面探索童话文学的研究者,托尔金还探讨了童话的社会心理功能,以及童话故事蕴含的可能性和人类愿望的满足性等重要命题。托尔金认为,"童话故事从根本上不是关注事物的可能性,而是关注愿望的满足性。如果它们激起了愿望,在满足愿望的同时,又经常令人难忘地刺激了愿望,那么童话故事就成功了。……这些愿望是由许多成分构成的综合体,有些是普遍的,有些对于现代人(包括现代儿童)是特别的。而有几种愿望是最基本的"[1]。这最基本的愿望包括去探究宇宙空间和时间的深度、广度的愿望,与其他生物进行交流和沟通的愿望,探寻奇怪的语言和古老的生活方式的愿望。这些人类最基本的愿望在童话奇境里得到最大的满足。

　　托尔金认为真正优秀的童话和幻想故事应具备幻想、恢复、逃避、慰藉这四种要素。"幻想"就是想象出真实世界中不存在的事物,但是要赋予它们"内心的真实性"。而幻想的第一个现代功能就是"恢复",也就是在经历了幻想之后能更清楚地明白事情的能力,换言之,就是重新获得"清晰视野"。幻想的第二个现代功能就是逃避,这不是叛逃者的逃避,而是被禁锢者的逃避。不是从生活中逃避,而是逃离我们现今的"机器人"时代和我们自己造成的痛苦。让我们产生逃避愿望的原因就是这种时代的根本弊病。[2]托尔金认为逃避是童话故事的主要功能之一。幻想能够提供积极的与恢复密切相关的逃避,获得充满想象力的对真实或自然事物的理解。逃避可以获得真正的恢复,"我们应当遭遇马人和巨龙,然后就可能像古代的牧羊人一样,突然看见羊群、狗、马儿——还有狼群"[3]。逃避还意味着获得解决问题的别的可能性、别的选择,即使这种选择根本就是不可能的。慰藉就是故事要提供圆满的结局,要使儿童获得心理解脱,建立自信。童话的作用就在于,听童话故事的儿童能够从想象中的深切绝望里恢复过来,从想象中的巨大危险里逃避出来,而最重要的是获得心理安慰。这就是童话的结局总是幸福美满的原因。

　　托尔金的"愿望的满足性"提出了一个认识童话重要特征的途径。童话从总体上看当然是浪漫主义的,但它并不特别关注纯粹的可能性或不可能性,无论"现实的可能性或不可能性""不太可能的可能性"或者"看似可信的不可能性"。童话的核心是心理诉求,是可知或不可知的、有意识或无意识的愿望的满足性。正如儿童心理学家贝特尔海姆所说,童话就像一面神奇的镜子,映照出人们内心深处的各种急流和波澜、欲望、困

---

[1] J.R.R.Tolkien.The Tolkien Reader[M].New York:Ballantine Books,1966:41,43,63.
[2] J.R.R.Tolkien.The Tolkien Reader[M].New York:Ballantine Books,1966:79-80.
[3] J.R.R.Tolkien.The Tolkien Reader[M].New York:Ballantine Books,1966:77.

感、诉求。或者如同齐普斯所说,童话"洞察到了深藏心底的愿望、需求和渴求,同时昭示出它们如何才能全都得以实现"。在童话中人们无法用常识去衡量在生活中可能发生,还是不可能发生这样、那样的故事,你只能用心去感受生命的律动、心底的愿望。绝大多数少年都知道童话里发生的事"不是真的",但他们无不"希望那是真的"。童话滋养的就是儿童内心各种愿望的满足性。

托尔金为我们提供的重要启示之一是对童话和幻想文学的认识问题。我们不能把童话与成人文学割裂开来,认为童话就是什么"幼儿文学",是向幼童讲述的道德故事,"无法表现少年儿童狂放的想象和幻想"。如果因此而提倡创造一种新的文学类型,即与西方"Fantasy"相对应的"幻想文学",来代替或局部代替"童话",那么这恰恰是一种误解。而且正如托尔金在《论童话故事》所指出的,"把童话故事降低到'幼儿艺术'的层次,把它们与成人艺术割裂开来的做法,最终只能使童话受到毁灭"。这不正说明了托尔金对这个问题的认识和关注程度吗?

托尔金为我们提供的重要启示之二是对童话创作的构思、方法等问题的思考。托尔金的成功很大程度上在于巧妙地将神话想象与童话艺术融会贯通。神话想象可以成为童话创作的源头活水,而把神话传统引入童话创作后还需要将古老的神话思维与鲜活的个人想象结合起来。从整体上看,托尔金的创作观念、创作方法、创作过程等与神话想象和童话艺术的结合是密不可分的,而且可以帮助我们认识吴承恩的《西游记》鲜明的童话性特点,正所谓"他山之石,可以攻玉"。

四、美国凯瑟琳·休姆的幻想文学观

此外,美国学者凯瑟琳·休姆的幻想文学观也值得重视。她在《幻想与模拟:西方文学对现实的回应》一书中提出的幻想文学的"一体两端说"可以为幻想叙事类型的区分提供某种具体参照。

休姆首先批评了那种认为文学从根本上是模拟现实的,所以幻想故事是文学的异端另类这样一种绝对化观点。休姆指出,一切文学作品都是"模拟"和"幻想"这两种冲动的产物,它们不过是处于一个统一体的两端而已。那些位于"模拟"一端的就是以写实为主要特征的作品,而位于"幻想"一端的就是那些以非写实性为主要特征的作品。而幻想文学的叙事特征就是对于公认的常识性现实的背离。那么根据不同的对于公认的常识性现实的背离方式,人们就可以把握必要的区分童话小说、科幻小说和奇幻小说等幻想小说类型的尺度。例如,科幻小说的最显著特点是通过具有自然科学特征的认知因素去背离或改变公认的常识性现实。这种认知因素来自科学发现和科技进步所激发的可能性。用达科·苏恩文的话来说,其他的幻想文类是无须顾及经验性验证的虚构类故事,而科幻小说根据作者所生活时代的认知性标准(宇宙学和人类学的标准),可以被看作是并非不可能发生的。[①]科幻小说通过这一特殊的可能性将人们带离当代的现实世界:作者根据推论或设想去描写人类如何由于科学的新发现而突破正常时空的限制,进入不远的或遥远的将来,或者在空间上进入由于科技发展而被极大改变了的现实世界。

五、对现实的背离与愿望的满足性

奇幻小说和童话小说等幻想小说对现实的背离是由纯粹的愿望的满足性决定的。用托尔金的话来说,幻想奇境的魔法本身并不是目的,它的卓越之处在于它的运行,包括对特定的人类基本愿望的满足:"童话故事从根本上不是关注事物的可能性,而是关注愿望的满足性。如果它们激起了愿望,在满足愿望的同时,又经常令人难忘地刺激了愿望,那么童话故事就成功了。"以英国儿童幻想小说为例,它具有自己发生、发展的历史语境,是英国儿童文学语境中的幻想文学,但又具有独特的双重性。它发端于儿童文学而又超越儿童文学,根植于传统童话而又超越传统童话,因此不仅具有鲜明的童趣性,而且能够满足更高年龄层次读者(成人)的审美需求。儿童幻想小说一方面要体现对儿童成长的意义和价值,不能像写一般幻想小说那样随心所欲。另一方面,它又能够满足不同年龄层次读者(包括成人)的认知需求和审美需求。

第二节 欧美幻想文学影视化现象及其对国内青少年的影响

20世纪以来,随着工业时代影视技术的发展,人类进入了飞速发展的视觉化图像时代。以电影为代表的影像叙事凭借先进的光、电、声等技术手段进行图像产品制作,通过图像、声响、音乐、文字(字幕)、色彩、造型、动感、质感等因素的综合运用,使图像叙事的功能得到前所未有的开发。而影视产品在制作完成后又凭借现代文化工业的大规模传播,成为影响最广泛的大众艺术之一。于是,当代的文化工业以前所未有的速度和规模通过影视媒介将幻想文学作品推上市场,形成了当代消费"幻想奇迹"的商业化现象。在"文化工业"制作流行文化语境下,伴随着全球化的进程和大型媒体联合企业的形成,幻想文学的"迪斯尼化"日益增强,成为不容忽视的文化现象,值得关注。

---

① Darko Suvin.Metamorphoses of Science Fiction:On the Poetics and History of a Literary Genre[M].New Haven and London:Yale University Press,1979:viii—ix.

幻想文学全面满足了当代青少年的阅读要求，让他们既体验异世界的奇幻性又感受到现实的真实性。并且，随着媒体的发展，更多的幻想文学被搬上银幕，吸引着世界各地无数青少年观众。

一、欧美幻想电影数据统计及分析

2000—2013年欧美儿童幻想电影出产量

（单位：部）

年份	童话	奇幻	科幻	玄幻	魔幻
2000	2	5	1	0	0
2001	1	4	5	0	0
2002	1	3	6	0	0
2003	2	5	5	0	0
2004	2	7	5	0	1
2005	3	8	6	1	1
2006	2	6	8	0	1
2007	3	6	2	0	0
2008	1	5	2	1	1
2009	2	5	4	0	0
2010	5	11	6	0	0
2011	4	13	7	1	0
2012	1	10	5	0	0
2013	2	5	4	0	0

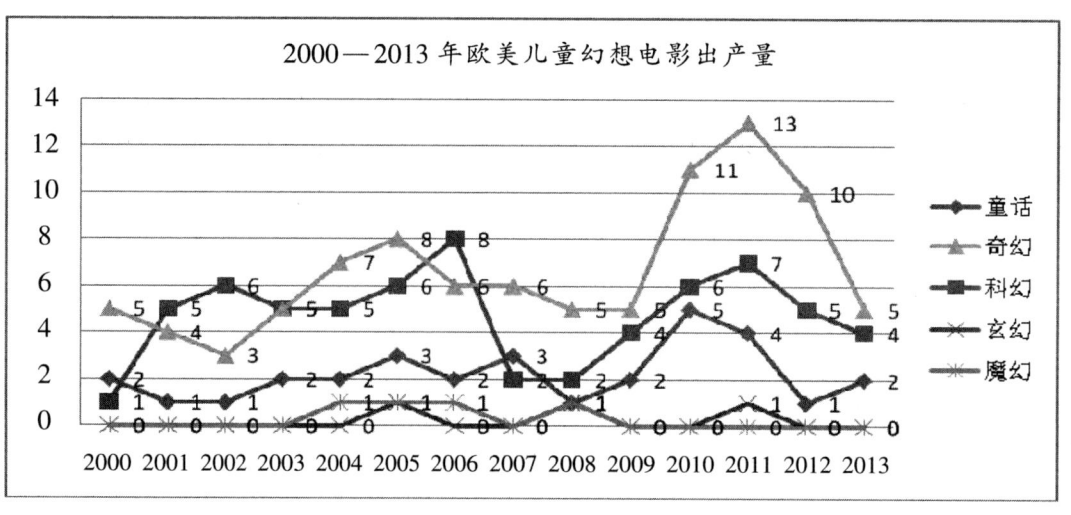

	童话	奇幻	科幻	玄幻	魔幻
2000—2013年总产量	31	93	66	3	4
所占比例	15.74%	47.21%	33.5%	1.52%	2.03%

笔者统计了从2000年至2013年华纳兄弟（Warner Bros. Pictures Co.）、迪斯尼（The Walt Disney Company）、梦工厂（Dream Works SKG）、皮克斯（Pixar Animation Studios）这四大电影公司的儿童幻想电影的出产量。从图表可以看出，奇幻和科幻电影在儿童幻想电影中占绝大部分比例。而童话电影占据着第三名的位置，玄幻和魔幻（特指魔幻现实主义）电影则数量较少。一些经典的童话故事被改编成了电影，比如《辛巴达七海传奇》（2003）就取材于阿拉伯《一千零一夜》中的《辛巴达航海记》，讲述辛巴达在七次航海之后挑战海上破坏女神的全新冒险；在《小熊维尼与跳跳虎：超级侦探》（2010）中，小熊维尼是原著作者米尔恩送给儿子克里斯罗宾作为生日礼物的布娃娃，影片中的小猪、跳跳虎、屹尔驴等角色也都是他的布娃娃；《穿靴子的猫》（2011）改编自法国著名儿童文学作家夏尔·贝洛所创作的《鹅妈妈故事集》（*Contes de ma mère l'Oye*）中的同名童话《穿靴子的猫》（*Le Chat Bottè*）；2013年迪斯尼影片《魔境仙踪》是根据莱曼·弗兰克·鲍姆的童话《绿野仙踪》（*Wizard of Oz*）的前传改编的；"仙履奇缘"系列三部是由《格林童话》中《灰姑娘》（*Aschenputtel*）改编成的电影。幻想类的电影，无论是奇思妙想的奇幻电影如"哈利·波特"系列，还是带有科学因素的科幻电影如"星际宝贝"系列，抑或是带有中国色彩的玄幻电影如"功夫熊猫"系列，还是具有反映现实意义的魔幻主义电影如《潘神的迷宫》，都对青少年产生了深远的影响。

从曲线图可以看出，在2009年之前奇幻电影的出产量趋于平稳，而在2010到2012年剧增，达到最高峰13部，可见奇幻电影引起了巨大风潮，特别是"哈利·波特"热，"哈利·波特"系列电影的全球票房排名都在35名内，尤其是最后一部《哈利·波特和死亡圣器（下）》（2011）更是排到了全球票房第3名，票房共约1 328 500 000美元（截至2011年11月）。由梦工厂发行的奇幻冒险电影《守护者的崛起》（2012）将节日中的角色和童年的守护者统统召集于这部电影中，为了拯救世界而共同努力；还有奇幻电影《第七子》（2013），根据英国作家约瑟夫·德拉尼的系列奇幻小说《最后的学徒》（*The Ward Stone Chronicles / The Last Apprentice*）改编。可见奇幻电影是深受青少年喜爱的。

科幻电影一直呈现着较为平稳的态势，可见科幻电影是一直以来最经典的主题电影，如"蝙蝠侠"系列的《侠影之谜》（全球票房 372 710 015 美元）、《黑暗骑士》（全球票房 1 003 045 358 美元）、《黑暗骑士崛起》（全球票房 10.8 亿美元）也都排在全球前 15 名内。除此之外，还有风靡全球的《黑客帝国 3：矩阵革命》（2003），为人们描述了一个未来人与机械斗争的时代；《盗梦空间》（2010）被定义为"发生在意识结构内的当代动作科幻片"；《超人：钢铁之躯》（2013）中的超人、超能力都包含了现实生活中人们的愿望和追求，这也是超人这类科幻电影经久不衰的原因。随着科学技术的不断发展，科幻电影也在不断地推陈出新，激发人们对未来世界的幻想。

电影童话出产量较为平稳，平均每年出产三部。《小鹿斑比 2》（2006）改编自奥地利作家费利克斯·萨尔腾写于几十年前的一部童话小说，关于斑比的成长故事。《约瑟传说：梦幻国王》（2000）是《埃及王子》（1988）的姊妹篇。《巨人捕手杰克》（2013）是根据英国经典童话《杰克和豆茎》改编的……这些童话电影能满足低龄儿童的需求。

由于玄幻电影带有强烈的中国色彩，所以出产量低，三部作品分别是《花木兰 2》（2005）、《功夫熊猫》（2008）、《功夫熊猫 2》（2011），这三部作品都带有浓厚的中国文化色彩。《功夫熊猫》是一部以中国功夫为主题的电影，讲述了一只笨拙的熊猫立志成为武林高手的故事。本片充满了中国元素，表现在功夫、服装、布景等方面。而《花木兰 2》更是选用了中国古代巾帼英雄的故事，并加入了带有玄幻色彩的木须龙，它是条语速超快、喜欢惹麻烦的小龙，一直跟随花木兰，最后在打败单于的斗争中起到了关键的作用。由此可见美国影视界在寻求创新方面对中国文化因素的成功借用。

魔幻（特指魔幻现实主义）电影也较少，共有四部，最有代表性的就是由墨西哥导演吉列尔莫·德尔托罗执导的影片《潘神的迷宫》（2006），本片是儿童不宜观看的一个童话故事，展现了魔幻世界中的奇异情境。电影以 1944 年为时代背景，旨在批判二战给西班牙带来的损失和伤害。此外还有《牧场是我家》（2004），以美国西部拓荒时期为背景，讲述了一场发生在牧场中的家园保卫战，体现出拓荒时期人们的乐观、不屈不挠的精神。《战鸽总动员》（2005）反映出二战时纳粹对人们的摧残，以一只小小的战鸽折射出当时社会的现实状况。最后一部为《史前一万年》（2008），从侧面反映出在封建社会人们寻求力量和权力以推翻君主专制统治者的现实。由以上图表和分析，可以看出各个种类电影出产量状况。

电影出品公司	华纳兄弟	迪斯尼	梦工厂	皮克斯
2000—2013年总产量	69部	72部	44部	12部
所占比例	35.02%	36.55%	22.34%	6.09%

上表是四大电影工厂的出产量,笔者在统计作品时发现,迪斯尼、梦工厂和皮克斯大多数作品都和人与人的关系、人与自然的关系紧密联系,并且大多数为动画片,主要面向少年儿童,例如迪斯尼出品的一部温馨电影《护宝狗狗》(2012)、梦工厂出品的讲述一群动物逃往非洲生活的有趣电影《马达加斯加》(2005)和皮克斯出品的《海底总动员》(2003)等都属于较为温馨的题材,适合低龄儿童观看,有利于对儿童进行爱的教育。而华纳兄弟出品的大部分作品较为倾向探讨人与自我的关系,比如个人主义和英雄主义,如《蝙蝠侠:黑暗骑士崛起》(2012)、《我是传奇》(2007)、《超人归来》(2006)等,都带有很浓重的个人英雄主义色彩,这对青少年的影响有利有弊。利的一面是能够帮助青少年树立社会责任感,增强心理承受能力。而弊端是青少年易以自我为中心,受个人英雄主义人物感染过深而阻碍自我认知,自认为是电影中的英雄,因而会出现反社会行为。所以四大电影工厂对青少年的作用可能有所不同。

二、幻想电影对青少年的积极影响

瑞士心理学家皮亚杰提出了认知发展的阶段理论,皮亚杰认为,发展就是个体与外界环境不断相互作用的一种建构过程。为了说明这种内部的心理结构是如何变化的,皮亚杰首先引出了图式的概念。图式是指个体对世界的知觉、理解和思考的方式。皮亚杰认为图式的变化是通过同化和顺应两个过程完成的。同化就是当有机体面对一个新的刺激情境时,能够利用已有的图式或认知结构把刺激整合到自己的结构中。顺应则是个体改变自己的动作以适应客观变化。同化主要是指个体对环境的作用,顺应主要是指环境对个体的作用。每当遇到新的刺激时个体总是试图用原有图式去同化,若获得成功便得到暂时的平衡。如果用原有图式无法同化环境刺激,个体便会做出顺应,即调节原有图式或重建新图式。在中国青少年认知的顺应和同化的平衡中,西方幻想电影对青少年的认知有认同也有异化的作用。欧美幻想电影因其所具有的艺术魅力和文化特点非常符合青少年的身心认同发展,因而受到广大青少年的喜爱。而隐藏在电影中的美国文化和价值观通过这一媒介灌输给青少年,青少年在欣赏影片的同时,也在一定程度上产生了颠覆传统、逃避现实、张扬个性等文化价值观的偏离。随着全球化的发展,世界文化交流更加密切,对于幻想电影对我国青少年的影响,我们应以开放的心态,以高度的理性进行审视,认真对待,以便能有效加强青少年心理健康建设。

笔者从青少年成长的三个方面对欧美幻想电影进行探讨,这三个方面分别为人与人的关系、人与自然的关系和人与自我的关系。

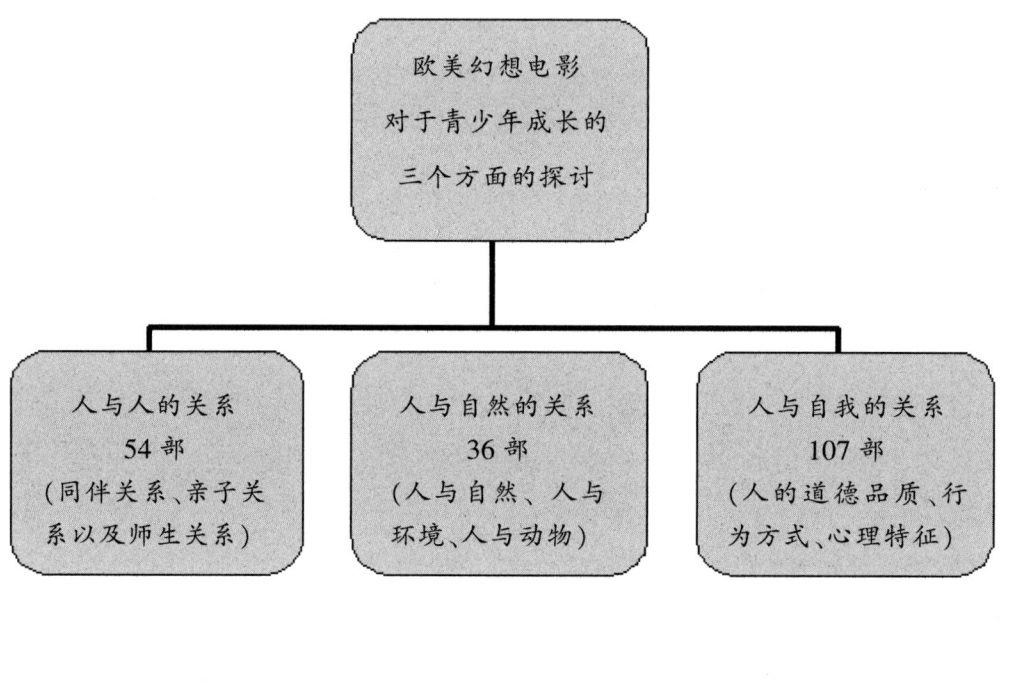

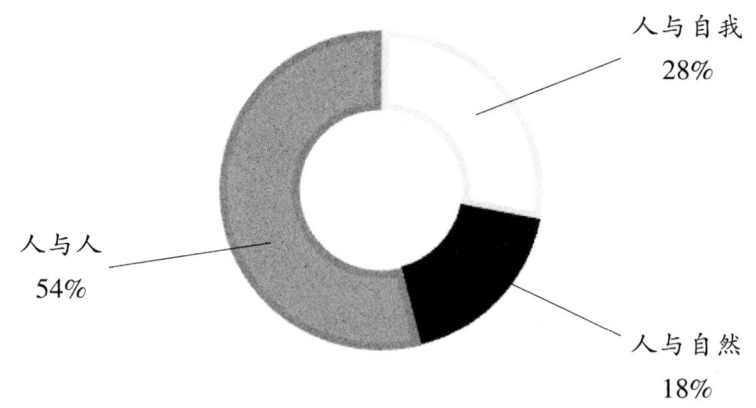

欧美幻想电影对青少年成长的三个方面的影响比重

从以上两个图表可看出,欧美幻想电影的主题大部分还是着重于人与自我的关系,也体现了美国崇尚个人主义的价值观。个人主义者重视个性,强调每个人作为独立个体都有他的权利和自由。美国孩子的独立性受到社会的普遍鼓励,所以电影中这种思想特别突出。在青少年成长过程中,人与人的关系是不可缺少的,所以在电影中体现的亲子关系、师生关系乃至两性关系都在青少年教育中具有借鉴作用。随着人们对自然环境问题的日益关注,反映人与自然、人与动物关系的电影对青少年也具有一定的指导作用。

笔者将对上图中三个方面——人与人、人与自然和人与自我的关系进行探究(这三个方面肯定会有重叠交叉的部分),来了解幻想电影在青少年的成长中有何积极或消极的作用,以期有助于青少年的心理健康建设。

幻想电影对青少年的积极影响具体表现在以下三个方面:

(一)人与人的关系

人际关系是人们在一定的群体背景中,在活动和交往过程中结成的心理关系,即心理距离。它的形成与变化,取决于交往双方需要满足的程度。人际交往是人与人互动的过程、沟通的过程、交流的过程。人际交往最基本的功能在于借助语言符号和非语言符号系统传递信息、交流感情,形成一定的社会关系,促进人的行为保持和谐一致。从社会接触的范围看,青少年人际关系包括:同伴关系、亲子关系以及师生关系。我国当代的青少年大多系独生子女。他们一方面承载着父母过多、过高的期望,必须为成为高素质、高标准的人才需要做准备;另一方面,饱受孤独的痛苦,因而心理十分脆弱。欧美幻想电影既给青少年带来慰藉,也对青少年有一定的教育意义。

1.增进同伴联系,坚固友谊,了解两性关系。

同伴关系主要指同龄人间或心理水平相当的个体间在交往过程中建立和发展起来的一种人际关系。同伴关系的特点是:交往愿望强烈、追求平等的交往、渴望与异性的交往、富于理想色彩、注重情感交流、个体差异显著。人的需求大致有五种,交往需求是在满足了生存需求和生理需求之后的更高层次的一种需求。风靡世界的幻想影片"哈利·波特"系列大量呈现的同学情、师生情,以及人与动物之间和谐共处的场面都非常生动传神,能够积极地满足少年儿童的交往需求。

在电影中,哈利在姨妈家备受欺负和刁难,身心发展都受到了抑制,并且与人缺乏交流,是在人格发展中有缺陷的孩子。但是在通往霍格沃茨的火车上,当家境优越的马尔福嘲笑罗恩的家庭,并要哈利别跟另类的家伙做朋友时,哈利选择了罗恩,并冷冷地对马尔福说:"我想我自己能分辨出谁是另类,多谢了。"作为朋友,罗恩为了帮助哈利练习咒语,情愿作为练习的对象。罗恩平时总是胆小不敢向前,但是他为了救出被囚禁在姨妈家的哈利,偷了父亲的飞车,被母亲在同学面前破口大骂。在魁地奇球场上,马尔福欺负纳威,拿走了纳威祖母给他的记忆球,哈利不顾会受到老师惩罚的后果,骑上扫帚为纳威拿回记忆球。学校里突然出现了巨怪,哈利违反校规冒着生命危险解救了聪明好胜、极富正义感的赫敏。在最后寻找死亡圣器时,赫敏和罗恩并没有为了自保而弃哈利于不顾,而是一路追随哈利亲历险境,给予他最有力的帮助,让他增强自信,增加勇气。在朋友的支持下,哈利才能勇于正面对抗伏地魔,并最终战胜他,拯救了整个魔法世界。这对现代国内大多数身为独生子女的青少年来说具有一定的教育意义。家长的溺爱会使青少年形成自私自利、封闭的心理。而"哈利·波特"系列的主人公面对困境时,朋友们并没有选择背叛和远离,而是互帮互助、相互鼓励渡过难关,成为国内青少年认识同伴关系的一个开放口。

《狐狸与猎狗2》(2006)是迪斯尼动画《狐狸与猎狗》的续集。时间回到狐狸陶德与猎狗库伯小时候,当时陶德与库伯已经成为十分要好的朋友。一个由猎狗组成的表演团来到此地,猎狗库伯因此认识了许多自己的同类,但是它不知道该怎么跟狗朋友介绍狐狸陶德,因为狐狸和狗是天敌。库伯的表演天赋让它越来越走红,陶德开始心怀妒忌,觉得自己被忽视了。而库伯想要跟着表演团远离家乡去巡回表演,面对这样的情况,陶德要如何留住好朋友呢?陶德和库伯的这段友谊再次受到考验。在《狐狸与猎狗2》里,情感的主轴围绕着友谊,友谊不仅能给人们带来抚慰和支持,也会让人们感到困惑和难以抉择,如何处理好友谊问题在青少年成长中也占有重要的地位。这部电影能够让小观众更深刻地感受到友情。

还有很多电影作品都反映了友谊的主题,如《玩具总动员》中胡迪和巴斯化敌为友,在患难中友谊更进一步;《狮子王》(*The Lion King*)中狮子辛巴、猫鼬丁满和野猪彭彭并肩作战,互不舍弃;《马达加斯加》(*Madagascar*)中狮子亚利克斯、斑马马蒂、长颈鹿麦尔曼以及胖河马格洛丽亚的小打小闹体现着珍贵的友谊。这些影片不仅能让青少年认识到友谊在人生中的重要性,也让青少年感受到自己不是孤单一人,而是拥有朋友、受友谊沐浴的。

爱情是一个永恒的主题,异性之间会产生相互亲近、相互喜欢的心理,相互吸引以认知协调、情感和谐及行动一致为特征。通过幻想电影,青少年对两性关系能有进一步的了解。青少年会产生一种对异性感到好奇,由好奇而衍生爱慕,进一步希望拥有对方的一切的感情。青少年时期产生的爱是一种占有而不是牺牲奉献的感情,青少年会误认为爱是种权利而忽略尽义务的层面,往往会以自己认为理所当然的方式表达对异性的爱,或是相互传达爱的讯息。在欧美幻想电影中,大部分都涉及了爱情这一主题,如《公主与青蛙》(2009)、《怪物史莱克》(2001)、《魔发奇缘》(2010)等。

《公主与青蛙》故事颠覆了《格林童话》中经典的《青蛙王子》的情节,王子莱文中了邪恶巫师的黑暗魔咒,变成了一只青蛙。他误将黑人姑娘蒂安娜当成了公主,让她亲吻自己以解除魔法。但蒂安娜真的吻了青蛙后,不但没能解开魔咒,自己也变成了一只青蛙。于是两只青蛙前去寻找老女巫,求她帮助解除魔咒。在此过程中,王子和蒂安娜相爱了。当两只青蛙举行婚礼时,王子吻了蒂安娜,魔法就此解除,因为嫁给了王子,蒂安娜也成了公主。这里以黑人姑娘为主人公是一大突破,因为大部分动画片的主人公都是白人女孩。在《公主与青蛙》中,我们看到了一个对自己的肤色并不介意的姑娘;电影还将莱文和蒂安娜都变成了青蛙,这样看来连外貌和物种都不是问题。这体现了爱情是自由的,不受世俗观念束缚。

在很多电影中也体现了爱的责任,爱情并不只是因外在条件而相互吸引,而是在困境中相互扶持,承担起爱的责任。《怪物史莱克》就是这类爱情电影的典型,史莱克在成功地救出菲奥娜公主后爱上了她,公主也对史莱克有了感情,但是由于自身被诅咒,白天拥有美丽的外貌,一到晚上就会变成怪物,公主一直不敢表白,但最后真爱战胜了外貌,公主和史莱克在一起了。

《魔发奇缘》根据《格林童话》里的经典篇章《莴苣少女》改编。一位长发姑娘被巫婆诅咒,被囚禁在森林的高塔中,唯有放下她的长发,其他人才能攀上高塔。一次她认识了一位路过的王子,王子天天来与她相聚,不料被巫婆发现,于是巫婆剪掉了姑娘的长发,并弄瞎了王子的双眼,几经波折,这对爱侣才终于在异地相逢。爱情虽说是一件美好的事,但要获得真正的爱情是要付出的,只有患难与共、相互鼓励、并肩前行才能使爱升华到责任的高度,不再只是享受爱的表象,而是了解到爱的真谛。这些电影有利于解开青少年对两性关系的困惑,让他们不再身心不宁、寝食难安和自我猜测,将有助于减轻他们的心理负担,也有利于减少青少年犯罪行为。

2.促进家庭和谐,加深手足之情。

亲子关系是父母与其亲生子女、养子女或继子女之间的关系,它是一种双向作用的关系,子女在双亲的抚养下长大,其身心反应又影响着双亲的行为。与此同时,子女、养子女、继子女之间的相处也存在着一定的问题。

手足之情:在《纳尼亚传奇》(2005)中,佩文西家四个兄弟姐妹彼得、苏珊、爱德蒙和露茜被安排到一位老教授狄哥里寇克的乡间大宅暂住,无意中发现衣橱后隐藏着一个神奇的魔法王国。老大彼得是一个阳光帅气的大男孩,勇于保护家人,富有责任感和正义感,拥有领袖气质;老二苏珊是一个聪明、善良的女孩,特别爱护妹妹露茜;老三爱德蒙渴望表现自己,有点叛逆,贪小便宜,但勇于承认自己的错误;最小的妹妹露茜,纯洁、天真、勇敢,充满爱心,心怀大爱,她清澈的眼神传递着世间的真善美。在《纳尼亚传奇》第一部中,爱德蒙背叛了其他三兄妹,步入了敌对阵营,但在经历了一些事情后认识到自己的错误,并真心向兄妹忏悔,得到了谅解。在苏珊和露茜受到狼的攻击时,彼得勇敢地举起剑打败了威胁苏珊和露茜生命的狼。在每一次成长中,四兄妹的手足之情、内心之爱都是最重要的推动力,四兄妹经历背叛、犹豫,相互依偎,相互扶持,亲情更加深厚,这些困境让他们在成长过程中上了深刻的一课。这对现代的青少年具有很重要的启示意义。当今社会,人们的亲情观念越来越淡薄,这部电影为青少年展现了亲情的伟大。

《101忠狗续集:伦敦大冒险》(2003)把故事重心放在小狗派奇身上,它居然被意外遗落在伦敦街头,与家人分开,但也因此遇到它最崇拜的电视狗明星雷闪,与雷闪成为最佳拍档。而此时邪恶的库尔勒再度将魔爪伸向派奇的兄弟姐妹,犯下大麦町绑架案。这一回派奇要与雷闪一同展开救援行动。这部作品强调了在兄弟姐妹患难时,我们应勇于承担起守护的责任,而不是因为畏惧而置之不理,这对人情越来越淡薄的现代社会能起到正面作用。

亲子之情:青少年亲子关系的特点是——(1)青少年自主性增强,对父母权威的接受度降低,赋予父母权威的合法性下降。观念上不愿接受现成的观念和规范,对事物有着自己的分析和判断,行动上希望自由自主。(2)青少年与父母的情感关系相对于儿童期逐渐变得疏远。(3)青少年与同龄人的互动增多,与父母的互动相对减少。当青少年身体逐渐成熟时,对独立的渴望也越来越明显,他们希望与父母分开,摆脱依赖父母的现状,于是变得对父母武断无礼;而父母为维护权威,同时要教育孩子服从社会规则,又会干涉子女,这样形成了恶性循环,造成父母与子女之间的冲突。这种父母与子女之间互不理解的现象在当今社会已很常见,电影中对亲子关系的描述对青少年的价值观有很大的影响。

在电影《蒂莫西的奇异生活》(2012)中，一对无法生育的夫妻吉姆和辛蒂一直希望能够有个孩子，所以他们把所有的期望都写了下来，希望上天能赐予他们一个可爱的宝贝。之后在一个暴风雨的夜晚，一个十岁的男孩蒂莫西出现在他们家门口，并声称是他们的孩子，他们终于得到了一个独一无二的宝贝，愿望成真了。影片中的孩子令人着迷，而传递出的信息更是温暖人心，结尾让人潸然泪下，体会到父母子女之间那平淡却深沉的感情。

《火星需要妈妈》是普利策奖得主、著名长篇连环漫画《布鲁姆县城》(Bloom County)的插画师伯克利·布雷思德(Berkeley Breathed)在2007年创作的儿童书。故事讲述的是小男孩麦洛对妈妈严厉的教育耿耿于怀，突然有一天火星人把妈妈绑架到火星上去做家务，接送一大群小外星人参加各种活动，还要煮饭、扫地、打扮，于是麦洛踏上了救回妈妈的旅程。在当今社会中，青少年经常会出现叛逆情绪，与父母作对，不听从父母的话，一意孤行，甚至会离家出走。这部电影让人感受到，虽然在日常生活中父母与子女之间有争吵，有不理解，但当真正失去时，孩子才能感悟到自己的过错，才能感受到父母对自己的爱。

可见电影中对亲情的描绘更能深入人心，让青少年体会到亲情的真谛，珍惜眼前的父母之爱和亲友之爱，而不是一味地反叛，不懂得感恩。

3.建立新型师生关系。

师生关系的定义是：教师和学生在教育、教学过程中结成的相互关系，包括双方的地位、作用和对待彼此的态度等。而沟通是教育工作者必备的一项工作技能，现实生活中发生的师生冲突多源于师生间缺少真正有效的沟通。目前，学校和家长只重视对孩子认知能力的培养，对他们的评价往往以成绩的好坏为标准。繁重的课业任务、激烈的社会竞争、家庭对孩子过高的期望值，使得青少年的心理压力越来越大。部分青少年由于性格内向，再加上与老师父母沟通少，一些浮躁偏激的社会情绪对他们的心理健康影响很大。青少年是国家的未来和希望，对于青少年的心理健康教育，直接关系着下一代能否健康成长。青少年一方面在生理上正在发育，趋于成熟，另一方面在心理和社会意识上还不够成熟，特别是他们在身心产生巨变的同时，独立意识大大地增强。所以师生之间应多多沟通，并且这种沟通是师生双方整体信息的沟通，是每时每刻在不间断地进行的。在谈到好教师的标准时，人们往往用一个理想模式来套在教师身上，但是现实中，每个教师都不可能完全做到，也没有必要完全做到。人格的充分发挥是教师成长为优秀教育工作者的前提条件,教师若以牺牲人格为代价换取对角色要求的适应,就会变得虚假而不真实,教育会变成说教。特别是教学与考试的双重压力使得教师与学生仍然处在一种"说教者"和"接受者"的位置上,并未形成平等的关系。

师生之间真正的沟通是信息被学生准确地接受。在师生沟通中,教师的心态往往是"你作为我的学生,理所当然要接受这些信息",可事实上,教师真正需要的是"学生如何来接受这些信息",需要双方都满意的结果,而不是教师本人的意图。在"哈利·波特"系列电影中,斯内普教授在魔药课上没有照本宣科,而是大胆假设"如果把水仙根粉末加入艾草津液会得到什么",并和学生们一起进行实验。斯内普并不因自己是教师而一味地传授知识,而是和学生共同探讨,这有利于增强学生学习的积极性,并且赋予学生挑战权威的勇气。

心理学家莱维特曾将师生之间的交往分为单向交往、双向交往和多向交往三种形式。虽然目前教学模式在不断地改革,但是大部分教师依旧喜欢采用单向交往的方式,即教师个人的单边教学,在课前、课中、课后都要求学生"唯命是从",这样使得师生关系缺乏民主,缺乏沟通,既影响了教学效果,又影响了学生良好人格的发展。而影片中的麦格教授一方面在课堂上很威严,"任何人在我的课堂上调皮捣蛋,我就请他出去,永远不许他再进来",但另一方面,她又可以在圣诞晚宴上与同学们同乐同醉,与学生似朋友一样交往。哈利和他的老师们之间这种既是师长又是朋友的关系促进了他在魔法学校的健康成长。电影中这种新型的师生关系也可以作为现实生活的一种借鉴。

《魔法师的学徒》(2010)是一部发生在现代纽约的真人奇幻童话,围绕一个魔法师和他不听话的学徒展开。这个魔法师准备训练他的学徒,以帮助他对抗邪恶黑势力。这在现代校园中是很常见的,教师和学生的关系既有融洽也有对立,所以师生在交往中首先要真诚,要相互尊重与接纳,但教师对学生的尊重与接纳并不等于赞同学生的不良行为。在交往过程中要站在对方的立场去理解对方,这样才能处理好师生关系。这些电影都对现实社会中的师生关系、教学方法有一定的启示作用,促进了青少年和教师的相互理解。

(二)人与自然的关系

人与自然的关系主要表现在两个方面:一是人类对自然的影响与作用,包括从自然界索取资源与空间,享受生态系统提供的服务功能,向环境排放废弃物;二是自然对人类的影响与反作用,包括资源环境对人类生存发展的制约,自然灾害、环境污染与生态退化对人类的负面影响。

1.促进人与自然和谐相处。

《爱丽丝梦游仙境》(2010),故事是从一首近乎白话的诗开始的。故事"离奇荒诞",人"与鸟兽亲切交谈"。电影通过兔子洞所连接的奇幻世界,体现了人类对大自然的美好想象,主人公与各种动物、植物的大量互动为人们展现了一幅人与自然的和谐画面。穿着西装背心揣着怀表的兔子先生,会唱会跳的花儿,躺在蘑菇上抽着烟的毛毛虫,时隐时现、露出诡异笑脸的柴郡猫,恃强凌弱、虚张声势的睡鼠,受人差使干着活儿的蛇,里面的角色大部分都是动物。老鼠、猫儿、兔子、毛毛虫……这些现实生活中很常见的动物,在爱丽丝的奇幻世界里都变成了另外的样子,成了她有趣的伙伴。她在自己想象出来的世界里倾听着来自大自然的神秘声音,感受着生命别样的精彩。电影的这种设定给人们带来了与现实生活完全不同的奇妙感受。

《泰山2》(2005)讲述了泰山小时候在猩猩群里被视为异类,他一心想让大家接受自己,却总是弄巧成拙,为大家带来大麻烦。后来泰山发现整个猩猩家族中只有妈妈卡拉和好友特克关心他,就负气离家出走。后来他意外与大怪物朱格相遇,发现很多事情并非外界传说那样,在与朱格的相处中,泰山开始建立自信,不断锻炼自己,最后返回猩猩家族,并终于赢得大家的尊重。人类生存在猩猩群中,这在现实社会中是难以想象的,但在"泰山"系列电影中却被展现得淋漓尽致,完美地体现了人与自然的融合、人与动物的融洽,并从侧面反映了人类破坏环境就是对人与动物共同家园的破坏这一主题。

《飞天巨桃历险记》(2010)的原版于1996年发行,在2010年进行了改版。住在海边的小男孩詹姆士原本有个快乐的家庭,突然有一天,天空出现一头愤怒的犀牛,带走了他的父母。詹姆士顿时成了孤儿,寄住在邪恶的姑妈那里,开始了悲惨的生活。幸好詹姆士遇到一位好心的神秘老人,老人给了他一个装着1000条鳄鱼舌头的袋子,让庭园里的老桃树长出一颗巨大的桃子。小詹姆士爬进这颗奇妙的桃子,与六只不同个性的昆虫结为好友,更相约一起乘着巨桃前往小詹姆士的梦中乐园——纽约。詹姆士展开了一场有趣刺激的大冒险。这趟遥远的纽约之行必须横跨大西洋,海上的惊涛骇浪不断,途中巨桃还在蜘蛛小姐和海鸥的帮助下变成了飞天巨桃。这部电影表现了人和昆虫的互帮互助。在现实生活中,昆虫一般是令人厌恶的,然而这部作品却颠覆了这个看法。睿智老练的老蟋蟀,温柔体贴的瓢虫夫人,恐怖神秘的蜘蛛小姐,戴墨镜的蚯蚓先生,挺身而出的大英雄蜈蚣先生……昆虫都被拟人化了,一点都不让人厌恶。

《驯龙高手》(2010)改编自同名畅销儿童小说。维京海盗首领的儿子希卡普为继承父亲衣钵,必须先去制服凶猛的恶龙,其间却阴差阳错地遇到了一条小龙并与之成为好朋友。希卡普为它取名无牙,最终和它并肩作战去屠杀恶龙。希卡普第一次见到无牙时,双方彼此戒备、互不信任,但随着了解的加深,希卡普和无牙的关系变得非常紧密。特别是在最后屠杀恶龙的时候,如果没有相互的信任,他们根本不可能完成这个艰巨的任务。电影中所反映的人与自然、人与动物的关系使人们了解到人与自然是密不可分的,大自然为人类提供生存的场所,保护环境是每个人所肩负的责任。

2.增强青少年环保意识。

很多科幻电影中都包含着环境污染对人类造成的威胁。在电影《八脚怪》(2002)中,由于有毒化学废料发生了外泄事故,成千上万的小蜘蛛在一夜之间变得硕大无比、嗜血如命。它们潜入了小镇的角角落落,准备把这里变成人间炼狱。这从侧面抨击了当今社会中因追求眼前利益而不顾长远利益的做法。这对青少年来说有着警醒作用,让青少年更加爱护自然,为保护环境贡献自己的绵薄之力。

在《我是传奇》(2007)中,无知的人类往往是灾难性事件的引发者……医学家发明了一种新的可以治愈疾病的病毒,不料病毒变异后将受感染的人类变成活僵尸。这场灾难的后果,就是纽约变成了一座死城,而罗伯特成了仅存的一个人。作为人类最后的希望,罗伯特不得不接受艰巨的使命——使用自己血液中的免疫系统,寻找逆转病毒的方法。这体现了在科学研究背后的高风险,科学在造福人类的同时也会对人类有潜在的威胁。比如1986年切尔诺贝利核电站的爆炸,其辐射量相当于500颗美国投到日本的原子弹;2011年地震导致福岛县两个核反应堆发生故障并泄漏……

《人工智能》(2001)讲述21世纪中期,由于气候变暖,南北两极冰盖融化,地球上很多城市都被淹没在一片汪洋之中,此时,人类创造出了人工智能机器人以应对恶劣的自然环境。影片获得了2002年奥斯卡奖提名。

以上作品起到了一种警示作用,影片中对病毒扩散、自然灾害、环境污染等问题的展现都有利于加强青少年的环保意识,让青少年了解到,在享受自然的同时,也要为保护环境、节约资源尽自己的一份力。

(三)人与自我的关系

拉康镜像理论认为,"镜像阶段"只是个体完成的第一次自我认知和自我构建的过程,而通过电影及其他媒介影像的镜子功能,个体又开始了新的第二次自我认知和自我构建。社会和伙伴是青少年追求身份认同的两个重要联系纽带。美国心理学家埃里克森指出,处于青春期的青少年一方面想从孩童时期成长,另一方面又无法迅速融入成人社会,所以青春期是最容易发生认同危机或混乱的时期。随着社会的多元化和世俗化,传统的社会阶层、政治立场和意识形态及其意义已被严重消解,无法构成当代青少年的强烈认同基础。为解决认同危机,青少年醉心于时尚的追求,热烈地寻求喜爱甚至崇拜的偶像。通过幻想电影,青少年能加强对自身的了解,也可借此推动自己不断成长,增强自身心理承受能力和变通能力,以更加成熟的姿态融入到社会中去。

1.强化青少年的创造力,激发青少年的想象力。

影响青少年创造性的因素有家庭环境、学校教育环境及社会环境。社会环境的影响主要指社会价值标准、教育机制、社会媒体、生活环境以及社会的文化氛围等方面的影响。现阶段,社会过分注重成绩,养成了儿童不敢做出超常规行为的习惯;在社会团体生活压力下,个人不得不放弃自我的独立性;教师不鼓励学生提出书本之外的问题;把游戏和工作截然分开,使工作的情景过分严肃,因而不能从工作中培养创造性思维的习惯。不论是幻想文学还是幻想电影都能作为社会媒体对青少年创造力有所激发。米切尔·恩德有一段名言道出了幻想文学的个中三昧:忘记了自己的内心世界的人也就忘记了自身的存在价值。内心世界是外在世界的补充,我们必须去发现它、完善它。倘若我们不能经常通过心路之旅去找到这种价值,那我们就真正迷失路径了。可见,在阅读幻想文学和观赏幻想电影时,人们都在好奇心的驱使下,以发散思维找到属于自己的内心世界。幻想文学正是要在人们的内心世界开辟一条永无止境的心路之旅,在心路之旅的无限延伸中去感应和体验超验世界的极乐极美。

"哈利·波特"系列是最典型的有关魔法师和魔法的奇幻电影。J.K.罗琳巧妙地把魔法放入现代社会,并在同一时空中建造了一个异世界——霍格沃兹。在魔法世界中,主人公经历了苦难、互助和战胜自我的曲折成长过程。能使人起死回生的药水、复方汤剂、巨龙、金蛋、飞天扫帚、冥想盆、魁地奇、魔杖等神奇的物品,荒诞、变形、夸张、幽默、魔幻、时空错位等童话式的艺术要素,在"哈利·波特"中想象力得到了淋漓尽致的发挥。每一个要素就像一把钥匙,开启青少年的想象力和创造力,这些都增加了青少年在现实社会中发现和创造的可能性,可能电影中的一些细节就能引爆青少年的创造力。

《变形金刚》是美国著名电影导演迈克尔·贝于2007年推出的科幻电影。为了增强真实感,迈克尔·贝以具有大量细节部件的机器人造型取代方方正正的块状造型。该电影荣获 2007 年度尖叫奖最佳科幻电影奖等多个奖项,并入围 2008 年奥斯卡最佳特效奖等奖项。电影中有汽车人首领擎天柱、雪弗兰车型的大黄蜂、很酷很有个性的爵士和救护车力捷等体现着人类想象力的汽车人。爵士采用了核子融合动力的引擎,所以当他变形后速度能接近光速,这种设定能刺激青少年的想象力和创造力,让他们敢于尝试、敢于想象,特别是在汽车设计上给予启示,或许能帮助人们设计出更加快速、污染更少的汽车。

电影中出现的很多新奇的东西都对青少年想象力的开发有所帮助,并能启发他们多角度地看待事物。

2.拓宽知识面,开阔眼界,增强社会化过程。

青少年的社会化过程,主要是在成人的指导下,通过学校教育实现的。大众传播媒介——报纸、杂志、书籍、广播、电视、电影、录像等对社会文化的舆论宣传,以及家庭环境的熏陶对青少年的社会化也起着重要作用。青少年总是要从一种社会环境移入另一种社会环境,即不停地进行社会位移,他们在家庭、学校、同辈群体这三个小社会中协调并建构现实。电影中体现的发现问题、思考问题并解决问题的思路为青少年提供了范本。另外电影中有关生存自救方法、风俗习惯的介绍都有利于促进青少年社会化的脚步。

尤其是科幻电影中对一些科学技术的表现,对于普及科学知识能起到很重要的作用。英国杜伦大学开设了全英第一个专门研究哈利·波特世界的课程。"哈利·波特及幻觉时代"被作为杜伦大学教育学学位的一门选修课,课程一开设便有 80 位学生报名选修。课程以罗琳撰写的哈利·波特故事作为背景,研究主题包括各种仪式、教室里的偏见和不宽容、恃强凌弱行为、友谊与团结以及社会理想公民等。课程设计者、杜伦大学教育学院院长马丁·理查德森博士说,学生们对学习哈利·波特文献的要求不断增强,由此产生了设置这门选修课的想法。"这门课将把哈利·波特系列故事放在广阔的人文、社会背景中研究,并将探索一些最基础的议题,比如校园道德经验体系等。"

不仅在国外,在国内也出现了有关研究哈利·波特的选修课,比如中山大学医学院 2011—2012 学年度第二学期开设的公选课,针对的是"对哈利·波特小说或电影感兴趣"的学生。开课的陈老师自称是个"哈迷",说起开课的原因,她说:"国外有不少科学家以'哈利·波特'为模本来研究医学、生物学,他们以严谨的科学态度做学术研究,却用调侃、轻松的方式表述出来,这个角度很有意思。""举个例子,遗传学里经常会强调母亲妊娠期间的心态和环境对小孩以后的发展有很大的影响。在'哈利·波特'里面,我们很容易找到这样的例子,哈利与伏地魔,他们都是斯莱特林的后裔,生活环境也很相似,为什么性格截然相反?哈利是在母爱中出生的,而伏地魔的母亲在怀孕期间心中充满仇恨。其实遗传学是很枯燥的,但如果学生是个'哈迷',自然就会对这门课有好奇心,老师再结合书和电影里的故事来讲,学生也很容易记住知识点。"

《蝙蝠侠》中的很多设备知识都能拓展青少年的知识面,比如外形颇具未来感的蝙蝠战机由导演诺兰和蝙蝠战车的设计者纳什考利联合设计,战机的外形灵感源自AH-64武装直升机"阿帕奇";还有在《蝙蝠侠:侠影之谜》出现过的蝙蝠战车,车身长16英尺,宽9英尺,时速可达106英里,必要的时候还可以进行跳跃,车身外部由装甲构成,在城市中可畅行无阻;蝙蝠侠的战衣脱胎于韦恩公司的应用科技部门研制的"高级单兵生存服",由双层碳合金制作而成,强化关节让使用者能够活动自如,战衣能够抵挡刀子和非正面射击的子弹,非常适合实战;蝙蝠侠的手套可以通电、把披风变成滑翔翼,同时具有强力吸盘,可以抓牢物体。这些高科技产品的技术和应用都能让青少年了解更多书本以外的知识,并为某些专门的科研机构提供了研究的模本。

这些高科技的创新物品对青少年来说极具吸引力,不仅拓宽了学生的知识面,而且激发了青少年学习的积极性。对青少年来说,幻想电影是一本娱乐性的教科书。

3.获得慰藉,引发共鸣,作为青少年的感情宣泄口。

美国影片表现的往往是一个浪漫美好的世界,为观众创造了完美的梦境。观众在欢笑之余,总能被有些东西触动心灵,那就是反映美国人价值观的美国梦。青少年通过电影找到了知音,梦境中的英雄们也自然而然地成为他们的"代言人",他们也可以把自己想象成英雄主角,张扬追逐梦想、挑战权威的青春性格。青春期就是个做梦的阶段,男孩会把自己想象成盖世英雄,而女孩则把自己想象成童话里的公主。体现英雄主义的电影在欧美比比皆是,并且取得了巨大成功,比如说人们耳熟能详的"蝙蝠侠""哈利·波特""纳尼亚传奇"等系列电影。这些与现实有极大区别的理想世界都成了青少年感情的宣泄口,来逃避与理想存在着差距的现实。

托尔金认为,逃避是很实际的,甚至能被称为英雄事迹。在现实生活中,我们无法不去批评逃避这种做法,因为逃避往往伴随着厌恶、生气和谴责,逃避总是被认为是贬义词。而在托尔金看来,逃避并不可耻,因为这是人类内心真实的表达,每个人都有想要逃避的事和物,逃避只是得到抚慰的一种途径。尤其是现代中国家庭使青少年肩负着祖辈父辈的期盼,他们的整个成长过程常常处于被动状态——被社会、学校、家长所压抑和控制。当他们从儿童走向青少年,其独立意识和自我意识日益增强,迫切希望摆脱成人的监护,摆脱学校和老师的重压,为了追求自我个性,表现自己的"非凡",就对事物大多持批判态度。所以幻想电影为青少年提供了精神上的抚慰。

2007年迪斯尼出品的动画片《美食总动员》讲述了可爱的小老鼠有大智慧的故事。老鼠想要出人头地,可以想象得出有多么困难,要是想成为法国五星级饭店——厨神餐厅的主厨,更是难上加难。然而老鼠雷米并没有因为不可能而放弃梦想,而是通过不懈努力超越了自身条件和世俗偏见,成为受人类认可的美食家,这是一个典型的"美国梦"式的完满结局。"美国梦"一直是美国人的文化核心和精神支柱,这里的老鼠雷米实际上是普通人的化身,正是这种人人都可以通过自身勤奋努力而最终实现梦想的动力在不断地激励着人们。这也是在鼓励青少年遇到挫折不能气馁,而是要越挫越勇,不放弃最初的梦想。

影片《爱丽丝梦游仙境》讲述小女孩爱丽丝跟着大白兔进入一个令人惊奇的地下世界之后发生的故事。起初爱丽丝无法找到自我,地下世界的动物也怀疑爱丽丝不是它们真正所要寻找的那个人。在经历了一连串惊心动魄的事件之后,爱丽丝才在这个如童话般虚幻的奇妙世界里重新找到自我。当今青少年身处快速发展、被电子设备充斥的社会中,也常常会迷失真正的自己,爱丽丝的经历能带给青少年慰藉。人们或许会在某一段时间迷失,但是只要怀有初心,一定能找到真正的自我。

《勇敢传说》(2012)的故事发生在公元10世纪神秘的苏格兰高地,故事围绕一位美丽勇敢的公主梅丽达展开。梅丽达有着出色的射箭技艺,为了争取自己获得真爱的权利,她公然挑战了三位不安分勋爵之间古老而神圣的习俗,不承想这一举动竟导致国家陷入混乱与动荡之中。在求助巫婆"女智者"无果后,为了拯救家园、让生活重归美好,受到诅咒的梅丽达书写出属于自己的"勇敢传说",激发出真正的勇敢雄心。在现实社会中,有很多青少年没有自由选择的权利,几乎每件事情都由父母决定,电影中梅丽达为了追求自己的权利而不断奋斗的过程让青少年了解到如何自己做选择,而不是听任摆布。很多电影中的情节都契合了青少年的心理,这为青少年寻求自己的路指明了一定的方向。

4.习得优秀品质,引人深思,感悟人生道理。

大部分影视作品在内容和价值取向上都是健康向上、催人奋进的,有利于陶冶青少年的情操,培养他们的高尚品格。而在幻想电影中,感悟人生道理的映象更为突出。幻想电影"借幻境以表现最深的真境,由幻以入真,这种'真',不是普通的语言文字,也不是科学公式所能表达的真,这只是艺术的'象征力'所能启示的真实"[①]。幻想本身就非常具有现代意味,是非现实中的现实。虚拟和假象的表面之下其实是人性的渴望,是对超越现实、超越自我的期待。因而通过幻想电影,青少年不仅习得了主人公的勇敢、乐观、坚韧不拔等优秀品质,还能深刻领悟到人性和人生的道理。《小美人鱼》中麦乐迪对大海的向往、《蝙蝠侠》中对社会的责任感、《驯龙高手》中人与动物的友好关系、《马达加斯加》中对故乡的追寻等,都是易被生活在现实世界中的人们忽略的东西。或许人们对有些事情曾有过一丝察觉与思考,但在现实重压之下,它们早已被抛于脑后,以至于人们渐渐地对很多根本不合理、不公平的事情麻木不仁,并将其想当然地合理化。所以去过"纳尼亚"的孩子们总在想着什么时候能再去,因为在那里树木能走动,野兽会说话,有广袤的冰原和葱郁的森林,连水都是神圣的。但是在现实社会,太多人已被磨平棱角,失去原有的个性和特色,忘却了最真实的自己。

《牧场是我家》是迪斯尼出品的动画片,以美国西部拓荒时代为背景,讲述了一群母牛团结起来拯救自己居住的牧场的故事。《牧场是我家》的片名其实来源于一首家喻户晓的歌曲,在美国早期的拓荒过程中,它表现出浓厚的田园情怀和浪漫的西部精神。美国人的无所畏惧和开拓进取,是在100多年的西部开发过程中形成的民族精神。西部牛仔顽强、自信、乐观、豪放的性格形成了西部的拓荒精神,并成为美国文化中一笔宝贵的精神财富。这样的开拓精神对当下青少年的成长也具有推动作用,有助于培养青少年乐观的态度和坚韧不拔的品格。

《战鸽总动员》是一部既有轻松搞笑的一面,又有战争片严肃的一面的优秀动画影片。该片大胆地采用鸽子作为主角,讲述二战中一段令人难忘的故事。这部寓教于乐的动画片有着真实的历史依据:第二次世界大战期间,由于纳粹对战区进行了有效封锁,同盟国决定启用经过特别训练的军用信鸽与法国的地下抵抗组织取得联系。这些信鸽不但要穿越英吉利海峡,还必须在枪林弹雨中周旋,但送信的成功率却惊人地高,它们成了盟军对法国进行战争援助的一个重要组成部分,为饱受战火摧残的法国人民带来了希望的曙光。当纳粹终于意识到如此小鸟竟有着至关重要的作用时,他们遂向这些弱

---

① 宗白华.略谈艺术的"价值结构"[J].创作与批评,1934,1(2).

小的信鸽伸出了锋利的"鹰爪":纳粹开始派出训练有素的猎鹰捕食信鸽。这是一部用动画手法表现的动物之间的生存战。从这部作品中,人们不仅认识了一段历史,也从深处挖掘了当时社会的残酷现实以及战争所带来的危害。电影使青少年了解到即使是很小的东西有时也会起到很大作用,不能只顾整体而忽视了部分。

《快乐的大脚》(2006)描画了属于帝企鹅的伟大时代。在这个庞大的家族里,只有一个办法能够让新生的小家伙得到大家的认可并且可以结婚生子——拥有一副动听的歌喉。不幸的是,由于波波的爸爸在儿子还是一个蛋的时候不小心把蛋掉到了地上,波波成了一只不会唱歌的企鹅。但他却是一个天生的舞蹈家,踢踏舞跳得出神入化。被迫离开家的波波在经历过一系列奇迹般的事情之后认识到,只要忠于自己,就一定能活出不一样的人生。有些青少年会因为自己跟别人不同而恐慌,电影能够鼓励他们活出自我,绽放自己独特的光彩。

三、幻想电影对青少年的消极影响

(一)暴力血腥电影引起青少年盲目模仿

时下,暴力电影频频被搬上银幕。暴力电影中劲爆的打斗、血肉横飞的场面,吸引了众多观众的眼球,也受到了许多青少年的青睐。而青少年的认知能力仍处于发展阶段,心智还未完全成熟,对于错与对的分辨仍会受外部的影响。埃里克森的人格发展理论注重社会文化因素及人与人之间的相互作用对人格发展的影响。在看电影时,青少年经常对主人公有强大的认同感,自觉意识被大大削弱,沉浸在虚幻的电影世界之中,常不自觉地与其中的人物形象合二为一、融为一体。暴力电影中所表现的暴力行为难免会影响青少年在现实社会中的行为,青少年的自我意识会因迷恋暴力电影而慢慢减弱,以致迷失自我。在电影中,暴力可以随意实施,并且通过高科技逼真地表现出来,却没有真实的受害者,这就很容易使人们产生一种错觉:暴力似乎与人的实际感受无关。这就是暴力电影的欺骗性所在。暴力电影中前呼后拥、八面威风的黑道人物以及武功非凡的杀手等,都可能引起青少年的崇拜,进而加以模仿。不良的音像制品及书刊不仅能对人产生消极影响,更能使人堕落,走上违法犯罪的道路。相关统计数据显示,30%左右的青少年犯罪是由这些引起的,所以必须引导青少年正视暴力电影。

(二)过于沉迷幻想电影及作品,影响学习、休息和身体健康

一些幻想电影使青少年产生强烈的心理认同感,对青少年起到了心理投射作用,使他们沉浸于影片中而不能自拔,加上青少年的自制力都比较弱,他们难免会沉迷于幻想

电影乃至电影原著中。这不仅会分散青少年的学习精力,也会影响作息,对青少年身体健康造成危害,不利于他们成长发育。

(三)异化青少年民族文化观念,出现消极亚文化现象

当今社会大力弘扬传统文化,然而反传统似乎亦已经成为一种潮流,部分动画电影对传统文化的传承演变成了对传统文化的颠覆。

《花木兰》可以说颠覆了传统的中国巾帼英雄故事,这部电影融合了美国人自己的理解和思想,比如花家的祖先为了保护木兰,便派出了心地善良的木须龙从旁帮忙。这些外来因素的加入或许使这部电影趣味盎然,但这种被颠覆的作品正在被我们的青少年逐渐接受。文化必须依靠一代又一代人的传承才能延续,而融合了外来因素的电影使中国的传统不再纯粹。每个国家的青少年都将直接影响其国家和民族未来的发展,被外族精神同化而失去本民族文化的根基,是一个民族最深沉的悲哀。

电影中的消极价值观会导致消极亚文化的出现,如享乐主义等。青少年阶段是一个人价值观形成的关键时期,电影中对骄奢淫逸的渲染会对青少年产生相当消极的作用。

随着幻想电影的大量产出,关于其对青少年的身心健康影响的研究也就越来越迫切。幻想电影是以现实人生、社会景观为表现基础的。就其本质而言,幻想电影多少都会透露出现实社会的信息。所以青少年从幻想电影中所感受到和领悟到的都会对自身产生巨大的影响,不仅有正面的也有负面的。在面对幻想电影时,我们应秉着取其精华、去其糟粕的原则来引导青少年吸收正确的价值观,并且从青少年对幻想电影的反馈来明确幻想电影在中国的地位和影响。

附录:欧美幻想电影年表(2001—2013)

华纳兄弟

2001	哈利·波特与魔法石 Harry Potter and the Sorcerer's Stone
	剑鱼行动 Swordfish
	猫狗大战 Cats & Dogs
	正义联盟 Justice League
2002	史酷比 Scooby-Doo
	八脚怪 Eight Legged Freaks
	吸血鬼女王 Queen of the Damned
	哈利·波特与密室 Harry Potter and the Chamber of Secrets
2003	蝙蝠侠:女蝙蝠侠之谜 Batman: Mystery of the Batwoman
	黑客帝国 2:重装上阵 The Matrix Reloaded
	黑客帝国 3:矩阵革命 The Matrix Revolutions
2004	史酷比 2:怪兽偷跑 Scooby-Doo 2: Monsters Unleashed
	哈利·波特与阿兹卡班的囚徒 Harry Potter and the Prisoner of Azkaban
	极地特快 The Polar Express
	蝙蝠侠 The Batman
	猫女 Catwoman
	特洛伊 Troy
2005	僵尸新娘 Corpse Bride
	哈利·波特与火焰杯 Harry Potter and the Goblet of Fire
	地狱神探 Constantine
	蝙蝠侠:侠影之谜 Batman Begins
	查理和巧克力工厂 Charlie and the Chocolate Factory
2006	超人归来 Superman Returns
	珍爱源泉 The Fountain
	史酷比:加勒比海盗 Scooby-Doo! Pirates Ahoy!
	超人续集:理查德·唐纳剪辑版 Superman II

	超人：布莱尼亚克的攻击 *Superman: Brainiac Attacks*
	解剖外星人 *Alien Autopsy*
	水中女妖 *Lady in the Water*
	致命魔术 *The Prestige*
	潜水侠 *Aquaman*
	触不到的恋人 *The Lake House*
	潘神的迷宫 *Pan's Labyrinth*
2007	哈利·波特与凤凰社 *Harry Potter and the Order of the Phoenix*
	北极的圣诞老人兄弟 *Fred Claus*
	忍者神龟 *Teenage Mutant Ninja Turtles*
	我是传奇 *I Am Legend*
	斯巴达300勇士 *300: Rise of an Empire*
2008	返老还童 *The Curious Case of Benjamin Button*
	黑暗骑士 *The Dark Knight*
	史前一万年 *10,000 B.C.*
2009	野兽家园 *Where the Wild Things Are*
	守望者 *Watchmen*
	哈利·波特与混血王子 *Harry Potter and the Half-Blood Prince*
	未来世界 *Westworld*
2010	瑜伽熊 *Yogi Bear*
	史酷比：湖怪的诅咒 *Scooby-Doo! Curse of the Lake Monster*
	盗梦空间 *Inception*
	猫头鹰王国：守卫者传奇 *Legend of the Guardians: The Owls of Ga'Hoole*
	哈利·波特与死亡圣器（上）*Harry Potter and the Deathly Hallows: Part 1*
	诸神之战 *Clash of the Titans*
	蝙蝠侠：红影迷踪 *Batman: Under the Red Hood*
	闪电侠 *The Flash*
2011	美少女特攻队 *Sucker Punch*

	哈利·波特与死亡圣器(下) Harry Potter and the Deathly Hallows: Part 2
	神奇女侠 Wonder Woman
	绿灯侠 Green Lantern
	小红帽 Red Riding Hood
	传染病 Contagion
	快乐的大脚2 Happy Feet Two
2012	到北极去 To the Arctic 3D
	蝙蝠侠：黑暗骑士崛起 The Dark Knight Rises
	诸神之怒 Wrath of the Titans
	亚瑟王神剑 Excalibur
2013	巨人杀手杰克 Jack the Giant Slayer
	第七子 The Seventh Son
	地球引力 Gravity
	超人：钢铁之躯 Superman: Man of Steel
	云图 Cloud Atlas

迪斯尼

2000	幻想曲2000 Fantasia 2000
	极限高飞 An Extremely Goofy Movie
	恐龙 Dinosaur
	小美人鱼2：重返大海 The Little Mermaid Ⅱ: Return to the Sea
	变身国王 The Emperor's New Groove
2001	小姐与流氓2：狗儿逃家记 Lady and the Tramp Ⅱ: Scamp's Adventure
	失落的帝国 The Lost Empire
2002	仙履奇缘2：美梦成真 Cinderella Ⅱ: Dreams Come True
	星际宝贝 Lilo & Stitch
	星银岛 Treasure Planet

2003	101忠狗续集:伦敦大冒险 Dalmatians Ⅱ: Patch's London Adventure 失落的帝国:神秘的水晶 Atlantis: Milo's Return 星际宝贝史迪奇 Stitch! The Movie 熊的传说 Brother Bear
2004	狮子王3:没有烦恼 The Lion King Ⅲ: Hakuna Matata 小熊维尼:春天的百亩森林 Winnie the Pooh: Spring time with Roo 牧场是我家 Home on the Range 米奇、唐纳德、高飞三剑客 The Three Musketeers 米奇耶诞嘉年华 Mickey's Twice Upon a Christmas
2005	花木兰2 Mulan Ⅱ 野蛮任务 The Wild 泰山2 Tarzan Ⅱ 战鸽总动员 Valiant 星际宝贝2:史迪奇有问题 Lilo & Stitch Ⅱ: Stitch Has a Glitch 小熊维尼:嘟嘟的万圣节历险 Pooh's Heffalump Halloween Movie 变身国王2:高刚外传 The Emperor's New Groove Ⅱ: Kronk's New Groove 四眼天鸡 Chicken Little 纳尼亚传奇:狮子·女巫·魔衣橱 The Chronicles of Narnia: The Lion, the Witch and the Wardrobe
2006	小鹿斑比2 Bambi Ⅱ 星际宝贝:终极任务 Leroy & Stitch 熊的传说2 Brother Bear Ⅱ 狐狸与猎狗2 The Fox and the Hound Ⅱ
2007	未来小子 Meet the Robinsons 仙履奇缘3:时间魔法 Cinderella Ⅲ: A Twisting Time
2008	小美人鱼:爱丽儿的起源 The Little Mermaid: Ariel's Beginning 奇妙仙子 Tinker Bell 闪电狗 Bolt

2009	豚鼠特工队 G-Force 小叮当与失去的宝藏 Tinker Bell and the Lost Treasure 圣诞颂歌 A Christmas Carol 公主与青蛙 The Princess and the Frog
2010	创：战纪 TRON: Legacy 爱丽丝梦游仙境 Alice in Wonderland 阿瓦隆高校 Avalon High 全面搜寻圣诞狗狗 The Search for Santa Paws 飞天巨桃历险记 James and the Giant Peach 小熊维尼与跳跳虎：超级侦探 My Friends Tigger & Pooh: Super Duper Super Sleuths 魔法师的学徒 The Sorcerer's Apprentice 16个愿望 16 Wishes 魔发奇缘 Tangled 奇妙仙子：拯救精灵大作战 Tinker Bell and the Great Fairy Rescue
2011	罗密欧与朱丽叶 Gnomeo & Juliet 比佛利拜金狗2 Beverly Hills Chihuahua 2 布偶历险记 The Muppets 恐怖狗狗 Spooky Buddies 飞哥与小佛：超时空之谜 Phineas and Ferb the Movie: Across the 2nd Dimension 小熊维尼 Winnie the Pooh 加勒比海盗4：惊涛怪浪 Pirates of the Caribbean: On Stranger Tides 小侠左克曼 Zokkomon 勇士传说 Once Upon a Warrior 幻想曲 Fantasia 火星需要妈妈 Mars Needs Moms
2012	护宝狗狗 Treasure Buddies

	泰山 Tarzan
	奇妙仙子：羽翼之谜 Tinker Bell: Secret of the Wings
	小芽的奇幻人生 The Odd Life of Timothy Green
	异星战场：强卡特战记 John Carter
	科学怪犬 Frankenweenie
	比佛利拜金狗 3 Beverly Hills Chihuahua 3: Viva La Fiesta!
2013	无敌破坏王 Wreck-It Ralph
	魔境仙踪 Oz the Great and the Powerful
	钢铁侠 3 Iron Man 3

梦工厂

2000	约瑟传说：梦幻国王 Joseph King of Dreams
	通往黄金帝国之路 The Road to El Dorado
	小鸡快跑 Chicken Run
2001	怪物史莱克 Shrek
	人工智能 A.I. Artificial Intelligence
	进化 Evolution
2002	燕尾服 The Tuxedo
	幽浮人种 Taken
	小马精灵 Spirit: Stallion of the Cimarron
2003	史莱克·四度空间 Shrek 4-D
	辛巴达七海传奇 Sinbad Legend of the Seven Seas
	戴帽子的猫 The Cat in the Hat
	记忆裂痕 Paycheck
2004	鲨鱼故事 Shark Tale
	怪物史莱克 2 Shrek 2
	复制娇妻 The Stepford Wives

2005	马达加斯加 Madagascar 超级无敌掌门狗Ⅳ：人兔的诅咒 Wallace & Gromit in the Curse of the Were-Rabbit 宛如天堂 Just Like Heaven 世界大战 War of the Worlds 逃出克隆岛 The Island
2006	篱笆墙外 Over the Hedge
2007	怪物史莱克 3 Shrek 3 蜜蜂总动员 Bee movie 变形金刚 Transformers
2008	马达加斯加的企鹅 Penguins of Madagascar 功夫熊猫 Kung Fu Panda 马达加斯加 2 Madagascar 2
2009	大战外星人 Monsters vs. Aliens 变形金刚 2 Transformers 2：Revenge of the Fallen
2010	超级大坏蛋 Megamind 怪物史莱克 4 Shrek 4 驯龙高手 How to Train Your Dragon
2011	铁甲钢拳 Real Steel 新天师斗僵尸 Fright Night 变形金刚 3 Transformers 3: Dark of the Moon 关键第四号 I Am Number Four 穿靴子的猫 Puss in Boots 功夫熊猫 2 Kung Fu Panda 2:The Kaboom of Doom
2012	马达加斯加 3 Madagascar 3 守护者的崛起 The Guardians 临终千言 A Thousand Words

2013	克鲁德一家 The Croods
	蜗牛 Turbo

皮克斯

2001	怪物公司 Monsters, Inc
2003	海底总动员 Finding Nemo
2004	超人总动员 The Incredibles
2006	汽车总动员 Cars
2007	美食总动员 Ratatouille
2008	机器人总动员 WALL·E
2009	飞屋环游记 Up
2010	玩具总动员 3 Toy Story 3
2011	汽车总动员 2 Cars 2
2012	勇敢传说 Brave
	异星战场 John Carter
2013	怪兽大学 Monsters University

第四章 中国图画书的本体研究与原创艺术突围

国际通行的图画书观念按其内容、图画、接受的难易程度，分为成年人图画书与未成年人图画书两大类，这就如同西方国家的电影有分级制一样，国外的成年人图画书不是提供给儿童阅读的，给儿童阅读的是未成年人图画书，也即儿童图画书。由于观念的差异与研究的滞后，大致自20世纪90年代中后期我国出版界大量引进国外图画书以来，可谓一股脑儿地全方位照搬，不论成年人图画书还是未成年人图画书，只要有市场就照出不误。虽然这样做促成了我国图画书市场的快速"繁荣"，但也造成了图画书阅读推广与批评研究的复杂乃至混乱。当我们今天回过头来,试图探讨"中国图画书"这一论题时,我们首先必须将两种不同类型的图画书——成年人图画书与未成年人图画书区分开来。作为儿童文学与儿童阅读研究对象的图画书,显然只能定位在儿童图画书,因而本书讨论的只是儿童图画书,这是必须说明的。但为了行文的方便同时也由于儿童文学圈内已经习惯,以下也多会简用"图画书"。

儿童图画书的引进、出版、阅读推广、研究与原创,是 21 世纪中国儿童文学与儿童阅读运动,以及童书出版业、幼儿教育与小学语文教学的热点。试看今日国内关注图画书者,不但有儿童文学作家、评论家、插画家、儿童阅读推广人,更有出版商、幼儿教育机构、中小学,甚至还有各种"绘本馆""画本馆"(据估计,全国一二线城市少说也有近千家此类机构)。为什么当今中国会出现"图画书热"? 中国儿童图画书的现状又是如何?

作为儿童文学教学研究的专业工作者,笔者试图从专业的角度谈谈看法。目前,对我国儿童图画书现状的整体看法是:1.引进热潮已因饱和而退烧,本土原创的局面开始上扬;2.原创图画书存在诸多瓶颈,需要由多行业从多方面入手破题;3.理论研究虽然滞后,但近年已大有长进,理论批评总体上由儿童文学评论界把控,鲜有美术史与现代视觉艺术研究的专业人才。

由于篇幅的限制与观察视角的选择,本章拟从中国图画书的历时回顾、本体研究样态探析、原创艺术存在的问题等三个方面展开讨论。

第一节　中国图画书的昨天与今天

儿童图画书是现代美术艺术和现代印刷技术结合的一种独特的"视觉化的"儿童艺术读物,它以富有吸引力的画面与简洁亲切的文字,通过"用绘画来讲述故事"的形式,把识字不多的儿童带向广阔的未知领域、想象空间和社会生活,从而得到最初的直观认知体验、精神启迪与审美愉悦。图画书的概念来自异域,英文叫 picture book,日本称为"绘本"。国际上以欧美国家的图画书产业最为发达,之后影响到日本、韩国、东南亚国家,世纪之交经由中国台湾、香港进入内地,由京沪广等城市向其他城市延伸。国际上有多种图画书奖项,如英国于 1938 年设立的凯迪克奖、1955 年设立的格林威大奖、国际儿童读物联盟(IBBY)于 1966 年设立的国际安徒生奖的插画奖。

一、从"图画故事"起步的现代中国图画书

现代中国美术史、童书出版史与儿童文学史上没有"图画书"一说,只有"图画故

事"。但无论从图画与文字的配制关系(不同于图书的插图,也不同于"看图识字")、受众对象(以低幼儿童为主),还是从产品制作特色(以图的审美为主)、阅读价值(视觉化读物)考察,中国的图画故事书与国外图画书有许多相似之处,至少可以说是"准图画书"。郑振铎是图画故事书的有力倡导者和实践者。他于1922年1月创办主编了《儿童世界》周刊,并在该刊发表了《两个小猴子的冒险》《河马幼稚园》等46篇图画故事(均由画家绘制彩色图画),开了现代中国视觉化儿童艺术读物的先河。赵景深在20世纪30年代编写了《哭哭笑笑》《一粒豌豆》等54种图画故事书。

  20世纪二三十年代,位于上海的商务印书馆、中华书局、世界书局、儿童书局等精心策划组编、出版了一大批幼稚园读本、儿童文学读本,如《幼童文库》200册、《小学生文库》500册,其中均有数量可观的图画故事书。难能可贵的是,当时的一流教育家、艺术家、出版家等,怀着为民族下一代谋福祉的愿景,大专家乐于做"小儿科",而且是专心致志地高品位、高质量地做"小儿科"的事业,儿童读物的编写尤其是小朋友最喜欢的图画故事书的制作,都努力做到了当时的最高水平,甚至能与欧美发达国家媲美,自然远超日本。但由于抗日战争爆发,现代中国出版基地上海遭受重创,特别是童书出版重镇——商务印书馆毁于1932年"一·二八"的日本炮火之下,从此中国童书包括图画故事书出版一蹶不振。被誉为"日本图画书之父"的松居直,曾在其名著《我的图画书论》中,以一种"谢罪"的姿态,写下了这么一段具有历史质感的话:"很久以来,我作为一个日本的出版人,常感到对中国负有责任。这是因为,中国儿童书的出版在20年代就达到了相当高的国际水平,然而30年代以后却由于我国的侵略战争蒙受了毁灭性的打击,发展受到阻碍。因此,我一直希望能为中国出版界做些事情,哪怕是一点点也好。"

  《儿童世界》是我国第一本民族本土的纯儿童文学杂志,由商务印书馆出版发行。郑振铎主编的《儿童世界》周刊,从1922年1月创刊号起,一直编至1923年1月6日出版的第5卷第1期,共主编了53期。《儿童世界》文体多样,而图画故事一直是该刊的重头戏。图画故事是供小朋友阅读的一种图文并茂的视觉化文本,既有活泼有趣的图画,又有浅显简明、易读易懂的文字,这些文字有的是童话,有的是小故事,也有的是散文。此外还有一类"无文图画故事"。关于图画故事对幼儿的教育作用,赵景深曾在《儿童图画故事论》(1934)中发表过很好的见解,他认为图画故事对不识字和识字不多的幼儿来说"实在是一件功德无量的事情",其价值除了"弥补低年级这个阶段的无课外书可读"的缺失以外,还有这样三点:"(一)重复生字","图画故事因为语多重复,儿童在极浓厚的兴趣中,会自然而然地记得许多生字"。"(二)多识名物",帮助幼儿认识自然界的花木鸟兽等动物植物与社会生活。"(三)灌输常识",向小读者传授一些浅显易懂的科学知识。在图画故事的创作方面,郑振铎、赵景深、黎锦晖等都付出了不少心血,其中尤以郑振铎的作品最有影响力。

从1922年到1923年,郑振铎在《儿童世界》发表了《两个小猴子的冒险》《河马幼稚园》《爱美之笛》等46篇长短不一的图画故事,还设计了一些"无文图画故事"。郑振铎的图画故事有以下几方面的内容:

一是帮助幼儿学会管理自己,养成良好的生活习惯。如走路不要抬头看天,否则就会绊倒(《方儿落水记》《方儿与狗》)。出门要跟着大人,乱走乱碰就会闯祸(《鼠夫人教子记》)。

二是向幼儿传授一些浅显易懂的生活知识、科学常识,进行知识教育,这类题材占得较多。如《自行车场》写看守自行车的阿茂用图钉把寄存单钉在车胎上,结果车胎都漏了气。这个故事告诉小朋友自行车胎是用橡皮做的,不能用钉子去戳。《夏天的梦》通过小弟弟的梦中奇境,说明各种动物的生活环境。

三是为迎合幼儿兴趣编写的游戏性质的故事。这类题材也较多,主要是供小娃娃欣赏,让他们从中得到欢乐,发挥想象。如《罗辰乘风记》:"一、罗辰不怕风雨,带了洋伞出门去。二、洋伞连罗辰一齐乘风飞去。三、罗辰此去,谁也不知他到哪里,恐怕是上天同那白云儿游戏。"又如《除夕的球戏》:"一、刘芳姑同她的弟弟拍球。二、芳姑拍球的本领很好。三、不好了!弟弟输了。四、输的人要画大胡子,好不可笑。"像这样的文字,再配上妙趣横生的图画,小读者自然兴趣盎然,笑声哈哈。

四是富于思想性、趣味性、知识性的长篇图画故事,这是郑振铎图画故事创作最精彩的部分,主要有《新年会》《河马幼稚园》《爱美之笛》等。《新年会》描写孩子们在假期开展的各种有意义的文娱活动。这个故事是为了配合学校教育指导小朋友的假期生活,帮助他们养成团结友爱、热爱集体活动的习惯。故事中巧妙地穿插着儿歌、谜语、智力测验等游戏,可供小朋友开展活动时参考。如智力测验:

什么东西最深?答:人心。因为人心是填不满的。

什么东西最快?答:思想。因为人的思想瞬刻千变,比什么都快。

什么东西是早上四脚走,中午两脚走,晚上三脚走的?答:是人。少时四足着地爬,壮时用两足走路,老时便要用拐杖了。

《河马幼稚园》是郑振铎编写的最长的一篇图画故事,也是现代儿童文学史上最早的长篇童话之一。全文由"钓鱼、猴儿买果、玩具店、野游、漆匠、上山下山、请医生、捉迷藏、圣诞前夜、毋妄之灾"等十个独立成篇的小故事组成,在《儿童世界》上连载十期。作品以河马夫人开办的幼稚园为背景,惟妙惟肖地描绘了虎儿、猴儿、猪儿、象儿、鹦鹉等小动物在校内校外的各种生活趣事,十分符合幼儿的心理特征与兴趣爱好。这些小家伙天真顽皮,又爱淘气。比如他们偷偷下河洗澡,瞧见河马夫人来了,就把"指路牌"换转方向,捉弄老师(《钓鱼》);他们玩捉迷藏打碎了花瓶,赶忙溜回床上假装熟睡(《漆匠》)。这些小淘气虽然顽皮,但更有可爱的一面:热爱老师、互相帮助、勇于改过、天性活泼、勇敢顽强等。如老师花钱给他们买来玩具,他们把玩具退掉换成新衣服送给老师(《玩具店》);看到老师不舒服,他们连忙去请医生(《请医生》)。《河马幼稚园》刻画的这一群生动可爱的小动物形象,赢得了小读者的深深喜爱,在当时产生了广泛影响。以后守一、叔蕴、郢生(叶圣陶)等竞相模仿,撰写续篇。所不同的是将河马夫人改为熊夫人,题目也改成《熊夫人幼稚园》。陈伯吹、郭风等后起的儿童文学作家都深受"熊夫人"的影响,陈伯吹在《儿童世界》出版五百期纪念刊上,特意写了小说《念完了五百册》,借华儿(代表中国孩子)做梦,着重介绍《熊夫人幼稚园》的艺术魅力。

熟知儿童心理,富于儿童情趣,这是郑振铎图画故事的显著特色。他笔下的幼儿形象一个个生动逼真、呼之欲出,充满着幼儿式的丰富幻想与天真烂漫的童稚妙趣。如《圣诞节前夜》,写小朋友正在看圣诞老人送给他们的图画书,当翻到画有小魔鬼的一页时,这个小魔鬼居然从书上跳了下来,在地上蹦跳,把小朋友吓哭了。圣诞老人连忙用手夹住小魔鬼,放回书上,"小魔鬼便服服帖帖的不敢再跳出来了"。这种描写增强了图画故事神奇色调的浓度,十分贴近幼儿的想象世界。又如《河马幼稚园》写老师身体不舒服,小动物连忙去叫医生,结果请来了两个医生、三个护士。医生原以为有许多病人,当他们知道只有一个,而且只是有点不舒服时,不禁笑了:"唉!一个人病了,要三个看护妇一车药!"这段夸张性的描写,恰到好处地表现了小动物热爱老师的情感,又传神地刻画了幼儿心理。因为在幼儿眼里,任何一点小病小痛都会引起他们的大惊大呼,被看作了不得的大事情。幼儿文学最难的是语言的把握,郑振铎在这方面下了不少功夫。他的语言是经过精心提炼的口语,既没有模仿幼儿含混不清的"小儿腔",也没有迂腐晦涩的成人调;他的语言浅显、流畅,明白如话,没有什么别扭的句子,满蕴着童趣,而又富于魅力。

赵景深是继郑振铎之后创作图画故事最多的一位作家。我们从生活书店1935年出版的《全国总书目》中发现,他一共编写了《哭哭笑笑》《秋虫游艺会》《一粒豌豆》《洋囡囡》《到小人儿国去》《鸡的旅行》等54个图画故事,均系北新书局出版。黎锦晖也编写过《月亮光光》《花儿的朋友》《毛毛猫咪》等8个"儿童小说故事"。遗憾的是,这些作品大多散佚,难以寻觅,我们无以一一介绍了。

二、当代图画书的发展与出版

1949年以后,我国图画书的出版有过两次热潮。一是20世纪50年代,出版了《小马过河》《九色鹿》《蜗牛看花》等广受欢迎的图画书,只是当时不叫"图画书"而已。二是20世纪80年代,由于学前教育普遍受到重视,加上受到欧美、日本等的影响,我国图画书的质量有了提高。从20世纪90年代开始,"图画书"的说法经由日本逐渐传入我国。这一时期,中日两国曾合办了两届"小松树"儿童图画书奖,鼓励国内原创图画书,获奖作品有《贝加的樱桃班》(郑春华/文、沈苑苑/画)、《贝贝流浪记》(孙幼军/文、周翔/画)、《小兔小小兔当了大侦探》(俞理/文并图)等。1997年湖南少年儿童出版社还出版了日本松居直的图画书论著《我的图画书论》(季颖译)。但与欧美、日韩等比较,长期以来,我国图画书在整个少儿读物中所占比例很小,大众对图画书的购买兴趣不大。由于图画书的制作成本大、书价普遍偏高,一般大众愿意为孩子购买文字书而不愿花钱去买翻上数页就看完了的图画书,对那些没有文字的"无字图画书"更是兴趣索然。又由于受传统美术的影响,人们更熟悉连环画而不谙异域色彩的图画书。

中国家长刚接触从外国引进翻译的图画书时,常因其字少、图多、价高认为这种书不值得购买。进入21世纪,社会经济的发展拉动市场购买力,而那些在20世纪七八十年代出生、从小受到儿童读物影响的年轻父母(主要是城市白领阶层),普遍重视孩子的教育,看好图画书,这就为国内图画书市场锁定了基本的读者群。经过出版界、儿童文学界、教育界、早期阅读推广社会力量等的多方努力,现在认为图画书不值得购买的偏见在城市中日益减少,图画书是最适合幼儿阅读的读物已渐成共识,图画书亲子共读也已渐成许多城市家庭的日常生活内容。

同时,图画书独特的艺术美质经由一批热心的阅读推广人热情倡导,加之伴随着所谓"读画时代"的到来而出现的台湾幾米的《月亮忘记了》《向左走,向右走》系列图画书、朱德庸《绝对小孩》等漫画书的热销,图画书这一概念(或者说法)终于逐渐为国人所熟悉,这种形式也为一些具有前瞻出版理念的出版社看好。2006 年,二十一世纪出版社出版了彭懿编著的《图画书:阅读与经典》,介绍了国外 64 种经典图画书,通过实例告诉读者从头到尾阅读一本图画书的经验,对普及图画书知识发挥了特殊作用。于是,一个引进、推广、原创三位一体的"图画书运动"日渐成为 21 世纪一道独特的儿童文化风景。

1999 年,春风文艺出版社出版了德国雅诺什编绘的 10 种图画书,有《小老虎,你的信》《兔孩子一点也不笨》等。从 2000 年起,二十一世纪出版社开始系统地引进出版包括米切尔·恩德的图画书系列、"彩乌鸦"系列等德语图画书。此后,明天出版社、接力出版社、北京童趣出版公司、上海译文出版社、少年儿童出版社、中国少年儿童出版总社、外语教学与研究出版社、湖南少年儿童出版社、南京师范大学出版社、南海出版公司、河北教育出版社、中国电力出版社、贵州人民出版社、浙江少年儿童出版社、新疆青少年出版社、上海人民美术出版社、中国连环画出版社、湖北美术出版社、电子工业出版社等,也竞相引进出版英国、美国、德国、法国、瑞士、加拿大、澳大利亚、俄罗斯、荷兰、丹麦、奥地利、日本、韩国等国的图画书。大陆出版社还与台湾地区的出版机构密切合作,两岸联手运作图画书的引进译介。如上海的少年儿童出版社与台湾信谊基金会合作出版了多种外国及中国台湾地区的优秀图画书。河北教育出版社与台湾麦克有限公司合作的"启发精选世界优秀畅销绘本"系列,自 2007 年起,已出版了《我爸爸》《我妈妈》《花婆婆》《大猩猩》《大卫,不可以》《让我安静五分钟》等数十种世界著名图画书,从编辑、导读到印刷制作都堪称一流。

2009 至 2011 年,我国儿童图画书的引进出版进入一个爆发期,据统计,当时每年新出的品种突破 2000 种。在互联网、智能手机等多重因素的冲击下,尽管图书出版行业遭遇了"寒冬",但少儿出版尤其是图画书出版,却能逆势上扬,成为销售榜上的一枝独秀。根据国内童书销售重要网站当当网少儿频道 2012 年 5 月 17 日关于图画书销售与畅销童书的统计数据,图画书出版量占少儿图书总出版量的 2.4%,畅销比例却占了 53%,这个惊人的数据正是图画书热销的有力证明。

三、建设民族本土原创图画书

当引进译介达到一定热度以后,如何建设我们民族自己的原创图画书自然被提上了议事日程。国内一大批专业少儿出版社都曾先后推出过本土图画书,如北京少年儿童出版社的"冠冠图书",江苏少年儿童出版总社的"我真棒"儿童成长图画书,明天出版社的"小企鹅心灵成长故事",中国少年儿童出版总社的"嘟嘟熊"系列,浙江少年儿童出版社的"笨狼的故事"系列,湖南少年儿童出版社的"儿童心灵成长图画书"系列,贵州人民出版社的"蒲公英图画书馆"系列,外语教学与研究出版社的"聪明豆绘本"系列,教育科学出版社的"冰波童话"系列等。江苏少年儿童出版社、明天出版社、中国连环画出版社是21世纪打造原创图画书的重镇,而江苏画家周翔、北京画家熊磊熊亮兄弟等则是创作本土图画书的高手。周翔编文绘图的《荷花镇的早市》(二十一世纪出版社)被曹文轩誉为"中国绘本的优美开端",另一本周翔据北方童谣改编并绘图的《一园青菜成了精》(明天出版社)也堪称佳作。熊磊熊亮兄弟创作的"绘本中国"系列中的《京剧猫》《小石狮》《年》《灶王爷》(明天出版社,2007)以及"情韵中国图画书"系列中的《京剧猫·长坂坡》《京剧猫·武松打虎》《苏武牧羊》《荷花回来了》《我的小马》《纸马》,均是充满浓郁中国文化元素的上佳之作。熊磊、熊亮在《中国美学看绘本》一文中认为,中国图画书应该有与西方审美标准不一样的特质,即"注重神而忘形、万物有情,注重内在的音律节奏、气韵生动、虚实相生"。

在打造本土图画书方面,江苏少年儿童出版社的《东方娃娃》(周翔主编)、全国妇联于2006年创刊的《超级宝宝》(保冬妮主编),是两家以发表图画故事作品为主的杂志。而以《东方娃娃》周翔、朱成梁、蔡皋与南京信谊组成的创作群体,以熊磊熊亮兄弟与中央美院杨忠、北航庄庄等组成的"五色土原创图画书研究中心",则是南北两个活跃的图画书创作群体。

2008年5月,中国作家协会儿童文学委员会主办、明天出版社承办的首届"中国原创图画书发展论坛"在济南举行。2016年4月,中国作家协会儿童文学委员会再次在北京召开图画书研讨会,这两次研讨会对于认识本土图画书现状、推动本土原创图画书的发展意义重大,标志着新世纪图画书引进出版热正逐步走向自觉的本土原创图画书理性建设时期。

第二节 图画书的本体研究

我国当代图画书研究一般被视为较晚近的新兴现象,图画书作为一种儿童文学文类及艺术形式从20世纪八九十年代起开始获得理论关注与探讨,至21世纪国内图画书研究已借助多种研究方法与多元研究视角建立起由理论研究与应用研究共同构成的丰富复杂的研究体系,呈现出图画书理论建设、图画书作品评价分析与图画书发展史研究关涉结合的立体纵深研究格局。在新世纪中国儿童文学文体研究中,图画书因其运用以构建自身的媒介特质被纳入儿童文学特有新文体"多媒体"的研究范畴之中,由此进入更为深广的文学研究视域。在儿童文学类别中,图画书与儿童诗歌、儿童散文、童话、儿童小说等文体相并列,以其自身独特的审美特质与教育价值丰富和拓展了儿童文学乃至文学的文体内涵与研究维度。

图画书首先是一种审美艺术形式,其功能与作用都紧紧系于这种形式,图画书独特的审美形式蕴含着对少年儿童读者有益的功能价值,而对图画书的恰当应用则实现了其相应的功能价值。对图画书的功能诉求需要对其审美形式本体进行不断的探索与发展,若非如此,图画书的应用亦可能因而受限。因此,图画书本体研究无疑十分必要且重要。

无论图画书理论研究还是应用研究,对于"什么是图画书"——即研究者如何认识和看待图画书的本体存在都是进行相关课题研究无法绕过并且需要首先面对的问题,这一点在各种研究视角下进行的图画书研究中已显著地体现出来。

目前国内图画书本体研究已有成果主要见于公开发表的论文以及图画书专题著作、儿童文学理论著作中的图画书相关章节之中。

一、图画书研究的三类样态

图画书研究大致呈现出三类样态：第一类研究样态表现出研究者对图画书本体的通观研究意旨,即尝试多角度多维度全面把握、认识图画书的本体特征、性质、审美特质、分类构成、发展规律、功能作用、阅读方式等本体内涵;第二类研究样态为从局部、分观角度理解、探索图画书的特定本体特质;第三类研究样态主要表现为对图画书的应用研究,这一类研究一般并非立意于图画书本体探索,但在研究过程以及研究结果中图画书的某些本体属性与特质亦获得揭示,这一类研究成果有周兢的论文《在创意阅读中培养儿童的自主阅读能力——兼论儿童图画故事书的教育价值》、康长运的专著《幼儿图画故事书阅读过程研究》及论文《想象力与幼儿图画故事书的阅读》、姜艺与郑薏苡的论文《基于图画书特质的幼儿园图画书阅读教学策略》等。这三类研究奠定了国内图画书本体研究的坚实基础,并为进一步深入认识图画书本体存在提供了理论依据与研究支持。以下将着重综述呈现为前两类研究样态并已公开发表出版的图画书本体研究成果。

不同时期的各种图画书理论表述一定程度上反映并共同构成了我国图画书理论研究的某种历时演进。考察和梳理图画书本体研究的已有成果——特别是考察、梳理与收集图画书研究中出现的各种独创性理论表述,有助于我们认识和理解我国图画书研究的历时发展及现时状况与需要,有助于认识图画书本体研究的复杂性与困难性,也有助于认识目前图画书本体研究中的创新点、难点与空白薄弱之域以获得在此基础上继续前行探索的方向和指引。

二、通观角度、多面向研究图画书

在已取得的图画书本体研究成果中,立意于从通观角度、多面向研究图画书本体存在的成果就数量而言并不多,柯南的论文《图画书:幼儿文学的现代形式》是20世纪90年代较早着意对图画书进行全方位本体研究的成果之一。作者将图画书视为"幼儿文学的现代形式",从儿童文学研究视角着意探讨图画书的"性质、含义、分类及在幼儿文学中的地位",认为图画书是"适合于幼儿欣赏和接受的综合性艺术",并富有创见地提出"图画书是视觉化的幼儿文学"。作者还提出一种分析图画书特征的"双重视点","即从大人和小孩、创作者和接受者、语言艺术和绘画艺术这样对立统一的角度来看图画书的特殊性",分析图画书的基本特征为"绘画性、传达性和趣味性"。作者认为,"图画书不仅展示了一个充满童趣的图画世界,而且为父母长辈和幼儿之间提供了一个进行情感交流的艺术乐园",指出了图画书互动阅读方式的重要意义。

同为20世纪90年代以论文形式发表的图画书研究成果《艺术的新领域——图画书》,则主要从艺术与出版研究的视角对图画书做了全面介绍。作者周宪彻将图画书视为"艺术的新领域",并认为,"现代被称为'图画书'的读物,是一种文学与美术之间有独特关系的儿童少年读物。它以飞跃性的、丰富的表现方法使主题得到完美的实现"。作者首先对当时的图画书出版与研究状况做了大致介绍,认为"近年来,我国儿童图书出版界对于'图画书'的出版也多有尝试和探索,但终因种种条件的限制,'图画书'在我国尚属有待开发的领域。当务之急,是要潜心研究'图画书'的理论、编创程序、表现手法、成功经验等。可惜目前国内有关'图画书'方面的理论图书还不多见,介绍文章也十分缺少"。随后作者从理论与创作两方面明确表明了自己的研究目的:"为了便于'图画书'理论研究,为了给从事儿童图书插图创作的朋友们提供研究国外'图画书'的资料。"论文分五期连载于《美术大观》,主要从"什么是图画书""图画书对儿童的意义""图画书的表现手法""图画书版式设计与展开"及"世界图画书的进程"五个方面对图画书做了总体探讨。就图画书本体而言,作者指出"画"是图画书的"生命";就图画书对儿童的意义而言,作者指出"图画书能满足儿童的新发现的喜悦与好奇心""图画书能使儿童得到未知领域体验的喜悦""图画书是儿童获得语言词汇的媒体",能"培养儿童爱美的心灵";就图画书表现手法而言，作者认为"形式要服从内容的需要。只有形式与内容相结合才会使形式发挥其生命力"，"离开了内容本体再新奇的手法也发挥不了作用"；就图画书版式设计与展开而言，作者再次重申内容的重要性，"好的设计手法诞生于对内容的理解"；就世界图画书的进程而言，作者概述了图画书的历时发展及其成因，并指出"艺术风格的不断进步，多种技法的运用也使图画书的艺术性更加完美"。

陈宗耀的《低幼图画书研究》是发表于 21 世纪之初体现多面向通观认识图画书本体特质的又一论文形式研究成果。作者从出版研究视角指出，"与世界各出版大国相比较，中国的幼儿图画书是整个出版物中有待继续开发的一个园地"。作者从儿童的读图需要、图画书向幼儿传播信息的独特方式与图画书的"成人—儿童"共读特点论述了图画书的重要性。作者对图画书与其他以儿童为接受对象的读物形式进行了比较，并通过对比来说明"什么是图画书"。例如作者认为：与有图有文的教材、教辅类图书相对比，图画书中的图画具有"'图画语言'功能"；与我国传统连环画及连环漫画相比较，图画书似电影般"既展示出宽广的视野，又有细节的特写，既有极其有趣的故事情节，又暗藏着起、承、转、合的节奏设计"。作者从图画书的趣味表达、图画书的色彩、图画书的画面节奏、图画书的细节表现等方面一一做了探索与论述，最后指出"图画书是幼儿的至爱"，并认为"精美的图画书对幼儿具有强烈的艺术感染力，一本优秀的图画书使幼儿兴高采烈并极大提高他对图画造型和色彩的欣赏能力"，同时作者也提出了图画书创作中不应忽视的一个重要尺度，即"图画书一方面要以高级的艺术形式提高幼儿的审美水准，另一方面要适合幼儿而不是迎合成人的欣赏习惯"。

康长运与唐子煜的论文《图画书本质特点研析》与陈宗耀的论文《低幼图画书研究》于同一年发表，该研究成果从论题到内容都体现出明确的图画书本体研究意识，作者认为"图画书是对幼儿有着极其重要意义的书"，而其时的研究状况为"对图画书的重视和研究均很不够，对图画的本质属性的认识也不是很清楚"，作者表明研究目的在于"试图从图画书本质上是一种幼儿文学的角度出发，来分析图画书的独特特点和本质特征"，并指出这一研究"对我国图画书的策划、创作和出版"都具有意义。论文从"什么是图画书""图画是故事的重要表达媒介""故事是图画故事书的灵魂，图画书从本质上来说是一种故事文学""图画书的故事是图画和文字共同传达的故事"以及"图画书以书为载体，是一个整体的故事世界"五个方面展开论述，对图画书尤其是图画故事书本体特征做了相对全面的探讨。作者指出，"在图画书中，不仅文字是故事的表达媒介，图画同样也是故事的表达媒介","图画本身就是语言,是作为主体表达思想的",同时也强调了图画书中图文结合的重要特征。作者特别将图画书的书籍物质形态纳入图画书本体研究范畴,认为"图画书由于采用书的形态,所以有其独特的表现方式。图画书必须作为一个整体而设计",而"图画书的欣赏也因其作为一个以书为载体的整体故事世界而具有一些独特的特点"。

陈晖的论文《论绘本的性质与特征》是21世纪国内图画书本体研究的重要成果之一。"图画书"概念在研究运用中所体现出的多义多名复杂性是我国图画书研究的显著现象之一,陈晖在论文中首先界定论文所运用的"绘本"概念,指出,"绘本概念源自日本,原是日本对图画书的统称。在实际的理解中,我们的绘本概念有所收窄,倾向于将绘本与广义的西方图画书(picture book)进一步区分,让绘本与西方图画故事书(picture story)相对应",而论文"对绘本性质与特性的讨论,主要建立在上述狭义的绘本概念理解的基础上"。作者认为,"作为一种新的文学艺术形式的绘本具有特殊的性质和特征",并从"儿童的绘本与成人的绘本——儿童性""'图'的绘本与'文'的绘本:'图文合一'性""作者的绘本与读者的绘本:独创性与开放性"三个方面论述了绘本的性质特征。作者通过论述与例示分析指出,鲜明的儿童性是绘本的基本属性,绘本中的"图文通常具有同等的地位,图文以各自的表意功能,实现完全的、真正意义上的'图文合一',协调配合甚至达到了不可分割的程度",并以"作者的绘本"与"读者的绘本"两个概念指出绘本同时具有内容形式独创性以及读者"参与作品的阅读性创造"所体现的开放性特质。

卓洪艳的《图画书文体的魅力》一文从文体研究视角对图画书本体特质做了探索。作者将图画书定义为"以图画为主、文字为辅或者全部用图画表示故事内容,供幼儿阅读或成人与幼儿共读的一种特殊的儿童文学样式",并提出"图画书是一种文体",认为"图画书作为一种文体的魅力是从艺术表达的手段上呈现出来的,它是图画和文学有机结合的产物,是根据幼儿阅读传达方式的需要并经过长期实践的经验总结而逐步形成的一种艺术形态"。作者用"显层的形态"与"物质状态"两个词语来论述图画书的审美特性,认为图画书"首先在显层的形态上给读者以美感,其次形象地表现为'书'这种独特的物质状态"。作者从"主体的绘画性""整体的视觉传达性"及"主题蕴涵的哲理性"三个方面论述了图画书文体的魅力,并预见"图画书将成为21世纪世界性的儿童文学最主要的艺术形式"。

较之论文形式的研究成果,以专著形式呈现的图画书通观样态本体研究成果相对较少。彭懿的《图画书：阅读与经典》是 21 世纪图画书研究专著中的重要著作之一。此著作由上篇"阅读图画书"、下篇"经典图画书"以及附录构成。上篇分为"从头到尾阅读一本图画书""图画书的形态""图画书的表现"三个部分，以百余部图画书为例，探讨了图画书的各种形态和内涵要素，如图画书封面、环衬、扉页、正文、封底、开本、折页、散页、从前往后翻页和从后往前翻页并存的图画书形式、图画与文字的关系、文字的排列、画面的连贯与叙述、潜在的节奏、隐藏的细节、留白与空白页、方向性、空间与时间、颜色、框线、视角、画面大小与色调变化、无字书、媒材与技法、艺术风格、题材等诸方面的特质。下篇介绍和解读了图画书发展历程中具有重要影响的 60 部世界经典图画书作品。附录中介绍了全球儿童图画书的三大奖项、国际知名权威推荐的图画书书目和重要奖项以及"每个人都应该知道的 100 种图画书"等。论著开篇概述了图画书的历史分期，并首先回答了"什么是图画书"这一问题，对于图画书，作者给出了如下定义："图画书是用图画与文字共同叙述一个完整的故事，是图文合奏。说得抽象一点，它是透过图画与文字这两种媒介在两个不同层面上交织、互动来讲述故事的一门艺术。在图画书里，图画不再是文字的附庸，而是图书的生命。"此论著主要立意于"专门介绍图画书"，偏重对图画书相关知识与图画书经典作品的普及介绍论述，但在中国图画书本体研究系统性成果相对缺乏的当下，此论著具有十分重要的学术价值。研究者刘彩珍认为，此专著"是一本集学术与美学价值于一身的图画书研究专著"，"呈现了一种新的图画书研究史的建构方式，同时也为研究者们开辟了一片图画书研究的新天地"。

陈晖的专著《图画书的讲读艺术》也是一部具有重要理论价值及实践意义的专著。这部论著提出并阐发了图画书的"讲读"概念并指出"图画书讲读的研究"主要"是图画书阅读和读者接受研究"，作者强调"研究核心定位于图画书的讲读艺术而非图画书的艺术，但同样必须将图画书艺术作为讲读的前提与基础"。论著中所体现出的从通观角度对图画书的本体认识构成讲读研究的基础，讲读艺术体现出对图画书本体认识的应用与实践，同时，在论述过程中，图画书讲读艺术与图画书本体研究实际紧密地结合在一起，因此，这部以图画书阅读研究为主要目的的专著亦为图画书本体研究的重要成果。此专著由上篇"图画书的艺术构成及讲读原则"和下篇"各种风格图画书的讲读示例"构成。上篇内容包括"图画书——图画故事书——儿童图画书的讲读""图画书的故事——故事的讲读""图画书的图画——读图与讲图""图画书的文字——文字的读与说""图画书的主题——主题的意会与言传""图画书设计的整体阅读""艺术的讲读与讲读的艺术"，从图画书的故事、图画、文字、主题、整体设计等本体内涵出发展开图画书讲读艺术研究，充分体现了图画书讲读研究与图画书本体研究的融合。下篇"提供经过现场实验的25部经典图画书的讲读方案和建议"，作为相关理论与方法策略的印证和实践，提供参照和借鉴示例。

我国台湾地区图画书研究的发展也有令人瞩目的成果，如林文宝等学者编著的《儿童读物》中指出："图画书，是近20年来台湾儿童文学界最蓬勃兴盛的一个文类，不论从国外翻译或本土创作作品的质与量来看，或就创作人数和成就、内容题材与艺术形式的多元，以及图画书推广团体的活跃程度，图画书都可说是最热门的显学。"在台湾地区图画书研究中，一些以专著形式呈现的图画书本体研究重要成果在两岸图画书研究交流中产生了一定的影响，其中较具代表性的专著有林真美的《绘本之眼》，以及郝广才的《好绘本如何好》等。上述两部专著中所使用的"绘本"概念与英文中的"picture book"即"图画书"概念一致。《绘本之眼》一书主要以西方图画书和日本图画书为示例，从历时与共时的角度探讨了图画书的本体特质，介绍了图画书的发展历史、图画书重要发展阶段的部分经典作品及图画书创作大家，如凯迪克、波特、桑达克等，同时也探讨了图画书的图、故事、语言、图文关系及图画书中体现的儿童观等图画书本体内涵。对于什么是绘本，作者认为目前绘本"已渐渐发展成为一个可以跨越时代的沟通媒介，同时，也是艺术表现的形式之一。它所涉及的领域不仅纵横美学、美术史、哲学、心理学、教育学、文化人类学……还跨足平面设计、电影、戏剧、绘画、文学、漫画……等表现"，"它是一个充满无限可能的、发展中的艺术，它既属于儿童，也属于拥有童心的大人"。郝广才的专著《好绘本如何好》则从"绘本概念""绘本元素""形式技巧""内容手法"四个方面探讨了图画书本体特质。对于什么是绘本，作者采用描述的方式回答，认为"'绘本'大概是一本书，运用一组图画，去表达一个故事，或一个主题"。

图画书研究作为中国当代儿童文学研究的一个新课题已成为21世纪出版的一些儿童文学教材的重要构成内容。例如，王泉根主编的小学教师教育本科段教材《儿童文学教程》的第七章第一节对图画书的概念、种类、特征、作用以及发展概况进行了论述，将图画书视为文学与美术"这两种艺术门类在儿童文学领域的结合"所产生的"特殊的样式"。而台湾林文宝等学者编著的《儿童读物》一书也在第五章讨论了图画书的重要子类图画故事书，对图画书与图画故事书进行了界定，并探讨了图画故事书"图像""故事"和"书"三种元素特质。

三、局部、分观角度探讨图画书

从局部、分观角度探讨图画书特定特质的研究成果,也为图画书本体特质的总体探索与揭示做出了重要贡献,如:

就图画书的教育功能及作用价值,王乃正的论文《图画书与儿童语言》主要探讨了图画书的特点及其"在儿童语言发展中的优势";康长运的论文《图画故事书与学前儿童的发展》研究了图画书的重要子类图画故事书阅读对学龄前儿童心理发展的挑战及对儿童发展的价值;肖湄在其论文《论图画书阅读与儿童发展》中指出图画书的基本特征,并在此基础上探讨了图画书对儿童发展的重要作用;王蕾的论文《图画书与学龄前儿童语言教育》论述了图画书因其自身的阅读特点对学龄前儿童语言发展具有重要作用并因此成为"学龄前儿童语言教育的新资源";毕凌霄的论文《儿童绘本的教育功能探析》所运用的"绘本"概念与"图画书"概念相同,文章论述了儿童绘本在发展儿童语言能力、培养儿童想象力、思维力及观察力、审美意识及丰富情感等方面的教育功能,并给出关于绘本阅读的建议。

就图画书的图画要素及视觉特质,江凌的《试析儿童图画书中图画(片)的价值发现》一文立意于揭示图画书中图画(片)之于图画书基本品性的重要意义及其价值;向杨西的论文《浅谈绘本图画的连贯性与讲述性》运用与 picture book(图画书)一致的"绘本"概念,在概述绘本的定义、起源及其特性的基础上,探讨了绘本图画的连贯性与讲述性,并指出二者是绘本图画的必有特性;黄轶斓的论文《图画书:对话与言说》着重探讨了图画书的"图像的叙事性""图像的身体在场性""图像与语言的互补性"三个方面的特征,及其对儿童图画书阅读的教育意义;郑慧俐与段燕的论文《节奏感·留白·细节——关于图画书画面特质的几点思考》指出"图画以其不可替代的视觉审美作用,与文字一起构建图画书的文本意义",而"图画书的画面节奏感、留白和细节描写是图画书画面形式特质的重要表现";王亚玲的论文《图画书的空白与审美阐释》提出,"空白"是图画书的重要艺术手段之一,并重点探讨了图画书中的"图画空白"与"内容空白"的审美意蕴及价值;胡瑛的论文《浅析绘本的画面布局》将画面布局作为绘本视觉语言中的重要元素,探讨了绘本画面布局的组成元素以及主要影响因素;郭群的《试论图画书的细节及其功能》重点探讨了图画书画面细节的设计刻画对于图画书艺术意义表现及激发儿童阅读兴趣的重要性。

就图画书的文字要素及文学特质,方卫平在其论文《幼儿文学:可能的艺术空间——当代外国幼儿文学给我们的启示》中主要以图画书为示例探讨了幼儿文学的哲学向度与美学可能,作者认为"幼儿文学同样充满了一种独特、深刻、丰富的哲学和美学气质,同样是一种生动而又高级的文学样式",并指出"如何不断提升幼儿文学创作的思想和美学内涵,不断拓展幼儿文学的艺术空间,应该是我国幼儿文学创作的一个重要的努力方向";钱淑英的论文《互文性透视下的儿童文学后现代景观——以改编自〈三只小猪〉的图画书为考察对象》研究了特定图画书作品所呈现出的后现代叙述文本及其对于突破传统的文学认知框架、拓展儿童文学研究视野的重要意义;陈晖的论文《儿童图画书的故事、主题及文字表达》探讨了"建立在全新的图文关系基础上的图画书"在故事构成、主题形态、文字表达等方面的特殊性状;简红莲的论文《论儿童图画书的反讽叙事艺术》论述了儿童图画书中所运用的反讽叙事艺术对于"推动故事情节的延展""塑造故事角色形象""深化故事主题"的重要作用;颜蓉仙与李亦程的论文《论图画书营造悬念的特有手段》探讨了图画书以文字方式和图画方式营造故事悬念的特有手法。

就图画书的图文结合及整体性特质,储小燕的论文《儿童文学图画书的"格式塔"式阅读》认为图画书"作为一个统一的、完整的、有机的整体而存在",并提出了与图画书图文整体特质相适的"'格式塔'式阅读";李瑛的《激活阅读者的视听感受——图画书创作中的图文关系研究》一文立意探讨"图画书与影视动画之间关联的多种可能性",作者运用"音画同步""音画对位""音画错位"等概念揭示图画书的图文结合特质;姜连萌在其论文《儿童图画书的整体结构分析》中从艺术设计视角探讨了图画书的整体结构设计、图文结合设计、图画连贯设计,并认为这三种设计安排造就了图画书的艺术特色与独特魅力。

就图画书的美学内涵及审美特质,郑薏苡的论文《图画书的美学意义》从美学与读者接受角度探讨了图画书作品"单纯与深奥的奇异结合的美学特征";方卫平在其《图文之间的权力博弈——图画书中的禁忌与童年美学建构》一文中认为,"图画书创作对于童年成长中的'禁忌'问题所给予的美学关注""提供了一个探讨成人和儿童之间交互作用、影响,并思考其中之权力关系的图文世界"。

四、图画书本体研究的译著

国内图画书本体研究成果另一种同样值得重视的呈现形式还有译著。就其当代意义而言,"图画书"这一概念很大程度上是随着我国学界及创作、接受群体对国外优秀图画书作品及理念的认识、吸收与内化发展而建构起来的,被选择译介入我国的国外图画书研究专著通常体现了国外(主要是西方与日本)图画书研究的重要成果或前沿探索趋势,对国内图画书本体研究具有十分有益的启发与借鉴作用,亦产生较大影响。

目前已译介入我国并以图画书为主题的较具代表性与影响力的专著有:日本学者松居直所著《我的图画书论》以及加拿大学者培利·诺德曼(Perry Nodelman)的专著《话图:儿童图画书的叙事艺术》(*Words about Pitctures:The Narrative Art of Children's Picture Books*)。

松居直的《我的图画书论》主要从出版编辑视角探讨了图画书的内容、形态、风格等本体内涵,作者在书中对"图画书"所做的"文章也说话,图画也说话,来表现同一个主题"这一形象表述以及提出的"图画书"概念公式"文×图=图画书"常为国内图画书研究者所引用。这一概念公式的提出主要意在区别图画书与一般带插图的书。松居直认为,假如用数学等式来对二者进行区分的话,那么可以这样表述:

文 + 图 = 有插图的书

文 × 图 = 图画书

此图画书概念公式一目了然地简要表述了图画书图文结合所产生的巨大艺术表现力。

培利·诺德曼的《话图:儿童图画书的叙事艺术》运用诸如符号学、心理学、文学、艺术学等多种研究方法与理论,聚焦于图画书尤其是图画故事书的图文特质研究,作者强调"图画故事书是真正的艺术,值得我们给予和其他艺术同等的尊重"。

此外,一些涉及图画书研究的儿童文学理论译著也为国内图画书本体研究提供了重要参考与启发,如加拿大学者李利安·H.史密斯(Lillian H. Smith)的著作《欢欣岁月:李利安·H.史密斯的儿童文学观》(*The Unreluctant Years:A Critical Approach to Children's Literature*)、培利·诺德曼的儿童文学研究专著《阅读儿童文学的乐趣》(*The Pleasures of Children's Literature*)、英国学者约翰·洛威·汤森(John Rowe Townsend)的专著《英语儿童文学史纲》(*Written For Children:An Outline of English-Language Children's Literature*)、美国学者凯伦·科茨(Karen Coats)以拉康派诗学探讨儿童文学与儿童现代主义模式主体塑造交互关系的专著《镜子与永无岛:拉康、欲望及儿童文学中的主体》(*Looking Glasses and Neverlands:Lacan,Desire and Subjectivity in Children's Literature*)以及澳大利亚学者约翰·史蒂芬斯(John Stephens)探讨图画书意识形态表现的专著《儿童小说中的语言与意识形态》(*Language and Ideology in Children's Fiction*)。

五、图画书本体研究综评

综上观之,当前图画书本体研究相关课题已呈现出丰富、跨学科、精细化与体系化的现状与趋势,研究成果日益丰硕,这些研究成果从认识论与方法论角度都为更加深入探索图画书本体构筑了坚实基础并提出更高要求。

如何认识图画书本体可谓图画书研究的核心问题,因为无论图画书的审美表现或教育功能始终都建立在图画书的本体存在基础之上,若要从更深层次探寻图画书的美学特质或开发图画书作为教育资源与教育手段的功能,皆需要深入认识并理解图画书的本体存在。

就媒介层面而言,图画书与一般以语言文字为表意媒介的儿童文学样式相区别的独特之处在于,其作品的意义表达是通过图画、文字与书籍物质形态的共同作用而得以实现的。图画风格、色彩,文字及其视觉呈现方式,书籍开本、材质、装帧、版式设计等因素皆可参与图画书作品意义的表现与传达,从某种角度而言,皆可视为构成图画书表意媒介的元素。正是这种表意媒介的特殊性与复杂性,令图画书成为一种获得文学、美术学、出版学等多学科共同关注的艺术形式,并由此获得多角度、多维度的探讨和研究,在多种研究方法与研究视角的观照与"注视"下形成自身"主体",各种方法与视角所形成的研究话语共存互生并相互补充。如迪利所言,"一个观点的内涵越丰富,就越需要各种不同的方法,这样才能开发其中蕴涵的理解方面的可能性"[1],这一看法亦适用于对图画书的认识。值得指出的是,在研究实践中,多种视角与方法的运用某种程度上也可能因为各种因素成为图画书本体研究的阻碍,图画书的本体探索亦可能因此被导向"见树木不见森林"的局限与隔离困境。

运用单一视角难以认识图画书的多面多维特性,或虽多视角并用却只做简单相加的研究,则可能始终只能局限在图画书的"读物形式"层面徘徊,并且因而使得图画书更深层次的内在美学形式本体愈加难以获得揭示。对此状况,齐普斯主编的《牛津儿童文学百科全书》有这样的述评:"迄今为止,图画书研究已被严格地划分为互不相关的两类:艺术史家所做的研究与儿童文学专家的研究。前者关注诸如线条、颜色、明暗、形状和空间,不仅忽略文字成分,也常无视图画书叙述的连续性,而后一类研究则像对待其他童书一样运用文学或教育学方法研究图画书,而不考量文图交互作用的重要性",而

---

[1] 约翰·迪利.符号学基础.6版[M].张祖建,译.北京:中国人民大学出版社,2012:11.

图画书"难以通过艺术史或文学批评的方法获得令人满意的分析,而是需要一种自身的理论和学术元语言"。这确是国内外图画书研究所面对的共同难题。

然而,换个角度来看,这种分立研究状况本身或许即是图画书研究不可避免的一部分,同时也是十分有益的一部分。因为它吸引并调动起一切可能的学术研究资源与力量,为拓展图画书研究维度、塑造图画书的复杂多维主体做出了巨大的贡献。在专业分工日趋精细的现代社会,图画书研究本身已然提供了一种融合各学科研究方法与研究成果并有效进行跨学科合作的契机与范例。或许,目前图画书研究中所呈现出的各自分立的多学科概念与多元表述共存的学术话语实质上已成为我们期待和理想中的图画书"学术元语言"的面貌特征或塑造这种"元语言"的最好方式。这种"学术元语言"的核心特质或将呈现为一种对图画书整合形式意义的认识与准确表述。

图画书对少年儿童发展所具有的不可忽视的促进作用正日益获得学界与社会的广泛重视。目前,图画书以其不可替代的教育功能与审美特质,正在成为儿童早期阅读材料的主要形式以及学前儿童语言教育与小学语文教育的重要资源。多元视角下的图画书本体研究对于丰富和拓展儿童文学以至文学的文体内涵、本体维度与研究视野以及对于探索艺术审美表达方式具有重要的理论意义与价值,同时也能为少年儿童阅读推广、教育、出版等领域的图画书应用研究及其审美特性研究提供认识基础与学理支持。

第三节　原创图画书存在的问题与突围对策

综观 21 世纪中国原创图画书近 20 年的发展之路,我们不难看出,虽然呈现了出版社众多、出版数量惊人的面貌,中国原创图画书仍有极大的发展空间。

目前中国大陆地区有三十多家专门从事少儿出版的单位,但几乎所有的出版社都参与童书出版。与前些年出版单位热心于外国图画书版权的购买与出版有所不同,近年来以"原创绘本""原创图画书"冠名出版的图画书数量飙升。

但是,图画书出版繁荣的表象背后深潜的是中国原创图画书在创作上的艰难与隐忧。那么与"经典图画书"相比,中国原创图画书在创作方面的艰难与隐忧到底有哪些?目前看来,主要有文图合一绘本作者少、本土意识强对话意识弱、教育性强趣味性弱这几点。

一、大力培养"文图合一"的图画书作者

观察中国原创图画书的创作者,多见的是文图合作出版,即文字作者与图画作者不

是同一人。图画书的综合性艺术样式本质决定了其创作者最好是懂孩子、懂文学、懂美术、懂教育、懂出版的人,这对于在应试教育环境中长大、美育先天不足,更无处享受通识教育的中国图画书创作者来说,真的是一种通过后天努力很难立时补上的缺憾。当然,文图合作也能创作出好绘本,但毕竟是两个人,创作过程中充分、透彻的沟通与交流就显得十分重要且必要,所以我们能看到国外许多好绘本的文图作者要么是"夫妻店",要么是多年的合作伙伴。但频繁的沟通必然会增加作品成型的时间成本。第一届丰子恺儿童图画书奖首奖作品《团圆》从文稿修改到最后出版历时三年,个中艰辛自是文字作者余丽琼、图画作者朱成梁以及该书编辑最能深味的,但并不是每位创作者和编辑都能如此令人感佩地坚持到最后。

于是原创图画书采用了现成儿童文学作品加图画的形式来出书,好处是出版起来又快又多,一系列可以十本二十本起,但这种做法最易伤害到图画书的"以图为主、文图结合"的本质特征。佩里·诺德曼在《儿童文学的乐趣》一书中指出:"图画与文字有着内在的区别,并且二者以不同的方式传达着不同种类的信息。图画涵盖空间而非时间,无法以简单的方式表达因与果、主与次、可能与现实的时间关系;文字则涵盖时间而非空间,其语言文法能轻易地再现这些关系。……图画书提供的主要乐趣在于,读者能够感受到插画家如何利用了文字与图画之间的这些差异。"图画书文图结合的方式有多种,如图文映照、图文互补、图画叙事、文即是图等,一本好的图画书的文图结合常多种方式并用。儿童文学作者与图画作者在图画书出版前肯定会进行必要沟通,但文字作者当初在创作文字部分时基本没考虑图画部分,图画书成书过程中如何达到图画与文字的完美融合实在是一个不小的挑战,一不小心容易变成饮鸩止渴——书是很快出版了,却把图画书的文图结合简化成了"文 + 图",从而让人读这种"准图画书"后享受不到回味无穷的诗意美好,领悟不到掩卷而思的人生深度。没有这样的美好与深度,阅读图画书的乐趣哪里去找?图画书又凭什么吸引 0 至 99 岁的读者?

因此"文图合一"的图画书作者少其实是创作环境、创作人才、创作标准等多方面原因综合作用下的一个结果。然而,少并不等于没有,我们仍能列举出不少优秀的中国原创图画书文图合一作者,如分属"50""60""70"后的蔡皋、熊亮、周翔等,身为"80""90"后的新生代图画书作者王云生、邓正棋、董肖娴等,但人数确实不如文字、图画分开的图画书作者群体多,尚难成为主流。2014 年,熊亮获得了国际安徒生奖插画提名奖,虽然没有被媒体广为宣传,却也是对这类坚持追求高标准的图画书作者的一种肯定。近年来,中央美院图画书工作室培养的毕业生们大多为"文图合一"的图画书作者,他们创作的不少优秀作品如《听奶奶的话》《小黑漫游记》《人之初》等已经出版,相信这些后起之秀能够成长为中国原创图画书的主力军。

二、加强本土图画书的国际对话意识

中国图画书工作者都有很强的民族本土意识。熊亮在"五色土"原创图画书博客中指出:"在平凡中找到传奇,在平淡中找到诗意,这就是本土图画书的责任。我们的孩子如果看很多国外的图画书,那么他们可能缺乏爱身边环境和人的能力。"这是一个有民族文化传承责任感的图画书创作者说出的心里话。作为大陆地区中国原创图画书作者的代表人物,熊亮的这一主张深得人心,这也说明中国原创图画书在多元文化交融的时代从一开始就有极强的民族文化自觉意识,这种意识具体体现在许多方面,如图画书的题材内容、表现形式、形象塑造与情感表达方式等。近年来原创图画书尤其偏爱中国传统文化题材,许多出版社不约而同地出版了中国传统节日、二十四节气、民间故事、神话传说等类似题材的图画书,常选用水墨、版画、剪纸等传统技法及敦煌画风、中国山水等绘画风格彰显中国特色。这些鲜明的中国风让久读欧美日韩图画书的中国读者不禁眼前一亮、心生亲近。但相近题材、相似画法扎堆出版似乎又隐含了一个问题,那就是本土意识是否等同于传统文化与艺术的再现?

从杨志成到张世明、蔡皋再到陈江洪、郁蓉,这些能凭鲜明的中国特色在国际画展上斩获图画书大奖的画家用他们的作品说明了中国传统文艺与图画书结合是大有可为的、能够被国际插画界欣赏认可的。不过,我们还要意识到这种结合是以文化间的对话与交流为特征的,而不是简单地复制传统。因为从上述几位获奖画家的图画书中,我们都能强烈地感受到其中不仅有中国传统文化与艺术,更有现代艺术与意识。如杨志成的《狼婆婆》中对西方叙事方法与油画风格的吸收、陈江洪的《神马》借用中国古代故事对战争杀伐的正义性及其转化等主题的探讨、郁蓉的《云朵一样的八哥》对爱与自由的思考以及中国剪纸技法与西方美术构图法的高明结合等,这些正是中国原创图画书作者们目前普遍缺乏,今后要大力借鉴、思考与追求的。只有通过充分的古今对话、中外对话,我们表达的传统才不会是生硬的中国传统文化符号,而是今日中国人需要的传统,是今日中国人能坚持并能被西方理解与接受的传统,是今日中国人可发扬的那部分传统。

从已经出版的原创图画书中,我们可以找到这种基于对话基础上的本土作品,如周翔和熊亮二人依据同一首北方童谣各自创作的《一园青菜成了精》。周翔的创作在忠实于文字的同时尽显菜精的个性特点,画面中还藏了许多令人捧腹的细节,与文字相映成趣,用想象丰满了童谣中的奇思妙想和游戏精神。熊亮在作品中更加注重对童谣中童趣的丰富与拓展,直接把自己放进了作品里,甚至参与到了菜精大战的结局中去,真假虚实之间,让读者好似看了一部静态的迪斯尼真人版动漫,设计与构思都出人意料,每页藏笑点。这两本图画书都很好,却是各有个性与特色的好,适合阅读的人群也会不同:周翔的更适合年幼一些的学龄前儿童,熊亮的更适合小学生。同样的传统童谣在两位图画书作者的手中呈现出了不尽相同的风貌,是"对话"后深思熟虑才能创作得出的。这种不同既是作家个性的展示,也是作品独特魅力形成的核心元素,这种被现代性"对话"加工过的传统才是 21 世纪依然有生命力的传统,也应该是原创图画书努力的方向。

三、将教育性与趣味性融于一体

2012 年 4 月英国伦敦书展期间,中国当代儿童插画展和中国绘本图书展在大英博物馆举行,英国插画同行对中国的儿童插画赞美有加,单从插画作者的水平来看,中国是有创作图画书的好画家的。不过从一个好的画家到一个好的图画书作者,中间还有一段很长的路要走。走这段路时,尤其要注意避免的是说教性对图画书趣味性的伤害。现在有些"多功能绘本"实际上起到的是幼儿园活动方案或小学教材的作用,如数学绘本、科学知识绘本、行为习惯养成绘本等,书后往往还附有活动设计、材料准备等内容。这些图化教材的隐含读者与绘本有所不同,更偏向于教师或家长,并不算真正严格意义上的图画书,与幼儿园早期阅读时一般会选用的故事图画书并不相同。"多功能绘本"实际上是把幼儿爱听爱读的故事与教师、家长的教育需要合并在了一本配图的书里,但这样的合并不会天然地就是"文图结合"的图画书,也不一定把趣味性与教育性很好地融合在了一起。在判断这类书是否是好的图画书时,图画书的本质性特征,即是否以图为主、是否文图结合仍然是先决条件。怎样才算把趣味性与教育性完好结合呢?以《天为啥是蓝的?》为例,这是英国作家格林德列和画家华莱合作的一本图画书,从表面看,讲的是一头驴和一只多动的小兔子的故事,驴似教师,兔子似幼儿,情节有意料之外的审美趣味和感人动人的细节。刘绪源评价其"三岁小孩也能懂。但要往深里说,我以为,它抵得上一部完整的《教育学》"[1]。这就是儿童文学与图画书都要追求的与艺术相融合的教育

---

[1] 刘绪源.生活之树常青[M]//萨莉·格林德列,苏珊·华莱.天为啥是蓝的?.陈丹燕,译.济南:明天出版社,2011.

性,而要摒弃目的先行、伤害到艺术的说教。

图画书的美图和精妙设计总是会让人拍案叫绝,如《逛了一圈》《黎明》等,这自然是图画书趣味性的重要来源。但图画书要好到让孩子读过几十遍依然爱不释手,除了要有美图和好设计,还要有深入浅出、直抵心灵又妙趣横生的文字。如果没有对儿童的充分了解、对艺术境界的追求是很难做到的。"儿童文学的深度,是文学的审美的深度,是关于人生和人性的深度,这和成人文学是相去不远的。"[①]对儿童文学深度的无知或无求正是中国原创图画书有美图和好设计,却少有经典大作的原因。因而中国原创图画书更难创作的当是文字部分,它要表面浅,孩子们能看懂也能听懂,同时内涵深广,即便是耄耋老人或学富五车的智者看来也不觉空洞。

以上中国原创图画书创作的三点艰难与隐忧都可把原因归结到"为儿童"意识弱上,即没有真正深入了解儿童,从儿童需要出发为儿童创作,更多是从成人的角度出发,教育儿童应该知道什么。如果能在儿童"想知道什么"和"该知道什么"二者之间找到平衡点,把儿童需要与成人要求统一在深入浅出、趣味盎然上,中国原创图画书的创作就趋向成熟了。

第五章 新媒介视域下的"成人绘本"及其困境

媒介文化是一种杂交文化,其出现使得众学科间的分界逐渐模糊化。图片作为最基础的一种媒介形式进入了人们的视域,也顺带引发了大众对于视觉艺术和文学艺术结合的期待。成人绘本这一概念由是引发。然而在 21 世纪,由于这个领域的创作者和倡导者缺乏对自身读者群的认识,不仅使得其被质疑冲击"儿童本位",更是引发了成人绘本和儿童绘本的冲突。在认识了解其现状和困惑后,相信相关创作者及研究者在这一领域能够走得更远。

康拉德说过:"一切艺术基本上都要作用于感官,而且艺术目标,当用文字进行表述时,也须使之通过感官而起作用……我所试图完成的任务是通过文字的力量使你听得见,使你感觉得到,而最重要的,是使你看得见,如此而已,别无他求。"[②] 一个多世纪之

---

① 刘绪源.什么是儿童文学的深度[M]//刘绪源.儿童文学思辨录.北京:海豚出版社,2012:292.
② H.加登纳.艺术与人的发展[M].兰金仁,译.北京:光明日报出版社,1988:44—45.

后,媒介文化的兴盛时代到来,图片这一最为直截了当的媒介形式被快速发掘并投入应用,这也同时引发了视觉文化的风行。

视觉文化的冲击和现代技术的革新使得数字及多媒体越来越多地应用于各类学科中,于是,交叉学科一时竞相兴起,本雅明在《机械复制时代的艺术作品》中也说道:"在机械复制的艺术作品中,膜拜价值走向衰微,而展示价值则占了上风。"[①]在这种展示价值占上风的大背景下,以图文结合而产生的图书进入了人们的视域。由于中国的国情等诸多因素,直到20世纪90年代,中国本土才把对于媒介与其文化的研究纳入学界视野。

1998年,花城出版社编辑钟洁玲与丈夫钟健夫推出了"红风车经典漫画丛书",该书的出版宣告着"读图时代"的来临,后成为"视觉文化"的中国式表达。这一概念也暗示出纸质、电子和数字媒介全面向图像时代位移的信息。"成人绘本"这一概念随之而生。

第一节 成人绘本的产生与形态

图画书是以儿童为主要对象的一种特殊的儿童文学样式,是绘画和语言相结合的一种艺术形式。它的基本特点是以图画为主,文字为辅,文字大都简短、浅近。而今,随着国外译作引进及各类阅读推广活动的大量开展,图画书不只是儿童文学的"显学",更风行至成人领域,成为现代都市成人快餐式阅读的重要构成。"成人绘本"即成人图画书应运而生。

一、台湾画家蔡志忠、朱德庸和幾米

首先不得不提到台湾地区的三位著名画家蔡志忠、朱德庸和幾米。前两位更确切地来讲是漫画作家,漫画强调的是画的表现力,而从幾米开始,更关注文图结合的绘本才开始真正为人们所认识,绘本不是文与图的简单相加,而是"文×图"。但显而易见的是,漫画为绘本的出现和繁荣奠定了相当深厚的基础,且在蔡志忠和朱德庸的后期创作中,也越来越关注到文与图的联系。

1986年,蔡志忠的名字随着其作品《漫画庄子》而频频曝光。他的古典漫画系列以怪诞和夸张为底色,以明了的形式和幽默的风格对经典进行了现代性的阐释。2000年,博益出版集团有限公司推出"蔡志忠漫画古典宝车千禧版",重新编制了蔡志忠的经典漫

[①] 瓦尔特·本雅明.机械复制时代的艺术作品[M].王才勇,译.北京:中国城市出版社,2011:20.

画丛书。他的"漫画儒家思想""漫画佛学思想""漫画道家思想"等系列在原先怪诞的基础上生发开来,形成了自己的体系,在开启中国古籍漫画的历史上,蔡志忠无疑首先发声。在淡化经典的神圣性及拉近大众和经典的距离方面,他的作用甚至可以跟后来的《百家讲坛》相媲美。

比蔡志忠更早出名的是1985年朱德庸开创的四格漫画,但其"大火特火"则在20世纪末。以都市小人物为主要绘画题材的朱德庸,将婚姻、工作等沉重话题轻松勾勒,开创了自己的画风,并为患有"都市病"的人们做了简单的"减压手术"。其系列作品《双响炮》《醋溜族》《涩女郎》等风行海内外。《绝对小孩》两部虽出现了孩童视角,但仍带着成人的静默观之的态度。

如果说蔡志忠为成人绘本开辟了自由的风格、朱德庸为成人绘本开拓了思路和创作方式的话,那么幾米则是为成人绘本正名之人。1998年,幾米的处女作《森林里的秘密》一经问世,就好评如潮。由此,"成人绘本"这一概念正式确立。儿童文学工作者林真美认为:"幾米细密而生动的笔触,让嗜梦者又在白天看到了一场无懈可击的好梦!"诗人许悔之也认为:"阅读幾米的绘本让人感到幸福。他的画干净而抒情,总是充满了引人入胜的魅力。《森林里的秘密》带领我们到达不必太多言语却仿佛心可领神可会的领域。"

创作伊始,高产的幾米以细腻的画风和淡淡的愁情为主,接连创作了《向左走向右走》《地下铁》《布瓜的世界》等一系列脍炙人口的绘本。幾米开创了一个全新的属于绘本的世界:干净、细腻的画风,睿智、诗意的语言。一时间洛阳纸贵,"幾米热"不容小觑,随着各大出版社的造势与宣传,其在青少年中的影响力也是不容置否的。

图画书市场的开拓,使得各类图书连番出击,覆盖了从摄影到励志图书等领域。就连科技类图书《时间简史》也不失时机地引入绘本概念,"改装"成了插图本。引入"图画"的概念无疑是为了迎合大众的认知水平,但很多时候却被视为孩童的读物。儿童文学是"自下而上"的文学,并不意味着是完全浅显和无深度的文学。成人作者以儿童为主人公创作图画书,一方面是考虑到市场的需求,另一方面也是出于对自己童年生活的回忆及人生感触的浅化,因为在对孩童的娓娓道来中,成人世界的沉重已然被"稀释"了。但与之俱生的结果是,儿童图画书中的"儿童本位"也被稀释了。

二、都市生活的主客观叙述——理想、困惑、"都市病"

(一)"寂寞的幾米"

从 1998 年第一部作品问世以来,到 2011 年 4 月幾米的第三十五部大作《我会做任何事》,幾米用自己独特的笔触带给了人们很多的人生体悟和感言,就像一首首低吟浅唱却动人心弦的歌。而不论他的作品是让人感动还是给人以希望,"寂寞"这一主打元素却一直萦绕其中。

没有梦的城市,好寂寞。

——《森林里的秘密》(辽宁教育出版社,1998)

我听不见彩虹出现的声音,我听不见太阳落下的声音。
花开雪飘的惊喜,我听不见,
风吹草动的危险,我听不见。
野狼的嚎声、猎人的枪声、天使的哭声,我听不见。
我只听见寂寞,在草丛里来来回回地奔跑!

——《听幾米唱歌》(生活·读书·新知三联书店,1999)

摇啊摇,摇啊摇,
摇向那永无止尽的空茫,
摇向那莫可名状的忧伤。

——《又寂寞又美好》(辽宁教育出版社,2003)

幾米通过一些略显压抑且孤独的名词叠加,以及灰暗底色和亮色景物交杂等方法,营造出了其富有诗性和孤独感伤的画风。都市化带给人们的一个突出感受便是"寂寞"。现代化建筑对私人空间的尊重以及对人际关系的隔绝让整个社会的冷漠得到了空前的大爆发。

(二)"有病的朱德庸"

朱德庸的一部《大家都有病》(现代出版社,2011),让深患"都市病"的白领族、蓝领族等各类上班族都忍俊不禁,他以戏谑的笔调和简单的线条把这一社会话题轻松点破。早在 2008 年,他的《关于上班这件事》(现代出版社)就曾引发过巨大的轰动,网民"小小威仔"将其制作成了系列视频,资深主持人刘仪伟将之演变成了一个谈话类节目。

好老板遇上好员工就会变坏,坏员工遇上坏老板就会变乖;好老板遇上坏员工就会发疯,坏老板遇上好员工就会发财。

男人、女人之外,上班族是人类的第三大族群!

——《关于上班这件事》

都市中心灵孤寂无依的人们忙着工作、忙着生活,常常忽略了内心的思考。日本高木直子的生活系列绘本让我们看到了都市人的无可奈何,她的《一个人住第5年》《一个人上东京》《一个人的第一次》《第一次一个人旅行》《30分老妈》《一个人泡澡》《150cm Life》等收录于陕西师范大学出版社、江西科技出版社于2011年联合出版的"高木直子6周年纪念"(套装全12册),让我们看到了一个坚忍、坚强而又自信的女孩,她让生活的种种挫折都在凡尘中开出花朵。大陆绘者李冰2008年的处女作《糗事一箩筐》和《我的快乐一家》(此两册皆由中国轻工业出版社出版),到2011年5月的里程碑式作品《我不升职记SOHO篇》(人民文学出版社)等一系列作品,都受到了高木直子的直接影响。虽然处于不同的时空,但都市中人们面对的种种生存境遇和精神困惑是相似的。

(三)"旅行着"的绘者们

随着都市寂寞文化的扩展和渗透,许多绘者发现了解决之道,即对都市"地理"的客观描摹,旅行绘本就此风靡。

在旅行中体察生活中的幽微和人生中的美好,同时也在旅行中看清人世百态。2005年就有张佩瑜的《土耳其手绘旅行》(联经出版社)、赵于萱的《鱼的意大利旅行》(北京燕山出版社)及大野清美的《大野清美的东京手绘旅记》(三采文化出版社)等。到了菅泽佳代的《叫醒布拉格》(三采文化出版社,2007)那里,手绘旅行更带上了"唤醒心灵"的功用。

的确,旅行题材的绘本不仅仅是对客观景物的描摹,更是对都市人群空虚心灵的安慰。由于生活的压力,人们在灵与肉之间的挣扎也被绘本轻灵的风格所淡化。绘者们用手绘地图的方式,给了人们地理上的指南,也给了人们精神上的方向,那便是抛开枷锁尽情生活。日本杉浦日向子的《一日江户人》(陕西师范大学出版社,2007)和妹尾河童的《窥视印度》(生活·读书·新知三联书店,2004)更是从文化传承和历史的高度来细细描绘一个城市,让人对那里的风土人情有了更为亲近的了解。莫莉蓟野的《猫国物语》(南海出版公司,2008)开辟了此类绘本中的新局面,呈现了一部关于"猫"的写真。莫莉蓟野引入了动物世界的欢快和乐趣,让动物的喜乐见闻丰盈了旅行中的人生。

对于客观世界的把握和捕捉,使得成人绘本的深度和广度得到了极大的延伸。但这类绘本也存在一个问题,即对绘本这个"本位"是否把握准确的问题。"图画不是插图——插图通常用来增强表达效果,对理解作品内容并非完全必要,图画是图画书作品的最重要最核心的组成部分,有着与文字同样的叙述功能,有和文字同等甚至超过文字的地位。"[1]日本图画书研究者松居直曾用"文+图=有插图的书,文×图=图画书"来表现图画书的独特性。而在旅行类的绘本中,图画时常面临沦为"插图"的命运,有时是因为叙述者的文字中心意识太过强烈,有时则是因为这类题材的绘本自身太需要以文字为肌理,光靠图画难以支撑条目性质或是建议性质的内容。

第二节 成人绘本的困境与对策

一、对"儿童本位"冲击的质疑

"但是在媒介文化时代,从理论上说,高雅文化与低级文化、精英文化与大众文化、知识分子文化与非知识分子文化等,却都获得了在大众媒介舞台上展示自身的机会。"[2]成人文化和儿童文化的龃龉也出现在类似的地方,成人和儿童并不存在对立的局面,不是一种非此即彼的关系,儿童是成人的源头,成人是儿童的发展与延伸,但是两种文化之间的差别是鲜明的,不可混为一谈。

钱初熹认为:"上世纪80年代,英美一些学者提出了'多轴媒体表现说'。此学说认为,儿童美术能力的发展并不是呈'直线'的渐进过程。儿童创造的视觉图像要比以前发现的丰富得多。"[3]家校两地都希望能够借助图像的方式来刺激儿童的感官,从而进一步培养其他智能。因而,以视觉图像为基础的当代儿童美术教育也随之盛行。这个时候,绘本由于其自身特有的交叉学科性(即结合文学性和美术性)的特征进入越来越多人的视觉焦点中。而近年来,很多成人绘本走进了儿童的书架。很多绘者看到了儿童这块"金牧场",都纷纷愿将"种子"撒在上面。

因而,成人绘本与儿童绘本的距离越来越小,很多作品的界定都出现了模糊。如幾

---

[1] 陈晖.儿童文学世界——我的文学课:教师版[M].北京:北京师范大学出版社,2011:89.
[2] 赵勇.大众媒介与文化变迁:中国当代媒介文化的散点透视[M].北京:北京大学出版社,2010:18.
[3] 钱初熹.有关美术教育的新思考[J].中国美术教育,2003(3).

米绘本中的主旨意蕴更易被成人接受，毕竟，对于生活的内核和人生的真谛，在青少年阶段不可能有很深入的捕捉。如《地下铁》《听幾米唱歌》等，虽然无一例外地都选择了儿童作为主人公，但究其根本，只是一个缩小的成人罢了。但这么一来，成人话语已不可避免地进入了儿童话语体系中。成人之间的戏谑和调侃一旦进入儿童的生活，两者结合之后的产物反映在儿童的行为和言语上，影响是深刻的。

大众传媒事实上由成人全权运作，代表着成人世界的话语权，儿童是无意识参与其中的。"在报纸、杂志和电视上，我们所看到的是他人（批评家和评论员）对这种视觉材料的阐释和解释。如果我们不了解这些阐释和解释所依据的思想传统，以及这些阐释和解释的优势和弱点所在，那么我们就几乎完全失去了选择的自由。"①儿童面对成人为其所构造的视觉盛宴时产生的心理困惑正源于此。成人话语的过分渗透，导致儿童逐渐丧失了选择的权利，进而被强势话语所压制。而成人在对儿童的文化传达中也慢慢失去耐心，一味追求效益，因而使得以培养儿童多元智能为出发点的现代视觉特效技术在儿童文学及儿童教育领域的发展已经背离初衷，正渐行渐远。这实际上也是技术与文明"合谋"之后的产物。

而且，目前儿童文学界也在向成人文学靠近。抛开成人文学单谈儿童文学是不现实的，但是两个接受群体之间的层级差是显而易见的，我们不能忽视它而做一个片面的断定。甚至很多原本为了儿童所创作的绘本实际上是以成人受众为本位的，并不适合儿童，如《活了一百万次的猫》，在叙事风格和画风上无可指摘，但其对于爱情的深刻定义显然在孩子的理解范畴之外，当然，不否认一些早慧儿童的理解力惊人，但不适用于普通孩子。因而，这部分作品的存在与我们倡导的"尊重儿童性"的主旨是背离的。

另外，很多成人绘本为了打开市场，在广告语上大下苦功，比如格子左左的《槑男槑女》，文化艺术出版社在腰封上就以大字推出"亚洲生活绘本三天后之一格子左左""小夫妻全私密物语"等甚至有些重口味的广告语来吸引读者，这对于无意间涉猎的儿童未必合宜。

张元英的《黑背糗事录》（陕西师范大学出版社，2008）发出的口号则是：

有些必要的知识，家长和老师也许永远都不会教给你！！！

---

①巴纳德.理解视觉文化的方法[M].常宁生，译.北京：商务印书馆，2013：7.

那么——我来教！！！

这样的宣誓可谓底气十足。且让人试观几例：在第二章《妈妈的反应》中，提到妊娠期妇女的反应时，作者写道"露点了""看贴不回贴，均会出现以上症状！！！"。在说明"宫外孕"时，作者调侃地曲解为"宫外 - 孕"，并画了一个怀孕的宫女的图像，且图且文道："皇上难道忘记身在宫外的奴婢了……"而在提及"性交"的时候又幽默地画出了一个"姓焦"的人物来，还引入"150 一次"这样的内容……作者旨在冲淡内容的敏感性，但还是不可避免地带入了成人世界的言谈举止，这些内容的穿插固然能提高阅读兴趣，但是也增加了关于性的"游戏性"。青少年阶段的儿童尚未形成固定的人生观和价值观，他们在领悟"性"之初就带上了游戏和随意的态度，对他们今后的行为和对"性"的尊重会产生影响。在面对绘者的调谑和性意识普及中，相信前者更能激发他们的兴趣。该作者的另一部大作《我们YY吧》也引起了巨大争议。2013 年，国家新闻出版广电总局对违规出版该书的陕西师范大学出版社做出行政处罚，并责令将该书全部下架收回，集中销毁。

松居直曾说过，最令他怀念的岁月就是母亲为他讲故事的童年。他由此认为，图画书是大人给孩子阅读的，绘本的直接阅读者虽然是成年人，而间接受众则是处于幼年时期的儿童。但成人绘本的直接阅读者和后来的接受者皆为成人，这是与儿童文学区分开的。虽然西方也有很多学者提出了疑问，认为真正优秀的绘本应该适合成人和孩子共同阅读。但这种说法是有失公允的，不论哪种形式的艺术，都存在着一个特定的读者群。成人绘本顾名思义是以成人为本位的，因而有些儿童文学界的专家批判其有损于"儿童性"是不确切的，因为这类作品本身就不是为儿童准备的。然而，由于出版社及媒体等机构的利益需求，很多成人绘本作者纷纷"缴枪"于市场，转而为儿童创作，实则是应出版社的指令而刻意为之。但是成人画家先入为主的经验实在根深蒂固，一时难以拔除。有时常常搞得作品进入"姥姥不疼舅舅不爱"的境地，成人读者无兴趣阅读，儿童又不适合阅读，因而陷入了两难境地。

儿童本位的基本出发点是对儿童的尊重、对童年的尊重，这种尊重不一定是以严肃严谨的态度，但绝不能刻意制造一些无谓的笑料。成人绘本确实不用因"非儿童本位"而遭受指责，但其在传播的过程中时常打着为青少年服务的旗号来让成人得到"笑"果，这对儿童是不公平的。一般大人都喜欢逗孩子，这个"逗"字恰巧概括出了成人绘本的尴尬局面和瓶颈问题。成人绘本的出发点是"逗"，也即取乐于成人，很多作者后来兴起为儿童创作后仍坚持一个"逗"字,把成人世界、成人社会的幽默渗透到了儿童领域,带有某种刻意蹲下身来讨好儿童的意味,这对儿童是无益处的,也是儿童所不喜接受的。

二、自身"接受群体"的失落

文化是个大染缸,它染得一些作品失却了本色,也斑驳得无法辨认。

目前说来,成人绘本存在的最大问题就是无法明确定义自己的"接受群体"。从创作的发生上说,所有创作者在创作之前,脑海中都会有一个"潜在的读者",这个读者实际上是他构想出来的"理想的读者",他能读懂作者潜藏在文本间的深刻内涵和不为人知的幽微情愫。因而,所有的创作都是事先面向一个假定的读者群而为之的。而成人绘本对自身接受群体的模糊化(或者说刻意地模糊读者群,进而造成一种营销上的"暧昧")使得其在创作之初就存在着强烈的质疑感。不清楚到底为谁而写,当然也无法出现经久不衰之作。

由于绘本本身带着儿童化的特质,所以成人绘本在诞生之初就把儿童读者和成人读者混杂了,绘本的成人化气质不光使得儿童如坠云雾,也让家长老师连连摇头。而潜藏其中的成人阅读者由于绘本封面或者宣传语的刻意"低龄化"也只能匆匆略过。其实,一些真正优秀的绘本根本不需要故意用引人入胜的方式乃至大造噱头之类的标榜,这样的宣传反而会招致一些有品位、有追求的读者的厌恶。

另外,继网络之后,绘本是新名词的积极"倡导者"。但是绘本的普及速度毕竟跟不上日新月异的数字平台,很多绘者都只能拾"网"之慧,既无足够的新意又不能割舍这种有力的联系。因为网络信息传播如此之广,如若作品的更新意识不够则会被青少年淘汰,但新名词的大量涌入又使得一些成人与之产生巨大的隔膜感,往往不知所云,而青少年似乎又不为这些早已耳熟能详的段子买账。这引发了成人绘本读者群的再次心理失落。

紧接着,成人绘本市场将目光锁定了刚为人父母的上班族,如工作未久的工薪阶层。这些人群往往刚开始组建家庭,对于婚姻、爱情和生活的调和还不能游刃有余,而且也未能有足够的时间来阅读文字量大的作品,绘本便会成为主选,但这部分人群的购买量不能与青少年匹敌,因其受社会化影响程度较高,已经开始着手为下一代的教育投资,真正的"儿童本位"的绘本为其主要选择。

其实,高校学生或是刚步入社会的大学生群体才是成人绘本地道的主流粉丝。成人绘本的最大潜在读者是介于成人与儿童之间的人,即青年阶层。这部分读者群在生理和年龄上已经成熟,而且具有相当的购买力。他们刚刚告别童年,心理上或多或少还有些留恋和不舍,再加上很多人都是第一次离家,开始独立自主的生活,在异乡的孤寂感和落寞感让他们更加思恋童年、憧憬未来。再或者是由于现实压力和社会竞争的驱使,刚从学校或家庭走出的青年们一时难以适从。对于他们在精神上的苦闷和无助,绘本是较好的解压方式,因其文字少、笑料足、调侃准、耗时少,最长不过一个小时便能看完一本,从中或许偶尔能得到一些启示,十分契合他们的"快餐式"阅读习惯,何乐不为?

如"麦兜"系列一直穿插着成人和儿童的双重视角,它的读者群也是无法明确界定的。为了打开市场,这部成人化色彩浓重的绘本系列只好改头换面,为青少年而作。其实,当中关于人生的思考何其深刻,但因为怕少年儿童望而却步,只好做了很多低幼化的处理,如把故事人物都化装成"粉嫩"的卡通人物。如此一来,反而具备了迎合高校学生的心理:对童年的不舍、对人生的初步感悟、对家人和家园的爱……极大地激发了大学生的兴趣。用一个词来形容它——装嫩。之所以要"装",是因为美好的可以任性的童年已然过去,而"嫩"是众多刚成年的人逝去的梦境。成人绘本大肆宣扬的这种风格正是这一年龄段读者心理和精神的真实写照。但又使某些人认为只要抓住了这种心理特质,绘本便能获得成功,于是另一些"满蕴着温柔,微带着忧愁,欲语又停留"的"强说愁"作品大量涌入。

媒介文化淡化了学科之间的差异性,加强了文化之间的共通性和交融性。绘本作为一种文字艺术和图画艺术相结合的交叉性艺术,是视觉文化发展到一定阶段所必然出现的衍生物。尤其是成人绘本出现以来,其在概念界定和读者群选取上一直存在着很多问题,因而相关的生产者或是创作者应该多加关注。

第六章 青少年图书出版传播现状与对策研究

在青少年文化产品的生产领域,青少年图书作为传统纸质媒介的代表,始终是青少年接触的主要媒介之一。《大众媒介对儿童的影响》(新华出版社,2002)和《儿童的名字是今天——当代中国少年儿童发展状况蓝皮书》(科学出版社,2007)中记录的调查结果均显示,书籍是青少年最重要、使用频率最高、排名仅次于电视的重要媒介。在本书所做的"青少年文化产品消费问卷调查"中,有一项针对青少年文化产品消费倾向的题目——"你每月购买文化产品消费支出最多的项目是_____。"

在北京、贵州松桃、山西太原的小学六年级、初中、高中分别进行的问卷抽样调查均显示,图书消费是青少年文化产品消费中排名第一的项目。

基于我国青少年文化教育观念的整体提升、青少年文化教育消费投入的不断加大,加之相对于电视、网络媒介而言,图书所具有的"绿色"优势,青少年图书出版业成为出版业最具活力也最具诱惑力的板块。自2004年以来,童书零售市场各年度同比增长率都明显高于同期整体市场的发展速度,而且在部分年份的发展速度达整体市场增速的2.5倍以上。如此高的增长率,吸引了众多出版社投身青少年图书出版。由于青少年图书不具备明显的准入门槛,众多出版社进入该领域的难度相对不高,全国五百多家出版社当中已有90%以上参与了青少年图书市场的竞争。这导致青少年图书出版领域的竞争一步步加剧。硝烟弥漫的"畅销书"策划、规模浩大的"引进版"图书、另辟蹊径的青春文学"MOOK"图书和崭露头角的"网游"图书等,都成为青少年图书出版炙手可热的焦点。

焦点背后,问题伴随而来,如库存攀升、伪书现象、打榜图书品种单一、阅读推广成效不佳等。在问题面前,出版业对青少年图书出版的积极投入与评论界对青少年图书出版传播状况的普遍忧虑形成鲜明对比,让人们认识到深入分析青少年图书传播现状的迫切性,相关研究者急需展开深入的分析与前瞻,调整观念,寻求对策。

第一节　青少年图书出版传播现状与热点分析

一、青少年图书出版传播现状描述

(一)青少年图书的出版环境

近十年来,青少年图书出版始终是我国出版界发展最快、最具活力的板块。数据显示,2010年,全国共出版少年儿童读物19794种,比上年增长26.96%;印数357.81百万册(张),比上年增长25.79%。[①]2010年,少儿图书市场规模达到49.95亿元,较2006年增长近一倍;少儿图书零售市场码洋占有率达到了13.5%。[②]2010年,全国出版社上报少儿类图书选题达3.64万种,约占上报图书选题总量的20%。全国581家出版社中有523家出版少儿图书。该年度,由中国出版工作者协会少儿读物工作委员会、新闻出版报社、

[①] 中国出版年鉴社.中国出版年鉴2011[M].北京:中国出版年鉴社,2011:973.
[②] 郭铭.少儿出版的强国之梦[N].中国教育报,2011-03-31.

上海世纪出版集团主办,上海世纪出版股份有限公司少年儿童出版社承办的"2010中国少儿出版高层论坛暨第25届全国少儿出版社社长年会"上,新闻出版总署出版管理司司长吴尚之做了题为《将少儿出版打造成建设出版强国的生力军》的报告。2010年遂成为少儿出版的"强国元年"。

市场利益驱动下,青少年图书出版变得炙手可热。新闻出版总署公布的数据显示,2011年,全国共上报少儿类图书选题4.1664万种,比2010年增加5247种,约占上报图书选题总量的20.2%,2012年共报送选题4.5682万种,比2011年再增长9.6%,占2012年全国图书选题总量的20.6%。少儿类选题近年来的持续增长,显示了青少年图书市场旺盛的生产力。当时有媒体预测:"十二五"期间,随着中国教育投入达到GDP的4%,中国人民对于教育的高度重视和对阅读认识的持续深入,家庭儿童阅读、中小学图书馆建设的发展加快和社会公共图书馆对少儿阅读的重视,都将为我国少年儿童阅读和出版带来巨大的推动力,"十二五"期间,中国少儿图书出版有可能进入"高铁时代"。[1]

与图书选题增长态势相对应,该板块图书的销售也基本呈现出持续的增长。开卷公司公布的中国图书零售市场监测数据表明,2009、2010、2011年度少儿图书零售市场占整体图书市场的码洋比重分别为12.36%、13.48%、14.21%。

巨大的、开放的市场带来激烈的业内竞争。2011年全国上报的41664种少儿类图书选题中,33家专业少儿社上报选题10825种,约占总量的26%;非少儿专业的其他各类出版社上报选题30839种,约占少儿类图书选题总量的74%。一些非少儿出版社上报的选题数量远远超过专业少儿社,其中如山东教育出版社1490种,云南教育出版社1204种。而在专业少儿社中,上报的少儿图书选题数量差异日益明显,上报1000种以上的有2家,500~1000种的有4家,100~500种的有25家,100种以下的有2家。[2]

时至2012年,连续10年以两位数的同比增长率领跑全国零售图书市场的少儿图书市场出现了细微的变化。根据开卷数据,2012年上半年,少儿图书市场的同比增长率为4.66%,尽管远远高于同期全国零售图书市场的0.27%,但也远低于2011、2010年少儿图书市场的11.63%、11.08%。强大的出版攻势,似乎并不能延续少儿书业利润的迅猛增长。相反,2005年至2011年的6年间,我国图书年末库存从482.92亿元飞涨到

---

[1] 郭铭.少儿出版的强国之梦[N].中国教育报,2011-03-31.
[2] 陈香.2013年少儿图书选题揭秘[N].中华读书报,2013-01-09(07).

804.05亿元,增长了近1倍,而销售额从403.95亿元增长到653.59亿元(其中还包括200亿元左右不会产生库存的中小学课本销售),两者之间的剪刀差从79亿元增至近150亿元。2011年文学类图书的存销比已高达16.34,即每1元销售额的实现,需要16.34元的库存码洋。《人民日报》撰文评价为"库存跑赢了销售"[1],出版业陷入"为了刺激销售,拼命开发出书品种;出书越多,滞销也越多"的怪圈之中。这样盲目竞争的恶果就是不断攀升的库存。从2005年到2011年,全国出版的图书品种数从22.25万增至36.95万,增幅为66%,但销售的增幅还不到4%。

这样的怪圈现象在选题高度密集的少儿类图书生产中尤甚。对儿童文学类图书进入"大年"的说法,少儿出版人郁敬湘曾经尖锐地指出:"每一个了解书店退货体系的人,每一个见识过令人瞠目结舌的压库书的人,都会对这个假象产生惊魂未定的震撼感。""事实是,书业大国是假,印刷大国为真……"[2]反观各类青少年图书销售榜单,日渐集中的打榜作品,长期趋同的榜单面貌,令人备感儿童文学图书的创新压力,也令人不禁思索起青少年消费图书文化产品的真实状况。

(二)青少年图书的传播状况

在本书所做的问卷调查中,对于"你每天的娱乐时间主要用于_____"这一问题,三个地区的小学六年级、初中、高中年龄段青少年的入班抽样调查结果基本一致,除贵州某高中将"户外运动"列为首选项外,其他均将"读书"列为首选项。在网络媒体裹挟大众传播模式逐步更新的新媒体时代,青少年因其未成年人的年龄特征和师长们出于青少年心智成长与视力发育的要求,在面对诸多文化产品时,仍然将图书作为首选。

一个有趣的现象是,本次问卷调查设计了三个相互关联的问题,分别是:"你认为目前最欠缺的青少年文化产品是_____""你认为目前最丰富的青少年文化产品是_____""你认为目前好作品最多的青少年文化产品是_____"。在这三项调查中,"青少年文学图书"都处于最显著的位置,呈现出一种看似矛盾的状态:

如下表所示,在青少年认为目前"最欠缺"的文化产品与目前"最丰富"的文化产品中,"青少年文学图书"均位居前列,并且,青少年认可目前好作品最多的文化产品几乎同样是"青少年文学图书"。这一问卷结果的产生,其实恰恰印证了两个现状:其一,青少

---

[1] 杨旭.6年间图书库存码洋增长近1倍 出版业"亚健康"[N].人民日报,2013-02-20.
[2] 郁敬湘.书业新形势下的儿童文学编辑[J].中国少儿出版,2006(4):15.

年最依赖、接触频率最高的文化产品正是文学图书,因此,他们对文学图书的关注度极高;其二,青少年对文学图书的高度关注与强大的消费需求,促成了青少年图书市场近年来的繁荣走向。但同时,我们也从这组矛盾的调查结果中看到青少年图书生产呈现的两个方面:一方面是近年来青少年文学图书中涌现了大量脍炙人口、拥有良好口碑的作品;另一方面,青少年对精品文学图书有着强烈的需求,图书生产的现状与水平还远远不能满足他们的需求,培育与生产精品图书的能力还亟待提高。

样本来源:选项前两位	目前最欠缺的青少年文化产品	目前最丰富的青少年文化产品	目前好作品最多的青少年文化产品
北京小学六年级	1.青少年文学图书 2.青少年娱乐节目	1.青少年文学图书 2.卡通漫画、青少年网络游戏(并列)	1.青少年文学图书 2.卡通动漫
贵州松桃小学六年级	1.卡通动漫 2.青少年文学图书	1.卡通漫画 2.青少年电视剧	1.青少年娱乐节目 2.青少年文学图书
山西太原小学六年级	1.青少年文学图书 2.青少年电视剧	1.青少年文学图书 2.卡通漫画	1.青少年文学图书 2.青少年电视剧
北京初中	1.青少年文学图书 2.青少年电影	1.青少年文学图书 2.卡通漫画	1.青少年文学图书 2.卡通动漫
贵州松桃初中	1.青少年文学图书 2.青少年绘本	1.青少年文学图书 2.青少年绘本	1.青少年文学图书 2.青少年绘本
山西太原初中	1.青少年文学图书 2.青少年娱乐节目	1.青少年文学图书 2.卡通漫画	1.青少年文学图书 2.卡通动漫
北京高中	1.青少年文学图书 2.青少年电影	1.卡通漫画 2.青少年文学图书	1.青少年文学图书 2.卡通动漫
贵州松桃高中	1.青少年文学图书 2.青少年娱乐节目	1.青少年文学图书 2.青少年网络游戏	1.青少年文学图书 2.青少年绘本
山西太原高中	1.青少年文学图书 2.青少年电影	1.卡通漫画 2.青少年文学图书	1.青少年文学图书 2.卡通动漫

二、青少年图书传播热点分析

(一)"畅销书"系列及其正负效应

2002年初,开卷公司总经理孙庆国提出,中国图书零售市场进入了畅销书时代。的确如此,童书业正是在21世纪初进入了畅销书时代。并且,儿童文学畅销书的兴盛彻底改变了童书出版多年来以低幼读物和知识读物为主体的格局。在儿童读物市场上,连环画曾经走过自己最辉煌的时代。世纪之交,前有政策的引导,后有市场利益的推动,一个曾经处于边缘地位的出版品种终于成为竞相追逐的新热点,这就是青少年文学图书。

自从2000年"哈利·波特"系列创下销售神话以来,儿童文学图书市场就呈现出异常火爆的势头,超级畅销书的销售业绩令整个书业刮目相看。各种引进版儿童文学图书以几十万甚至上百万册的销量为出版社创造了巨额利润。

"哈利·波特"现象的出现,不仅让美国孩子重新爱上了阅读,也让中国的孩子爱上了儿童文学的阅读。儿童文学开始成为孩子们自主阅读取向中的焦点,少儿类图书市场宣告进入了一个新时代。市场的对接、儿童文学读物出版蕴含的商机,使得主流推动下的儿童文学创作获得了出版的支持。童书业在经历了若干年的引进版图书主打畅销榜的局面后,终于呈现出本土原创作品的强劲打榜势头。吴尚之在《将少儿出版打造成建设出版强国的生力军》中说道:"2009年,销量在500万册以上的儿童畅销书超过10种,发行量50万册到100万册的有几十种,更出现了像《淘气包马小跳》这样累计销售超2000万册的超级畅销书。"[1]杨红樱的作品将更多的孩子吸引到了本土儿童文学的阅读上,也将更多出版人的关注点吸引到了本土儿童文学图书的出版上。

正如泰勒·考恩在《商业文化礼赞》中指出的:"在文化领域中,市场机制的作用不仅仅是为顾客提供他们想要的东西。艺术的生产者和消费者之间构成了一种不断进行的对话结构,这种对话帮助双方决定自己需要什么。"[2]出版社越来越意识到发现和培育原创儿童文学图书精品对出版社将产生至关重要的经济价值,进而对原创儿童文学读物的创作与出版投入了越来越多的人力和物力。自2004年以来,童书市场就此转入本土儿童文学飞速发展的时代,风格迥异、题材迥异、面向不同年龄段的儿童文学作品大量出版,一些过去的优秀本土儿童文学作品也被重新出版,并获得了儿童的认可与喜爱。

---

[1] 吴尚之.将少儿出版打造成建设出版强国的生力军[J].中国出版,2010(13):6-10.
[2] 泰勒·考恩.商业文化礼赞[M].严忠志,译.北京:商务印书馆,2005:31.

应该说,随着少儿类畅销书"富矿"的不断被开发,青少年文学创作也逐步走向了丰富与多元。在本土儿童文学畅销书的进一步带动下,一个异彩纷呈的儿童文学读物市场就此呈现。从开卷公司统计的数据来看,童书市场自2001年开始连续三年成长性低于整体的图书市场,而到2004年出现了14%左右的成长速度,超过了整体图书市场的发展速度。[①]这与童书领域涌现出的令成人书业咂舌的超级畅销书关系密切。2004年少儿图书零售市场调查显示,少儿文学增长率为121.17%[②],为少儿图书各品种之首。之后,少儿文学板块逐步扩张,在童书板块中占据三分之一的巨大空间,至2012年,该比例已经达到40%。

"资本向高回报区涌动"的商业原则带来各种资本注入童书业,少儿畅销书成为众出版社趋之若鹜的对象,各种营销炒作令人眼花缭乱。一片繁荣的同时,也带来了跟风、同质化问题,畅销童书受到了质疑。

2010年以来,畅销书排行榜登榜作品变得日益集中。以开卷公司数据为例,2010年少儿类畅销书排行榜TOP30中,杨红樱的"笑猫日记"系列12种登榜;上海淘米网络科技有限公司的"赛尔号"网游图书4种登榜。其余登榜作品为沈石溪的"动物小说大王"书系、伍美珍的"阳光姐姐小书房"系列、《窗边的小豆豆》《喜羊羊与灰太狼(电影连环画)》《夏洛的网》《草房子》《女生日记》《辫子姐姐心灵花园》《三国演义(少年版)》《英雄赛尔号2神秘的凶手》《哈利·波特与死亡圣器》《鲁滨孙漂流记(青少版)》。2011年的榜单中,杨红樱的"笑猫日记"系列仍有12种登榜,托马斯·布热齐纳的"升级版冒险小虎队"系列5次登榜,其余登榜作品与2010年近似。2012年,雷欧幻像的"墨多多谜境冒险"系列共13种登榜,杨红樱的"笑猫日记"系列7种登榜,接下来是"植物大战僵尸"系列3种登榜,其余登榜作品与前两年也基本一致。成系列的畅销书成为市场中最大的赢家。

考察儿童受众这个独特群体可以发现,儿童总是喜欢接受自己较为熟悉的东西。这一特点表现在购书上,则是对作家作品的忠诚度较高。一位作家的一部作品受到儿童喜爱,就基本意味着一段较长的时间内,该作家的一系列作品都将受到儿童喜爱。基于此

[①] 蒋晞亮.童书市场的现状和发展[M]//中国出版年鉴.中国出版年鉴2006.北京:中国出版年鉴社,2006:450.(原载《中国新闻出版报》2005-06-08)
[②] 侯颖.中国原创少儿读物的出版困境[J].中国少儿出版,2007(4):25.

种受众心理特点,童书呈现出纵向深入的特征,即一部作家的作品走红之后,就针对这位作家、这本图书内容做深度开发,不断推出后续的、与前面作品相呼应的新作品,以系列图书取得惊人的连续打榜效应。巨大而绵延的市场效应,使众多出版社越来越认识到,获得当红作家的版权,就像得到了一个开采不绝的富矿。

于是乎,童书作家的社会角色也跟随书业的市场化而被彻底改变。知名作家的版权被众多出版社争抢,2011年的选题综合统计显示,关于杨红樱的选题高达108种,曹文轩的有64种,伍美珍的有52种,秦文君的有45种,沈石溪的有44种。同时,系列化的运作要求儿童文学作家不断推出新作。这一书业运作模式,为儿童文学创作者的创作环境和状态带来不小的冲击。21世纪初曾经受到抨击的"商业化"写作已然渗透于童书创作的实际走势之中。作家的"职业化"身份愈来愈明显。密集的稿约,使得作家的创作成为一个可以量化的生产流程,生产速度跟着出版社的一个又一个交稿期限而不断加快。而作家除了精力被规定时间必须完成的"产量任务"压榨之外,时间也在被瓜分。面向市场的各项营销活动,使得更多的儿童文学作家必须兼具"明星偶像"的出席公众活动的能力,四处参加发布仪式、校园宣讲、促销签售。这样的偶像化运作,契合了当代大众传媒背景下信息传播的偶像化规律,尤其适合儿童忠诚于自己"偶像"的心理,巩固并提高了一些个人素质好、具有"偶像潜质"的作家的社会认知度,产生了良好的经济效益。这一现象也令过去曾经清冷孤独的写作职业变得热闹非凡。在这样热闹而高效的职业环境里,越来越多的儿童文学作家辞去了原有的工作,走上了职业化作家的道路。

但是,伴随着作家的职业化,担忧的声音也不断出现:过去一个作家要用一年甚至几年的时间写一本小说。而现在,一个作家一年要写几本甚至十几本小说,这样的巨大差异,即使将现代人类整体节奏加快、电子化写作效率提高、智商发达等因素折合进去,也仍然是一个令人担忧的现象。更甚的是,这一现象正在伴随着市场经济的脚步不可抑制地加速。作家能否静下心来写作,还有多少剩余的时间用于写作,成为人们普遍担忧的问题。

应该看到,畅销书本身就是出版业市场化、产业化的产物。畅销书的高印数与快回报,具有极高的经营利润,蕴含着巨大的利益诱惑,必然成为出版社追逐的目标。畅销书的大量涌现,也是出版业走向繁荣的标志性产物。但是,各社趋之若鹜的畅销书运作,其实并不是一件容易的事情。盲目生产的问题伴随市场高热而不断升温。2003年的图书市场调查显示,投入市场的一万多种少儿类图书中,43.18%的销量不足50本,20.31%的销量不足20本,10.58%的销量不足10本,只有20%左右的图书产生效益。[①]实际上,畅销书本身,也有品质要求。做畅销书首先需要题材本身是有价值的,作家出版社张胜友就指出——"作家出版社在操作畅销书的时候,我给它定位叫'优秀畅销书'。优秀畅销书首先要有三个标准:一、内容是健康的;二、思想是向上的;三、具有一定的文化品位,又含有畅销书的潜质。畅销书要在优秀的前提下畅销。"[②]其次,做畅销书需要前瞻性的眼光,能够预见受众中的热点问题,并把它挖掘出来。逐热跟风的制作过多,原创新鲜的创意不足,扰乱了童书市场,也使得畅销书在商业含义之外,蒙上了负面的评价。盲目追逐畅销书,不但在一定程度上扰乱了创作的生态,也成为造成童书业高开的出版物种数、低走的出版物印数和不断增长的库存局面的重要原因。

(二)"引进版"图书及其正负效应

自从2000年人民文学出版社引进超级畅销书"哈利·波特"系列以来,儿童文学图书"引进版"就变得日益丰富。2002年,接力出版社引进的美国著名惊险小说作家R.L.斯坦的"鸡皮疙瘩"系列,浙江少年儿童出版社引进的奥地利冒险小说作家托马斯·布热齐纳的"冒险小虎队"系列纷纷闯入少儿类畅销榜并占据多个席位。到2003年,人民文学出版社引进的"哈利·波特"系列已创下了销售400多万册的惊人业绩。[③]译林出版社出版的"魔戒"系列也为该社创下了2000多万元码洋的利润。[④]引进版儿童文学图书以几十万、上百万册的销量为出版社创造了巨额利润。出于利益的诱惑,童书业掀起了继20世纪80年代以来的又一次引进大潮。开展版权贸易较早的出版社已经在版权贸易中大大获益。比如接力出版社在1998年前11个月的引进版图书发行码洋达到580多万元,比本土的低幼图书还高50多万元,在该社1998年码洋最高的前10本(套)畅销书中,引进版占到了6本(套),并且位列前四的都是引进版图书。[⑤]中国少年儿童新闻出版总社2001年引进的《丁丁历险记》两年间发行55万套,超过千万册,他们的《丁丁历险记》

[①] 侯颖.中国原创少儿读物的出版困境[J].中国少儿出版,2007(4):24.
[②] 张胜友.畅销书整体运作规律纵横谈[M]//中国出版年鉴社.中国出版年鉴2003.北京:中国出版年鉴社,2003:555.
[③] 杨雪梅.版权贸易 重塑中国出版格局[M]//中国出版年鉴社.中国出版年鉴2003.北京:中国出版年鉴社,2003:144.
[④] 竺祖慈.译林出版社版权引进工作回眸[J].中国出版,2003(6):50.
[⑤] 陈晓梅.走向博洛尼亚——1999年第36届博洛尼亚国际儿童读物展巡礼[J].中国少儿出版,1999(3):56.

《长袜子皮皮》《安徒生童话》等三种版权引进图书均列入该社上一年度的十大畅销书。①"引进版"成为青少年图书产品生产中的重要着力点。海飞在其专著《童书海论》中将少儿图书分为了10大类,其中"少儿引进版图书"单列一类,可见其在我国童书业中的受重视程度。少儿榜单上,引进版图书频频登榜。2001年和2002年,开卷公司年度少儿类TOP30中的引进版品种均不超过10种。而发展到2003年,在少儿类畅销书榜TOP10中,除《中国少年儿童百科全书》以外,全部是引进版图书,在TOP30中,引进版品种更是占了23种。②

21世纪之初的引进大潮曾经令许多学者、业界人士担忧:如此巨大的引进量会对本土原创作品的创作与出版形成巨大压力并构成残酷的出版环境。但是,正因如此,一些域外儿童文学作品突然间为我国儿童文学创作带来了另类的风范,儿童的狂热追捧更为儿童文学创作者带来了基于"儿童"的思索。贴近儿童心理的写作态度直指我国长期以来高高在上的成人本位。事实同时证明,种种关于引进版会进一步使本土儿童文学无法生存的担心是不必要的。引进版儿童文学图书所潜藏的巨大商机,激发了儿童文学读物的出版热情,引进版儿童文学对本土儿童文学不但没有构成压迫,反而使越来越多的注意力被吸引到了儿童文学作品的创作与出版上,越来越多的童书工作者意识到了儿童读者的存在。一些有远见的出版社自此开始抓原创儿童文学读物的工程,发现、培养新人,并冒着市场风险下大力气推出新作。童书出版人的文学情怀也终于在郁积了十几年之后,得到了施展的舞台,一批真正"儿童本位"的作品脱颖而出。来自本土作家,来自出版界、理论界,来自政府,甚至来自小读者的力量,以市场为纽带,形成了巨大的合力,推动了本土原创儿童文学全面开花的热闹景象。2004年起,少儿图书市场"要畅销,靠引进"的局面已有了明显的改观,畅销榜上的原创儿童文学作品越来越多,儿童文学、青春文学、动漫图书均成为原创童书中的畅销主力。

同时,华丽登场的引进版图画书与活泼有趣的引进版科普图书,均为我国本土原创图书提供了可资借鉴的范本。时至今日,这两类图书仍然是引进的重点。其中如安徽少年儿童出版社从英国引进的《高山沙漠大搜索》,接力出版社从法国引进的《第一次发现》、从英国引进的《尖叫博物馆》,湖南少年儿童出版社从美国引进的《我的第一套不列

---

① 翁昌寿.大投入—大制作—大产出 版权贸易打响三"大"战役[M]//中国出版年鉴社.中国出版年鉴2003.北京:中国出版年鉴社,2003:145.
② 杨毅.畅销书十年回顾:少儿,畅销书时代的先锋[EB/OL].(2010-06-03)http://www.openbook.com.cn.

颠百科全书》，辽宁少年儿童出版社引进的《韩国科普》，科学普及出版社从美国引进的《有趣的透视立体书》，广西科学技术出版社从法国引进的"可爱的傻博士"系列，电子工业出版社从澳大利亚引进的《彩色口袋图书馆》，明天出版社从英国引进的《发现与探索》，浙江少年儿童出版社与美国探索频道动物星球合作的《不可思议的动物王国》等，均令国人对科普读物有了全新的认识。

短短几年的时间，引进版热潮促成了大量国外优秀童书的密集呈现，带来了童书界做书观念的更新、童书制作水平的飞跃；引进版图书开拓了童书作家的创作思路，带动了幻想等类型作品的迅猛发展；引进版成为沟通世界儿童与世界童书业的使者，带动本土童书业与创作逐步与世界接轨；同时必须看到的是，大量的引进版童书虽然成就了不少出版社的销售业绩，但也存在不少问题。

最突出的是，引进版图书的同质化问题逐步显现，诚如辛广伟在2003年所总结的："童书依然'惊险'与'魔幻'。"[①]除了中国少年儿童新闻出版总社2012年引进出版的"林格伦儿童文学全集"、明天出版社引进出版的《随风而来的玛丽阿姨》等一批经典儿童文学作品之外，引进版文学类作品其实大多数是国外的"畅销书"。这些畅销书大都以"系列"的形式呈现，鲜明地体现出"类型化"写作的特征。类型化写作指图书分成不同类别，不同类别遵守各自不同的创作原则与方法，表现内容与手法等方面均有一定的"套路"，主要包括奇幻、恐怖、青春、历史、武侠、科幻、侦探、言情、官场、商战等多种类型。青少年图书出版市场中，奇幻、恐怖、青春等类型小说均已成为文学消费新的增长点。引进版畅销书诸如奇幻类的"哈利·波特"系列、恐怖类的"鸡皮疙瘩"系列、侦探类的"冒险小虎队"系列、青春类的"那小子真帅"系列等，都在国内收获了不俗的销售业绩。

与西方以类型小说为主的成熟小说市场相比，中国的类型小说市场还远未形成气候，大量奇幻小说有明显的模仿"哈利·波特""魔戒"的痕迹；带有本土特色的恐怖小说，如彭麟的《半夜别开窗》、张宝瑞的《一只绣花鞋》，还有蔡峻等创作的作品虽然赢得了读者的肯定，但是这种类型化创作均存在题材老化、套路固定、逻辑不严密、想象力匮乏和缺乏思想承载等问题。但是，一个值得深思的现象是，国内出版界、批评界对本土类型化作品和引进版类型化作品所持的批评态度是不尽相同的。文学批评界对国内类型化作品多数持否定态度，青少年文学领域的本土类型化作品大多受到了否定或者漠视，而对

[①] 辛广伟.2003年全国图书出版管理工作[M]//中国出版年鉴社.中国出版年鉴2004.北京：中国出版年鉴社，2004：42.

引进版类型化畅销书的态度则相对宽容。引进版类型化小说的销量相较国内同类作品，更容易取得好的销售成绩。诚如李彧在其论文中提出的两个让人困惑的问题："第一，内地书难卖、市场饱和的结论从何而来？第二，为什么对外国图书的需求会如此之迫切？"这一不自觉形成的双重标准严重阻碍了我国类型化图书的发展，使其陷入一种又欲模仿又需防备批评的两难境地，导致引进版类型化图书出版大行其道，本土类型化图书处于边缘地位，缺乏有效的理论研究与批评引导，创作发展缓慢，市场受阻。施行双重标准的后果是"白送给外人市场和利润，同时也因为优秀作品无法接续而破坏了国内同类型小说的销售市场"①。这对于我国类型化图书发展来说，是极为不利的。

（三）多媒互动图书及其正负效应

在开卷公司 21 世纪少儿类畅销书排行榜上，一个现象引起人们高度关注。这就是影视与图书之间、网络与图书之间的互动所产生的巨大市场效应。年度榜单上频频出现影视同期书与网游图书的身影。

1.影视同期书

世纪之交，影视与图书的互动产生的热效应不单单是成人书业的景观，它在影像时代逐渐延伸至童书出版领域。

在影视与图书这两种儿童接触频率最高的媒介之间"联姻"，寻求二者之间的互动，成为童书业 20 世纪 90 年代末的一道新景观。童书出版领域已经出现了极具代表性和发行影响力的影视同期书。1999 年，在中央电视台热播 52 集大型动画系列片《西游记》期间，中国少年儿童出版社与中央电视台合作出版了电视卡通系列丛书"西游记"；在上海电影制片厂拍摄的国产卡通电影《宝莲灯》上映期间，人民邮电出版社和童趣出版有限公司共同出版的系列卡通图书《宝莲灯》同样反响强烈，深受小读者欢迎。进入 21 世纪，更多影视互动的"热效应"在童书业涌现。2003 年六一儿童节期间，中央电视台推出 52 集大型动画片《哪吒传奇》，人民邮电出版社、童趣出版有限公司出版的"哪吒传奇"同名系列图书也同期推向市场。当年，该系列先期出版的前 5 种中有 4 种进入年度少儿类畅销书排行榜 TOP10。2004 年，该系列占据了年度少儿类畅销书排行榜 TOP10 中的 9 个席位。统计数据显示，约有 1600 万中国儿童已经或正在阅读"哪吒传奇"系列图书，占中国大中城市 3~14 岁儿童人口数量的 20%。②业界评价为"'哪吒'击败了洋小子哈利·

---

① 李彧.新世纪中国类型小说出版现状反思[D].武汉：华中师范大学,2006.
② 国内原创少儿图书具有很大市场空间[N].中华读书报.2004-05-31.

波特"①。在2004年的少儿图书订货会上,影视动漫同期书与图画书同时成为童书市场的"新宠"。2005年之后,此类借助儿童影视动漫作品热播而畅销的影视同期书屡屡登上畅销书排行榜。2006年,伴随108集国产动画片《虹猫蓝兔七侠传》创下高收视率,安徽少年儿童出版社立即跟进,将"虹猫蓝兔七侠传"系列影视同期书推向市场,上市不到一年时间便突破1600万册,形成一股强势的"虹猫蓝兔"效应。又一个新的童书畅销纪录从影视同期书中诞生了。

影视互动的推动力,尤其是本土原创动画作品的成功,令童书业大受鼓舞。影视同期书成为童书业重点关注的出版资源,同类题材的图书不断出现。2007年,外语教学与研究出版社与央视同步推出根据《小鲤鱼历险记》动画片改编的同名动漫图书,浙江少年儿童出版社出版由同名动画片改编的《福娃奥运漫游记》,江苏少年儿童出版社出版根据同名动画片抓帧改编的"中华小子"动漫系列图书,还有童趣出版有限公司出版的"喜羊羊与灰太狼"系列影视同期书,连续登上年度畅销榜单,以上百万册的销量引人注目。

影视同期书出版热显示了纸媒图书与其他媒体联姻的互动发展趋势。正如海飞在2007年指出的:"业界认为,童书业纸媒体出版这个'蛋糕',无论再怎么做,要再做'大'恐怕已经很难了……童书业在新世纪的大发展,必须向多媒体进军。"②这类图书在呈现了一种新的、具有畅销实力的少儿类畅销书类型的同时,也使我们感受到了图书市场与影视互动产生的巨大效应,更感受到了儿童购书的能力与图书消费的意向。即时性的、快餐型的东西也开始成为消费的主流之一。此后,或者是因为图书畅销带动改编的影视作品热播,或者是影视作品的热播带动纸质媒体图书的畅销,纸质媒体与声光电媒体之间的互动产品越来越具有市场效力。多媒互动,相互借力,颇具声势。

虽然影视同期书在21世纪屡屡创下惊人的销售数据,但影视同期书本身存在的弱势也十分明显,那就是文化价值含量与文化创新不足。目前的儿童影视互动图书产品多为从动画片中抓帧、加工后编辑出版的形式,借助影视与图书的互动,赢得短期的商业利益。此种图书是纯粹以利益为出发点的出版行为,具有鲜明的消费性特征。畅销榜上靠影视互动带动的动漫图书明显生命力不足,缺乏后劲。以"哪吒传奇"系列的畅销现象

---

① 吴郑宏.时尚低龄化——少儿出版的市场法宝[J].中国少儿出版,2006(2):49.
② 海飞.和谐童书业,追求真善美[J].中国少儿出版,2007(1):18.

为例,虽然"哪吒传奇"系列图书曾经在2004年开卷公司图书排行榜上占据年度少儿类畅销书排行榜TOP10中的9个席位,但是到2005年就跌出了少儿类畅销书的TOP100,并很快被市场淘汰。究其原因,就是动画片下线停播。这充分显示了影视同期书鲜明的快餐性质和依附于影视作品、缺乏独立文化意义的弱势。

因此,影视多媒互动的路径是必然的,但局限于影视同期书的出版形式显然是被动的、短效的。与儿童喜爱的动画片开展图书出版互动,还有许多衍生形式,包括由动画片内容衍生而来的图书、由动画片形象衍生而来的图书。这其实关涉到我国动漫产业整体产业链延伸不足的问题,和对动漫产业链条上的第一个环节——动漫图书的重视度不够的问题。如果仅仅简单地由动画片到抓帧图书,动漫链条并没有被彻底激活,必须进而带动相关形象产品的开发,制造相关玩具等配套产品,逐步形成品牌。"从国外的经验来看,一部动画作品播出环节方面的收益一般为20%,而卡通形象的衍生产品,包括服装、玩具、饮料、儿童用品等的收益却可以占到80%。因此,动漫衍生产品的开发可以说是动漫企业盈利的核心。而调查发现,国内绝大部分动漫企业的注意力却集中在播出环节。"[①]不少建立在中国悠久的历史故事与神话传说资源上的动漫形象因为缺乏运作而在市场上转瞬即逝。当孩子们热衷于怀抱机器猫玩偶、穿着加菲猫衣服、使用米奇铅笔时,我们却只能对这部曾经创造传奇的"哪吒传奇"系列图书的短暂生命深表遗憾。

另外,多媒互动的影视同期书中还存在一个问题,就是针对低幼阶段儿童的影视动漫与图书的互动显得生动活泼,但是面向中、高年龄段儿童的影视互动则显得极为匮乏。大量的、优质的儿童文学资源有待开发。

2.网游图书

2010年,配合儿童网络游戏"赛尔号"诞生的游戏工具书《赛尔号精灵集合大图鉴》《赛尔号攻关秘籍》等和衍生故事书《英雄赛尔号2神秘的凶手》共计5本图书强势挺进开卷公司少儿类畅销书年度排行榜TOP30。我们看到了网络传播时代独有的产品正从上万种童书中悄然杀出。

伴随着多元的儿童网络游戏,儿童网游图书出版呈现出多点开花、多层兼顾的态势。2011年上半年,开卷公司少儿类月榜单上的网游图书还集中为图鉴类、攻略类,而到

[①] 徐群辉.动漫出版和网络游戏出版[M]//中国出版年鉴社.中国出版年鉴2008.北京:中国出版年鉴社,2008:538-541.

了 2011 年下半年,儿童网游文学图书在积聚了创意与实力之后异军突起。儿童网游文学图书成为儿童图书销售市场的一匹黑马,更形成了儿童文学阅读的又一时尚。为了提高衍生文学类图书的质量,淘米委托上海童石网络科技有限公司着手联系国内一线儿童文学作家创作更为优质的线下图书。此后,一批传统儿童文学作家开始探索儿童网游文学创作。2011 年,新世界出版社与淘米联合推出"功夫派"系列小说之《功夫派》,邀请周锐担纲创作。江苏美术出版社与百田联合开发"奥拉星"系列图书之《奥拉总动员》,邀请杨鹏担纲创作;又与淘米合作开发"小花仙"衍生童话故事书,邀请苏梅担纲创作。南京大学出版社与淘米签订合约,取得了"赛尔号Ⅱ"的全国独家出版权,邀请李志伟担纲创作"赛尔号Ⅱ"系列图书。中国少年儿童新闻出版总社则与宝开网络游戏公司合作开发"植物大战僵尸"系列,邀请金波、高洪波、白冰、葛冰、刘丙钧五位作家以游戏中的植物、僵尸和场景为素材编创低幼童话故事。

2011 年末至 2012 年初,谢鑫创作的"洛克王国"衍生图书"洛克王国魔法侦探"系列,亚凰创作的"洛克王国"衍生图书"洛克王国探险笔记"系列,翟英琴创作的"植物大战僵尸"衍生图书"植物僵尸学校"系列,金波、高洪波、白冰、葛冰等创作的"植物大战僵尸武器秘密故事"系列均出现在少儿类畅销书月榜榜单上,网游互动书已成为少儿图书市场畅销书的一个重要种类。

对于儿童网游文学来讲,当下网游衍生文学图书成为少儿板块出版趋势之一的局面似乎可以预期,但是在热销的同时,我们必须看到该类文学存在的"先天"局限。正像杨鹏所指出的,该类文学具有明显的依附特点,缺乏自身的独立性。某种网游升温,则衍生网游文学升温;某种网游趋冷,则衍生网游文学趋冷。这正是我们在开卷公司畅销童书月度排行榜上看到的景象:儿童网游文学往往能够迅速上榜,又往往很快成为明日黄花。打榜的儿童网游文学图书每个月都以走马灯的速度变换着身影。真正具有独立文学价值和恒久魅力的作品尚未诞生。另一方面,在商业的驱动下,网络衍生图书虽然诞生不久,却已经呈现出版本众多、争抢市场的趋势。乱象丛生与良莠不齐,依附于儿童网游的从属地位该如何寻求独立的文学品质,都是必须面对的问题。

(四)青春文学"MOOK"及其正负效应

"MOOK"是一个组合单词,中文音译"慕客",它将杂志(Magazine)和书籍(Book)合在一起,形成"杂志书"概念,亦即图书杂志化。在我国青少年图书产品中,此类 MOOK 形式的图书诞生在青春文学之中,并且伴随着青春文学的升温而逐步确立其身份和地位。

当代青春文学热缘起于 1996 年,深圳女高中生郁秀 16 岁时创作的 33 万字长篇小说《花季·雨季》由海天出版社出版,一时间畅销大江南北,销量达 100 多万册,被誉为 20 世纪 90 年代的"青春之歌"。该小说不但长期盘踞文学类图书排行榜,先后获得中宣部"五个一工程"奖和国家图书奖,还被改编成电影、电视剧、连环画,成为 1996 年度儿童文学创作出版的热点。这部图书不但在销售上创出了惊人的成绩,而且受到学界的大力赞赏,为儿童文学的创作打开了一扇别样的窗。作品站在当代少年本体的立场上书写青春成长,呈现两代人之间的思想反差,充满了时代气息,真实展现了少年儿童的身心状态,也为成人展示了少年人在书写自己的青春故事方面的惊人才华。正是这样一部作品,使少年写作者受到众多出版社青睐。敏锐的出版人发现了儿童文学创作的"空白点"。其后,北京少年儿童出版社推出由在校大中学生创作的 20 卷本"自画青春"丛书。之后以"青春"之类词语冠名的儿童文学出版物层出不穷。虽然市场"催熟"了一批小作家,且多数昙花一现,但市场也的确为我们塑造了一批年轻的新生力量,比如韩寒、郭敬明、张悦然等。书业的市场运作,使这些充满才情的孩子得以突破成人作家的创作"特权",找到了自我施展的舞台。这样的作品也为成人儿童文学创作者呈现了一种本真,形成了一种对照,带来了诸多反思。面对这些少年写手,我们惊叹,在儿童文学创作领域困扰已久的所谓"隔"与"不隔"的问题,所谓"成人"抒写"儿童"的问题,似乎忽然间没有了存在的必要。众多的儿童自己来写自己,于是便写出了儿童自己爱看的、最"真"的作品。由此我们看到,发轫于郁秀《花季·雨季》的一股自我抒写的青春文学热潮,在出版利益的巨大刺激下迅速发展。在网络将精英文学拉下神坛、"草根"作家遍布的年代里,儿童文学创作领域里的青少年作家也站了出来,亮出了令成人大吃一惊的少年才情。也正是他们,掀起了一场"80 后"写作的狂潮,不但将成人作家神圣而高贵的创作拉下神坛,更最终将"青春文学"扯出少儿类图书范畴,自立山头,拓展了书业的又一片天地。这也是图书市场步入细分时代后的一个典型现象。

随后的几年间,青春文学大行其道,郭敬明等一大批少年写手开始充当青春文学的掌门人,拥有了成人作家无法比拟的巨大而忠实的粉丝群体和销售市场。韩寒的《三重门》发行三年,印刷达到 45 次,销量达 100 万册。仅 2003 年一年,郭敬明的四本书总销量已接近 200 万册。引进版青春文学也就此登陆。2004 年,韩国青春写手可爱淘的《狼的诱惑》一上市便受到中学生的狂热追捧,其"那小子真帅"系列在中国市场的销量更是达到近百万册。2005 年,接力出版社与《萌芽》签约,联合打造"萌芽书系",首批推出的是蔡骏的《地狱的第19层》和《荒村公寓》,"蔡骏心理悬疑小说"品牌迅速蹿红。业界评价,中国青春文学进入了"批量生产的梦工厂时代"①。

与此同时,20世纪90年代后期在我国悄然兴起的"MOOK"形式吸引了感知敏锐的青春文学创作者。以郭敬明为代表的一批知名青春作家陆续转型为MOOK主编,带动青春文学MOOK以迅猛的态势入驻青少年图书市场,青春文学MOOK再次成为书业焦点。

2004年6月,郭敬明成立"岛"工作室,与春风文艺出版社联手推出青春文学MOOK《岛》,每期销量达20万册,显示出青春文学MOOK巨大的市场潜力。2006年,郭敬明又与长江文艺出版社共同推出《最小说》,每期的发行量飙升至50万册。此后,大批青春文学MOOK纷纷出现,如郭妮的《火星少女》、饶雪漫的《漫女生》《最女生》、张悦然的《鲤》、蔡骏的《悬疑志》等,加上韩寒的短暂的《独唱团》,几位最具人气的青春文学作家都卷入了MOOK旋风之中,其中《最小说》《鲤》《火星少女》《17》等还获得了刊号。2009年底,由同济大学文化批评研究所联合《怀尧访谈录》发起的"2008—2009年度中国出版机构暨文学刊物10强"评选中,郭敬明的《最小说》和张悦然的《鲤》均入选,其中《最小说》以6835票高登榜首,排名超过了《收获》《人民文学》《读者》等老牌文学刊物。②

青春文学MOOK的横空出世,为青少年图书生产带来了诸多启示。这批出自青少年之手的独特图书样式,在生产制作方面充分显示了青年人的时尚敏感与思维灵活性。首先,青春文学MOOK的定位呈现了鲜明的个性差异,各自坚守了独特的定位。比如郭敬明的《最小说》主要面向15~20岁的青少年,文字略显成熟。郭妮的《火星少女》则明确面向"90后"女生,以唯美清新、幽默可爱为主打风格。张悦然的《鲤》走小众的文艺化路线,全书以小说为主,观照女生的生活状态和内心世界。韩寒的《独唱团》则以特立独行的思想号称"不是纯粹的文学杂志,而是一本青年知识分子的读物"。这样潜心选定的定位,使得各类青春文学MOOK的销售彼此"井水不犯河水"。

其次,该类图书的运作充分显示了青少年主编们对营销手段与观念的得心应手。这些由畅销书作者变身的主编们大多采取了偶像化的包装,以前期的人气积累为售书保

---

① 陈苗苗.出版文化视野下中国当代儿童文学——以20世纪90年代末至今为个案[D].北京:北京师范大学,2007.
② 黄逸秋.青春文学MOOK及其对图书出版业的启示[J].出版发行研究,2010(8).

障。为了保持持续的市场号召力,这些MOOK都使出了"互动参与"的营销手段。比如《最女生》举办"最女生"海选,寻找"最具文艺特质的青春女孩"参与图书撰稿、编辑、出版,每期《最女生》还刊登青少年"书模"为小说量身拍摄图片。《最小说》则在自己的网络平台——新浪网读书频道的"郭敬明·最小说青春文学网上平台"、新浪网"最小说博客"上发布签售信息,与读者交流沟通。在多种媒体之间的互动与产业链的开发方面,MOOK也走在了前列,如饶雪漫旗下的创意传播机构举办"漫女孩,最女生"选秀活动,入选的"漫女孩"即为饶雪漫相关作品的签约艺人,负责代言其相关作品和演艺活动,同时开发徽章、手机链、T恤、书模签名照等周边产品进行销售。郭敬明团队则同时承接剧本创作,并在2010年推出《小时代1.5 青木时代》等4部漫画作品,向漫画领域拓展。出版、影视剧、动漫、网络选秀、偶像衍生产品等多元互动的产业开发在青春文学MOOK中已颇具规模。

虽然青春文学MOOK带动了大批爱好文学的青少年创作同龄人文学的热情,也拓展了图书出版业思路,但是其中存在的问题仍十分明显。首先即为其偶像化路径的过度包装和商业化运作的不断升级引发的担忧。其次,该类图书一味追求与迎合青少年品味的时尚、潮流的创作思路和标榜自我、特立独行的叛逆思想,忽视了文学的独立的精神价值追求和对于青少年读者产生的影响。作为抒写青春的青春文学,"成长"理应成为其重要的表现内容。抒写"成长"带有很强的审美教育性,往往需要成人以亲身经历和切身体验凝结成文。而青春写手们缺乏成熟的世界观,往往会呈现出无病呻吟的情感与标新立异的表达,也往往无法承载引导青少年顺利度过青春期、健康成长的功能。

第二节 青少年文学图书生产的引导策略

当下,传媒作为一种新型的权力所具有的"文化领导权"(孟繁华语)已越来越直接地作用于文化生产。考察青少年文学图书在青少年群体中的传播现状,可从很大程度上反映出青少年身处的文化环境,反映出青少年文化的时代样貌。面对童书传播的火热市场,面对网络带来的印刷业第三次革命,面对未成年人这样的特殊受众群体,我们更需关注市场经济体制与出版行为所承载的文化品质之间的关系,真正了解青少年受众,避免忽视青少年受众心理以及迎合青少年受众趣味的两种不良趋向,并通过出版物这样的文化产品,正确引导青少年受众的阅读需求,发挥书籍的文化价值,实现青少年文学图书传播的理想状态。

一、图书出版观念层面

美国学者迈克尔·科达说:"畅销书排行榜就像一面镜子,反映了我们是谁,我们要什么,我们对什么有兴趣和我们想知道什么。我们仔细研究畅销书排行榜越久,我们就越了解一件事,那就是——我们自己。"①近年来频频登上畅销书排行榜的青少年文学图书给予我们的第一感受就是畅销书传播存在隐患。其一,畅销榜上呈现三个单一——作家单一,出版社单一,品种单一。每年都在扩张的图书品种数与排行榜上的重复面孔形成鲜明对比,让人感到单调、病态,缺乏创造力。出版社将争夺有限的几个名作家资源作为规避风险、商场制胜的法宝,重复性选题、"炒冷饭"型选题比例过重。青少年文学阅读的潮流取向被曲意迎合和放大,他种美学风格的作品无法进入出版传播渠道。这样的单调让人为青少年阅读趣味的日趋单一而忧虑。其二,系列化创作成为青少年文学生产的不二法宝。虽然,这正是童书"伴随成长"概念最好的施展场所,青少年的确更倾向于接受他们所熟悉的东西,但是目前占据市场主流的丛书均采取了一旦某作家成名,便必须以每年推出新的系列作品的形式来稳固市场。几年来,系列化图书成为童书市场的主流。而这样的可复制性的文学创作,更多地拥有了共性的东西,而缺少了经典文学作品的个性与不可复制性,势必被最终定格在类型化写作的方向之中。这可谓当下青少年文学图书遭遇市场利益驱动后患上的"流行病"。

针对上述问题隐患,童书出版观念层面必须做出调适。在《30年中国畅销书史》中对21世纪以来的这段书业历史做出如下评价:"近十年来,童书走向畅销,畅销书读者的低龄化,在一定程度上反映了中国人文主义在认识和关注儿童存在上的觉醒,把儿童作为社会的重要分子和未来中坚力量加以重视。"②但是,面对市场化的进程,童书出版不能变过去的忽视"儿童受众"为一味迎合"儿童消费者"。虽然"消费主义"近年来在我国大行其道,但是青少年文学图书的出版功能仍不能定位在刺激青少年不断产生消费欲望上,不能完全陷入娱乐、消遣与时尚的类型化小说的路径中。

鲁迅先生曾有一句话切中出版文化的软肋——"出版家虽然大抵是'传播文化'的,而'折本'却是'传播文化'的致命伤"③。书业特定的商业属性无可回避。但当书业生产的商业性在出版过程中具有了压倒性的、主导性的力量时,出版行为的文化性就会萎缩。

---

① 要力石.畅销书策划88法[M].北京:新华出版社,2009:1.
② 伍旭升.30年中国畅销书史[M].北京:中国对外翻译出版公司,2009:168.
③ 鲁迅.《译文》复刊词[M]//鲁迅全集(第6卷).北京:人民文学出版社,1981:491.

伴随童书出版完全走向市场,唯"码洋"马首是瞻,出版行为的文化属性出现了部分的迷失与缺席。海飞敏锐地指出,童书业传统的"神圣感"已被打破,"导致童书业出版一定程度的无序竞争和质量下滑"①。为了谋取利益最大化,出版者倾注精力寻求儿童的喜好,迎合儿童的需要,满足阅读的快感,甚至为此放弃艺术与道德的底线,"泛娱乐化倾向"②不断蔓延。作家生态严重恶化,名作家被哄抢,而新作家缺乏有效的培养,出版社宁可"重复出版经典改编本以减低市场风险"③。随着童书业同质化现象越来越明显,参与童书市场竞争的出版者越来越多,童书业面临彻底的优胜劣汰,重新洗牌。在这场残酷的厮杀中,文化因素其实发挥着重要作用。杀入童书出版业的出版商,每年大量涌入,又每年大量涌出,说明了童书业是一项具有专业色彩的出版行业。放眼世界童书业,虽然英美童书市场同我国一样,在宏观经济面貌不景气的背景下一路逆市而上,但是新近并没有出版商涉足童书出版。不仅如此,2009年6月9日,哈珀·柯林斯出版集团宣布裁员5%,童书出版分部也不能幸免;6月15日,麦克米伦出版集团宣布,该集团童书出版分部将裁员10人,到2010年,童书出版品种将削减1/3。④这与我国大量资本涌入童书出版的热潮形成了鲜明对比。而英美童书市场这种情况的出现,源于他们对童书业未来走向的冷静思考。

在日益加剧的市场厮杀中,来自童书业内部的创作者与出版者的反思也不断产生。当下,我们看到越来越多的出版人开始从高热的竞争中降温,理性思考童书业的内在核心竞争力所在。这个核心竞争力,就是一个出版社的文化品牌,是该出版社出版物的文化价值。纵观当下的儿童文学出版市场,我们可以看到几家坚持原创儿童文学出版、坚守出版文化追求的专业少儿社并没有因为这种坚守而错失商机,相反,他们成为小读者和家长心目中信得过的出版社。优秀的童书编辑们在选择作家、与作家磨合的过程中,更多地加入了主体的思索与判断,发挥了主体的再创造能力。正如孙建江所说:"锁定一个作家以后,跟他慢慢磨合。急于求成出不了好作品,得耐心等待作者,耐心等待出版时机。"⑤

---

① 海飞.和谐童书业 追求真善美[J].中国少儿出版,2007(1):17.
② 汤锐.儿童文学与道德规范——坚守儿童文学的精神高度[J].中国少儿出版,2006(2):14.
③ 陈晖.中国儿童文学推广的现状及相关策略[J].中国少儿出版,2002(4):40.
④ 李雅宁.童书金矿还能挖多久?[N].中国图书商报,2009-08-25.
⑤ 杨佴青,孟凡明.直面危机 专业儿童文学出版自信再出发 中国版协少读工委"中国原创儿童文学出版研讨会"综述[J].中国少儿出版,2007(2):22.

出版行为的文化属性决定了出版不能急于求成。这一点已经在国际书业摸索前行的历史中成为书业共识。约翰·P.麦克米尔在《肺腑之声》中曾对当时纽约出版界急功近利的出版行为发出忠告："如果你想成为最大的图书销售出版商，那么你必须依赖出版的连续性。但是在许多出版社中，连续性总是被那些一心想一鸣惊人的新手打断。"①从台湾地区的经验来看，我们也可以发现，他们一般是一个作家只与一家出版社长期合作，出版社有计划、有节奏地投入，作家从容地创作，这与我国当下儿童文学作家走马灯一样变换出版社的乱象也形成了对比。著名出版人斯坦利·昂温在他那本被西方赞誉为"出版商的圣经"的《出版概论》里的告诫非常有效："如果赚钱是你的首要目的，那就不要从事出版业。出版业的报偿远不只是金钱。"②

对于青少年文学图书的服务对象，也需要真正的沟通和了解。当代青少年被成人看作与成人、与过去的孩子截然不同的"新新人类"，他们在自我意识、消费理念、人生价值等方面的观念都与前代截然不同。每一代人都有自己的成长环境，有自己独特的文化标志、独特的价值世界和独特的行为方式，这是不容置疑的。

在无记名问卷调查中，各个地区、各个年龄层的调查对象均将"新鲜好玩"和"汲取知识"列为购买青少年文化产品的首选目的，并且绝大多数将"汲取知识"列在了首位，而消遣性的"打发时间"、时尚性的"追求时尚"和消费性的"体现个性和品味"则排在其后。可以看到，青少年所具有的面对世界的好奇心和求知欲，并不像成人想象的因为时代的变更而消退。受众对象是否仅仅对娱乐性文化产品情有独钟，是否对少儿类畅销榜上的作品非常满意？答案是否定的。调查访谈中，许多初中生、高中生早已不满足于青少年文学的浅近，转而向成人文学索取阅读资源了。这也应该引起青少年文学图书生产层面的注意。

二、传播媒介运用层面

在多种媒体互动日益走向深入的当下，图书出版仅仅依靠纸媒传播已经是举步维艰。旧有的签名售书等营销手段已经不足以与多媒体互动相抗衡。前文所列举的青少年文学图书热点，无论是影视同期书、网游图书还是青春文学MOOK，它们的成功运作都

---

① 约翰·P.麦克米尔.肺腑之声[M]//埃弗特里·E.丹尼斯,克雷格·L.拉美,爱德华·皮斯.图书出版面面观.张志强,等,译.石家庄:河北教育出版社,2005:58.
② 陈苗苗.出版文化视野下中国当代儿童文学——以20世纪90年代末至今为个案[D].北京:北京师范大学,2007.

为我们指出了书业发展的方向。

首先,开拓多种渠道的互动机制,给予多种方式的参与渠道是当下青少年文学图书传播的重要任务。以青春文学 MOOK 为例,在文学图书市场整体不景气、网络文学线上阅读又分走了大量读者的状况下,青春文学 MOOK 能够长时间拥有稳定而忠实的受众群体,与其灵活的互动运作关系密切。这种互动不但包括签售、读者见面会等传统形式,更有持续的网络博客互动,尤其是定期开展的"书模"评选和文学创作大赛、MOOK 平台为读者提供展示自我的舞台等形式,更是极具吸引力。这些互动活动,使青少年读者不再仅仅是文学作品的被动接受者,而是成了主动参与者。他们参与图书的设计与内容的选取,形成了一种交互式的双向推动生产模式;他们参与阅读兴趣相同的"群体"的交流,形成了一个个独具特色的亚文化交流圈,产生了个体的成就感与满足感。尤其是青春文学 MOOK 所形成的培育新人的机制,比如 2009 年《最小说》举办的"The Next·文学之新"全国新人选拔赛,以 MOOK 为平台举办新人文学大赛,选拔出的新人在 MOOK 上连载作品,待取得一定知名度后再将作品结集出版。书刊互动的模式为培育文学新人创造了一个极佳的媒体平台。

这方面,不但青春文学 MOOK 走在了前列,达到了后续创作资源源源不断的良好效果,一些大型的专业少年儿童出版社也已经做得非常出色,比如中国少年儿童新闻出版总社在书刊互动方面的运作,尤其是其《儿童文学》杂志与图书部之间的互动,成为培养、发现原创儿童文学新生力量的主要阵地。一些出版社在阅读平台与读者俱乐部的建设上也已经有了许多有益的尝试。这应该是书业发展必经的服务层面的变革。

其次,以内容为核心,形成文化产业链也是书业未来的适宜走向。目前在图书排行榜上盛极一时的网游文学,以其短时期内即可产生的巨大市场效益受到众多出版社的关注。但是多数运作模式都是网络游戏在先,文学图书在后,亦步亦趋,依附性明显。当一种游戏下线或遭到淘汰,这种图书也就迅速遇冷并最终被市场遗忘。因此,一方面,童书业迫切需要更新观念,大力开发青少年网游资源,以小说设计网络游戏,以游戏展开想象,还原、演绎网游小说;以网游为载体,融入文学、艺术等多方位素质熏陶,形成传统与现代的对接。可以由优秀作家参与网游小说的创作,也可以由优秀的文学作品为脚本,设计网络游戏;可以以网游承载励志作品,使经典文学作品焕发精神滋养的功能;还可以以网游承载教育作品,借助优质的脚本设计,使青少年在游戏的世界里学习社会规则、学习处理问题、解决困难等。不少玩家从个人角度提出,诸如《纳尼亚传奇》《苏斯博士》等优秀文学作品都非常适合用来创编儿童网络游戏。在这方面,二十一世纪出版社授权千陌网络以儿童文学作家晓玲叮当的"魔法小仙子"系列为原型,创编了"魔法仙踪"儿童网游。这种以儿童文学为起点进行儿童网游创编的思路值得追踪。这样以内容为核心的思路,有利于保持图书出版独立的文化品格,有利于保持文学创作应有的文学标准。

以内容为核心的产业链,也需要书业提供内容资源,尤其是优秀文学作品中的形象资源,开拓相关文化产业链条,以此种产业互动的形式树立文学经典,形成与书业发展的互补。长期以来,图书发行码洋是出版社的主要收入来源,但是随着当代社会经济一体化的发展,单一产业与整个社会经济发展的关联度不断提高,产业与产业之间的联系更加紧密。这样的新形势对单纯依靠发行盈利的传统模式提出了挑战。因此,书业必须拓展产业链外延价值,让优质的内容从纸张转移到其他载体,比如从纸质图书延伸至改编影视剧、动漫产品,延伸至开发各种衍生产品等,在这一过程中使纸媒内容产生新的价值。基于此种态势,媒介融合将成趋势,推动我国童书业产业边界逐渐模糊,最终从全媒体运作走向媒介融合,从媒介融合走向产业融合。

三、阅读接受与引导层面

对于主导青少年选择图书的因素,本书调查问卷设计了提问——"你平常主要通过什么渠道获得上述文化产品的购买信息?(可多选)"。调查结果统计如下:(数字为得票数最多的前三位)

	电视	网络	报纸杂志	广播	同学朋友	老师家长
北京小学六年级	3	1			2	
贵州松桃小学六年级	3				2	1
山西太原小学六年级	3	1				
北京初中	2	1	2		2	
贵州松桃初中	3				2	1
山西太原初中		2	3		1	
北京高中		1	3		2	
贵州松桃高中		2	3			
山西太原高中		1	2		3	

通过上述统计可见，左右青少年文化产品消费选择的最重要因素是"同学朋友"，无论大城市、中型城市还是村镇，也无论小学高年级、初中还是高中，青少年都将该项列为重要选项；其次则是"网络"，城市学生均选择了此项；再次是"报纸杂志"和"电视"，年龄较小的青少年更多选择了电视，年龄较大的青少年多数还选择了报纸杂志，这显示了年龄层次与接受传播媒介能力的差异。而"老师家长"一项，则仅在贵州乡镇的小学和初中被列为首选项。

透过这项调查我们会发现，在有效引导青少年文化产品消费方面，老师家长的力量基本缺席，而同辈之间的交流沟通与同辈"意见领袖"的作用远远大于"成人导师"。从畅销书榜单中我们同样发现，相对成人榜单来讲，少儿类畅销榜单的变化相对较小。榜单的相对固定显示出青少年的从众心理要甚于成人。同时，榜单上长期可见的《夏洛的网》《草房子》《爱的教育》等当代经典作品和《三国演义》等古典文学作品，则显示了成人导师对青少年阅读指导的影响。然而，每年都有优秀的儿童文学作品涌现，这些作品又罕能进入销售榜单，这一现象印证了问卷调查的结果，显示了成人导师力量的局限与同辈"意见领袖"功能的强大。所以我们看到，杨红樱、郭敬明等畅销书作家都不需要成人阅读引导的介入，就实现了忠实粉丝的不断追随。这充分显示出当代青少年的高度寻求自我与独立的思想意愿。

然而，正如美国学者斯诺所强调的，受众面对媒介文化时存在差异，"受众中的个体因他们阐释文本或与文本商讨的能力不同而各异"[1]。受教育较多的人更善于选择他们所需要的信息，也更善于评价媒体的内容；而受教育较少的人较有可能接受媒体内容的表面价值。青少年恰是一个正在成长中的特殊受众群体。一方面，他们对图书拥有独立的阅读接受权利；另一方面，他们又处于身心从稚嫩走向成熟的成长期，尚未形成健全的价值判断能力。这使得他们的阅读接受行为显得相对盲目，成人导师的阅读引导至关重要。面对庞大的文学阅读资源，面对每年上万种的新书，成人必须在把握青少年心理特点、尊重青少年个人意志的基础上，发挥成人导师的阅读引导作用，具体包括基于青少年阅读能力发展阶段的有效阅读引导与长效的追踪调适。

基于青少年阅读能力发展阶段的阅读引导，强调了尊重青少年个体阅读水平的客观事实。事实上，很多时候，成人的阅读引导行为并没有缺席，但是他们的观点"被缺席"

---

[1] 戴兰娜·克兰.文化生产：媒体与都市艺术[M].赵国新，译.南京：译林出版社，2001：20.

了。原因就在于成人的阅读建议有时理想化地拔高了青少年的实际阅读理解能力,导致青少年对成人的阅读建议失去信心。高高在上的阅读引导促成青少年转而对与自己处于平等地位的同辈读者产生信赖。俞渝曾这样表述:"在一个缺乏好的评价机制的地方,顾客更愿意听到其他顾客的反馈或者熟人的声音。"①

因此,在阅读接受与引导层面,成人导师应提高对青少年阅读主体的尊重与阅读能力的了解,加强沟通与对话。并且,在当下社会各界的阅读推广行为中,还需纠正重引进轻本土、重经典轻当下的问题。同时还应通过阅读中介如图书馆、学校、读者俱乐部等渠道,开展阅读状况调查,追踪青少年图书借阅量指标变化,不断跟进调适青少年的阅读接受行为,并形成持续性的引导、沟通,使成人的阅读引导产生实际的效果,提高青少年图书传播质量,更大限度发挥青少年图书的文化功能。

---

① 俞渝.诚信为本,赢在未来[J].中国少儿出版,2008(4):23.

附：青少年文化产品消费问卷调查

青少年朋友们：

感谢你抽出时间回顾自己的文化产品消费情况，与更多的青少年朋友共享和交流你的观点。

青少年文化产品，包括青少年文学作品、绘本、电影电视、卡通动漫、数字化产品和相关延伸产品。

本次问卷为无记名填写，你的答卷仅用于我们的研究统计，请放心填写。

请在你认为适合的选项上画"√"，标注"可多选"的题目可选择多个选项，标注"其他"的题目可用文字表述你的状况或观点。谢谢你的恳切交流！

1.你的性别是 ＿＿＿。

　A.男 B.女

2.你的文化层次是 ＿＿＿。

　A.小学高年级 B.初中 C.高中 D.其他

3.你的主要家庭成员有 ＿＿＿。

　A.父母 B.父母和兄弟姐妹 C.父母和祖父母 D.单亲

4.你的生活地点在 ＿＿＿。

　A.直辖市和特区 B.城市 C.乡镇 D.农村

5.你在学校的学习成绩水平为 ＿＿＿。

　A.优秀 B.中上 C.中等 D.中下

6.你每个月的花销大约是 ＿＿＿。

　A.50元以下 B.50元~200元 C.200元~500元 D.500元~1000元

　E.1000元以上

7.你每月购买文化产品消费支出最多的项目是 ＿＿＿。（请选择排在前三位的选项）

　A.购买图书 B.观看电影 C.购买网络游戏及其他数字化产品

　D.购买动漫、影视形象的延伸产品

　E.其他（如有未列出的选项，请自行填写）

　最多 ＿＿＿，大约 ＿＿＿元；

次多 _____，大约 _____ 元；

较多 _____，大约 _____ 元。

8.你平常主要通过什么渠道获得上述文化产品的购买信息？（可多选）

A.电视 B.网络 C.报纸杂志 D.广播 E.同学朋友 F.老师家长

9.你是否乐于向同学朋友提供与分享文化产品讯息？

A.非常乐意 B.一般 C.很少

10.你是否加入过自己喜欢的文化延伸产品的粉丝团？

A.是 B.否

11.你受偶像的影响程度如何？

A.很大 B.一般 C.很少

12.你的家长是否关注你的具体文化产品消费情况？

A.从不 B.偶尔过问 C.经常

13.你每天的娱乐时间主要用于 _____。

A.读书 B.看电视 C.看电影 D.上网玩游戏 E.上网聊天

F.上网看视频 G.户外运动

最多 _____，大约 _____ 分钟；

次多 _____，大约 _____ 分钟；

较多 _____，大约 _____ 分钟。

14.在生活或学习中，你会感到焦虑或者感到有压力吗？

A.经常 B.有时 C.基本没有

15.你认为排解压力或焦虑的最好办法是 _____。（可多选）

A.和父母倾诉 B.和好友倾诉 C.运动 D.玩网络游戏 E.看书

F.看电视 G.看视频 H.听音乐 I.自己默默承受

16.你认为目前最欠缺的青少年文化产品是 _____。

A.青少年文学图书 B.青少年绘本 C.卡通动漫 D.青少年电影

E.青少年电视剧 F.青少年娱乐节目 G.青少年网络游戏

H.青少年数字化产品 I.其他

17.你认为目前最丰富的青少年文化产品是 _____。

A.青少年文学图书 B.青少年绘本 C.卡通动漫 D.青少年电影

E.青少年电视剧　F.青少年娱乐节目　G.青少年网络游戏

H.青少年数字化产品　I.其他

18.你认为目前好作品最多的青少年文化产品是_____。

A.青少年文学图书　B.青少年绘本　C.卡通动漫　D.青少年电影

E.青少年电视剧　F.青少年娱乐节目　G.青少年网络游戏

H.青少年数字化产品　I.其他

19.你对青少年文学图书消费的心理承受价位是_____。（以月为时间单位）

A.5元~20元　B.20元~50元　C.50元~100元　D.100元以上

20.你对青少年网络游戏、网络社交等数字化消费的心理承受价位是_____。（以月为时间单位）

A.10元~50元　B.50元~100元　C.100元~200元　D.200元以上

21.你对青少年影视动漫产品消费的心理承受价位是_____。（以月为时间单位）

A.10元~50元　B.50元~100元　C.100元~200元　D.200元以上

22.你对各类青少年文化形象的延伸产品（如相关品牌服装、书包等）消费的心理承受价位是_____。（以月为时间单位）

A.10元~50元　B.50元~100元　C.100元~200元　D.200元以上

23.你对食品消费的可承受价位是_____。（以月为时间单位）

A.10元~50元　B.50元~100元　C.100元~200元　D.200元以上

24.你对文具消费的可承受价位是_____。（以月为时间单位）

A.10元~50元　B.50元~100元　C.100元~200元　D.200元以上

25.你购买各种青少年文化产品的目的是_____。（可多选）

A.新鲜好玩　B.体现个性和品位　C.追求时尚　D.汲取知识　E.打发时间

26.哪些因素促使你购买各种青少年文化产品？

A.创作者（作家、画家等）的知名度高　B.产品的口碑好　C.有个性,够酷

D.质量好　E.师长推荐　F.同学推荐　G.有中国传统韵味　H.符合潮流

本编参考文献

[1] 朱自强.儿童文学概论[M].北京:高等教育出版社,2009.

[2] 樊国宾.主体的生成:50年成长小说研究[M].北京:中国戏剧出版社,2003.

[3] 王泉根.现代中国儿童文学主潮[M].重庆:重庆出版社,2000.

[4] 梅子涵,曹文轩,方卫平,等.中国儿童文学五人谈[M].天津:新蕾出版社,2001.

[5] 焦守红.当代青春文学生态研究[M].长沙:湖南师范大学出版社,2008.

[6] 曹卫东.权利的他者[M].上海:上海教育出版社,2004.

[7] 李学武.蝶与蛹:中国当代小说成长主题的文化考察[M].北京:中国社会科学出版社,2003.

[8] 鲁迅.鲁迅文集 IV[M].兰州:甘肃文化出版社,2018.

[9] 鲁迅.鲁迅全集(第6卷)[M].北京:人民文学出版社,1981.

[10] 袁珂.中国神话史[M].上海:上海文艺出版社,1988.

[11] 刘绪源.儿童文学思辨录[M].北京:海豚出版社,2012.

[12] 钱理群.拒绝遗忘——钱理群文集[M].北京:中国大百科全书出版社,2009.

[13] 王涛.代际定位与文学越位:"80后"写作研究[M].成都:巴蜀书社,2009.

[14] 李扬.50~70年代中国文学经典再解读[M].济南:山东教育出版社,2003.

[15] 陈晖.儿童文学世界——我的文学课:教师版[M].北京:北京师范大学出版社,2011.

[16] 赵勇.大众媒介与文化变迁:中国当代媒介文化的散点透视[M].北京:北京大学出版社,2010.

[17] 赵郁秀.当代儿童文学的精神指向:第六届亚洲儿童文学大会文选 中英文本[M].沈阳:辽宁少年儿童出版社,2002.

[18] 要力石.畅销书策划88法[M].北京:新华出版社,2009.

[19] 伍旭升.30年中国畅销书史[M].北京:中国对外翻译出版公司,2009.

[20] 萨莉·格林德列,苏珊·华莱.天为啥是蓝的?[M].陈丹燕,译.济南:明天出版社,2011.

[21] H.加登纳.艺术与人的发展[M].兰金仁,译.北京:光明日报出版社,1988.

[22] 歌德.威廉·迈斯特的学习时代[M].杨武能,译.桂林:广西师范大学出版社,2003.

[23] 巴赫金.巴赫金全集:第三卷:小说理论[M].白春仁,晓河,译.石家庄:河北教育出版社,1998.

[24] 弗洛伊德.性学三论;爱情心理学[M].林克明,译.西安:太白文艺出版社,2004.

[25] 詹姆斯·O.卢格.人生发展心理学[M].陈德民,周国强,罗汉,等,译.南京:学林出版社, 1996.

[26] J.C.考尔曼.青春的本性[M].杨高潮,杨新潮,译.杭州:浙江人民出版社,1987.

[27] 约翰·迪利.符号学基础.6版[M].张祖建,译.北京:中国人民大学出版社,2012.

[28] 瓦尔特·本雅明.机械复制时代的艺术作品[M].王才勇,译.北京:中国城市出版社, 2011.

[29] 巴纳德.理解视觉文化的方法[M].常宁生,译.北京:商务印书馆,2013.

[30] 埃弗特里·E.丹尼斯,克雷格·L.拉美,爱德华·皮斯[M].中国出版面面观.张志强,等, 译.石家庄:河北教育出版社,2005.

[31] 泰勒·考恩.商业文化礼赞[M].严忠志,译.北京:商务印书馆,2005.

[32] 戴兰娜·克兰.文化生产:媒体与都市艺术[M].赵国新,译.南京:译林出版社,2001.

[33] 韩寒.三重门[M].沈阳:万卷出版公司,2010.

[34] 韩寒.像少年啦飞驰[M].沈阳:万卷出版公司,2010.

[35] 韩寒.韩寒五年文集(上)[M].南昌:二十一世纪出版社,2006.

[36] 韩寒.零下一度[M].沈阳:万卷出版公司,2010.

[37] 韩寒.可爱的洪水猛兽[M].沈阳:万卷出版公司,2009.

[38] 韩寒.漂移中国[M].香港:牛津大学出版社(中国),2010.

[39] 郭敬明.幻城[M].武汉:长江文艺出版社,2008.

[40] 郭敬明.爱与痛的边缘[M].武汉:长江文艺出版社,2003.

[41] 郭敬明.1995—2005夏至未至[M].沈阳:春风文艺出版社,2006.

[42] 郭敬明.悲伤逆流成河[M].武汉:长江文艺出版社,2007.

[43] 郭敬明.小时代1.0:折纸时代[M].武汉:长江文艺出版社,2008.

[44] 春树.长达半天的欢乐[M].上海:上海文艺出版社,2012.

[45] 春树.2条命——世界上狂野的少年们[M].上海:上海文艺出版社,2012.

[46] 春树.红孩子[M].上海:上海文艺出版社,2012.

[47] 冯唐.十八岁给我一个姑娘[M].沈阳:万卷出版公司,2010.

[48] 李傻傻.李傻傻三年文集[M].北京:中国青年出版社,2006.

[49] 孙睿.草样年华·壹:北×大的故事[M].武汉:长江文艺出版社,2011.

[50] 郭妮.麻雀要革命 4[M].南昌:二十一世纪出版社,2007.

[51] 中国出版年鉴社.中国出版年鉴 2003[M].北京:中国出版年鉴社,2003.

[52] 中国出版年鉴社.中国出版年鉴 2004[M].北京:中国出版年鉴社,2004.

[53] 中国出版年鉴社.中国出版年鉴 2006[M].北京:中国出版年鉴社,2006.

[54] 中国出版年鉴社.中国出版年鉴 2008[M].北京:中国出版年鉴社,2008.

[55] 中国出版年鉴社.中国出版年鉴 2011[M].北京:中国出版年鉴社,2011.

[56] Hans Sebald,Adolescence:A Social Psychological Analysis[M].NJ:Prentice-Hall,1984.

[57] Kathryn Hume.Fantasy and Mimesis: Responses to Reality in Western Literature[M].New York:Methuen,1984.

[58] Jack Zipes.Breaking the Magic Spell:Radical Theories of Folk and Fairy Tales.Revised and Expanded Edition[M].Lexington:University Press of Kentucky,2002.

[59] Aldiss B,Wingrove D.Trillion Year Spree:The History of Science Fiction[M].London:House of Stratus,2001.

[60] J.R.R.Tolkien.The Tolkien Reader[M].New York:Ballantine Books,1966.

[61] Darko Suvin.Metamorphoses of Science Fiction:On the Poetics and History of a Literary Genre[M].New Haven and London:Yale University Press,1979.

[62] 宗白华.略谈艺术的"价值结构"[J].创作与批评,1934,1(2).

[63] 王泉根.中国新时期儿童文学的深层拓展[J].北京师范大学学报(社会科学版),2004(4).

[64] 曹文轩.他们的意味——"80 后"写作与时代[J].中关村,2005(1).

[65] 海飞.和谐童书业,追求真善美[J].中国少儿出版,2007(1).

[66] 张颐武.新世纪文学:跨出新文学之后的思考[J].文艺争鸣,2005(4).

[67] 张颐武.当下文学的转变与精神发展——以"网络文学"和"青春文学"的崛起为中心[J].探索与争鸣,2009(8).

[68] 陶东风.游戏机一代的架空世界——"玄幻文学"引发的思考[J].文艺争鸣,2007(4).

[69] 张柠.乡村与都市的双重梦魇——谈李傻傻的创作[J].南方文坛,2007(4).

[70] 赵勇.从文学韩寒到政治韩寒[J].法治周末,2012(2).

[71] 赵勇.文学生产与消费活动的转型之旅——新世纪文学十年抽样分析[J].贵州社会科学,2010(1).

[72] 赵勇.BBS、博客、粉丝与书商——《明朝那些事儿》的生产元素[J].文艺争鸣,2010(13).

[73] 张世英.论想象[J].江苏社会科学,2004(2).

[74] 钱初熹.有关美术教育的新思考[J].中国美术教育,2003.

[75] 郁敬湘.书业新形势下的儿童文学编辑[J].中国少儿出版,2006(4).

[76] 吴尚之.将少儿出版打造成建设出版强国的生力军[J].中国出版,2010(13).

[77] 侯颖.中国原创少儿读物的出版困境[J].中国少儿出版,2007(4).

[78] 竺祖慈.译林出版社版权引进工作回眸[J].中国出版,2003(6).

[79] 陈晓梅.走向博洛尼亚——1999年第36届博洛尼亚国际儿童读物展巡礼[J].中国少儿出版,1999(3).

[80] 吴郑宏.时尚低龄化——少儿出版的市场法宝[J].中国少儿出版,2006(2).

[81] 黄逸秋.青春文学MOOK及其对图书出版业的启示[J].出版发行研究,2010(8).

[82] 汤锐.儿童文学与道德规范——坚守儿童文学的精神高度[J].中国少儿出版,2006(2).

[83] 陈晖.中国儿童文学推广的现状及相关策略[J].中国少儿出版,2002(4).

[84] 杨佃青,孟凡明.直面危机 专业儿童文学出版自信再出发 中国版协少读工委"中国原创儿童文学出版研讨会"综述[J].中国少儿出版,2007(2).

[85] 俞渝.诚信为本,赢在未来[J].中国少儿出版,2008(4).

[86] 王泉根.中国儿童文学的历史性跨越[N].文艺报,2002-10-22.

[87] 中国网事20年[N].新京报,2015-12-16(A09).

[88] 郭铭.少儿出版的强国之梦[N].中国教育报,2011-03-31.

[89] 陈香.2013年少儿图书选题揭秘[N].中华读书报,2013-01-09(07).

[90] 杨旭.6年间图书库存码洋增长近1倍 出版业"亚健康"[N].人民日报,2013-02-20.

[91] 国内原创少儿图书具有很大市场空间[N].中华读书报,2004-05-31.

[92] 李雅宁.童书金矿还能挖多久?[N].中国图书商报,2009-08-25.

[93] 周曦.SNS网站对于大学生同学间人际关系的影响——以"校内网"为例[D].厦门:厦门大学,2009.

[94] 李彧.新世纪中国类型小说出版现状反思[D].武汉:华中师范大学,2006.

[95] 陈苗苗.出版文化视野下中国当代儿童文学——以20世纪90年代末至今为个案[D].北京:北京师范大学,2007.

▶ 第二编

青少年
影视研究

各个国家都希望通过电影、电视这类大众化的艺术形式,传承民族的文化传统,建构一种能够被公众普遍认同的文化秩序,进而对于某种具有主流意识形态指向的影视作品给予支持。大众影视媒介与少年儿童"联姻",使得电影和电视成为当前少年儿童接触频率非常高的媒介。青少年的成长离不开媒介,每一个儿童都是在特定的媒介环境中成长起来的。在各种文化艺术样式中,电影和电视可谓是少年儿童精神成长的必需品,它们与学校教育、家庭教育一起,广泛而深刻地影响着当下少年儿童的精神成长。关于媒介需要的研究表明,少年儿童使用电视是为了满足放松身心、逃避现实、情绪刺激、互动交往的需要;阅读是为了满足逃避现实、快乐诉求、现实性和平静诉求的需要。[1]可见,电视的"情绪刺激"同阅读的"平静诉求"形成了鲜明的对比,而传统的影院观影方式,则在很大程度上满足了少年儿童的情境诉求与梦幻体验。

少年儿童的媒介接触行为,反映了少年儿童作为媒介受众的主体性存在。与文学相比,电影电视在媒介符号、艺术形态、接受(观赏或阅读)情境的规定性等方面都有着质的不同。电影是综合了文学、戏剧、音乐、绘画、摄影等多种艺术门类的综合艺术,以影像为基本表征,以镜头为最小表意单位,通过镜头及镜头之间的关系,带给少年儿童比文字更为直接的视觉冲击力、情绪感染力和美感效应。

电视尽管在技术原理上与电影非常相似,但传统的影院观影方式与家中看电视相比,却有着明显的区别。一是兴奋感差异。儿童看电视是在他熟悉的家庭私密空间,能满足其不出家门就能观看影像故事的需求。儿童外出看电影则意味着他要走出家门,去影院或露天的室外参加一项专门的集体活动,对天性好动的儿童而言,影院公共空间或室

---

[1] 卜卫.关于儿童媒介需要的研究——以电视、书籍、电子游戏机为例[J].新闻与传播研究,1996(3):21.

外公共空间更让其兴奋。二是目的性差异。儿童去影院看电影，常常是选择自己想看的某部影片，或是学校组织的观影，或是家长的推荐，其目的明确而单一。但在家中看电视的儿童，较少有目的地选择某个节目去看，他们习惯了拿着遥控器随意进行"频道冲浪"，多数情况下只是想进行看电视这一媒介接触行为。电视被称为孩子的"第二家长"，让多数孩子从小感到亲切，假设儿童被剥夺看电视的权利，他们可能会觉得被剥夺了某种基本权利。相比之下，影院观影更具仪式感，许多世界著名导演对童年看电影的情形念念不忘。从这个意义上说，不管电影的媒介功能如何部分地被电视所代替，电影始终具有电视无法拥有的魅力。三是专注度差异。去影院观影，儿童在黑暗而纯粹的环境中，在沉默中经历一次完整的故事体验过程，电影要求儿童具备线性的注意力，儿童通常会始终沉浸在影片中。但如果是在家中看电视，电视屏幕比电影银幕小很多，电视机作为一件熟悉的家电摆放在室内，加上人们习惯了亮灯看电视，儿童看电视的同时自然会注意到室内发生的其他事情，他们的注意力完全可能被各种其他事物干扰，而不可能像在黑暗的影院那样专心致志地观看。因此，儿童看电视的体验相对混杂。事实上，电影是电视传输的主要内容之一，任何一部影片都可以在电视上播出。"打开电视看电影"，更是体现了电影对于电视的依赖性。无论看的是电视台播放的影片，还是通过电视看电影光盘和录像带，人们习惯了在家看电影，当电影在电视上放映时，电视屏幕变成了电影银幕的便利替代品。

儿童影视对少年儿童的知识结构、行为方式、价值观念、人格修养、审美情趣乃至世界观、人生观的形成等具有深远影响。本编探讨影视传媒对少年儿童的影响，具体研究对象为电影范畴中的主流电影、商业大片、儿童故事片，以及电视范畴中的儿童电视节目和儿童电视剧。通过其生产现状，探讨电影电视对少儿精神成长的价值功能以及可行的引导策略。

第一章 教育与禁忌：电影对少年儿童的影响

青少年是未来文化的主要创建者，而电影文化在潜移默化中对青少年的社会化产生着重要影响。近年来，针对青少年电影受众群体的研究时常见于报端，有关少年儿童需要什么样的影片及电影媒介对少年儿童社会化的影响等方面的科学分析越来越受到人们的关注。

事实上,电影传播媒介对少年儿童的独特影响力很早就为人们所关注。著名科学家爱因斯坦在1929年就指出,电影"作为一个对人类精神幼年时期的教育方法,它是无可匹敌的,因为电影有可能使思想戏剧化,这就比用别的任何方法更易为儿童所理解"[①]。三年后的1932年,鲁迅大胆预言,"用活动电影来教学生,一定比教员的讲义好,将来恐怕要变成这样的"[②]。《小兵张嘎》的导演崔嵬也指出,电影的情绪感染力"对儿童的影响力量远远超过文学作品。因为任何文学上的描述,甚至是最鲜明的、最有表现力的描述,也不能和鲜明的、富于说服力的、清楚明晰的电影形象相比拟"[③]。

如今,人们对电影与青少年成长之间关系的认知更为全面。电影对少年儿童的影响,不只停留在发展视觉艺术感知能力、丰富业余文化生活的层面,青少年的观影行为还影响了其知识结构、行为方式、价值观念、人格修养、审美情趣乃至世界观、人生观的形成。从媒介选择和接触的实际情形来看,除了儿童故事片,青少年也热衷于选择一些符合其审美和心理需求的影片。我国《电影艺术词典》对儿童片的定义是:"为少年儿童拍摄的故事片。即从培育儿童的需要出发,从儿童本身的精神需要出发而拍摄的、适合于他们的欣赏特点和理解能力的影片。这种影片的创作,一般都充分考虑不同年龄儿童的心理和智力特点,从选材、构思到艺术表现的整个过程,都注意作品有益于儿童,容易为他们所理解,并为他们所乐于接受,儿童片的'儿童',不是指题材范围,而是指服务对象。"[④]另一方面,随着时代与电影艺术的发展,一些并非专门为少年儿童拍摄的故事片,因其在很大程度上符合少儿观众的审美和心理需求,也在一个更为宽泛的范围内被纳入电影与儿童关系考量的视野之中。这正是我们将主流电影、商业大片对青少年的影响纳入研讨的现实前提。

本章具体展开电影对少年儿童的影响研究,重点探讨如何利用电影媒介对少年儿童进行媒介素养教育,并就主流电影和商业大片对少年儿童的影响及对策展开讨论。

第一节 利用电影开展儿童媒介素养教育

"利用电影开展儿童媒介素养教育"这一命题,是电影与少年儿童影响关系的核心

[①] 爱因斯坦.爱因斯坦文集(第三卷)[M].许良英,赵中立,张宣三,译.北京:商务印书馆,1979:33.
[②] 鲁迅.鲁迅全集(第4卷)[M].北京:人民文学出版社,1981:445.
[③] 黄健中.崔嵬和他的儿童世界[J].电影艺术,1980(6):48.
[④] 许南明,富澜,崔君衍.电影艺术词典(修订版)[M].北京:中国电影出版社,2005:68.

内容。媒介是人类感官的延伸,少年儿童的感官在与媒介的互动中受到能力的挑战,少年儿童如何学会选择、分辨信息,如何面对各种媒介发展出具有批判性的信息接收和选择能力,切实影响着其身心成长。为此,西方发达国家的传播学、新闻学、教育学和心理学等学科的学者们一直在尝试开展媒介素养教育,并且积累了儿童媒介素养能力建构和教育课程体系方面的丰硕成果。儿童媒介素养,作为少年儿童正确使用和有效利用媒介的一种能力,是其在现代社会应该具备的,是时代和历史发展对少年儿童提出的基本要求。实施儿童媒介素养教育,也是关注少年儿童成长的基本内容之一。然而,我国青少年群体的媒介素养教育尚待普及和深入。因此,我们有必要来探讨如何培养少年儿童正确使用和有效利用电影媒介的能力,如何发挥电影在儿童媒介素养教育中的作用。

一、儿童电影媒介素养教育的内容

儿童电影媒介素养教育主要包括四个方面的内容。

一是儿童电影媒介知识,即帮助儿童认识儿童电影媒介的特征,了解其制作技术,培养对儿童电影性质和功能的正确认识,避免对其娱乐化的单一认知。建议引导少年儿童回答以下问题:儿童电影是如何拍摄制作出来的?儿童电影与儿童文学、儿童电视有何差异?

二是儿童电影媒介信息,即引领儿童正确感知儿童电影所呈现的信息内容,获得作品蕴含的儿童观、价值观、教育观等层面的信息,以培养儿童的信息识别能力乃至接受批判性文化的能力。可引导少年儿童开展影片分析,就影片中的性别意识、价值观念、暴力倾向等问题展开讨论。

三是儿童电影媒介组织与管理,即教育儿童了解儿童电影的组织运作流程、儿童电影管理法规与政策、影响儿童电影传播的政治经济等因素。可引导少年儿童比较中国与美国儿童电影市场运作方式的异同、了解世界各地国际儿童电影节举办情况等。

四是儿童对自身观影行为的分析判断,即儿童作为儿童电影的受众,通过教育的方式让其明确自身媒介选择的目的,了解媒介接触对自身日常生活的影响,开展有效的儿童电影评论活动等,以培养和提高儿童观影行为的自我管理能力,防止媒介沉溺现象发生。可教育少年儿童辨别与抵制非法盗版物、练习写作儿童电影影评等。

由于儿童对媒介的喜好程度,存在年龄、性别、城乡、文化、个性等方面的差异,以上四个方面的内容需要我们在实施教育过程中加以适当的选择与调整。

二、儿童电影媒介素养教育的途径

实施儿童电影媒介素养教育,学校、父母、社会都可以担当起相应的职责。具体而言,第一是发展课程教育计划。在学校教育中实施少年儿童媒介素养教育计划,是一个非常有效的途径。以西方各国广泛开展的儿童电视媒介素养教育为例,英国、澳大利亚、法国、瑞典等国主要由教育行政机构统筹负责儿童媒介素养教育的相关研究和训练课程,澳大利亚还发展出从幼儿园到高中的完整的媒介素养教育课程与教材。与西方国家系统的理论研究与课程实践不同,我国尚未形成儿童媒介素养教育的整体自觉意识,不过在电影课程资源开发方面已经积累了一定的经验。由中央电化教育馆和北京千万代基础教育科技中心合作的《电影课实证研究》,将电影作为教育的延伸手段,2014年开始在全国上千所学校开展电影教育实践。当然,最为理想的途径还是全面发展课程教育计划,通过在学校普遍开设"儿童电影媒介素养教育"课程,让儿童电影媒介素养教育制度化、常规化、系统化,最终使全部儿童受益。这就需要我们组织专业力量开展儿童电影课程资源的研发,进行专门的媒介素养教育课程体系建设,以及开展专门的教师培训。应该让教育学、心理学、传播学以及社会各界都参与到儿童电影媒介素养的研究和实践中来。

第二是实施父母介入策略。父母是儿童最亲密的家庭成员,对少年儿童的媒介接触行为有着直接的影响,因此父母需要天然地承担起儿童媒介素养启蒙教育的责任。在当下这样一个"打开电视看电影"、传统影院观影方式逐渐边缘化的时代,家庭作为观影空间的作用日益凸显,家庭中父母对儿童观影行为的介入指导因此更具现实意义。然而,由于我国尚未形成儿童媒介素养教育的自觉意识,能够承担起这一责任的父母并不多。少年儿童看电影时,如果父母能够陪同一起观看,并能围绕影片与孩子展开讨论,辨别影片内容的优劣,减弱电影的负面影响,对少年儿童媒介素养的提高将十分有益。由于父母对自己孩子的媒介接触行为与媒介选择偏好更为了解,因此他们的介入往往更具针对性。近年来,不少影片走"家庭影片""亲子电影"路线,也在鼓励更多父母和孩子一同进行媒介接触。2007年,北京首家亲子儿童影院在中国木偶剧院落户,除了影片放映,影院还以学习、宣传、普及电影知识为核心,组织儿童电影评论、影迷俱乐部、首映式及演员见面会等相关活动,以此培养中小学生对电影的情感和兴趣。亲子儿童影院的系列举措,为开展儿童电影媒介素养教育提供了相对集中的资源和平台,值得学校和家长重视。

第三是利用媒介素养教育读物。从出版物的状况来看,具有少年儿童媒介素养教育自觉意识、专业化、体系化的出版并未形成气候,但一些读物与少年儿童电影媒介素养教育有着密切联系,值得我们将其作为教育资源加以学习利用。一类是专为少年儿童出版的普及电影知识的读物,可作为儿童延伸阅读的资源。早在1954年,少年儿童出版社出版的《看电影》,通过小兄弟俩看电影的故事,说明电影的简单原理、摄制电影的过程、摄影机的构造,以及翻译片、动画片、木偶片、纪录片和科学教育片的拍摄方法。2005年,湖北少年儿童出版社推出叶永烈的《电影的秘密》("叶永烈趣味科学系列"丛书之一)。此外,还有《多彩的电影世界》(北方妇女出版社,1991)、《影视娱乐》(科学普及出版社,2006)等。另一类是适合教师、家长及研究者阅读的书籍,可为成人实施媒介素养教育提供经验方法方面的指导。如《电影课实验在中国》(雷祯孝主编,高等教育出版社,2003)、《小学生电影观赏指南》(黄会林等主编,湖北教育出版社,1994)、《影视教育荟萃》(上海市教委编写,上海人民出版社,1999)、《情系花花朵朵:横店·全国中小学生影视教育研讨会文集》(广西教育出版社,2005)、《中小学影视教育论纲》(张庆林著,海洋出版社,2002)等。

三、儿童电影的媒介规范与自律

马歇尔·麦克卢汉指出:"从长远的观点来看问题,媒介即是讯息。所以社会靠集体行动开发出一种新媒介(比如印刷术、电报、照片和广播)时,它就赢得了表达新讯息的权利。"[1]事实上,媒介赢得表达权利并不意味着其表达的讯息无懈可击。我们的影片究竟在何种程度上展现了儿童生命状态?儿童的声音、权利、性别,在儿童电影中是如何被塑造的?影片中的暴力、性、吸烟等镜头应如何处置?我们在儿童电影的创作、观赏和评论的每一个环节,都应树立正确的媒介自律意识。

事实上,我们有些儿童片缺乏自觉的媒介规范与自律意识,针对儿童的家庭暴力、战争暴力镜头不加处理地随意出现,片中的吸烟镜头屡屡出现,对儿童参与灾难救助的题材一味肯定其小英雄的榜样价值,等等。有时甚至违背一些基本原则,譬如,有一类聚焦农村儿童教育问题的影片(如《背起爸爸上学》《上学路上》等),表现小主人公由于贫穷、疾病、观念等方面的原因身处失学边缘,为了能继续学业,他们默默承担起家务重担或通过自己的艰苦劳动筹措学费,影片将主题表现的重心落在赞扬其意志坚强、品学兼

---

[1] 马歇尔·麦克卢汉.F.麦克卢汉如是说:理解我[M].何道宽,译.北京:中国人民出版社,2006:2.

优上。学校和社会因此号召所有儿童向影片主人公学习,家长也会教育自己的孩子以其为榜样。然而,值得反思的是,这类影片其实忽略了一个基本原则:儿童拥有受保护的权利,儿童理应尽可能避免从事影响其身心健康的事务。影片主人公面临困境、勇于承担生活重压本身没有错,但影片应该将主题表现的重心落于如何帮助其摆脱困境,而不是提倡儿童观众学习小主人公承担本不应承担的重任之"美德"。根据相关法律,媒体与社会应鼓励失学儿童求助于民政等相关部门,这一责任应该由社会承担而不是鼓励儿童自己承担。如果一味鼓励和提倡由孩子承担生活重担,影片很容易成为传递偏颇甚至错误讯息的媒介载体。

再比如,艾滋病作为社会热点问题受到人们普遍关注,有关艾滋孤儿题材的影片一度频繁进入人们的视野,仅 2007 年就有《两个人的教室》《冲动是天使》《你是天使》等一批表现艾滋孤儿生活的影片问世,影片表现了艾滋孤儿受到的世俗偏见与人格歧视,以及善良的人们为此付出的种种努力。值得深思的是,在影片规定情境中,患儿的特殊身份都被周围人所知晓,而事实上,艾滋病患者的身份在一般公众层面尚且理应作为个人隐私受到保护,儿童更是本该拥有受保护的基本权利。影片中艾滋孤儿身份在公众面前的暴露无疑表明,影片是在儿童权利受侵犯、儿童尊严被践踏的前提下展开故事情节的,这样的编排尽管可能符合现实生活情形,但现实生活并不足以成为艺术表现的全部理由。由于影片在表现被异化的童年和被伤害的儿童的同时,并未着力传达"艾滋病患者身份受到隐私权保护"这一基本信息(该信息与故事情节的缝合非常必要),这就很容易使观众尤其是少年儿童观众产生误读。正因如此,影片容易停留在赢得观众同情与怜悯的感性层面,而无法引发成人社会对这一问题的深层理性思考,影片的社会现实批判力也就有所削弱。从媒介规范与自律的角度而言,究竟该如何尊重和保障艾滋孤儿的生命尊严和生存权利?如何表达对艾滋孤儿的人性关怀?电影编导需要在这类问题上投入更多的自觉意识。

第二节 主流电影对青少年价值观的影响

当前我国电影观众呈现出越来越低龄化的趋向,青少年观众是其中一支重要力量,因此电影对青少年观众价值观构建的影响力不可小觑。"价值观"作为文化的核心,是指作为一定社会文化、意识形态的表现形式。价值观是人们关于价值问题的基本观点,特别是人们关于人的价值的基本观点,即人生观、世界观、理想、信念等思想观念的总和。① 本节主要剖析主流电影对青少年价值观构建的影响力。

我们这里所说的主流电影,并非指在内容、风格、样式上具有固定特征的某一类电影,也不是一个孤立的艺术称谓,而是同具体历史时期的社会主流意识形态和大众文化趣味相合的一类影片。基于社会主流意识的二元性,饶曙光曾提出中国主流电影的两大体系——"从具有中国特色的电影产业化出发和考虑,从当下中国的社会结构、经济结构、政治结构、文化结构及其在此基础上形成的社会文化主潮的实际出发和考虑,当下中国的主流电影一方面必须'有中国特色',另一方面必须要适应'电影产业化',那就应该有两大体系——国家主流电影和主流商业电影。"②

在主流电影商业化、商业电影主流化的背景之下,大众化和多样化成为主流电影的两个突出特征。接下来我们从主流电影的两大体系(国家主流电影和主流商业电影)切入,探究主流电影对青少年价值观的影响。我们试图回答:健康、现代的电影文化应该向少年儿童传递怎样的内涵?当前无分级的电影制度又在哪些方面损害着我们的少年儿童?我们可以通过什么方式让少年儿童看到那些真正有人文内涵、人文深度、人文关怀,具备主流价值观和审美观的影片?

一、国家主流电影和青少年成长

国家主流电影理所当然地要表达国家的主流意识形态、主流价值观,塑造自己的民族形象、国家形象。因此,国家主流电影对青少年观众主流价值观的形成至关重要。我们的少年儿童观众(尤其是少年时期的观众)接触国家主流电影的机会越来越多,其中既有少年儿童观众的自主选择,也有学校、家庭的引导观看。我们欣喜地看到,国家主流电影充分注意细化目标受众,追求叙事智慧,塑造个性人物,赢得了市场也赢得了口碑,少年儿童观众也是其中的受益者。

我们现在已经进入了消费社会,其主流文化价值、正面文化价值必须借助于大众文化消费才能得以有效传播。在当下社会语境里,如何尽可能地将主流价值的宣导与市场接轨,在政治与商业之间寻求互利、在教化与娱乐之间实现双赢,显得尤为必要。就国家主流电影的创作和生产来说,对红色历史、红色题材的反复书写和表现是难以避免的,我国历来有通过战争历史题材影片实现对少年儿童爱国主义教育的传统。在当前的电影环境下,红色题材的国家主流电影需要艺术家找到个人化的支点和想象,通过电影化

---

①宋惠昌.社会主义核心价值观专题解读[M].北京:中共中央党校出版社,2010:7.
②饶曙光.改革开放三十年与中国主流电影建构[J].文艺研究,2009(1):76.

的想象和视听魅力来表达对红色历史的感悟。随着劳模、英模人物的故事不断被搬上大银幕,塑造英雄人物形象也成为国家主流电影的一大热点。如果国家主流电影的创作者不去深入研究年轻观众的心理和欣赏需求,不去适应他们的心理和欣赏需求,就有可能变成"自娱自乐"。可喜的是,在当前主流电影商业化的潮流之下,越来越多的国家主流电影通过商业化的手段实现与当下观众的"无缝对接"。例如,2011年,为纪念建党90周年选出的28部献礼影片涉及不同历史阶段,从影像层面全景式地、立体地建构了中国共产党的奋斗史、革命史,同时在艺术质量和美学追求方面也都做出了新的努力,的确做到了"主题深刻、内容精彩、格调高雅、制作精良、艺术创新"。这28部影片题材丰富、内容多样,多角度地在银幕上展现了中国共产党诞生、发展的历史过程,其中包括讲述革命历史的影片(《建党伟业》《湘江北去》《少年邓恩铭》等),记述英烈传奇的影片(《秋之白华》《情归陶然亭》等),歌颂当代英模的影片(《钱学森》《杨善洲》等),展现时代风貌的影片(《乌鲁木齐的天空》《大太阳》等),彰显军人风采的影片(《歼十出击》等),以及纪录片(《中国三峡》)、动画电影(《西柏坡的故事》)等。

以献礼影片之一《建党伟业》为例。该片由韩三平、黄建新执导,云集178位明星,由重量级幕后班底打造。从开拍到宣传再到放映,《建党伟业》都广泛吸引了国内外观众的眼球,成为一个具有持续性、扩散性的文化热点、文化事件。和以往同类电影沉闷的叙事不同,《建党伟业》运用了很多类型片的讲述方式。第一段故事类似黑帮片,是黑暗的、混乱的;中间段落带有政论的色彩,是开放的、碰撞的;第三段采用青春片的拍法,是影片重点渲染的,给人朝气蓬勃的感觉。显然,《建党伟业》在普及历史知识的基础上,更希望年轻的观众从中得到心灵上的感悟。这样的艺术样式对我们的少年儿童观众来说显得尤为重要。少年儿童观众不仅可以在艺术享受中重温中国共产党90年走过的光辉奋斗历程,感受伟人们的坚定信仰和伟大情怀,还能够透过生动的讲述感受到百年前的年轻人是怎样为了理想和信仰艰苦奋斗,在成就伟业的同时也实现了个人价值的最大化。《建党伟业》将历史场景与时尚元素结合,将主流价值观用当代观众(包括少年儿童观众)容易接受的方式去表现,并通过市场化的手段、商业化的运作形成了中国特色的"事件电影",非常有助于主流价值观和审美观在青少年观众中的有效传播。

"明星化",是《建党伟业》等影片(包括之前的《建国大业》)引出的另一个与少年儿童观众密切相关的热点话题。使用全明星阵容对影片进行商业化运作,大幅度增加了影片的话题性和关注度,显然为国家主流电影走近观众、赢得市场找到了一条有效的途径。然而，明星过多也影响了电影的叙事及其历史内涵的表达，不少观众进影院纯粹是看明星，而忽视了电影所表达的历史内涵、人文内涵。事实上，电影自身的艺术品质及其内涵永远是第一位的，永远是电影的本体，明星绝不是万能的。为了赢得更多的观众（尤其是年轻观众），《秋之白华》选择了窦骁和董洁两位明星，尝试把革命家青春化、偶像化，力图从青春时尚偶像的眼睛里看到当年革命者的情怀，力图让历史故事体现当下青春时尚、文化时尚的意味。《湘江北去》起用保剑锋饰演年轻毛泽东，"谋女郎"周冬雨饰演杨开慧，并把两人之间的爱情作为影片的亮点乃至卖点。我们能够看到很多青年演员对国家主流电影富有创新的演绎，他们的确为国家主流电影的创作和生产注入了健康、新鲜的活力。明星演员增加了影片的话题性，提高了电影的识别度，提升了影片的影响力、影响面。在市场经济、电影产业化的大背景下，这种做法本身是无可非议的，只不过编导必须通过对历史、特别是红色历史的叙述和重构，把具有偶像气质的明星融入角色，使其与所饰演的特定历史阶段的人物浑然一体。明星演员出演角色无疑也是双刃剑，明星太过耀眼也会影响影片叙事的连贯和表达，分散观众的注意力。因此，关键是要在文化消费与艺术创造之间找到契合点，把握平衡度。明星作为一种文化符号，不仅仅承担文化消费功能，不仅仅是文化消费的对象，还应该成为艺术创造的对象、审美的对象、情感投射的对象。电影作为一种大众文化，弘扬和教育必须通过大众喜闻乐见的方式完成，不能完全排斥娱乐功能。但电影不仅仅是一种娱乐，也是一种文化，反映了整个时代的文化状态和人们的生存状态，表达了人们的感情和愿望，其价值观和审美观也必然会影响观众的世界观、人生观、审美观。我们能够看到不少国家的主流电影不仅有效建构了主流价值观，而且把主流价值观转化为富有质感的情节和细节，转化为生动感人的艺术形象，转化为富有情绪冲击力和感染力的视听画面。这样的电影文化对于少年儿童观众而言显得尤其重要。不过，相对于创作层面的进步，国家主流电影在商业运作、营销层面依旧与电影市场存在着较大的裂缝，呈现出了明显的短板。如何寻求国家主流价值与市场运作的有效结合，实现社会效益与经济效益的高度统一，对于国家主流电影的创作和生产都是一个重要的课题。

献礼片中唯一一部少儿传记故事片《少年邓恩铭》讲述了邓恩铭在少年时代受到进步思想启蒙、逐步走上革命道路的故事。如何还原革命先烈的童年，是每一部革命题材少儿传记片需要面对的重要课题，《少年彭德怀》(1985)、《孙文少年行》(1995)、《刘胡兰》(1996)等表现革命者少年成长经历的传记片都在这方面做出了尝试。而《少年邓恩铭》在童年叙事方面带给我们的最大启示是——尊重童年生命价值,表现具有儿童存在感觉的童年人生,这作为一种童年叙事策略值得赞赏。为了将革命个体的童年成长与宏大的革命叙事有机结合,影片把发生在邓恩铭及同伴石金宝、肖拉钩身上的几个事件巧妙地关联在一起,通过各自家庭及周边人物群像的塑造,真实地还原出当时的政治历史背景与时代社会风貌,并且牢牢把握少儿传记片的创作独特性,始终以儿童视角完成情节叙事。值得特别指出的是,影片在石金宝形象的塑造上,从另一个角度体现了创作者的童年叙事观念,给了我们独特的启示。作为片中大反派县太爷石家儒的宝贝儿子,石金宝与邓恩铭、肖拉钩尽管是生活中的玩伴,但他毕竟身在一个势利昏庸、与民众处处为敌的官府恶霸家中,邓家上山采药、肖家设置打猎陷阱的行为更是直接违反了他父亲所代表的所谓政府的禁令。然而,影片没有将他塑造成恶霸少爷,而是保存了作为一名儿童生来善良、纯真的自然品质。于是,我们在影片中看到,石金宝屡次同县太爷父亲"作对":他站出来证明肖家在陷阱边设有警示木牌,抗议政府抓捕肖家父子;他毅然参加邓恩铭组织的上街抗议游行活动,贴海报、发传单、高喊革命口号;他还同父亲正面交锋,力证老师、校长是好人,邓恩铭是自己的好朋友;而为了营救被抓捕的高老师,他甚至甘当人质逼迫父亲放人。这样一种充满温情的人物处理方式,在以往的革命题材影片创作中是不多见的,体现了创作者看待儿童的一种态度,以及对于童年文化的高度认同。它实际上向观众传递了这样的信息——孩子是最真实的,童年的纯真与善良可以打破阶层的对立与隔阂,可以化解人类的敌对与仇恨。对于一部少儿传记片而言,这样的处理带给观众温暖与希望,最大程度上获得观众对影片价值观的认同。《少年邓恩铭》在苦难叙事的底色基础上有意提高影片的观赏性。片中两个主要的反派角色——吴军饰演的金宝舅舅和午马饰演的金宝爹,从造型到剧情设计都营造出非凡的"笑果"。精彩的打斗戏、绝妙的魔术表演、贵州水族居住地优美的自然风光和人文风貌、影片的全明星阵容等,也对观众构成了相当的吸引力。此外,为了便于当代少年儿童观众理解,对于影片中涉及的"孙中山的三民主义""袁世凯签订卖国二十一条""袁世凯称帝"等历史事件,创作者也有意设计了一些阐释性的对话情节,从而避免了少年儿童观众在认知接受上的理解偏差。

　　主流价值观的重构和表达在灾难片《唐山大地震》中亦成为最大的亮点。虽然该片一开始在营销宣传中主打"灾难片",但后来也悄悄转向了"伦理片"的方向。的确,《唐山大地震》看上去是一部灾难片,实际上却讲述了一个有关震后幸存者治愈心灵创伤的故事,是一部描写中国人亲情和家庭观念的情感史诗。电影对原著中人性阴暗面的彻底扭转是成功的,毕竟,电影在任何条件下都是一种大众化的艺术,不能违背大众伦理和大众主流社会情感和愿望。《唐山大地震》以灾难片元素为基础,最终成就该片的则是伦理片元素。因为,如果不能在银幕上有效营造灾难性氛围,影片的伦理片元素就成了空中楼阁;反过来,如果没有伦理片元素作为灵魂支撑,那么影片也就不可能产生动人的情感力量。这就是《唐山大地震》作为主流电影传播价值观的有效策略,它在更大层面上实现了与现代观众尤其是青少年观众情感、愿望、伦理诉求的对接。影片没有陷入"苦难叙事"的窠臼,而是让人感受到了亲情最终可以超越怨恨、化解怨恨的力量。

高年龄段的少年观众已经可以在一定程度上理解爱情主题,《云水谣》即是一个生动的例子。中国电影在产业化运作平台上搭建适合国家主流意识形态诉求的主流电影方面,《云水谣》是一个成功的范例。该片由海峡两岸明星共同出演,把爱情故事巧妙置于海峡两岸历史变迁的格局中,顺利完成了电影历史叙述中的个人情感的主题与现实社会中的国家政治主题的"交叉剪辑"。《云水谣》把一个拥抱着爱情梦想、厮守终生的动人故事,置于两岸变迁的历史格局中,对中国式的言情电影与主旋律电影进行了一次历史性的整合,把过去那种单一的、作为叙事题材的爱情影片,变成了一种可以兼容不同电影元素的叙事类型来处理。在电影叙事中,台湾动荡的政治风云、海峡两岸的历史藩篱是阻断华夏儿女美好爱情的重要因素。为此,消除两岸之间的壁垒,实现两岸的统一,促成祖国统一的千秋大业,成为这部爱情电影中最为关键的潜台词。影片所讲述的中华民族的血脉联系、中华儿女的骨肉亲情,不仅成为支撑这部电影的情节基础,而且也成为消融两岸往日阴霾与岁月坚冰的一种感性力量。这种高度兼容的叙事策略不仅在文化层面上整合了国家意识形态的核心内容,而且作为一部由海峡两岸明星共同出演的主流电影,它的象征意义与叙事情节同样具有文化影响力。

可以说,在 2003 年之前,主旋律影片和商业影片之间还是分庭抗礼的姿态,《张思德》《我的长征》一类以主流价值宣传为导向的影片被称为主旋律大片,《英雄》《无极》等以商业价值为主要诉求的影片被称为商业大片。在此背景下,为冲破划分主旋律电影和商业电影的传统思路的束缚,主流电影的概念被提出,这一概念的提出显然是出于力图消解主旋律电影与商业电影的对立,重新整合和界定主旋律电影商业化和商业电影主旋律化的发展趋势的目的。主流电影既要求主旋律电影具备商业性的大众接受,也要求商业电影自觉承载主流的社会核心价值。尽管在电影的生产和创作实际中,既存在更偏向于主旋律的影片(如《建国大业》),也有更偏向于商业性的影片(如《投名状》),甚至还有更偏向于艺术性的影片(如《梅兰芳》),但所有这些具有一定制作规模的大片,都具备价值观的主流性和市场上的商业性这双重特点。正因如此,这类影片更容易被青少年观众接受,其传递的价值观也更容易被年青的一代人所接纳。

主流电影越来越多地面向青少年观众是一个趋势,我国青少年群体也需要这样的精神食粮。对于这样一个特殊的观众群体,重大革命历史题材和英雄模范题材影片的感染度和可信度非常关键,因为只有让人相信英雄存在,英雄的精神才有可能被接受和传播。从总体来看,不少主流电影具备了价值观的主流性和市场化的商业性,但是传播渠道和传播策略仍是当前我国主流电影面临的两大瓶颈。我们绝大多数的主流电影构建主流文化价值没问题,但如何有效地传播?可以通过什么方式让更多的观众(尤其是青少年观众)看到那些真正有人文内涵、人文深度、人文关怀,具备主流价值观和审美观的影片?这些都将限制主流电影的可持续发展。我国主流电影尤其是主流大片,需要在有效地表达主流文化价值的同时满足数以亿计的观众尤其是年轻观众的观赏要求,增强作品的吸引力和感染力,从而有效地传播主流文化价值。

要实现主流电影对青少年成长的价值影响力,我们的影片仍需努力。第一,需要建构一种具有当下性、大众性、富有感召力和生命力的主流价值观和审美观;第二,主流电影在创作层面要在坚持"三贴近"原则上进一步贴近观众观赏需求,以电影化的方式来呈现和表现,以探索现实主义电影在产业化、市场化、国际化背景下的多种实现途径和实现方式;第三,需要研究现代电影尤其是好莱坞类似电影的叙事智慧,同时深入研究本土电影经验和优秀传统,充分挖掘几千年的文化资源,把资源优势转化为现实的电影生产力;第四,要与世界同步学习和发展电影高科技,运用高科技手段来打造满足当代观众尤其是年轻观众的视听奇观。

二、主流商业电影和青少年成长

21世纪的第一个十年中,商业类型电影以"大片"的形态迅速跻至中国"主流电影"的层面。商业电影是电影工业的基石,也是电影的主流。商业电影非常重视契合和满足主流社会的心理和愿望,其对主流意识形态、主流价值观的认同决定了商业电影在电影生产中的主流地位。从商业的角度看,商业电影要想获得理想的市场回报,尤其是大投入、大制作的商业大片想要收回制作成本并获得理想利润,就必须契合主流社会心理,赢得最大层面的观众。当代年轻人对于商业文化的绝对认同,很大比例来源于商业大片对于包括少年儿童在内的观众群体的价值观的引导。商业电影对于少年儿童(尤其是向青年过渡的少年阶段的孩子)具有特别的吸引力,青少年观众的观赏心理、观赏趣味和观赏期待亦成为商业电影创作制作的重要参照。以下以"小时代"系列电影为例,重点探讨主流商业大片对少年儿童的影响及应对策略。

2013年6月27日,一部面向青少年观众的青春片《小时代1:折纸时代》正式上映,由此创下一个中国电影史上的新纪录:院线单日排片量达到45.1%。在一些与片方有特殊协议的院线,这个数字甚至达到了100%。也就是说,在这个时候走进电影院,除了一部青春片,你没有其他选择。该片在一片争议声中最终以4.84亿元收官。2013年8月,在《小时代1:折纸时代》上映不到两个月后,《小时代2:青木时代》上映,最终在一片质疑声中收获2.95亿票房。后来又推出《小时代3:刺金时代》《小时代4:灵魂尽头》。2015年7月20日,随着《小时代4:灵魂尽头》加纪录片版的放映,郭敬明的"小时代"系列正式终结。"小时代"原著是郭敬明历时5年创作的个人第五部长篇小说,创下了总销量超过350万册的畅销纪录。"小时代"电影是我国第一个超过四部电影的系列IP,每一部"小时代"电影上映时,都能引来如潮的泪水和口水。"小时代"系列电影面对的是年龄在15至25岁的年轻人,甚至大部分是女中学生。影片口碑两极分化严重,话题性极强。在微博上,该片遭到知名影评人周黎明、专栏作家和菜头、编剧鹦鹉史航等的痛批,这些人因此遭到郭敬明及"小时代"的粉丝围攻,网络上掀起骂战。

作为一名青少年亚文化的操盘手,郭敬明选择与主流合作是他的高明之处。早在"小时代"系列电影上映前夕,发行方乐视总裁张昭就直截了当地说:"'小时代'的意义在于它将在中国开辟一个以青少年观众为主体的新的电影市场。"这句话也恰切地表达出青少年文化容易被操控与处于弱势地位的特点。《人民日报》在"小时代"系列电影上映时提到"我们的电影创作让青少年'饥饿'了太久",而从国内电影产业的发展前景来看,"在不久的将来,这些曾经被我们命名为'脑残粉'的观众必然会成为中国电影市场的主要消费力量,正是在这个意义上,他们的选择也将决定中国电影产业的未来。今天的中国电影为孩子们做的不是太多,而是太少——这就是《小时代》的大意义"。[①]从电影上映后的巨大反响来看,"小时代"的确开辟了一个以青少年观众为目标的电影市场,青少年观众一度成为电影市场的重要消费力量。作为主流商业电影,"小时代"系列在相当

---

① 刘阳.《人民日报》评《小时代》:青少年电影"饥饿"太久.http://sn.people.com.cn/n/2013/0702/c229697-18981103.html.

长的时间里掀起了在青少年观众中的讨论狂潮,成为一个毫无争议的热点。

当我们讨论主流商业电影和青少年文化的影响关系时,"小时代"是一个无法避开的话题。郭敬明集作者、编剧、导演于一身,透过"小时代"系列电影通透地传播了他的人生观、价值观、审美观,表达了他对青少年与成人世界关系的看法。那么,该片究竟在何种程度上影响并塑造了青少年的精神成长?人们聚焦的争议话题又有哪些?我们的主流商业电影如何更有作为?

对于绝大多数观众来说,"小时代"系列电影首先是很好看的作品。个个俊男靓女,各种大牌奢侈品,各大奢华场景,撑起一部足够奢华的时尚电影,由此引发关于奢侈风的讨论也是意料之中。那么,在年轻人的情感逻辑里,这一切究竟是拜金还是奋斗呢?这部作品在情节上出乎意料地简单,讲述了一群年轻人在拜金主义心态引导下追求财富的过程。他们只做三件事:赚钱、花钱、谈恋爱。"小时代"系列电影中匪夷所思的炫富,以及某种不择手段、成王败寇的狠劲,是其最富争议之处。电影的支持者认为,拜金没有什么可耻的,甚至拜金才是时代进步的原动力。诚然,金钱本身是中性的,扭曲它的是人与人之间的关系。但是在"小时代"的故事中,友情、爱情、亲情这些基本情感,事业心、奋斗、反抗精神这些自由精神,都像是金钱与虚荣的注脚。这并非是说这个故事描写了人围绕着金钱所做的残酷斗争,恰恰相反,它是由"小时代"故事在剧本上的薄弱所导致的。尽管讲述的是职场斗争和感情博弈,但工作的磨砺和人物的情感关系却都如同学生一样随意而矫情。在郭敬明的剧本安排中,所有的冲突都发生得很突然。冲突并不来源于伴随金钱积累而产生的人与人之间的隔阂,相反,它根本不需要什么深刻的理由。买一件奢侈品、开一个派对这样的情节却会被大肆渲染,比如,女主人公在一个豪华晚宴的现场与她的朋友们发生冲突,但与其说这一场戏是为了表现友情的破裂,倒不如说这些激烈的情感使得晚宴的夸张奢华更容易被观众记住。这才是郭敬明满足贴近他的读者、令他们产生共鸣的主要方式。片中所有的社会逻辑,都仿佛源自一个少年的空想。一些成年人眼中的复杂冲突,被展现得爽快、直接而残忍:劈腿是可以被原谅的恋爱游戏,数亿元的并购就像放学后的小赌局。恋爱与事业所需要的细碎冲突和漫长努力都被忽略了。这是青少年易于接受的理解世界的方式:他们并不关注人在具体的利益和责任中的两难抉择,只关注戏剧性和物质所带来的情绪。"小时代"系列电影在上映后备受争议,成为电影界的一个特有现象。其中从镜头语言中宣扬的拜金主义、享乐主义和极端个人主义思想影响着青少年的人生观、价值观。

"小时代"系列电影对于青少年与成人世界关系的理解,有着超强的自我逻辑。影片表达青少年在成人世界受到的伤痛,殊不知以成人的缺席来构建青少年与成人世界的关系本身就是一个无力的架构。我们看到,在这个只有青少年的故事里,成人是不需要出场的。在一场场任性的物质狂欢中,郭敬明并不花心力去处理在青少年生活中非常重要的、他们与成人世界间依赖又对抗的关系。作为一个完全站在青少年立场上的电影创作者,郭敬明把成人简化为两种:要么是从未露面的财富提供者,要么是用金钱和门第阻碍青少年之间恋情的专制者。从这一点上可以很容易解释,为什么那么多成年人被这个故事激怒。因为在青少年的世界中,他们不仅缺席,更以一种扭曲的方式被呈现。郭敬明写给青少年的这一故事,让青少年不用去处理和父辈之间的关系,乃至拒绝承认父辈的存在。作为一个有影响力的为青春造梦的作者,郭敬明的电影似乎在告诉人们,满足人的最浅层次的欲望就够了。郭敬明喊出的"这是我们的时代"这一口号,原本是每一代青少年最渴望听到的一句话,然而他为这一口号做注解的影片却在一些根本性的问题上无法自圆其说。模糊青春期与成人世界的界限,用青春期的天真与脆弱,把现实的成人世界的规则包装得十分美好诱人。在郭敬明打造的这个价值体系中,只有个人的成功,没有对失败者的同情;只有燃烧的欲望,没有对责任的承担;只有对势利社会的成功复仇,没有对成人社会的改造与和解。他塑造的是追求享受就能获得享受的"小时代"。

粉丝文化承载着青少年个体对抗与认同的特征,偶像则承担着其替代性的满足。伴随"小时代"引发的争论而凸显在大众视野中的,还有关于"脑残粉""粉丝文化"及"90后"的论述。那些支持维护"小时代"的观众被贴上了"脑残粉"的标签,这可以说是引人注目的票房数字与社交平台上硝烟四起的口舌战引发的第一个连带效应。"小时代"因受众的追捧而使得受众自身成为被讨伐的对象,无疑是个有趣的文化现象。面对被边缘化的策略,"脑残粉"们主动将标签嵌套于自身,以"我是脑残我自豪"的自嘲式发声,自觉地加入被标签化的群体中,以主动的形式对内寻求身份认同,在共同体中寻找接受与支持自身行为合理化的存在。上层知识分子群体对这种青少年文化冲击显然是焦虑的。"脑残粉"的背后彰显的是粉丝文化这个近年来在中国社会逐渐浮现出来的亚文化现象,这一现象的背后是这一群体对自身身份的建构及被认同的渴望。

"小时代"系列电影还有一个深刻影响青少年观众的视角,就是其中对于男性和女性的定位。郭敬明其实是一个极度的男权主义者。从"小时代"小说和电影中可以清晰看出,顾源、简溪、席城、宫洺、周崇光都是花样美男的类型。女性角色对于男性角色的依恋感都是极强的,林萧于简溪、宫洺,顾里于顾源,南湘于席城,似乎都是死心塌地地好,甚至找不到理由。郭敬明笔下的男性都是完美的,女性则相比之下要么弱小,要么强大但内心卑微,是一种"下作"式的表现状态。对女性青少年受众来说,这种男人至上的价值观无声地侵袭着她们,主流意识形态受到忽视。

青少年作为福柯笔下未被规训的反常的自我,往往是社会边缘的存在,青少年的文化也往往一定程度上存在着对主流社会的抵抗意味。"小时代"作为有着巨大影响力的电影,其超现实的、背离逻辑的叙事所营造出的青春"乌托邦",激发了青少年亚文化与主流文化之间的矛盾与冲突。由此引发的效应,一方面是处于社会转型期的中国在步入消费时代所呈现的显著的文化表征,另一方面彰显了国产主流商业电影对于青少年观众群体的强势影响力。

三、无分级的电影制度不利于青少年观影

谈到电影与青少年文化的影响关系,就不可能不谈电影分级制度。

电影分级制度的出现,可以为电影娱乐中的性、暴力等不适于少年儿童观看的部分提供制度上的可能性。人们关注的最核心的一个问题是——未成年人的模仿行为。儿童心理学认为,游戏中包含了模仿的成分,而游戏与模仿间要靠智慧来取得平衡。"儿童对媒介内容的模仿过程一般可概括如下:儿童通过观察媒介内容,对其中某些角色或行为认同,并意识到在某些情境下模仿会有有益结果。那么,当这种情境出现时,儿童会发生模仿行为,这种模仿行为可以通过媒介不断强化形成长期行为。"[1]可见,媒介会对儿童模仿行为产生潜移默化的影响。但是,作为心智未完全发育成熟的未成年人(尤其12岁以下的儿童),理性不一定会时时刻刻发挥作用,要引导他们朝向正常正确的方向,有一些模仿行为一旦发生,就会产生严重后果,比如有孩子因模仿影视剧中的自杀场面而自缢身亡。所以,媒介的使用对儿童社会行为的影响包括了反社会行为和利社会行为。前者是侵犯性及造成伤害性的,后者则是利他的、友好的、自我控制的。一些已有的社会调查显示,"观看利社会行为可增加儿童的利社会行为"[2],而"电子声像媒介与刺激性戏剧内容(武侠片、警匪片等)的组合,对儿童的道德发展有显著负影响"[3]。实际上,"儿童中普遍存在着媒介认同现象。一些研究发现,不管媒介人物是真实的还是虚构的,儿童比

---

[1] 卜卫.大众媒介对儿童的影响[M].北京:新华出版社,2002:234.
[2] 卜卫.大众媒介对儿童的影响[M].北京:新华出版社,2002:13.
[3] 卜卫.大众媒介对儿童的影响[M].北京:新华出版社,2002:248.

成人容易发生媒介人物认同,'毫无疑问,儿童比大人更容易记住他们想象中与他们认同的人物共享的行为和信仰'。因此,媒介使用对儿童道德观念和行为规范的形成具有重大意义"[1]。

世界范围内,分级作为电影内容控制的主流制度开始于1968年。当年,美国的电影审查被以年龄为标准、以保护儿童为目的的电影分级制度代替。与作为事先限制的审查制度不同,分级制度不再是强制性的,而是建议性的,不再是一种"过滤"和"净化"机制,而仅仅是一种"分流"性质的"贴标签"机制。

前些年,关于《满城尽带黄金甲》《夜宴》《门徒》《让子弹飞》等影片中涉及裸露、暴力、毒品的内容屡屡引发争议。我国关于建立电影分级制度的呼吁也一直没有停止过。早在2003年,王兴东编剧就已经在"两会"期间提出关于设立电影分级制度的议案。2008年"两会"期间,尹力、冯小刚等导演再次呼唤电影分级。2011年"两会"期间,王兴东等委员又一次呼吁通过立法对电影中的血腥暴力镜头进行严格限制。全国人民代表大会常务委员会于2016年11月7日发布了《中华人民共和国电影产业促进法》(后文简称《电影产业促进法》),自2017年3月1日起施行。《电影产业促进法》是一部为了促进电影产业健康繁荣发展,弘扬社会主义核心价值观,规范电影市场秩序,丰富人民群众精神文化生活而制定的电影法规。然而遗憾的是,其中依然没有关于电影分级的条文。《电影产业促进法》中包含了以下这些与未成年人相关的条文:

第十六条 电影不得含有下列内容:……(六)侵害未成年人合法权益或者损害未成年人身心健康。

第二十条 摄制电影的法人、其他组织应当将取得的电影公映许可证标识置于电影的片头处;电影放映可能引起未成年人等观众身体或者心理不适的,应当予以提示。

第二十八条 国务院教育、电影主管部门可以共同推荐有利于未成年人健康成长的电影,并采取措施支持接受义务教育的学生免费观看,由所在学校组织安排。国家鼓励电影院以及从事电影流动放映活动的企业、个人采取票价优惠、建设不同条件的放映厅、设立社区放映点等多种措施,为未成年人、老年人、残疾人、城镇低收入居民以及进城务工人员等观看电影提供便利;电影院以及从事电影流动放映活动的企业、个人所在

---

[1] 卜卫.大众媒介对儿童的影响[M].北京:新华出版社,2002:234.

地人民政府可以对其发放奖励性补贴。

第三十六条　国家支持下列电影的创作、摄制：……(二)促进未成年人健康成长的电影。

假设分级制度难以有效控制青少年观众的观影活动，而审查制度也未必能确保未成年人不去观看不宜的节目，那么即使是一些思想积极健康的电影，也会因为包含了些许血腥、暴力的镜头，而对我们着力要保护的未成年人观众产生负面影响。比如张艺谋的《金陵十三钗》，爱国主义思想与赞颂人性的主题鲜明感人，然而其中涉及南京大屠杀、涉及日本鬼子对中国无辜女性的凌辱，有些场面血腥恐怖，少年儿童观影时哭闹、观影后做噩梦的新闻报道不时见于报端和网络。尤其是产业化改革之后的中国电影，商业大片如《满城尽带黄金甲》《投名状》《集结号》《让子弹飞》等充满性或暴力元素，文艺片《色戒》《苹果》等因其性内容而受到高度关注。在没有电影分级制度的情况下，青少年观众很可能被误伤。

相反，我们一致公认的对青少年观众有爱国主义教育功能的主流电影，在一些实施电影分级制度的国家或地区却有可能被界定为限制级影片。"大决战"系列影片在香港被列为三级片就是一个典型的例子。在中国内地的电影审查制度下，"大决战"系列虽然包含一些战争暴力因素，但因为对于这场战争的正面和积极价值与道德判断，影片中的战争暴力的禁忌性在观众心目中被弱化。然而在分级制度中，并不会对战争暴力本身的道德属性进行判断，而是仅根据其对儿童的感官刺激行为制定衡量标准。由此，"大决战"系列在香港被定为三级片便不难理解了。假如实行电影分级制度，类似于少年儿童观看《金陵十三钗》《南京！南京！》这类影片产生不适的消息就不会出现了。

《南京！南京！》这部电影被错误阅读和错误推广，就是一个在无分级制度下，影片暴力血腥的画面刺激度超过"让所有年龄观众都可以欣赏"的底线，损害了中国电影市场的经典案例。我们不应该用成人的意识形态去要求少年儿童，少年儿童并不了解发生在70多年前的那场屠杀背后复杂的国家、种族、政治背景，并不清楚地知道日本鬼子在中国犯下的滔天罪行。事实上，该片在推广的过程中，院线不仅不限制儿童，很多地方反而在人为地组织少年儿童观影。据报道，北京一位母亲在影片开演二十分钟后十分不悦地带着自己八九岁的孩子离开了剧院。相信在无分级制的影院，再一次带着孩子踏进大门的她将会有一个艰难的思想斗争过程。《南京！南京！》推广规模很大，同期市场几乎垄断,如果能够有所限制,至少同期上映的儿童电影或者说无限制(I级)的电影就会有相应生存空间,甚至可能繁荣。

再比如,《满城尽带黄金甲》的伦理逻辑也是一个问题。中华民族的核心价值观并不是空中楼阁,它是融汇在我们日常的生活方式、行为方式与思维方式之中的。《满城尽带黄金甲》把父与子之间的血腥杀戮置于中华民族的传统敬老节日"重阳节",连天接地的菊花被士兵的鲜血溅染,重阳节成了屠城日。不论是中国观众还是西方观众,面对这种血腥影像所留下的都将是一段黑色的文化记忆。加之兄弟之间的嫉恨导致相互残杀,父子之间的反目引起父亲对儿子下毒手,父亲挥动沉重的腰带抽打自己的孩子,人性的泯灭已经使一个父亲的形象跌落到万劫不复的地狱。面对银幕,观众除了看到情节的残酷与黑暗之外,对电影呈现出的家庭不会感到丝毫的温暖,对建立在这种文化之上的价值观不会产生认同感。影片中最能够体现正向价值的人物是周杰伦饰演的王子,他是一个明明知道母亲要失败却依然还要与母亲一起赴汤蹈火的孩子,他对母亲的孝敬已经近乎忘我。当他完全有可能活下来的时候,却因为活下来的条件是要强迫母亲喝毒药而彻底放弃了自己年轻的生命。影片最后留下的是一个丧尽天良的国王与一个机关算尽的王后。这种善无善报、恶无恶报的结局不仅没有使人性与正义得到弘扬、伸张,反而在潜台词中流露出一种对"丛林法则"的默认。作为一部主流电影,就算要表现一万年的黑暗,也应当确信到一万零一年人类必然走向一个光明的新时代。而这种对于人类正义与进步的文化信念与历史精神,我们在《满城尽带黄金甲》这样一部主流电影中看不到。

世界上很多国家的电影管理都经历了由电影审查到电影分级的发展过程,尤其是电影产业发达的美国,其电影审查制度经过数十年的不断变革,最后形成了相对比较成熟的电影分级制度。电影分级制是完善电影市场、规范电影行业管理的重要举措。中国电影分级制度的建立应是一个系统工程,不仅要与现行法律法规结合、与电影业的整体规划相适应,还要有一整套与之相配合的健全的法制体系和相应的监督管理措施。电影创作、摄制、发行、放映是有机的整体,应将创作、摄制、发行、放映围绕分级进行综合考虑,使之整体跳脱出审查的桎梏。具体而言,对电影的发行和放映的管理应该作为重点,落脚点应放在分级及后续的管理上。我国可参照其他国家行之有效的做法,制定出我们的电影分级制度。比如参考幼儿园、小学、初中、高中、大学等教育阶段的年龄界限,分级时重要的时间点可以设置为初中阶段。初中阶段是性格形成的重要阶段,此时的孩子开始不乐意接受家长的指导和约束,而电影因其具有直观的表现方式,对初中学生的影响相当大。具体实践中,可以由强烈呼吁分级的电影工作者和受众组织成立权威的电影人协会,在每部电影放映前给予放映的分级建议。

此外,网络和音像制品中电影的传播管理,也与分级密切相关。时至今日,网络视频欣赏已经逐渐成为院线观赏外的主流,注重电影产业的发展,势必要关注到这个渠道的规范和管理。如今,只要用上一些工具,被限制的影片仍旧可以一览无余。建议对这个渠道实行网络实名制管理,观影者先进行身份验证,再进行观影,这样可以确保观影者所欣赏到的影片与其年龄相符合。这种做法在保护未成年人的同时,也能让成年人的观影需求得到满足,借此有力打击盗版,也能使实名观影者多几分自我约束。采用电影分级,对于保障满足市场需求、保障未成年人的身心健康,对于我国电影产业的发展、电影艺术水平的提高、国际市场占有率的提升等,都将产生积极作用。划分等级本身并不难,其他国家根据儿童生理年龄及承受能力来划分等级的做法已经证明了其可行性,这种划分的大原则是可以通用的。最难也是最关键的,是建立配套的后续管理措施,这个后续管理包括法规落实、执法监督、违法惩治、信息回馈等多个方面,打击盗版和网络侵权、协调音像发行、助力院线升级、规范院线放映等都是后续管理的重要环节。如果国家广电总局在鼓励电影产业发展的同时,能够制定严格的法律法规和管理机制,在《电影产业促进法》中加入相关的条文,为确保分级制的有效落实提供法律武器,并加强落实和管理,广大未成年人的观影必将步入一条良性循环道路。

我们需要重视电影对于青少年的负面影响。因缺乏判断能力,一些青少年道德行为失范,有的甚至走上违法犯罪的歧途。有些影视作品的负面影响,给青少年思想道德建设带来了一系列新问题。如何应对它们,无疑是需要我们思考的重要课题。

第一,考虑在家庭方面我们可以怎么做。家庭是青少年思想交流的一个重要场所。家庭成员在休息娱乐时,会直接或间接地表达自己的观点,对某些影视作品做出评价,流露出心中真实的想法。家庭成员的价值观、审美观会相互影响,积极健康的思想和信息可以引导青少年树立正确的世界观、人生观,而腐朽庸俗的思想和信息就会影响青少年的健康成长。家庭是一个群体,由于各成员在社会上所处的环境不同、受教育程度不同以及年龄阶段不同,他们的思想观念也会不同。长辈们应该用社会主流的思想观念帮助青少年明辨是非,并且不断地引导他们建立起正确的是非观,提高他们的辨别能力。

第二,学校方面做一些引导工作。优秀的电影作品会一直伴随着青少年的成长,成为他们获得知识的另一个重要途径。学校需要加强对青少年世界观、人生观、价值观的教育,与此同时,学校可以以电影为工具对青少年进行教育,可以开设与影视媒体相关的教育课程,丰富青少年的相关知识,让电影这门艺术走进课堂,让学生在校观看思想性、观赏性和艺术性较强的电影作品。对反响较大的作品,学校可以组织学生讨论感受、写影评,培养学生的判断能力,这不仅能帮助青少年避免受到电影作品的不良影响,也能培养他们利用现代媒体进行学习的能力。老师要善于与青少年进行沟通并适时地进行引导,因为不可能每时每刻都严控青少年与电影作品的接触,所以要善于观察、善于沟通,以朋友的身份对他们进行关怀和引导,潜移默化地引导他们正确看待电影作品。因此,学校利用电影作品的时代先进性,将其作为教育的工具,帮助青少年健康成长,可以尽可能地消除其带来的负面影响。

第三,社会方面,电影工作者要有所作为。首先,电影工作者要注重行业自律,不断提高自身道德修养,确立正确的思想观念,要有强烈的社会责任感,承担起歌颂真善美,以优秀的作品鼓舞人、以高尚的情操塑造人的职责。电影工作者道德素质的高低,将会直接影响其电影作品的思想性。作为精神产品的生产者,电影工作者不仅要考虑产品的商业价值,更要顾及产品的社会属性,不能为了猎奇而不负责任地制作空洞无内涵的低级趣味的作品,从而危害青少年的健康成长。其次,国家要完善相关法律法规,政府要加强对影视文化市场的管理,加强对违规的传媒制作、发行和传播人员的惩罚力度,尽快建立起影视分级制度。我国电影受众市场庞大,由于年龄、性别、受教育程度的不同,人们对电影的兴趣和爱好也不同。实行分级制度,才能满足不同观众群体的需要。

第四,电影评论的导向不可小视。青少年由于处在特殊人生阶段,对电影作品的理解不够全面,因此可能相对注重画面的绚丽性、声效的震撼性、情节的趣味和生动性等,而忽视了作品的思想性和艺术性。观众或媒体的影评,特别是专业媒体和一些具有较高欣赏水平的观众的影评,会使青少年的鉴赏角度发生变化,使得他们能多角度、全方位地欣赏影视作品,对作品的主题、思想产生一定的判断能力。

第二章 国产儿童电影的创作现状与发展策略

曾经,中国儿童电影靠着政府的生产指令实现持续发展。[①]那是一个靠政府生产指

[①]20世纪80年代,为了保证完成每年12部儿童电影的拍摄计划,政府专门下达儿童电影生产指标,要求童影厂每年生产5部,长影、北影等7家电影制片厂每年各生产1部。

令来推动儿童电影发展的"要我拍"的时代。不过到了 2005 年前后,在大力发展中国电影的背景下,国家广电总局出台了有关儿童电影的专门政策,儿童电影的准入门槛降低了,电影从业人员拍摄儿童片的积极性被极大地调动起来。除了中国儿童电影制片厂及原有的国有电影制片厂,其他机构开始大举进军儿童电影领域,我国儿童电影的多主体投资局面开始形成,我国儿童故事片的创作生产步入快速发展阶段。从 2007 年开始,儿童故事片的产量从之前的每年二三十部跃升为每年四五十部,并且占当年国产故事片生产总量的比例稳居 10%以上。可以说,国产儿童电影已经步入发展的快车道。

儿童电影作为少年儿童观众接触最频繁的电影类别,其对青少年文化形成的影响力是巨大的。在当前我国儿童电影繁荣发展的背景之下,我们需要认真总结经验,分析存在的问题,并对国产儿童电影的未来发展提出建议。

第一节　国产儿童电影创作现状

儿童电影是电影产业中一支相对独特的结构性力量,在中国电影产业化、市场化的背景下,国产儿童电影的坚守弥足珍贵。中国电影产业化改革以来,儿童电影可以说是在阵痛中逐步走向成长。一方面,逐年递增的年产量为我国儿童电影提供了良好的产业化基础;另一方面,人口资源优势、儿童文化消费升温、动画电影培育的影院观影热潮等,也为国产儿童片的发展提供了有利条件。从总体上来看,目前政府已经充分调动起了电影从业人员拍摄儿童片的积极性,进入商业院线参与市场博弈的儿童电影也多了起来,儿童电影创作的国际化合作进展显著,越来越多的儿童片通过"走出去"扩大国际影响力。然而,商业模式目前并不是多数儿童电影的目标。从产业发展角度而言,儿童电影在创作生产、发行放映、政策驱动等方面仍存在进一步的升级空间。

一、新世纪以来国产儿童电影创作亮点纷呈

持续升温的儿童电影拍摄热潮,引发了儿童电影格局的震荡与变化,孕育了多层次的电影创作现象,同时也为我们呈现了国产儿童电影的诸多创作亮点。

人们能够感知到的一个突出变化是,儿童电影与中国电影的同步趋势正在加强,中国电影的发展趋向在儿童电影领域得到了不同程度的诠释。以往,我国儿童电影与电影整体发展之间的关系较为疏远,这可能与儿童电影的公益性特点、受政策襁褓庇护以及市场化产业化程度低等因素有关。近年来儿童电影的发展和创新,明显体现出与中国电影整体发展的相关度,尤其是当大片、贺岁片等成为中国电影发展的关键词,儿童电影

以自己的方式对此做出了回应。

寻求国际合作成为大片时代中国儿童电影的策略性选择。从《花木兰》到《功夫熊猫》，精明的好莱坞利用中国元素占领中国市场并获得了极大的成功。与此同时，我国儿童电影也在另一个可能的向度上，开始了中国元素借鉴海外经验的探索之路。2007年，中影集团联手迪斯尼公司倾力打造《宝葫芦的秘密》，由此迈开了我国儿童电影寻求国际合作的重要一步，这一尝试为儿童电影赢得了赞誉，人们用"《宝葫芦的秘密》：中国儿童电影的拐点""孩子的'大片'：从《宝葫芦的秘密》开始"来表达见到这部影片时的激动心情。2008年，一部《熊猫回家路》让迪斯尼公司与中国儿童电影再度牵手。影片沿用迪斯尼的家庭温馨电影模式，剧组聘请了不少来自中国香港、新西兰、加拿大、美国、英国和法国的精英团队支持拍摄，同时迪斯尼公司还负责影片的国际发行。跨国合作有利于打开影片的国际市场，也能克服目前我国儿童电影创作水平与技术资源的不足，不失为大片时代儿童电影的智慧选择。2009年上映的《寻找成龙》是一部少儿题材的香港动作片，该片投资超过1000万人民币，已创下国产儿童片的纪录。该片由方刚亮、江平执导，张一山、成龙、姜宏波等担任主演，主要讲述了一个十六岁男孩寻找成龙的故事。张一山（张一山饰）是个北京孩子，跟随父母在印尼生活，他因为喜欢功夫上了武术学校，却因为中文差而常被嘲笑欺负，于是他来到北京，希望找到偶像成龙学功夫。历经重重波折之后，张一山终于见到了成龙，成龙的一番教导让他懂得了学好中文的重要性。成龙的戏份贯穿全片，动作设计非常精彩。还有2014年中法合拍的《夜莺》也获得了很高的赞誉。该片是一部由法国导演费利普·弥勒执导，李保田、秦昊、李小冉、杨心仪等联袂主演的中法合拍家庭喜剧片。影片讲述的是一位老人和一个孩子的故事。这位老人为了兑现多年前的承诺，准备带着他的夜莺从北京赶赴老家广西。因为儿子和儿媳忙于工作无暇兼顾，他不得不带上年仅八岁的孙女一同启程。带着一只夜莺，一位老人和一个都市小女孩就这样开始了一场注定不平静的心灵之旅。

目光再转向贺岁片，随着内地贺岁片开始引入儿童视角，《考试一家亲》《二十五个孩子一个爹》《浅蓝深蓝》《长江7号》逐一亮相贺岁电影市场，少儿题材贺岁片获得了一定的发展空间。2006年《浅蓝深蓝》亮出"儿童贺岁片"的旗帜，其意义在于反映了儿童电影创作观念及市场观念的变革。《长江7号》则在竞争激烈的2008年贺岁档成功上演了一出票房神话，标志着贺岁电影引入儿童视角开始得到市场的广泛认同。实际上，少儿题材与贺岁片的基本精神尤其是喜剧精神之间有着天然的密切关系。优秀儿童影片适于全家观看,这与春节家庭观影的温馨氛围相吻合。少儿题材理应成为贺岁片创作重要的题材资源,但目前业界对少儿题材创作,无论在观念层面还是实践层面还是不够重视。

国产儿童电影创作的另一大亮点,则是题材类型的丰富性、多元性。第一类可以概括为"爱的主题",这类影片表现少年儿童在爱的滋养下的现实成长,既有爱的迷人与伟大,亦有直面人生时爱的无奈。此类影片体现成人对于少年儿童的爱抚和引导,使儿童获得心灵的滋养。《孙子从美国来》《我们天上见》《我的少女时代》《十三棵泡桐》《会飞的草帽》《棋王和他的儿子》等影片都很好地诠释了爱的主题。第二类为"自然的主题",即表现儿童与自然万物之间生命联系的影片。此类影片将儿童与自然作为一个整体来观照,儿童的自然天性得以袒露和满足。儿童与动物、自然有一种本能的亲和,人与物的界限模糊而朦胧,自然界的万物在儿童的感觉范畴里都具有了生机和灵气,儿童也在与自然的心灵交感中获得了生活与精神的丰富和充实。《我和我的伙伴》《我和神马查干》《海洋朋友》《鹤乡谣》等都是自然主题儿童电影的"佼佼者"。第三类不妨概括为"娱乐的主题",这类影片突出的是游戏精神、娱乐精神,其中又分为冒险类、动作类、幻想类、体育/武术类、歌舞类儿童电影。动作类如《寻找成龙》,体育类如《买买提的2008》,贺岁片如《浅蓝深蓝》,幻想类如《乌龟也上网》《长江7号》等。第四类是关注特殊儿童的社会问题片。我国儿童电影自诞生以来就有社会问题片的创作传统,21世纪以来此类影片数量仍然巨大,内容涉及留守、残疾、离异、贫困、失学、网瘾、支教、灾难等社会问题。这类影片题材撞车现象突出,不过其中不乏佳作,如《有一天》《海洋天堂》《隐形的翅膀》《守护童年》《指尖太阳》《暖春》《走路上学》《爱,在路上》《网络少年》《寻找那达慕》《两个人的教室》等。第五类是少数民族题材儿童片,自21世纪以来此类影片创作数量不少,整体艺术水准也较高,如《鸟巢》《滚拉拉的枪》等。第六类是作为传统题材延续下来的革命历史题材儿童片/少年传记片,如《儿子同志》《元帅的童年》《少年邓恩铭》《星海》等。第七类是受人瞩目的合拍儿童片,如《宝葫芦的秘密》《功夫梦》《星空》《夜莺》等。此外,21世纪以来国产儿童电影形成了细致多元的艺术探索格局,这类注重艺术探索的儿童题材影片为国产儿童电影注入了新的张力。此类影片透过儿童视角叙述个人成长感受,充分发挥了内在情绪线索对人物心理刻画的作用,比如《我的影子在奔跑》《有人赞美聪慧,有人则不》。

二、活跃过后期待分化:儿童电影面临的挑战

数量如此之巨的儿童片,理应在国产电影良性发展的轨道上有良好的市场回报。作为儿童文化消费之一的儿童电影,在儿童文化消费持续升温的潮流中,也理应受到少儿观众的追捧。不过,这一创作热潮未能有效改变儿童电影多年来"有行无市"的尴尬状况,儿童电影的社会影响力和市场占有率还是"居低不上"。我们不得不承认,有不少中国孩子对国产儿童片的印象是茫然的,他们最熟悉的是《战鸽总动员》《功夫熊猫》以及"哈利·波特"这样的国外大片,他们更喜欢超人、蜘蛛侠、恐龙、精灵鼠这些来自异域的经典形象。对国产儿童片的隔膜,并不意味着儿童片在中国没有市场。从"哈利·波特"等海外大片在中国电影市场掀起的一次次热潮便可知道,我国儿童电影市场有很大的挖掘潜力。进口大片年年在中国上演吸金大法,并且几乎战无不胜,而我们的国产儿童片却屡屡俘获不了本国少儿观众的心,问题的关键正在于经典之作的匮乏。国产儿童片快速发展过程中面临的经典匮乏现象,影响着少儿观众的选择,也关系到我国儿童电影事业发展的未来走向。由此我们说,国产儿童电影活跃过后亟待分化,银幕呼唤真正能够吸引少儿观众的经典佳作。

我国儿童电影快速成长过程中面临的现实问题,直接关系到未来的发展与走向。具体而言,创作观念、技术水平、制片发行机制、经营模式、管理意识等方面都还存在局限。其中有两个问题特别突出:一是整体创作质量不高,"叫好又叫座"的优秀作品比重偏低,题材撞车、同质化生产现象普遍存在,亟待从管理机构到创作一线树立、贯彻和实施"上层次、出精品"的理念,加大儿童电影专业创作队伍建设力度。二是儿童电影的产业化程度非常低,目前能够进入商业院线参与市场博弈的国产儿童片,要么是有国际力量参与的合拍片,如《熊猫回家路》《功夫梦》;要么是以品牌效应和营销攻略制胜的儿童片,如《寻找成龙》,不但数量十分有限,而且考虑到儿童观众的特殊性,也不能简单以商业模式作为儿童片发展的唯一目标。因此,要真正达到"儿童电影为儿童"的创作目的,还需我们积极探索儿童电影的创作生产、发行放映渠道、社会影响力和市场占有率等问题。

坦率而言,当下我国儿童电影的活跃态势,既令人兴奋,也难免让人产生困惑与不安。对于近年儿童电影的强劲发展态势,究竟该做怎样的评价?蜂拥而上拍摄儿童片,是强大的创作原动力驱使,还是为降低准入门槛所催生,抑或有搭乘政策便利之嫌?儿童电影公益性与市场化之间共谋的可能性究竟有多大?儿童电影可持续发展究竟路在何方?如何从理论层面构建儿童电影的价值体系与评判标准?对当下处于"活跃期"的中国儿童电影而言,这样的思考显得尤为重要。种种迹象表明,儿童电影的投拍热潮还将继续,清醒的认识与智慧的抉择,对当下蓬勃发展的儿童电影显得尤为重要。正是在此意义上,我们期待着"分化"能成为接下来我国儿童电影发展的关键词。

国产儿童电影面临的这些来自现实的挑战,其背后是有着深层原因的。儿童电影生产被推向市场以后,需要人们在观念层面对儿童电影的发展方向进行重新定位。中国电影进入产业化大发展以来,儿童电影究竟是事业还是产业——关于儿童电影的定位问题再次引发业界讨论。一种观点认为,在电影产业化改革背景之下,儿童电影的产业化是大势所趋。根据中影集团副总经理史东明的阐述,"所谓儿童电影的产业化,就是以市场为导向、以效益为中心,通过产业化的方式,制造、营销适合儿童观赏消费需求的电影产品"。他鲜明地提出,"中国儿童电影必须要走产业化的道路","只有产业化发展,儿童电影的面貌才能有根本改观",儿童电影走产业化的道路,意味着需要"投资创作的类型化、营销运作的商业化和市场开发的多元化"。[1]长期从事儿童电影、动画电影创作的黄军也认为,尽管"事业"性质的儿童电影在特定历史阶段、特定体制条件下发挥了应有的作用,但在电影产业化改革背景之下,如果还把儿童电影当成事业,就是逆流而上了。[2]不过,相反的观点则认为,"儿童电影本身就是一种公益事业而不是功利事业,要靠儿童电影赚钱是不太可能的。——把儿童电影强行并入市场运作中,没有政府的支持,是很难生存的"[3]。儿童电影究竟是事业还是产业?中国电影的产业化改革带来了新旧两种观念的交锋。

实际上,儿童电影不可能是单纯的事业或者单纯的产业,历史和现实的双重原因,决定了只能有小部分儿童电影进入市场参与电影产业化磨砺。儿童电影不仅进入当下商业院线困难重重,即便是在政府拨款拍片的计划经济时代,儿童电影发行也是个难题。在1987年全国政协会议上,于蓝就曾呼吁:"鉴于北京东单儿童影院基本不放儿童片、全国24家儿童影院均名存实亡的现状,希望能调动发行放映系统的积极性","发挥非商业性渠道的作用,把影片送到学校、少年宫去"[4]。儿童电影原本就属于"小本买卖",当时主要靠于蓝等一批老艺术家身体力行和建言献策来摆脱发行困境。实施电影产业化改革带来的市场竞争,使儿童电影的发行放映"难上加难"。在儿童电影产业化的道路

---

[1] 史东明.中国电影:产业化是根本出路[J].当代电影,2009(6):4-5.
[2] 黄军,凌云."儿童电影"四题[J].当代电影,2009(6):19.
[3] 张震钦.陈锦俶访谈录[J].当代电影,2011(7):63.
[4] 李彤.花朵,期待着银幕之光——第二届儿童电影"童牛奖"评选散记[N].人民日报,1987-04-18.

上"死磕",显然不是国产儿童电影的出路。

第二节　国产儿童电影发展策略探析

宽松的外部环境与专门的政策支持,为国产儿童电影提供了前所未有的发展机遇。但是没有一种艺术形式可以依靠宽容与保护来获得持久的兴盛,儿童电影的良性发展,需要我们更新观念、创新机制。概括而言,国产儿童电影的转型升级,需要政策、创作、传播三位一体,共同打造属于中国的儿童电影文化。

一、完善政策导向

实施电影产业改革以来,国家对于儿童电影的政策倾斜与大力扶持,促进了业界创作生产儿童电影的积极性,使得儿童电影外部环境呈现良好态势,儿童电影的市场潜力也得到了开掘,并且在一定程度上保障了少儿观众观影渠道通畅。为了让儿童电影更具市场竞争力,政府在政策的制定上需要以"上层次、出精品"为导向,不断完善政策运作机制。

第一,我们对儿童电影的品质把关可以更严一些,降低数量并不意味着儿童电影发展的倒退,以品质提升为前提的数量把关,对发展只有益处。第二,建立儿童电影创作的全程指导机制,通过组建相对固定的专家团队,对儿童电影创作提供全程指导,目前许多儿童影片的创作问题可以提前得到解决。第三,实施儿童电影人才战略。优秀的儿童电影需要高水平的创作者来制作,而目前儿童电影从业队伍的专业性不强,水平参差不齐,对儿童电影创作的专业性、特殊性缺乏系统了解,对儿童电影的缘起、发展及世界儿童电影状况缺乏了解。培养具有较高儿童文化底蕴、艺术修养和创造力的策划和编导人员,是提高中国儿童电影水平的关键所在:定期举办儿童电影创作方面的专业培训班,经常组织学习、交流和观摩;培育一支相对稳定的人才队伍,对好苗子要重点培养;建议由广电总局牵头,举办"儿童电影创作研讨班",具体可借鉴中国作协在鲁迅文学院举办"儿童文学作家班"的经验;建议在相关专业机构下设专门的儿童电影分支机构,指导儿童电影专业工作的开展;目前已经在"中国电影家协会"下设"儿童电影委员会",建议在广电总局电影剧本中心下设"儿童片艺术创作指导委员会"。第四,通过各种途径,呼吁大师参与儿童电影创作,努力营造儿童电影文化氛围。目前儿童电影缺乏精品力作,特别期待著名编导垂青少儿题材,这样才能拓宽儿童电影的题材领域,同时提升我国儿童电影的品质。一些知名导演曾经拍摄过儿童片,还有不少导演是从拍摄儿童片起步的,即便是那些偶尔涉足儿童电影领域的电影人都有过精湛的创作表现,比如蒋雯丽的《我们天上见》就曾感动了无数观众。广电总局如果每年能够动员到一至两位名导演拍摄儿童片(前提当然是有好的剧本),利用导演的影响力,通过其电影作品的精彩示范,必定可以为儿童电影事业赢得声誉以及更多关注的目光。第五,改革国产儿童电影奖励机制,扩大受奖范围,增设营销人员的常态化奖项。我国电影精品专项资金每年都对儿童片进行资助,但资助对象只限于制片方和创作人员,有专家认为,"这种'重产不重销'的政策不利于儿童电影与市场接轨"①。建议广电部门表彰积极推销优秀儿童片的院线、放映队,教育部门也要表彰积极组织学生观看优秀影片的学校。

二、调整创作策略

国产儿童电影市场化程度不高,归根结底仍是创作上的问题。《中国青年报》曾以《万人民调:51.2%受访者直言国产儿童电影整体质量差》的醒目标题,公布了一项针对儿童电影的调查结果。调查结果表明,国产儿童电影质量方面存在的问题主要有:"创作思路太局限,缺乏创新""电影本身的题材和故事不够吸引人""缺乏好的编剧和动漫人才""部分国产儿童电影过于成人化,不太适合儿童看""创作模式急功近利,忽视儿童真正需求""说教太重,不能把握儿童心理"等。②

精品化的创作,有赖于专业化的创作队伍,不得不承认,我国专业化的儿童电影创作队伍尚未形成。目前每年几十部儿童片问世,多数创作者没有儿童文艺创作经验,头一次拍电影的也不在少数。事实上,好的儿童片的创作,对创作者的儿童观、儿童电影观是有基本要求的。儿童电影的主体观众是儿童,但其创作者却是成人。每一部儿童电影作品,都在向少儿观众传递着成人创作者的儿童观。儿童观,是儿童电影创作的原点。创作者对儿童的理解、对人性的思考、对电影表现形式与观众期待视野的思考等,都直接体现在作品中。儿童电影的本质在于儿童本位。一个让人敬佩的儿童电影创作者,应该是一个保有儿童心性的人,应该能够洞悉儿童成长的真正意味,应该对儿童生命体内蕴含的不可替代的珍贵的生命价值充满敬意与向往,应该意识到儿童是独特文化的拥有者、儿童与成人之间存在根本的区别,应该会从儿童自身的原初生命欲求出发,在作品中解放和发展儿童并引领儿童成长,应该意识到童年期的孩子并非仅仅是为了成人而

---

① 祁海.一部低成本儿童片放映三年仍卖座,何解?——《杂技小精灵》在青宫影城喜收20万元之奥妙[J].中国电影市场,2012(1):34.
② 万人民调:51.2%受访者直言国产儿童电影整体质量差[N].中国青年报,2012-06-28.

存在,应该容许他们在成长的路上游逛和玩耍,应该会超越成人与儿童之间的鸿沟、在作品中淋漓尽致地去表现具有儿童存在感觉的童年人生,应该会把儿童电影从狭隘的教育主义那里解放出来——一个合格的儿童电影创作者,还应该对儿童电影的价值功能、美学品格等有一定的思考。《宝葫芦的秘密》《两个人的教室》《棋王和他的儿子》《买买提的2008》《长江7号》等影片之所以能在众多少儿题材影片中脱颖而出,与创作者洞悉少儿身心特点、采用适合少儿观众审美情趣和欣赏习惯的表现手法有很大关系。

面对创作上存在的种种问题,除了遵循儿童电影基本的创作规律之外,如何在电影产业化背景下提升作品的品质,无疑也值得我们认真思考。第一,作品的市场定位一定要明确。受众定位不清往往导致失败,以往一些现实题材的儿童片无法得到观众认同,正是观众定位的失策以及对市场认识不清造成的。比如把反映失学儿童、留守儿童的影片拍成了"儿童社会问题片",影片虽有现实意义,但其视角选择和主旨呈现却是引发成人和社会思考的,这样的片子显然吸引不了孩子,而是更适合成人观看。第二,类型化创作道路要坚持。多年从事儿童电影、动画电影创作的黄军对此深有体会。他认为,儿童电影必须是类型电影,这样做的好处是——"无论选材、布局、设置情节、塑造人物都有比较明确的标准;拍摄时的演员选择、表演风格、摄影风格、剪辑风格等都有套路可循;影片宣传时也有宣传点可说;观众到电影院的心理期待有明确的指向性"[①]。第三,我们的儿童电影创作还得积极朝"家庭本位"的方向去努力。事实上,儿童电影的观众不仅仅限于儿童(那种认为"儿童电影就是专门拍给儿童看的电影"的传统观念对儿童电影市场发展是很不利的)。从产业角度说,"家庭电影"概念比"儿童电影"概念更符合市场规律,这也是国外"家庭电影"模式(即"合家欢电影")带给我们的启示。问题在于,"儿童电影"的概念在中国代表着一个传统,承载了特有的国情,要求人们彻底替换概念或许并不现实。但就创作而言,我们的创作者完全可以在作品中注意从家庭角度切入,关注成人和孩子共同的世界,赢得了家庭消费群体的青睐,儿童电影必将拥有广阔的市场空间。总之,影片创作处在整个电影产业链的上游,只有创作质量上去了,广泛意义上的市场传播才能变为现实,少年儿童观众才有可能受到良好的电影教育并获得相应的精神滋养。

这里特别要提出优秀儿童文学改编电影的建议。建议电影界同中国作协儿童文学委员会联手,设立"优秀原创儿童文学改编电影基金"。此举不仅可以吸引优秀儿童文学

---

① 黄军,凌云."儿童电影"四题[J].当代电影,2009(6):19.

作家为儿童电影拍摄提供优质改编资源,也将吸引优秀电影导演拍摄儿童片。据了解,不少优秀的儿童文学作家都接到过拍摄邀请,而作家坦言拒绝的原因是出于对电影创作团队质量的担忧。儿童文学改编资源非常丰富,如果有优良的拍摄团队,许多儿童文学作家愿意"触电"。而如果有优质儿童文学作品作为保证,还会有不少实力派导演选择拍摄儿童片。对于我国的儿童电影事业来说,"优秀原创儿童文学改编电影基金"的设立,可以弥补目前优质题材资源的不足,有效提升国产儿童影片品质。世界范围内,经典儿童文学作品改编为电影的例子比比皆是,我国虽然有过《草房子》这样成功的例子,但这一领域的合作开发还远远不够。台湾资深导演陈坤厚独具慧眼买下作家曹文轩儿童小说《三角地》的版权,影片《三角地》很受好评。从影片创作实践的角度来看,儿童文学理应成为儿童电影重要的改编资源,国外许多经典儿童片就是从儿童文学经典改编而来的。我国儿童电影创作一方面长期受创作资源匮乏的困扰,另一方面却自我封闭,被搬上银幕的儿童文学作品屈指可数。无视当下相对丰富、成熟的儿童文学创作,无疑是对创作资源的浪费。理想的儿童电影改编者,应该是具备一定儿童文学素养的专业编剧,或者是有电影改编能力的儿童文学作家。也就是说,儿童电影改编有其特殊性,它要求改编者除了具备一般电影改编所要求的基本素质外,还要具备一定的儿童文学素养。张之路的作品之所以屡获成功,就在于他不仅是一位优秀的儿童文学作家,同时又具备丰富的电影改编经验,他根据自己儿童文学作品改编的儿童电影剧本多次获夏衍电影剧本文学奖。曹文轩改编自己的儿童文学作品(《草房子》)也曾获中国电影金鸡奖最佳编剧奖。可见,儿童文学作家参与自己作品的电影改编具有很大的优势。我国著名儿童文学作家洪汛涛在20世纪80年代初断言:"不要太久,最有影响的儿童文学作家,会是儿童电影的编剧者。"[1]洪汛涛的观点表明,儿童文学作家参与电影改编是一种趋势,儿童电影改编者需要具备一定的儿童文学素养。由于疏离文学改编传统,目前参与改编实践的儿童文学作家还不是很多。对专业的电影编剧而言,有针对性地向儿童文学队伍寻求指导与合作,应该不失为一种有效的方式。当年民新影片公司摄制电影《飞行鞋》,就专门邀请了熟悉儿童文学的赵景深、顾均正审议剧本。

　　客观上的人口资源优势、儿童文化消费的升温、动画电影培育的影院观影热潮等,为国产儿童片的发展提供了有利条件。我们需要越来越多的少儿经典点燃我们对国产

---

[1] 洪汛涛.儿童电影断想[J].电影艺术,1983(6):8.

儿童片的热情!经典,是一个与时间有关的概念。被称为经典的儿童片,一定是经过时间的检验、历史的沉淀和选择,在一代又一代的少儿观众中,产生广泛影响并具有久远的思想价值和艺术生命力的精品力作。儿童电影经典,应该是儿童电影领域里具有典范意义的作品。具体而言,影片有积极、明朗的思想内涵和人文关怀精神,即便表现苦难、鞭挞丑恶,也传递着希望、勇气和力量;应该为广大少年儿童所喜闻乐见,适合少儿观众的接受能力、审美情趣和欣赏习惯,在思想情感上引起少儿观众共鸣,真正体现儿童电影的本质和艺术特征;创作者的创作姿态,应该是出于高度的文化担当,通过作品实现其对少年儿童健康积极的文化期待;作品在艺术个性、电影手法等方面的探索,应该是可以确立其在儿童电影史上的地位与价值的,即便是放在一般电影范畴内也毫不逊色,儿童电影经典之作应该具有儿童和成人通吃的魅力品质。中国电影百年之际推出的"中国优秀少儿影片校园典藏集",由60部代表各个历史时期的儿童电影佳作组成,它们是从新中国成立以来拍摄的几百部儿童电影中精选出来的,集中展示了我国儿童电影取得的成绩。当然,我们不用"经典"这个词,并不否认我们对一部作品的肯定。对一部好作品,我们通常还会用另外一些词去褒奖它,比如佳作、杰作、优秀之作。事实上,很多作品算不上严格意义上的经典,却是具有经典性、经典品质的作品。

毋庸讳言,在好莱坞大片的冲击下,国内的儿童电影市场不断被国外影片挤占。不过,从《花木兰》到《功夫熊猫》,精明的好莱坞借中国文化占领中国市场,其对中国电影市场的冲击绝不仅仅体现在票房上,对民族文化身份是坚守还是放弃,才是它带给我们的最为现实的警醒。应该说,民族性不仅是中外优秀儿童电影作品获得成功的重要原因之一,也是儿童电影作品超越时空走向世界各个民族观众心灵的重要原因之一。可喜的是,近年来一批有着鲜明民族特色的儿童片(《鸟巢》《滚拉拉的枪》《俄玛之子》等),给人耳目一新的感觉。在创作实践探索中,我们应该把创造具有民族特色的儿童电影艺术美学,同学习世界优秀儿童电影的艺术经验结合起来。

三、拓宽传播渠道

尽管业界始终没有停止过对儿童电影是"事业"还是"产业"的争论,但是在中国电影产业改革的大背景之下,儿童电影还是在努力迈开市场转型的步伐。儿童电影产量逐年递增,主动步入商业院线主动接受市场磨砺,创作方面积极寻求国际合作,大胆尝试商业大片模式,儿童电影也在逐步树立营销观念。种种现象表明,中国儿童电影在政策助力下,积极应对市场挑战,坚定地迈出了产业化转型的成长步伐。

当然,如果我们对院线上映的儿童电影进行数据统计,其占儿童电影总产量的比例还是非常低的。以下对2002—2012年内地院线规模上映的儿童电影做了数据统计。

(单位:部)

年份	国产(含中外合拍及港台地区出品)		进口	
	动画电影	儿童故事片	动画电影	儿童故事片
2002		7	3	2
2003		3	1	1
2004		4	2	2
2005	2	1	1	2
2006	1	4	4	1
2007	1	2	3	
2008	2	5	4	
2009	10	7	8	3
2010	8	3	7	3
2011	12	5	10	1
2012	15	8	7	8
合计	51	49	50	23

可见,无论是动画电影还是儿童故事片,上映数量明显不多。这一现象是有客观原因的。首先,儿童电影大多是低成本的小制作,市场竞争能力本身较弱,加上有限的影院资源被其他影片挤占,造成国产儿童片无力进入主流院线参与市场竞争的客观现实。不过即便如此,还是有不少儿童电影在市场的夹缝中求生存。其次,随着产业化改革的深入,儿童电影(尤其是动画电影)的市场化程度正在逐步提高。每年院线上映的国产儿童

故事片始终徘徊在个位数,相比之下,国产动画电影跨入商业院线接受市场磨砺的步子迈得更大一些。这表明,在中国内地电影市场,动画电影比儿童故事片更具市场潜力,国产动画电影已经领先于儿童故事片在市场抢滩成功。同时,进口儿童故事片上映总量(23部)还不到进口动画电影(50部)的一半,也可以证明在我国动画电影更受观众青睐。事实上,能够——或者说选择——上院线的儿童电影往往有这样几类:1.主旋律片,如《飘扬的红领巾》《小小飞虎队》;2.前期已有良好的品牌积累和潜在受众基础的影片,如改编自畅销儿童文学作品的《女生日记》《男生贾里新传》《淘气包马小跳》,在电视动画基础上制作的"喜羊羊与灰太狼"系列电影、《巴拉拉小魔仙》,从游戏延伸为电影的"赛尔号""摩尔庄园"系列,经典动画翻拍或重剪的《葫芦兄弟》《黑猫警长》《大闹天宫》;3.少年人物传记片,如《少年岳飞传奇》《自古英雄出少年之岳飞》《少年邓恩铭》《星海》《少年陈真》;4.高投资、大制作的商业大片,如《长江7号》《寻找成龙》《功夫梦》《兔侠传奇》;5.励志片,如《隐形的翅膀》《网络少年》《我的少女时代》;6.喜剧、动作等类型片,如《囧蛋奇兵》《跑出一片天》《七小罗汉》《杂技小精灵》《少林四小龙》《愤怒的小孩》《虎王归来》;7.注重个人表达的"儿童视点片",如《看上去很美》《我11》等。尽管儿童片在电影市场整体收益有限,甚至被视为"票房毒药",但还是出现了一些高产值的作品。比如以"家庭电影"作为创作和营销模式的《长江7号》,票房收益高达2.03亿。"真人+动画"形式的《宝葫芦的秘密》,以2213万票房收入在当年国产影片票房总排名中位列第十四位。合拍片《功夫梦》在北美上映取得1.7亿美元高票房,在2010年国产影片境外票房排名中位列第一。

尽管一直在尝试市场化转型,但国产儿童电影市场化程度不高,投入与产出不平衡的问题可以说非常普遍。因此从市场发展和观众接受的角度而言,我们建议国产儿童电影应该坚守主流院线阵地、探索儿童电影的多渠道放映模式。也就是说,面对大量闲置的国产儿童电影资源,要真正实现影片与观众的对接,还需要我们在坚守主流院线阵地的前提下,积极探索多渠道放映模式。我们目前已经形成主流院线、电视渠道和公益放映这三种儿童电影的发行放映渠道,三种渠道各具基本的运作模式,但仍存在提升空间。

主流院线方面,目前各影院对上线儿童片的重视程度还远远不够,建议院线加强儿童电影的排片场次和宣传力度。以影片《全城高考》为例,该片阵容强大、制作精良,与同期上映的其他电影相比,内容题材特点非常突出,但由于院线排片不给力,有的影院甚至安排早场放映,最终市场表现平平。面对儿童电影屡屡遭遇的"不公平待遇",建议影院开辟专门的儿童电影厅,或者在双休日和寒暑假拿出一个厅来专门放映儿童电影。

还有关于档期的选择问题,由于儿童片往往集中在寒暑假、"六一"上映,集中上映带来票房分流,很可能只有少数几部影片市场收益良好。因此儿童电影的档期选择非常关键,2010年暑期档上映的《七小罗汉》就得益于选对了档期。当时正值《唐山大地震》上映而其他影片纷纷"避震",《七小罗汉》正好补了市场的空缺,最后获得2300多万的高票房,如果安排在其他档期可能就不会有这么高的票房。

过高的票价也是阻碍儿童观影的原因之一,成都影院的做法值得推广。从2011年10月1日起,成都市执行统一的儿童电影票优惠标准,身高在1.3米以下(含1.3米)的儿童可免票观影,身高在1.3—1.4米(含1.4米)的儿童享受片方规定的最低票价,身高在1.4米以上而年龄未满14岁的儿童,经出示证件可享受片方规定的最低票价;学生凭证购票享受影院相关优惠标准。[1]

电视渠道方面,以中央电视台电影频道每周六、日上午播出的《少儿影院》节目为主,其他一些电视台也会播映部分儿童电影。建议《少儿影院》节目重视儿童影片的筛选工作,最好是有系统性、有专题性的放映,以提高节目的吸引力。寒暑假可以集中安排放映。建议学习《佳片有约》等节目的做法,在优秀儿童电影播出前后进行相关的节目互动,提高少儿观众对影片的兴趣和认知。

公益放映的辐射力同样值得重视。在现阶段,国产儿童电影产销完全走"市场化"的道路显然是行不通的。而为了解决儿童看电影难的问题,我国政府曾多次发文。2008年发布的《关于进一步开展中小学影视教育的通知》,明确提出每个中小学生每学期至少要观看两部影片的要求,但还是面临执行难的问题。对于绝大多数国产儿童片来说,除商业院线以外的校园院线、流动数字电影放映院线,才是其更持久有效、也更具辐射力的生存空间,这是我们必须正视的一个现实。以中影校园电影院线、上海市电影教育院线为代表的校园电影院线初具规模。陕西励志校园院线则是全国唯一的省级专门放映儿童影片的流动院线,其探索实践具有示范性意义。还有一些送儿童电影到社区、创办校园电影网络的形式,都是解决儿童观影难的有效方式。中国儿童少年电影学会举办的"2012儿童电影推荐放映活动",在城市商业院线和农村、学校、社区流动放映队两个放

---

[1] 张过.中国影院发展十年大事记[J].当代电影,2012(12):28.

映体系中展开,成效显著。值得一提的是,随着电影数字节目管理中心网站"儿童电影专区"的开通,以前困扰放映单位的儿童电影的片源问题也得到了解决。2012年5月30日正式开通的"儿童电影专区"集电影宣传、资料检索与点映订购于一体,由广电总局电影数字节目管理中心(今为中宣部电影数字节目管理中心)与中国儿童少年电影学会共同打造,是国内最大的儿童电影信息查询和检索平台,收录了新中国成立以来500多部国产儿童数字电影的文字、图片和片花等资料,为院线订购儿童影片提供了便利。

在儿童电影的传播策略方面,我们还可以有计划地推进专门的儿童电影院线和儿童电影院建设,开展"儿童电影推广活动",逐步营造全社会都来关注儿童电影的良好氛围。建议政府资助建设专门的儿童电影院线,使儿童电影放映常态化。目前多数儿童片进不了院线,即使有机会在全国公映的儿童片,也往往被安排占据最差时段、最少场次、最短档期。能够在好时段放映的儿童影片,又往往只是那些商业模式运作的儿童片。从长远来看,国家必须充分考虑儿童观众的特殊性,为他们建立专门的儿童电影院线,这样就可以比较充分地针对儿童不同年龄阶段的特点来安排影片,针对学校教育的作息特点来安排放映时间,针对不同儿童对文化产品的不同需求来安排不同的影片。

建议有条件的城市试点设立专门的"儿童电影院"或"亲子影剧院"。早在1954年,我国就在长春设立了第一个儿童电影院。电影院内的1000个座位都是适合儿童身高的红色小皮椅,放映室周围是可以同时容纳200多名儿童的阅览室、游艺室和休息室,电影院里还有辅导员在休息时间向孩子们讲解电影内容,辅导员平时还经常到各学校了解孩子们对影片的意见。如果这种做法现在能够普及,儿童电影发行放映难等许多问题将得到解决。

通过开展"儿童电影推广活动",将少年儿童的影视教育落到实处。在我国,"儿童文学阅读推广活动"在普及儿童文学阅读方面发挥了重要作用。受此启发,建议开展"儿童电影推广活动",并长期做下去。在儿童文学不受重视的岁月里,有那么一批儿童文学阅读的"点灯人",他们用自己对儿童文学的激情与才情,在各处播撒儿童文学的种子。如今,儿童文学阅读已得到全社会的自觉关注。但是,当前我国儿童电影的社会认同度却还很低。尽管每部儿童影片推出后,片方都会自行安排宣传推广环节,但我们所强调和追求的,是要通过一批有志于儿童电影事业的推广人的长期努力,在全社会逐步营造一个重视儿童电影、关注儿童电影的良好氛围。他们不仅推广国产儿童片,也推广外国优秀儿童片;他们不仅推广新片,也推广历史上优秀的经典影片;他们不仅跟随片方推广,也会到学校、社区做推广；他们不仅向孩子们推广，还会努力吸引老师和家长的关注。他们的付出，不仅可以让孩子们喜欢上儿童电影、知道怎么欣赏儿童电影，还可以为儿童电影创作者提供启发。从事儿童电影推广活动的，可以来自中国儿童少年电影学会，可以是电影研究人员，可以是儿童电影创作人员，可以是热爱儿童电影、对儿童电影有一定鉴赏力同时懂得孩子心理的中小学老师等。

儿童观众毕竟有其特殊性，我们不能简单以商业模式作为儿童片发展的唯一目标，不能单纯以票房来衡量一部影片的全部价值。对于绝大多数国产儿童片来说，除商业院线以外的校园院线、流动数字电影放映院线，才是其更持久有效也更具辐射力的生存空间。而我们对于儿童电影事业的终极目标，可以概括为——完善有中国特色的儿童电影文化。我们迫切需要在儿童电影工作者、媒体和其他各方面的共同努力下，建设起儿童电影文化这样一个概念来，形成一个良好的儿童电影氛围，共同推动中国儿童电影事业的良性发展。

第三章　中国儿童电视节目的变革与突围

目前，中国儿童电视节目主要包括儿童电视新闻类节目、儿童电视文艺类节目、儿童电视教育类节目三大板块。其中儿童电视文艺类节目最为丰富，不仅占据了儿童电视荧屏的绝大部分时段，对儿童的实际影响力也最为突出。在儿童电视文艺类节目内部，又大致包括儿童电视戏剧类节目、儿童电视综艺类节目、儿童电视竞赛游戏类节目、儿童电视晚会以及儿童电视文艺活动等亚类。儿童电视动画片、儿童电视剧虽然在理论上属于儿童电视戏剧类节目的两个亚类①，但成就和影响都非常突出，根据我国学者的习惯，往往进行单独研究。本章对我国儿童电视节目的探讨也将二者排除在外，只对除儿童电视动画片和儿童电视剧以外的其他中国儿童电视节目进行考察。我国非戏剧类儿童电视节目现状如何？发展是否存在问题？节目质量如何？对我国广大儿童观众有何作

---

① 严格意义上，"儿童电视动画片"是一个很不准确的术语，它的范围非常宽泛，如儿童电视动画广告片、儿童电视动画教育演示片等都可以列入。目前我国多数学者在使用这一概念时，实际所指往往仅仅是故事类儿童电视动画片，而故事类儿童电视动画片严格意义上是属于"儿童电视剧"范畴之内的。我们这里将两个概念并列仅仅是遵循多数人的习惯，并不代表我们认为儿童电视剧和儿童电视动画片是两个并列的学术概念，特此声明。

用？产生的实际影响如何？是否值得改进？如何改进？我们力图通过研究对这些提问做出初步的回答。

第一节　中国儿童电视节目现状

一、近年来中国儿童电视节目基本情况

根据广电总局2011年2月公布的《广播电视播出机构及频道频率名录》，我国与儿童相关的电视频道高达80余家，包括：1家全国性综合性少儿频道，即中央电视台少儿频道；5家全国性卫星动画频道，具体为上海电视台炫动卡通频道、北京电视台卡酷动画频道、湖南广播电视台金鹰卡通频道、广东电视台嘉佳卡通频道、江苏电视台优漫卡通频道；20家省级地面少儿频道；12家副省级少儿频道；至少16家副省级综合电视台开办的科教频道；至少11家副省级教育电视台开办的相关频道；至少15家全国性闭路播出的与儿童相关的数字付费频道，如辽宁电视台开办的新动漫频道、新影厂开办的新科动漫频道、科影厂开办的中学生频道、广东电视台开办的快乐益智频道、太原市电视台开办的玩具益智频道、中国教育电视台开办的早期教育频道、江苏电视台开办的幼儿教育频道等。除这些频道外，各电视台的综合频道，包括全国性卫星电视频道也开办了不少儿童电视节目。想要穷尽我国的儿童电视节目开办及播出情况，必须对这些相关频道进行更全面的调查和研究。限于时间、资源、精力等各方面因素的制约，我们这里对我国儿童电视节目现状的梳理，只能择其要者从之。

事实上，仅仅是38家儿童电视频道的非戏剧类儿童电视节目，我们也很难对其做出足够清晰的全面梳理。限于条件，很多地方性少儿频道的一些节目，我们都无法直接观看到，并且为了适应市场的需求，不少儿童电视节目也不断地进行着改版和调整。仅仅是我们考察的2010—2013这四年时间，就有不少儿童节目已经停办，一些节目则只是季播性质，一些老牌儿童电视节目则"旧瓶装新酒"，不时地调整着内容。要想对我国儿童电视非戏剧类节目的现状有所把握，想要真正地提出对我国儿童电视节目发展有针对性的中肯意见，我们就必须知难而上，不仅要对已有的儿童电视节目做定性把握，也应努力做出量方面的统计。经过大量艰苦细致的工作，我们着重考察了38家儿童电视频道，尤其是东部发达地区的19家儿童电视频道，排除了儿童电视剧类节目和在少儿频道播出的非儿童类电视节目后，共梳理出约210个儿童非戏剧类电视节目，以及约29项大型儿童电视活动、21台大型儿童电视晚会，进行逐一的深入考察，以完成我们对近四年我国儿童非戏剧类电视节目的描述。

2010—2013年儿童非戏剧类电视节目类型分布(以210个重点节目为例)

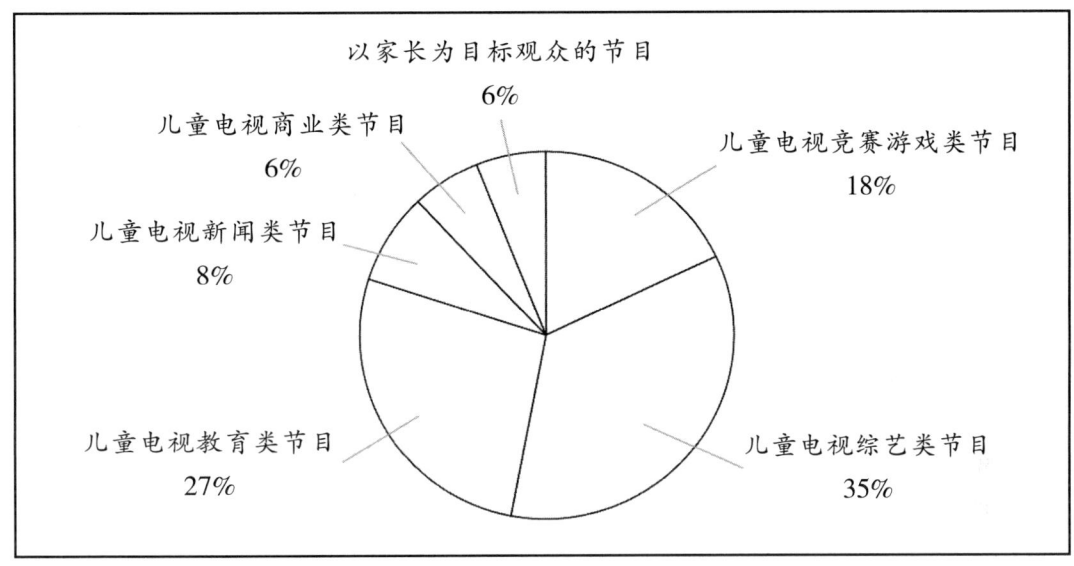

必须声明的是,对于这210个我们进行了深入考察的儿童真人类电视节目,我们所做的类型分布描述也只是个大概情况。原因主要有三个。一是不少儿童电视节目都存在着跨界现象,比如竞赛游戏类节目中往往就会穿插不少文艺表演,而近年来不少的儿童电视大型活动也要么是游戏比赛,要么是文艺比赛,包括教育类节目,为了增加娱乐性,往往会有不少综艺的成分。对于这些情况,我们一般是看其主流,主要是出于教育目的的,即便其综艺性质很突出也将其归纳为教育节目;主要是综艺性质的,比如歌唱舞蹈比赛,虽然也可以列为竞赛类节目,但我们一般都将之归入了综艺节目的范畴。又比如个别教育节目,虽然明显出于商业宣传目的,具有很突出的商业性质,但因其内容主要是属于教育行业的信息,我们也没有将之归为新闻类或商业类,而将之归为教育类节目。第二个原因是不同节目的单期时长和播出频率差别很大。比如儿童电视新闻类节目,虽然在图表中高达8%,但往往每期只有10分钟,有的甚至一周只有一次,而儿童电视商业类节目,往往一天就能获得三四次播出机会,每期节目往往会长达20分钟以上。第三个原因则是不同的节目其生命周期也不同,有的儿童电视节目尤其是不少杂志型综艺节目,往往已经开办了数年,而且还将继续下去,而一些新开办的节目尤其是与儿童电视活动相关联的节目,则可能仅仅是在"六一"、暑假、春节等时候开办数期就结束。当然也包括不少试水的节目,因经济效益较差,被电视台不断地调整掉。即便存在这些情况,我们认为在有限的条件下,暂时不去管儿童电视节目的播出情况,仅仅就其创意思路进行节目类型的划分也非常有价值,完全可以在一定程度上对近年来我国儿童电视非戏剧类节目的大致状况做出客观的描述。

从 2010—2013 年的情况来看,我国非戏剧类儿童电视节目不仅在播出量上得到了一定的保障,在节目的质量,尤其是在对儿童观众的吸引力、社会影响力、自负盈亏能力、品牌化打造等方面都取得了巨大进步,初步呈现出中国儿童电视节目在社会主义市场经济环境中一些独特的优势和可贵的品质,但也出现了一些新的问题和偏差。不仅个别儿童电视节目的美学品格有待提高,甚至一些名义上为儿童服务的节目在实际的效果上也可能对儿童的健康成长存在着潜在危害,中国儿童电视文化权利的地区差异也非常突出……正反两方面的经验都有待进行研究和总结,其中一些问题还显得颇为急迫,必须引起我们足够的重视。下面我们就以节目类型为界,对我国近年来创作播出的这 200 余档儿童电视非戏剧类节目进行更细致的剖析。

二、近年来中国儿童电视节目的新变化

(一)儿童竞赛游戏类电视节目异常火爆

一方面是受了成人娱乐节目中游戏类节目的启发和刺激,另一方面也是因为游戏和竞赛节目非常符合儿童的天性。2010—2013 年我国电视荧屏上儿童电视竞赛游戏类节目以异常火爆的姿态持续发酵,几乎每个儿童电视频道都开办了至少一档此类节目,一些卫星频道和综合频道也开办了类似的家庭竞赛游戏类节目,而且往往都是作为频道最重点的节目来打造。具体的形式大略可以分为三类:

首先是体育性质突出的冲关游戏类节目。代表性作品有山西少儿《积木宝贝向前冲》、福建少儿(又名"棒棒 TV")《宝贝向前冲》、山东少儿《非常小孩》、金鹰卡通《快乐宝贝 GO》、央视少儿《英雄出少年》、浙江少儿《你猜谁会赢》、北京电视台青年频道《青春 A 计划》等。这些节目由于入选门槛低,非常有利于普通儿童及其家长参与;与体育运动结合不仅有利于儿童锻炼身体,还非常有利于培养其克服困难的品格;再加上此类节目成本通常都不太高,又可以形成很好的社会反响,对频道和节目的宣传都非常有利,所以收视率都比较喜人,经济效益和社会效应两方面都比较不错。

与之类似的节目为"室内竞赛游戏节目"——虽然此类节目时常也有一些户外环节,但大量的场景都在演播室里,并且除了运动类冲关项目外,更多的是游戏类环节,并且时常也会穿插才艺类和智力知识类内容。代表性作品有山东少儿《人气!少年王》《家庭大擂台》、棒棒 TV《石头 剪刀 布》、江西少儿《加油,好儿女》、广州少儿《超级童星汇》、南方少儿《智者为王》、成都少儿《乐豆逗斗堂》、云南少儿(又名"猜猜少儿")《我爱游戏》、宁波少儿《爱家大作战》、北京青少《SK 状元榜》、辽宁青少《超级伙伴》、炫动卡通《全家游戏王》等。这些游戏竞赛节目大多在演播室进行,不少节目为了吸引成年观众,都主打了家庭亲子牌,不仅通过设置相关比赛环节让父母与孩子共同闯关,通常也会不断通过现场采访和脱口秀的方式娱乐并引导着家庭性观众群体,对亲子之间的交流沟通和感情培养也颇为着力,值得认可。

第三类节目为"儿童实境真人秀"节目,最大的特点是走出演播室,让儿童到各种情境中去进行多样化的体验。但这些体验主要不是出于教育和知识学习的目的,而更多地带有极强的游戏性质和娱乐倾向,与主要出于教育目的的儿童体验式节目还是颇有一些区别。其中不少节目还与前两类节目一样采用了家庭共同参与和比赛挑战的形式,所以我们不将之作为儿童电视教育类节目处理,而是归为儿童电视竞赛游戏类节目。代表性的作品有上海电视台哈哈炫动卫视《哈哈总动员》、天津少儿《成龙计划》、宁夏少儿《PK 先锋》、棒棒 TV《嘻游记》《棒棒好伙伴》、央视少儿《动感特区》《快乐体验》《异想天开》、炫动卡通《全家乐游游》、浙江少儿《看吧,宝贝!》《阳光快乐手操》、海南少儿《健康星少年》《哩哩美》、福州少儿《逗逗欢乐营》《向前看齐》、宁波少儿《快乐开卖啦》、北京青少《北京男孩》、河北少儿科教频道《夺爸奇兵》以及北京国大华闻公司的《挑战奇罗星》等。此外《宁波市首届花样蹦极大赛》、南方少儿《"5 极限"中国悠悠大赛》、嘉佳卡通《火力少年王 YOYO 达人挑战赛》等儿童电视大赛也带有很强的真人秀性质,我们同样将之归入这一类别。

在上述这些儿童电视竞赛游戏类节目中,有的节目在自我宣传时就直接定位为"家庭娱乐节目""面向家庭的大型户外游戏竞赛节目""大型亲子游戏类节目""室内大型亲子互动游戏类节目";而有的则自称为"针对现代小学生的益智娱乐节目""大型亲子益智节目""家庭益智互动游戏节目"等,大打"益智"牌;还有的甚至直接自称为"知识竞赛节目"、儿童成长"体验性节目"。但从实际的节目来看,基本只能算是采用了比较健康的娱乐方式而已,与真正偏重教育性的娱乐性教育节目还是有一些价值取向上的差异。当然,这样的节目形态在儿童电视领域激烈的市场竞争环境中,还是具有非常强的存在理由和生存价值的。这大约也是连央视少儿《快乐体验》和《异想天开》这样传统上更具教育性意义的节目也采用了不少游戏和比赛环节的原因之一。比如《异想天开》节目中的

"极速少年"板块绝对算得上是儿童竞赛游戏类真人秀节目的典型代表。

(二)儿童综艺类电视节目不断更新

综艺类节目因其具有高度的艺术性、充分的娱乐性和灵活机动的优势,一直以来都深受广大儿童观众喜爱,可谓历久弥新。在2010—2013年的我国儿童电视荧屏上,这类节目也继续以各少儿频道和电视机构的拳头产品的身份出现,并且有了不少新意,不仅在儿童电视竞赛游戏类节目、儿童电视音乐才艺类节目,甚至儿童教育类节目中都有了更多的体现。同时,儿童电视综艺节目自身的内容、形式和传播渠道也都有着不少新的努力和探索。比如卡酷频道的"动画脱口剧节目"《闪天下》就是一档将动画元素和以主持人为核心的真人表演进行充分结合的形式新颖的儿童综艺节目,包括栏目剧、明星采访等多种内容,既不断推出新内容,又坚持"天马行空"的节目基本特色,深受广大儿童观众认可。

具体来看,这四年里,我国电视荧屏上比较有代表性的儿童综艺节目主要有哈哈炫动卫视《小学生出租车》、南方少儿《小太阳俱乐部》、南京少儿《天天快乐岛》、浙江少儿《成长秀》、卡酷卫视"少儿综艺互动类节目"《七色光》和《卡酷七色光》、天津少儿"儿童娱乐综艺类节目"《快乐转转转》、山西少儿"少儿综艺娱乐竞技类节目"《星光闪耀》、优漫卡通"大型亲子综艺节目"《宝贝争爸赛》和《我爱饭米粒》、金鹰卡通"大型儿童综艺类节目"《童心撞地球》和"儿童真人秀综艺节目"《百辩小天才》、猜猜少儿"综艺娱乐竞技性节目"《星星大擂台》、北京青少"亲子合家欢节目"《快乐起飞》以及央视少儿《快乐大巴》、杭州少儿《小伢儿》《快乐星期天》、安徽科教频道《七彩路》、深圳卫视《饭没了秀》、中国教育电视台《成长不烦恼》、湖南卫视《全家一起上》等。不管是从节目自身宣传来看,还是从实际播出的节目出发,尤其是综合性卫视频道办的儿童综艺节目,不少都与儿童游戏竞赛类节目一样主打了家庭牌,从而在一定程度上保证了节目的收视成绩和社会影响。

唱歌、器乐、跳舞、朗诵是儿童课外才艺活动,尤其是在少年宫和各儿童艺术培训机构中最为常见的课程内容,与之对接的儿童电视音乐才艺类节目也一直都是儿童电视综艺节目中非常重要的内容。这几年,单独的儿童电视音乐才艺类节目有所减少,音乐才艺展示更多的是在综艺类节目、儿童电视晚会,以及上述的竞赛游戏类节目中出现。同时,不少儿童才艺节目也开始走出唱歌跳舞的窠臼,有了不少新的内容,比如哈哈炫动卫视的季播节目《小鬼当家》就推出了"少年厨王争霸赛"等极富时代特色的儿童才艺展示环节,值得认可。嘉佳卡通的《音乐涂鸦乐园》以唱歌跳舞的方式,将与幼儿生活紧密相关的各种知识和行为习惯创作成儿歌来向孩子们传达,进行着积极健康的引导,同时这些原创作品的商业开发也开展得有声有色,非常不错。总体上,2010—2013年我国儿童电视音乐才艺类节目在内容和形式上都有所拓展。具体来看,这四年间我国儿童电视音乐才艺类节目可分为展示和比赛两个大类。前者包括央视少儿《音乐快递》、卡酷卫视《宝贝星计划》、深圳少儿《花朵秀工坊》、南京少儿《闪亮宝贝秀》、棒棒TV《棒棒优嗯蜜》、山东少儿《齐鲁童星》、山西少儿《亲圪蛋DV秀》、浙江少儿《宝贝站出来》、南京少儿《电视小主人》、内蒙古少儿《魅力舞台》、海南少儿《音乐联盟》、乌鲁木齐妇女儿童频道《我是小行家》、吉林电视台《青苹果乐园》以及安徽广播电视台科教频道《七彩路》等节目。后者主要有优漫卡通《优漫小达人》《"优漫之星"少儿才艺大赛》、金鹰卡通《中国新声代》、南方少儿《漂亮宝贝》、猜猜少儿《我最闪亮》、宁波少儿《成长E站》、黑龙江少儿《"同一首儿歌"擂台赛》、江西少儿《"超级童星我最红"才艺大赛》、央视少儿《全国儿童歌曲大奖赛》、辽宁教育青少频道《闪亮童星》、河北少儿科教频道《童星闪亮少年儿童才艺大赛》、吉林电视台乡村频道《"二人转总动员"少儿组比赛》、辽宁卫视《天才童声》以及多家少儿频道都举办过的《校园金话筒主持人大赛》等。这些节目和比赛很好地丰富了儿童的课余文化生活,给多才多艺的新一代儿童提供了较为充分的展示空间,值得肯定。但个别节目也存在着收费不合理,以及为个人或某培训机构拍摄并播出作品变相打广告的现象,这样的做法虽然也是儿童电视节目在激烈市场竞争中谋求生存的一种妥协和策略,但违背了儿童才艺节目的宗旨,违背公平竞争原则,对儿童的才艺发展之路弊大于利。这样的现象虽然较少,却非常值得警惕。

(三)儿童教育类电视节目稳中有进

儿童教育类电视节目是我国公立儿童电视频道颇有优势和值得自豪的一个内容。虽然在市场经济条件下激烈的传媒行业竞争中,其发展速度远不如儿童电视动画片和儿童电视娱乐类节目,与儿童影视发达的国家相比质量也还有待提高,但在儿童电视频道拓展和广大从业人员的努力下,2010—2013年我国的儿童教育类电视节目还是呈现出稳中有进的总体态势,而且有些节目非常优秀,成为这一时期我国儿童电视节目中最值得认可的佳作。具体来看,大致可以分为两个亚类,或者说两种创作方向。

一是儿童参与较多的,将娱乐和教育性内容结合得较好的一批节目。包括央视少儿《智慧树》《小小智慧树》《芝麻开门》《智力快车》《绿野寻踪》《七巧板》《大仓库》、哈哈炫动卫视《好奇探长》《画神闲》《眼镜大学堂》《哈哈小虎窗》、卡酷卫视《蹦蹦跳跳》《幼乐园》《和自己对话》、天津少儿《糖心家族》、福州少儿《聪明逗》、猜猜少儿《HI宝贝》《绿色在线》、宁夏少儿《欢乐宝宝》、南京少儿《包剪锤》、重庆少儿《TICO跟我来》、海南少儿《椰城少年》、广州少儿《星奇吧》、优漫卡通《聪明大发现》、内蒙古少儿《健健康康长大》《学习也疯狂》、金鹰卡通《飞行幼乐园》《同趣大调查》《飞行点点名》、山东少儿《宝贝计划》、杭州少儿《快乐学艺》《快乐国学苑》《妈妈早点到》以及中国福利社的《乐智小天地》等。这些节目有的偏重科普教育,有的偏重道德教育,有的偏重知识教育,有的偏重艺术教育,有的偏重儿童心理素质的锻炼,但总体上都是让儿童充分参与,将不同年龄儿童的娱乐需要与对他们的教育和引导充分地结合了起来。其中一些节目已经做得非常成功,主持人在节目的细节处理和与儿童的交流互动中既能充分尊重参与者,挖掘他们身上和在学习过程中的趣味点,又能对其中的不良苗头进行及时有效的引导,还能不失时机地提醒电视机前的儿童观众给予注意,体现出越来越娴熟的儿童节目现场驾驭能力,成为我国儿童电视节目质量进步的一个明证。不仅央视少儿继续在教育性把握上比较成功,一批经济发达地区的少儿教育类节目也越来越成功地将教育和娱乐有机地融合起来,比如哈哈炫动卫视的多档节目,甚至已经初步具备了国际优秀儿童教育娱乐节目的风范,非常值得其他少儿频道学习和借鉴。

二是相对传统的一批综合性杂志型儿童电视节目和部分以知识介绍为重点的节目。代表性作品有哈哈炫动卫视《哈哈早上好》、浙江少儿《成长超动力》、甘肃少儿《七彩空间》、山东少儿《锵锵校园行》、央视少儿《大风车》《成长在线》、黑龙江少儿《支招》《葵花朵朵向太阳》《小天鹅房房车》、河北少儿科教频道《成长》《百科探奇》、新疆电视台《双语跟我学》、四川电视台妇女儿童频道《亮眼睛》,以及在江苏少儿、云南猜猜等多家少儿频道播出并深受儿童观众欢迎的《自然传奇》,杭州电视台少儿频道和杭州市教育局合作推出的"全国首个进入校园的电视节目"《阳光午餐》,吉林市电视台与吉林市教育电视台合作推出的"教育类节目"《魅力700》,棒棒TV和福建关工委合办的《成长1+1》,内蒙古电视台蒙古语卫视频道的蒙古语节目《娜荷芽》,新疆电视台以维、哈、汉三种语言播出的杂志性节目《雪莲花》等。这些节目中虽然也有不少娱乐性和宣传性内容,但总的来看,主要着力点还是对儿童的教育和健康成长进行关注,核心内容不是娱乐,我们将之定位为综合性教育节目。其效果虽然不如前者,但和商业性儿童娱乐节目相比,品位更高,社会价值也更强,同样值得认可。

此外，虽然动画片和儿童电视剧等故事类儿童电视节目的发展使得传统的儿童电视舞台戏剧节目和讲故事的节目有所缩水，但在2010—2013年的我国电视屏幕上还是保留了几档非常富有特色的以讲故事为主要内容的电视节目，主要有哈哈炫动卫视《故事枕头》《晚安哈哈》、金鹰卡通《飞行故事屋》、成都少儿《陈岳叔叔讲故事》等。这些节目虽然以讲故事的方式展开，很具有娱乐性，但往往比很多动画片和儿童电视剧都更注重教育内容，我们一并将之列入儿童电视教育类节目，认为该类节目成本低、效果好，符合儿童爱听故事的心理，值得进一步发展。

(四)儿童新闻类电视节目徘徊不前

2010—2013年我国基本只有一半的儿童电视频道开办了儿童新闻类节目，与之前几年基本持平。除《新闻袋袋裤》《南方小记者》《童眼看南京》《江西小记者》《深圳小记者》等相对较为成功的儿童新闻类节目外，还有山西少儿《第一视线》、浙江少儿《小智情报站》、重庆少儿《小眼看世界》、海南少儿《热带小记者》等多档比较传统的儿童新闻类节目。总的来看，这几个儿童电视新闻节目比较遵守基本的新闻法则，也发挥了新闻节目比较独特的功能，起到了真实性信息节目应有的作用，不仅调动了大量儿童对新闻类节目的关注和积极参与，而且对当地各种儿童活动的开展和宣传也做出了巨大贡献。比如重庆少儿频道与重庆少工委合办的《领巾飞扬》就直接成为当地少先队工作重要的宣传窗口。天津少儿频道《炫锋行动》节目主办的"炫锋行动小记者大赛"更是成为在天津儿童中影响最为广泛的著名儿童文化品牌。优漫卡通卫视2011年推出的10集系列报道《红领巾喝彩江苏创造》以"为江苏喝彩，共创美好明天"为主题，以小记者体验和寻访为主线，大跨度、多视角地展示了江苏"十一五"时期的辉煌成就，是我国儿童电视新闻类节目的一次重要尝试，在当地产生的影响甚至超过了不少非儿童新闻类节目。

除了这些相对传统的儿童新闻类电视节目外，近年来一些儿童新闻类电视节目也在形式和内容上做出了一些颇有新意的探索，比如成都少儿《乐逗俱乐部》、广州少儿《拍拍虾》、内蒙古少儿《童心大嘴报》等都非常有特色，不仅有更多儿童以更全面和深入的方式参与新闻节目的报道，而且还采用了不少更符合儿童观众独特需求的形式。如内蒙古少儿的《童心大嘴报》就采取了更符合儿童知识水平的"拆解式报道"方式，与同属于该频道的《宠物邦》和《小脚丫游记》一起，在儿童感兴趣的话题和趣闻方面做了非常多的努力，得到了孩子们的认可。这种努力在武汉少儿的《小小视角》节目中也体现得很充分，除新闻性信息外，节目中还有大量资讯类和知识类内容，节目甚至直接自称为儿童"娱乐新闻"。广州少儿的《拍拍虾》也很有新意,通过 DV 自拍这种方式,儿童参与新闻报道的自主性和儿童新闻的趣闻化都得到了更大的体现,该栏目甚至还大量使用了广东话来进行报道,大有儿童版民生新闻的倾向。

总的来看,儿童的大量参与和对儿童生活及其感兴趣内容的报道是近年来我国儿童新闻类电视节目较为突出的优点,对满足中国儿童的知情权和表达权起到了非常积极的作用。但儿童新闻类电视节目的质量和地区发展不平衡问题也非常突出,近一半的儿童电视频道连一档儿童新闻类节目都没有开办,开办了的这十几家儿童电视频道,节目质量也参差不齐。一些欠发达地区的儿童新闻类电视节目单方面从上而下的宣传和灌输性质突出,儿童的参与度非常有限。同时,即便是那些相对优秀的儿童新闻类电视栏目对传统常规新闻节目选题的远离也是一个非常突出的现象。事实上,生活在信息时代的儿童对社会上正在发生的种种事件以及国内外的各种大事也非常有兴趣,对个别话题的感兴趣程度甚至超过了成人;并且,这些真实的信息,对培养儿童对社会的融入感、对祖国的亲近感、对不同意见和新生事物的宽容,以及培养他们宽阔的视野、开拓的精神等都非常有好处,儿童新闻类电视节目具有其他类型儿童电视节目所无法替代的独特意义和价值。如何摆脱近年来我国儿童新闻类电视节目总体上徘徊不前的现状,如何通过儿童新闻类电视节目这一平台更好地为广大儿童观众提供真正的新闻信息服务,而不仅仅是某地少儿工作或少儿频道自身节目狭隘的宣传窗口,成为摆在我们面前的重要课题。

(五)儿童商业类电视节目异军突起

严格地说,在市场经济条件下,几乎所有的儿童电视节目都带有很强的商业属性,尤其是不少儿童电视活动和比赛,几乎整个过程都有大量的商业元素融入,没有足够的商业资金投入,很多儿童电视节目和活动根本就无法开展。这里所谓的儿童商业类电视节目主要指的是更直接的以商业内容和商业目标为节目核心内容,而非仅仅是作为背后要素的儿童电视节目类型。就我国目前的儿童电视节目来说,最常见的儿童商业类电视节目有两种形态:儿童电视购物节目和儿童商业资讯节目。

儿童商业资讯节目在一定程度上也可以看作是宽泛的儿童新闻类电视节目的一员。但它与我们传统的新闻节目概念有着明显区别,与仅仅出于知识和娱乐目的的儿童资讯类节目也有不少差别。其资讯内容往往很不客观,带有强烈的软性广告性质,目的就是为了宣传某个产品。比如《炫动漫》和《优漫极速递》,主要内容基本都是宣传频道自己的节目和活动,其中不少报道都是具有浓厚商业性质的活动及其预告。虽然节目中也有不少动漫和游戏行业新进展的报道,但总体上还是呈现出浓厚的商业资讯倾向,与传统的社会公益性新闻节目区别明显。棒棒TV的《棒棒微播报》也与之相似,甚至节目中与儿童观众互动的环节在很大程度上都带有很强的节目、频道甚至是产品宣传的性质,以至于该节目都不自称新闻类节目,而直接称为"少儿资讯节目"。在这样的儿童商业资讯节目中,即便像《炫动漫》中播放动漫歌曲的娱乐性质极强的"漫动听"板块,其歌曲的选择很大程度上也是基于某项产品的宣传。这类商业资讯色彩浓厚的儿童资讯节目,与传统的真正拓展儿童视野的新闻性节目或者展示儿童自身丰富生活的真正新闻性质的内容在理念上区别明显,仅仅是形式上采用了新闻播报的样式而已。此外,一些教育类节目由于其实际运作的机构可能并不是少儿频道自身,而是自负盈亏的独立法人广告公司或传媒企业,这些节目通常名义上是为广大儿童及其家长提供教育咨询和资讯,但实际上往往不够客观,很难站在真正的社会公共服务机构的立场上考量问题,而是根据广告客户的需要提供相应的建议和资讯。我们也应将这类教育节目视为儿童商业类电视节目的亚类,与真正的教育类节目区别对待。

与在儿童娱乐节目和资讯类节目中做产品的软性宣传不同,在近几年的我国儿童电视频道中还出现了不少直接与商业活动挂钩的电视节目,其中仅电视购物性质的节目就有多档。2010—2013年存在于我国儿童电视荧屏上基于产品宣传的商业性节目主要有哈哈炫动卫视《炫动酷地带哈哈小店》、优漫卡通《优漫旗舰店》、卡酷卫视《卡酷全卡通》、天津少儿《C炫风旗舰店》、金鹰卡通《玩名堂》、重庆少儿《TICO玩具旗舰店》《TICO玩具派》、嘉佳卡通《大玩家特搜队》、猜猜少儿《疯狂宝贝英语》、杭州少儿《潮小孩》等。这些节目不仅为儿童观众大量提供各种商业资讯,甚至还会直接公布商品的价格,提供购买商品的多种渠道,时常还采用主持人和儿童参与体验、玩具高手演示、玩家比赛和礼品赠送等方法来展示各种新奇的商品,激发儿童观众的购买欲望,有的还采用了故事化的方法来对玩具进行个性化、拟人化的演示,以至于即便根本就不会购买相关产品的儿童观众也非常喜爱这样的节目。事实上,不少少儿频道还直接开办了与节目紧密配合的商贸公司,专门负责销售针对儿童的各种产品。而且这些品牌化的儿童商店,也反过来提升了广大儿童包括并不收看少儿频道的成人观众对少儿频道的认知度。不管是从商业利润还是收视率来看,这类在传统眼光看来比较特别的商业性质儿童电视节目都已经获得了初步成功,在我国儿童电视荧屏上的确算得上是异军突起。这样的做法,对于我国在市场经济环境中努力打拼、自负盈亏的少儿频道来说,当然有其合理性,甚至还是值得其他仍处于亏损状态的少儿频道学习的一种策略。但另一方面,已经有不少家长开始对这类节目的合理性提出疑问。商业性信息是否可以在少儿频道中以节目的形式出现,有没有更好的改进策略,的确非常值得商榷。

(六)以家长为目标观众的节目成为少儿频道新的增长点

虽然儿童理所当然地是儿童电视频道的核心受众,但儿童观众通常被视为购买力较弱的群体,即便是儿童产品,生产商和销售商也更关心家长们的意见和态度。为了扩大少儿频道的收视群体,更是为了提高频道的经济效益,降低频道运营成本,近年来我国不少少儿频道都开办或购买了一些主要针对家长或家庭的非儿童类节目。具体来看,主要包括三种形态:

一是可以亲子共赏的家教类节目,尤其以促进亲子沟通的节目为最常见形态。比如杭州少儿《老爸帮帮忙》、山东少儿"亲子早期教育互动节目"《宝贝计划》、浙江少儿《成长超动力》、吉林电视台《魅力700》、黑龙江少儿《支招》《孝感天下》、河北电视台《成长》、中国教育电视台《成长不烦恼》、杭州少儿《有问必答》等。

二是孩子一般都没兴趣的育儿类节目,其中又以医学健康服务类节目为盛。如嘉佳卡通的"儿童生活服务类节目"《健康宝贝》、哈哈炫动卫视《为何逗》《宝贝豆妈》、天津少儿《超级家长辅导班》、优漫卡通《家有宝贝》、嘉佳卡通《辣妈育婴坊》、浙江少儿《高诊无忧》、南京少儿《优优宝贝》《成长喜多多》、宁波少儿《你好,孩子》等。

三是一些主要针对家庭、与儿童并没有多少直接关系的节目,最常见的是养生和厨艺类节目。这些节目大多是外购节目,由独立公司制作,在全国各地寻找播出平台,由于少儿频道的效益不够良好,于是就被安排到了少儿频道播出,当然也有个别养生和厨艺类节目是由少儿频道自己制作的。如果这些特意制作的节目注重了儿童特点,考虑了儿童收视的习惯,我们一般将之作为儿童教育类节目处理。如果仅仅是为了扩大少儿频道的收视,为了把儿童频道变成家庭收视频道,没有注意儿童受众的特别需要,即便是由少儿频道自己主打创作的节目,我们也将之归为"在少儿频道播出的非儿童类节目",代表性的节目有广州少儿的《好桥架势堂》、杭州少儿的《熬烧熬烧》、在多个少儿及非少儿频道均有播出的《八辈子学吃》《国医养生堂》等。这些以家长为主要目标的节目作为少儿频道丰富自身节目内容和拓展服务对象的一种延伸,其存在的意义也能被理解,但必须注意应通过更加精准的编排,让它们与少儿频道的其他节目形成更好的支持关系,而不能相互干扰。

(七)大型儿童电视活动与晚会有声有色

随着少儿频道的大力建设,儿童与成人分赏是电视行业发展的必然趋势,儿童电视节目越来越淡出了成人的视野,但大型儿童电视活动却强有力地让儿童电视节目抓住了成人的眼球,尤其是家长的眼球,从而有效带动了成人观众对儿童电视的关注。于是,大型儿童电视活动成了近年来各儿童电视频道招商的重要武器,而有了资金的支持,不少儿童电视活动也办得有声有色。不少活动不仅走进了校园,而且还走上了繁华的街头,不仅走近了儿童,而且有效带动了家长的参与,成为近年来我国儿童电视节目非常有影响力的节目类型之一。具体来看,2010—2014年最常见的儿童电视活动可以分为三个亚类。

一是比较传统的儿童电视才艺或游戏比赛活动,除了在儿童竞赛游戏类节目和儿童综艺类节目开展的各种才艺和游戏活动外,比较有代表性的单独举办的儿童比赛类活动还有中央电视台《亚太大学生机器人大赛》《国际大学群英辩论会》、嘉佳卡通《快乐童声》、哈哈炫动卫视《"我们的选择"少儿主持人大赛》、浙江少儿《青少年环西湖轮滑大赛》、宁波少儿《"我是麦霸"全民歌唱大赛》、广西卫视《阳光宝贝少儿模特大赛全国总决赛》以及人民音乐出版社主办的《中国少年儿童歌曲卡拉 OK 电视大赛》等。许多儿童电视活动都开始体现出了越来越强的多元开发倾向,如南方少儿的《"5 极限"中国悠悠大赛》和嘉佳卡通的《火力少年王 YOYO 达人挑战赛》。不少看似传统的儿童歌舞比赛,在实际的运作模式上已经有了不少新的变化。这些带有市场机制新质的儿童电视活动,不仅是为了宣传推广某个品牌,也不仅是为了形成系列节目,而是活动本身就具有很强的自负盈亏能力,甚至电视播出仅仅是为活动的推广做服务,而不是达到活动的目的。应该说,这样的做法,至少在经营层面,对我们拓展儿童电视频道的运营思路还是颇有一些启发的。但其可能存在负面风险,比如在个别儿童才艺比赛活动中,甚至出现了收取家长费用承诺名次却没有实现,导致家长与活动主办方发生矛盾之类的情形,需要我们高度警惕。

另一类则是基于宣传和推广的目的,或带有公益活动性质的儿童电视活动,因没有比赛的硝烟,对儿童自身的认可体现得更多,更符合现代儿童文化的真正精神,显得更为可爱。比较有代表性的活动有央视综合频道《开学第一课》、央视少儿频道《快乐搜友大行动》《未来之旅》、嘉佳卡通《安全你我他》《嘉佳报时台》《广东省少年儿童卡通故事创作大赛》、浙江少儿《年历宝贝评选》《浙江四好少年评选》、宁波少儿《"红星闪闪"夏令营活动》等。让更多的儿童参与儿童电视节目，让孩子们看到更多真实的同龄人生活，听到生活中孩子们真实的声音，肯定儿童自己的认识和感觉，是1995年《儿童宪章》和1998年《儿童电子媒介宪章》反复申明的主张。[①]这些向广大普通儿童开放的大量儿童电视活动，无疑有力地增强了我国儿童电视服务儿童、保障广大儿童电视参与权的力量，值得认可。

儿童电视综艺晚会方面则主要包括"六一"晚会、少儿新年晚会和大型少儿活动庆典类晚会三种。2010—2013年，比较有代表性的"六一"晚会有《CCTV少儿频道欢乐盛典》《哈哈美丽心世界——"六一"希望星空慈善之夜暨希望山在哪里》、金鹰卡通《和未来有约》、南方少儿《让梦飞起来——粤港澳"六一"文艺晚会》、宁夏少儿《塞上花儿红——"六一"晚会》、央视少儿《和祖国一起成长——2010年"六一"晚会》、浙江少儿《飘扬的红领巾——浙江省少先队庆"六一"暨2011"浙江四好少年"颁奖晚会》《红领巾相约中国梦——浙江省2013年"六一"晚会》以及内蒙古、宁夏、新疆、广西、西藏联合举办的《2011首届全国少数民族自治区"六一"少儿文艺晚会》等。少儿新年晚会则有《武汉少儿频道元旦晚会》《唱响童心马兰花开——宁夏青少年新春晚会》《爱让明天更美好——2011河北电视台少儿春节晚会》以及哈哈炫动卫视《蓝天下的至爱 2011儿福院新春联欢会》《兔年顶呱呱 2011哈哈少儿春晚》、嘉佳卡通《新春嘉年华》、金鹰卡通《噼里啪啦过大年 2012春节童乐会》、青海电视台藏语卫视《2010第三届藏语少儿春节文艺晚会》、天津少儿等12家电视台合办的《神州童庆——十二省市少儿春节晚会》等。活动庆典类晚会有《2011上海国际少年儿童文化艺术节开（闭）幕式》《CCG EXPO第六届中国国际动漫游戏博览会暨2010卡通总动员颁奖盛典》《成都市少儿中华经典朗诵大赛颁奖晚会》《CCTV少儿频道欢乐盛典》《中国动画年度盛典颁奖晚会》《"东方朔杯"第五届全国少儿曲艺大赛》，以及海南少儿《绿岛红烛——庆祝教师节大型文艺晚会》、新疆少儿《中国移动G3杯首届民族团结好少年颁奖晚会》等。不难看出，各地的少儿综艺晚会，包括少数民族地区的儿童综艺晚会都在不断地努力出新，扩大社会影响力，令人欣喜。

[①] 闫欢.电视与未成年人心理[M].北京:中国传媒大学出版社,2009:243.

第二节　中国儿童电视节目的变革之道

一、当前中国儿童电视节目存在的主要问题

通过梳理不难看出,近年来在儿童电视动画迅猛发展的同时,我国的儿童真人类电视节目也取得了一定的成绩,有了不小的突破和进步,同时也存在着不少问题。除了上文提到的个别节目商业性色彩过于浓厚的问题外,最突出的还有四点。

(一)儿童电视节目在类型分布上存在着较严重的"偏食"现象

即便抛开娱乐性色彩更浓的电视动画片播出量巨大这一现象不说,单看近年来儿童电视频道自办的真人类节目,就不难发现儿童娱乐游戏类节目的比例远远高于教育知识类节目的比例。更严谨真实、信息更丰富的儿童电视纪录片和儿童电视专题节目尤为鲜见,近年来专为儿童创作的专题片几乎只有一部央视少儿的 20 集《共和国成长的故事》。儿童电视戏剧戏曲类节目在儿童电视荧屏上更是鲜见,与 20 世纪 90 年代相比都有所不如。这当然与儿童电视动画、儿童电视剧等故事性节目的发展有着密切关系。但儿童演剧,因其广泛的参与性、现场性和体验性,对儿童的健康成长具有动画片不可比拟的独特优势。正是在这个意义上,校园剧、课本剧等舞台演剧形式成为现今我国儿童文艺领域非常重要的一个内容。我国 38 家儿童电视频道,即便仅仅是从节目的丰富性和差异化竞争角度来看,也应给予儿童戏剧节目更多的空间和机会。

此外,我国现阶段的儿童电视节目在选材上也存在着"偏食"现象。城市儿童、乖巧儿童、优秀儿童、物质条件宽裕的儿童,远远比他们的同伴获得了更多参与电视文化的机会和权利。一个成熟和优秀的儿童电视文化应该是导向正确、多元并存,为经济状况不同和自身条件不同的儿童提供丰富多样的富有针对性的文化产品,而不应该是"娱乐至死"的儿童电视文化。

(二)我国儿童电视节目原创能力明显不足

我国儿童真人类电视节目不仅创造乏力,甚至存在着较严重的相互抄袭问题,儿童节目的创新能力亟待提高。不仅频道的总体布局类似,主打节目雷同,甚至在细节设计上都重复。比如宁波少儿"室内大型亲子互动游戏类节目"《爱家大作战》的空中灌篮环节和济南少儿《全家都能赛·我老爸最棒》中的"人体飞镖"环节就非常类似,并且两者都是模仿国外的游戏节目。而优漫卡通"大型亲子综艺节目"《宝贝争爸赛》和河北少儿科教频道的"大型少儿娱乐节目"《夺爸奇兵》在卖点上也非常类似,都是孩子通过闯关"拯救"老爸。央视少儿、辽宁青少等多个少儿频道先后开展的"31 人 30 足"比赛,不仅内容

形式都类似,还都是模仿国外的节目。更严重的问题是,不同少儿频道的节目甚至连名字都一样。比如《石头 剪刀 布》既是赵醒夫导演的单本儿童电视剧的名字,也是棒棒TV"大型亲子游戏类节目"的名字,而四川省营山县广播电视台名字与之非常类似的儿童电视节目《剪刀石头布》则获得了2011年少儿电视精品及动画专项资金的奖励,此外南京少儿的《包剪锤》也似曾相识。内蒙古少儿的"少儿才艺展示节目"《魅力舞台》和郑州教育电视台的"校园综艺娱乐类节目"《魅力舞台》不仅名字相同,节目内容相同,在运营的方式上也基本一样。杭州少儿的《宝贝计划》与山东少儿的《宝贝计划》则是名字相同,内容完全不同,前者是以儿童为主要目标观众的栏目剧,后者是以家长为受众主体的"亲子早期教育互动节目"。卡酷频道的动画节目《中国制造》和天津少儿的同名情景剧节目内容形式完全不同。河北少儿科教频道主办的少儿才艺大赛叫《童星闪亮》,辽宁教育青少频道也有非常相似的少儿才艺大赛叫《闪亮童星》……儿童电视领域出现如此多类似的状况,除了我们的儿童电视节目策划能力低下,创新能力有限,各地少儿频道"占山为王"、相对独立外,还与行业内知识产权保护力度不够,少儿频道经营者观念落后,画地为牢,没有品牌意识等方面紧密相关。比如获得第22届星光奖的安徽广播电视台科教频道少儿节目《七彩路·冲关我最棒》如果能以品牌化的方式来经营,那就不仅可以成为全国著名的儿童电视品牌,甚至还可以单独开发"女孩版""男孩版""成人版""家庭版"等针对不同播放平台和观众群体的系列,就不可能出现浙江卫视后来才开办的同性质且同名的节目《冲关我最棒》名气和利润远远超过《七彩路·冲关我最棒》的怪现象了。总之,只有开阔视野、提高创新能力、以品牌化的方式来经营我们的少儿节目,才能获得更有前途的发展。地方少儿频道也完全可以走出自我的小圈子,联合其他地方少儿频道开展全国性的活动,塑造自己的品牌和具有知识产权的符号和形象,做总体的链条性开发。局限在自己的小范围内,相互抄袭,是没有前途的!

(三)年龄分布不均,青少节目严重缺乏

儿童电视的核心受众是儿童,不同年龄阶段的儿童具有不同的身心发展特点和媒介内容需求,针对不同年龄段观众的儿童电视当然应在形式和内容上都有所区别,才能更好地满足广大儿童在不同成长阶段提出的不同要求。但我国不少少儿频道和儿童节目仍然在用0—14岁、3—18岁,甚至全年龄收视这样落后的观点定位自己的服务对象。正是基于此,我们将儿童电视节目按核心目标受众的不同分为低幼、少儿、青少三大类别,进行单独的考量,就成了非常必要和有意义的事。低幼节目主要是指以学龄前儿童及小学低年级儿童为核心目标观众的儿童电视节目,少儿节目是指以小学年龄段儿童为核心目标观众的儿童电视节目,青少节目指以中学年龄段儿童为核心目标观众的儿童电视节目。根据这样的标准,我们对我国2012—2013年开办的儿童真人类电视节目进行了分年龄层次的统计。

2012—2013年不同年龄段儿童真人类电视节目分布图

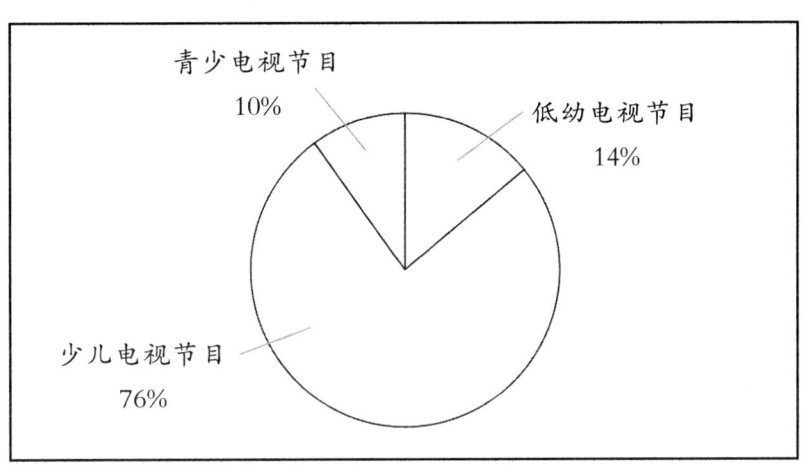

在进入统计的224档儿童真人类电视节目中,主要针对低幼儿童观众的约有31档,占总量的14%。但实际上,由于低幼儿童节目往往是日播,而针对少儿和青少的节目,尤其是一些晚会类、活动类节目往往都是周播,所以实际上低幼儿童节目所占的播出比例应该至少大于20%。低幼儿童和小学年龄段的儿童心理特点不一样,他们对动画片的偏爱比小学年龄段的孩子更强烈,在儿童真人类电视节目中能超过20%的比例应该说数量并不是太少。从质量的角度来看,这31档主要针对学龄前儿童的真人类电视节目绝大多数都是所属电视台的品牌节目,在资金、人员和经验等方面都有着较明显的优势,节目通常能将娱乐性和教育性较好地结合起来。同时,这些低幼儿童真人类电视节目往往还充当着电视台与广大学龄前儿童交流沟通的平台,在儿童和家长心目中占有重要的地位,是我国儿童电视节目中非常值得认可的类型。

在我国儿童真人类电视节目中更占优势的是少儿节目。2012—2013年少儿年龄段真人类电视节目不仅在数量上占据优势,种类和形式也很丰富,科普类、新闻资讯类、儿童舞台演艺类、户外挑战类、校园集体竞赛类、亲子游戏活动类,以及大型儿童综艺晚会和各种电视活动,共同为中国当代小学生提供了不少参与的机会。发达地区的儿童,尤其是省会城市的小学年龄段儿童,如果愿意,基本都有机会参与到某一档儿童电视活动中。总的来看,近年来我国小学年龄段真人类电视节目较好地满足了孩子们了解世界、参与活动的心理需求,将娱乐和知识进行了越来越融洽的结合,为当代中国小学生身心健康成长做出了自己应有的贡献。同时我们也必须看到,除了数量、品种方面的成就外,我国小学年龄段真人类电视节目在质量上还存在着明显的地区差异,既有一大批质量较好,甚至已经具有国际水准的节目,也存在着一些形式还比较陈旧,内容还比较老套、亟待改进的节目。并且,2012—2013年的这170档少儿电视节目,只有极少数明确宣称自己是特意为小学年龄段儿童服务的,绝大多数节目都宣称自己为3—14岁儿童服务,有的甚至宣称节目对象是0—18岁的儿童及其家长。我们虽然根据主体情况将之归为了少儿节目,但由于没有更明确、更细致、更主动的对象意识,这些节目尤其是地方台的儿童真人类电视节目,不少仍是落后的大杂烩形态,在一个节目中既有为低幼孩子服务的内容,也有为中学生服务的内容,甚至还有不少仅仅是对教育、培训等行业做直白宣传。不少节目为儿童观众服务的观念还停留在非常初级的阶段,没有特意针对小学年龄段儿童的心理需求,更没有尊重和捍卫儿童电子文化权利的自觉意识。

近年来我国儿童真人类电视节目最缺乏且落后的类型是青少节目。处于青春期的中学年龄段儿童不仅面临着生理、心理的急剧变化,在情感和社会化需求上也具有明显不同于成年人和小学儿童的需求。他们比小学和学龄前儿童更渴望真实的信息,更渴望了解世界和自我,因此对真人类电视节目的需求非常强烈。同时,青春期的叛逆、勇敢、纯真、成长等要素,往往也具有非常强大的戏剧张力和情感力量,反映青少年生活的影视作品和电视节目,往往也能很成功地吸引到不少家长和其他成年人的目光。应该说,青少年龄段真人类电视节目在某种层面上比低幼和少儿年龄段真人类电视节目更具有卖点和市场吸引力,这一规律早被国外不少发达国家的电视实践所利用和证实。但从2012、2013两年我国儿童电视的情况来看,尽管北京电视台专门开办了青年频道,海南少儿也更名为青少文娱频道,辽宁台也有教育青少频道,但我国青少电视节目还是非常缺乏的,质量非常落后,完全无法满足广大中学年龄段儿童对电视文化的特殊需求。在这两年中,只有北京青年频道《SK状元榜》、央视少儿《大仓库》、山东少儿《成长关注》、中国教育电视台《成长不烦恼》、厦门卫视《鸡蛋碰石头》、江苏卫视《好好学习》、湖南卫视《变形记》等非常有限的几档略具针对性的青少节目。中国有几十家卫视频道,少儿频道也有30余家,为什么不能开办出一系列能为中国青少年服务的优秀青少电视节目呢？为什么不能开办出一个在广大中学生中有影响的品牌青少频道呢？我们期待着中国电视人更勇敢、更清晰地认识到青少节目是儿童节目中的一种特殊类型，从而做出更加积极和自觉的努力，开发出更多、更恰当的中学年龄段真人类节目，满足广大青少年从电视中获得与其年龄和身心特点相适应的娱乐、资讯、意见、观点等信息的迫切需求。

二、中国儿童电视节目的改进策略

针对我国儿童真人类电视节目的现状与背后成因，我们认为，我国儿童真人类电视节目的发展必须要从理念与实践、创作与管理等多个方面全面改革、推进。具体来看，以下四点改进意见尤其突出，值得重视。

(一)捍卫儿童电视节目的公益性质

中国的儿童电视节目究竟是什么性质？在各种公开的文件和场合中，我们基本都认定其为公益性质。但在具体的措施和实际的执行当中，我们有哪些措施保证了其公益性质的实现？我们既没有成体系的儿童电视管理或监督机构，也没有相应的法律法规，甚至具体的促进措施也非常零散与稀少，没有固定的经费投入，几乎全靠各个电视台凭感觉执行。于是，在市场经济的大环境中，没有相应的特殊儿童电视政策，儿童电视的公益性质自然时常被各种现实的利益所干扰，不仅造成了儿童节目品位和质量的下滑，甚至个别不符合商业规律却具有公益价值的儿童电视节目只好走向灭亡。要发展我国的儿童真人类电视节目，要促进我国儿童真人类电视节目的质量提升，捍卫儿童电视节目的公益性质，是最为重要的工作。

其实，即便是在儿童电视内部，不同的儿童电视节目类型，其公益性与商业性因素也是有所不同的。比如儿童电视动画片就具有更强的市场适应能力，更有机会通过品牌打造、产品授权来获得充足的再生产资金。而儿童电视新闻类节目，如果没有大量稳定的资金持续投入，却要求其和其他儿童电视节目一样自负盈亏，那只能导致儿童电视新闻类节目质量的下滑，甚至是异化，极不利于广大儿童观众新闻权利的获得，严重违背了儿童电视的公益性质。又比如，落后地区的儿童电视节目，经济总体水平有限，家长观念更落后，出经费让儿童参与儿童电视文化活动的可能性非常小，情况与发达城市的儿童电视活动大不相同，同样需要借助制度和外力才能保证地域性儿童电视文化活动有质量的开展，如果任其自由发展，只能是要么被商业性儿童电视产品异化，要么趋于消失和灭亡。

当然，儿童真人类电视节目也不应该拒绝市场化和产业化。一方面，市场是主力，我们需要进一步给市场松绑,充分发挥市场的作用,积极打造产业链,激活儿童电视文化产品生产、流通和播出领域的活力。另一方面,儿童电视毕竟不是普通电视,不同类型的儿童真人类电视节目具有各自的特点,如果单纯依靠市场,某些有利于实现儿童电视文化公平权利的电视剧品种就难以为继。希望国家有关部门更有针对性地给予切实有效的差别化引导和管理。市场经济的确是我们的大环境,文化企业必须面对市场的挑战,这是大势所趋。"中国儿童电影如果不走向市场,就只能躺在妈妈的怀抱里无法成长,这样下去,中国的儿童电影怎能和国外的影片竞争,这是目前面临的最大问题。"①儿童电视也如此,不进入市场,单纯靠传统的计划经济运行方式是没有前途的,无法同国外儿童电视产品相抗衡。但儿童电视的市场化有自身的特点,儿童电视文化产品与成人类文化产品不同,它作为一种分众传播的内容,很难同普通电视那样获得轰动效应和黄金时段的高收视率。并且,包括儿童电视新闻在内的多种儿童电视文化产品,通常都需要人们为之付出更多的时间、精力和资金,包括科研因素投入加大、制作的周期更长、投资的规模更大且获得回报的时间更长。同时,儿童的消费不像成人那样直接和迅速,单纯像普通成人电视那样依靠收视率和广告回报来获得效益是不现实的,这也是被正反两方面的大量实践所证实了的。但儿童往往比成人具有更高的品牌忠诚度,我们完全可以且应该利用儿童电视文化的这一特点做综合性的全面开发。

市场有市场的规律,市场有市场的好处,但仅仅靠市场就可以吗?连普通文化产品都需要政策和管理,连更具商业价值的动画片都有大量的政策扶持,儿童真人类电视节目不是更应该被政策扶持吗?我们现有的针对儿童真人类电视节目的优惠政策有哪些?几乎没有。扶持的政策不是多了,而是少了。我们认为,越是要利用市场来发展中国儿童电视,就越需要相应的政策跟进,因为市场支撑的儿童电视品种和政策扶持的儿童电视品种是有所不同的。单靠市场救不了中国儿童电视,尤其不利于儿童真人类电视节目的发展,甚至还可能比以往更糟糕。

具体来看,我国市场经济时代的儿童电视政策至少应包括三个方面。一是对市场力量进入包括儿童真人类电视节目在内的各种儿童电视节目形态给予充分的鼓励和支持,包括行政扶持、税收减免、播出支持等。二是要对市场时代的儿童电视节目内容进行

---

① 高小立.儿童影视何以"童牛"多多观众寥寥——"儿童影视现状与发展专题研讨会"综述[N].文艺报,2002-12-12.

审查,实行准入制度,实行差别化对待,对所有合格产品都要给予更多的宽容和理解,对其中特别优秀的作品要给予更充分的支持和鼓励。三是国家需要有相应的机制保证包括儿童真人类电视节目在内的儿童电视文化产品保持丰富性、多样性,而不能任由商业逻辑全面主宰儿童电视荧屏。我们完全可以模仿纯公益电视节目的机制,建立一套与商业儿童电视节目齐平的公益儿童电视节目制播体系,一方面作为一种榜样和示范力量给市场性质的儿童电视文化产品以牵引;另一方面也可以作为市场的补充,保证儿童电视文化产品的丰富性,保证少数儿童群体的电视媒介权利得以实现。那种认为非此即彼,全面否定政策的力量,以为依靠了市场,中国儿童电视就一定能成功的做法,既不符合逻辑,也已经为国内外的实践经验所否定,非常缺乏远见,完全得不偿失。我们必须小心儿童电视文化领域矫枉过正的思维。

(二)少儿频道的品牌打造与多元开发

儿童比成人具有更高的品牌忠诚度,儿童电视媒介的发展离不开自身品牌的打造,同时,儿童电视品牌的开发和利用又为少儿媒介自身的发展提供了强有力的支持,是儿童媒介全方位营运的重要组成部分。如果一个少儿频道只有卡通节目,是难以形成自身强有力的品牌的,真人类节目在少儿频道的品牌打造中发挥着不可替代的作用。其中,品牌化的频道角色形象和大型儿童电视活动尤为重要。近年来,我国多家少儿频道都在打造自身品牌和多元开发方面做出了积极努力。不仅"哈哈""小智""跳跳龙""飞行家族"等角色形象深入孩子们内心,各少儿频道还开办了一大批具有针对性的品牌活动,为少儿频道的发展做出了积极贡献。仅2013年南方少儿频道就分别举行了"十佳南方小记者"评选、第四届《小太阳才艺擂台秀》、第十一届《漂亮宝贝大赛》以及《2013君华"让梦飞起来"童声大赛》等一系列活动,很好地维护了频道在广东地区的影响力,也得到了赞助商家的有力支持。南京少儿在2013年举办了第三届南京青少年电视舞蹈大赛。福州少儿深入各区县和中小学开展的年度活动举办到了第八届。卡酷动漫不仅积极参与原创儿童文化产品的创作,开办了玩具及童婴产品的网店和实体店,还积极进军教育培训行业,打造了卡酷七色光幼儿园并面向全国拓展。2012年8月10日,卡酷七色光公司打造的大型魔幻儿童舞台剧《济公学堂》也在北京石景山游乐园CRD剧场隆重首演。一个现代的全产业链儿童媒体轮廓初现,非常值得各地方少儿频道甚至央视少儿频道认真学习。

理论和实践都告诉我们,中国的儿童真人类电视节目,必须像动画片一样,走品牌化、多元化发展道路。我们当然需要政策的扶持和制度的帮助,但在市场经济环境中,要想更好地发挥儿童公益电视产品的功能,就必须利用各种方法、各种渠道拓展自己的影响力。比如,英国老牌的BBC儿童频道进行了一系列多元化、市场化的举措,世界闻名的儿童公益电视机构CTW(芝麻街工作室)也顺应时代和市场,做了大量打造品牌和多元经营的工作。如果我们的儿童真人类电视节目不能有效地建立自己的品牌,在当今如此众多的儿童文化产品中,是无法发挥儿童真人类电视节目应有的教育与引导作用的。我国一些私人公司独立开办的儿童真人类电视节目虽然不多,但其品牌意识却比我们很多少儿频道更强,所做的节目质量更高,能在多家少儿频道反复播出,其中的原因非常值得占据播出优势的各少儿频道认真反思。

(三)细分儿童电视节目类型,促进更加公平的儿童电视文化权利

不管是我国儿童电视的管理者、学者,还是业界从业人员,对儿童电视的基本性质、主要规律和中国儿童电视的现状,认识都还非常粗糙,理论和实践都还有待大力拓展,深入把握,着力加强。其中,最重要和最有效的一个办法,就是强化对儿童电视节目类型的细分,进行有针对性的管理,促进各类型儿童电视节目的公平发展,构建中国儿童真人类电视节目的良性发展机制,保障广大中国儿童获得更加公正合理的儿童电视文化权利。

从主要目标观众和年龄层次来看,儿童电视节目分为青少、少儿、低幼仍然是非常粗糙的分法,更深入精细化的分法应包括婴儿节目、幼儿节目、小学低年级儿童电视节目、小学中高年级儿童电视节目、初中生电视节目、高中生电视节目,甚至还应开办单独的中职生节目,以及专为义务教育阶段结束便进入社会的少年开办的节目等。从节目覆盖的范围可以分为卫视儿童电视节目、省级儿童电视节目、地市级及县级儿童电视节目、民族地区儿童电视节目等亚类。再从儿童电视节目自身的性质出发,可以分为儿童电视动画片、儿童电视商业节目、儿童电视娱乐节目、儿童电视教育节目、儿童电视新闻节目等类型。从而,针对这些不同的儿童电视节目亚类,进行富有针对性的差别化管理。虽然总体上要扶持儿童电视节目,但不同内容和性质的儿童电视节目应该有不同的政策。儿童真人类电视节目、民族地区的儿童电视节目、针对农村儿童的公益性儿童电视节目、儿童新闻类电视节目等,理应比经济发达地区的儿童电视节目、儿童娱乐节目、儿童电视动画片更受政策的扶持和资助。这种扶持和资助不应该是临时的,而应该是制度化的,从机制上给予保证,不仅要保证精品儿童电视节目的出现,也要保证儿童参与电

视活动的权利,还要保证多元化儿童生活在电视上得到充分呈现的权利。

总之,我国的儿童电视要健康发展,就必须更加重视儿童真人类电视节目的发展。儿童电视节目的管理者和创作者就应该有更强烈的儿童电视文化权利意识。儿童参加儿童电视节目的机会不应主要局限于城市儿童、乖巧儿童、优秀儿童、家庭物质条件宽裕的儿童,而应该给农村儿童、留守儿童、进城务工人员子女、残疾儿童、少数民族儿童、偏远地区儿童提供更多参与儿童电视节目的机会,让孩子们获得更多平等的交流机会,更多展示自我、参与公共活动的空间,让更真实、更多元的儿童生活能在电视上得到呈现,让儿童的困惑、梦想与成长能在电视文化的平台上得到更多的展示,从而真正发挥我国儿童电视应有的服务成长、促进社会和谐进步的作用。

(四)学习与借鉴,儿童节目的内容和形式应更加灵活多样

毋庸置疑,21世纪以来,我国的儿童真人类电视节目获得长足的发展,不管是规模还是质量都有了大幅提升。但与成人节目的发展相比,发展的速度和质量都相对落后;与国外的儿童真人类电视节目相比,质量更是落后,在观念、题材、内容以及形式、制作、包装等方面,都存在较大差距,完全难以打入国际儿童电视市场;即便是与国产儿童电视动画片相比,社会影响力和美誉度也不如后者;随着网络、电子游戏等儿童文化亚类的发展,儿童真人类电视节目在满足我国广大儿童日益增长的精神文化需求方面,更是有着较大的差距和巨大的发展空间。如何更具有针对性地提高我国儿童真人类电视节目的质量,促进中国儿童电视节目质量和水平的进一步提升,更好地发挥我国儿童电视的功能和作用?除了更良性的管理政策和保障机制外,应坚持儿童特色,守住底线,在把握住有利于儿童健康成长的这一基本前提下,开阔视野,大胆吸收与借鉴,通过向成人节目、向国外先进儿童电视节目、向其他类型的儿童文化产品学习,从而让我国的儿童真人类电视节目在内容和形式上都更加丰富多样、灵活多变,是我们发展的必由之路。既要有开放的心态,敢于与世界最优秀的儿童节目比拼,敢于与最火热的成人节目相较量,同时又牢牢把握住儿童原则,我们的儿童真人类电视节目才能有大的飞跃。毕竟,我们的儿童不是生活在真空中,儿童真人类电视节目是在与成人节目、与儿童电视动画片、与包括网络视频在内的多样文化产品的竞争中,吸引和服务于广大中国儿童的。只有开阔视野,解放思想,大胆地学习和借鉴,中国儿童真人类电视节目才能有更美好的明天,才能更好地服务于中国儿童。

第四章 中国儿童电视剧的现状与出路

第一节 中国儿童电视剧现状

一、21世纪初中国儿童电视剧总体情况

进入21世纪以来,我国儿童电视领域最大的发展变化有两个:一是少儿频道纷纷涌现,二是电视动画片迅猛发展。首先是得风气之先的南方电视台于2001年12月20日开办了我国内地第一个专业少儿频道,在广东地区孩子中具有非常大的影响力。然后是中央电视台在自己稳步推进的频道专业化建设中,于2003年12月28日推出了该台的第十四套节目——少儿频道,并迅速覆盖了全国绝大多数大中城市,成为央视十几个频道中收视率和经济效益都名列前茅的重要频道。2004年,为落实《中共中央、国务院关于进一步加强和改进未成年人思想道德建设的若干意见》的精神,在中央领导同志的直接指示和要求下,广电总局决定三年内批准46个省级、副省级电视台各开办一个少儿频道。当年便迅速批准了19个省级、7个副省级少儿频道,并有15个少儿频道开始了正式播出,包括金鹰、卡酷、炫动三家卫星动画频道。到2010年,加上嘉佳卡通、优漫卡通,即便除新科动漫、动漫秀场等付费少儿频道外,全国性卫星少儿频道也达到了6家,加上地方少儿频道,全国绝大多数地方城镇儿童基本都可以收看到3至4个专业少儿频道。国家层面对儿童文化和素质教育的重视,尤其是少儿频道的纷纷建立,为儿童电视剧的发展带来了前所未有的机遇。影视文化行业进一步企业化转制,要求包括儿童电视剧在内的各种儿童影视文化产品的生产、流通、播出等各个环节都主要依靠市场行为来运作,也构成了21世纪以来的中国儿童电视剧生存、发展紧密相关的重要环境。儿童电视剧自身在新的历史条件下也有不少新的变化和发展。从2004年起,我国儿童电视剧的确进入了一个新的历史发展阶段,进一步探索着具有中国特色的儿童电视剧发展道路。

据不完全统计,2004—2014年这11年里全国获得发行许可证的儿童电视剧共166部5701集,准儿童电视剧共45部1230集,另有已经播映却未见发行许可证的儿童电视剧10部390集,合计共有儿童电视剧和准儿童电视剧221部7321集。我们以主要的目标观众群为标准,将儿童电视剧划分为儿童电视剧和准儿童电视剧两大类。顾名思义,儿童电视剧即以儿童为主要目标观众的电视剧。而所谓的准儿童电视剧,则不是特意为儿童创作的电视剧,只是附带着为儿童服务的电视剧。同时,我们又以儿童观众的

年龄层次为依据,将它们划分为低幼、少儿、青少三个层次。比如,有的电视剧虽然反映的是小学生的生活,但重点在家长身上,只是附带着吸引儿童观众,这样的电视剧我们称之为准少儿电视剧。而有的电视剧虽然反映的是大学生的生活,但剧情、台词等设计明显在迎合未成年人,我们也将之列为青少电视剧。其中,不少在备案时被列入科幻类的电视剧,明显存在着为小学生服务的倾向,虽然演员是成年人,我们也将之列为少儿电视剧。根据这样的标准,我们对2004—2014年这11年来的儿童电视剧进行了审视。统计结果为,11年内能判明年龄层次的儿童电视剧和准儿童电视剧共214部7241集[①],其中低幼及准低幼儿童电视剧共6部137集,分别占2.8%、1.9%,少儿及准少儿电视剧共120部4909集,分别占56.1%、67.8%,青少及准青少电视剧共88部2195集,分别占41.1%、30.3%。

二、近年来中国儿童电视剧五大现象

从1993年"十四大"提出"文化产业"这一概念开始,电视剧作为电视领域市场化程度最高的文艺品种获得了更加迅猛的发展。事业的发展必然要求管理的加强,2000年6月15日起开始实施《电视剧管理规定》。2004年开始,更是专门成立了电视剧管理司,同年10月20日《电视剧审查管理规定》也开始实施。在加强管理的同时,另一方面则是不断激发市场活力。2004年,在制定《电视剧审查管理规定》的同时,也开始采取措施降低电视制作业准入门槛,"鼓励境内社会组织、企事业机构从事广播电视节目制作经营活动,电视剧生产制作、经营流通领域向社会开放"。2006年5月开始,改"电视剧题材规划立项审批"制度为"电视剧拍摄制作备案公示"制度。电视剧产量和质量进一步提升,竞争更加激烈。2007年,"获得国产电视剧发行许可证的剧目为529部14670集"[②]。2008年,全年生产完成并获准发行国产电视剧共502部14498集,播放量超过500万次。在这样的情况下,加上少儿频道的纷纷成立,越来越多的民营公司参与到了儿童电视剧的创作中来,儿童电视剧不仅产量有所增加,作品面貌也有不少改变。据统计,2007年获得发行许可证的儿童电视剧有23部744集,准儿童电视剧4部104集,另有1部25集儿童电视剧未见发行许可证,合并起来共有873集,占当年总量的6%。2008年获得发行许可证的儿童电视剧有16部525集,准儿童电视剧5部114集,合并起来共有639集,

---

[①] 另有7部因缺乏资料暂时无法判明。
[②] 国家广播电影电视总局,中国广播电视年鉴编辑委员会.中国广播电视年鉴(2008)[M].北京:中国广播电视年鉴社,2008:284.

占总量的4.4%。更大的变化是在儿童电视剧的创作思路上，总结起来，21世纪以来我国儿童电视剧领域至少有五大现象值得关注。

(一)商业化儿童电视剧迅猛发展

探索如何更好地实现市场化，可以说是改革开放以来我国电视行业发展的一条主线。而电视剧无疑是这一探索中走得最远也最为成功的电视品种，从企业赞助、社会资本直接投资，再到贴片广告、制播分离、民营企业取得电视剧制作甲种许可证和原属于事业单位性质的电视制作机构转制成为企业，中国的电视剧不断加强了其市场化程度和商品化属性。在很大程度上，如今所有中国电视剧产品都可以看作商业化电视剧。在这个发展变革过程中，我国的儿童电视剧并没有因其儿童文化属性和教育潜质而受到很特别的照顾，而是没有得到单独的政策支持，同所有的电视剧一样经历着商业化运行法则的检验。甚至儿童电视剧还因为其所具有的儿童文化属性而受到了更多的束缚，在商业开发的道路上还不如普通成人电视剧获得的自由多，以至于儿童电视剧的队伍和人才纷纷流失，即便拍摄了儿童电视剧，不少电视台也因为经济效益不如成人电视剧而不肯播出。

进入21世纪以来，在动漫产业以"为儿童服务"为名却大张旗鼓行"商业化开发"之实的启发下，国家有关部门的相关文件和政策也不断强调儿童文化产品的经济效益和利润开发，我国儿童电视剧领域出现了一批以商业利润为主导取向的作品。具体来说，这里所谓的商业化儿童电视剧主要是指狭义的商业儿童电视剧，即主要基于产品开发或者在创作中就特意为儿童文化产品的商业开发预留了大量空间的儿童电视剧。传统儿童电视剧以审美或教育为主要目标，产品开发、形象授权、衍生品开发是附带着进行的，而基于产品开发的更忠实于商业原则的真正的商业儿童电视剧则在很大程度上是将审美、教育、故事、娱乐等儿童电视剧的基本功能作为手段来使用，其主要目的是宣传某个产品或形象。相关产品的开发在儿童电视剧最初的策划和剧本写作阶段便已被纳入议事日程，甚至主导着整个作品的创作。统计起来，从2005年《赛车手的荣誉》开始到2014年《魔幻陀螺》，十年时间内，我国获得发行许可证的符合狭义商业儿童电视剧属性的作品至少有809集，占同期获得发行许可证的儿童电视剧集数总量的12%，可见此类基于商业产品开发、带有广告宣传性质的狭义商业儿童电视剧的确成为我国儿童电视剧在新的时代条件下非常重要和突出的一个创作现象。代表作品有《赛车手的荣誉》《闪电飚车》《飞轮漂移少年》《火力少年王》《火力少年王之舞动火力》《变身战士阿龙》《金甲战士》《铠甲战士——光影传奇》《铠甲勇士》《铠甲勇士之帝皇侠》《铠甲勇士刑天》《铠甲勇士刑天后传》《战斗王EX》《冲出虚拟世界》《巴啦啦小魔仙》《蛋神奇踪》《魔幻陀螺》等。

(二)情景喜剧成为最大品种

绝大多数国人对情景喜剧的认识是从20世纪90年代初引进的美国情景喜剧《成长的烦恼》开始的,甚至已成长为我国儿童电视剧代表作品的《家有儿女》至今还被不少人认为其不少创意甚至是具体的剧情都有模仿《成长的烦恼》的嫌疑。这一事实刚好也可以生动地说明情景喜剧在儿童电视剧领域的独特地位。一方面,儿童的天性决定了他们喜欢喜剧,喜欢夸张的欢乐,深沉的悲剧美虽然也能被他们接受,但总不如表面化的喜剧更令他们喜爱。另一方面,情景喜剧角色形象夸张的个性特征以及系列剧的形式也使得儿童演员在参与拍摄时更能把握角色特点和掌控表演分寸。再次,情景喜剧的故事往往短小精悍,与我国儿童学业负担较重,难以把一个长篇故事从头到尾看完,只能偶尔观看一两集的客观情况也正好暗合。此外,情景喜剧的投资相对更少等各方面的原因也共同促成了21世纪以来我国儿童情景喜剧的繁荣,甚至也带动了整个儿童电视剧事业的发展。可以发现,很多在儿童观众中认可度较高的儿童电视剧作品都是情景喜剧。2004—2014年获得发行许可证的儿童电视情景喜剧至少有1764集,约占总量的四分之一。具体来看,这1764集儿童电视情景喜剧主要包括:《十二楼的流星雨》《长大成人》《科技馆的故事》《刘家堡的故事》《银河计划》《家有小鬼》《课间好时光》《成长别烦恼》《麻辣教师》《万卷楼》《校园记事簿》《少年宫的故事》《淘气包马小跳》《家有儿女》《家有儿女新传》《电脑娃娃》《家有外星人》《童言无忌》《AA欢乐营》《妙想天开》《无敌三脚猫》《李天腾与赵小宝》等。再加上在其他不少非情景剧类的儿童电视剧作品中,喜剧元素也很常见,使得21世纪以来的中国儿童电视剧呈现出异常欢乐的景象,与20世纪八九十年代儿童电视剧创作推崇的现实主义风格甚至悲剧意识形成了非常鲜明的对比。

事实上,自从儿童文学从成人文学中相对独立出来以后,热闹型儿童文学就成了最受孩子欢迎的儿童文学类型。每个人心中都住着一个顽童,顽童是儿童文学的母题。孩子们"喜欢机智不喜欢愚笨浅陋,喜欢成功不喜欢上当受骗",他们总是善于"以审美的方式穿透到这些形象的内部,从中攫取合于自己心性的、积极而有趣的成分"。[①]表现在

[①] 刘绪源.儿童文学的三大母题[M].上海:华东师范大学出版社,2009:143.

儿童电视剧中，就是活泼机智的喜剧深受广大儿童观众欢迎。不仅是儿童电视喜剧，非儿童类的喜剧作品如《武林外传》《卫生队的故事》等也深深地吸引住了儿童观众。更何况，喜剧并不低人一等。喜剧和悲剧、正剧一样，都是重要的戏剧类型。成人电视剧领域都可以有大量的喜剧存在，凭什么给儿童看的电视剧作品就必须板着脸孔说教呢？作为一种风格，喜剧迎合了孩子们喜欢欢乐的天性，完全可以成为儿童电视剧的重要策略和类型，这也为我国儿童电视剧领域的实践所证实。

(三)偶像化策略与青少电视剧

在 20 世纪 90 年代，偶像剧或多或少带有一些贬义的色彩，不少秉持传统现实主义手法的学者批评其虚假造作，就连自觉对偶像剧有所借鉴和学习的导演也很不喜欢别人称自己的作品为偶像剧，而使用"青春片"这样语焉不详的说法代替。在青春片中，当然有不少是关于校园的，于是有了"校园青春片"这样的术语。为什么创作者不肯像 20 世纪 80 年代那样直接宣称自己的作品是校园题材电视剧，而喜欢贴上"校园青春片"这样的标签呢？其实，这样的说法在很大程度上是在暗示自己的作品与传统的校园剧是有区别的，具有更多的青春元素——而这些所谓的青春元素基本就是早期偶像剧的重要元素。进入 21 世纪以来，韩日电视剧偶像化的策略以更猛烈的形式震撼着中国电视剧领域，尤其是台湾地区对韩日偶像电视剧的学习、模仿甚至是翻拍，极大地刺激着大陆电视剧从业者。再加上电视剧行业整体的进一步市场化带来的创作相对自由，使得曾经不能走到台前的偶像剧成为中国电视剧百花园里越来越突出的一个品种，甚至在管理最为苛刻的领袖伟人题材类电视剧中也出现了《恰同学少年》这样的"革命题材青春偶像剧"。偶像化策略在非偶像剧尤其是都市题材和青春题材作品的创作中被越来越普遍地使用。20 世纪 90 年代还遮遮掩掩的偶像剧，在 21 世纪大张旗鼓地发展了起来。不管过去还是现在，不管国内还是国外，青少年一直都是青春偶像剧最重要的观众群体。在 21 世纪电视剧行业的新环境中，一批主要以青少年为目标观众群的偶像剧很自然地出现了，在非偶像剧的青少电视剧中也采用了越来越多的偶像化策略，甚至以小学生为主要目标观众的《火力少年王》《铠甲勇士》等都大量使用青春偶像化策略，收视效果良好。与传统的现实主义创作主潮相比，偶像化成为 21 世纪以来我国儿童电视剧尤其是青少电视剧常见的一种重要创作手法。这方面比较突出的代表作品有《家有宝贝》《非常女生》《篮球部落》《麻辣教头》《浪漫手牵手》《街舞少年》《网球王子》《加油！网球王子》《非常 90 后》《花样男子》等。

(四)幻想类儿童电视剧茁壮成长

进入21世纪以来,在相对宽松又竞争激烈的商业化电视剧发展环境中,我国儿童电视剧领域出现了幻想类儿童电视剧迅猛发展的可喜局面,主要有三个表现。一是在我国电视剧领域,科幻题材一直都是非常薄弱的环节,但随着科幻题材的逐渐流行,针对儿童乐意接受新鲜事物、喜爱幻想的特点,不仅出现了一系列儿童科幻电视剧,受到了广大未成年观众的热烈追捧,并且一些以成人故事为题材的科幻电视剧也将儿童作为主要传播对象,受到了孩子们的热烈欢迎——儿童成为中国科幻电视剧发展最强有力的支持者。"对孩子来说,在那种创造性想象之中尽情幻想,是深入事物内部的自然道路。"①尤其是在网络时代,科幻电视剧更应该且已经成为我国儿童电视剧发展的一个重要方向。如《魔幻手机》《正义联盟》《天火传说》《外星小子哆布哆》等。二是以往的幻想类儿童电视剧基本都集中在低幼阶段,以童话剧为主要形态,而后来却出现了一批以小学生和青少年为主要目标观众的幻想类儿童电视剧。比如21世纪以来我国科幻类儿童电视剧最突出的代表《快乐星球》就非常鲜明地以小学生为主要传播对象。获得第27届飞天奖少儿电视剧三等奖的《AA欢乐营》也是特意为小学生创作的作品,将科学知识教育、科学幻想和情景喜剧的因素结合起来进行基地化制作,在娱乐儿童的同时也传递着相应的科学知识。《我们的眼睛》(共18集)将科幻内容与真人实拍作品的优势结合得更好,剧情为小学生肖聪、李懂、吴国豪、张美在去云南帽天山动物化石群进行参观学习时捡到了一枚神奇的化石蛋,在化石蛋的帮助下孩子们不仅进行了神奇的时空穿越,好好地领略了祖国灿烂的文化、优美的风光和悠久的历史,培养了民族自豪感,自己也成长了起来。第三,传统的魔幻、神话电视剧,时常被正统文化责难为虚妄、不切实际、胡编乱造,因此除了针对低幼孩子的童话、寓言外,很少有魔幻类幻想性作品敢宣称自己是特意为儿童观众创作的。连《西游记》这样几乎影响了每一个中国儿童观众的作品,至今也被绝大多数学者认为不属于儿童电视剧的范畴——其中很重要的一条理由就是他们认为这一作品中的很多内容不适合儿童观众观看。绝大多数童话、寓言类儿童电视剧往往为了强调对儿童"有益",总是单方面强调大量的现实性教育内容,而儿童自身对欢乐、娱乐、幻想、陪伴等多方面的精神需求却长久以来都没有被充分重视。进入21世纪以来,在新的游戏规则和创作环境氛围导引下,儿童电视剧的娱乐功能得到了极大解放,

---

① 让-罗尔·布约克沃尔德.本能的缪斯——激活潜在的艺术灵性[M].王毅,孙小鸿,李明生,译.上海:上海人民出版社,1997:37.

魔幻内容在儿童电视剧中也得到了越来越多的表现,比如张纪中版《西游记》(共60集)就有不少内容是对儿童观众的迎合。又比如《回音壁》(共20集)、《魔幻巧克力》(共130集),虽然都不够精细,却因为迎合了儿童的需要而受到了孩子们的认可。在幻想类儿童电视剧中,还有不少自称科幻儿童电视剧的作品,实际大量使用的却是现代魔幻手法,与真正的科幻作品有一定的区别,这样的现象也说明魔幻类儿童电视剧对儿童观众的独特吸引力。比如自称"科幻系列喜剧"的《乐酷小子》(共26集)主体内容便更多的是魔幻内容,甚至是现代都市故事。《嘟噜小精灵》(共60集)备案时类别为"当代科幻",制片方的宣传却为"大型魔幻儿童剧"。从成片来看,科幻成分也的确严重不足,更像是表面托词,内核更多的是魔幻内容。

总的来看,21世纪以来,我国儿童电视剧领域出现了对幻想意识特别推崇、对科幻因素特别青睐的态势,中国的儿童幻想类电视剧有了明显进步。个别以儿童为重要目标观众的魔幻电视剧,甚至是低幼剧和家庭情景剧也自称为"科幻电视剧",虽名不符实,但它们作为幻想类儿童电视剧也获得了广大儿童观众的喜爱,有利于培养中国儿童的创造思维和开拓精神。毕竟,"梦想是把握世界的一种方式,同时也是精神生活的重要成分,对于儿童尤为如此"[①],21世纪以来中国儿童电视剧领域出现幻想类作品生机勃勃的局面,是非常令人欣喜的。

(五)儿童电视剧与动画片竞争融合

21世纪以来,我国儿童电视剧领域也出现了一批秉承现实主义美学传统的儿童电视剧作品,其中不少还非常优秀,超过了20世纪90年代的同类作品。但这类作品的社会影响力却微乎其微,甚至那些获得了国家级大奖的作品也难在电视荧屏上看到其踪迹。比如潘欣欣导演的《我不是差等生》(共12集)、彭清雯根据自己的长篇小说《我们真累》改编的《炫年华》(共18集)、吕科导演的《六年级的夏天》(共16集)、王心丽导演的《小小的我》(共2集)、李威导演的《女生日记》(共23集)、石学海导演的《网络年代》(共21集)等,都是非常优秀的作品,却难以获得充分的播出机会。最典型的莫过于广东省委宣传部、广东电视台、广东出版集团联合录制的《勇敢面对》,这部"以宣传《中华人民共和国未成年人保护法》和《中华人民共和国预防未成年人犯罪法》为己任,取材于现实生活,以新视觉、新思维来反映、分析和勇敢面对新世纪的新人类——我国广大青少年所

---

① 刘晓东.儿童精神哲学[M].南京:南京师范大学出版社,2003:240.

面临的新情况、新问题,形象通俗地解答了孩子、家长和老师的新困惑"①的 20 集青少年教育题材电视系列剧,在 2002 年便取得了发行证(粤)剧审字 2002 第 027 号,却直到 2004 年 7 月才在央视八套"魅力 100 分"栏目获得了全国播出机会。同期央视多部获得"亚广联儿童电视短剧"等国际奖项的作品,以及武汉电视台多部获得意大利 CJ 国际儿童电视节奖项的作品,如《梅香的承诺》《剪纸姑娘》《天爱》等,同样难以获得充分的传播机会,绝大多数儿童甚至听都未听说过,更别说观看了。

  与近年来我国现实主义儿童电视剧播出机会的减少和社会影响力的急剧下降同时发生的,是我国儿童电视动画片的迅猛发展,两者之间存在着一定的此消彼长关系。两者都属于儿童电视故事类节目,电视动画片自身的特性决定了其天然地比真人演出的儿童电视剧更具有娱乐的特性,更利于商业开发。在利益的驱动下,电视台当然更愿意播放儿童动画片,甚至一些质量并不优秀的、粗制滥造的儿童动画片都能在少儿频道反复播放。最重要的原因就是儿童动画片更有利于产业链的打造,某些动画作品本身就是节目性质的产品广告,这也就是个别动画片可以以远远低于成本的价格提供给电视台播放的原因之一。事实上,儿童真人类电视剧虽然不像儿童动画片那样占据市场开发的优势,但因为更真实而具有动画片不可比拟的教育功能,更有利于帮助儿童认可自身形象和力量,更有利于培养儿童对社会和家庭的亲近感。儿童观众对动画类节目和真人类节目的投入程度不一样,美国得克萨斯大学的阿莱莎·C.赫斯顿等人通过大量的实验向我们证明——"形式特征指引着儿童观众对于虚构与真实的判断——无论他们看的内容本身是否是真实的。""当儿童观众把一个电视节目看作是真实的时候,他们的头脑就会对节目中透露的信息进行更有深度和广度的处理。"②2007 年我国制作完成国产电视动画片共有 186 部,总长度 101 900 分钟③,平均一部动画片约 548 分钟,而同年获得发行许可证的儿童电视剧仅有 873 集,总长度 3 万多分钟,比动画片少了近 7 万分钟。2008 年,全国完成国产电视动画片共 249 部,总长度 131 042 分钟,平均一部动画片约 526 分钟,而同年获得发行许可证的儿童电视剧、准儿童电视剧一共 216 部 639 集,时长

---

① 蓝芳风.集团尝试跨媒体 首次参拍电视剧——《勇敢面对》即将播映[J].出版参考,2003(1).
② PECORA N, MURRAY J P, WARTELLA E A. Children and Television : Fifty Years of Research[M]. Lawrence Erlbaum Associates,Inc.Publishers, 2007:53.
③ 国家广播电影电视总局,中国广播电视年鉴编辑委员会.中国广播电视年鉴(2008)[M].北京:中国广播电视年鉴社,2008:285.

加起来不到 27 000 分钟,仅占同期电视动画片的五分之一。即便不从两种儿童电视文化产品自身的特性来说,仅仅是从产量对比来看,谁更强势,谁是弱者,谁更需要扶持,也不难做出判断。

国产电视动画片的强势发展,给中国儿童电视剧的发展带来的不仅是严重冲击和巨大压力,同时也带来了新的机遇与活力。21 世纪以来,我国儿童电视剧领域的不少新变化就是与儿童电视动画片有机互动、相互学习的结果。比如前述科幻儿童电视剧的发展、魔幻元素的大量使用,以及儿童电视剧的偶像化、商业化策略等转变,不少灵感就来自动画片的创作。儿童真人类电视剧获得成功后改编成动画版则是更为常见的形态,也不乏改编自动漫作品的真人演出儿童电视剧。儿童电视剧与儿童电视动画片之间有机互动、彼此融合的创作倾向,成为我国儿童电视剧领域的一个突出现象。比如我国第一部明显以女孩为主要目标观众的电视剧《巴啦啦小魔仙》就从剧情、化装、道具、演出、后期包装等多个环节借鉴了儿童电视动画片的做法,深受广大儿童观众的认可,好评度甚至超过了后来推出的动画版。前述多部特摄儿童电视剧,包括哈哈炫动卫视自制的栏目剧《超装备小子 K-boy》也明显借鉴了同类型儿童电视动画片的创作思路。与之类似的作品还有"魔幻轻喜剧"《魔法乐天树》(共 18 集)、"人偶喜剧"《安逗与黑仔》(共 106 集)、《天火传说》(共 60 集)、《正义联盟》(共 22 集)等。这些作品从剧情到场景、服装、化装等多个方面都从儿童电视动画片中获得了非常多的灵感,但采用了真人演出的形式,获得了儿童更多的亲近感,比普通儿童电视剧更具有商业开发的潜能,是我国儿童电视剧在市场经济大海中自救的有益尝试。比如《正义联盟》讲述了六个被外星能量石击中的少年,为了拯救地球,组成正义联盟,历经艰险,克服重重困难,最终使地球转危为安的故事,这样的剧情就非常类似于同题材的动画片和游戏。此外,为了更好地占有市场,甚至不少获得成功的现实主义类型的儿童电视剧也纷纷开发了自己的动画版,比如"家有儿女"系列。这类现实主义风格的真人类儿童电视剧的动画化创作,虽然对儿童观众的影响未必有真人版强烈,却有利于延长作品的播放生命线,作为 21 世纪以来我国儿童电视剧努力适应市场和游戏规则的一个尝试,值得认可。大量的证据都表明,21 世纪以来国产儿童电视动画片的发展的确对我国儿童电视剧的发展造成了冲击和影响,为了适应新的形势,儿童电视剧领域出现了不少努力向动画片学习和靠近的作品,开始形成独特的新风格。儿童电视剧与动画片既竞争又融合,成为 21 世纪我国儿童电视故事类节目的一个突出现象。

第二节　中国儿童电视剧的改进策略

媒体是现代社会文化环境最重要的构建者，同时媒体自身的发展也受制于社会政治经济文化环境。儿童电视剧，作为现代媒介文化中相对弱势的品种，其发展更是受制于社会的态度、政府的管理、媒介经济运行规律以及儿童文化的自觉程度等多方面的因素。为落实2004年8号文件的精神，2005年4月1日，国家广电总局印发了《关于进一步加强少儿广播影视节目建设的意见》的通知。该文件一方面明确"广播影视各类少儿节目是学校教育和家庭教育的有力补充"，同时又将"促进少儿广播影视节目的产业化发展"作为"真正为广大青少年提供健康丰富的精神文化产品"的主要办法，指出"发展我国少儿广播影视节目，特别是影视动画节目，是在社会主义市场经济条件下繁荣社会主义文化、满足人民群众特别是广大少年儿童日益增长的精神文化需求的重要途径"。在这样的思想指导下，尤其是在儿童电视节目播出平台有了巨大飞跃的有利条件下，21世纪以来，我国的儿童电视节目得到了迅猛发展。广电总局鼓励和促进国产动画片发展的一系列文件的直接干预，彻底扭转了国外动画片占领我国儿童荧屏主要时段的不良倾向，国产儿童电视文化产品获得了越来越多中国小观众的认可。在这一过程中，也存在一些偏差，对节目收视率、市场效应方面的强调远远超过了对节目文化品质和教育价值的关注。虽然我们在节目的产量、播出量，以及娱乐性、吸引力方面的确获得了巨大进步，但儿童节目的现实主义优良传统、与儿童生活的密切相关、对教育功能的自觉履行等曾经拥有的优点却有所忽视。这样的情况下，商业性、娱乐性都相对不足的儿童电视剧，其发展速度、播出机会和受重视的程度都远不如动画片和儿童综艺节目。所以儿童电视剧不得不做出了增强娱乐性、吸引力和进行商业化开发的努力。

从我国儿童电视剧21世纪以来的发展与现状不难看出，作为一种现代电子媒介艺术，儿童电视剧具有大众艺术的典型特征，它的成长、进步，包括题材选择、风格偏好等绝非仅仅是由儿童电视剧编导人员决定的，而是儿童电视剧生存的客观情况和儿童电视剧的创作人员、研究人员、播出机构、管理机构等多方面因素共同作用的结果。在这多种因素中，除了外部客观的政治经济情况外，儿童电视剧创作、生产、流通、评介、管理和再生产各环节的实施者关于儿童、关于儿童文艺、关于儿童电视剧的基本态度、观点和认识居于最为核心和关键的地位。虽然成人的儿童观、儿童文艺观不可避免地要受社会总体的文化氛围影响，要受时代和地区经济发展状况影响，但如果我们能够秉持更为科学的儿童电视剧理念,构建包括管理者、创作者、播出者和研究者等在内的中国儿童电视剧良性发展机制,我们就能让中国的儿童电视剧保有儿童文艺本应坚持的更强的相对独立性,从而更好地保持儿童电视剧艺术的自身特色,促使我国儿童电视剧不断跟随时代进步持续发展,更好地确保中国儿童电视剧的基本水准和艺术质量,真正地满足我国儿童不断进步的文化审美需求,履行国家对下一代公民的文化职责和义务。具体来看,我们认为面对中国儿童电视剧的未来,应着重强调如下五项改进策略。

一、保障儿童公平的电子文化权利

根据《联合国儿童权利公约》,儿童参与家庭、文化和社会生活是儿童的基本权利之一,"儿童不应该被简单地视为一个弱小的群体而仅仅需要特殊的照顾,他们应当作为一个拥有权利的群体而被所有人尊重"[1]。在这些权利中,儿童的文艺权、儿童的电子媒介权无疑是现代儿童非常重要的权利,"儿童有权使用大众传播媒介,以获得有益其身心健康的信息和资料"[2]。我国早在1990年就作为《联合国儿童权利公约》的发起国签署了该国际法律,而且我国也是1995年《墨尔本儿童宪章》和1998年《儿童电子媒介宪章》的积极参与者。后者明确规定"儿童节目应该是真实的,因为儿童需要知道在他们的世界里发生的事情的真相","儿童电视在表现儿童形象时应该尊重儿童,不应该像哄孩子那样对他们说话"。[3]

放开这些着眼于未来的光辉文献不说,我们考察一下儿童文艺创作的基本规律,反思一下儿童特点及其成长规律,也不难看出尊重儿童电子文化权利所具有的重要意义。包括儿童电视剧在内,很多儿童文艺作品都是成人创作给儿童看的。为什么成人会从事儿童艺术的创作呢? 如果成人艺术家的创作主要目的是为了教育儿童,那他就成了教师、宣传员,而脱离了艺术的本质。只有真诚表达自己对生活的理解,并以恰当的艺术形式表达出来的人,才是真正的艺术家。包括儿童电视剧在内的所有儿童艺术,其创作人员也只能如此,只有坚持儿童文艺的艺术本质,符合艺术创作的基本规律,才可能有真正的儿童艺术作品产生。进一步叩问,成人艺术家为什么会对儿童及其生活感兴趣呢? 为什么童年会成为人类艺术中非常重要的一个表现内容呢? 因为童年是生命的一种基

---

[1] 桂杰.儿童参与权 我们是不是一直在忽视它[N].中国青年报,2001-01-24.
[2] 卜卫.儿童的权利[J].少年儿童研究,1998(4).
[3] 闫欢.电视与未成年人心理[M].北京:中国传媒大学出版社,2009:244.

本形态,不管我们承不承认,每个成人的内心都有属于自己的童年。作为关注生命和人生价值的成人艺术家,试图反思和观察整个人类完整的生命过程,当然离不开对童年的考察和探究。如果从事儿童艺术创作的艺术家把童年生命作为外在的力量,把儿童作为一个残缺的存在,不承认童年的独立价值,不承认儿童的基本权利,不承认未成年人也是完全独立的生命个体,他怎么可能创作出具有生命热度的真正艺术品?这也就是儿童电视剧创作难度更高的原因,也就是儿童艺术工作者必须尊重儿童独立的文化权利,必须谦虚地向儿童及其生活请教和学习的原因。那种高高在上的创作态度——以为小孩的事简单得很,随便糊弄一下就能获得孩子认可,以为自己是在恩赐未成年人,则必然会导致失败。这种成人自以为是的不尊重儿童平等权利的观点不仅不利于儿童文化的健康发展,在某种意义上也阻碍了人类的进步,是一定会被历史淘汰的儿童观和儿童文艺观。

如果说在社会经济水平比较落后的时代,人们不得不缩短童年的周期,让儿童早早地进入成人社会,承担起劳动义务的话,那么在社会经济得到一定发展,人类基本生存需求得到满足,文学艺术娱乐产业有了大幅度发展,电子媒介文化成为社会最大精神力量之一的今天,我们还否定儿童通过电子媒介进行娱乐、学习和审美的权利,那就太不符合人类最基本的发展规律了。回顾人类的发展历程,越是发达的社会,越是能给童年更大的空间,人们越是可以拥有更漫长的童年。正是在这个意义上,我们不仅要承认儿童娱乐的权利,而且要支持他们与我们不同的娱乐形式与内容,于是,儿童文化诞生了,儿童文艺出现了,并且有了越来越庞大的家族。认清了这一基本事实,就不难理解为什么必须尊重现代儿童相对独立的文化权利,就不难理解我们为什么需要发展独特的包括儿童电视剧在内的各种儿童电子媒介文艺,也不难理解我们为什么要反对将儿童文艺作为教育的附庸。同成人相比,游戏是儿童最正当的行为,他们不承担社会生产的任务,最有资格享受大自然赐予的"乐"的权利。娱乐是儿童的正当需求,在娱乐和游戏中,他们所学到的东西远远超过了娱乐对于成人的价值。连给成人看的电视作品都是以"乐"为第一目标,那给儿童看的电视文艺作品,怎么能够仅仅把"教"作为目标,而把"乐"作为手段呢?缺乏充分尊重儿童电子文化权利的意识,不重视儿童作品的娱乐性,几乎是中国儿童电视剧几十年发展历程中最严重的问题!这正是我国"儿童电视剧缺少生命力的关键,许多人喜欢宁可有教育无娱乐的观点,其实,我们恰恰要注重一个作品的娱乐性,这些是国外同行创作之初的首选。……缺乏娱乐功能的片子除了浪费投资外,没有任何实质意义"①。

尊重广大儿童通过电视艺术娱乐的权利,仅仅是保障儿童文化权利的一部分。近年来,我国儿童电视剧领域的纯娱乐化倾向也是我们需要警惕的。作为国家的主管部门,在给娱乐类儿童电视剧以发展权利的同时,也必须看到那些更有社会文化责任、更有美学品格追求的儿童电视剧与这种以娱乐为目标、以商业为逻辑的儿童电视剧,是两种不同的发展方向,应该根据情况有所区别地对待,不能搞一刀切。管得过死和放任自流,都是错误的。不能任由商业儿童电视剧独占荧屏,用陈腐的教育观念主导和阻碍儿童电视剧的发展。不管是儿童电视文化的管理者、创作者、播出者,还是研究者,都应该尊重儿童公平的电子文化权利,应通过自己的工作给出切实的措施,保证儿童电视文化得到充分发展的机会,还应该努力提倡多样化的有针对性的产品。具体到儿童电视剧,由于儿童群体的丰富性,为了保证不同环境的儿童能得到尽量公平的电子文化权利,就应提倡甚至直接要求儿童电视剧必须分年龄阶段创作和播出,提倡分性别的制作,提倡针对少数群体的儿童电视剧创作,比如针对农村儿童的、残疾儿童的、职高生的……而不能任由商业儿童电视剧独占屏幕,侵害处于劣势社会经济地位的儿童的电视文化权。

真正保障儿童公平电子权利的良好实现,涉及多个环节,需要社会多个部门的良好合作。儿童电视剧各个环节的参与者树立尊重儿童电子文化权利的意识,不仅是对儿童利益的尊重和维护,也是了解儿童的电视需求,真正从儿童角度思考,从而提高儿童电视剧质量的有效办法。在儿童电视剧领域,为了保证儿童的文化参与权,有人给出了三条具体建议。一是拍摄儿童电视剧以前展开市场调查,征求儿童观众对该剧的建议。二是开发儿童创作潜能,让儿童写儿童,从孩子们的作品中寻找灵感。三是让儿童参与优秀少儿电视文艺作品的评选。②这些建议应该说是颇有启发的。如果我们的电视屏幕上只有商业儿童电视剧,甚至连商业儿童电视剧都没有,那管理部门就是没有履行对儿童电子媒介文化公平权利应尽的义务和职责。

二、警惕成人本位主义

坚持儿童本位,以儿童为中心,根据儿童的特点开展工作,几乎是包括儿童文艺在内的所有儿童工作所共同倡导的科学的儿童观。然而,同儿童教育、儿科医学、儿童玩具生产等领域相比,甚至只在儿童文艺内部,儿童电视也往往比儿童文学、儿童戏剧、儿童

---

① 王英.儿童电视剧"贫瘠"的"沃土"[N].人民日报,2003-08-13.
② 尹衡.国产儿童电视剧现状研究与发展之路[D].北京:中国传媒大学,2005.

舞蹈等门类更多地受到了成人中心主义的入侵。纵观21世纪以来我国儿童电视剧的历史,凡是失败的作品几乎都是受成人本位主义影响过度的结果,凡是优秀的儿童电视剧作品几乎都努力坚持了儿童本位。以儿童为中心的作品,因为有正确的底线和基本原则,故事情节和视听语言即便不够优秀往往也能吸引不少儿童观众;而成人本位主义过于突出的作品,即便故事很精彩,视听语言很优秀,也往往只能获得成人观众的认可。在我国,动画片和普通儿童电视节目往往是由专门的或者准儿童节目制播机构进行创作,而儿童电视剧却至今基本仍在由普通电视剧制播机构而非专门的儿童电视剧制播机构创作。儿童电视剧领域的这种偏差,不得不说与成人本位主义根深蒂固的影响紧密相关。

回顾中国儿童电视剧的历史与现状,我们注意到一个令人担忧的现象。一些儿童电视剧的编导,甚至一些影视艺术的研究者和管理者都宣称儿童电视应扩展受众面,甚至试图用家庭剧或者所谓的合家欢作品来替代儿童电视剧。我们禁不住要问,为什么儿童影视领域会比其他儿童文艺领域有更多人持这种否定儿童文艺独立价值的观点?为什么很多宣称坚持儿童本位的人,在实际工作中却会不自觉地或隐或显地偏离儿童中心而走向成人本位主义?所以,仅仅提倡儿童本位还不够,我们还必须旗帜鲜明地坚决反对儿童电视剧领域形态不同、程度不同的各种成人本位主义观念。

思想上的教训主义让儿童电视剧远离了艺术,成为一种奇怪的令人生厌的怪胎。叙事视角的成人中心主义在我国儿童电视剧中也很常见。"许多儿童剧总是用成人的视角去审视和表现孩子们的故事,给孩子们负载了过于沉重的成人化元素和当代儿童难以理解的东西。这类创作的硬伤,使为数不多的儿童剧可谓有其名而无其实。"[①]在艺术手法上,成人的自以为是也不难见到。此外,体制的不健全,使得儿童电视剧的从业者难以沉下心也是一个非常重要的原因。"已经'定位'在儿童影视工作岗位上的人想通过拍摄成人剧获得社会上的承认,为此尽量使儿童剧向成人剧方向上靠;更多的人是在不知不觉中受成年人的观念支配,总是用成年人的眼光看待儿童,以儿童的保护者自居。于是,忧患意识乘虚而入:独生子女问题、教育方法问题、父母离异问题、父母亲犯罪问题,便都成为'儿童剧'编导涉猎的对象,儿童电视剧脱离儿童观众,成为作者和导演向成年观众施教的工具。"[②]人们宁愿创作儿童题材剧、儿童社会问题剧,而不肯从事真正的儿童

---

① 冷淞.中外儿童影视剧发展研究[J].声屏世界,2005(2).
② 钟艺兵.中国电视艺术发展史[M].杭州:浙江人民出版社,1994:297.

电视剧,费力不讨好的事情大家都不肯干。

儿童电视剧领域的成人中心主义绝非仅仅是儿童电视剧编导群体自身的问题,而与儿童电视管理领域,包括儿童电视剧评奖和研究领域紧密相关,这些领域的成人本位思想往往更需要我们警惕,因为他们发挥的是指挥棒的作用。事实上,儿童既是成长中的未来成年人,又和成人一样是完整的生命个体,具有独立的人格。童年是人生中最有价值的生命阶段,是与成年具有不同价值的阶段,而绝非仅仅是成年的预备。同成人一样,儿童也具有完全的自我意识,"自我意识是自尊自重的基础,没有自尊心的孩子不可能产生自律的心理要求。自我意识增长的过程,是儿童认识自我,产生自主、自立、自治愿望,价值目标趋向形成的过程"[1]。包括儿童电视剧在内的各种儿童文艺作品,都应该尊重和支持儿童的这种自我意识,而不应该对其求全责备,应该多表现儿童在探索自我过程中的种种"自律"努力,即便在这个过程中,他们有错误,有偏差,甚至还对他人造成了伤害。

必须牢固树立"儿童电视剧是特别为儿童创作的以儿童为主要传播对象的电视剧"这一基本概念。如果错误地将儿童题材电视剧等同于儿童电视剧,那成人本位主义自然会不断干扰儿童电视剧的正常发展。这也就是中国的儿童电视文艺与欧美发达国家儿童电视文艺差距明显的最核心原因。只有彻底摆脱了成人的自以为是,真正地从儿童的角度去考虑其内心的挣扎、努力、进步和成功,才会获得儿童观众的由衷认可。然而,现实中我们是如此喜欢在作品中同情、怜悯、管教,甚至是指责孩子,唯独不肯与他们平视,不肯尊重他们。作为大众艺术品种之一的儿童电视剧,如果离开了与自己受众的平等对话,怎么可能真正有所成就?怎么可能创作出真正优秀的作品?不仅在儿童电视剧的创作中,在儿童电视剧的管理领域、研究工作和作品评价中,我们也时常否定儿童的独立权利,否定儿童的"荣誉感"和探索精神,害怕他们跟着电视"学坏",希望他们都做听话的"好孩子"。即便在艺术领域,我们也总是控制不住地要将他们置于弱者的地位,置于被教育者的地位,置于被施与者的地位,高高在上地说教,自鸣得意地表扬成人是如何关心、爱护和帮助了儿童,甚至离开了任何艺术都必须遵守的"以美动人""以情感人"的基本法则,以至于得不到孩子的认可,连成人都觉得假和做作。

"儿童剧应该着重去表现孩子的世界,讲孩子的生活,讲孩子的人际关系,讲孩子的

---

[1] 程式如.儿童剧散论[M].北京:中国戏剧出版社,1994:15.

感情,孩子应该是绝对主角,成人应该退居配角地位。"①如果不能摆脱成人本位,不能客观地看待问题,不承认儿童电视剧的独立地位,那我们对儿童电视剧的管理和研究就不可避免地走入歧途,甚至是扭曲事实,不仅不能有所帮助,还会误导和阻碍包括儿童电视剧在内的儿童文化的健康发展。

三、发挥儿童电视剧造就未来民族性格的重要功能

据央视索福瑞媒介研究统计,2003年我国4—14岁儿童一年平均花费在电视剧上的收视时间为6154分钟,远远多于其他电视节目和其他媒体。据2005年对中国不同性别和年龄观众收看各类节目的人均收视时间的统计,我国4—14岁儿童一年平均花费在电视剧上的收视时间为7333分钟,相对于青少节目和新闻、财经、综艺、体育等其他电视节目多出了许多。②并且这里的电视剧是不包括动画电视剧在内的,如果将动画剧也包括进来,那剧类节目在4—14岁儿童中的受欢迎程度更是远远超过了新闻、综艺、科教等节目类型。同样是看节目,融入的程度不同,节目对主体的影响力也区别巨大。孩子们对电视剧类节目的偏好,决定着电视剧类节目对他们的影响力。欧美大量的研究和我们对儿童进行的深度访谈也表明,真人类节目比动画类节目对儿童的影响力更大。在电视剧类节目内部,同样的剧情,用动画形式来表现和用真人实境来表现,也使孩子们对节目真实性的认可程度有着明显的差别。电视剧对我国正在成长的下一代影响力巨大,却还没有引起我们足够的重视。作为当今社会对青少年价值观影响力最大的媒介力量,电视文艺必须履行对祖国未来一代的基本责任。然而,在21世纪以来我国大力发展动画产业的背景下,不少人居然认为传统的真人表演类儿童电视剧可有可无,甚至连国家有关部门都出台了限制影视剧在少儿频道播出的规定。正因为如此,我们着重强调电视剧对中国未来一代的影响,确认儿童电视剧是培养我国未来民族性格的重要渠道,非常有必要,符合电子文化迅猛发展的趋势和潮流。

儿童电视剧具有自身的独特优势,是很有前途的儿童文艺形式,是我们通过文艺形式对我国未来一代品格、性格、习惯进行潜移默化影响的最重要的、受众面最大的文艺手段之一。儿童电视剧根据什么样的原则来进行创作,坚持什么样的底线,塑造什么样的儿童形象,传递什么样的价值观,倡导什么样的理想,是非常重要的理论和实践命题。对这些问题的回答,绝非仅仅是儿童电视编导自己的工作,政府的相关职能部门、各播

---

① 王云.漫谈儿童电视剧的创作[J].中国电视,2000(12).
② 庞莹.儿童电视剧的产业化发展之路[J].青年记者,2008(12).

放渠道的选剧机构、儿童电视剧的研究和评价人员以及对儿童进行媒介引导工作的家长教师等,都必须认真地思考一下我们究竟要培养什么样的下一代。"电视剧让孩子看什么"是一个非常重要的课题。对儿童电视剧的态度不同,对童年、儿童教育、儿童心理等问题的回答不同,不仅将导致艺术创作泾渭分明,也会让我们对同一部儿童电视剧的评价差别巨大。对有利于健全民族性格、有利于新的国民性形成的儿童电视剧,管理部门、播放平台一定要给予切实的支持。中华民族要成为强悍有为的民族,除了迅速发展生产力之外,还必须不断健全下一代的民族精神和民族性格,适应时代的发展。

我们应该站在改造国民性和培养未来民族性格的高度来不断更新我们的儿童观、教育观和道德观,反对盲目顺从、软弱无能的儿童电视艺术形象,绝不允许陈旧的、落后的、不利于开放性和创造性品格形成的旧思想污染我们民族的下一代,真正在儿童电视剧领域贯彻实施邓小平同志提出的"面向现代化,面向世界,面向未来"的正确方针。我们必须坚决反对"以正反两个方面来切割儿童群体",只有摆脱了"正面人物论"的束缚,把儿童战胜来自内外两方面的阻碍而成长进步的过程展现出来,才更符合生活真实,才更符合儿童成长的规律,才会获得儿童观众真正的认可,否则再"正确的榜样"都会因为假大空而让儿童观众感到厌倦,不仅不能起到帮助儿童进步的作用,甚至还可能让儿童更加排斥。纵观我国21世纪以来的儿童电视剧发展历程,不利于培养健康人格和创造性人才的、具有错误儿童观和童年观的作品并不少见,不得不说存在着不少偏差,甚至到了让我们不得不重视的地步。

培养儿童的民族认同感也是儿童电视剧履行培养下一代公民责任中非常重要的内容。中国的现代公民应该是延续了民族传统美德、对民族文化有着亲切认同感的继承者。"本土性也就是儿童剧要富有本土特色。通过观看使孩子们在具体学习生活中受益,并在无形中增长民族自豪感和传统美德。"[①]事实上,保持民族特色,既是要求和责任,也是方法和技巧,值得更加重视。对于有利于民族认同、弘扬了民族优秀文化和优良品格的作品必须给予特别的照顾,即便它已经在商业上很成功,也应进一步推广。

总之,我们要培养勇敢、自信、自尊的下一代,在创作、挑选、评价一部儿童电视剧的时候,必须认真思考一下该电视剧对儿童有何影响。利用儿童电视剧健全我们的民族性格,不仅是儿童电视剧编剧和导演的事情,更是主管部门的职责。我们对展示民族新性

---

① 韩春秒,韩幸婵.儿童电视剧的发展窘境及出路探析[N].中华新闻报,2007-06-27.

格的儿童电视文艺作品是鼓励还是漠视,是单纯任由商业类娱乐儿童电视剧发展还是有所选择和倡导……儿童电视剧行业各部门的儿童观在很大程度上决定着中国儿童电视剧的气质和品位,也间接影响着中国未来一代的民族性格——如果我们的下一代成了懦弱无为、没有开创精神、只知享受不知奉献的一代,那不是他们的错,是我们的错。

四、维护儿童电视剧的艺术本质

寓教于乐是一个非常先进的教育观念,但将之没有区分地推广到整个儿童文化领域,有时就成了一个值得反思的问题。纵观我国儿童电视剧的发展历程与现状,寓教于乐这一看似正确的广为人知的思想却在儿童电视剧的实践中有着诸多不同的表现,有时甚至走向了偏差和谬误,非常值得警惕。从艺术的角度来看,所谓寓教于乐强调的是艺术应该有社会担当,对受众有所引导,应该传递健康的思想,而不应仅仅是单纯的低层次满足与迎合。从教育的角度来看,所谓寓教于乐,是把"乐"作为手段,把艺术和美作为工具使用,为教育服务。不管是从哪方面看,都存在着一个问题,即寓教于乐中的"教"自身是否正确,是否具有先进性?很显然,不同的人在不同的历史阶段、不同的社会环境中所持有的教育观念是不同的,甚至是相反的,我们所秉持的教育观念是否先进、科学,在很大程度上决定着与之结合的艺术作品质量的高低。即便儿童电视剧创作者所秉持的教育观是正确、科学的,还存在一个问题:在儿童电视剧中,这个正确的、先进的、科学的教育思想是作为电视剧的内容出现,还是作为创作的指导思想出现?我们要知道,如果教育思想成了节目的主体,那就是教育行业剧。只有作为指导思想和底色出现,才能既发挥好先进教育思想的辅助功能,又不干扰儿童电视剧自身作为艺术的独特价值。很显然,简单地提倡"寓教于乐"是有一定风险的,我们倡导用科学教育观指导中国儿童电视剧健康发展的同时,必须旗帜鲜明地强调儿童电视剧是艺术而非教育。

"诗人的愿望应该是给人益处和乐趣。"[1]贺拉斯被认为是西方最早提出寓教于乐的学人,实际上这里所谓的"给人益处"更多指的是艺术独特的作用,如果将之等同于教育,甚至是更直接的功利性知识帮助,那就矮化了诗歌,就开始远离了"诗"。艺术具有艺术的独立价值,绝非教育的附庸。具体到儿童电视剧,作为一种艺术形式,其审美作用当然大于教育作用。然而,我国大多数儿童电视剧主创人员并不都是职业化的,而是兼职偶尔为之。于是,在不少的儿童电视剧从业人员——包括管理者的心中,寓教于乐,"教"

---

[1] 亚里士多德,贺拉斯.诗学·诗艺[M].郝久新,译.北京:九州出版社,2007:139.

成了目的,"乐"成了手段。从教育的角度来看,这当然没有问题,而且是非常好的教育方法和理念。但从艺术的角度来看,从文化工业的角度来看,显然就很有问题了。如果仅仅把"乐"看作方法和手段,不等于是取消了艺术的独立价值吗?将艺术转变成了政治宣传的工具,成了教育人民群众的手段,成了为商品做广告的办法,不符合艺术的本质和根本特性,必将得不偿失。给成人看的艺术作品都以审美为核心,把追求"艺术享受"和"审美快感"作为最主要的目标,仅仅是在这个基础之上才要求有所引导,凭什么对儿童电视剧百般责难,把附加的东西当作最主要的目标?儿童电视剧当然必须有所担当,但这种担当和引导仅仅是儿童电视剧朝着优秀作品努力的方向,而绝非儿童电视剧最基本的标准,绝非作品是否能及格的标准。同普通艺术作品一样,儿童电视剧作品中的"教"只能是第二位的,"乐"才是第一目标。从中国儿童电视剧的实际状况出发,相比于教育性,更应该强调娱乐性。

"要从陈旧的观念中解放出来,拓展创作空间,敢于去闯、去碰那些受孩子喜爱又远离传统创作模式的题材。儿童的想象力是最丰富的,不摆脱那些仅仅以现实为依据的成人创作思维,儿童剧永无出路,而《西游记》《哪吒传奇》和国外一些具有影响力的儿童影片的成功都体现在这里。要敢于提出娱乐第一的口号,从健康娱乐入手去创作。"[①]在儿童电视剧的创作、播出和管理中,应该强调其教育属性,更应该强调儿童电视剧的审美特性、娱乐功能,如果对前者的强调超过了后者,甚至还要求将后者作为前者的手段,那就违背了儿童电视剧作为一种艺术形式的本质规定性。在我国的儿童影视历史中,"最可怕的就是一种思维定式,开始创作时就先想这个片子要教育孩子哪一点,于是编一个故事,头尾很清楚,线索很分明——我就是要教育某些人"[②]。当然,现今商业时代的儿童电视剧,尤其是一些儿童电视动画片,又有过度娱乐化的倾向,甚至为了娱乐不惜提供一些不仅不利于孩子成长,还可能对孩子的健康有潜在危害的情节和内容,这也是我们必须反对的。20世纪60年代和80年代的很多儿童电视剧,虽然教育意味浓厚,说教气息让人生厌,甚至让今天的观众难以看下去,但对那个文化艺术产品极其贫乏的时代的人们来说,绝大多数作品所提供的娱乐价值甚至远远超过了今天某些作品的功能,我们不能简单地否定它们,而是既要看到它们的不足,也要承认它们在那个时代的独特价

---

① 王英.儿童电视剧"贫瘠"的"沃土"[N].人民日报,2003-08-13.
② 高小立.儿童影视何以"童牛"多多观众寥寥——"儿童影视现状与发展专题研讨会"综述[N].文艺报,2002-12-12.

值。坚持儿童电视剧的艺术本质并不是要拒绝儿童电视剧的教育意义,相反我们认为这是儿童电视剧的特色和优长。问题是,究竟什么样的教育观才是儿童电视剧应该秉承的先进教育观?在我国儿童电视剧实践中,不少编导者自以为正确的教育意义,不少时候都颇值得商榷。

"讲科学的教育观,很重要的一个前提就是科学认识教育的目的。如果在这个根本性问题的认识上就有偏差,在创作上就可能产生南辕北辙的后果。……我国不少少儿电视剧对教育目的的认识过于单调和苍白,认为教育的目的主要体现为思想教育和知识教育。表现在少儿电视剧的创作中,不少创作者重点针对的只是少儿的德育、智育,往往板着面孔,以一种高高在上的姿态进行创作,电视剧往往成了品德和知识教育的生硬图解,对少儿的创新精神和实践能力的启发培养从认识上和实际操作上都比较缺乏,自然难以得到儿童观众的认可。即使在创作者没有忽视的智育这一块,往往也只停留在简单的传播知识的层面,而指导学生学会学习、掌握认识事物的方法和认知策略等智育中高级层面的内容,往往被创作者所忽视。"[1]简单地把教育当成了儿童电视剧的主要目的,就可能因为教育观念的偏差、落后甚至是错误,而导致儿童电视剧不仅对儿童的健康成长没有帮助,反而有害,只有回到文艺审美的正途上来才可以保证儿童电视剧持续健康地发展。儿童电视剧的确需要科学的教育观作为指导,但儿童文艺背后的潜在指导思想和儿童电视剧的目的,可是相差极大的两回事。

童年期教育的核心任务是"帮助儿童学会学习并热爱学习"[2],"小学儿童学习能力的培养往往通过对电视剧中他们喜爱的同龄人言行的模仿来实现"[3]。我们必须学习先进的教育观,用先进的教育观指导我们儿童电视剧的创作,同时必须防止把儿童电视剧变成传达教育观念的工具,即便它传达的教育观念是科学和正确的。除了教育儿童外,儿童电视剧还有更伟大的目标——培养儿童的审美能力,培养儿童做一个情感健康的全面发展的人。儿童是独立的人,也有感情和各种需要,包括休息和健康的娱乐需要,娱乐儿童、陪伴儿童是儿童电视剧非常重要的价值。把儿童的家庭生活、社会生活以及儿童艺术全变成教育的手段,这是否定儿童独立性,是把儿童当作不完全的人,而仅仅是

---

[1] 伍梅.科学教育观:少儿电视剧创作的成功基石——评26届"飞天奖"少儿电视剧获奖作品[J].新闻界,2008(1).
[2] 叶澜.教育概论[M].北京:人民教育出版社,1991:266.
[3] 伍梅.论少儿电视剧创作中的科学教育观[J].当代文坛,2008(2).

成人的未完成品。这种错误理念,我们必须坚决反对。

综上所述,儿童电视剧是艺术而非教育,儿童电视剧可以且应该参与儿童的教育工作,但它的教育和引导不仅仅是作为学校教育、家庭教育的辅助,还应该具有自身作为大众艺术的独特价值,具有家庭教育、学校教育所不可替代的美育功能。融入先进的教育观念对其具有非常重要的意义,但不应该是儿童电视剧的主要表现内容,而应该是其指导思想、内涵和底色,是内在的而非外在的东西。教育观念的更新和艺术观念的更新,不仅是儿童电视剧创作者的任务,也是儿童电视剧播出机构和管理部门的重要课题。邓小平同志提出的"三个面向"重要教育思想非常有见地,儿童文艺的参与者应该发挥自身的优势,更好地在儿童电视剧创作、管理、研究等工作中践行教育"面向世界,面向未来,面向现代化"的思想,培养不仅有知识,而且具有较高艺术修养和审美品位的新公民。

五、构建儿童电视剧发展的长效机制

游戏规则往往比游戏技巧更能决定一个游戏项目的命运。儿童电视剧的发展绝非仅仅是儿童电视剧编导自己的事情,绝非儿童电视剧编导自身技艺的高低就能主导的事情。我们为儿童电视剧提供了什么样的生存条件、为儿童电视剧的发展制定了怎么样的规则,更能决定这一儿童现代电子媒介艺术的命运和前途。没有长效的发展机制,没有机构,没有人员和资金保障,只有对儿童电视剧编导的苛求,不是在真正帮助儿童电视剧发展,而是在扼杀这一对于广大儿童来说很有价值和意义的现代大众艺术。

美国学者J.Alison Bryant用"社区"(community)一词来描述儿童电视生存和发展的各要素[1],我们完全可以借用他的思想,换用一个更中国化的词语"机制"来讨论中国儿童电视剧的发展。为了真正促进我国儿童电视剧持续健康的长久发展,仅仅靠呼吁、希望和某几个领导的热心是绝对不够的。作为儿童的一项权利,作为对儿童很有好处的一种艺术形式,作为成人与儿童有效沟通的一种手段,中国儿童电视剧需要一个稳定的长效机制来确保其跟随时代进步不断发展——在发展数量和规模的同时,还要确保质量和品质,更好地履行我们对下一代应尽的责任和义务。在这个机制中,至少应包括四方面的主要力量:儿童电视剧管理机构与管理者;儿童电视剧播出机构与流通机制;儿童电视剧创作人员与制片机构;儿童电视剧科研人员与教学机构。由于我国已有的儿童电

---

[1] BRYANT J A. The Children's Television Community[M].Lawrence Erlbaum,Inc.2007:37.

视剧学术成果大多集中在创作方向上，而我国目前的播出机构与管理机构往往是一套班子，电视台的台长往往也是当地广电管理部门的领导，所以我们这里对儿童电视剧发展机制的讨论将更多偏向于研究相对缺乏的管理领域。制定规则、构建平台、提供条件的奥委会，可比得金牌的运动员对奥运事业发展的影响力大得多。作为儿童电视剧的研究工作者，我们在讨论儿童电视剧的美学问题、创作问题、评价体系等课题的同时，也应该努力为管理部门提供充分的学术支持。

和成人文艺作品相比，儿童文艺更需要有政策和管理的介入。没有恰当的政策和管理，儿童电视文艺就难以健康发展，影响下一代心灵健康的各种偏差就会不断出现，变换着各种形式出现。近几年，不仅儿童电视剧的播出机会相对减少，对儿童的实际影响力大幅下滑，在商业意识主导下的中国电视剧市场中，个别儿童电视剧甚至还出现了一味追求收视率，不关心作品对儿童是否有负面作用，不关心是否真正有利于儿童的健康成长，甚至不惜使用并不适合他们年龄阶段的内容等不良倾向。儿童电视剧领域的这些问题，"从客观上看，是由于市场经济的挤压和普遍性观念落后的误导，从主观上看，不能不说是由于缺乏明确的要使儿童电视剧成为电视文化重要组成部分的政策和意图"[①]。那么，儿童电视剧究竟应该如何管理呢？

首先便是要端正态度，正视这一问题。一是要靠硬件——"制定高瞻远瞩发展儿童电视剧的政策，落实配套措施"，"从政策、立法角度采取行动，为儿童电视文化事业发展提供有力保障"。二是要靠软件，即作品，而在创作的一系列问题中，"最重要的问题就是要确立为儿童电视观众创作电视剧的意识"。[②]尤其是在社会主义市场经济时代，在激烈的市场竞争中，儿童电视剧比成人电视文艺作品发展更有难度，需要国家的大力扶持。在儿童电视剧内部，某些更有价值或者更有利于儿童电视剧品种丰富或者保障少数弱势群体儿童公平电视权利的作品，如果缺乏国家强有力的扶持政策，更是难以为继。

其次，针对我国儿童电视剧的实践，儿童电视剧管理者在一些基本理念上应该有所调整和坚守。比如，儿童电视剧的题材局限于传统的现实主义风格，仅仅提倡反映儿童现实生活的作品，并不能真正有利于儿童电视剧的发展，也不适应时代的要求。"儿童眼中的世界五彩缤纷，儿童剧的创作亦应题材广泛，针对不同的儿童特征，创作多样的儿

---

① 胡辉.让童稚之心展开飞翔的翅膀——中国儿童电视剧50年发展述略[J].四川戏剧,2010(3).
② 蔡骧.面对一亿六千万儿童观众——儿童电视剧观摩汇报[J].电视艺术论坛,1990(6).

童剧作。"[①]如果说题材论在成人电视剧的管理中还是比较有效的一种方法的话,在儿童电视剧的管理中则明显不如年龄层次论和风格论更接近行业的实际需求。在管理者的头脑中,必须树立儿童电视剧的题材和成人电视剧的题材一样丰富甚至更为丰富的理念,而绝不能在题材问题上过于自我束缚。儿童电视剧的管理应促进儿童电视剧品种的丰富,应满足不同儿童的多样化电视剧需求。

儿童电视剧管理领域的科学绩效观也是一个值得我们重视的问题。在过去几十年的儿童电视剧总结报告中,有关部门和研究者往往把儿童电视剧的产量提升和题材扩展作为最重要的衡量标准。事实上,在儿童电视剧领域,质量比数量更为重要。发展中国的儿童电视剧事业,最根本的出发点和落脚点是儿童电视剧对我国儿童产生什么样的影响。一部能深入儿童心灵的作品很显然比十部无法获得孩子们认可的作品所起的作用更大,更值得重视和鼓励。正因如此,儿童电视播出平台的建设工作就变得非常关键。如何保障针对不同年龄的有利于儿童健康成长的优秀儿童电视剧能在适合儿童收视的时段播放,如何保证不同社会地位、不同生活环境的儿童,尤其是农村儿童、少数民族儿童、残疾儿童等能公平地享受儿童电视剧艺术的独特魅力,是管理部门更加重要的职责。"抛开缺少儿童剧的问题不谈,即使有好剧也难放在好时间段来播"。"《三国演义》和《水浒传》中尽管有许多钩心斗角、砍砍杀杀的镜头,但由于戴上了文学名著的帽子,因此也偷天换日地扛起了儿童剧场的大旗"。[②]"此外,类似盗版猖獗及不尊重知识产权的社会现象大大挫伤了创作者的积极性,这也是当前儿童剧生产缺乏的主要原因之一"。[③]只有端正态度,真正重视,齐抓共管,狠抓落实,做好各个方面的具体工作,对我国儿童电视剧的管理才能真正有效。

儿童电视剧管理部门作为整个儿童电视剧运行机制中居于主导地位的一个元素,其基本的儿童观、儿童文艺观是否正确,在很大程度上决定着管理工作能否起到真正的作用。儿童观不仅是儿童电视剧创作成败的重要因素,也是儿童电视剧管理工作的关键,对儿童电视研究工作也具有非常突出的指导价值。如果我们不抓住这个核心,还在题材和数量上纠结,就永远不可能真正促进我国儿童电视文艺的健康发展,就不可能创作出无愧于伟大时代的优秀儿童电视文艺作品。只有不断学习先进的儿童观、教育观和

---

① 韩春秒,韩幸婵.儿童电视剧的发展窘境及出路探析[N].中华新闻报,2007-06-27.
② 冷淞.中外儿童影视剧发展研究[J].声屏世界,2005(2).
③ 王英.儿童电视剧"贫瘠"的"沃土"[N].人民日报,2003-08-13.

儿童文艺观,更新管理理念,对儿童电视剧的功能、价值、运行规律等有了充分的正确的认识,对儿童电视文艺的管理工作才能切实有效,才不会是空喊口号或乱指挥。

有了积极的态度和正确的理念后,儿童电视剧的管理工作进一步所需要做的就是采取切实可行的措施将管理落到实处。2004年,广电总局再次明确提出"在电视剧题材规划时,要多开掘适合未成年人观看的、能激励他们蓬勃向上、健康成长的电视剧题材,减少不宜未成年人观看的剧目"。这是国家层面对儿童电视剧的一次强有力的提倡,可之后的政策性指导意见几乎都朝向了动画片。这种背离现象在儿童电视文化的学术性工作中也时有存在——我们总是指导业界,指导儿童电视文艺的编导应该怎么样,但实际的科研和具体的富有建设性的真正的学术帮助却很鲜见,只有口号和呼吁。儿童电视剧的客观学术性评价和研究,在一定程度上的确与学者们的自觉相关,但从另一个角度来看, 也与主管部门的工作紧密相关,因为真正的学术工作是需要大量科研经费支撑的。只有站在社会共同利益的角度,站在培养民族未来的角度,站在更客观也更科学的角度来组织真正的儿童电视科研,而不是个人感性化的评论,中国的儿童电视才可能真正有健康持续的发展。如果只有商业逻辑,或者政治思想宣传的逻辑,甚至教育的逻辑,那儿童电视文化的健康发展只能是空谈,必然出现畸形,更不可能有长久持续的发展。

一切工作都需要人来做。如果只有儿童电视剧的编导,没有相应的机构,没有专职人员来推进包括儿童电视剧在内的管理工作,那儿童电视剧的编导队伍也难以稳定。儿童电视剧之所以"遭遇了市场经济背景下的难题","创作队伍极度匮乏""适合表演的小演员不好找"[①]都是非常重要的原因。如何保障队伍的稳定?没有相应的机构和有力的措施,仅仅是呼吁和期望,是不可能让儿童电视剧的从业队伍成长起来的。早在1993年,中国青少研究中心在调研基础上就明确提出过建议:"有必要建立一个国家级的儿童电视艺术中心,来促进儿童电视节目的创作和发展。"[②]但至今也没有实现。

正是基于这样的认识,我们认为,儿童电视剧的良性发展机制建设,远远比单纯从艺术技巧和审美态度方面讨论如何提高中国儿童电视剧的质量更为重要, 尤其是当我们对儿童电视剧的良性发展机制建设思考较少而对艺术技巧讨论相对较多的情况下。在这个机制中,管理机构居于领导地位,它是否能认识到儿童电视剧的独特价值,是否

[①] 宋永忠.国产儿童电视剧的窘境与发展[J].中国广播电视学刊,2005(6).
[②] 卜卫.儿童和电子媒介——关于我国城市儿童接触电子媒介的研究报告[M]//中国广播电视年鉴编辑委员会.中国广播电视年鉴(1994).北京:中国广播电视年鉴社,1994.

儿童电视剧良性发展机制

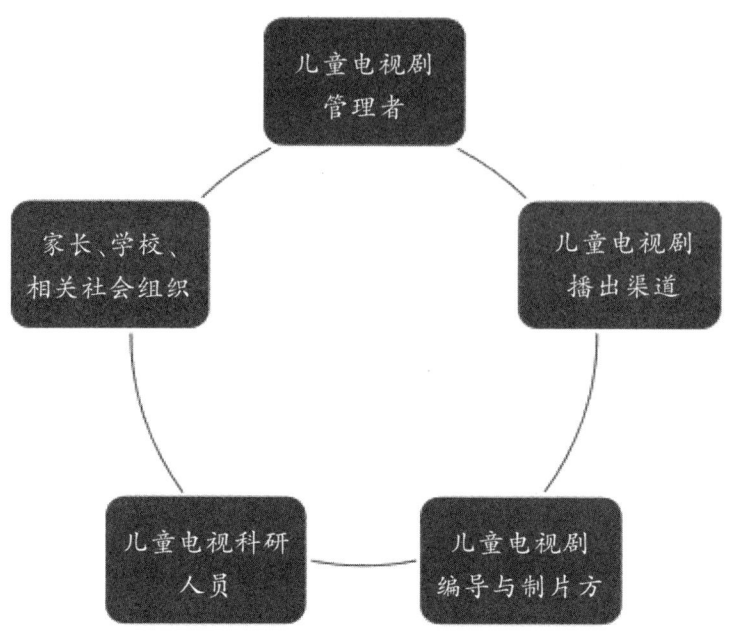

能采取有效措施对儿童电视剧实行差别化管理,是否能对需要切实保护的儿童电视剧品种给予切实有力的制度性扶持,是否能对适合用市场方式管理的儿童电视剧品种尽量松绑,是否能对儿童电视剧产业链的打造以及对儿童电视剧从业者的自主性、创造性、积极性给予有效的保护,将在很大程度上决定着儿童电视剧行业的发展规模和质量。在这个良性机制中,儿童电视剧的播出机构起着非常关键的窗口作用,它不仅应该为不同品种、不同性质的儿童电视剧提供和成人电视剧一样公平的播出机会,而且还应该自觉承担起作品的检查员角色,坚决把不太适合儿童观看的剧目放到非少儿频道中去播放,对适合不同年龄阶段儿童的儿童电视剧则要有针对性地播出,不能单纯为了扩大收视率盲目提倡"全龄收视",而忘记了儿童电视最基本的职责。当然,在儿童电视剧良性发展的总体机制中,数量最大的、最富有生机和活力的还是儿童电视剧的编导及制片公司。国家需要用政策来调动儿童电视剧编导和创作机构的积极性,儿童电视剧的创作者和制片单位也应积极发挥主观能动性,不等不靠,充分依托播出平台、国家政策和市场机制各方面提供的有利条件,既坚持原则和底线,又敢于大胆创作,用丰富的产品来满足广大儿童观众对于电视剧艺术的需求。只有这样,我们的儿童电视剧行业才能真正持续健康地发展。没有作品,没有大量优秀的作品,儿童电视剧行业就不复存在。除上述三个最核心的要素外，儿童电视剧科研队伍也是中国儿童电视剧持续长久健康发展机制中非常重要的组成要素。如前文所述，由于儿童电视剧的主要从业人员都不是儿童，而是成人，所以儿童电视剧比普通电视艺术更需要依靠科研力量的支撑才能更好地接近儿童，探索真实的儿童电视剧客观规律，避免盲目和主观。严谨的儿童电视剧学术工作不仅会直接作用于儿童电视剧的产品，提高作品对儿童观众的吸引力，增强作品对于未来一代的正面影响，同时也能用学术成果更好地帮助管理部门更有针对性地搞好管理和宏观调控工作，帮助播出部门制订更有效的传播策略，帮助父母和教师更好地引导孩子用好包括儿童电视剧在内的现代电子媒介艺术。包括儿童电视剧评论在内的儿童电视剧科研工作，贡献独特且必要，是我国儿童电视剧良性发展机制非常重要的组成部分。此外，学校媒介教育、亲子共赏合作组织、儿童电视剧的赞助商等元素也是儿童电视剧良性发展机制的有机组成部分，但地位不如前四者，不再一一展开。

综上所述，通过对中国儿童电视剧发展历程的考察，结合对我国儿童电视剧各个发展阶段内外环境的深入研究，我们认为，要真正促进我国儿童电视剧健康持续地发展，就必须全力构建有中国特色的儿童电视剧良性发展机制。在这个机制中，管理者、创作者、播出者、研究者各自发挥不同的作用。单纯把希望和责任推到儿童电视剧编导身上，是很不现实且被实践否定了的思路。只有管理部门真正重视起来，在科研力量的支持下，建立起相应的机构，配备起专职队伍，狠抓播出平台的建设和管理，才能有效带动行业的发展，保证儿童电视剧健康持续的进步，真正落实我们对于广大儿童观众的责任和义务。

本编参考文献

[1] 鲁迅.鲁迅全集(第4卷)[M].北京:人民文学出版社,1981.

[2] 许南明,富澜,崔君衍.电影艺术词典(修订版)[M].北京:中国电影出版社,2005.

[3] 宋惠昌.社会主义核心价值观专题解读[M].北京:中共中央党校出版社,2010.

[4] 卜卫.大众媒介对儿童的影响[M].北京:新华出版社,2002.

[5] 叶澜.教育概论[M].北京:人民教育出版社,1991.

[6] 亚里士多德,贺拉斯.诗学·诗艺[M].郝久新,译.北京:九州出版社,2007.

[7] 程式如.儿童剧散论[M].北京:中国戏剧出版社,1994.

[8] 钟艺兵.中国电视艺术发展史[M].杭州:浙江人民出版社,1994.

[9] 闫欢.电视与未成年人心理[M].北京:中国传媒大学出版社,2009.

[10] 刘绪源.儿童文学的三大母题[M].上海:华东师范大学出版社,2009.

[11] 刘晓东.儿童精神哲学[M].南京:南京师范大学出版社,2003.

[12] 中国广播电视年鉴编辑委员会.中国广播电视年鉴(1994)[M].北京:中国广播电视年鉴社,1994.

[13] 国家广播电影电视总局,中国广播电视年鉴编辑委员会.中国广播电视年鉴(2008)[M].北京:中国广播电视年鉴社,2008.

[14] 爱因斯坦.爱因斯坦文集(第三卷)[M].许良英,赵中立,张宣三,译.北京:商务印书馆,1979.

[15] 马歇尔·麦克卢汉.F.麦克卢汉如是说:理解我[M].何道宽,译.北京:中国人民出版社,2006.

[16] 让-罗尔·布约克沃尔德.本能的缪斯——激活潜在的艺术灵性[M].王毅,孙小鸿,李明生,译.上海:上海人民出版社,1997.

[17] BRYANT J A. The Children's Television Community [M].Lawrence Erlbaum,Inc.2007.

[18] PECORA N,MURRAY J P,WARTELLA E A.Children and Television:Fifty Years of Research[M].Lawrence Erlbaum Associates,Inc.Publishers,2007.

[19] 卜卫.关于儿童媒介需要的研究——以电视、书籍、电子游戏机为例[J].新闻与传播研究,1996(3).

[20] 黄军,凌云."儿童电影"四题[J].当代电影,2009(6).

[21] 洪汛涛.儿童电影断想[J].电影艺术,1983(6).

[22] 张过.中国影院发展十年大事记[J].当代电影,2012(12).

[23] 黄健中.崔嵬和他的儿童世界[J].电影艺术,1980(6).

[24] 饶曙光.改革开放三十年与中国主流电影建构[J].文艺研究,2009(1).

[25] 史东明.中国电影:产业化是根本出路[J].当代电影,2009(6).

[26] 张震钦.陈锦俶访谈录[J].当代电影,2011(7).

[27] 祁海.一部低成本儿童片放映三年仍卖座,何解?——《杂技小精灵》在青宫影城喜收20万元之奥妙[J].中国电影市场,2012(1).

[28] 蓝芳风.集团尝试跨媒体 首次参拍电视剧——《勇敢面对》即将播映[J].出版参考,2003(1).

[29] 卜卫.儿童的权利[J].少年儿童研究,1998(4).

[30] 冷淞.中外儿童影视剧发展研究[J].声屏世界,2005(2).

[31] 王云.漫谈儿童电视剧的创作[J].中国电视,2000(12).

[32] 庞莹.儿童电视剧的产业化发展之路[J].青年记者,2008(12).

[33] 伍梅.科学教育观:少儿电视剧创作的成功基石——评26届"飞天奖"少儿电视剧获奖作品[J]. 新闻界,2008(1).

[34] 伍梅.论少儿电视剧创作中的科学教育观[J].当代文坛,2008(2).

[35] 胡辉.让童稚之心展开飞翔的翅膀——中国儿童电视剧50年发展述略[J].四川戏剧,2010(3).

[36] 蔡骧.面对一亿六千万儿童观众——儿童电视剧观摩汇报[J].电视艺术论坛,1990(6).

[37] 宋永忠.国产儿童电视剧的窘境与发展[J].中国广播电视学刊,2005(6).

[38] 李彤.花朵,期待着银幕之光——第二届儿童电影"童牛奖"评选散记[N].人民日报,1987-04-18.

[39] 王英.儿童电视剧"贫瘠"的"沃土"[N].人民日报,2003-08-13.

[40] 万人民调:51.2%受访者直言国产儿童电影整体质量差[N].中国青年报,2012-06-28.

[41] 高小立.儿童影视何以"童牛"多多观众寥寥——"儿童影视现状与发展专题研讨会"综述[N].文艺报,2002-12-12.

[42] 桂杰.儿童参与权 我们是不是一直在忽视它[N].中国青年报,2001-01-24.

[43] 韩春秒,韩幸婵.儿童电视剧的发展窘境及出路探析[N].中华新闻报,2007-06-27.

[44] 尹衡.国产儿童电视剧现状研究与发展之路[D].北京:中国传媒大学,2005.

[45] 刘阳.《人民日报》评《小时代》:青少年电影"饥饿"太久. http://sn.people.com.cn/n/2013/0702/c229697-18981103.html.

▶ 第三编

青少年动漫研究

动漫产业是"朝阳产业",也是许多发达国家的支柱产业。中国动漫起步早,动画曾经形成"中国动画学派",创造过辉煌。20世纪90年代,中国动漫落伍了。进入21世纪,国家推出了一系列振兴政策,中国动漫在许多方面发生了改变,但现在的中国动漫产业又患上了各个环节都存在问题的"综合征"。

本编的研究思路是:动漫产品的内涵是文化产业,具有极大的外延性。产业引导,意义重大。在现有的研究中,对动漫产品与青少年的泛论较多,针对其中个别问题的讨论较多,但基础研究严重不足,无法为实践提供有效的指导和帮助。同时,目前我国面对外来动漫产品的不良影响,多采取"堵"的措施,靠"禁""停"来限制动画,不能从根本上解决问题,而是需要追本溯源,寻求对策。本编将从搜集动漫产业发展第一手资料入手,一方面基于国内动漫产业自身发展状况与目前研究现状,确定以横向比较的方式,探寻欧美、日韩动漫产业的成功原因,在总结国外动漫产业经验的基础上,为建构中国动漫产业的发展之路提供对策;一方面以文化研究的视野,探讨动漫产品给青少年带来的不良影响,探讨如何肩负民族文化传承使命,利用我国优秀传统文化建立自己的动漫美学理论,以文化内涵形成自有的动漫文化特色。具体内容如下:

1.世界和中国动漫产业发展研究:基于动漫产业发展状况与青少年接受状况两个维度,给予不同角度的呈现,聚焦需解决的问题。

2.中国动画产业分析:中国动画历史源流、发展现状及发展瓶颈。

3.中国漫画发展分析:21世纪头十年中国漫画发展历程、现状及机遇。

4.中国动漫产业链建设:勾勒21世纪头十年中国动漫产业链缺失状态,横向比较国外动漫产业,提出突围策略。

美式动漫分析:以美式动漫为例,探讨当代动漫发展与技术更新的密切关系,剖析迪斯尼将欢乐变为产业的全新经营理念、商业动画片制作的经济奇迹和糅合全世界文化元素的文化资源利用策略。

日式动漫分析：探讨日本动漫的产业化经营，借鉴其新颖的创意、精良的制作、产品的开发和配套的中介服务，尤其是其动漫品牌形象衍生产品开发的层次性、丰富性，成熟的"漫画→动画→衍生产品→消费者"产业链模式。

欧洲动漫分析：探讨欧洲动漫作品自由多变、贴近现实生活、充满浓郁人文情怀、富有个性和文化内涵、具有试验性和探索性等特点，借鉴其是如何形成文化底蕴、渗透人文精神、展现地域与民族特色、强化动漫作品的文化功能的。

5.动漫对青少年的影响分析：从青少年接受层面，重点探讨动漫产品与青少年文化价值观形成、认知行为发展、现实人际关系建立、语言学习能力等方面的重要关联，深入探究并提出应对策略。

本编将对影响中国青少年的动画、漫画及其衍生产品的生产现状进行更为精准和更具学理性的论述。对中国动画、漫画的创作及动漫产业链的建构，提出更具有思想性、指导性和操作性的引导策略。研究试图建立在动漫产业的发展与动漫产品的创作引导两个维度，宏观与微观协同发力，并展开比较借鉴的国际视野，寻求我国青少年动漫产业发展的应然之路。

第一章 动漫、动漫产业与文化软实力

动漫，是动画和漫画的合称。动漫产业，是指以创意为核心，以动画、漫画为表现形式，包含动漫图书、报刊、电影、电视、音像制品、舞台剧和基于现代信息传播技术手段的动漫新品种等动漫直接产品的开发、生产、出版、播出、演出和销售，以及与动漫形象有关的服装、玩具、电子游戏等衍生产品的生产和经营的产业。动漫产业，也被人们认为是朝阳产业、绿色产业。

动漫产品本身具有巨大的市场空间，而动漫产品的衍生产品市场空间更大。据统计，儿童音像图书市场空间为每年100亿元，童装每年900亿元，玩具每年200亿元，文具每年600亿元，儿童食品每年350亿元。[①]虽然中国动漫产业目前还不景气，但是，中

---
① 卢斌,郑玉明,牛兴侦.中国动漫产业发展报告(2012)[M].北京:社会科学文献出版社,2012:357.

国是世界上拥有少年儿童消费者人数最多的国家,换而言之,中国拥有世界上最大的动漫产品消费市场,其拥有的产业发展空间巨大,市场潜力巨大。

第一节 动漫与泛动漫、大动漫

一、动漫的定义

动漫是一个合成名词,它建立在动画和漫画的基础上。漫画,是一种简单、夸张的绘画手法,它具有幽默感、隐喻性,善于运用比拟、暗示、象征等方式,达到讽刺或娱乐的效果。动画这一概念也是以漫画作为母体的。众所周知,人类的眼睛在观察景物或图片时,信号传入大脑,即使光的作用结束,视觉形象也不会立即消失,影像能在人眼中继续保持 0.1~0.4 秒。这叫作"视觉暂留"现象,又被称为"余晖效应",是 1824 年英国教授彼得·马克·罗杰特(Peter Mark Roget)在《移动物体的视觉暂留现象》中提出的。根据这一原理,在一幅画面刚消失的时候,快速地在人眼前播放下一幅画面,画面就会产生一种运动着的神奇视觉效果。法国考古学家普度欧马(Prudhommeau)在一份研究报告中指出,距今两万五千年,阿尔塔米拉洞穴壁画"奔跑的野牛"中就有野牛奔跑分析图,这是人类第一次用石块等绘画工具来捕捉动作的图画,洞穴绘画被认为是动画起源。[①]智慧的中国人早在宋代就发现了这一现象,史书中记载的"走马灯"现象就是利用这种人类眼睛的"视觉暂留"特性。二战之后,日本把这种会动的漫画称为动画。根据拉丁文词根 anima 产生的英语单词 Animation(动画),从广义上可以引申出使某物动起来,形成会动的影像,这也正契合了中国词汇中"动画"的"动"字,也就是指运动着的画面。国际动画组织(ASIFA)在 1980 年于南斯拉夫召开的 Zegreb 会议中对动画 Animation 一词所下的定义为:"动画艺术是指除真实动作或方法外,使用各种技术创作活动影像,亦即是以人工的方式创造动态影像。"按照动画形象来分,动画又有二维与三维之分,二维动画更接近于绘画,三维动画则更接近于摄影。[②]

因漫画、动画这两个领域分立而互有联系,且具有相似性,所以把它们归为一类,从而产生了"动漫"这个专有名词。动漫一词的出现和推广源于中国第一家动漫资讯杂志《动漫时代》,正是伴随这本动漫杂志的发展壮大,动漫的概念才逐渐深入人心,被越来越多的人知晓和接纳。

[①] 王传东,郑琳.动漫产业分析与衍生产品研发[M].北京:清华大学出版社,2009:39.
[②] 邓林.世界动漫产业发展概论[M].上海:上海交通大学出版社,2008:7.

二、"泛动画""大动漫"概念的形成

在科学技术迅猛发展的今天,新媒体出现,数字技术被广泛应用,在电视、电影、游戏、手机等动漫领域,技术的更新突破了传统动漫的壁垒,这种媒介大融合更好地将新媒体动画与传统动画统一起来,促成大动漫局面的形成。

"泛动画""大动漫"是近年来在各类动漫节上出现的高频热议词语。"泛动画"这一概念的提出与使用者是李中秋先生(现任国际动画协会副主席、国际动画协会中国分会秘书长)。李先生于2008年7月27日在北京举办座谈会,做了名为"新媒体动画制作技术,中国泛动画概念"的报告。李先生认为,泛动画除了包括传统动画,"还包括影视特技、电脑游戏、广告设计、节目包装、设计效果预览、教学课件、虚拟现实、事件回放等"[①]。继李中秋先生提出"泛动画"的概念后,2009年"首届中国动漫艺术大展"上又提出了"大动漫"的概念。[②]在以技术和内容为依托的情况下,"大动漫"不再仅仅是传统的二维、三维动画作品和动漫衍生品开发营销等,还将扩展到军事、医疗、教育、建筑等领域,扩大动漫创意产业的边界,和这些产业实现技术对接并为企业提供服务,发挥出实用功能。

解决动漫产业现存的基本问题,还要从人们对"动漫"这一概念的不正确认知入手。对动漫概念的分析,带着人们重新认识动漫,打破对动漫的僵化思维模式,鼓励更多人才从事动漫领域,为动漫的发展谱写新篇章。

在当下的中国,一提起动漫,相当大一部分存在偏见的人仍把它归入低幼年龄段作品的范畴。由于成年受众少,创作者的思维也常被束缚住,为了适应低幼年龄段的受众,很多动漫企业不敢推陈出新开拓新领域,导致我国动漫企业服务目标单一,基本上局限于儿童动漫作品的制作。

在传统社会大环境下,经常听到一些家长和教师教育孩子要远离漫画,少看动画片,尤其要远离游戏。深受孩子们喜爱的动漫产品,通常被思想老旧的监护人认为是浪费时间的东西,他们只看到了动漫产品给孩子带来的负面影响,而忽略了优秀动画片寓教于乐的功能,对一些可以开发智力的小游戏也不屑一顾。

漫画是动画的基础,漫画领域繁荣不起来,创作人员少,使得我国动漫产业链不健全,不能通过低成本的漫画发行准确预测并把握动漫市场,很多动漫企业在创新作品和

---

① 潘瑞芳.动漫产业模式研究与实践[M].北京:中国广播电视出版社,2010:13.
② 金元浦.大动漫,寻找更广阔的天地[J].艺术百家.2012(2):37.

研发系列衍生品时都存在一定风险。在我国,漫画始终处于动漫产业的边缘位置,漫画师曾被认为是"不务正业",那些热爱漫画又富有才华的人,也只能做兼职漫画师。漫画师待遇低,微薄的薪水难以维持生活。漫画师的不被重视与数量匮乏,使得我国动漫产业链缺失最基础环节,从而无法形成健全模式,这也是我国动漫产业缺乏创意素材的根本原因。动漫产业的知识版权保护制度不健全,盗版侵权事件极大地挫伤了原创者的积极性,使其付出的心血得不到相应的回报,是动漫创作中缺乏创意的又一个重要因素。只有提升对漫画的重视程度并完善版权保护体制,才能为产业链的形成提供条件。

对动漫领域的种种误解,造成动漫领域创作者和消费者之间的认知不协调,严重阻碍着我国动漫事业的发展。所以,若想振兴动漫产业,政府除了需要提供一系列扶持政策外,还应该向民众普及动漫相关概念和知识,转变动漫在人们心中的陈旧观念,让人们能从根本上认识动漫,为动漫事业的发展提供良好的社会大环境。科技的进步,促成"泛动画""大动漫"的形成,这样打破界限的媒介大融合,让动漫不仅仅只具备娱乐功能,更体现实用价值,同时为动漫精英们增加了就业岗位,使他们有更多机会展现才华,为动漫产业早日成为我国支柱型产业而努力!

三、动漫产业的概念

国务院办公厅于2006年4月25日下发32号文件《关于推动我国动漫产业发展的若干意见》,其中对"动漫产业"做了明确定义:"动漫产业是以'创意'为核心,以动画、漫画为表现形式,包含动漫图书、报刊、电影、电视、音像制品、舞台剧和基于现代信息传播技术手段的动漫新品种等动漫直接产品的开发、生产、出版、播出、演出和销售,以及与动漫形象有关的服装、玩具、电子游戏等衍生产品的生产和经营的产业。"

动漫产业集功能性与娱乐性于一体,以创新和技术为依托,增长速度快,发展潜力大,随着科技的发展,已经与我们的日常生活息息相关,渗透于生活的方方面面,而且正进一步发挥其蕴藏的实用性,广泛地延伸至我国的军事、航空、教育、医疗等领域。它具有以下几大产业特点——1.资本密集型:具有成本高、回报高、风险高的"三高"产业属性,投资周期长,收益慢,工作量大,企业项目维持运转需要大量资金;2.文化创意型:创意已经成为动漫产业链中最核心的要素,动漫产业的文化经济价值,都以创意为竞争优势;3.高技术型:随着信息技术与网络技术的普及与迅猛发展,动漫产业也保持着日新月异的技术更新节奏,为了提高动漫质量以更好地迎合受众的要求,不断在原有技术基础上大胆探究;4.智力劳动密集型:动漫产业首先是创意型产业,制作工艺复杂,劳动强度大,而靠创意取胜就要认识到"以人为本"的重要性,动漫制作到动漫研发的每一个环节都需要人才,一个齐聚人才的团队无疑是占据优势的。①

第二节　我国动漫产业与文化软实力

一、文化软实力概况

发展文化软实力是振兴文化产业的首要条件。动漫产业作为文化产业的核心部分,柔和的表象下蕴含着巨大的潜力,主要以创意取胜来体现它的经济价值以及影响力。很多国家将文化软实力推上一个新的高度,经过分析,大家意识到新的国际局势下,新的战略布局重头戏在于文化软实力的竞争。

美国哈佛大学教授约瑟夫·奈于1990年发表一篇名为《软实力》的文章,提出Soft Power的概念。Soft Power在我国学术界通常被译为"软力量""软权力"或"软实力"。约瑟夫·奈认为国家的综合国力包含"硬实力"和"软实力"两部分。"硬实力"泛指某个国家的经济、科技、军事、国土、人口等硬性条件。笔者认为"软实力"是一种蕴藏在文化中的力量,它以柔和的方式渗透于生活的方方面面,具有强大的吸引力,可以影响或改变他人的世界观。"硬实力"包含"软实力","软实力"是"硬实力"的基础和动力,两者是互为条件、相互依存的关系。②

1993年,王沪宁同志在《作为国家实力的文化:软权力》这篇文章的摘要中写道:"软权力的力量来自扩散性,只有当一种文化广泛传播时,软权力才会产生强大的力量。"③ 软实力在某种程度上具有重塑功能,比如法国政府发现,在美国文艺作品和生活方式的渗透下,某些法国人的法语开始变得不伦不类,时常夹杂着英语单词和发音,更为严重的是,法国的国际地位也被削弱了。法国意识到这种"文化入侵"的破坏力,于是加强了对美国文化的抵制措施,大力扶持本土作品,与好莱坞相抗衡。这种文化的入侵和重塑功能,王沪宁在1993年的论文中这样描述:"文化的传播总是体现一种趋势,可以超国界传播,一旦一种文化成为其他国家和国际社会的基本价值或主流文化时,发源这种文化的社会自然就获得了更大的'软权力'。"④

---

①殷俊,谭玲.动漫产业[M].成都:四川大学出版社,2009:21-30.
②唐代兴.文化软实力战略研究[M].北京:人民出版社,2008:3.
③王沪宁.作为国家实力的文化:软权力[J].复旦学报(社会科学版),1993(3):91.
④王沪宁.作为国家实力的文化:软权力[J].复旦学报(社会科学版),1993(3):92.

美、日、韩等国家军事、经济力量强大,硬实力为他们国家的软实力普及提供了优越条件。美、日、韩这些国家的电影、动漫等图书、音像制品走出国门,不断引领世界潮流。这些文化元素不仅把先进文化传播出去,也把糟粕思想一并输出。通过文化渗透,各国喜爱这类文化的受众开始主动接受这些潜伏在文化表象下的思想,不知不觉间被洗脑,开始崇尚这些思想。年轻人跟风模仿美、日、韩的语言、服饰、造型以及生活方式等,民间出现以看美国电影、欣赏日本动漫、玩韩国游戏为时尚的现象,更有甚者逐渐忘本,被资本主义思想所同化,开始盲目追求拜金主义、享乐主义等。可见,文化也有一种侵蚀作用,只不过这种作用是隐形的,不易被发觉。

自从党提出"提高国家文化软实力"的要求后,我国学术界对此高度重视,相关研究成果不断涌现。国家加大对文化产业的扶持力度,把社会主义文化建设作为我们坚持不懈的前进方向。只有振兴中华文化事业,人民的精神生活和文化生活才能得到极大丰富,才更有利于全国各族人民凝聚起来,形成欢乐和谐的大家庭。中华文化本身具有独特的魅力,文化产业与世界接轨,将会为我国各领域的发展带来更多的机会,因此,我们要对自己的文化有信心,要勇敢打开国门,走向世界,让世界上更多的国家和人民喜欢上中华文化,分享中华文化精髓,把我国文化发扬光大。

放眼当今国际局势,越来越多的国家正在把依靠军事、武器等硬实力的竞争转为依靠潜在文化渗透力量的软实力竞争。软实力以文化为基础,以创意为核心,是一种被他人乐于接受并分享的精神力量。它不需要依靠强制力量执行,蕴藏在文化中的强大力量可于潜移默化中对他人产生影响。一个国家必须要"硬实力""软实力"一起抓,才能真正提高综合国力、国际地位和国际影响力。我国是四大文明古国之一,拥有悠久的历史,文化底蕴深厚,在文化产业方面落后于其他国家实在是不应该的事情。我们应大力弘扬中华文化精髓,充分开拓文化资源的价值,促成文化产业大发展,增强对其他国家的感召力和影响力。

二、我国动漫产业与软实力的关系

文化是一个国家和民族的信仰,软实力具有强大的精神主导力量,不使用强制手段输出,而是以喜闻乐见的方式吸引对方,达到同化的目的。动漫产业是文化产业的一部分,强调创新性,它具有直观的可视效果、方便快捷的传播手段,以文明柔和的方式对他人进行思想灌输。创意是文化产业崛起的关键,动漫产业是以高科技为依托、以人才为创造主体的知识密集型产业,通过各环节的设计加工,形成优质艺术作品。动漫艺术既可以体现人类精神生活,也具有相当大的经济价值,比如动漫作品的播出与使用可以直接体现其价值,动画方面的图书和音像制品又可以收回一定的成本,动漫衍生品的研发又能带来巨大的经济利润。美、日、韩等国家的动漫产业都已经作为国家的支柱型产业发挥着重大作用,取得了可观的经济价值。我国的动漫产业相对于这些国家起步晚,只要充分挖掘出蕴藏于其中的文化软实力,那么,我国动漫产业的崛起就指日可待了。

美国是世界上首个将动漫作为产业来发展的国家,并形成了完整的商业模式;日本动漫以深受其国民欢迎的漫画文化作为基础起步;韩国动漫从承包加工外国动漫开始,技术娴熟后锁定动漫产业中的游戏市场。这几个在动漫产业方面具有代表性的国家都已形成了完整的动漫产业链,这对我国动漫事业的发展无疑是有借鉴意义的。我国相对于这几个国家,最明显的优势就是我国是四大文明古国之一,我们拥有源远流长的故事长河、丰富的故事素材,以及独具特色的中国精神。中国文化从结绳记事、仓颉造字,发展到诸子百家的学术争鸣,再到繁荣的唐宋文化以及盛极一时的清朝文化,几度成为世界文化的中心,引得世界各地纷纷顶礼膜拜,派出使者不远万里来学习中国文化精髓。然而我们现在的文化事业落后于一些发达国家,作为华夏儿女,着实汗颜。究其根本,改革开放带来的可喜成就让国人的物质生活水平与发达国家缩小了差距,但同时我们的文化在不断被侵蚀,丢掉了太多老祖宗留给我们的物质文化遗产中的精华。

我国动漫界的企业家及专家学者一直致力于研究相关数据资料,这些工作都是为我国动漫发展找准市场定位做准备。我国动漫产业起步晚,没有形成完整产业链,作品缺乏吸引外国受众的特色,追根究底,唯一的解决方法是我国动漫产业必须培育出具有本土特色、独具一格的动画形象。中华上下五千年的悠久历史,无疑具有强大的魅力,可以为创作提供丰富的营养。观察近年来影视界的发展,影视作品中的中国元素很受世界欢迎,好莱坞的作品也不断从各个角度挖掘中国文化元素,经过改编,和美国精神加以融合,形成有影响力的作品。比如,美国制作完成的《花木兰》和《功夫熊猫》都获得了极大的成功。而我国的动漫工程盲目效仿国外的动画风格,导致票房惨败。号称"我国首部原创动画电影"的 3D 电影《魔比斯环》耗资 1.3 亿元,制作技术上没有太大问题,只是制作风格上模仿西方的思维模式讲述取材于外国的故事,完全看不出中国文化的影子,这样的模仿让观众很不适应,不合国人的胃口,最后以票房惨淡的结局收场。[①]美国利用中国文化元素和中国故事人物形象,不断获得成功,证明我国源远流长的文化内涵是非常

---

① 黄起才.发展中的中国动漫产业[J].太原大学学报(社会科学版),2007(6):30.

迷人的,只是我们中国的编剧和制作人还不能很好地从历史长河中掘金,对驾驭中国素材还缺乏讲故事的技巧。

我国的军事、科技正在迅猛发展,与世界强国的差距越来越小,而我国的文化事业正处于蓬勃发展时期,与欧美、日本等经济强国的文化软实力还存在着相当大的差距。因此国家下了很大决心扶持文化产业。而动漫产业作为国家文化产业的支柱,它不仅可以促进未成年人思想道德建设,同时具有整体提升国民文化素质的重大影响力。动漫产业的振兴可以带动文化产业整体向前发展,通过动漫产业大力弘扬中华文化,增强民族凝聚力,进一步塑造民族精神,提高我国的国际地位。

第二章 国外动漫对中国青少年及动漫产业的影响

第一节 日本动漫和美国动漫

一、日本动漫

日本在世界上是独领风骚的动漫产品制作国和输出国。动漫产业在日本已经发展成为第三大支柱型产业。动漫作为文化产业的一部分,和政治、经济的联系是不可分割的,日本凭借动漫产业在一定程度上巩固和提升了自己的国际地位和影响力。动漫产业将日本的文化向世界传输,同时也带动了其他产业的发展。

(一)日本漫画

日本漫画有着悠久的历史,不论是从它的形成、发展规模还是风格类型来看,它在世界范围内的影响力绝对是首屈一指的。

"漫画"这个词最早见于中国古代,是一种水鸟的名称,因它捕鱼的样子恰似在水中作画,故名"漫画"。北宋画家晁以道在其著作中这样写道:"有曰漫画者,常以嘴画水求鱼。"也有学者认为"漫画"二字起源于日本,被释为"随意、无约束"[1]。日本近代漫画始祖北泽乐天将一直被称作"潘趣画"的画作更名为"漫画",大大提高了这种讽刺画的地位。[2] 漫画的起源可以追溯到1603—1867年的日本江户时代(即德川幕府时代)的"浮世绘"[3],"浮世绘"是日本的风俗画,题材范围非常广泛。有人推论鸟羽僧正的"鸟羽绘"作为"浮

---

[1] 林吉.话说日本漫画[J].世界文化,1995(3).
[2] 山口康男.日本动画全史[M].于素秋,译.北京:中国科学技术出版社,2008:33.
[3] 周兰平.动漫的历史[M].重庆:重庆出版社,2007:54.

世绘"众多类别中的一种——它的画风是把人的手脚等画得很长,略显夸张、滑稽——与现代漫画最为接近,所以将它视为漫画文化的雏形;也有人说"漫画"一词的最早使用者是距今大约三百年的浮世绘画家、葛饰派的创始人——葛饰北斋[①],其代表作《北斋漫画》共收集其3000多幅风趣简洁的画作。随着漫画的发展,日本著名画师手冢治虫在连环画基础上首次将影视中的拍摄手法运用到他的作品《新宝岛》中,给人焕然一新的感觉,使漫画变得富有动感。此外,他还在漫画故事中,为塑造的角色加写了履历及性格介绍等,增加了角色的魅力与可信度,从而让读者能更深入地理解漫画中的人物。他通过一幅幅富有镜头感的画面来表现人物心理变化或故事的情节发展,充分调动了读者的想象力,使得日本的漫画发展整体更上一层楼。[②]

漫画在日本的社会地位很高,政府每年都会举办各种漫画类创作大赛发掘具有创造力的新人。漫画已形成一种富有特色的日本文化,是动漫产业各领域发展的源头。它在日本有着广泛的群众基础,深受各年龄段和各阶层的观众喜爱。日本三菱研究所的一项调查数据显示,日本国民有87%的人喜欢漫画,有84%的人拥有与漫画人物相关的衍生品。日本漫画种类繁多,题材广泛,分类细致,可以满足不同受众的品位和心理需求。熟悉日本文化的人都知道日本有句耳熟能详的口号:"从3岁到80岁的人都有漫画看。"所以用"全民漫画"一词来形容一点也不为过。

日本本国漫画的市场消化能力基本已经饱和,于是他们极力向海外扩展,源源不断地用漫画向世人推销日本文化,现在全球已经有六成受众成为日本漫画迷,漫画领域的成功运营为日本动漫产业整体进一步向海外发展做了很好的铺垫。日本漫画市场成熟、健全,其行业内部竞争激烈残酷,漫画创作一线集聚着大批才高八斗的职业漫画大师,这些因素使得日本漫画始终保持着旺盛的生命力,可以享有得天独厚的竞争优势。随着科技的进步和视觉文化的兴起,日本的漫画已经和先进的制作技术结合起来,逐渐在动漫体系中彰显其魅力。

(二)日本动画

纵观日本动漫产业链,日本作为世界动漫强国,除了具有漫画打下的良好基础,最引人注目的部分当数影视动画取得的显赫成就。日本数字内容协会公布的一份调查数

[①]官原浩二郎,荻野昌弘.社会学[M].京都:世界思想社,2001:132.
[②]吴新兰.存在与感知——日本动漫在中国的跨文化影响[M].北京:知识产权出版社,2012:29.

据表明,2003年4月到2004年3月,日本的动漫电影票房、动漫电视频道的营业额收入等达到3739亿日元,相对于2002年的市场销售额增幅达到75.1%。[1]

说起日本动画的发展,不得不提到三位具有突出贡献的先驱,他们分别是:下川凹天、幸内纯一、北山清太郎。1914年起,英、美、法等国的动画片开始进入日本市场,引起轰动。日本的电影公司开始寻找委托人尝试制作本国的动画片。日本第一部动画作品《芋川椋三玄关·一番之卷》是下川凹天在经过反复试验后制作完成的。这部电影虽然现在看来存在很多缺陷,但是非常具有纪念意义,因为它成功扬起了日本动画制作的风帆,是日本的领航之作。幸内纯一呕心沥血的作品《塙凹内名刀之卷》于1917年6月公映,他和下川凹天是同门师兄弟,师承北泽乐天。北山清太郎也于1917年完成他的首部动画片《猿蟹合战》,还创立了日本第一家动画制作所。他通过研究分析国外的动画片,发明了纸张动画的基本手法,这种在一张纸上画出全部内容的方法被称为"推稿式"或"画稿式",具有划时代的意义。[2]

随着动画在日本日新月异的发展,成熟的动画运营机制很快形成。日本动画的分类非常细致,按发行方式可分为TV动画、剧场版动画、OVA动画三种[3];如果按年龄界限归类,可以划分为低幼动画、青少年动画和成人动画;从制作手法来看,可分为木偶动画(又叫立体动画)、平面动画、CG动画、实验动画、电脑动画;从题材方面可划分为科幻动画、心理分析动画、逻辑推理动画、体育动画、女性动画、历史动画、校园动画等。日本的动画种类繁多,可以满足受众群体不同性别、不同年龄、不同心理期待的各种精神需求。

从20世纪90年代后期开始,日本动画的制作体系日趋成熟,日本逐渐成为可与美国媲美的动画王国,甚至某些方面已显现出超越美国的趋势。通过努力,日本动画人不断向世人呈现令人惊羡的高品质作品。日本影视动画那细腻唯美的画风,加上富有深刻思想内涵的选材,以及高标准、严要求的精良制作技术,为动画开辟了很多新的创作手法,在全球范围内吸引了大批受众。

(三)日本游戏

日本的游戏产业具有几十年的历史,其游戏领域作为强势产业曾经在世界范围内拥有数量最多的游戏迷。纵观这段发展历程,从最初兴起的街机,到家用游戏机,再到掌

---

[1] 殷俊,谭玲.动漫产业[M].成都:四川大学出版社,2009:110.
[2] 山口康男.日本动画全史[M].于素秋,译.北京:中国科学技术出版社,2008:34-37.
[3] 殷俊,谭玲.动漫产业[M].成都:四川大学出版社,2009:114.

上游戏机,经过三四十年的苦心经营,日本的游戏品牌成功地在全球树立起来。

日本的游戏作为动漫产业的一个重要组成部分,曾经保持着极大的增长优势,可谓日进斗金。可是随着网络游戏的兴起,日本的游戏产业却出现明显的下滑趋势。日本的任天堂游戏公司在1998年的净利润达到8亿美元,2000年的时候则降到了7.67亿美元。①日本游戏市场在2003年开始不断下滑,与1997年达到的市场巅峰期相比,日本游戏市场总销售额下降了40%左右。②

日本的动漫产业一直居于世界领先地位。漫画是日本人最重视的,他们一直将漫画视若珍宝,动画领域也后来居上,唯独其游戏产业经历了昙花一现般的辉煌后,一蹶不振。无论是制作技术还是精良的人才储备,日本都是其他国家无法媲美的。日本动漫产业具备良好的基础和优势,为什么其游戏运营却难以再现当日雄风?笔者认为,之所以出现这一现象,要归咎于日本的墨守成规。日本游戏产业最辉煌时,正处于掌机时代和单机游戏时代,日本在这两方面的成就可以傲视全球。然而随着网络游戏的迅猛发展,日本没有抓住机会转战新领域,缺乏对新时代玩家心理的准确把握,而是依然想继续依靠固有模式占据市场,如此一来,岂能不遭受惨败?

(四)日本动漫衍生品

动画在满足人们的精神需要时,还能为业内人士带来巨大的经济效益。动漫产业的衍生品主要围绕出售动漫形象权和著作权取得收益。动画制作工作量大,制作周期漫长,这就为衍生品研发提供了足够的时间。对动画明星的研发是一个将虚拟的意念形象物化的过程。在这个过程中,生产者必须对所要研发的角色在动画中出现时的每一次表情和动作熟记于心,通过记录形象比较分析,结合动画明星在片中的性格、气质等特征再度创作,赋予动画明星生命力,最大程度上将它变得能令大众接受并喜爱。

下面以日本动画产业为例,来证实动漫衍生品带来的巨大经济利润。手冢治虫的《铁臂阿童木》是日本第一部电视剧动画片,这部作品第一年的版权收入就达到一亿几千万日元。③手冢治虫及其麾下的"虫专业工作室"前瞻性地将目光投向海外市场,该片成为日本动画片走入国际市场的先驱,先后被40多个国家购买和转播。这部动画片在

---

①阿祥.透视日本游戏业[EB/OL].(2001-5-17).http://japan.people.com.cn/2001/5/17/riben/20010517_5962.html.
②CESA警告日本游戏市场正严重萎缩[EB/OL].(2004-6-29).http://gamezone.qq.com.
③王传东,郑琳.动漫产业分析与衍生产品研发[M].北京:清华大学出版社,2009:70.

国际市场上树立了良好的口碑，同时为以阿童木为造型的玩具、文具带来热销，它成功创造了动漫产业衍生品的运营模式，具有开创意义，值得后来的动漫企业借鉴。三丽欧公司设计出 Hello Kitty 形象，这只没有嘴巴的猫明星颇受世界欢迎，它出口 60 多个国家，拥有 2 万多种衍生品，总价值达 1000 多亿人民币。可也正是没有嘴巴这个特征，让这个人气极高的卡通明星不能现身于影视动画片中去说话，这也让三丽欧公司损失了相当大一笔版权收益。[①]日本任天堂公司开发的掌机游戏系列"口袋妖怪"中的神奇宝贝——皮卡丘，于 1999 年被《时代》杂志评选为年度第二大具有影响力人物，2014 年被选为日本官方吉祥物。皮卡丘曾荣登美国《福布斯》的"虚拟形象富豪榜"，公布的榜单显示，动画明星皮卡丘排名第八位，它的身价为 8.25 亿美元，当然，这笔钱大部分都是其衍生品带来的收益。[②]皮卡丘的衍生品的研发范围包括文具、玩具、图书、音像制品、服装、食品包装，甚至人们日常使用的手机壳、电脑壁纸等。此外，一些与动漫明星并无关联的产品也可以购买这些深受大众喜爱的形象版权，为自己的产品代言，带来人气与影响力。

日本动画产业机制健全，最早的电视台收费模式由日本兴起，发展到今天，日本动画已经进入良性循环的盈利阶段。精明的日本商人为进一步开拓海外市场，甚至可以做到将动画片送给各个电视台免费播出，他们要进一步挖掘的是动漫衍生品所带来的巨大经济效益。日本动画片大批量地走入国际市场，这一营销模式成功地将日本动画的品牌影响力扩大，使得日本动画在世界各地形成一种文化时尚。

（五）我国对日本动漫的思考借鉴

日本漫画大师手冢治虫带来的这场革新，使得富有镜头感的漫画可以凭借低廉的成本投入市场，通过读者反馈，可为动画制片人更好地提供市场分析，这样的投资预测方式大大降低了投资方的风险。日本这种投资风险预测模式很值得我们借鉴，它会给投资方带来更多信心，也使得更多的人愿意加入动漫产业的合作。我国的漫画长期不受重视，一直处于动漫产业领域的边缘位置，加上漫画师待遇低，不受重视，所以导致漫画从业者匮乏。由于我国的动漫产业链中缺乏漫画这一最基础环节的改善，所以至今尚未健全起来。既然我国政府已经下很大决心扶持动漫产业，那么就应该出台一些政策和措施，从最基础环节做起，改善漫画师的待遇和地位，保护原创者的权益，帮助动漫企业多

[①] 宋磊.解码外国动漫——源流·创作·观念·营销[M].北京：中国传媒大学出版社，2012：109-111.
[②] 王传东，郑琳.动漫产业分析与衍生产品研发[M].北京：清华大学出版社，2009：52.

举办一些漫画创作比赛,对选拔出来的优秀人才加大奖励力度,最大程度调动原创作者的积极性。只有夯实动漫的基础环节——漫画,才能实现动漫产业的整体完善。

日本的动画形成了独具风格的发展模式,强大的漫画文化是其孕育的母体,为动画的发展提供了足够的养分。日本政府和业界精英认识到这一点,对漫画领域格外珍视,漫画产业在整个动漫产业链中也居于最显赫的位置。日本动画在充分吸收外来文化和技术的基础上,迅速将这一部分与本国优势的漫画文化结合起来,形成独具一格的日本动画,并不断发展壮大,达到可以与美国动漫产业分庭抗礼的地步。日本的二维动画制作技术已达到炉火纯青的程度,日本动画创作者对二维技术很有感情,再加上他们固执地认为三维动画制作成本高,所以对三维的重视程度不够。从世界局势来看,动漫领域日新月异,发展到今天,二维技术正逐步被取代。工作量大、制作周期长,这些都将进一步制约二维技术的持续发展,而三维技术近年来成本不断降低,画面效果清晰逼真,制作难度下降,越来越受到各国的欢迎。分析到这一步,笔者开始为恋旧的日本动漫的未来担心。日本的游戏产业一度繁华后,在网络技术普及的今天已经难有建树,虽然他们也在不断寻找原因进行突破,根本上还是被固有思维所拘束,加上不能准确定位玩家心理,一些小的游戏制作公司接连面临倒闭、破产的风险,大的企业为了应对国际竞争局势也不得不采取合纵战略,总体上看,收效甚微。日本动漫业是否也将面临这样的境地?

与日本相比,我国的动漫产业中,被日本视若珍宝的漫画发展最为薄弱,带来的最直接的影响就是不能有效利用漫画这一低成本发行模式准确预测动画片的投资,也正是因为缺乏对漫画的重视,原创动漫素材也大为匮乏。细细想来,动漫作为创意产业,缺乏原始积累的创作素材是相当可怕的一件事情。不得不说,再不重视动漫基础环节的建设,中国动漫发展可谓前景堪忧。值得一提的是,我国的游戏产业是目前动漫产业中发展最好的部分,制作一线聚集着大批动漫界的精英。我国游戏的制作公司和人才,经过多年来苦苦积累和打拼,能稳稳立足于当今竞争激烈的世界游戏领域,实属不易。

二、美国动漫

美国是世界上动漫产业起步最早的国家,也是第一个将动漫形成完整产业链的国家。动漫产业作为美国六大支柱型产业之一,其产生的经济价值已经超越汽车、钢铁等产业。美国的动漫产业具有近百年的历史,漫画、游戏领域的发展在世界竞争中并不占优势,主要成就体现在动画、衍生品领域,其成功模式和成熟体制是非常值得我国借鉴和参考的。

(一)美国漫画

美国漫画具有 100 多年的历史,19 世纪的欧洲移民将单页漫画带进了美国人的视野,美国漫画由此兴起。1840 年波士顿的 D.C.约翰斯顿公司出版了美国最早的单页漫画小报《杂碎》(Scraps)。到了 19 世纪 80 年代,美国普利策和赫斯特两大报纸为了提高漫画发行量,不断在增刊上连载漫画,其他报纸也开始仿效这一有趣的模式。1895 年普利策在《纽约世界报》副刊上刊载理查德·奥尔卡特的作品《黄孩子》(Yellow Kid)。它是世界上第一部连环画,同时也是漫画业的新起点。[①]

随着漫画的不断发展,美国漫画形成以"英雄"为主题的创作路线。1938 年美国《动作漫画》成功塑造了一位"超人"形象,引起了强烈反响,从此开启了"英雄漫画"时代。一系列具有影响力的英雄形象相继呈现于读者面前,如蝙蝠侠、绿灯侠、神奇女侠、蜘蛛侠等,时至今日,这些"英雄"形象都是不老的传奇,在一代又一代读者心中留下难以磨灭的深刻印象。[②]

美国的漫画在整体产业规模中发展相对薄弱,在整个美国图书市场仅占 1%的份额。[③]数十年来它的创作模式、营销策略没什么太大的变化,尽管如此,美国漫画的读者人数却在不断增长。

(二)美国动画

众所周知,以技术制作水准和时间为依据,美国的动画发展可以划分为五个阶段。1907—1937 年为起步阶段,1907 年,美国人布莱克顿制作完成第一部动画片《一张滑稽面孔的幽默姿态》,这部动画短片具有里程碑的意义:它正式开启了世界电影动画史。[④]这一阶段的动画特点是制作简单,播出时间仅为短短的几分钟。这期间,动画短片明星布鲁托(Pluto)、高飞狗(Goofy)诞生,第一部彩色动画片《花与树》首映,它的出现表明这个阶段是黑白短片向彩色动画转型的过渡期。1938—1949 年为发展阶段,时长 74 分钟的动画电影《白雪公主和七个小矮人》首映,它是世界上第一部动画电影,也是第一部发行电影原声带的电影。此后,一系列动画长片开始播映,这一时期比较有代表性的作品还有《木偶奇遇记》《小鹿斑比》《幻想曲》等。1950—1966 年为首次繁荣阶段,1950 年,迪

---

① 王庸生.现代漫画概论[M].北京:海洋出版社,2005:22.
② 王庸生.现代漫画概论[M].北京:海洋出版社,2005:24.
③ 陈怀之.美国动漫:世界动漫业的霸主[J].重庆与世界,2005(12):44-47.
④ 潘瑞芳.动漫产业模式研究与实践[M].北京:中国广播电视出版社,2010:27.

斯尼第一个电视广播节目《奇妙王国一小时》首播。迪斯尼公司每年至少推出一部经典动画产品,如《爱丽丝梦游仙境》《睡美人》等。1967—1988年为蛰伏阶段,这一阶段动画作品的数量不多,作品集中表现为电视动画形式,代表作品为《猫和老鼠》等。1989—2002年为百家争鸣阶段,也是美国动画作品的第二个繁荣期。这一时期的优秀代表作品有《阿拉丁》《花木兰》《狮子王》《海底总动员》《超人总动员》《四眼天鸡》。这一时期,华纳、福克斯、派拉蒙、梦工厂等大型制片公司也纷纷参与动画市场的竞争,形成百花齐放、百家争鸣的空前盛况。

美国的动漫公司中,迪斯尼占据绝对的霸主地位,皮克斯、梦工厂也颇具影响力。这三家公司作为动画产业巨头,在美国动漫史上是非常具有代表性的,我们将从这些公司的发展历程及它们各自具有的竞争优势进行分析。

1.迪斯尼公司:1919年,思维敏捷、具有创新能力的华特·迪斯尼和具有很强造型能力的乌布·伊沃克斯因为共同的理想和追求走到了一起,成立了伊沃克斯-迪斯尼商业美术公司。这对天才的组合优势互补,迪斯尼构思出"米老鼠"这一角色,伊沃克斯为"米老鼠"设计了经久不衰的可爱造型。后来这家小公司遇到很多困难,不得不停业遣散员工。1923年夏天,叔叔租给迪斯尼一间车库做工厂,"华特·迪斯尼公司"正式成立。1930年,"米老鼠"出版物开始发行。1937年制作完成的《白雪公主》的成功播映,奠定了迪斯尼公司在美国动漫界的地位。1939—1966年,迪斯尼公司基本每年推出一部经典的动画长片。多年来,迪斯尼公司一直为其自身发展不断努力。1995年,迪斯尼公司利用先进的电脑技术制作了3D动画片《玩具总动员》,此后,又与皮克斯公司合作完成了一部又一部经典的3D动画片。

2.皮克斯公司:最早将三维技术运用到动画领域。皮克斯公司依赖完美的三维制作技术,一直与迪斯尼公司长期合作,陆续推出《玩具总动员》《海底总动员》等动画电影精品,2006年被迪斯尼公司以74亿美元的价格收购。

3.梦工厂:于1994年10月成立,三位创始人分别是享誉好莱坞的大卫·葛芬、杰弗瑞·卡辛堡、史蒂芬·斯皮尔伯格。该公司的产品包括电影、动画片、电视节目、书籍、唱片、游戏等。2004年,梦工厂的动画部门独立为梦工厂动画公司,这也是美国动漫界唯一能与迪斯尼相抗衡的公司。该公司的代表作品有《埃及王子》《小鸡快跑》以及《马达加斯加》《功夫熊猫》等动画电影。

美国动漫制作公司坚持以创新性作为竞争力的主体,将开发原创动漫形象作为工作的重心。为了降低成本,美国动漫企业把动画生产过程中那些没有附加值的基本操作环节外包给中国或韩国等国家的公司加工。

美国动漫人能充分掌握播映市场需求,准确把握受众心理,善于从各国汲取文化营养并将其转化为创作素材,成功塑造出一个又一个活泼可爱的动画明星形象,他们创作的作品能够满足各年龄段观众的心理期待。美国动画片的特点是:动画语言丰富生动,故事情节感人,人物性格鲜明,音乐优美动听,故事内容常以人性之美给观众留下深刻印象,多以大团圆的完美结局作为终结,没有明显的说教痕迹或政治色彩,无国籍限制,老少皆宜,雅俗共赏。

(三)美国游戏

世界游戏产业竞争激烈,面对日本、韩国这样的强势对手,美国不得不想办法复兴游戏产业。据瑞士的统计数据分析,2000年,美国游戏市场的半壁江山被日本占据。2004年时,局面扭转为日本在美国游戏市场的份额仅为29%。[1]美国凭借对美国受众的心理分析,成功研发出更受欧美市场欢迎的游戏产品。

2006年,娱乐软件协会(The Entertainment Software Association)公布的一项调查结果显示,2005年美国的游戏玩家占人口总数的69%,按年龄段来分析:18岁以下的玩家占31%;25~49岁的玩家占44%;50岁以上的玩家占23%。按性别来分析,男性玩家占62%,而女性玩家占38%。[2]这项调查结果说明,在美国,游戏被视为一种可以调节家庭氛围、促进家庭成员和谐的媒介,深受大人和孩子的喜爱。当年风靡一时的《模拟人生》中的主人公白手起家,通过艰辛努力一砖一瓦地搭建着属于自己的完美人生。这个游戏告诉我们一个道理:如果想要过上理想的生活,就必须努力学习各种知识和技能,提升自身能力和修养,才能找到合适的工作或者得到升职的机会,从而进一步实现人生理想,比如换家具、买地、盖房子、结婚、养孩子等。诸如此类的游戏就拥有非常好的创意设计,设计师巧妙地将美国精神以及美国文化、生活等元素与游戏很好地融合在一起。

精明的美国开发商还想出这样一条策略:将深受观众喜爱的美国动画电影与游戏进行组合,打造出一款又一款电影版游戏,如《指环王》《蜘蛛侠》《美国队长2》等。因为熟悉电影中的人物及故事情节,玩家在游戏过程中对所操作的游戏角色是富有情感的,也更容易被这样的模式所吸引。

---

[1] 殷俊,谭玲.动漫产业[M].成都:四川大学出版社,2009:100.
[2] 邓林.世界动漫产业发展概论[M].上海:上海交通大学出版社,2008:55.

(四)美国动漫衍生品

美国动漫衍生品的研发与营销始于迪斯尼公司。迪斯尼在2004年时已经成长为价值539亿美元的娱乐帝国,涉及电影、电视、网络、出版、主题公园、音乐等娱乐产业,它凭借品牌号召力和多元化经营方式,通过市场预测及时规避风险。[①]按照国际惯例,动漫产业70%的利润是由音像出版和衍生品开发实现的,动漫产品的盈利完全是建立在作品拥有良好的受众基础上进行的。[②]比如,迪斯尼动画电影《钟楼驼侠》票房为9900万美元,但依靠这个电影研发的衍生品的总收入却达到了5亿美元。[③]动漫衍生品主要是依靠动漫形象的经营授权和音像制品盈利,这个领域包括动漫明星广告代言、玩偶、文具、服装、音像制品、主题餐饮、主题公园、鞋业等,总之,生活中的方方面面都可以开拓为衍生品市场。动漫明星作为虚拟世界的代言人,艺术生命是无限的,一旦一个深受欢迎的形象被研发利用,商家就可以一劳永逸,享受其带来的经济价值。迪斯尼公司在对市场受众心理特点和成长规律进行调研分析后,每隔七年就重新播放一轮昔日动画经典,这样做的好处是能够保持每一代被传播群体成为受众群体,这样动画产品将永远不会被淘汰,已经生效的衍生品链条可以继续稳稳盈利。众所周知,迪斯尼公司从创意设计到发行,再到与VCD、DVD、手机、MP3等一系列播放媒介合作,并不断寻找新的平台,产品授权在动漫产业的每个组成环节都有涉猎。迪斯尼舞台剧、主题公园、度假区的开创设立,让受众仿佛置身于童话王国,拉近了消费者与动漫产品的视觉距离与心灵距离,也增加了消费者对动漫产品的认可与喜爱程度。

通过浅析美国动漫产业模式,我们认识到,其产业优势首先在于题材的国际化。美国动漫可以顺利走出国门,深受各个国家受众的喜爱,主要原因在于它能做到在全球范围内寻找优秀的原创题材,并将之与美国文化融合,赋予动画明星以美国精神和性格。比如,利用中国故事元素改编成功的案例有《花木兰》《功夫熊猫》等,像这样的历史题材和中国元素被他们创新和改编后,获得了巨大的成功。中国的历史悠久,文化丰富,现在已经有越来越多的国家开始将原创题材的方向瞄准中国。日本的动画,多数创作只局限于本国素材,所以不似美国动画那样能够产生那么深远而广泛的影响。从这方面来看,我们国的动漫创作除了要稳稳抓住属于我们的文化营养,也可以寻找一些有趣、有市场的

[①] 昝胜锋,王书勤.动漫产业:新型业态与盈利模式[M].济南:山东大学出版社,2011:194.
[②] 高一凡.浅议美日韩动漫产业对中国动漫产业发展的启示[D].石家庄:河北师范大学,2009.
[③] 昝胜锋,王书勤.动漫产业:新型业态与盈利模式[M].济南:山东大学出版社,2011:194.

外国素材作为骨架,将之与中国人的精神、文化融合。我们要勇于打破僵化的创作思维,不要受国籍、地域、种族、信仰等条件的限制。

迪斯尼创作有个奥秘,为了更好地满足受众的期待,它始终坚持这样一个创作原则,那就是首先要具有优美动听的音乐和一个充满人性的主题,再由一个吸引人的故事把这些元素充实起来。[①]音乐和动画语言具有共同的特点,就是能够不受地域、民族、性别、年龄的限制,渲染人们的情绪,净化人们的心灵。正因为如此,我们回想一下所有给我们留下深刻印象的动画片,绝大多数都是饱含情感和人性美的。美国的动画片并不是呆板的说教,而是真正做到寓教于乐,让人们在观影过程中逐步去领悟,跟随跌宕起伏的故事情节,与片中的角色一起释放自己的情感。美国的动漫产品可以不受年龄段的限制,老少皆宜,它能够准确把握受众心理,最显著的特点是受众全民化。而我国的动画制作思路还受到年龄段的限制,动画目前在我国市场上仍然被定位于低幼产品,创作者没有完全打开思路,或者说根本不敢去发散思维。美国动画比中国动画更有市场的另一原因在于表述习惯上有所不同:美国人的表情夸张、肢体动作语言丰富,富有幽默感,做出的动画片也如此;而中国人善于义正词严,口头表达能力强,深受封建礼制的影响,时至今日都讲究"站如松、坐如钟、卧如弓"的规矩,全民普遍没有幽默感,制作的动画片也呆板、说教痕迹过重。美国的动画片是不分男女老少的"全民动画",而中国多数动画片成年人不喜欢,青少年也不爱看,陷入一种尴尬的局面。

美国人对游戏的喜爱程度远远胜于中国人,他们把它当作家庭娱乐必不可少的元素,大人和孩子一起玩。在中国说起游戏,恐怕多数人会"谈虎色变",认为其有百害而无一利,青少年如果想要玩游戏,会遭到各种阻拦和斥责。个别问题少年因为不能把控自己,过于沉迷游戏,常被宣传媒体抓作典型,无限放大,将罪责加于游戏。这种根深蒂固的偏见是制约游戏产业发展的"毒瘤"。笔者认为,游戏的种类繁多,不应该被如此偏激地对待。正确的做法是,面对过分暴力血腥的游戏,监护人确实应该限制孩子参与,而那些小型益智游戏、怀有美好期待的幻想游戏,或是能吸引青少年受众重温经典的游戏,可以缓解人们的压力,适合作为全家娱乐的方式,大人应与孩子一起分享。同时,大人的监管和参与,可以有效杜绝一些低劣游戏对孩子的不良影响。

我国动漫产业的受众主要集中在低幼年龄段,这一致命的缺陷直接制约着产业机

[①] 孙立军,马华.美国迪斯尼动画研究[M].北京:京华出版社,2009:38.

制的完善。因为产业整体市场、受众群等因素定位不准确,一些完全不了解动漫产业的人士,在开发衍生品时急功近利,将一个并不成熟的动漫形象投放到市场,甚至不进行任何前期市场调研就大胆参与衍生品投资,造成大量低劣动漫产品充斥市场,使投资人的经济利益受损,这样的开发模式是无法延续也不会被认同的。针对以上状况,应该借鉴美国的经验,投资者要记住以往"欲速则不达"的惨痛教训,不可盲目跟风投资,要学习精明的美国人对衍生品领域开发的那份耐心,在某个动漫作品产生了影响力、卡通人物已经成熟,且经过专业人士调研后,才可进行投资研发。衍生品领域产生的经济利润确实诱人,动漫产业的机会和利益从来都属于有准备的人,成功路上没有捷径可走。那些目光短浅者、妄图以投机取巧手段获利者、不肯下功夫摸清状况盲目试水者,势必要承受溺水的潜在风险。

目前,我国跟美国这样的动漫大国还存在较大差距。"师夷长技以制夷",我们如能像美国一样做到准确定位市场,把握受众心理,在各环节夯实自己,稳扎稳打踏踏实实走下去,一定可以在动漫各领域内迅速成长、成熟起来,早日屹立于世界动漫强国之林!

第二节 其他国家和地区的动漫产业

一、韩国动漫产业

韩国动漫走了一段与我国相似的发展之路,也是从不被重视、创作条件异常艰苦起步。在韩国政府意识到动漫产业是块"肥肉",进行大力支持与补贴的情况下,韩国动漫才得到了急速发展,其中游戏产业是其动漫产业发展的支柱力量。韩国的制作技术走到了世界的前列,尤其3D技术的娴熟运用,甚至让一些日本业内人士都自叹不如。韩国游戏作品问世后,根据作品中动漫明星的受欢迎程度,动漫企业再进一步为其量身打造剧本,进行人物性格的包装、创作,继而开始研发各种衍生品。

韩国以承接动漫强国的外包业务为基础,再找到自己在动漫领域的优势后,经过一个阶段的迅猛发展,如今它已成长为在世界排名第三、亚洲排名第二的动漫强国,年产动画超过1000部。在韩国动漫产业中,占主导地位的是游戏产业。韩国动漫产业模式一般是从制作、销售游戏起步,有了良好的受众基础后,再进行动漫作品的创作。他们通常利用游戏中的经典动漫形象作为动画角色进行塑造,为剧中人物匹配故事内容和情节,最后进入相关衍生品的研发、营销阶段。这样的模式,有利于避免动画产业投资的风险,使得产业循环稳步进行。

韩国政府制定"文化立国"方针,为扶持文化产业发展,于2001年成立了"韩国文化内容振兴院"。从2002年开始,该部门将15.5亿韩元的资金用于扶持178项文化事业。[①] 2007年,韩国文化内容产业投资约合50亿韩元,这笔钱用于发展文化产业中的影视、动画、游戏等相关领域。在韩国政府一系列政策的支持下,动漫产业迅速崛起。在此基础上,韩国动漫产业能够继续加大力度与国外同行合作,从而进一步拓宽海外动漫市场。统计数据显示,从20世纪90年代开始,韩国动漫出口率一直稳稳保持在10%以上,韩国成为世界上第三大动漫作品出口国。[②]

二、加拿大动漫产业

加拿大的游戏和制作技术在世界上位于领先地位。加拿大国家电影局是各个国家动漫精英向往的地方,在那里,来自各个国家的业内人士都能得到平等发展的机会,创作题材十分广泛,往往涉及各个国家和民族的传说或者神话故事。可以说加拿大动漫产品的最大特点是没有流派划分,也没有固定统一的风格,也许正是这样广阔的创作空间和优越的创作条件,让加拿大的艺术家在艺术领域中能够相对容易实现自我价值。这些有利条件最大限度地吸引了崇尚自由、视艺术为生命的大师们纷纷前往,源源不断地制作出具有影响力的精品。[③]

三、欧洲动漫产业

欧洲的动漫产业起步很早,文化底蕴深厚,所以欧洲可以称为世界动漫发源地。随着动漫产业成为被各国看好并大力发展的热门产业,欧洲的动漫艺术光芒逐渐褪色,究其本源是因为欧洲动漫产业没有形成完整的产业链条。欧洲动漫与我国有着异曲同工的发展历程,都是早期辉煌,中期衰落,后期大力发展,努力完善动漫产业链条。

欧洲动漫具有良好的创作基础。世界上最早的漫画是《欧巴第亚·奥尔德巴克历险记》(*The Adventures of Obadiah Oldbuck*)[④],近代漫画《黄孩子》也给世界漫画产业的发展带来了巨大影响。可是,欧洲动漫的先天优势在中期逐渐没落,一段时期内欧洲的动漫产业并不被世界认同,绝大多数作品只能在本土市场消化,无法顺利出口。在这期间有一部作品《小鸡快跑》是个例外,它不仅远销国外,还为欧洲动漫产业结构的完善提供了

---

① 金元浦.动漫创意产业概论[M].北京:高等教育出版社,2012:78.
② 王传东,郑琳.动漫产业分析与衍生产品研发[M].北京:清华大学出版社,2009:29.
③ 周越.动画史[M].重庆:西南师范大学出版社,2013:188.
④ 金元浦.动漫创意产业概论[M].北京:高等教育出版社,2012:65.

方向。《小鸡快跑》是英国阿德曼（Aardman）动画工作室与美国梦工厂合作出品的三部大片之一。《小鸡快跑》总投资4200万美元，它是英国特色叙事手法与美国CGI技术结合的产物，获得英国学院奖等21项国际大奖与23项提名奖。梦工厂作为发行商，为《小鸡快跑》的推广做了诸多努力，最终此片取得2900万英镑票房的好成绩，衍生品的研发销售状况也非常理想。值得一提的是，"小鸡快跑"的游戏模式新颖，颇受欢迎。玩家在扮演成"小鸡"的角色经历大逃亡时，能拥有新鲜刺激的游戏体验。

欧洲各国动漫市场存在明显差异，政府扶持力度也不同，随着近年来的不断发展，它们借助外力，有效规避了自身产业链不健全带来的弊端，实现了共同盈利。

欧洲为推进动漫产业发展，积极举办各种动漫展会，比较有影响力的有：法国的安古兰漫画节，瑞士的谢尔、洛桑和卢塞恩漫画节，德国斯图加特国际动画电影节等。[1]在动漫展会上取得成绩的作品，再回国上映，能更好地体现其商业价值。

四、对国外动漫产业的思考借鉴

上文所列举的国家和地区属于动漫产业居世界平均水平线以上的，它们的经验能够给我国的动漫产业发展带来启迪。

韩国经验告诉我们，动漫产业得以健康持续发展，除了有技术领先的优势，主要是依靠游戏带动产业整体良性循环。从类似经验中推理，我们可以联想到日本，日本是以漫画为基础起步的，根据低成本漫画在市场的销售热度和受众喜爱程度，再将其改编成影视动画作品，进而为衍生品的市场营销打开销路。反观我国动漫产业的创作之路，一些小微企业有时只是根据一个创意迫不及待地进行创作，凭借老套的经验进行市场预测，加上一些完全不懂动漫的人冒进投资，导致很多作品生产出来并不受欢迎，甚至斥巨资打造的动画电影《魔比斯环》都沦为"炮灰"。一些中小型动漫公司的倒闭，和一部部质量低劣的影视动画作品，都可以让我们总结出经验：要想作品取得成功，必须"内容为王"。而想要得知这一创意是否能达到企业预期的结果，还应先将之以小投资的方式制作成网络手机漫画或是小游戏投放到新媒体平台上进行实验，凭借受众反馈，再决定是否加大投资进行链条研发与经营。新媒体平台门槛低、费用低、更新快，利用它是动漫发展的必然趋势。我们应紧紧抓住新媒体崛起的特点，利用新媒体效应进行市场预测。当然，有条件的情况下也可以借鉴日本、韩国以漫画、小说或游戏为基础进行影视动画的

---

[1] 金元浦.动漫创意产业概论[M].北京：高等教育出版社，2012：67.

制作以及衍生品的研发经验。对于动漫产业链的完善，我们还缺乏市场预测和调研的关键环节，正因这个环节一直被我们忽略，所以我们才不得不面对一次又一次盲目投资带来的惨痛教训。

一个做得比较成功的国内案例是深受我国青少年喜爱的《校园三剑客》在产业模式上的大胆探索与突破。《校园三剑客》是著名作家杨鹏于1995年创作的系列科幻小说，20余年来热度丝毫不减，是畅销书榜单上的常客。由这部小说改编而成的动画片在央视热播后，又获得业界最高奖——国家优秀动画片奖。此外，根据这部小说和动画片改编的动漫舞台剧，上演仅一年，演出场次就突破了150场，观众超过15万人次。《校园三剑客》自建了一个良性循环的产业模式，它每一次的成功都将继续带动、促进与这部作品相关的一切衍生品领域。

优秀的题材是不受文化、地域、宗教等因素限制的。作为世界四大文明古国之一，中国有着悠久的文化与历史底蕴。事实证明，民族的才是世界的。凡是选材中带有中国元素或符号的作品，经过好莱坞等国外影视巨头的创新、改编之后，都取得了极大的成功，最典型的例子有动画电影《花木兰》《功夫熊猫》等。中国动漫缺乏原创，许多企业不敢冒险在这个领域大展拳脚，他们更多倾向于同类题材的复制或模仿，造成中国动漫产品缺乏新意，题材老套。原创整改方向要向加拿大看齐，勇于打破僵化的创作思维，不受固定风格与模式的限制，从而丰富创作素材。欧洲动漫产业链不完善，但欧洲善于学习与合作。我国也应从欧洲的动漫产业发展之路中借鉴相关经验，弥补自身不足。我们不仅要从其他国家的优秀作品中学习叙事方法、创作理念，也要善于与动漫强国展开合作，优势互补，实现共同盈利。

目前，随着中国综合国力的提升，大众消费能力也在逐步提高，对精神领域文化产品的关注空前密切，此时正是大力发展与振兴动漫产业的最佳时机。我国动漫产业不能继续走低幼化的道路，中国的"80后""90后""00后"是看着动画片、打着游戏长大的人群，他们对于动漫产品有良好的观赏基础，也养成了为动漫产品消费的习惯。倘若动漫制作企业肯积极突破创作局限与障碍，这些本身具有良好基础的受众群体是很容易被培养起来的。

第三章 中国动漫的历史源流

中国动漫产业概念的提出及动漫产业的形成,是 20 世纪 90 年代以后的事情,但是,中国动漫的起步比较早,并形成了独特的风格与流派,创造了自己的辉煌。考察中国动漫的历史源流,有助于我们了解中国动漫产业的来龙去脉,为产业的发展提供借鉴,为当下操作提供指导,为引导策略的制定提供依据。

第一节 中国动画发展简史

对于中国本土动画发展史,有人从产业经济学的角度把它分为三段:前计划经济时代(西汉—1949)、计划经济时代(1949—1976)、中国特色社会主义市场经济时代(1976 至今)。[1]也有人从中国动画兴衰的角度把它分成四段:黄金时代(1926—1966)、白银时代(1976—1990)、黑铁时代(1990—2002)和迷茫时代(2002 至今)。还有人以不同的政治时期将中国动画史分成六段:萌芽和探索时期(1922—1945)、稳定发展时期(1946—1956)、第一次发展高潮期(1957—1965)、"文化大革命"发展低潮期(1966—1976)、第二次发展高潮期(1977—1989)、困境与奋起时期(1990 至今)。[2]笔者结合以上几种具有代表性的观点,将中国动画发展的历史分为四段:草创期(1922—1949)、发展期(1949—1976)、繁荣期(1976—1990)和转型期(1990 至今)。

以下是对中国动画发展四个时期的简要回顾:

一、草创期(1922—1949)

在现代意义的动画出现之前,中国的民间传统艺术,如皮影戏、走马灯、木偶戏,以及准动画"拉洋片"等,都带有浓厚的动画意味。它们以低成本、小范围传播、即时回报的模式形成了小产业链,并为后来中国动画人的创作提供了灵感、思路与载体。

1918 年前后,美国动画片传入上海,引发了万氏兄弟(万籁鸣、万古蟾、万超尘、万涤寰)做中国原创动画的念头。1922 年,他们在资金、设备和资料均短缺的情况下,拍摄了中国第一部广告动画片《舒振东华打字机》。1924 年,中华影片公司拍摄了动画片《狗请

---

[1] 2008 中国动漫产业发展报告课题组.2008 中国动漫产业发展报告[M].合肥:安徽美术出版社,2008:114-118.
[2] 李家国.中国动漫产业结构优化研究[M].南京:南京大学出版社,2012:61-66.

客》，上海烟草公司拍摄了动画片《过年》。1926年，万氏兄弟绘制出中国第一部具有民族特色的电影动画短片《大闹画室》，中国的动画片也由此起步。1930年，万氏兄弟又摄制出《纸人捣乱记》。1931年后，在当时反对日本帝国主义的怒潮和左翼文化运动的影响下，万氏兄弟先后拍摄了具有反帝反侵略思想的《血钱》《航空救国》《民族痛史》《新潮》，提倡国货的《国货年》《漏洞》，拒毒片《狗侦探》及献给儿童的寓言片《鼠与蛙》《飞来祸》《龟兔赛跑》等20余部黑白动画短片。上海"八一三事变"后，万氏兄弟赴武汉，加入中国电影制片厂，先后创作了《抗战特辑》《抗战标语》《抗战歌辑》等配合抗日宣传的动画短片。1940年，万籁鸣、万古蟾应上海新华联合影片邀请，成立卡通部，并创作出中国第一部动画长片《铁扇公主》（1942年完成制作并发行）。影片不仅在国内引起巨大反响，还在新加坡、马来西亚和日本受到欢迎。日本动漫大师手冢治虫也是因为少年时代看过这部影片，后来才走上动漫创作的道路。20世纪40年代初，具有一定影响力的作品还有钱家骏等在重庆拍摄的动画短片《农家乐》。

新中国第一部木偶片《皇帝梦》（于1947年开始摄制）和动画片《瓮中捉鳖》在东北解放区兴山镇先后诞生。人民艺术家陈波儿和日本动画专家方明（持永只仁）等在人员不足、设备简陋和环境艰苦的情况下完成了这两部影片的摄制工作，为新中国美术电影的发展揭开了序幕。

这一时期的中国动画片，主要受美国动画片的影响，但是中国动画人在创作中融入了浓郁的民族风格，秉承了中国文化传统，颇具特色。另外，这一时期的动画片融入了时代的元素，体现了那个时代的主流价值诉求，具有很强的教化功能。

二、发展期（1949—1976）

1949年后，中国动画迎来了第一个春天：1949年专门摄制美术片的机构——美术片组在长春的东北电影制片厂成立。1950年，美术片组迁到上海，成为上海电影制片厂的一部分。随着人员的不断增加，1957年，上海美术电影制片厂（简称美影厂）成立，万籁鸣、万古蟾、万超尘、钱家骏、虞哲光、章超群、雷雨、金近、马国良、包蕾等一批著名艺术家、文学家纷纷加入。从此，中国美术电影就以上海为基地，迅速繁荣发展。一批优秀影片（如动画片《好朋友》《骄傲的将军》，木偶片《机智的山羊》《神笔》等）脱颖而出。1953年，美影厂成功拍摄了我国第一部彩色木偶片《小小英雄》；1954年，又首次采用真人和木偶合成的技术完成了木偶片《小梅的梦》。1955年，第一部彩色动画片《乌鸦为什么是黑的》诞生。从此，美术片进入了彩色片时期。1958年，剪纸片《猪八戒吃西瓜》因具有鲜明的民间艺术特色而受到好评,我国动画片也因此增添了一个新的品种——剪纸片。1960年,水墨动画片《小蝌蚪找妈妈》和《牧笛》把典雅的中国水墨画与动画电影相结合,开创了"水墨动画片"这一全新的片种。1960年拍摄的折纸片《聪明的鸭子》将充满儿童情趣的纸偶艺术搬上银幕,为中国美术电影家族增添了新的成员。

1961年至1964年,由万籁鸣导演、美影厂拍摄的大型动画片《大闹天宫》(上下集)隆重推出,它是这一时期最重大的作品,代表着中国美术电影一个时代的辉煌。该作品取材于神话小说《西游记》,想象力丰富,造型艺术和动画技巧都达到了很高的水平,并在世界上产生了广泛的影响,全世界因此而知道中国有一个 Monkey King(孙悟空)。这一时期,各类动画片纷纷走向成熟:大型木偶片《孔雀公主》以生动的情节、恢宏的场景,表现了中国傣族地区的美丽神话。影片的精湛技术,标志着木偶片艺术的成熟。剪纸片《金色的海螺》是这一时期剪纸片中最出色的作品,它发挥了镂刻艺术的特色,将这一古老的民间传统表达得绚丽多彩。《黄金梦》是一部漫画风格的动画片,它以粗犷的线条和夸张的形象讽刺了一群贪得无厌的富豪,成为一种新的动画形式。此外,《小鲤鱼跳龙门》《谁唱得最好》《济公斗蟋蟀》《大奖章》《人参娃娃》《没头脑和不高兴》《等明天》《冰上遇险》《红军桥》《半夜鸡叫》《草原英雄小姐妹》等,也是这一时期摄制的一批优秀影片。

为介绍中国美术电影的成就,美影厂于1960年举办了美术电影展览会。先后在北京、上海、香港等地举办,产生了广泛影响,在海外也获得了极大声誉。

这一时期,中国动画片产销模式为计划经济模式(当时,美影厂与苏联动画制片厂、捷克斯洛伐克布拉格动画短片制片厂一起并称为社会主义阵营的三大动画制片机构),即先由国家集中人力、物力和财力实施"大兵团作战",完成作品,然后在影院播放,由全国观众共同买单。在制作上,它很符合动画行业人才密集型、资金密集型和集群化的特点;在营销上,它不愁卖。中国动画艺术家们可以不用考虑市场和营销,全心投入创作,因此,他们能创作出一批充分彰显中国动画的民族风格、艺术和技术质量均属上乘的动画精品来。这一时期的许多动画片在国际上频频获奖,如《大闹天宫》《小蝌蚪找妈妈》《牧笛》等,即使在今天用最挑剔的眼光来看,也是不可多得的艺术精品。国际公认的"中国动画学派",因民族风格体系的逐渐成熟,得到了确立。

三、繁荣期(1976—1990)

1977年,美影厂恢复了创作生产。1979年,为庆祝中华人民共和国成立30周年而摄制的宽银幕动画长片《哪吒闹海》以浓重壮美的表现形式再一次焕发出民族风格的光彩；木偶片《阿凡提的故事》也是一部出色的影片，其造型夸张，语言幽默，生动地刻画了维吾尔族的传奇智慧人物阿凡提。动画片《三个和尚》是一部精彩的作品，篇幅虽短，却寓意深刻，它既继承了传统的艺术形式，又吸收了外国现代的表现手法，是发展民族风格的一次新的尝试；动画片《雪孩子》体现出一种高尚的精神；水墨动画《鹿铃》抒发了友爱之情。这一时期的剪纸片在艺术形式上丰富多彩：《南郭先生》体现了汉代的艺术风格，格调古雅；《猴子捞月》使剪纸片造型产生毛茸茸的质感，创造了一种新的形式。中国动画人利用这种形式，又拍摄了水墨画风格的剪纸片《鹬蚌相争》，形式优美，内容诙谐，动作细腻生动，丰富了剪纸片的艺术风格。《火童》把装饰性造型和民族艺术特点熔于一炉，风格奇丽新颖。同一时期的影片中，还有《两只小孔雀》《画廊一夜》《狐狸打猎人》《好猫咪咪》《愚人买鞋》《黑公鸡》《小鸭呷呷》《人参果》《淘气的金丝猴》《假如我是武松》《蝴蝶泉》《天书奇谭》《兔送信》《三十六个字》《黑猫警长》《西岳奇童》(上集)等，都是在艺术上达到相当高度的作品。

这一时期，美影厂拍摄了数量十分可观的优秀动画影片，如刻画了感人的孙悟空形象的大型动画片《金猴降妖》、具有敦煌壁画古朴风格的《九色鹿》、模拟中国工笔花鸟画的形式摄制而成的剪纸片《草人》、用简单概括的形象表现古代传说的《女娲补天》，以及独具特色的《抢枕头》《海力布》《水鹿》《大扫除》《网》《偷东西的驴》《巫婆、鳄鱼和小姑娘》等。系列动画片也得到了较大的发展，如根据民间故事改编的十三集剪纸片《葫芦兄弟》，根据童话改编的十三集动画片《邋遢大王奇遇记》，表现思乡之情、洋溢国际友谊的六集动画片《奇异的蒙古马》，把舞台木偶艺术与电影手法结合在一起的木偶连续片《擒魔传》等。这一时期是中国动画行业的繁荣期，中国动画作品不断地在国际上获奖。据统计，至1986年止，有29部影片在国内获奖37次，31部影片在各种国际电影节上获奖46次。国外舆论界赞扬中国动画片已达到世界一流水平，认为其艺术风格已形成独树一帜的"中国学派"。

不过，随着社会和经济的转型，中国动画长期以来存在于创作体制和创作理念上的问题逐渐显露出来。动画界也出现了人才流失、资金短缺、社会的忽视、自身定位不明确等不利情况。在同一时期，美国动画已经进入了动画发展的第二个黄金时代，日本也创作出了在全世界具有强大竞争力的动画作品，但是，中国的动画行业却因为忽视市场规律而逐渐走向衰弱和萧条。

四、转型期(1990至今)

20世纪90年代,美影厂、中央电视台等动画制作机构开始与国际动画业展开交流与合作,数字生产手段在动画制作上的比重逐渐加大,极大地提升了动画片的制作效率;各种体制的动画制作单位多元化发展,使制作数量有所增加;各种专业和多能人才进入这个行业,使制作质量比以往有较大提高。另外,从1995年起,中国电影放映公司对动画片不再采取统购统销的计划经济政策,而是把动画产业推向市场,改变了动画片的生产状态和经营方式,确立了社会效益和经济效益双赢的观念。本来,这是中国动画产业发展的契机,但遗憾的是,动画制作单位没能及时转变制作观念、作品的题材与内容陈旧、本土动画人才流失、受国外动画冲击、动画片发展方向从电影院转向电视、观众口味改变等种种原因,使国产动画渐渐落伍,过去曾经拥有的光芒开始慢慢暗淡。

虽然,这一时期也出现了《魔方大厦》《舒克与贝塔》《西游记》《大头儿子小头爸爸》《海尔兄弟》等令人印象深刻的作品,却未能改变动画产业衰退、观众流失的现实。

20世纪八九十年代,也是国外动画片(如《铁臂阿童木》《变形金刚》《圣斗士星矢》等)大举进入中国的年代,中国观众的审美趣味逐渐被这些创意新颖、现代意识强、人物个性鲜明、情节紧凑、商业化程度高的动画片所改变,与国产动画片越来越疏离。而中国动画产业缺乏有效的应对策略,我国90%以上的动画市场被国外动画片占领,从电影电视到图片光盘,从玩具到服饰,国外动画片的各种衍生产品铺天盖地而来,又席卷巨额利润而去。[1]本已危机重重的中国动画产业一再萎缩,几乎完全失去了竞争力。另外,这一时期国外的动画公司也在中国建立了许多加工基地,他们以高职位、高薪酬、高待遇挖走了大量动画人才,中国逐渐沦为世界上最大的动画片加工国。

1999年,美影厂推出了投资达1200万、在当时堪称国产动画片之最的中国首部数字立体声电影动画片《宝莲灯》。该片前后共有超过300位工作人员参与制作,历时4年完成,总共绘制逾150 000幅动画画面、2000余幅背景,全片包含2000多个镜头和近50个人物。该片在制作的各个环节都采用了与国际接轨的方式,尤其在音乐制作一项上,更是邀请当时华语歌坛的巨星级人物演唱片中主题歌及插曲。虽然《宝莲灯》在票房上取得了巨大成功,但其在影片主题、情节、对白、人物形象塑造以及商业运作模式等多方面均存在许多不足,因此未能改变中国动画产业落后的局面。

21世纪初,一些模仿日本动画、以青少年为主要受众的作品开始出现,如《我为歌

---

[1] 李家国.中国动漫产业结构优化研究[M].南京:南京大学出版社,2012:67.

狂》《封神榜》《隋唐英雄传》等,但因为这些作品没有在创新和突破旧理念的路上走得更远、衍生产品没能及时跟上、国内动漫产业链尚未形成等,它们也未能改变国产动漫落后的格局。此外,2004年之前,电视台动画片资源严重不足,例如,2004年中国2000家省市电视台所规定的国产动画片播出时间为60 000分钟,而达到播放要求的原创动画片供给量只有21 819分钟[1],近40 000分钟的缺口几乎是当时中国动画片年产量的2倍。

针对中国动画产业所面临的困境,政府有关部门积极采取各种措施,强力推动国产动画的发展。2004年,广电总局下发《关于发展我国影视动画产业的若干意见》,对国产动画片与引进动画片的播出比例做了要求,提出国产动画片每季度播出数量不少于60%。自此,荧屏播放引进动画片的数量大幅减少。之后,广电总局又推出了"禁播令",即《广电总局关于进一步规范电视动画片播出管理的通知》,要求自2006年9月1日起,全国各级电视台所有频道在每天17—20时,均不得播出境外动画片和介绍境外动画片的资讯节目或展示境外动画片的栏目。合拍动画片在这一时段播出,须报广电总局批准。这一系列的措施,将引进动画片"关进了笼子里",至少在电视播出平台上,不再像20世纪90年代至21世纪初那么泛滥。在政府的强力支持下,北京、上海、湖南、广东等省市相继建立了动画卫星频道,各地也陆续被批准建立"国家动画产业基地",并举办中国国际动漫节。这些积极措施,改变了国产动画片片源不足的情况,也催生了一批收视率较高的动画片,如《喜羊羊与灰太狼》《虹猫蓝兔七侠传》《哪吒传奇》《小鲤鱼历险记》《少年狄仁杰》等作品。在电影动画方面,《喜羊羊与灰太狼》《赛尔号》《洛克王国》等动画片,也都创造了数千万乃至上亿元的票房收入,改变了国产动画电影不赚钱的局面。技术上,国产动画也发生了变革,出现了制作水准较高的二维动画《中华小子》《魁拔》,三维动画《秦时明月》等作品。

国家的一系列政策和措施,改变了国产动画产量不足的情况,但是,有市场竞争力、艺术性强、受观众欢迎的作品仍然太少,粗制滥造、抄袭模仿、胡编乱改的现象严重,平庸之作占较大比重。另外,2009年后,出现了"大跃进"式的、有数量没质量的"动画热",如2011年,国内生产的动画片为435部,总计261 224分钟[2],高于日本数倍,严重供过

---

[1] 郝振省.中国动漫游戏产业发展现状调研报告[M].北京:中国书籍出版社,2010:48.
[2] 国家广电总局.关于2011年度全国电视动画片制作发行情况的通告[EB/OL].http://www.gov.cn/zwgk/2012-02/14/content_2066505.htm.国家广电总局[2012]3号,2012-02-09.

于求。(令人欣喜的是,2012年,中国电视动画片的产量和前一年相比,首次出现了下降的趋势,动画生产热正在退烧。)但是,受观众欢迎的作品却少之又少。根据"中国青少年最喜爱的动漫作品"调查:喜欢日本动漫的人占60%,喜欢欧美动漫的人占29%,而喜欢中国(包括港台地区)动漫的人只占11%。[1] 此外,动漫作品同质化现象严重,想象力不足,缺乏创意,外行指导内行现象严重,从剧本到画面水平都不高……这些都是中国动画企业和作品普遍存在的问题。

虽然中国动画产业依然落后于世界动画强国,但是和21世纪初全面落后的状况相比较,已经有了相当大的改观,出现了不少亮点,并且产业链的分工逐渐细化,政府、投资人、制作者、发行商、衍生产品制造商等都以极大的热情投入进来,中国动画产业的产业链正在形成。中国动画产业的"大船"已经下海,正在缓缓起航。

第二节 中国漫画发展简史

一、大陆漫画

中国大陆的漫画发展史,最早可追溯至清朝末年,陈师曾在上海的《太平洋报》上发表过一些即兴之作,作品篇幅短小、着墨俭省而意趣颇浓。1904年3月17日,上海《警钟日报》在《时事漫画》栏目刊登了针砭时弊的漫画作品,"漫画"一词开始在中国报刊上出现。1925年,丰子恺在《文学周报》上发表作品,主编郑振铎将他的作品称为"漫画","漫画"这一画种的名称得到了统一,"漫画"一词被普及并被广泛采用。不过,这些漫画多是单幅的讽刺漫画,缺乏商业要素。20世纪90年代之前,虽然也出现过"三毛"这样为大众所熟知的漫画形象,但仍然是少数,并且没能形成产业。

1925年,上海世界书局推出了一套大型连环图画书,图书的形式是每页配一张图,并辅以相应的文字说明,图与图、文字与文字之间具有连续性。这种形式很快受到读者的欢迎,被广泛效仿。一种新的现代漫画形式——连环画由此诞生,并得到迅猛的发展,在随后的大半个世纪里,占领了中国漫画图书的市场。据统计,1982年全国共出版连环画书2100余种、8.6亿余册,占全国出书总数的四分之一。专门刊登连环画的杂志《连环画报》月刊最大发行量达到120万份。[2] 此外,也涌现出了沈曼云、赵宏本、钱笑呆、陈光

---

[1] 邓林.世界动漫产业发展概论[M].上海:上海交通大学出版社,2008:127.
[2] 2008中国动漫产业发展报告课题组.2008中国动漫产业发展报告[M].合肥:安徽美术出版社,2008:121–122.

锴、顾炳鑫、贺友直、程十发等名家。连环画成为一种名副其实的大众文化形式。但是,到了20世纪80年代后期,随着电视机的普及、游戏机的出现、各种文化娱乐形式的增多,也因连环画产业的过度开发、无序竞争、粗制滥造,连环画产业逐渐衰弱。现在,连环画似乎只为满足收藏爱好者的需求而出版,在创作和销售上都难以再现昔日的辉煌。

20世纪90年代初,随着日本漫画在中国大陆的出现以及日本动画片的热播,中国大陆掀起了漫画书出版的热潮。1993年,中国大陆出版第一本漫画杂志《画书大王》。该杂志不仅登载日本同期发表的新作,而且培养了很多中国自己的漫画人。现今漫坛上的许多"老将",如颜开、陈翔、郑旭升、姚非拉等人,均是《画书大王》一手培养起来的作者。1994年,《画书大王》举办了"画王超短篇"大赛,全国众多有潜力的画手被挖掘了出来,成为中国漫画发展的第一批生力军。

20世纪90年代中期,政府部门开始了严厉打击盗版的行动,所有盗版漫画书停止出版,所有出版过盗版漫画书的出版社都要整顿,而一些问题严重的出版社更被勒令停止营业,《画书大王》也在它刚满一岁的时候停刊。盗版书在正规出版社失去了生存的土壤。另外,当屡禁不止的日本漫画和动画大举入侵国内市场的时候,政府认识到与其一味防守,不如正面迎击,于是一面限制引进日本漫画,一面加大培养本土画手。中国漫画的"抗日战争"——声势浩大的"中国卡通5155工程"(即"中国少年儿童动画出版工程",国家力争在两三年内建立5个动画出版基地,重点出版15套大型系列儿童动画图书,创立5种儿童动画刊物)由此开始。《北京卡通》《动漫大王》《卡通先锋》等杂志纷纷创刊,中国动漫开始了由政府支持与扶植、继盗版狂潮之后的第二次突围。不计其数的动漫迷和漫画人加入其中,一些优秀的画手也被挖掘出来。他们因此成为中国动漫发展的第二批生力军。但是,"5155工程"从其总体效果来看是不成功的,到21世纪初,几大卡通杂志销量锐减,举步维艰,而五大卡通基地也名存实亡。

从20世纪90年代到21世纪初,国内原创连环漫画市场基本上是国外作品一统天下,大部分的漫画杂志和图书都处于亏损状态,但近年来,经过中国漫画人不断的摸索和努力,一些漫画杂志及国产原创漫画开始以破竹之势脱颖而出。如创刊于1985年的《幽默大师》成功转型,成为发行量较大的漫画杂志之一;又如漫友文化推出的《漫画世界》,首期发行量就超过了10万册;《知音漫客》2010年的月发行量突破了100万册;漫画书《偷星九月天》在2011年1月,累计发行量突破3000万册,漫画家周洪滨也以1830万元的版税收入位列第六届中国作家富豪榜第三名。中国漫画人摸到了漫画创作和市场的"脉门",中国漫画相对于中国动画,步入了良性发展的轨道。

二、香港漫画

我国香港地区的漫画始于清末。当时,广东南海人何剑士因为不满清朝腐败,在上海及香港各大报章刊物上发表了多篇讽刺漫画,启动了香港漫画发展的"车轮"。之后,广州画家郑磊泉受香港梁国英药局的邀请,到香港编绘《人鉴》画册。《人鉴》于1920年出版,为香港第一本漫画集。

何剑士和郑磊泉去世之后,香港漫画界沉寂了10年之久,各刊物的漫画主要是刊物内部的一些美术编辑自编自绘的漫画。1934年,香港《工商日报》出版《漫画周刊》《总动员画报》及《挺进漫画》,另外,一些比较大型的杂志也开始刊登漫画,漫画再次在香港地区蓬勃发展起来。1937年,抗日战争爆发后,广州、上海甚至越南的许多著名的漫画家都集中到香港来,包括来自上海的"漫画宣传队",其成员有领队叶浅予、副领队张乐平,以及漫画家特伟、胡考、梁白波、廖冰兄、宣文杰、张仃、陶令也、陶谋基、陆志痒、廖末林、席以群、黄矛、叶冈、麦非、章西厓。从广州来的画家有李凡夫、林檎、潘醉生等。他们在香港成立了全国漫画作家协会香港分会。1939年,在全国漫画作家协会香港分会的主持下,香港第一次漫画展——"现代中国漫画展"举行,掀起了香港漫画发展史上的第一个高潮。这次参展的画家基本上都是国内一流的漫画家,作品以抗战为主题,展览期虽然只有4天,观众却达3万多人次,盛况空前。另外,他们还在香港出版了英文版的《今日中国》。之后,"漫画宣传队"因政治和经济等原因被迫解散。当时,张光宇集合全港漫画家一同创作了一本题为《如此汪精卫》的画集,产生了重大影响。

香港沦陷后,漫画家四处飘零,香港漫画出现了一段空白期。抗日战争结束后,部分画家回到香港,他们参加了香港进步文艺团体"人间画会",并组成"漫画研究部"。1946年,由张光宇、廖冰兄主编的《这是一个漫画时代》出版。图书的作者有张光宇、廖冰兄、丁聪、特伟等,漫画的主题以反映当时社会黑暗为主,是香港战后第一本漫画刊物。这一时期产生重大影响的作品有:尖锐讽刺时局的廖冰兄的《猫国春秋》、集讽刺与幽默于一身的叶浅予的《重庆行》、以神话讽刺社会的张光宇的《西游漫记》等。

新中国成立后至20世纪50年代中期,香港漫画家们纷纷迁往内地发展,香港漫画活动又沉寂了一段时间。1959年,香港漫画人李凡夫、李凌翰、陈子多、区晴、黄蒙田、郑家镇等人合资,创办了一本《漫画世界》半月刊。这本杂志掀起了香港漫画发展史上的第二个高潮。一批优秀的漫画家也在这一大潮中涌现出来,代表人物有王司马、王泽、香山阿黄、詹秋风、李硕祥、周行等。一些优秀作品，如《老夫子》《大军阀》《八姑》《十三点》等，受到了人们的普遍欢迎。

这一时期的漫画以讽刺画、滑稽画为主，作品内容多取材于现实生活，以讽刺时弊、笑中带刺、嬉笑怒骂来展示当时社会的民生，形式以单格、四格、六格、八格为主。

20世纪60年代末期，受日本漫画影响，新连环漫画（又称公仔画）逐渐取代多格漫画成为漫画主流。1967年，随着日本动画片（如《绿水英雄》《柔道小金刚》《铁臂阿童木》《青春火花》《超人》等）在香港无线电视台播放，精明的漫画出版商们在利益的驱动下开始大量翻印这类漫画，一直深受中国漫画熏陶的青年漫画家受到了前所未有的冲击，纷纷走上了模仿日本漫画之路。黄玉郎、上官小宝、上官小强等纷纷投入新漫画创作，成为备受瞩目的一代漫画家。港式漫画的风格以及商业模式也逐渐定型：以武打漫画为主流，兼有科幻、爱情、幽默、灵异等大众题材。武打漫画绘画风格是多线条、多风位线，其他的漫画题材为了加强气氛，多少也会加入一些风位线。当时最受欢迎的作品有《小流氓》《李小龙》《小吧女》《飞女正传》《小傻仙》《小醉仙》《猛鬼冤魂》等。而老式漫画，如许冠文的《财叔》《神笔》《神犬》、王泽的《老夫子》、宋三郎的《傻侦探》、司徒庸的《傻大姐》等，虽然仍有一定的读者，但在市场上却居于弱势。香港漫画的商业模式也在这一时期确立起来：速度极快，一星期出版一册本地薄装漫画；在版面上，一页漫画中可容纳十多格的分格；多采用电子分色的彩色印刷。

20世纪70年代，受欧美性解放思想的影响，香港出现了许多渲染色情和暴力的新连环漫画。这一现象受到了社会各界人士的一致谴责。1974年初，以香港社会工作人员协会和扶轮社三四五区国际少年服务团为代表的各界人士联合发起了"反公仔书之暴力与色情运动"，香港立法局也于1975年7月2日通过了《不良刊物法案》，出版商才有所收敛。这一时期，黄玉郎与上官小宝在漫画市场上各据一方，竞争异常激烈。另外，漫画生产也逐渐由原来的画家单兵作战过渡为工厂式的流水作业：有主笔、副笔，有专人做背景气氛、上网点、画肌肉纹等。

20世纪70年代末，黄玉郎成功地将手工业式的创作室发展成为上市集团企业。20世纪80年代初，黄玉郎将唯一的对手——上官小宝的公司兼并，并吸收其全部员工，纳入玉郎公司麾下，在香港漫坛独领风骚。在黄玉郎的影响下，当今香港漫坛的中流砥柱马荣成、冯志明、狄克等逐渐成熟起来。1987年，由于受到股票市场的牵连，黄玉郎身陷囹圄，他手下的漫画主笔纷纷离去，自立门户。20世纪80年代中期至末期，上官小宝脱离玉郎公司,自立门户,即现在的"邝氏";上官小威也独创鬼书潮流,他的《怪异集》曾在各中小学风靡一时。这样,黄玉郎、上官小宝、上官小威三家将市场一分为三,香港漫坛出现三足鼎立的局面。

20世纪90年代,香港漫画界出现了百花齐放的景象:刘定坚与冯志明合办的"自由人"、马荣成的"天下"、黄玉郎的"玉皇朝"、上官小宝的"邝氏"、牛佬的"浩一"等,各具特色,异彩纷呈。这一时期,江湖漫画(如《古惑仔》)和改编原著漫画(如《街霸》《侍魂》等)也流行起来,与武打漫画共同切分漫画市场的"蛋糕"。另外,这一时期香港本地漫画在包装、宣传以及赠品促销上都加大了力度。20世纪90年代末期,香港网络漫画也受到了普遍欢迎,出版商和网络商纷纷开始在各自的网页上连载漫画,有些漫画加入了电脑特效,漫画的形式更趋向多元化发展。

三、台湾漫画

我国台湾地区的漫画始于20世纪初,最早为台湾漫画做出贡献的是鸡笼生,他创作的漫画集《鸡笼生漫画》于1935年出版,是台湾最早的漫画集。1945年,四位具有强烈民族意识和热心本土文化的青年陈家鹏、王花、叶家宏、洪晁明创办了台湾第一本漫画综合杂志《新新》月刊。与此同时,王朝宗的长篇漫画《水浒传》第一集出版,成为台湾光复后的第一本漫画单行本。一年后,他的另一本三国志连环漫画《貂蝉》出版,另外他还有《小剑侠》《梦见芭蕉扇》等作品,可谓"台湾漫画第一人"。

早期台湾漫画的主要载体是报纸,并且以政治漫画为主。20世纪50年代,台湾迎来了儿童漫画的黄金时代。1953年,儿童综合杂志《学友》正式创刊,该杂志凝聚了陈定国、刘兴钦、童叟、星火、黄莺、洪晁明、陈海虹、林玉山、陈进、陈春晖等众多知名漫画家的心血,在市场上创造了销售奇迹,掀起了一股儿童漫画的热潮。受此影响,《东方少年》《新学友》等同类刊物如雨后春笋般冒出,台湾漫画创作空前活跃。1958年,台湾第一本纯漫画期刊《儿童版漫画周刊》(后更名为《台湾漫画周刊》)创刊,漫画家叶宏甲塑造的"诸葛四郎"成为台湾本土的第一个漫画英雄,在当时产生了广泛的影响。1959年,《模范少年》《少年世界》《少年》等漫画周刊也被隆重推出,为这些刊物撰稿的漫画家陈定国、林大松、简浩正、徐麒麟、陈海虹、刘兴钦等和他们的作品均受到了读者的普遍欢迎。其中在一开始还是儿童刊物的《模范少年》杂志在连载漫画家陈海虹的作品《小侠龙卷风》后红极一时,与《台湾漫画周刊》各撑半边天。

在刊物的带动下,一些新成立的出版社也加入了漫画的竞争之中,台湾漫画迎来了第二次热潮,出版社之间的竞争如火如荼。当时成立的漫画出版社有文昌、南昌、义明、新台、梦龙等三十几家,其中文昌出版社的出版速度非常惊人,最快时可达到一天出版一本单行本。另外,一些当红漫画家也成立了自己的出版社,如叶宏甲的宏甲出版社、刘兴钦的兴钦画刊杂志社、许松山的松山工作室等。台湾漫画在20世纪50年代末60年代初达到了巅峰状态。这一时期,影响较大的作品还有牛哥的《牛小妹》、卢安然的《中华儿女英雄传》、陈定国的《吕四娘》、范万楠的《血魔劫》、钱梦龙的《西游记》和《封神榜》、星火的《梦幻银铃》和《乾隆下江南》、游龙辉的《仇断大别山》和《刃神》、刘兴钦的《小丁丁》《阿三哥》和《大婶婆》等。

20世纪60年代中期,由于台湾当局对漫画出版物展开大审查,台湾漫画发展受到重创,盛极而衰,新老漫画刊物、出版社纷纷倒闭,漫画家们颠沛流离,纷纷转业或者搁笔,漫画业呈现一片大萧条的态势。而盗版漫画在这一时期乘虚而入,由于法规不健全,人们的反盗版意识薄弱,20世纪70年代台湾市场上流行的漫画主要是以东立和大然两家出版社为首出版的日本盗版漫画。在盗版漫画的带动下,漫画的周边产品,如贴纸、信纸、笔记本等也给经营者带来了极其丰厚的利润。人们形象地将20世纪70年代称为台湾漫画的"黑铁时代"。日本盗版漫画的余波在台湾延续到20世纪80年代,盗版风潮为动漫迷们提供了新的选择,但同时也为台湾本土漫画的创作带来了新的挑战。

20世纪70年代末80年代初,随着台湾地区经济的腾飞,台湾的漫画出版也迎来了新的春天。原来以出版文字书为主的时报出版社在出版了敖幼祥的原创作品《乌龙院》系列之后,成功地杀入了漫画市场。1981年,时报出版社创办了漫画刊物《欢乐》,著名漫画家郑问和蔡志忠在该刊物上发表的作品受到了人们的关注。另外,《中国时报》从1981年至1983年连续举办了三届"欢乐漫画新人奖"评选,着力选拔新人。萧言中、麦仁杰、孙家裕等一批风格与日本漫画迥然不同的漫画家和他们的作品走进了动漫迷的视野,台湾本土漫画复苏的态势渐显。之后,《汉堡》《周末漫画》《星期漫画》《漫画秀》《漫画剧场》等一批漫画杂志纷纷创刊,号称"台湾少女漫画第一人"的游素兰,以及高永、张静美、王宜文、徐娟、曾正宗、林政德、阿推等漫画家逐渐成为台湾本土漫画的中流砥柱。总体上讲,20世纪60年代中期以后出生的漫画家,由于童年和少年时代读的就是日本盗版漫画,其作品风格很自然地受到了日本漫画的影响,带有很明显的日本漫画的特点。配合原创漫画的兴盛,新闻评论漫画也开始兴起,几乎每一份报纸都有一两位专业漫画家撰稿,《中国时报》的Coco、罗庆忠,《民生报》的老琼、朱德庸等画家的作品深受人们的欢迎。与此同时,四格漫画也随着报业的兴盛而兴起,其中广受欢迎的四格漫画有:敖幼祥的《乌龙院》、Coco 的《二马》、老琼的《蔡田开门》、蔡志忠的"中国古籍经典漫画"系列。

20 世纪 90 年代,台湾地区迎来了漫画的"版权时代",一些有着丰富的制作盗版漫画书经验的出版社如东立和大然等,纷纷转向制作正版漫画图书,并占据了最大的市场份额。台湾本土漫画步入正轨,并出现了多元化的态势:各年龄段的人都有属于自己的漫画。一些漫画新秀纷纷出道,代表画家和作品有练任的《风靡一世》、李勉之的《MISS 阿性》、赖有贤的《小和尚》等。20 世纪 90 年代中期以后,我国台湾地区的漫画发展进入了良性循环,并和韩国漫画一起在亚洲地区成为日本漫画强有力的竞争对手。

小　结

通过对中国动漫历史源流的考察,我们可以得到以下一些经验:

(一)中国动漫起步早,虽然自 20 世纪 90 年代以来呈现落后趋势,但是,如果我们吸收前人经验,扎根民族文化传统,仍然有可能迎头赶上。

(二)当动漫顺应时代大势时,它就具有了发展和繁荣的契机。

(三)中国拥有广阔的动漫消费市场,如果我们不能用自己的产品吸引消费者,就只能将市场拱手让人。

(四)中国动漫必须产业化。只重视作品的艺术性和社会教化功能,忽视动漫的商品属性,不重视产业链建设,必然被淘汰。

(五)必须加强动漫人才培养及队伍建设。动漫产业说到底是以动漫精英为核心、以动漫品牌为轴心的产业,没有动漫精英、缺乏动漫品牌的动漫产业,不能称为产业。

(六)国家对动漫提供支持的政策不能一成不变,要顺应时代进行调整。一种政策,在某个时期是正确的,可以催生动漫精品,但在另一个时期则可能是错误的,会阻挠动漫产业的发展,甚至起到反作用。

(七)当技术进行革新时,产业业态也必须进行调整,顺势而为,适时发力,否则就有可能出局。

(八)必须加强知识产权的保护,打击盗版。

第四章　国内青少年动漫产业发展环境

第一节　产业政策和技术平台

一、产业政策

(一)国家扶持政策下中国动漫产业的发展与演变

动漫产业是一个"复合型"产业,在中国是新兴的朝阳产业,具有蓬勃的生命力,而当下正是我国动漫产业发展的关键时期,需要相应的理论支撑、推促,还应结合一些动漫公司在实际操作中的经验,根据产业发展的规律,分析各种产业政策的利弊,取其精华,去其糟粕,为动漫产业的发展道路找准方向。

我国第一部动画片《大闹画室》在万氏兄弟克服资金、场地、资料等多重困难的情况下拍摄成功。1935年万氏兄弟拍摄了我国第一部有声动画片《骆驼献舞》。随着动画的发展,我国又相继产生了一些具有中国特色和影响力的动画片,如《大闹天宫》《小蝌蚪找妈妈》《牧笛》《渔童》《火焰山》等,它们都具有鲜明的民族特色和文化气息。那时动画片虽然取得了一些可喜成就,但地位不高,它作为附属于电影、电视的一个"次片种"一直处于影视作品的边缘位置,并没有形成规模与产业。随着世界各地动漫产业的崛起,中国逐渐开始重视并大力扶持动漫产业,如中宣部和新闻出版署于1995年起实施的"5155工程"即力争在两三年内建立5个动画出版基地(分别由辽宁少年儿童出版社、中国少年儿童出版社、少年儿童出版社、接力出版社和四川少年儿童出版社5家出版社牵头),重点出版15套大型系列儿童动画图书,创立5种儿童动画刊物(即《中国卡通》《北京卡通》《少年漫画》《漫画大王》《卡通先锋》)。该工程自实施以来进展顺利,在社会上引起了一定的关注,初步形成了出版和影视相结合的模式,拍成了一些具有影响力的动画片。

2000年召开的十一届五中全会上,动漫产业的概念首次被确立,动漫产业的性质得到了明确。为了保障动漫产业的持续发展,政府出台了一系列政策和措施。动漫从得到国家重视、保护到逐步发展为可与电影电视作品地位并列,继而形成集前期市场调研、动画制片、动画片销售、动画片播放、动画衍生品营销于一体的完整产业链条。2004年,在政府大力扶持下,出现了一种新的文化现象——"动漫热"。"动漫热"的产生源于2004年2月政府发布的一份重要文件——《中共中央国务院关于进一步加强和改进未成年人思想道德建设的若干意见》,文件中明确指出:"积极扶持国产动画片的创作、拍摄、制作和播出,逐步形成具有民族特色、适合未成年人特点、展示中华民族优良传统的动画片系列。"广电总局率先出台文件《关于发展我国影视动画业的若干意见》,明确了动漫的产业性质和特点,把《中共中央国务院关于进一步加强和改进未成年人思想道德建设的若干意见》和深化文化体制改革联系在一起,指出"发展我国影视动画产业"既是"建设社会主义先进文化的重要内容",也是"推进我国文化产业的必然要求"。[①]这两份文件的先后制定和出台构成了动漫产业两个相辅相成的支点,为产业的发展提供了有力的保证。广电总局于2004年4月20日出台了保护国产动画的政策《关于发展中国影视动画产业的若干意见》,规定国内少儿频道、动画频道每天要在黄金时段安排播出一定时间的国产动画片。2005年6月,广电总局在《关于促进中国动画创作发展的具体措施》中进一步提出各级电视台必须在17—19点的黄金时段播放国产动画片。同年9月,广电总局发出禁止以栏目形式播出境外动画片的紧急通知,严防"动画资讯栏目或动画专题节目中以所谓介绍境外动画片为由公然播出未经国家广电总局审查并取得发行许可证的境外动画片"[②]。2006年中共中央办公厅、国务院办公厅印发了《国家"十一五"时期文化发展规划纲要》,这份文件着重强调"十一五"期间将加大省、市等各级政府在动漫行业中的引导扶持作用,这是我国首次为动漫产业发展制定出的具体明确的指示政策。2009年7月,由国务院常务会议审议通过的《文化产业振兴计划》,将动漫产业列为我国未来重点推动发展的文化产业之一,对日后我国动漫产业示范基地建成、动漫领域财税纳收、金融政策出台提供了政策引导与支持。2011年公布的《中华人民共和国国民经济和社会发展第十二个五年规划纲要》,第一次将动漫产业提升至国民经济和社会精神文化发展的高度,这表明大力发展动漫产业已然成为我国社会新一轮经济增长的强大引擎、助推社会转型的不竭动力、国家经济结构优化调整的新方法。[③]

(二)产业政策带来的积极效果

2004年到2014年这十年间,中央到地方政府采取了一系列政策和措施扶持动漫产业。产业政策的制定与推进确实对动漫产业的整体发展产生过积极影响,一定程度上改

[①] 文化部扶持动漫产业发展工作小组.推动我国动漫产业发展工作参考资料[M].文化部市场司,2006:46-47.
[②] 王静.中国动漫产业政策探析[D].沈阳:东北大学,2009.
[③] 李波.我国动漫产业政策研究[D].长春:长春工业大学,2012.

变了国内动漫产业现状,催生了大量的动画片,也使动漫产业得到了一定的保护。

2000年之前,全国仅有2所设有动画院系的高校,到2002年发展为71所,2005年底为273所,到2007年底,我国有447所高校开设了动画、漫画类专业,1230所大学开设了动画相关专业。截至目前,越来越多的高校加入动漫产业阵营,为国家动漫事业的发展培养了大批动漫专业人才。动漫产业伴随着这些政策的实施开始复苏,各个产业园、动漫公司也如雨后春笋般涌现。随着科技的进步,我国的动漫制作技术已得到大幅提高,达到世界领先水平。2004年7月,在上海成立了"国家动漫游戏产业振兴基地",该基地是我国首个国家级动漫产业基地。2004年底,广电总局正式命名了北京、上海、湖南等9个国家动画生产基地,以及中国传媒大学、北京电影学院、吉林艺术学院、中国美术学院等4个动画教育研究基地。国家新闻出版总署于2005年至2006年也相继批准成都、广州、上海和北京成立"国家网络游戏动漫产业发展基地"。2008年,广电总局又增补了浙江大学、浙江传媒学院作为新的动画教学研究基地。[①]

同时,国家这些鼓励扶持政策促生了一些非常具有影响力的动画片。例如2004年,广州原创动力文化传播有限公司开始制作《喜羊羊与灰太狼》这部动画片,于2005年在杭州电视台首播,后来陆续在全国五十多家电视台播放,影响巨大,受到很多青少年及部分成年观众的喜爱。2006年,广州原创动力公司与多家企业达成项目合作,《喜羊羊与灰太狼》动画片的衍生品从图书、文具、玩具、服装、食品、饰品等多领域迅速发展起来。广州原创动力公司2008年与上海文广集团和北京优扬文化传媒有限公司达成合作,于2009年春节期间推出国产小成本动画电影《喜羊羊与灰太狼之牛气冲天》,在大片云集、竞争激烈的情况下,该片仅19天就创下了8000万票房的奇迹,刷新了国产动画电影的票房纪录。[②]再如,2006年9月,张家界和宏梦卡通联手打造了"虹猫蓝兔"系列精品。第一部动画作品《虹猫蓝兔七侠传》开了中华传统武侠动画片的先河,宏梦卡通在此基础上又相继出品了《虹猫仗剑走天涯》《虹猫蓝兔光明剑》《虹猫蓝兔勇者归来》以及电影《虹猫蓝兔火凤凰》等。"喜羊羊与灰太狼""虹猫蓝兔"这些动画片及其衍生品开发营销的成功经验为中国动漫发展之路提供了很好的借鉴。

(三)产业政策导致的负面影响

可是随着时间的推移、科技的进步,部分硬性措施和政策的实施已经跟不上动漫发

[①] 彭玲.动画创意产业[M].上海:东方出版中心,2009:30-32.
[②] 昝胜锋,王书勤.动漫产业:新型业态与盈利模式[M].济南:山东大学出版社,2011:221-222.

展的节奏,明显暴露出不足,有些成为动漫产业发展的阻力,甚至开始产生反作用。这些问题不解决,中国动漫产业就很难再有新的发展和突破。比如播出奖励政策。2005年10月14日,杭州市人民政府办公厅发布的《关于鼓励和扶持动漫游戏产业发展的若干意见》中规定:"凡在本市申报、国家广电总局批准的原创动画片,经评审的优秀作品,在中央台播出的每分钟奖励企业1000元;在地市以上电视台播出的每分钟奖励企业500元;在境外主流媒体播出的每分钟奖励企业1500元。"紧跟杭州,广州、深圳、厦门、重庆、常州、芜湖等城市也发布类似政策,有的还将各级奖励金额提高一倍。[1]这项按分钟奖励的政策极大地调动了企业推出作品的积极性,这期间动画片的数量确实大幅提升。可是在实施过程中缺乏合理有效的监管机制和方法,很多企业盲目追求作品的分钟数以便可以换取更多奖励,而不是注重艺术作品本身所呈现的质量,不少企业在极尽所能压低成本的情况下盲目追求动画片的长度,导致很多粗制滥造、冗长拖沓、质量低劣的动画片充斥市场。这些产业政策还带来了其他负面影响,比较突出的是动画腐败现象,政府的补贴政策本来出于扶持目的,但由于实施过程中对下设执行部门缺乏监管,政府某些职能部门在操作过程中反而扼住了企业发展的咽喉,造成一些动画行业的潜规则,而某些企业则趁机钻空子,造成我国投入的大量资金不能达到预期收益,而成为一种资本浪费。比如"戚继光事件",浙江河姆渡动漫文化发展有限公司号称其制作的《戚继光英雄传》这部电影投资1200万元,但电影的画面粗糙、人物形态僵硬、音效质量低劣,遭到业内人士和网友的质疑。《泡芙小姐》的导演皮三与13位业内人士联名发布公开信质疑该片的艺术质量及高达1200万元的制作成本。宁波这家动画公司是用Flash软件制作这部电影的,如果用普通的动画创作标准来衡量,预计成本100万元左右,这就有套取国家投资的嫌疑。还有很多类似的作品就是为了得到国家的补助资金,采取各种各样的作弊手段,甚至有些动画片不用进入市场就可以赚到很多钱。这种现象引起动漫界局部混乱,这样的环境越来越不利于优秀作品的生产制作。它导致的直接后果就是许多公司不能在公平的市场条件下凭借作品的质量和创意去赚钱,而是挖空心思从政府方面赚钱,动画制作的目的不再是提升动画的艺术造诣,也不是为了迎合观众的审美期待,而是转向迎合"高大空"理念,导致中国动画"大跃进"。

我国政府对动漫产业成为国家支柱型产业寄予厚望,相关扶持和鼓励政策以文件

---

[1] 盘剑,等.中国动漫产业发展报告(2004—2009)[M].北京:中国社会科学出版社,2010:31-32.

形式发布,政府按文件精神来执行,足以证明国家对动漫产业的重视程度。政府现有的鼓励性和规范性政策缺乏针对性和科学性,这些文件一定程度上是对国产动画的保护,但这种过度保护也使得中国的动画难以提高自身艺术水准。即使我们拥有再精良的制作技术、再昂贵的制作机器,而不去动脑筋在作品上谋划创新,只知一味模仿,我国也只能沦为他国动漫产业的廉价技术加工厂。如果不提高创新能力,我们根本无法在残酷而激烈的世界动漫产业竞争中站稳脚跟。对于已经产生的这些不良现象,政府应该适当减少对动漫行业的干预,把这个产业放到市场环境里进行公平竞争,按照优胜劣汰的自然法则让市场去选择,使之不再仅仅依赖政府扶持来生产动画作品。在市场竞争中诞生的动画作品,才是具有强大竞争力的动画精品。

二、技术平台

科技的发展,特别是数字技术的发展与运用,实现了创作上艺术与技术的紧密结合,引领着文化发展新趋势,3G、4G业务的兴起与应用带来了手机动漫的崛起。动漫产业以创意为动力,将文化和技术融合重铸,建立了新的生产和消费方式,培育出了新的消费人群,技术的不断突破带动传统产业实现数字化更新,所有这些因素一起创造出惊人的社会与经济效益。

(一)传统纸媒动漫的优势及不足

传统纸媒动画的基础原理是:将铅笔画稿描绘到透明塑料胶片上,并以颜料着色,然后与彩色背景叠放在一起,用摄像机一张一张地拍摄,从而形成连续的图像,然后以每秒钟24或25帧的速度连续播映。制作仅十分钟的动画短片就需要画7000~10000张原动画。1914年,美国人爱尔·赫德(Earl Hurd)发明了在透明塑料胶片上分层绘制动画的技术,这种技术降低了动画制作的工作量,使制作更长的动画片成为可能,这种动画制作技术一直沿用到20世纪80年代早期。[1]中国以手绘为主的动画《大闹天宫》时长120分钟,需要7万多帧画面,如此繁重而复杂的绘制任务,需要几十位动画师历时四年完成。[2]传统纸媒动画的优点是静帧画面表现力比无纸动画好,但成本也偏高。纸媒动画的难处是颜色种类太多,理论上无法凑齐所有颜色的颜料,虽然可以在三原色基础上加适量白色来调配,但是三种以上颜色的颜料混合后,色彩效果偏脏,十分不理想。用于纸媒动画的制作设备也极其笨重,占地面积过大,购买设备的成本也很高,现在看来这种

---

[1] 刘长明.无纸动漫与传统纸媒动漫的对比[J].电影文学,2011(23):80.
[2] 殷俊,谭玲.动漫产业[M].成都:四川大学出版社,2009:46.

技术是不适宜量产作品的。适合纸媒动漫制作技术的有以下几种动画：艺术动画，充分体现画师功力的实力派动画，制作资金充足、具有某种特定意义的动画。[①]

(二)无纸动漫的兴起与技术更新

所谓的无纸动漫是指创作人员将人物设计、原画、动画、背景设计、色指定、特效全部转入电脑中完成，它具有成本低、易学习、品质高、输出简单等多方面的优势，由于投入少、易操作，被新兴的动漫企业广泛应用。[②]

数字技术(Digital Technology)是一项与电子计算机相伴相生的科学技术，它是指借助一定的设备将各种信息(包括图、文、声、像等)，转化为电子计算机能识别的二进制数字0和1，然后进行运算、加工、存储、传送、传播、还原的技术。由于在运算、存储等环节中要借助计算机对信息进行编码、压缩、解码，因此数字技术也被称为数码技术。[③]

1998年，迪斯尼动画片《花木兰》风靡全球，其中一场匈奴大战，仅用5张手绘士兵图，通过电脑快速生成三四千名士兵的不同表情，这部全长88分钟的作品最终用了5年完成。如果是使用传统制作方式而不采用数字技术，恐怕得制作15年左右。[④]2000年以后，Flash兴起，很多动画软件被开发利用。这些动画软件的确可以为动画制作节约资金，同时让工作人员提高效率。厦门市杨鹏动画制作有限公司出品的获奖动画短片《小石狮》就是用Flash制作完成的，同样打造出很好的二维动画效果。卡酷少儿频道的一档自制动画娱乐栏目《十分开心》也是用Flash技术制作完成的。另外，Flash也广泛应用于教学。计算机技术促成了无纸动画的实现，二维手绘动画制作技术已经远远不能满足受众日益增长的视觉需求，时代的进步迫使动漫业界人士选择各种办法实现技术突破。《米老鼠》的进步体现在给动画片加上了声音，《白雪公主》赋予了动画片色彩，《狮子王》是应用2D制片技术的精湛之作，1995年《玩具总动员》成功突破了数字技术在电影中的运用限制。2004年，三维动画片进入发展的全盛时期。2005年，中国第一部高清三维动画电影《魔比斯环》发行，将动画的制作技术推向了更高的水平。梦工厂数字特效师马特·贝尔(Matt Bear)介绍："每制作一部新的动画片，我们都会改进一系列的制作工具和软件系统。即使只是一些非常细微的变动，都有可能对画面造成深刻影响。"[⑤]从传统的

---

① 刘长明.无纸动漫与传统纸媒动漫的对比[J].电影文学,2011(23):80-81.
② 刘长明.无纸动漫与传统纸媒动漫的对比[J].电影文学,2011(23):80.
③ 殷俊,谭玲.动漫产业[M].成都:四川大学出版社,2009:46-47.
④ 殷俊,谭玲.动漫产业[M].成都:四川大学出版社,2009:46.
⑤ 殷俊,谭玲.动漫产业[M].成都:四川大学出版社,2009:49.

手绘动画到平面动画软件 Flash，再到现代的三维软件 3Dmax、Maya、Softimage 等，软件的升级和技术的更新，不断提高着动画片的质量。国产动画片《少年狄仁杰》的制作，没有单一使用二维技术，而是用二维人物加上三维场景，因为三维场景做出来后就可以一劳永逸，任意取景、选择角度，不用每一幅场景都重新进行手工绘制，很大程度上提高了效率，节约了成本，效果很不错。我国针对海内外全年龄层受众推出的武侠奇幻动画连续剧《秦时明月》，利用先进的三维制作技术引领观众亲历两千年前的风起云涌，在浓郁的"中国风"中注入鲜明的时代感，达到了令人满意的制作效果。由北京水晶石数字科技股份有限公司利用三维技术制作完成的动态版《清明上河图》，在不失古朴韵味的前提下，将九百年前北宋都城汴京的繁华风貌展现了出来。动态版《清明上河图》由高素质专业人才倾力打造，让中国传统文化得到了无比生动的诠释，产生了很好的经济价值。它的成功证明了中国文化创意产业不仅仅是一个理念，而且蕴含着巨大的经济效益，同时在国际舞台上证明了中国三维技术的实力。[①]

(三)新媒体手机动漫平台

《中国动漫游戏产业发展现状调研报告》对手机动漫的定义为：以手机媒体为播放、运营载体的动漫类产品统称为手机动漫，包括漫画、动画、游戏三大类。手机动漫具备移动、便携以及随时随地可供观赏等特性。所谓手机动漫平台，是指采用交互式矢量图形技术制作多媒体动画内容，并通过移动互联网提供下载、播放、转发等功能的一种服务。它能提供动画屏保、来电动画、卡拉OK等多种丰富多彩的应用，备受年轻人青睐。[②]

随着技术的发展，通过手机下载观看漫画成为一种时尚。它的受众人群年龄跨度大，主要集中在步入青春期的初、高中学生和乘坐公交、地铁的上班族等。中国的传统漫画出版一直没有得到很好的发展，它位于动漫行业的边缘位置，从事漫画生产的人员积极性不高，职业漫画师靠漫画获取的报酬很难养活自己及家人，手机动漫这个新技术平台的介入，为中国漫画带来了生机与希望。手机漫画中的简单4格、6格乃至9格等多格漫画，以及单幅精美动漫彩图，共同构成了彩信的产业价值链。[③]据新华社报道，美国Uclick公司于2007年9月率先为手机用户制作了一部名为《雷霆路》的漫画书，这是美国首部手机漫画书。漫画作者肖恩·德莫瑞对美联社记者说："它打开了一个全新的漫画

---

① 卢斌,郑玉明,牛兴侦.中国动漫产业发展报告(2012)[M].北京:社会科学文献出版社,2012:118-119.
② 郝振省.中国动漫游戏产业发展现状调研报告[M].北京:中国书籍出版社,2010:157.
③ 郝振省.中国动漫游戏产业发展现状调研报告[M].北京:中国书籍出版社,2010:160.

市场,在这个市场里你看不到任何纸张。"①中国移动的相关规定的制定与推广迫使服务提供商开始重视这一项目,手机漫画的创作者的数量也在逐年增加。

我国于2005年由中国移动首次开通手机动画业务后,这项业务的建设力度不断加强,手机动漫、手机游戏也呈现出快速增长的势头,随着3G业务的普及以及4G业务的开通,手机动漫成为被普遍关注的热点业务。2006年12月,中国移动开始推出Flash格式的手机动画服务,中国手机动画已形成一条完整的产业价值链。中国手机动漫朝着UGC(User Generated Content)方向迈进,UGC的意思是"用户产出内容",即网友将自己DIY的内容通过手机平台进行展示或者提供给其他用户。手机动漫通过移动运营商渠道收费,这种方式可以快速便捷地收取费用。②

对于手机动漫这个领域而言,动漫企业和内容提供商只有努力提高自身作品质量,才能获得更多用户的认同和接纳。另外,用户群随着动漫业务普及,在达到一定数量后,也给商家带来了信心。我国对手机动漫行业的扶持力度加大,技术企业将享受更多优惠政策。庞大的市场需求以及时尚的消费群体都向这个行业提出更高要求,促使这个领域快速崛起。

从二维动画兴起至今已有一百多年的历史,在社会经济、文化和科技迅猛发展的前提下,动漫界的精英们在这条路上不断探索开辟新领域。动画制作方面,三维动画电影层出不穷。手机动漫的兴起与广泛应用不仅振兴了漫画行业,同时也被广泛运用到游戏领域,使得原本就迅猛发展的游戏产业更加异彩纷呈,高、精、尖的动漫技术人才更多流向了游戏产业领域。

我们国家的政策制定者在分析比较世界动漫发展形势后,也下大力气决心把我国动漫产业发展为国家的支柱型产业之一,他们首先加大投资用于优化我国的硬件设备,试图以此为基础改变和提升我国动画的国际竞争力。然而在实施环节,因为缺乏科学管理措施和使用规范,斥巨资引进的设备(如动作捕捉仪)基本处于闲置状态,造成一种国家扶持资金的浪费。只是单单引进高端器材并不能从本质上改变中国动画的现状,动画是创意型产业,它更是一门艺术,其进步的根本在于依靠人发挥主观能动性即依靠艺术家来创作,在动画产业链中,人才才是发展的核心,忽略了这一点,硬件设施再好也没有

①郝振省.中国动漫游戏产业发展现状调研报告[M].北京:中国书籍出版社,2010:159.
②郝振省.中国动漫游戏产业发展现状调研报告[M].北京:中国书籍出版社,2010:166.

用,不能从根本上改变中国动画的现状。

第二节　我国动漫产业的投融资环境

我国动漫产业起步晚,具有小、弱、散等特点,投融资机制不健全,发展动漫产业除了要以政府资金引导为基础,还必须依靠稳定、多元的投融资机制。

一、以国家扶持政策为基础,实现企业融资多元化

2004年,国家广电总局发布了《关于发展我国影视动画产业的若干意见》(以下简称《意见》),《意见》中,广电总局明确表示鼓励多种经济成分共同参与我国影视动画产业的开发与经营,同时要放宽市场准入条件,抓紧研究制定非公有制经济进入影视动画产业的具体办法。《意见》还明确指出,那些信誉好、操作规范的民营动画制作机构在相关政策方面,享受国有动画制作机构的同等待遇。[①]《意见》的出台,使得我国动漫投融资市场由小众参与逐渐扩大为大众关注,为投融资多元化打下了基础。动漫产业对原材料需求少,能产生巨大价值,2005年全球动漫业的产值达到了2500亿美元[②],这样一块诱人的"蛋糕"被许多国家作为支柱型产业来发展。

中国动漫产业由政府主导的投融资模式主要依托国家财税、行政政策扶持,在此基础上放宽企业的准入条件,鼓励多种经济成分共同参与动漫产业的开发与经营。政府资金投入比例分配要向国家级的动漫产业园区或企业倾斜,对企业的优惠鼓励政策要不断完善,支持这部分企业先发展起来,使其充分发挥龙头旗舰企业的模范作用,带动中小型动漫企业发展。国家扶持大型动漫企业,建立国家动漫产业基地,这样做的优势在于集中整合动漫界的动漫创作、营销以及衍生开发优质资源,降低制作、经营成本,给这些企业提供更大空间,使其充分发挥各自优势,共同创作动漫作品。以深圳国家动漫产业基地为例,加入该基地的企业涉及的领域有原创动漫、原创手机动漫、网络游戏、衍生品开发、出版发行、投融资、技术设备、原创影视制作、人才培训等。该基地围绕动漫企业进行优质资源整合和产业配套建设,全面实行"三重两优"原则,所谓"三重两优"为"重点作品、重点打造、重点扶持、优先播出、优先授权"。[③]国家动漫产业基地的规模效应和产业带动效应明显。小型企业可借鉴龙头企业在各条产业链中各环节的经验对企业内

[①] 彭玲.动画创意产业[M].上海:东方出版中心,2009:96.
[②] 郝振省.中国动漫游戏产业发展现状调研报告[M].北京:中国书籍出版社,2010:22.
[③] 金元浦.动漫创意产业概论[M].北京:高等教育出版社,2012:118.

部进行调整,这是动漫产业增强国内外市场竞争力的有效途径。此外,还要鼓励我国优秀动画作品走出国门,参与国际动画市场的竞争。

目前,我国投融资机制尚不完善,民间资金和金融资金为规避风险,并没有大规模进入动漫产业,虽然国家大力扶持的政策让我国动漫的投融资环境明显变好,很多企业家也有了投资合作的意识,但多数仍处于观望状态。部分动漫企业长期处于亏损状态,尤其中小型动漫企业的发展举步维艰。我国动漫企业大致可分为三种:起步阶段的小微企业、持续发展的中型企业、步入成熟期的大型企业。小微动漫企业在这个行业里生存很艰难,面临高投资、高风险,这类企业初期是难以融到资金的,一般都是企业家拿自家的资金启动某个看好的项目,或是动员亲戚朋友参与投资。这类企业往往会因经验不足或资金链断裂而导致创业失败。最大的风险主要集中于动漫企业家自身。中型动漫企业一般在市场上已经形成自己的品牌效应,具有一定社会认知度,投资收益往往大于投资风险,银行也愿意贷款给它们,加上政府提供的一些优惠政策,相对容易持续发展,壮大规模。大型动漫企业在品牌价值、产品研发、市场份额等方面完全具备竞争优势,它们的融资是多元化的,既可以通过企业留存利润,直接用于新品开发,也可以直接从银行商业贷款,还可以通过发行债券或股票的方式融资。

动漫企业用于研发新的衍生品或启动新的动画项目时,都需要有资金持续投入维持运转。动画片的制作成本约为1分钟1万元,如果按每集20分钟计算,50集的制作成本就高达1000万元,加上宣传营销,前期费用至少也要1500万元。由于动漫企业投入高,风险不可预测,如果没有充足的资金来支持运作,那么再好的创意也只能胎死腹中。

二、对国外投融资模式的分析借鉴

动漫产业在起步阶段,主要依靠政府补贴和扶持,充足的资金是文化创意产业持续运转的动力和保证。在英国、加拿大、法国等一些国家,动漫产业发展初期都依靠政府支持起步。从世界范围看,除了来自政府的支持和补贴,动漫产业的融资模式是多元化的,还有以下几种模式:选择和业内企业联合制作的模式共同开发,共担风险,共享利益;从业外企业吸纳制作资金;通过电视台等媒体播映平台的播映权投资;争取外资资本对项目的投入;从产业基金项目获得资金支持;向银行贷款。

美、日、韩三国在世界动漫市场上形成三足鼎立的局面,是非常具有代表性的,它们的动漫产业影响着世界动漫产业发展的总趋势。

美国是第一个将动漫作为产业发展的国家,1955年,沃尔特·迪斯尼创作出颇具影响力的动漫明星米老鼠,依据动画片中的故事和形象建立起迪斯尼主题公园,同时以动画片为基础,研发相关动漫衍生品,形成一条完整产业链。[①]在动画片的创作与制作过程中,采用流水线作业执行分层管理,提高了工作效率。20世纪90年代末,各大制片公司的加入使得美国的动漫产业有了雄厚的资金支持,美国动画产业以大型企业集团为核心,向来以高成本大制作著称,当然与之相应的也有高投资、高风险的隐患。为了降低风险,必须有准确的市场预测,所以美国的动漫企业基本都会有一套完整的预测评估体系。美国以动漫产品投资为核心的多元化经营,有利于降低产品风险。在业务收入中,动画片与衍生品的销售比例是1∶4。[②]

日本动漫产业主要以原创动漫为投资主体,制作出一套完整的营销方式为辅助,层层回收动漫制作成本,用以降低风险。比如日本动漫商会与广告商订立年度广告计划,广告代理商拿出赞助资金总额的80%给电视台,电视台将所得的40%划拨给企划公司,企划公司再将所得的76%交给制作公司,用于动漫制作[③],同时运用授权方式从研发动漫衍生品的企业继续收回成本和赚取利益。公司、衍生品开发商和电视台、日本政府是动漫产业的主要购买机构。日本外务省利用"政府开发"援助项目中的24亿日元,从动漫企业购买动画片播放版权,并将这些买到版权的动画片无偿提供给发展中国家。这种策略使得发展中国家受众迷恋日本动漫,为日本动漫衍生品销售扩大了市场。[④]日本动漫企业中各市场主体分工合作、共担风险、共享收益的投融资机制更有利于动漫产业的发展。

韩国的经验表明,政府在资金投入等方面的扶持对动漫产业具有极大的推动作用。由韩国文化体育观光部成立的韩国文化内容振兴院从1997年以来,每年调拨300万美金发展动漫产业。[⑤]韩国还设立了国家文艺振兴基金、文化产业振兴基金、信息化促进基金、广播发展基金、电影振兴基金等多种专项基金,通过动员社会资金以达到官民共同投融资。文化内容振兴院在2000—2001年间,成功运作"投资组合"17项,共融资2073亿韩元。[⑥]韩国政府扶持动漫产业的一项行之有效的措施,是把对动漫产业的无偿投入

---

① 吴红.美日韩动漫产业机制对建构我国动漫产业链的借鉴[J].韩山师范学院学报,2007(4):49.
② 李家国.中国动漫产业结构优化研究[M].南京:南京大学出版社,2012:87.
③ 李家国.中国动漫产业结构优化研究[M].南京:南京大学出版社,2012:92.
④ 李家国.中国动漫产业结构优化研究[M].南京:南京大学出版社,2012:123.
⑤ 彭玲.动画创意产业[M].上海:东方出版中心,2009:95.
⑥ 陈博.韩国发展动漫产业的政策措施评析[J].当代韩国,2008(2):54-59.

资金转为有偿专业机构管理,以贷款担保的方式运作,从而支持真正需要在动漫领域有所作为的企业。这种方式不仅能在一定程度上减少政府的资金投入,还能有效提高资金的回报率和使用率,激励动漫企业,使其免去后顾之忧。[①]

美、日、韩三国是世界动漫产业的领头羊,三个国家从各自优势入手,发展途径不一。美国动漫产业发展百年来具有领先的科技优势、完善的产权保护体制以及成熟的市场体系;日本以漫画为主打产品,开辟动画市场;韩国用IT技术振兴游戏产业,在政府投入大量资金支持动漫产业的情况下,虽然起步晚,但以迅猛的势头加入了动漫强国之列。通过对这三个国家的策略分析,我国动漫企业可以从以下方面优化自我,完善投融资环境,形成完整产业链,吸引外资。

(一)"以人为本",坚持原创

动漫是创意型产业,创意的核心是人才,除了培养技术人才,更要大力培养原创人才,不能再走盲目模仿的路子。无论是国家还是动漫企业,自身都要重视原创,培养原创人才,这样才能让我们的作品走出国门,走向世界。纵观世界影视业,但凡加入中国元素的影片,都颇受欢迎。比如吸纳了中国元素的美国动画电影《功夫熊猫》、改编自中国小说的动画电影《藏獒多吉》,它们的成功为我们照亮了动漫发展的方向。我国是世界四大文明古国之一,中华文明历经原始社会、奴隶社会、封建社会直到现今,绵延五千年不息,深厚的文化底蕴可供取材的资源很多,我们的动漫发展之路一定要和中国文化紧密相连,形成富有中国特色的原创自有品牌。

(二)培育成熟的动漫产业机制

我国动漫产业起步晚,没有形成完整的产业链,产业机制也不完善。只有培育出完善的产业机制,才能像美、日、韩三国那样抓住商机,获得经济利润。我们下一步的努力方向,要以市场为主导、原创为核心,在政府扶持的基础上,调整产业结构,完善动漫产业链,通过国家级动漫产业基地的龙头示范作用,带动中小型企业的发展。

(三)调整动漫产业的受众年龄定位

动漫产业中,游戏产业的受众年龄范围相对于动画片、漫画等要宽泛得多,除了青少年,一些上班族也利用休闲时间打游戏。而我国的漫画和动画受众范围就狭窄很多,基本只局限于青少年。《狮子王》刚刚在中国上映时,很多中国观众惊呼原来也有大人可

---

① 李家国.中国动漫产业结构优化研究[M].南京:南京大学出版社,2012:123.

以看的动画片。当《海底总动员》《快乐的大脚》等一些老少咸宜的动画电影被从国外引进后,在中国市场产生了很好的反响。渐渐地,人们改变了动画片只是儿童片的看法。在日本就有专门为成年人制作的适合下班后观看的动画片,在我国还很少有专门为成年人制作的动画片。事实上,成功的动画片是完全可以打破年龄界限的。我国的动漫企业不应只把目光局限于儿童受众市场,"全民动漫"应成为动漫企业的新追求。

(四)依靠创意与科技进步,开拓动漫衍生品市场

美、日都曾向发展中国家无偿提供动画片,利用动漫衍生品攫取巨额利润。这对我们的启示就是:动漫衍生品同样可以为我国带来巨额经济利润。我国动漫制作技术已经没有太大问题,只是因为缺乏原创力,才没有在世界范围内形成强大的影响力。中国很多不错的技术企业,为了生存只能沦为外国动漫产品的加工厂,从中赚取微薄的利润。中国技术人才多,竞争激烈,却不能在原创领域建立自己的品牌效应。因为缺乏创意,具有影响力的动画片很少,我国动漫在参与国际竞争时竞争力不足;属于我国自有品牌的衍生品开发少,获得的经济利润少,实在不能与美、日、韩相比。另外,我国动漫衍生品的研发还面临一个难题,就是开发成本偏高,这一点也不利于企业的发展。只有创意和技术取得同步发展,我国才可能发展为动漫产业强国。

(五)完善知识产权保护体系

美国和日本非常重视产权保护问题。美国通过《美利坚合众国宪法》和《美国专利法》等,建立了完备的知识产权法律体系。日本提出"知识产权立国"的发展战略,制定了"知识产权推进计划",设立知识产权审判管理机构(知识产权高等裁判所),强化知识产权刑事犯罪惩罚力度。[1]从立法到执法的一系列措施,完整地保护着美国、日本动漫产业的版权。如果开发衍生品,必须先向版权持有者支付版权费,这样的机制既保护了原创者的版权,又极大地激发了原创者的创作热情,同时有利于动漫企业收回制作成本,是一种良性循环。

小 结

政府性的推动力量,只能作为动漫初期发展的推动力,从长远发展角度来看,动漫企业发展是市场行为,政府不应过多干预。动漫产业基地通过整合优质资源不断发展壮大,尤其要以龙头企业为核心,充分发挥其模范作用,给中小型企业提供借鉴模式,带动

---

[1] 吴红.美日韩动漫产业机制对建构我国动漫产业链的借鉴[J].韩山师范学院学报,2007(4):49.

我国中小型动漫企业的发展。以往中国处于模仿为主的阶段,作品缺乏原创性,在国际市场上不具备竞争力。另外,国内盗版现象严重,虽然国家一直在大力整顿盗版现象,但目前市场环境还没有彻底得到净化。基于以上两点,外资企业会认为在中国投资动漫存在高风险,使得我们没有办法吸引更多外资。近些年我国为扶持动漫产业所付出的努力,使得我国动漫产业持续升温,企业准入条件放宽的同时也加大了优惠政策,这些都为与外资企业的合作提供了条件。引进外资除了能解决动漫产业融资难的处境,国外动漫产业的制作理念等也能为我国起到示范作用,有效刺激国内动漫产业的发展。带着优秀创意主动参与国际合作,可以使我国动漫提升知名度,进一步开拓国际市场。

第三节 知识产权保护

概括地说,"动漫"是动画和漫画两类作品的合称。动画也叫卡通片或动画片,在法律上归属于电影作品或以类似摄制电影方法创作的作品范畴。漫画又叫连环画,在法律上可以归属为美术作品或文字作品范畴。动画和漫画一经创作完成,就受到"版权法"的保护。①动漫作品中的音乐、剧本、卡通形象、卡通名称、LOGO 设计甚至单帧作品场景等都具有独创性,其版权持有者都享有知识产权保护的权利。为了保证动漫行业有序发展,政府应当从产业链各环节入手制定相关法律法规,加大对动漫产品的保护力度以及对侵权行为的打击力度,营造良好的动漫产业环境。

一、盗版现象的成因

我国近年来出台了一些政策和法规整顿文化产业市场用以保护版权,盗版现象明显得到抑制,但盗版仍然顽强地占据着相当比例的市场份额,没有得到彻底清理及整治。动漫产业遭遇的盗版现象,主要有以下几种形成原因:

1.国家法律关于版权的保护制度不够完善,执法部门监管不力,发生侵权行为不能严肃处理,打击力度不够。或者盗版商钻研相关法律后找到其中存在的盲区,这就给他们留下机会钻法律的空子。

2.企业的自主版权意识不强,动漫产业属于创意型产业,版权持有者常常面临举证困难的处境,尤其涉外诉讼案件,权利人败诉风险大,维权成本高。现实中版权持有者往往为了追求商业价值更注重紧贴市场运作的时效性,嫌弃维权的道路漫长、手续复杂,

---

① 卢斌,郑玉明,牛兴侦.中国动漫产业发展报告(2011)[M].北京:社会科学文献出版社,2011:193.

把被侵权当作常态。

3.我国文化行政执法队伍总体水平不高,版权登记及商标注册手续繁复、耗时长,不能很好地顾及企业主面临的处境,导致跟不上市场发行节奏,往往版权持有人的商标注册手续还未办理齐全,动漫明星的形象就已经在社会上广泛流行并享有一定知名度了。

4.版权保护知识没有普及,民众对侵权概念模糊不清,比如在民间颇受欢迎的卡通明星形象通常被一些小作坊印制在桌布、衣物、文具、玩具上,这些小商贩对自己已经构成侵权行为甚至都没有意识。他们往往以自己对版权概念不了解为借口,推卸责任。

5.中国动漫消费阶层购买力不足,消费者中青少年占了相当大的一部分,这部分人群没有稳定的经济来源,而原创精品动辄几十元到上百元不等,消费层有购买压力,自然而然将目光转向盗版市场,这就给盗版商留下生存机会,助长了盗版的势头。

总之,我国现阶段的法律法规制度尚不完善,尤其在网络技术迅猛发展的新时代,盗版变得更加容易操作而且成本低,而监管却加大了难度,打击盗版成本高,让动漫产业的知识产权保护问题再次陷入窘境。

二、知识产权保护的策略

动漫产业作为创意型产业,版权、形象权等知识产权是动漫产业竞争的核心,保护原创是动漫产业持续发展的根本,只有这样才能维护动漫产业的正常运行。以曾经红极一时的卡通明星"蓝猫"为例,各种侵权、盗版现象非常严重,仅盗版"蓝猫"VCD、假冒署名的出版社就达到了16家,盗版VCD占市场的90%以上,使得原创动画碟片及图书的销售受到了不同程度的损失。[①]

政府部门对创意成果要给予严格的法律保护,从以下几方面着手建立系统性保护机制:

1.颁布修订的法律条文,明确动漫产业的性质,对其运行中出现的疏漏进行补充、规范。完善动漫知识产权的相关法律法规,才能够确保整个产业链条中各环节的利益,从而调动原创作者及厂商的积极性,生产出更多精品。

2.加强与执法部门的合作,保护动漫版权持有者的合法权益,建立公平竞争的市场秩序。

3.简化版权注册登记手续以及维权手续,提高执法部门的工作效率。鼓励持有动漫

---

① 金元浦.动漫创意产业概论[M].北京:高等教育出版社,2012:179.

版权的个人或企业进行动漫产品的著作权登记及商标注册。

4.开展市场专项整治行动,执法人员不定时、不定点到市场清查盗版产品,对盗版、走私等物品进行收缴,加大对这种违法犯罪行为的惩治力度,增加对侵权行为的罚金。

5.在全国各级政府设立动漫产权保护部门,对公民举报侵权行为进行奖励。

6.全民普及知识产权保护概念,强化教育宣传力度,引导大众自觉抵制盗版产品。

同时,动漫企业要采取行动,与政府形成合力,从根本上遏制盗版现象发生。以下是动漫企业应当采取的措施:

1.动漫企业应不断提高版权保护意识,加强行业自律能力。面对侵权行为不能听之任之,业界人士要起带头作用,坚持维权到底。

2.动漫企业应当在准备投资时做好前期策划,对拟开发的动漫项目及衍生品类别进行商标注册申请,作品完成后要保留底稿等相关原始证据,及时办理著作权登记,申请发行许可证。

3.动漫企业应加强内部员工的知识产权法制教育,与动漫技术人才及原创作者签订竞业禁止协议,杜绝版权秘密泄露现象的发生。对一些重要动漫软件进行技术加密,对数字化信息内容的存取进行严密监控。

4.动漫企业应采取有效激励措施,妥善处理好投资者、创作者、制作者之间的关系,明确版权权利。《中华人民共和国专利法》第 16 条规定,动漫企业应该确立动漫产品的职务发明创造和职务作品奖励制度,根据其推广应用的范围和取得的经济效益,给予设计者合理的报酬,处理好动漫职务发明创造和职务作品的知识产权归属以及经济利益分配问题。[①]只有净化了动漫产业市场,吸引更多人关注中国动漫市场,才能引进外资企业联合制作优秀作品。

近年来,我国出台了一系列政策和措施加大对动漫产业的扶持力度,动漫产业市场也在业界精英的勇敢开拓下显现出勃勃生机。

---

① 李家国.中国动漫产业结构优化研究[M].南京:南京大学出版社,2012:138-139.

第五章　青少年动漫内容生产现状与引导策略

第一节　原创动画和原创漫画

原创动画这个概念,一般有两种含义。一种是与改编动画相对而言的,指最开始就以动画这种形式呈现出来的动画作品。改编动画是依托漫画、游戏、小说等原作,而原创动画自己本身就是"原作"。另一种含义是指我国本土生产的,具有鲜明的民族风格和个性特点的动画作品。这一节所探讨的原创动画,针对的是其第二种含义,即我国本土的动画产品。

一、电视动画

电视动画就是以电视为播放平台的动画作品,电视动画是随着电视机的普及产生的,时间上要晚于动画电影。电视这一传播媒介影响了电视动画在制作工艺、内容形式等方面的特点。首先是相对于动画电影,制作工艺有所简化。电视屏幕比电影银幕的尺寸要小得多,视觉清晰度自然远不及电影,因此电视动画相比于传统的动画电影,可以很大程度地简化制作工艺。电视节目的播出量大、生产周期短,这就要求电视动画制作必须要注重效率。同时,与电影的高投入、高收益相比,电视动画往往投资较少。为了适应这种情况,电视动画逐渐形成一种高效率、低成本的生产流程,如设计人物的典型动作、减少动作变化、简化背景画面等。电视动画的这种简化是相对于精雕细琢的电影而言的,随着技术的发展,电视动画的制作工艺也越来越讲究。其次是电视动画分集式的结构。电视的播出方式决定了电视动画通常为分集式,每集时长在 10~30 分钟,有十几集、几十集的,也有上百集、上千集的。电视动画系列片可以根据观众的反馈调整剧情,满足观众的收视期待,从而获得更高的收益。

我国的电视动画起步于 20 世纪 80 年代,这一时期制作了《黑猫警长》《阿凡提的故事》系列动画。到 20 世纪 80 年代末,随着电视普及程度的进一步加深,动画片创作也进入一个小高潮,涌现了《邋遢大王奇遇记》《葫芦兄弟》《舒克和贝塔》《十二生肖的故事》等一批优秀的原创动画。这些动画片受到广大观众的喜爱,形成了一股电视动画的收视热潮。一些有实力的电影制片厂和电视台相继建立了动画制作部,大批民营企业也进入动画制作领域。从 1995 年开始,中宣部和国家广电总局开始重视国产动画业的发展,从而引发了第一轮动画产业投资热潮,当年正在制作的《太阳王子》《西游记》《海尔兄弟》

《大草原上的小老鼠》等多部动画片,在播出后都很受欢迎。2004年,国家广电总局相继发布了一系列通知,要求中央和省级电视台设立少儿频道。动画频道、少儿频道的纷纷建立,为国产动画片提供了较为广阔的播出平台,为国产动画片数量的增加和质量的提高创造了条件,也有利于动画片制作与播出体系形成良性循环。2008年,文化部启动了"原创动漫扶持计划(2008)",对全国101个原创动画、漫画团队和作品给予资金扶持。2009年,文化部继续启动了"原创动漫扶持计划(2009)",组织专家对参加评选的团队、作品进行审查,确定扶持对象,扶持资金达到1400万元[1],极大地激发了行业创作热情。

之后,我国电视动画产业呈现出蓬勃发展的局面,国产电视动画在数量和质量两方面都保持着整体上升、趋于合理的状态。每年制作完成的国产电视动画片的数量,从2004年的29部21 819分钟,到2011年的435部261 224分钟,[2]增长了不止十倍。但到2012年,数量开始有所下降,2012年的国产电视动画片产量为395部222 938分钟;[3]2013年,减少到358部204 732分钟。国产电视动画片产量的逐渐下滑,主要有两方面的原因:一是电视台对动画片的采购量和采购价格并未随着电视动画片数量的快速增长而增长,这就加剧了动画市场的竞争,单纯依靠数量是不可能在竞争中取胜的;二是国家的"十二五"规划也要求动漫企业从追求产量向追求质量转变。电视动画片产量的下降,正显示出我国电视动画在经历了高速增长后,逐渐向理性回归,走上以优质内容为核心的健康发展道路。

近年来,我国电视动画领域也涌现出了一批特点鲜明、制作精良的优秀作品,如《哪吒传奇》《小鲤鱼历险记》、"虹猫蓝兔"系列、《三毛流浪记》《围棋少年》《大耳朵图图》《三国演义》《喜羊羊与灰太狼》《猪猪侠》《熊出没》等。国产电视动画片产量的增长和质量的提高,一定程度上满足了广大观众特别是青少年的需求。优秀的电视动画片能在动画市场上起到榜样的作用,带动动画市场不断地向前发展。

在题材上,国家广电总局出台的《国产电视动画片制作备案公示管理制度暂行规定》中将国产电视动画的体裁统一划分为现实、历史、教育、科幻、童话、神话、特殊和其他共八种。根据历年的数据,每年备案、制作完成的国产电视动画片中,各类的数据虽然

---

[1] 国家扶持动漫产业发展部际联席会议办公室.中国动漫产业发展报告(2009—2010)[M].长沙:湖南美术出版社,2011:29.
[2] 卢斌,郑玉明,牛兴侦.中国动漫产业发展报告(2013)[M].北京:社会科学出版社,2013:31.
[3] 卢斌,郑玉明,牛兴侦.中国动漫产业发展报告(2013)[M].北京:社会科学出版社,2013:28.

有所变动,但童话、教育两类题材始终排在前两位,数量都占年度总数的60%左右。这反映了我国电视动画的受众一直定位在少年儿童这一群体。应该注意到,15岁以上的动画爱好者也是电视动画很重要的一个受众群体,他们不仅有收视需求,又是动画衍生产品的购买主力,欧美、日本等有大量的动画产品针对这一群体。但是他们对动画的内容、艺术要求也更高,目前国内的电视动画能满足他们要求的还很少,有待进一步的开发。在一定时期内,儿童还是中国电视动画最主要的受众群体,应该继续推出相应题材的作品,满足他们的收视需求,在此基础上,寻求创新,开发其他题材的作品。

二、动画电影

动画电影就是通过电影院线播放的动画作品。动画电影按照其性质可以分为剧场版(电影版)和原创动画电影两种。剧场版取材于已经播出的电视动画,如《名侦探柯南》《海贼王》等每年都会推出剧场版,大热的国产动画《喜羊羊与灰太狼》《熊出没》《猪猪侠》等也都有剧场版问世。原创动画电影与剧场版相对,即影片的相关内容没有在电视动画中播出过,日本导演宫崎骏的动画电影、美国的《功夫熊猫》《飞屋奇遇记》《马达加斯加的企鹅》、国产的《宝莲灯》、"魁拔"系列等,都属于这一类。

动画电影是动画片的最初形式,早期的动画片大多是八分钟左右的短片,作为故事片前的加映播出。1937年,迪斯尼公司制作了世界上第一部动画长片《白雪公主与七个小矮人》,标志着动画片正式成为可以独立放映的作品。中国的动画电影起步并不晚,早在1922年,万氏兄弟绘制的《舒振东华文打字机》就作为广告片在电影院放映。1941年,万氏兄弟制作的《铁扇公主》在上海电影院放映,反响强烈,这是亚洲第一部动画长片,也是世界电影史上第四部大型动画片,代表中国的动画电影制作已经接近世界领先水平。新中国成立后,中国的动画电影发展迅速,产生了许多富有中国特色的作品,如剪纸片《猪八戒吃西瓜》、折纸片《聪明的鸭子》、水墨片《小蝌蚪找妈妈》《牧笛》等,将传统的民间艺术运用在动画片中,在人物、场景、特效等方面精益求精,获得了广泛的认可,也深深地震撼了世界动画界。尤其是《大闹天宫》,其独具民族特色的人物造型和精美绝伦的背景设计具有极强的视觉震撼力,获得了世界动画界的极大赞誉,成为中国动画电影无可挑剔的经典之作。

但是,从20世纪60年代末到70年代末,中国动画进入了停滞期,十年间几乎没有生产出一部质量稍好的动画作品。就在中国动画电影陷入低谷的时候,美国、日本的动画产业却正在迅速发展。20世纪70年代末80年代初,中国推出的《哪吒闹海》《天书奇谭》《九色鹿》等动画电影，虽然制作精良、艺术水平很高，但当时美国、日本已经成为动漫界的霸主，中国动画电影已经不复曾经的光彩。此后，中国动画电影一直以儿童教育片、科教宣传片为主，在故事情节、表现手法等方面基本没有进步。直到1999年，上海美术电影制片厂推出的动画电影《宝莲灯》取得了巨大的成功，为沉闷已久的中国动画电影市场注入了新的活力，揭开了中国动画电影向商业动画转型的序幕。《宝莲灯》取材于中国古代神话《沉香救母》的故事，沿袭了该厂成功制作的《大闹天宫》《哪吒闹海》的一贯套路，没有什么突出的特点。这部动画电影最大的开创在于配音和音乐的全明星阵容，影片邀请了姜文、宁静、陈佩斯、徐帆为片中角色配音，并且邀请著名歌手刘欢、张信哲、李玟分别演唱了片中的插曲《天地在我心》《爱就一个字》《想你的365天》。凭借巨大的明星效应、歌曲MTV的宣传，《宝莲灯》未播先热，取得了2400万元票房。[①]2004年上映的《梁山伯与祝英台》也采用了这样的宣传策略，成绩同样不俗。

近年来，我国动画电影的市场逐渐形成，并开始丰富、活跃起来，国产电影的产量和质量也得到大幅度提升。"喜羊羊与灰太狼"系列是国产动画电影取得巨大成功的一个代表，2009年这个系列的第一部《喜羊羊与灰太狼之牛气冲天》就获得了1亿元人民币的票房佳绩，之后"喜羊羊与灰太狼"又连续推出了几部剧场版大电影，不断刷新着国产动画电影的票房纪录。"喜羊羊与灰太狼"来自大热同名电视动画，后者已经红遍全国，使电影在上映前已经拥有了大量的儿童影迷。"赛尔号"系列电影目前已经上映了四部，第一部《赛尔号之寻找凤凰神兽》于《变形金刚3》在中国市场所向披靡之时，成功地分走了一杯羹，首映日票房就高达850万元人民币，并最终以4700万元人民币成为当年暑期档国产动画电影的票房冠军。"赛尔号"系列电影的成功，是基于同名儿童社区养成的规模庞大的网游线上用户。《赛尔号4：圣魔之战》首映当天票房就达到了1200万元人民币。《摩尔庄园1：冰世纪》和票房与口碑都相当不错的"洛克王国"系列，也都是在儿童网游的基础上制作的动画电影。"喜羊羊与灰太狼"系列、"赛尔号"系列、"洛克王国"系列等在票房上的成功，很大一部分原因在于目标受众明确。目前的中国动画市场，最主要的受众仍然是儿童。在当前的市场中，在制作动画电影时针对明确的目标受众来设计情节，在保证良好的市场收益的基础上谋求发展，也不失为一条稳扎稳打的道路。

同为中国原创动画电影的"魁拔"系列属于热血玄幻题材，以青年为主要受众群体。

[①] 金元浦.动漫创意产业概论[M].北京：高等教育出版社，2012：86.

"魁拔"系列创造了一个由人、神、魁拔组成的宏大世界体系,讲述了人、神共同对抗异常生物魁拔的故事。影片画工精细、制作精良,被动画业内人士称为"业界良心之作",粉丝们则称其为"中国动漫的希望"。但是,"魁拔"系列却一直面临着"叫好不叫座"的尴尬局面,《魁拔之十万火急》的制作费用为3500万元人民币,最终票房只有350万元人民币,《魁拔之大战元泱界》的票房约为2600万元人民币。于2014年国庆档上映的《魁拔之战神崛起》将受众群体扩大到35岁的成年人,影片画工超群、画面流畅,运用了先进的3D技术和仿生技术,给观众以极大的视觉震撼。但是,其电影票房依旧低迷,直到下映也未达到3000万元人民币。①尽管"魁拔"系列赢得了相当好的口碑,但长期的入不敷出使制片方不得不将原计划的"魁拔"第四部的制作无限期延后。"魁拔"系列的票房惨淡,也揭示出中国电影市场受到惯性思维的限制,自然而然地认为国产动画电影的受众就是少年儿童。

中国的原创动画产品,在电视动画和动画电影两个领域,都经历了一个曲折发展的过程。近年来,在国家不断给予政策和资金支持以及市场需求不断扩大的前提下,中国原创动画在低谷中摸索着自己的发展道路,进入了上升期,取得了一定的成绩,涌现了一批市场反响良好的优秀作品。但是,中国原创动画的发展,依然存在着一些问题,其中最大的问题就在于创意的缺乏。在题材上,不敢就本土文化进行大胆的挖掘和创新。如日本动画片《七龙珠》《最游记》都借用了中国古典名著《西游记》中的人物,但在思想内涵、人物性格等方面都注入了全新的内容,在不经意间流露出对人生、社会的思考,这也是作品能覆盖不同年龄受众的原因所在。而国产动画片中的历史故事、神话传说却依然是"旧瓶"装"旧酒"。缺乏创意的另一种表现就是惯性地将动画片的受众定位于少年儿童,国产动画作品绝大部分都是针对低幼龄儿童创作的,广大青少年的观看需要无法得到满足,就自然将目光投向了欧美、日本的作品。长期下来,市场和观众也惯性地认定中国原创动画只能生产低幼类作品,生产不出以成人为受众的作品,这对中国原创动画无疑是一个巨大的挑战。本土动画从业者需要在原创动画的题材、内容、形式、思想等多方面突破创新,相关部门、播放平台也需要打破惯性思维,给予以成人为主要受众的本土原创动画更多的发展空间。

---

① 中国新闻网.《魁拔4》档期无限延后 4年推3部票房接连遇冷[EB/OL].(2014-10-14)http://www.chinanews.com/yl/2014/10-14/6677122.shtml.

三、早期中国漫画

漫画是一种运用虚构、夸张、写实、比喻、象征等手法,以图画的形式来描绘生活、叙述事件的艺术形式[①],可以加入对白、旁白、拟声词来辅助读者理解图画。这一节所讲的原创漫画,是指我国本土创作的、具有独创性的漫画作品。

中国现代连环漫画是由年画发展而来的,贴在墙上的单张年画,有独幅画,还有分成若干画格的,把故事情节连续地画在画格中,就出现了最早的连环漫画。[②]因此,中国连环漫画后来发展出了连环画和四格漫画两种形式。

1925年,上海世界书局出版了《三国演义》《水浒传》《西游记》《红楼梦》《封神演义》《说岳全传》等一系列取材于大众熟悉的文学作品的连环画,这是中国最早以图书形式出版的连环画。这套连环画由陈丹旭绘制,他采用传统小说插画的手法,在一幅图画上面配一段解说文字。这套连环画深受读者喜爱,取得了巨大的成功,很快出现了许多效仿者。20世纪50年代到60年代初期,连环画确定了文字在下、图画在上、图中没有对白文字的统一规范。从出现起,连环画就是中国社会中十分受欢迎的大众读物,拥有相当庞大的读者群。但是,连环画具有解说多、画面少、情节性弱等缺点。70年代以后出版的许多连环画作品,过分重视思想性和教育性,而忽略了娱乐性,这就导致了90年代初在海外新型漫画的冲击下,连环画很快在大众读物中消失。

四格漫画就是以四个画格讲述一个完整的小故事,它与连环画基本是同时起步的。1928年,《申报》开始连载鲁少飞的四格漫画《改造博士》,漫画反映小市民生活,幽默诙谐,很受欢迎。同年,《上海漫画》周刊创刊。此后《王先生》《小陈留京外记》《三毛从军记》《三毛流浪记》《老白薯》《老夫子》《蜂蜜小姐》等一系列优秀的漫画作品相继在各大报纸上连载,深受读者喜爱。四格漫画一直发展至今,朱德庸的《双响炮》《涩女郎》《醋溜族》,敖幼祥的《乌龙院》等都是脍炙人口的优秀作品。

四、当代中国原创漫画的特征

20世纪90年代以来,拥有成熟体系和出色作品的美国、日本漫画进入中国市场,迅速风靡全国,对当时还没有形成动漫产业的中国文化市场造成了很大的冲击,曾经风靡一时的连环画很快成为历史。但与此同时,美国、日本漫画的内容、形式、运营模式也给中国市场带来了新的启发,指引了一条可以学习的发展道路。中国的原创漫画,从开始

---

① 盘剑.中国动漫产业发展报告(2010—2011)[M].北京:中国社会科学出版社,2012:128.
② 王庸生.现代漫画概论[M].北京:海洋出版社,2005:35.

的简单模仿日、美等漫画产业发达的国家,经历近二十年的艰难摸索,终于逐渐形成了自己的风格,拥有了自己的品牌。

(一)创作手法的更新

21世纪以来,数字技术正以惊人的速度推动着各行各业生产方式的变革,漫画产业也不例外。Photoshop、Painter等绘图软件,手写液晶屏、手绘压力笔等硬件设备,已经成为漫画创作的主要工具。绘图软件提供的修复、粘贴、笔刷等功能,极大地提高了创作效率,能够避免大量重复劳动,使作者能将更多的精力投入到剧情的创作中去。经过绘图软件加工的漫画作品,相比传统的纸面一次成型的手绘作品更有品质和精度。这些软件的使用,还使原稿的稿件传输、印刷出版、网络发布等更加便利。

各类数字化绘画工具的使用,不仅为漫画的创作、发行提供了便利,还使漫画的创作手法发生了根本的转变。传统的手绘要求较高的绘画技巧,各种新型绘制软件和硬件的出现,能通过强大的技术弥补绘画者技巧上的不足。利用数字化工具绘制漫画,已经成为新一代漫画作者常用的手法,并且衍生出了CG(Computer Graphics)绘画这个专有名词,即用电脑绘画。许多手绘很难达到甚至无法想象的画面和效果,如今都可以通过CG绘画轻松完成。数字化工具的应用和普及,深刻地影响着漫画的创作技术和风格走向。但是,必须注意的是,CG绘画虽然为绘画者提供了更为便捷的创作手段和更为广阔的创作空间,也能在一定程度上弥补绘画者手绘技巧上的不足,但并不意味着它能代替一个绘画者必须具备的基本绘画技能。

(二)原创漫画期刊、网站

漫画期刊是原创漫画作品的重要发布平台,近年来,国内的漫画期刊发展迅速,并且许多优秀的漫画期刊都倾向于原创,为本土原创漫画的发表、出版做出了许多贡献。漫友文化传播机构旗下的《漫友》杂志,是中国原创漫画期刊的重要力量之一。漫友文化传播机构,着力在期刊基础上进行产业链的延伸。《漫友》创建之初致力于传播日本动漫资讯,经过几年的积累后,涉足原创漫画,并以做好属于中国人自己的高品质原创漫画作为期刊的发展目标。《漫友》利用期刊作为图书出版风向标和宣传媒介的特点,成功策划出版了数百个图书品种,包括《乌龙院》《天使迷梦》《花好月圆》《四大名捕》等港台漫画,以及《80℃》《我的路》《风筝传说》等畅销图书。[1]漫友文化传播机构还十分注重作者

---

[1] 盘剑.中国动漫产业发展报告(2010—2011)[M].北京:中国社会科学出版社,2012:185.

和编辑的培养,期刊全面整合可利用的资源,为漫画作者进行整体的包装宣传,培养了许多原创漫画作者。2004年,漫友文化传播机构联合多家传媒机构举办了第一届"金龙奖华语原创动画漫画艺术大赛",设置了漫画比赛、动画比赛、动漫形象设计三大奖项,其中漫画比赛主要包括故事漫画、多格漫画、绘本漫画、插画、脚本五个板块。"金龙奖"大赛已经成为华语原创动漫领域最具影响力的赛事,为促进原创漫画发展做出了很大的贡献。此外,《知音漫客》《幽默大师》《最漫画》等期刊,也都是本土原创漫画的重要发布平台。

随着互联网这一新媒介的普及,原创动漫的发展有了新的途径,出现了网络漫画这一新形式。网络漫画是以专业动漫网站为载体,通过网络传播的漫画作品。[①]网络漫画一般先以动漫形象图片在网上传播,如绿豆蛙、兔斯基、悠嘻猴、张小盒等都是先以聊天表情等形式在网上广为流传,随后衍生出四格漫画绘本、动画片、银行卡、毛绒玩具等一系列产品。

"有妖气原创漫画梦工厂"是中国最大的纯原创漫画网站,该网站从2009年成立之初就一直致力于扶持本土原创漫画。"有妖气"秉持着以最宽容的态度允许原创作者自由展示才华的精神,以"每个人都能画漫画"为原则,给广大业余爱好者一个发表原创漫画作品的平台。"有妖气"接连推出了《女儿国传奇》《拜见女王陛下》《星STAR》等数部高人气作品。

五、原创漫画现阶段存在的问题

中国原创漫画已经渐渐走过曾经举步维艰的境地,取得了一定的成绩,作者水平和作品质量都在稳步提升。但是,原创漫画依然发展缓慢,远未能达到人们的期望值。当前,我国漫画产业的发展依然面临着诸多的问题。

(一)相关专业人才的缺乏

漫画产业作为一个文化创意产业,是否拥有具有创造力的专业人才是整个产业能否快速发展的关键性因素之一,相关专业人才的缺乏正是中国原创漫画发展缓慢的原因之一。从最前端的创作群体来说,很明显的一个问题就是故事作者的缺乏,许多漫画作者画技很强,编故事的能力却很弱,故事没有吸引力,再精美的画面也很难获得读者的认可,这就导致很多漫画作品无法带动市场消费。同时,专业的漫画编辑人才同样是

[①] 金元浦.动漫创意产业概论[M].北京:高等教育出版社,2012:311.

短缺的。再好的作品,不能走入市场,也不能成为漫画产品,或者推广宣传不到位,也很难取得应有的市场回报。编辑是将原创漫画推向市场的人,这就要求编辑能够慧眼识珠,发现优秀的作品,了解市场动态和读者需求,能为漫画家的创作提供专业的建议,并且能为漫画做出成功的推广策划。专业漫画编辑人才的缺乏,导致许多优秀作品因为没有得到很好的宣传推广而销售惨淡。

(二)盗版现象严重,市场管理不规范

我国漫画市场的知识产权管理还十分不规范,存在着大量的盗版现象。我国原创漫画创造了许多深受读者喜爱的经典形象,如老夫子、刀刀、阿狸、兔斯基等。但是,目前国内市场上大量的漫画衍生产品都是盗版,而动漫授权商品仅占市场极小的份额。[①]漫画形象非法滥用现象严重,取得授权的商品价格要比盗版商品高得多,很难打开市场,企业也就不愿出资购买漫画形象版权。失去了衍生产品这个重要市场,漫画的收益直线下降,严重影响了原创漫画的发展,也阻碍了中国漫画产业良性循环的建立。

六、原创漫画的发展策略

(一)人才培养和专业分工细化

漫画人才的培养,不仅针对画家,还包括创意策划、营销等市场型人才。近年来,我国动漫教育培训发展迅速,但是教育体系尚不完备,不少学校存在缺少师资、教育质量低、毕业生素质不高等问题,仍需进一步完善动漫教育体系,增加教育投入,努力培养既有动漫知识技能又有市场开拓能力的专业营销人才。

专业分工细化,即作者团队和编辑团队都能有明确的分工。例如,有些作者画技很强,编故事的能力却很弱,而有些作者编故事的能力强,画技却很粗糙。由有实力的漫画家或机构组建工作室,招募各种人才,根据所长进行分工,更容易创作出优秀的作品。编辑团队亦是如此,目前的漫画编辑往往一职多能,从策划到审稿、营销都由一个编辑完成,这样不仅效率低,对漫画家和编辑的有效沟通、作品的成功推广都会造成一些不良影响。因此,建立一个从策划到营销各个环节的分工合作体系,每个环节都由专业人才负责,对原创漫画的顺利出版和整个产业的快速发展都有促进作用。专业分工细化是建立在有充足的专业人才的基础上的。

(二)探索适合中国市场的运营模式

---

① 盘剑.中国动漫产业发展报告(2010—2011)[M].北京:中国社会科学出版社,2012:151.

美国、日本等漫画强国,都形成了一套行之有效的运营模式,保障原创漫画作品的市场潜力能得到最大的开发。原创漫画是动漫产业链的源头,以漫画为先导,可以形成一条"漫画期刊连载—漫画单行本—动画片—衍生品"的产业链。这样一个由原创漫画为开端的产业链也是一个增值链,每个环节对其他环节都能起到宣传推广的作用,都能促进其他环节产品的销售。在这个过程中进行规范化管理,严厉打击盗版,确保作品的知识产权不受侵害,就能保证产业链的顺利延伸。原创漫画的产业链还可以向其他方向延伸,如广受欢迎的漫画形象可以直接出售形象版权,生产衍生品;有许多漫画作品不仅拍成了动画片,还拍成了电视剧,如由朱德庸的《涩女郎》改编成的电视剧《粉红女郎》在国内风靡一时,随后《双响炮》也被拍成了电视剧。这些电视剧的成功,也使许多不是漫画读者的电视观众注意到原创漫画,扩大了原创漫画的影响力。

原创漫画在整个动漫产业链中处于源头、先导的位置,对整个产业的发展起着至关重要的作用。中国的原创漫画,在美国、日本等漫画强国的巨大阴影下摸索前行,经过二十多年的发展,从简单的模仿到逐渐找到自己的方向,作者的水平、作品的质量和数量都在稳步提升,取得了一定的成绩。但是,相较于漫画产业高度发达的国家,我国的原创漫画才刚刚起步,还有很长的路要走,还存在许多困境和问题等待我们在后续的发展中去改善、解决。近年来,政府对原创漫画的扶持力度越来越大,而中国又是一个具有丰富文化资源和强大市场潜力的国家,中国原创漫画的前途,必然会在漫画人不懈的努力下日渐明朗。

第二节 新媒体动漫

随着移动通信技术的广泛应用,我国动漫产业已经顺利步入新媒体时代。越来越多的业界人士逐渐将经营注意力集中于新媒体这种与时俱进的传播媒介。新媒体在一定程度上能够弥补产业链开发环节的不足,对产业结构具有优化作用。

一、新媒体与"泛动画"

新媒体是新兴的创新数字化媒体,它是以互动传播、方便快捷为基本特征的媒介,新媒体为动漫产业的发展提供了更灵活、更开放的网络、手机平台,与网络通信、移动通信、数字技术相结合,形成一种新的艺术形式。新媒体的普及在一定程度上影响和改变了人们的生活态度、消费习惯,为动漫产业的发展提供了新思路。

新媒体的出现,从根本上改变了人们对于动漫的界定和理解。2008年,时任中国动画学会常务副秘书长李中秋等人在北京举办座谈会议,李中秋做了关于"新媒体动画制作技术,中国泛动画概念"的报告,他在会议上首次提出"泛动画"这一概念。他认为泛动画在传统动画的基础上,还包括"影视特技、电脑游戏、广告设计、节目包装、设计效果预览、教学课件、虚拟现实、事件回放等"。"泛动画"概念的形成,实现了动漫从艺术形式向数字内容产业的转变。

新媒体动漫是依托新型数字化传播媒介与传统意义上动漫组合而酝酿出的新艺术形态,它的表现形式主要有网络动漫和手机动漫两大类别。新媒体动漫不仅仅是具有观赏、娱乐功能的艺术审美对象,它更多地向世人展示了其灵活性和实用价值,它的产品形态丰富,覆盖范围广。

2008年,文化部下发的文件《关于扶持我国动漫产业的若干意见》中提出将大力发展网络动漫、手机动漫产业,利用数字、网络等核心技术和现代生产方式改造传统的动漫生产和传播模式,培育新兴动漫业态,拓展传播方式,推进传统动漫产业升级,延伸产业链条。[1]新媒体的到来给动漫产业带来了新气象,给动画和漫画提供了近距离接触消费对象的机会。动画和漫画也借助这种技术平台和传播媒介的推进作用走上了交互融合的发展道路。新媒体拓宽了传播渠道的同时也丰富了传播内容,它的信息发布费用低,通过动漫爱好者积极参与的体验模式增强了与受众的互动性。新媒体为动漫产业带来了更多新颖的经营与收益模式,为进一步繁荣动漫产业奠定了基础。

二、网络动漫

网络动漫最引人关注之处主要体现在网络漫画和Flash动画两方面。我国传统漫画基础薄弱,缺乏原创性,是制约我国形成完整产业链的重要因素之一。在新的技术条件支持下,网络漫画和手机漫画悄然兴起,如兔斯基、张小盒等漫画明星形象被广泛运用于QQ、MSN、微信等聊天工具,运用各种漫画表情聊天被视为一种愉快的体验,这种聊天方式被当作一种时尚,深受网民喜爱。

网络传播方便快捷,具有极强的影响力,主要表现在传播费用低廉、网民数量多、用户可以自主选取自己所需内容。中国的网民数量已经大大超越了电视、电影的观众数量。

网络新媒体在动漫产业链各领域中的表现日益突出,培育出了很多卡通明星如绿

---

[1] 李明.手机动漫艺术论[M].北京:中国书籍出版社,2012:3.

豆蛙、悠嘻猴等。互联网给动漫产业的营销带来了新的契机,韩国动画短片《流氓兔》借助网络平台的力量一炮而红。流氓兔的眯眯眼、小短腿和胖墩墩的身子富有幽默感,它无论做什么事情都慢条斯理,无表情的面部特征让人琢磨不透它的心思,更不知道它下一刻又将怎样令人发笑。这部动画片2000年在网上的点击量突破了1000万,2001年开始形象授权,研发出的衍生品早已超过5000种。中国传媒大学动画专业王卯卯设计的一套兔斯基动画表情,也是网络传播成功案例的代表,它是摩托罗拉手机的虚拟代言人,并以此形象创意为基础研发出了一系列衍生品。

三、手机动漫

手机作为别样化的"第五媒体",被称为"装在口袋里的媒体",其信息传播能力和信息含量确实无与伦比。动漫拓展了手机的业务与功能,手机也为动漫产业的发展提供了难得的机会与新的发展模式,动漫与手机的巧妙结合,一起勾画出动漫产业全新的发展蓝图。

世界上没有任何一种传播媒介能够做到像手机那般在人们生活中必不可少,而其本身蕴藏着巨大的潜力。手机作为一种信息容量大的通信设备,不仅有便利的下载、播放、转发、娱乐等功能,还能提供屏保、来电显示动画、动漫杂志、动画影视短片等丰富多彩的内容,它可以让人随时随地观赏,其便携性没有任何一种传播媒介可以比拟。据统计,我国拥有世界上数量最多的动漫手机用户。手机动漫业务服务对象的年龄集中在18~35岁之间,主要为基层上班族、白领和在校生。随着4G网络的普及,手机动漫这种媒介给使用者带来全新感受,得到大众认可,其影响力越来越大,庞大的手机消费市场进一步被激活,大批潜在客户被发掘。

手机运营商整合众多动漫网站,建立快捷有序的支付模式。这些即时支付业务的开通,有利于对原创版权的保护和实现资金的快速回笼,为中国动漫产业的良性循环树立了榜样。

手机这一新的技术平台的有效利用,为动漫作品带来了无限生机与活力,同时增添了素材的原创动力,使选材更加亲民化、更富想象力。以日本的手机动漫为例,原创者可以得到实际收入的60%,运营商拿到10%,平台支撑方赚取30%,这种6∶1∶3的比例分配非常合理,很值得我们借鉴,这样可以极大地调动原创作者的积极性。[1]动漫产业是

---

[1] 卢斌,郑玉明,牛兴侦.中国动漫产业发展报告(2012)[M].北京:社会科学文献出版社,2012:123.

创意型产业,主要依靠创意取胜,而手机作为独特的通信信息载体,它的消费性、使用特性、传播特性与动漫艺术的结合,恰好形成一条良性的产业链条。

小 结

从全球范围来看,我国数字化动漫媒体产业年均增幅始终保持在30%以上,虽然与动画强国还存在一些差距,但它完全可以作为振兴中国动漫产业的支点。以往,动画主要通过院线、电视传播,致使动漫作品陷入"播出难、发表难、面世难"的尴尬处境。互联网、手机是人们日常生活中不可或缺的重要工具,覆盖面宽泛,无论是企业还是个人的作品都可以通过这个平台轻松播映。这种新兴媒介拉近了作品与受众的距离,给有才华的企业或个人提供了展示的机会,手机漫画的创作者中有很多是草根阶层的动漫发烧友,凭着对动漫的一腔热爱,积极投入这一领域,他们的漫画作品丰富了我国原创动漫素材。这类新媒体平台的搭建给传统动漫产业带来了新的理念和模式,无论对于动漫从业者还是草根爱好者来说,无疑都是大展身手的绝佳机会。国家应将新媒体动漫作为文化产业重中之重的扶持对象,先从这个领域的各个环节入手,形成一套完善的运营机制。

我国动漫产业主要走的是低幼路线,新媒体的出现,打开了其通向青少年甚至中老年受众的大门,使作者能够为满足不同人群需求而创作,它可以带动传统动漫推陈出新,增强传统动漫的感召力。我国动漫产业通过网络、手机平台的渗透作用,将动漫文化在民间日常消费品中普及,开拓出一条具有中国特色的新媒体动漫发展之路,促进产业链的完善,为更多的创作者和从业人员提供就业机会与就业岗位,在全球新媒体动漫产业的这场实力与策略角逐中努力登上世界巅峰。

第三节　动漫舞台剧

一、动漫舞台剧概况

动漫产业的表现形式是丰富多样的,动漫舞台剧作为一种新生的艺术形态,随着动漫产业的逐渐升温,开始受到关注与重视。动漫舞台剧的由来和概念一直在业界存在诸多争议。有学者认为它的起源应从迪斯尼乐园为吸引观众进行的角色扮演算起,也有专家认为动漫演出的开端可追溯到我国的皮影戏、木偶戏。动漫舞台剧是动漫领域延伸出的一种新型模式,在广泛参照"动漫舞台剧"的概念界定后,笔者认为可以简单概述如下——"动漫舞台剧是当今深受青少年喜爱的一种表现形式,它可分为专业动漫舞台剧和流行动漫舞台剧两大类。动漫舞台剧的共同特点是:以动画、漫画和游戏中的流行角色和形象造型为文本素材加以模仿和衍生,通过真人参与的舞台扮演,进行活生生的艺术展现,从而得到在场的审美体验,充分满足表演者和观赏者的审美需求,调动人们的审美情趣,激发参与者的审美意识。"①

Cosplay(costume play,即角色扮演)是动漫舞台剧最受欢迎的一种形式,在动漫迷中广泛流行。1998年,我国开始零散出现cosplay秀;2000年8月,我国第一届cosplay大赛启动。2006年8月,中国首部大型动漫舞台剧《网球王子》上演。同年,北京儿童艺术剧院大型奇幻舞台剧《福娃》首演成功并开始进行世界巡演。②具有人气的动画片改编成舞台剧作品上演,为动漫产业经营开拓了一种新的渠道,这种模式为原创作者、动漫公司及其他衍生品领域的销售都带来了收益。2006年,国务院转发财政部等部门下发的文件《关于推动我国动漫产业的若干意见》,该文件首次提出"动漫演出"的相关概念,指出动漫舞台剧是包含于动漫产业范畴内的。③2008年8月,国家文化部出台《关于扶持我国动漫产业发展的若干意见》中,明确地将动漫舞台剧归为我国动漫产业的扶持内容之一。同年9月,文化部为继续推进动漫舞台剧的健康发展,又启动了"原创动漫演出扶持计划"④。据不完全统计,我国有4亿~5亿的未成年人,动漫舞台剧大概有400亿元的市场空间。⑤

二、动漫舞台剧的未来道路建设

(一)动漫舞台剧创作班底的组建

动漫舞台剧是一种综合艺术,涉及的领域很多,需要各专业人才通力合作,才可以促成一幕新剧的诞生。各专业人才包括编剧、动画导演、舞台导演、舞台布景师、美术指导、调音师、灯光师等。表演的院团缺乏动漫思维,而动漫企业缺乏表演实践的经验。只有选出既有动漫思维又有表演经验的人,才能临时组建队伍,实现舞台剧的表演。这样的人才队伍在齐心协力下虽然能完成舞台剧的表演,但是缺乏稳定性。动漫舞台剧是一个新兴的领域,具有很大的市场和空间可以发掘,我国太缺乏专业进行儿童舞台剧表演

---

① 肖永亮.新兴媒体时代的动漫舞台剧[J].戏剧文学,2009(3).
② 《中国动画产业年报》编委会.中国动画产业年报(2007)[M].北京:海洋出版社,2008:97.
③ 国家扶持动漫产业发展部际联席会议办公室.2009—2010中国动漫产业发展报告[M].长沙:湖南美术出版社,2011:152.
④ 金元浦.动漫创意产业概论[M].北京:高等教育出版社,2012:267.
⑤ 金元浦.动漫创意产业概论[M].北京:高等教育出版社,2012:266.

的团体。笔者认为，国家在动漫舞台剧专业队伍建设上应给予扶持与补贴，有条件的企业家应抓住机会成立专门的动漫舞台剧公司，或者有实力的动漫公司专门设立动漫舞台剧的工作部门，尽早形成专业稳定的工作与经营模式。在动漫舞台剧的起步阶段，无论企业还是院团要多借鉴国外动漫舞台剧的经验，掌握前沿技术手段，从国外聘请相关资深专家予以指导，也要从国内选一些有实力的工作人员走出国门，参加专业知识技术培训。只有这样，才有利于动漫舞台剧健康持续发展。

(二)动漫舞台剧技术的运用

动漫舞台剧是对优秀动漫作品的真人演绎，充满童趣及幻想色彩。在科技迅猛发展的今天，受众对这一舞台艺术的心理期待越来越高。数字投影技术和LED技术是之前被广泛使用的技术手段，可以更好地营造演出氛围。随着3D技术的兴起与运用，动漫舞台剧的演出变得更加活灵活现，观众可以戴着特效眼镜，如在童话王国身临其境，享受异彩纷呈的童话故事。3D全息立体投影技术与动漫舞台剧的结合，为观众带来了全新的视听感受，这一手法的创新使用让这一领域更受瞩目。

(三)拓宽受众人群

对于动漫舞台剧受众的理解应打破我国动漫产业只走低幼化路线的局限，要意识到这种表演形式不只是给孩子看的，完全可以将之塑造成一种时尚流行元素，把受众范围扩大到成年人群体。《校园三剑客》获得业界最高奖——"国家优秀动画片奖"，根据这部动画片改编的动漫舞台剧也是围绕"小孩子救大世界"的主题展开的。随着剧情的展开，笑点不断，但在嬉笑怒骂之中又有着辛辣的讽刺。在座的观众中，不仅孩子高声叫好，成年人也读懂了剧中蕴含的大智慧。剧中富有震撼力的音乐，外加辨识度极高的造型，吸引了无数粉丝。动漫舞台剧《办公室有"鬼"》的内容能使办公室白领产生情感共鸣，得到很多成年受众的认可与喜爱。这两部动漫舞台剧，在充分发挥各自优势的情况下，成功地扩大了这种舞台艺术的受众群。

三、对国内动漫舞台剧成功案例的解读

在国家的一系列鼓励和扶持政策下，中国的动漫舞台剧逐渐在动漫领域中崭露头角，并呈星火燎原之势。其中具有影响力的作品有《福娃》《喜羊羊与灰太狼》《魔幻仙踪》《校园三剑客》等，这些优秀作品的上演与创新填补了我国动漫舞台剧发展中的诸多空白，为今后动漫舞台剧的成长奠定了基础。

《校园三剑客》是著名儿童文学作家、中国首位迪斯尼签约作家杨鹏于1995年创作的科幻小说。二十余年来,这部作品持续火爆,屡次获得各种大奖。动漫舞台剧的改编是继同名动画片热映后,《校园三剑客》在模式上的又一次成功突破。《校园三剑客之神秘老师》讲述的是"校园三剑客"(超能力少年杨歌、生物少女白雪与电脑天才张小开)与到地球寻找生命种子的外星老师阿汀之间发生的故事。阿汀是来自安卡拉星的外星人,安卡拉星原本是一颗绿色的美丽星球,却由于过度开发,环境恶化,所有植物都已灭绝,那里的人们不得不背负着沉重的氧气瓶维持生命。所以,阿汀此次来地球的目的是收集植物种子拯救自己的家园以及岌岌可危的同类。然而,天霸制氧集团的总裁想尽一切办法阻挠阿汀,他是利用恶劣环境大发不义之财的,怎能允许别人断了自己的财路?所以他不择手段地要除掉阿汀这根眼中钉。最后,阿汀在杨歌、白雪、张小开和小鸟嘤红的帮助下战胜了恶霸,获得了地球上所有植物的基因,最终将绿色的力量传送回安卡拉星。这部舞台剧的人物设置简单,角色功能明确,故事结构清晰,易于被孩子理解和接受。一些时尚元素如环保理念、互联网工具的运用以及基因工程知识和故事融合在一起,成为该剧的亮点。故事里诸多笑点的设置吸引了孩子的注意力,提高了孩子的参与意识。作者用智慧为孩子们献上了一场视听盛宴。

　　《校园三剑客之神秘老师》以动漫中"校园三剑客"的形象塑造角色,通过真人模仿、表演,加上灯光、音乐、道具、舞台布景等效果,极易调动受众的审美情趣和审美意识。这部舞台剧的成功,除了故事内容好,还在于对模式的创新与大胆开拓。它注入了很多深受青少年及青年白领喜爱的时尚元素,如《江南 Style》和动感音乐相结合,一开场,欢乐的气氛就感染带动了所有在场的观众。该剧创作主题明确,内容围绕举世关注的"环保主题",是一部能够让人在欢笑之余不禁深深反思的优秀作品。它很合时宜地将环保理念渗透于剧情中,使观众联想到如果我们不爱护环境,那么将来恐怕地球上的人类也要背着沉重的氧气瓶生活了。这样的情境设置没有说教痕迹,不会引起观众反感,让观众从潜意识里萌生环保理念。

　　这部舞台剧在内容、形式、技术上都有所突破和创新,深受人们的喜爱,热映后得到业内人士的一致好评。它借助《校园三剑客》小说和音像制品的良好基础,打好了改编舞台剧这一仗,反过来,它的成功又再一次带动了图书作品的销售。可以说,《校园三剑客》动漫舞台剧的成功,再一次对其衍生品的热销起到了至关重要的推动作用。

第六章　青少年动漫产业传播现状与引导策略

第一节　动漫媒介

动漫作品的传播在产业链中处于中间位置,发挥着桥梁和纽带的重要作用,是动漫产业实现其社会、经济价值的重要环节。随着技术的发展,动漫产业所依赖的传播媒介也愈加丰富。

一、播出平台

目前,国内的动画播出平台以电视、影院为主,这是传统的也是最重要的动画播出平台。此外,随着新媒体时代的到来,网络电视、视频网站等也成为新兴的动画播出平台。

(一)电视

电视是我国动画片最主要的播出平台。我国动画生产企业的产品以电视动画为主,必然将电视作为首选播放平台。2004年《关于发展我国影视动画产业的若干意见》等政策出台后,动画播映体系日益完善,专门的动漫频道和各省、地方的少儿频道相继设立,电视动画播出平台逐渐扩大。截至2012年,我国已经有北京卡酷、湖南金鹰、上海炫动和广州嘉佳4家专门的动画频道,以及34家地方少儿频道。4家动画频道中,北京卡酷已经做到全天24小时播放,其余三家每天播放18小时。[1]34家地方少儿频道中,动画片作为最受儿童欢迎的节目,播出率和收视率都是最高的。此外,全国还有近300个频道在固定的时段播放动画片。

少儿(动画)频道的设立,为动画片尤其是国产动画片提供了一个具有相当规模的播放平台,对更多优质国产动画片的推出起到了积极的促进作用。这些少儿(动画)频道和其他频道的少儿节目,具有针对性强、受众稳定、传播效果好等特点,是动画作品的首选播放平台。

(二)影院

影院是动画最早的播放平台,与之相适应的产品就是动画电影。电影的受众是电影的观众,是花钱买票欣赏电影的人。观众需要预付费才能欣赏动画电影,这就要求上映

---

[1] 李家国.中国动漫产业结构优化研究[M].南京:南京大学出版社,2012:146.

的动画电影在情节、画面、音效等方面有更高的质量,并且有较为充分的前期宣传。

多年来,我国电影产业蓬勃发展,电影消费逐年增多,巨大的市场刺激了影院建设的热潮。2013年全年,有970家电影院开业,新增银幕5077块。影院建设的逐渐完善,无疑扩大了动画电影的播出平台。2000年以来,我国动画电影的票房总数呈上升的趋势。2012年,动画电影的票房总额为13.47亿元,占票房总额的7.89%,其中国产动画电影的票房总额为3.93亿元。[①]并且,电影票房的分布表现出均衡化、多样化的趋势。

二、动漫图书

图书是动漫出版的重要媒介,动漫图书伴随着动漫产业强劲的发展势头,出版量和销量不断攀升,也涌现出了一批制作精良的优秀作品。

(一)漫画书

图书是漫画产品发表的主要媒介。我国的漫画市场,正呈现出群芳竞艳的势态。20世纪80年代,香港漫画家马荣成凭借《中华英雄》一举成名,之后编绘的《风云》从首发至完结,一直是香港漫画的销量冠军。台湾漫画家朱德庸的都市系列漫画《涩女郎》《双响炮》《醋溜族》风靡一时。绘本大师几米从1998年推出《森林里的秘密》至今,又创作了《向左走,向右走》《月亮忘记了》等数十种绘本。

近年来,绘本的销量明显高于故事类漫画,2012年当当网畅销书排行榜前200名中,有11种动漫图书,其中《滚蛋吧!肿瘤君》《星空》《一个人的美食之旅2》《父与子》等都属绘本。原因在于,网络电商的受众以成年人为主,绘本漫画富于哲理、贴近生活,更容易受到成年消费者的青睐。同时,也反映出我国故事类漫画整体水平不高,不能满足消费者的需求。

故事类漫画书,一般以漫画单行本的形式出版。漫画单行本是指在期刊上发表过的漫画作品,经过汇集、整理后单独出版的作品。漫画作品在期刊上进行连载,可以积累人气,形成一定的市场期待,并可以使出版社提前了解作品的市场价值,判断作品是否具有出版的价值。如果连载的长篇作品获得了消费者的认可,就可以以单行本的形式出版。这样,可以凭借期刊积累的人气带动单行本的发行、销售,期刊的消费群会有一部分转化为图书的消费群,促进单行本营销的成功。目前,大量的漫画书都采用了这样的出版模式。中国漫画市场上的经典品牌《乌龙院》《爆笑校园》等,都是漫友文化传播机构在

[①] 卢斌,郑玉明,牛兴侦.中国动漫产业发展报告(2013)[M].北京:社会科学文献出版社,2013:55.

《漫友》等期刊运作的基础上出版的漫画图书。

(二)动画书

动画书一般是从畅销的动画片衍生改编而来的,受众主要是4~13岁的儿童。如2007年出版的《虹猫蓝兔十万个为什么》,是以动画片"虹猫蓝兔"系列中的人物形象为基础编绘的,用漫画的形式呈现科普内容,将趣味性与知识性相结合,取得了良好的市场反响。由大热动画片《喜羊羊与灰太狼》衍生的同名动漫图书,在出版后9个月,销量就突破了200万册。[①]这些根据畅销动画片改编的动画书,借助动画片积累的人气,很容易获得市场的认可。

三、动漫期刊

动漫期刊是动漫产业链的第一环,它具有成本低、价格低、更新快的特点,因此发行量大,通常拥有广泛的消费群体。动漫期刊能快速地从读者身上获得信息反馈,有市场风向标的作用。

从1993年8月国内第一本新漫画杂志《画书大王》创刊,我国动漫期刊已经有二十余年的发展历史。在这期间,国内动漫期刊经历了2004年《关于发展我国影视动画产业的若干意见》出台的短暂腾飞,也经历了2005年下半年到2006年上半年众多杂志停刊的"噩梦之年"。2006年,《国家"十一五"时期文化发展规划纲要》的出台,为动漫期刊的复苏注入了一针强心剂。《纲要》将动漫产业列入"十一五"期间重点发展的文化产业,推出了一系列扶持政策,极大地带动了动漫期刊的发展。2012年底对全国动漫期刊销售市场的调查显示,市场上流通的各类动漫期刊约有50种,且运营情况稳定。[②]

我国动漫期刊大致可分为资讯类、原创故事类和综合类。资讯类期刊主要刊载新番资讯、动漫界新闻、作品分析、作家介绍等内容,《动画萌王》《动感新时代》《动漫贩》《最动漫》都是比较有影响力的资讯类期刊。原创故事类期刊主要连载最新的漫画作品,《漫友》《漫画世界》《知音漫客》等均属此类。综合类期刊即为前两者的结合。原创故事类期刊对动漫产业链生产的影响最大。

经过市场的大浪淘沙,我国的一些动漫期刊逐步获得了市场的认可,具有较高的人气和较大的影响力。创刊于1997年的《漫友》,是国内主要的动漫期刊之一。《漫友》从动

---

① 龚海虹.动漫出版业发展的实践与思考[J].决策探索,2009(5):38.
② 金元浦.动漫创意产业概论[M].北京:高等教育出版社,2012:154.

漫资讯起步,经过几年的发展,转为以原创动漫为主要内容,扎根于本土原创动漫,注重动漫作者、编辑的培养和衍生产品的开发,取得了巨大的成功,曾经入围"中国十大最具原创精神的期刊品牌"。在《漫友》的基础上,漫友文化传播机构又创办了《漫画世界》《新蕾》《漫画 Show》等几大期刊品牌,这些刊物各有定位,形成了覆盖各个年龄段、各个层次爱好者的期刊群。知音传媒集团旗下的《知音漫客》,创刊于 2006 年 1 月,是我国第一本全彩印刷的漫画周刊。《知音漫客》将大众娱乐和漫画生活志作为刊物的灵魂,致力于打造原创漫画的优质平台。刊物以故事漫画连载的形式,集合了敖幼祥、颜开、张三疯、极乐鸟等一大批一流华人漫画家和本土新锐画家的最新长篇佳作。到 2010 年初,《知音漫客》的月发行量已经超过 200 万册。[①]

四、动漫网站

动漫网站是以网站为载体,提供动漫网络服务,传播动漫文化的一种媒介。在中国,动漫与网络的结合大约始于 20 世纪 90 年代末期,到今天,动漫网站已经形成一定的规模,涌现了一批优秀的网站。国内动漫网站大致可分为三类。

(一)综合类

综合类动漫网站内容丰富,从动漫资讯到动漫连载,从 BT 下载到论坛社区,从原创 Flash 到铃音图片,从商城周边到 Cosplay 活动,以及各类小游戏、涂鸦等,几乎涵盖了一切与动漫有关的内容,曾被誉为"中国第一中文动漫传媒"的贪婪大陆动漫网甚至有过自己的电子杂志。综合类动漫网站在中国的动漫网站中数量不多,但是人气颇高。除贪婪大陆动漫网外,漫友网、动漫时代网也是影响较大的综合类动漫网。

(二)专题类

动漫不仅是漫画的刊行和动画的播放,还涉及音乐、同人、Cosplay,以及相关的绘画、影像、Flash 技术等许多方面,以其中的一个方向为主要内容就形成了专题网站。Cosplay 即利用服装、饰品、道具等扮演动漫作品中的人物。国内的主要 Cosplay 网站有中国 Cosplay 网、Cosplay 资讯网等,网站不仅涉及与 Cosplay 有关的活动、资讯,还涉及服装、道具和摄影,有些网站还设有商城或二手市场,用以交易相关道具,满足了 Cosplay 爱好者的各种需求。动漫音乐的专门网站有集音社、Nipponsei 等,内容包括动漫音乐、动漫MV、广播剧等。

---

①盘剑.中国动漫产业发展报告(2010—2011)[M].北京:中国社会科学出版社,2012:179.

此外,专题网站还包括针对单一作品的动漫网站,如海贼王中文网,网站关注海贼王动画、漫画的连载更新,包括资讯、剧情分析、图库、Cosplay 等板块。

(三)频道类

国内的不少门户网站,以子域名、子频道的形式开设动漫频道,如新浪动漫、腾讯动漫等。这些动漫频道在内容设置上与综合类网站比较相像,一般设有资讯、漫画连载、动画、图集、Cosplay、论坛等板块。这些门户网站拥有强大的信息、技术和人力资源,资金也比较充足,其动漫子频道拥有很大的发展优势。优酷、土豆等播客类网站,也都有动漫频道,包括大量的经典或新番动画连载、同人视频、Flash 等。一些省市级网站也有动漫频道,如四川网、杭州网、广东文化网等。这些频道类的动漫网站,依附于较强大的门户网站,在各门户网站整体构架中的地位不尽相同,如腾讯动漫频道为一级栏目,新浪动漫频道为二级栏目。

从整体上看,国内动漫网站正在逐步走向成熟,栏目划分越来越细致合理,专业程度越来越高,但同时在运营上也存在原创性不强、内容雷同度高等问题。

五、手机等其他媒介

除了上面谈到的播出平台、动漫图书、动漫期刊和动漫网站外,还有手机、音像制品等其他媒介。

(一)手机

智能手机的普及,4G 移动网络的覆盖,为手机上网提供了便利。截至 2014 年 6 月,我国已经有 5.27 亿手机网民[①],市场非常巨大。随着技术的不断进步和市场需求的不断扩大,手机的娱乐功能也在不断丰富,手机成为动漫产品的又一个媒介,推动了手机动漫这一新兴的动漫产业形态的产生。与传统媒介相比,手机媒介内容开发成本低,能提供安全快捷的小额支付方式,有利于增值服务的开发,这些特性推动了手机动漫的快速发展。

(二)音像制品

在世界范围内,OVA(Original Video Animation,原创光盘动画)是动画剧集的形式之一。它是指没有在电视或电影院播放过的,直接靠录像带、VCD 或 DVD 等发行的动画作品。OVA 的发行不依赖电影发行商和电视台等中间环节,直接通过商业渠道有偿提供给

---

①中国互联网络信息中心(CNNIC).第 34 次中国互联网络发展状况统计报告[R].2014-7-21.

观众,是动画公司脱离电影和电视的控制,争取获得更大收益的一种手段。OVA 的发行需要完善的版权制度、成熟的商业销售渠道和良好的品牌。在我国还没有 OVA 发行,主要原因就是知识产权保护不足和品牌性低。国内市场上主要的动漫音像制品是在动画播出或上映后推出的 DVD 和音乐 CD 等。

在动漫产业链中,传播媒介处于渠道端,动漫产品的价值能否得到实现,能得到何种程度的实现,与其传播媒介息息相关。只有传播渠道畅通,动漫产品顺利进入市场,动漫企业才有可能获得良好的经济效益,从而实现整个产业的可持续发展。

从影院到电视,从期刊到图书,从网络到手机,动漫的传播媒介随着新科技的发展不断扩展。我国的动漫产业已经初步形成了电影电视、图书期刊、网络、手机共同构成的多元格局,不同的传播媒介之间相互渗透、不断完善,共同促进整个产业的发展。

第二节 动漫品牌授权

一、动漫品牌及品牌效应

品牌是目前市场竞争的主要手段,它代表着特定商品的属性,是一种具有经济价值的无形资产。品牌与文化息息相关,也反映出一种独特的个性,喻指消费者所偏好的类型。品牌是销售者和他人竞争时为了与其他产品相区分,给该产品注册冠名且具有一定象征意义的名称、术语。品牌承载的是客户对产品的认可与信赖,是买卖双方互相磨合的产物。

动漫品牌是企业长期经营的结果,它的树立既能帮助企业应对市场间同行的竞争,又能进一步吸引潜在客户,为企业带来竞争优势。当我们把动漫品牌提升到一个战略性层次后,它可以分为以下三类:

(一)产品品牌。1.动漫影视作品产生巨大的影响力后,能够广泛引起人们的关注,受到受众的青睐,通过成功播映,它本身已经树立起来自己的品牌。比如《阿童木》《狮子王》《喜羊羊与灰太狼》等具有知名度的动画片,这一类动漫影视作品即品牌。2.公司先设计出形象,研发出相关产品打造知名度,品牌作为一种营销策略,知名品牌衍生品可与影视动漫互相支撑,互相推进。实践这一战略的代表当数"孩之宝"公司的"变形金刚"。"变形金刚"最早只是日本 TAKARA 公司和美国"孩之宝"公司联合设计出的一款颇受欢迎的玩具,玩具推出后不久,根据其产生的影响力及市场热度再进一步推出了产生轰动效应的动画片《变形金刚》。①

（二）企业品牌。比如拥有科普系列作品《蓝猫淘气三千问》的湖南三辰卡通集团,以及拥有众多成功动漫卡通作品的美国迪斯尼公司等。这些企业借由一部作品打响了知名度,使该企业迅速升级为具有影响力的知名企业。

（三）动漫衍生品品牌。衍生品覆盖广泛,渗透于日常生活的方方面面,包括动漫图书、音像制品、舞台剧、主题公园、动漫餐厅、手机动漫以及一些生活必需品上所印的卡通明星造型图案等。②

二、动漫产品授权

品牌授权,还有一种业内普遍认可的说法叫"许可"。持有版权的个人或企业与品牌使用方协商一致,签订合同,品牌使用方需支付一定的费用获取合法的品牌使用权利。动漫产业是创意产业,具有独特性,版权授权既是其经济价值的体现,也是对原创持有者的一种保护,它对动漫产业的正常运转起着至关重要的作用。对原创动漫作品及版权持有企业而言,授权原创品牌可以使该产品权益得到有效保障,企业资金也可以快速回笼,通过授权,版权持有企业可多渠道与制造商进行合作,拓展品牌。

动漫的商业形势是瞬息万变的,睿智的业界精英应尽己所能为动漫产品建立起稳定的运营模式。版权是持有者对其智力劳动成果依法享有的占有、使用、处理和收益的权利。动漫这种特殊的文化产品,近七成的收益都来自衍生品,主要销售的是这份创意的内容版权授权和动漫人物形象授权。

（一）版权授权的概念和分类

动漫产品是人的脑力劳动成果,原创作者或版权持有人具有署名及发表的权利,以及经过买卖双方协商一致可将使用权转让他人和获得相应报酬的权利。版权授权在世界各地都得到认可与保护。我国《刑法》明确规定,"未经著作权人许可,复制发行其文字作品、音乐、电影、电视、录像作品、计算机软件及其他作品的",均属于违法犯罪行为。动漫产品版权的分类包括:出版权、发行权、演出权、放映权、翻译权、广播作品公开广播权、信息网络传输权等。③

（二）内容授权

---

① 赵永新.动漫衍生产品营销[M].北京:机械工业出版社,2009:98.
② 李家国.中国动漫产业结构优化研究[M].南京:南京大学出版社,2012:134-135.
③ 金元浦.动漫创意产业概论[M].北京:高等教育出版社,2012:176.

内容授权包括:出版物(漫画书、卡通书);音像制品(VCD、DVD、MP3、原声 CD)以及动漫影视剧的播映权。所有这些授权盈利的基础在于版权持有者要设计出一个受欢迎的故事创意或卡通形象。通过动漫衍生品取得的收益往往大于播映本身取得的利润。

(三)形象授权

形象授权是指在动漫产品的传播过程中,将某部作品中的某些角色形象视为一种商品。有一些个性鲜明的原创作品形象深入人心,继而在受众心中成为明星,形成品牌效应。原创动漫形象授权之后,与相关生产商、制造商形成合作,在影视作品产生良好口碑的基础上,进一步发掘其自身具有的附加值。成功的动漫形象营销策略,不仅要注重短期的效益,还要规划长期的发展。动漫作品的形象授权可以长期反复被多行业跨领域使用,这些部门合作研发出的周边产品花样繁多,包括书包、服装、鞋帽、地毯、墙纸、水杯、手表等,和我们的日常生活息息相关。经过形象授权的产品,使用受众广泛,不仅青少年人群喜爱,绝大多数成年人也加入卡通一族,选择自己喜欢的卡通形象产品,这也是一种时尚。除了成功播映的动漫作品能够进行卡通形象授权外,还有一些没有经过播映就已经产生广泛影响力的动漫形象也需进行形象授权,如流氓兔、Hello Kitty、兔斯基等,这类动漫形象经过授权后研发的系列周边产品也产生了巨额利润。

三、动漫版权保护

从法律角度讲,动漫形象属于美术作品范畴,动画片属于影视作品范畴。动漫作品名称、LOGO 进行品牌授权后,其版权就享受法律保护,版权持有者可以出售或转让版权,取得合法收益。

世界动漫产业强国都在衍生品领域攫取巨额利润。在我国,一些具有知名度的动漫明星形象、名称、商标,经常面临盗版侵权,这类现象常见于衍生品市场,盗版商涉嫌触犯版权持有者的复制权、改编权、发行权、外观专利权、商标专用权以及网络传播权等。对于动漫产品的商品化权,虽然一直都在提倡,但立法并不明确,对于侵权现象惩罚措施力度不够。三辰卡通集团的"蓝猫"系列,在国内的衍生品研发及营销领域算是很成功的代表。即使是这样的知名企业,也难免受到盗版的侵害。由于某企业抢先注册了蓝猫饮料的品牌商标,三辰企业不能使用"蓝猫"在饮料业的商标,经营范围被迫缩小,而抢先注册的企业则成了合法的侵权企业。"蓝猫"系列产品更是被相当多的企业盗版使用,据不完全统计,盗版侵权所取得的利润已经远远超过了三辰企业取得的合法经营利润,"蓝猫"商标遭受了极大的侵害,损失惨重。

我国大部分公民缺乏版权意识,一些非法小作坊、小商铺对于自己的侵权行为习以为常,甚至不知道已经触犯法律。《中华人民共和国著作权法》和《中华人民共和国著作权法实施条例》是我国保护著作权的基本法律条例,应当在民间大力普及,这将是一项复杂且长期的任务。全民素质普遍提高,民众版权意识觉醒,对打击盗版能起到极大的辅助作用。

影视动漫的品牌授权缺乏严谨的授权管理模式和相应的法律保护。动漫产品版权被无良商家冒用,使得版权持有企业无法收回成本,这将制约我国动漫产业的整体发展。

四、动漫版权输出

动漫产业对通过动画、漫画或其他载体的广泛传播所塑造出来的动漫明星形象,进行产品版权的多轮商业开发,进而提升动漫内容的附加值,实现动漫产品经济收益的最大化。①

国内 10 多家玩具、文具、儿童用品企业之间建立了良好的合作关系,20 多个品种品牌授权产品正陆续推向市场。中南卡通动漫形象带动的销售额累计超过 20 亿元。②

2010 年 10 月 18 日,原创动力与博伟国际公司签订了为期三年的电视播映授权合约,将通过迪斯尼频道在亚太区 52 个国家和地区播映 100 集动画片《喜羊羊与灰太狼之羊羊快乐的一年》。③

我国动漫产业授权市场还不成熟,任何市场的秩序都需要法律的规范以及人们的自律,动漫市场也不例外。在授权之前,动漫企业应谨慎选择合适的授权商品,授权过程要建立在对市场需求有明确调研的基础上。原创力是动漫企业必备的一项基本生存技能,只有创作出好的动漫作品,才可以在动漫衍生品研发环节产生附加价值,从而在行业竞争中占有优势。动漫衍生品作为一种覆盖范围广泛的特殊商品,保护好版权能带来巨额且持续的收益。虽然品牌授权一定程度上保护了动漫产品利益,但是盗版现象依然是我国动漫产业要解决的重大难题。需要注意的是,动漫企业在策划投资项目的前期就应该做好商标注册工作。

---

① 卢斌,郑玉明,牛兴侦.中国动漫产业发展报告(2011)[M].北京:社会科学文献出版社,2011:2.
② 昝胜峰,王书勤.动漫产业:新型业态与盈利模式[M].济南:山东大学出版社,2011:45.
③ 卢斌,郑玉明,牛兴侦.中国动漫产业发展报告(2011)[M].北京:社会科学文献出版社,2011:372.

第三节 动漫衍生产品

一、衍生品范畴及作用

衍生产品覆盖范围非常广泛,盈利性是它的主要特征。它的营销主要依靠两种盈利模式:形象授权和版权授权。按照国际惯例,动漫产业中约七成收益来自衍生品领域,它完全建立在作品拥有良好的受众基础上,是整个动漫产业各环节中最赚钱的部分。衍生品产业是以动漫作品中深受欢迎的卡通、游戏形象为主要研发对象,并将其运用于玩具、文具、服装、食品以及手机图片、电脑软件等。此外,还包括需要经过版权授权来制作的衍生品,如影视音像制品、书籍、音乐光碟以及动漫明星形象代言、主题餐饮、主题公园等。由此可见,动漫衍生品具有重要的经济意义和社会意义。

衍生品拓宽了动漫产业的范畴,它通过互动缩小了受众与动漫之间的距离。受欢迎的动漫明星可以作为虚拟形象广告代言人,与真人相比,它们能以独特形象吸引更多注意力,具有保持年轻的先天优势,可以不断产生盈利。人们购买印有"阿童木"形象的小刀或书皮、戴米老鼠、唐老鸭造型的手表、买变形金刚玩具或者印有机器猫形象的服装……种种选择都是出于对动漫明星的喜爱。受众对这些形象充满心理期待,在购买时就已经在心里与它们产生一种情感互动。迪斯尼主题公园、主题餐厅等场所,不仅孩子们喜欢,在成年人群中也颇受欢迎。置身于这样可触可感的环境氛围中,孩子们可尽情体验与喜爱的卡通形象零距离接触的亲近感,成年人也可在这里尽情回味逝去的童年中那些美好的记忆。迪斯尼主题公园及主题餐厅的最大优势是可进行多次消费。

二、国内外衍生品经典案例

动画衍生品销售潜力巨大,那些经典动漫形象早已渗透于人们的日常生活之中。如线条简单的机器猫、没有嘴的 Hello Kitty、呆萌小企鹅 pororo……任何一个动漫明星所带来的经济利润都让我们叹为观止。

20 世纪 80 年代,美国孩之宝公司出品的《变形金刚》(*Transformers*)被引进中国。这部长达 98 集的系列动画片是美国免费送给中国播映的,风靡一时,深受孩子们的喜爱,同时产生了巨大的影响力。美国商人将《变形金刚》免费赠送只是占领中国动漫市场的第一步,随即这个动画项目的衍生品在中国毫不客气地赚取了 50 亿元人民币。[①]迪斯尼动画电影《钟楼驼侠》票房为 9900 万美元,但根据这部电影研发的衍生品销售总收入却

[①] 王传东,郑琳.动漫产业分析与衍生产品研发[M].北京:清华大学出版社,2009:65.

达到了 5 亿美元。①

《铁臂阿童木》诞生的那一年,仅仅版权收入一项就让虫工作室获得了一亿几千万日元。②1969 年 12 月《哆啦 A 梦》开始连载至今,这部漫画的全球销售量已超过 1.4 亿册,收益约 6 亿美元;1980 年《哆啦 A 梦》电影首次公映,引起热烈反响,随后每年春天放映一部,每一次的放映都能获得至少 3000 万美元的票房收入,抛开各种形象授权盈利,光是电影票房收益就累计超过 8 亿美元。③一部好的动画片带来的后期收益是真人版电影无法企及的。

我国三辰卡通集团的"蓝猫"形象塑造得非常成功,迅速红遍大江南北,是非常值得称赞的案例。从世界知识产权组织(WIPO)《2004 年年度报告》提供的数据来看,"其基于版权的授权衍生品达到 6000 余种,范围从教材、文具到服装、食品,这些产品在一个由 2400 多家蓝猫专卖店构成的(销售)网络中进行销售。同时,该公司为卡通形象和文字申请了 331 个商标,为卡通制作申请了 25 项专利。在 4 年发展进程中,该公司的市值增加了 12 倍"。值得一提的是,三辰卡通集团形成了以卡通品牌形象营销为核心的运营机制。④

流行于网络、借助新媒体平台蹿红的"流氓兔",可谓创造了韩国动漫史上的一个奇迹。它诞生于 2000 年,据说 2001 年的时候就已经为其所在的公司实现了近 8 亿元人民币的盈利,与其相关的衍生品大约有 1700 种。2002 年韩国的一份调查结果显示,流氓兔在韩国市场以 21%的占有率击败了迪斯尼。⑤

动漫明星是动漫产业的灵魂,经典的动漫形象的市场号召力极强,可为其所属企业带来持续的盈利。动漫明星们既不会衰老,又没有负面新闻,只要开动脑筋,做好衍生品研发渠道,它们始终都能彰显其独特魅力,甚至可以代代相传。

三、衍生品产权保护

由于国内动漫衍生品的研发成本相对较高,正版产品售价偏高,再加上我国产权保护机制尚不健全、版权意识淡薄等因素,仿冒产品趁机在市场上大肆蔓延。盗版产品造

---

① 昝胜锋,王书琴.动漫产业:新型业态与盈利模式[M].济南:山东大学出版社,2011:194.
② 王传东,郑琳.动漫产业分析与衍生产品研发[M].北京:清华大学出版社,2009:70.
③ 王传东,郑琳.动漫产业分析与衍生产品研发[M].北京:清华大学出版社,2009:75.
④ 《中国动画产业年报》编委会.中国动画产业年报 2007[M].北京:海洋出版社,2008:195.
⑤ 赵永新.动漫衍生产品营销[M].北京:机械工业出版社,2009:9.

价低廉,侵占了正版产品的市场空间,致使衍生产品利润受到很大损失,这种现象早已成为衍生品市场的隐形杀手。一些优秀动漫图书及音像制品频频受到盗版侵害,同时还有不少小微企业、私人作坊等不规范生产单位盗用反响较好的动漫作品中的卡通形象或场景,仿造玩具、文具,将这些图像印制在衣服、书包等各种和生活息息相关的物品上。这些侵害他人利益的盗版商中的很大一部分人头脑中缺乏法制观念。

在动漫产业各环节中,衍生产品的利润可占到很大比例,我国盗版现象严重,各动漫企业维权意识淡薄,这些都是直接制约产业健康持续发展的因素。国外的维权意识和法制观念较强,这方面值得我们借鉴。

四、国内衍生产品发展状况

有关专家根据一项调查结果推测,我国动漫产业缺口约为 800 亿元,动漫衍生品年产值将增加到 1000 亿元以上。[①]中投顾问在《2010—2015 年中国动漫产业投资分析及前景预测报告》中公布的历年各项数据调研结果显示,童书和音像制品销售额约为100亿元,玩具销售额约为 200 亿元,儿童食品销售额约为 350 亿元,童装销售额约为 900 亿元。这组数据表明我国动漫产业衍生品市场缺口极大,尚有潜力等待发掘。[②]我国动漫市场这块肥肉早已成为各个国家动漫产业虎视眈眈的目标,在这样的紧迫形势下,我国势必要拿出决心加速动漫产业的发展与完善,特别是要树立原创品牌,夺回我国动漫衍生品领域的主战场。

只不过,截至目前,我国动漫衍生品市场充斥着大量的外国产品,我国原创的动漫衍生品还不够多。"喜羊羊与灰太狼"及"蓝猫"系列衍生品营销非常成功,而像"孙悟空""哪吒闹海""宝莲灯"等比较有影响力的原创动画衍生品的研发一直发展不起来。索福瑞的调查显示,我国动漫市场衍生品中,日本产品占 60%,欧美产品为 29%,而国内产品(包括港澳台在内)所占比例不足 11%。这说明了我国动漫衍生品的市场价值大部分流向了欧美、日本等地区。

资料显示,中国有近 6000 家动漫企业,而日本仅有的 500 家动漫企业却在世界范围内占 60%的份额。[③]我国大部分动漫企业呈现出小、散、弱的特点,为了维持生计,这些小作坊般的企业沦为廉价的外加工厂。这些企业没有竞争力,缺乏原创能力,就不能树

---

① 《中国动画产业年报》编委会.中国动画产业年报 2007[M].北京:海洋出版社,2008:191.
② 薛静.中国动漫产业及其衍生品发展现状初探 [J].东方企业文化.2013(20):269.
③ 昝胜峰,王书勤.动漫产业:新型业态与盈利模式[M].济南:山东大学出版社,2011:247.

立自己的品牌,没有品牌又怎么能在衍生品领域有杰出表现呢?由于我国动漫产业链的缺陷,动漫产品的投入风险高、回报周期长,一些企业面临的最严重的问题就是衍生产品在研发环节中断,而动漫产业70%的盈利恰恰都来自衍生品领域,种种不利因素使得我国始终处在全球动漫产业链的底端。衍生品领域的发展是动漫产业链最关键的环节。众所周知,动漫产业链的发展模式是沿着"漫画、动画创意—剧本文案—生产制作—图书、音像制品发行—衍生品研发及营销"有序进行的。"漫画、动画"的原创素材,直接决定着后续各环节的发展走势,尤其制约着衍生品领域的利润。

动漫产业已经成为创意经济中的朝阳产业,衍生品领域作为产业链的终极环节应该得到应有的重视和保护。我国动漫品牌在国际市场中缺乏竞争力,我们没有成熟的操作模式,缺乏专业的原创人才和营销人才,再加上对动漫衍生品的开发严重不足,导致大部分衍生品市场被国外商家长期占据。

显而易见,我们仅依靠动漫播出渠道实现盈利的可能性微乎其微。动漫衍生品花样繁多,应该如何实现盈利,是企业必须想办法攻克的难题之一。我国动漫衍生品市场面临的最大难题莫过于研发成本高、产品难以售出高价,还得承受盗版行为带来的伤害。动漫产业的症结归根结底还是要坚持原创,在原创素材丰富的前提下,找寻更多可以让动漫产品与受众互动的渠道,只有这样才能不断扩大动漫衍生品市场的空间。

第七章　动漫产业集群化发展现状与引导策略

第一节　动漫教育和动漫展会

一、动漫教育

(一)动漫教育的背景

动漫产业,素来有着"21世纪知识经济核心产业"的美称,除了具有经济价值,同时也能产生深刻的文化影响力和感召力。动漫作为国家重点扶持的产业,尚有1000亿元产值的巨大发展空间等待专业技术人才开拓。由于其自身还潜藏着生机和活力,所以又被称为朝阳产业,它也是决定综合国力的重要因素之一,被世界各国看好。如果我们没有能力将隶属于文化产业的动漫产业做大做强,就意味着我们国家将在经济、政治方面受制于人,同时也意味着一个民族在精神生活方面受制于人。

我国动漫产业起步相对较晚,缺乏原创,产量不足,整体准备不足,至今尚未形成完整的产业链,远远不能满足国内动漫市场的需要,更别说在国外市场上参与竞争了。20世纪50年代,苏州美术专科学校正式开办了全国第一个动画班,因为各种原因,动漫教学始终没有得到重视,直到20世纪末国家下决心大力扶持动漫产业,各种动漫教育才兴盛起来。

动漫产业的发展已经辐射到社会各个领域,这门综合艺术既具有观赏娱乐功能,也具有实用性,衍生品领域更是其经济价值的核心。《2007—2008年中国动漫产业分析及投资咨询报告》的数据显示:2006年,全球动漫产业以及周边衍生品总产值达到6000多亿美元,全球数字动画产业产值达到2800亿美元,其中美国动画领域的年产值是1000亿美元,日本动画产业的年产值为230万亿日元,韩国2006年的动漫产业规模为6亿美元,仅一年时间,在2007年的时候就已达到7.5亿美元。[①]每年仅是动漫这一项产业就可以给美国、日本、韩国那样的动漫超级大国带来几亿到几百亿美元的收益。动漫产业在国际文化贸易中始终占据重要位置,颇受各国的重视,也是各国用来提升国际地位和影响力的有效手段。

(二)动漫教育的意义

前文已述,"中国青少年最喜爱的动漫作品"的调查显示:我国喜欢日本动漫的青少年比例高达60%,喜欢欧美动漫的占到大约29%,喜欢国产动漫的仅为11%。而另外一份"中国青少年最喜欢的20个动漫形象"的调查显示,评选出来的20个动漫形象,竟然有19个是国外的动漫明星,而中国只有1个"孙悟空"入选。[②]这份调查结果实在堪忧,我国青少年主要是在日本、欧美等外国动漫的陪伴下长大的,那些外国动漫在孩子们的脑子里形成了固有的接受模式,时至今日,外国动漫都占据着中国的半壁江山,不得不说这是一种强大的文化入侵。青少年是祖国的未来,是祖国的希望。近代思想家梁启超在其文章《少年中国说》中就有这样一段睿智的表述:"故今日之责任,不在他人,而全在我少年。少年智则国智,少年富则国富;少年强则国强,少年独立则国独立;少年自由则国自由,少年进步则国进步;少年胜于欧洲则国胜于欧洲,少年雄于地球则国雄于地球。"青少年时期是每个人成长的重要阶段,因为在这个阶段人生观、价值观会逐渐形成,而美、日、韩长期主导我国的动漫市场,已经不知不觉间对青少年的思想进行了"软实力的渗透",导致中国的青少年对异域文化盲目跟风,而对我国的文化精髓不屑一顾,

---

[①] 王传东,郑琳.动漫产业分析与衍生产品研发[M].北京:清华大学出版社,2009:9.
[②] 隋杨洋,毛佳.动漫产业全球格局与中国发展[J].南方论丛,2006(6).

这一现象令人痛心也让人费解。我们应该清醒地认识到：动漫作为一种很受青少年欢迎的媒介，还担负着重要的文化传承使命。如此看来，每一位动漫人身上担负的责任都非常重大，而专业人才的培养是我国动漫崛起的关键。发展动漫文化的重要性不仅仅在于其经济价值，更重要的是，它也是一种文化战略，只有加强动漫文化的软实力，才能做到有效抵御外国糟粕文化侵蚀，才可以将我国的文化精髓发扬传播出去，这一项工作也开启了让世界了解中国文化的窗口。2008 年，一份统计数据表明，我国每年的动漫需求量达到 180 万分钟。然而，我国动画片播出量从 2004 年的 2 万分钟发展到 2011 年的 26 万多分钟，仍有巨大播出缺口，需要大量国外优质动画片来填补。[①]

动漫教育的主要对象是青少年，然而要普及全民动漫的观念，对其他年龄段的受众也不可忽视。动漫教育的大力推行应从社会方方面面展开。传统严肃的固有观念，使得成人认为动漫产品只属于小孩子，直到《狮子王》《快乐的大脚》《功夫熊猫》等一部又一部优秀电影不断敲开成人对动画世界紧闭的心扉，逐渐改变了一些对新鲜事物接受能力强的受众的观念。据笔者观察，我国动漫产品主要还是以青少年为服务对象，而多数监护人都会限制孩子观看动画片或打游戏的时间和次数，这些思想固执的成年人普遍会以看动画片、玩游戏耽误学习或者损害视力为借口进行阻拦，这是制约动漫产业健康发展的主要因素之一。这些固有观念，使得我国动漫很大程度上在民间不受重视，若要扭转这些思想观念，落实动漫教育是具有重大意义的。

二、加强动漫教育的落实方向

纵观全球动漫产业发展局势，我国与美、日等动漫超级大国存在明显差距，通过近年来国家的大力扶持，在一些动漫企业和业界学者的精心探索下，差距略有缩小，但还存在一些至关重要的问题需要进一步解决。我国缺乏原创能力，就不能打造出属于自己的品牌，没有自己的品牌，更遑论动漫衍生品的研发和经营。

（一）高校动漫专业人才培养方向

想要彻底完善动漫产业机制的建设，还要从动漫教育这个基础环节着手，培养创新人才尤其是实用技能型人才是关键。虽然每年高校培养的毕业生人数在不断增多，但培养出的学生缺乏实际操作能力，与社会需求严重脱节，并不被动漫企业看好。针对目前对专业人才的素质要求，高校应从以下三方面完善动漫人才培养条件。

---

① 卢斌,郑玉明,牛兴侦.中国动漫产业发展报告(2012)[M].北京:社会科学文献出版社,2012:35.

首先,学校应该灵活解决师资问题。当前我国高校动漫教育师资匮乏,尤其缺乏高学历、懂技术,又能与世界前沿学术理念接轨的教师。高校教育与市场需求脱节的根本原因在教师,动漫教育是一门新兴学科,很多新开办此专业的院校因为缺乏专业教师,只得拉来非相关专业的教师临时救急,这部分教师涉及跨领域教育,多数只能纸上谈兵,缺乏实际操作经验,课程含金量颇低,提不起学生学习兴趣,造成了教育资源的浪费。另一部分具有专业技能的教师,虽然能够传授给学生专业课程理念和简单的制作技术,却不能掌握动漫界动态和技术要求,教给学生的也多数是一些缺乏建设性的理念或技术。这是导致学校教育滞后的主要原因之一。笔者认为,学校应该选送部分教师参与一些企业动漫作品的制作,并参加其他院校关于动漫专业的学术研讨活动,锻炼他们的实际操作能力,使其掌握前沿业界学术信息。各学院也应聘请具有精湛操作技能的业界精英和学者、企业家到学院讲学,与学生分享市场动态需求,帮助学生在学习成长过程中找到专业定位。

其次,高校教育应紧贴市场需要,在充分把握市场需求后,根据人才缺口细化培养方案。当前我国动漫产业的人才现状是"两头小中间大",学院培养出来的技术型人才比比皆是,但特别缺乏优质原创人才和市场营销人才。学校教育除了要传授给学生精良的制作技术,也要注意与时俱进,及时传递给学生前沿的动画创作理念。要培养学生的阅读习惯,夯实他们的写作、绘画技能,引导他们汲取中外名著的营养,丰富他们的想象力、创造力,将他们塑造成既懂技术,又兼备文学、艺术修养的综合型人才。

最后,高校还应合理安排学科设置,淘汰理念落后的学术门类,避免教育资金与资源的浪费。目前一些院校仍在使用没有含金量的自编教材,这些教材陈旧没有营养,建议各学院合理引进优秀的外版教材,或与动漫业界精英联合编写与时俱进、实用性强的新版教材。

(二)企业动漫人才培养策略

20世纪末,大量动漫公司如雨后春笋般涌现。相关调研数据显示,2007年我国约有5400家动漫企业,截至2008年6月就已超过6000家。[1]可见企业对专业人才需求量很大。

为了企业的未来,企业管理者要注重在企业中选拔一些综合素质强的可塑之才,把

---

[1] 郝振省.中国动漫游戏产业发展现状调研报告[M].北京:中国书籍出版社,2010:23.

这部分有潜力的员工按门类和需求送出去培训，通过深入学习动漫创作理念以及市场运营、管理、营销手段，尽可能地让这些专业人才通过在市场中的进一步磨砺，变成既懂技术又有艺术造诣的高端复合型人才。

(三)动漫观念的正确树立

以动漫产业为代表的文化产业发展程度是一个国家综合国力的重要体现，动漫产业能获得广泛的、综合的社会效益。一个国家的国民如果不能树立起正确的观念来看待动漫，这将成为动漫发展路上的一个很严重的制约因素。日本这个动漫超级大国，其动漫产业的良性模式是建立在全民动漫的基础上的，日本各个年龄段、各个层次的人群对动漫的喜爱与接受程度，都是其他国家不能相比的。我国有很多科研机构的学者和社会上的有识之士都在动漫发展这条路上不停摸索，笔者认为，问题的关键还在于动漫的教育没有面向全民展开。从根本上扭转民众对动漫的接受程度，将是一项十分浩大的工程。要意识到，动漫作为一种传播媒介，其自身蕴含着无穷的魅力，它具有娱乐功能，可以消解人们的疲惫，调节人们的情绪，动漫游戏还可以开发智力；它有教育功能，被广泛运用于教学课件制作中，不是刻板教条的说教，而是寓教于乐，让我们在观赏过程中学习知识、感悟人生真谛；它有传承功能，可以更多地汲取我国历史文化精髓，让优良传统世代延续；它具有实用功能，已经被应用于教育、军事、医学、航空等领域……动漫产业给我们带来的益处有如朗空皓月，而其弊端仅如月下萤火。相信我们只要树立正确观念，动漫教育能够在民间广泛普及并被接受，受众能自觉抵制其负面影响，那么我国动漫事业将会蓬勃发展。

动漫产业是类型繁多、关联性强的一类文化产品，以创新为核心、文化为灵魂，不仅能满足受众的心理期待和精神需求，还可以带动并促进文化产业整体向前发展，它以高科技为依托，随着产业发展的总趋势，已经逐步扩大覆盖范围，渗透于日常生活的方方面面。

针对目前高等学府的动漫教育现状，大多数学校培育出来的学生是不被社会认可的。高校教育也是直接导致企业形成"两头小中间大"用人局面的根本原因。学院僵化模式培养出来的学生都存在普遍的弱点，懂技术的搞不了创作，有创意的又不懂技术，况且多数学生都只能做技术加工等工作，真正具备原创、动画设计、营销技能的可塑之才凤毛麟角，这是造成企业用人困难的主要原因。我国动漫界由于从事技术工种的人员过多，很多动漫企业为了生存下去，只能沦为一些动漫强国的廉价加工厂。长此以往，我国的动漫企业就会丧失生命力,这既不利于企业自身发展,也不利于我国动漫产业的整体运营。笔者认为,高等学府的办学应该在充分了解市场运营的情况下,与一些优质动漫企业对接,根据企业需求培养学生,以这些企业作为实习单位,给学生提供条件和空间,让其在实践中成长起来,也让一些学生的优秀创意在企业的扶持下实现,丰富我国动漫原创素材。此外,高校应将课程门类细化,有针对性地按照动画的前期、中期、后期制作以及市场要求,多培育原创人才、策划人才、动漫营销人才、企业管理人才等。企业方面,则应积极开展与高校教育的合作,派遣优秀员工出国学习先进经验,重点打造有竞争力的团队,尽可能多地树立起自己的品牌。企业和高校在人才培养方面,要注意多从我国悠久历史以及传统文化中汲取创作元素,也要注意培养漫画人才。同时,可以学习日本利用漫画低成本预测市场接受度的方法来了解市场。从以上几个方面入手,才能从根本上完善我国动漫产业基础环节,有效避免组织散乱的产业弊端,帮助企业梳理发展脉络。

三、动漫展会

(一)动漫展会概况

历经多年的修葺整顿,中国动漫展会正稳步走向成熟。随着我国动漫产业如火如荼的发展,动漫展会作为文化创意产业的一个新兴部分,正以星火燎原之势迅速在全国蔓延开来,它对动漫产业的发展作用不可小觑。

动漫展会作为动漫产品的交易平台和动漫企业的重要载体,包括展览会、项目推介交易、创意活动、论坛峰会等主要内容,其特点是官方主导,政府推动,企业唱主角,媒体宣传,公众参与。[1]

中国的动漫展会发展速度之快、规模之大无不令人称奇,这令人惊喜的表象下,又让一些业内人士对动漫展会的未来充满忧虑。2000年前后我国只有屈指可数的几个展会;2004年开始,林林总总的"动漫展""动漫节"层出不穷;到2007年,全国举办的动漫展数量骤增。我国的动漫展会不仅数量多,而且分布区域广,各级单位均有举办,比如国家级、省级动漫展,一些高校也会举办此类活动。

(二)动漫展会的优势

动漫展会的举办对动漫产业有很好的推动作用,它可以将优秀的作品及动漫成果集中展示,也可扩大动漫产业范围,有效增加其经济收益,帮助企业树立形象和打造自

---

[1] 卢斌,郑玉明,牛兴侦.中国动漫产业发展报告(2011)[M].北京:社会科学文献出版社,2011:236.

有品牌,促进同行间的交流学习,传递动漫产业前沿资讯。它整合优势资源吸引投资,促成不同领域间的合作,是动漫产业链各环节集体宣传的平台,同时能带动其他相关产品和衍生品的营销等。一些地方政府把动漫展会视作打造知名度的金字招牌,利用动漫展会的传播效应,拉动城市内需,带动周边经济。成功的动漫展会可以成为动漫成果的宣传和推介平台。对展会效果的有效利用可以扩展中外交流,从而增进彼此间的相互了解与合作。通过办展,经验丰富的业内精英找到一些我国动漫产业发展的不足之处,能够使我们更加意识到原创动画的重要性,展会为我国动漫产业的蓬勃发展做出了贡献。

我国成功举办的展会中,"中国国际动漫节"是影响力最大的展会,对动漫企业产品的生产和销售起到了极大的推动作用。它定位明确,紧紧围绕"国际化、专业化、品牌化、顶级化"的目标展开活动,是政府为动漫产业搭建的投资合作与产品交易的平台,它成功打响了国际展会品牌,树立了文化创意品牌,促进了中国和世界动漫组织的交流、分享与发展。[①]根据曾经成功举办的六届中国国际动漫节数据,我们可以看到:第一届成交额为 30 亿元,现场成交额 1370 万元;第二届签约项目 40 个,投资额 21.6 亿元,现场成交额 15.7 亿元;第三届签约项目 60 个,总成交额 46.8 亿元;第四届签约项目 34 个,涉及金额 48.85 亿元;第五届签约项目 35 个,涉及金额 55.3 亿元,现场成交额 10 亿元,总金额超过 65.3 亿元;第六届签约项目近 200 个,涉及金额 83 亿元,现场成交金额 23 亿元,总金额达到 106 亿元,比上届增加了 62%。[②]这些数据充分证明了展会在动漫产业发展中的重要作用。

(三)动漫展会的不足

在国家的一系列扶持政策下,动漫产业像学步的婴儿一路跌跌撞撞走过来,产业自身并没有形成完善的产业链条,还存在着诸多问题。国家采取了很多有利的措施助其成长,但一些好钻空子又不肯动脑筋的企业严重搅乱了动漫市场,形成动漫产业中的腐败现象。在国家下大力气振兴动漫产业的形势下,"动漫热"形成,各级政府推促动漫产业发展却有点急于求成,动漫展会呈铺天盖地之势,在全国掀起一阵阵热潮,却不能达到预期效果。

笔者认为,展会不能达到预期效果吸引动漫爱好者,究其根本还是在于我国动漫缺乏具有自己风格的特色原创,也缺乏具有国际运作能力的企业。众所周知,动漫产业是

[①] 盘剑,等.中国动漫产业发展报告(2004—2009)[M].北京:中国社会科学出版社,2010:164.
[②] 盘剑.中国动漫产业发展报告(2010—2011)[M].北京:中国社会科学出版社,2012:409.

创意型产业,连最基本的创意环节都不能夯实,企业自有品牌又怎能树立起来?缺乏影响力的动漫产品,再怎样铺天盖地地造势,也不过是纸上谈兵、自欺欺人。支撑动漫产业各环节正常运转的关键还是要稳扎稳打从原创入手。目前国内参展商更多倾向于在展会上引进日本、美国等动漫强国的影视动画作品以及深受孩子喜欢的动漫衍生品等。中国若想在竞争中凸显优势,只依靠声势浩大的展会宣传并不能达到目的。扭转这一局面的唯一途径,就是要坚持做好原创,踏踏实实靠创意取胜。

动漫展会在很多城市竞相举办,一定程度上促进了当地的经济建设。各展会内容和形式都差不多,很少有展会能有新的突破。由于我国动漫展会缺乏规范化的运作机制和经营策略,秩序混乱、模式单一,使得参展的业内人士无所适从,业外人士更是对此类活动懵懵懂懂,办展效果较差。展会吸引的主要是一些青少年以及一些闲来无事、为了来展会拿小礼品的老年人,真正来谈项目的人不多,能达成的项目合作更是少之又少。

动漫展会的举办过于频繁,除了北、上、广等一线城市,其他二线城市也风风火火地跟风操办,导致一个月内举办两到三次动漫展会的现象屡见不鲜,况且模式照搬,缺乏新意,形成展会泛滥的局面。这种现象是国家对展会立项的审批不严导致的,缺乏有效的、科学的监管机制,市场格局不清晰。在地方政府的敦促下,一些企业碍于情面不得不去参展,无论参展商还是采购商都严重缺乏积极性,以至真正能在展会上达成的项目不多。为整治展会乱象,政府应做到导向清晰,要明确动漫展会的发展目标,对一些效果差的展会,应禁止其再次举办。对办展的单位和部门要严格审核,不具备办展实力的应不予批准。

我国动漫展会主办方水平良莠不齐,往往追求规模,忽略质量,办展的人多,盈利的人少。因为办展不专业,所以诸多不足在举办过程中暴露出来。有的展会观众爆满,而有的展会门可罗雀。但就算表面看似红火、人山人海的展会,真正与会的专业买家又有多少呢?能在展会上实现盈利的更是少之又少。至于门庭冷落的展会,主办方第二年就会偃旗息鼓,消失得杳无踪迹。更为不可思议的是,有些展会出现了卖展位的现象,这反映出我国动漫展会的举办缺乏有效监管,运作得极为不专业。

我国动漫展会尚不成熟,没有起到真正意义上的促进作用,博览会的功能也未得到充分发挥,还需要一段时间的磨合与发展。权衡我国动漫展会的利弊后,我们不禁产生深深的思考,展会的下一步到底该如何走?

我国动漫展会仍处于初级阶段,是需要政府予以补贴和提供一些优惠政策的,这样的补贴或优惠政策会在一定程度上对展会的发展起到促进作用。然而,企业应该学会自己完善运营机制,不能长期寄希望于政府。动漫展会作为一个有效的交易平台,应充分挖掘利用其潜质,使其发挥出强大的推动力。在展会起到宣传作用的基础上,令其积极促成动漫文化的普及和衍生产品市场的建立,将其打造成国内外动漫产业信息交流、合作的平台。

第二节 动漫产业基地

近年来,在国家各项政策的鼓励支持下,我国动漫产业发展迅速,各地方政府对动漫产业高度重视,竞相建立产业基地,对动漫产业的发展起到了关键的作用。作为推动动漫产业发展的重要载体,各大动漫产业基地必须适应当前的形势和挑战,提升发展水平,促进整个产业的产业化程度不断加深。

一、动漫产业基地的建设

(一)动漫产业基地的定义

动漫产业基地是以政府、企业、高校和相关机构提供资源和产业服务为核心,为动漫产业的发展提供生产要素的物质实体机构。[①]产业基地是动漫产业集群发展的一种重要形式,它的存在能够促进政府、企业、相关行业等的交流,为产业的发展提供需要的软硬件设施。

(二)动漫产业基地的建设内容

建设动漫基地的出发点就在于满足企业的公共需求,为企业的发展提供便利。就动漫产业的发展而言,资金、人才、技术、发行、版权保护等,都是动漫企业所急需的。因此建设动漫基地公共服务设施时,要在这些方面下功夫。资金上,要构建投融资服务平台,为动漫企业提供融资渠道。人才上,建设人才培训平台,为企业培训、输送所需的人才。技术上,建设技术服务平台,为动漫企业提供微利的各种先进的软硬件设备和技术支持,使各方面资源都比较匮乏的中小型的动漫、游戏研发能顺利进行。发行上,建立信息共享平台,为企业寻找项目合作对象,提供作品播出、发行服务。版权上,建立版权服务平台,为企业提供版权登记、开发、代理、保护等服务。

这些服务平台一般可分为营利型、公益型、混合型三种。营利型平台,产品和服务由

[①]唐肇鸿.动漫画产业基地的发展与发展策略研究[D].长沙:湖南师范大学,2014.

市场定价,收益归投资方所有。公益型平台,往往由政府出资建设,免费向企业提供服务。混合型平台介于两者之间,一般由政府、企业和投资方共同建设,施行低收费服务,有一定的收益,同时又能降低企业的制作成本,对企业的项目起到孵化的作用。

(三)动漫产业基地的管理

动漫产业基地中聚集了不同规模、不同类型的动漫企业,为满足这些合作者的差异性需求,在管理上就要以集群的社会价值为主导,追求长远发展,力求实现社会、经济、环境的综合价值的最大化。一方面,基地的管理要有融合性,建立企业与基地全面融合的管理体系,将企业的业务、能力、资源、信息与基地的市场、行政、技术服务等部门相融合,以便最有效地解决基地的日常管理问题,也为企业内部的管理提供便利。另一方面,要实行分级管理,基地内大中小型企业规模不同,具体的情况也不同,采取分级管理模式,各项政策根据企业的规模来施行,促进大型企业向更高层次快速发展,扶持中小型企业迅速发展壮大。

二、我国的动漫产业基地

(一)发展概况

从2004年我国首个动漫基地在上海诞生以来,到2011年,仅国家级的动漫基地就已经发展到56个,动漫基地开始向二三线城市和专业院校发展。目前我国动漫产业已经初步形成了以北京、天津为代表的京津冀发展区,以上海、杭州为代表的长三角发展区,以长沙为代表的中三角发展区,以广州、深圳为代表的珠三角发展区,以重庆、成都、西安为代表的西三角发展区,以大连为代表的东北发展区六大区域。

长三角经济圈是我国经济最发达的区域之一,雄厚的经济基础、巨大的消费市场和深厚的文化积淀,是发展动漫产业的良好基础。长三角地区拥有十多个沿海港口,是我国进行国际贸易和对外文化交流的重要门户之一,经济发达,对新文化的接受速度较快。同时,长三角拥有雄厚的科教实力,高层次人才密集,具有强大的发展潜力。长三角的动漫产业聚集区以上海为核心,以杭州、南京、苏州为主体,并通过扩散效应,带动着周边地区动漫产业的发展。影视制作、动漫游戏、出版印刷、艺术品生产是长三角发展较为突出的行业。2013年,浙江省动漫企业增至202家,年产原创动画3.5万分钟,居全国榜首。杭州在长三角动漫产业集群中具有重要地位,目前,杭州已建成18家创意产业园区,形成了形式多样的发展格局。[①]

[①] 唐肇鸿.动漫画产业基地的发展与发展策略研究[D].长沙:湖南师范大学,2014.

西三角以重庆、成都、西安三个城市为核心,形成了以成渝城市群和关中城市群为载体的西部经济圈。西三角地处长江、黄河的上游,是中华文明的发源地,拥有丰富的历史文化资源,经济基础和科教基础都比较雄厚。近年来,西三角地区动漫产业发展迅速,其中以成都的成绩最为突出。成都高新园区是国内重要的动漫游戏研发基地,游戏研发能力位居国内前列。数据显示,园区内聚集了200多家数字动漫游戏企业,拥有从业人员2万多人[①],业务主要涉及动画漫画、网络游戏、手机游戏等领域。重庆市先后建成了视美动漫基地、茶园动漫基地、高新动漫基地和天健创意(动漫)产业基地等4个动漫产业基地,多家动漫公司、游戏公司前来投资,带动了重庆经济的发展。

中三角动漫产业区以长沙、武汉、南昌三个城市为核心,近年来崛起相当迅速,规模不断扩大,与长三角和珠三角逐渐形成并驾齐驱的格局。中三角地区连接东西,承转南北,地理位置优越,三大核心城市都是省会城市,经济和文化较发达,高层次人才多,具有发展动漫产业的良好基础。中三角地区是湘楚文化的发源地,悠久的历史文化、鲜明的地区特色、多彩的民族风情、浪漫的传奇故事都为动漫创作提供了丰富的材料。中三角地区的动漫产业以影视动画产业为主。以中三角动漫产业的"龙头"城市长沙为例,该市建有金鹰影视文化城、麓谷动漫游戏城、岳麓山大学城等多个动漫产业基地,形成了一个制作、营销、资本运作跨越全国的产业集群。

(二)个别动漫产业基地发展状况

1.杭州国家动画产业基地

杭州高新区动画产业园是2004年批准成立的首批国家级动漫产业基地之一。杭州市政府提出了"动漫之都""创意杭州""数字杭州"等建设目标,将动漫游戏作为重点产业,建立了2.5亿元的动漫产业专项基金,并相继推出十余项扶持和奖励政策。[②]土地政策上,实行"一年免,二、三年减半"的房租补贴,三年内购地建设生产用房的,土地转让价格在现行地价的基础上优惠20%。对动漫企业,每年提供50万元以内的贴息贷款。新成立的动漫游戏企业,前三年免收企业所得税。对有突出表现的企业,按具体情况,给予5万至100万元不等的资金奖励。其制作的动画作品,二维动画在中央电视台播出的,每分钟奖励1000元,在地市级以上电视台播出的,每分钟奖励500元;三维动画加倍奖励;在境外播出的,每分钟奖励1500元。并且建立了杭州市动漫游戏产业发展专家评委

---

① 唐肇鸿.动漫画产业基地的发展与发展策略研究[D].长沙:湖南师范大学,2014.
② 郝振省.中国动漫游戏产业发展现状调研报告[M].北京:中国书籍出版社,2010:201.

会,每年进行项目评审,对通过评审的项目给予投资额10%的资助。[①]这些优惠政策极大地促进了动漫基地的快速发展。杭州国家动画产业基地基本形成了以动画制作、数字影视、网络游戏、无线游戏、动漫游戏衍生产品为主要生产内容,生产、教学、开发相结合的动漫产业链。

2.湖南金鹰卡通

金鹰卡通卫视诞生于2004年,是中国第一家动画专业卫星频道。在此基础上,金鹰卡通卫视确定了产业化经营的发展道路,成立了湖南金鹰卡通有限公司,不仅经营电视频道的传统媒体业务,还积极开拓市场,与优秀的动漫企业合作,联合生产原创动画,打造卡通形象,进行形象的品牌授权,同时利用自有内容资源和品牌进入音像、图书等各个领域。2004年底,湖南金鹰卡通有限公司成为国家批准成立的首批国家级动画生产基地之一。2005年5月,长沙市颁布了《关于进一步加快动画产业发展若干政策的意见》,为动画产业的发展提供各项优惠政策。借助这些政策,金鹰卡通通过收购、整合、组建等手段,吸纳全国优质的动画项目、团队,逐步建成了自己的动画生产基地。金鹰卡通拥有自己的电视播放平台,这本身是一个很大的优势,目前,金鹰卡通生产的动画作品仍以频道自身为主要播放渠道,以广告作为主要利润来源。

三、动漫产业基地建设中存在的问题及相关建议

近年来,我国动漫产业基地建设速度快、数量多,与之相对应的就是整体质量不高。目前,我国动漫产业基地的建设中,还存在着许多问题。

（一）重复建设严重

国家对动漫产业给予高度重视,各级政府响应国家号召,纷纷将动漫产业作为发展重点,于是,由政府牵头的动漫产业基地如雨后春笋般遍地发芽。近年来,许多动漫产业基地项目,在当地没有动漫产业的根基,也没有在建设前探寻适合当地的发展模式的情况下,盲目照搬其他基地的经验,利用各项优惠措施吸引企业入驻。但是,基地如果不能促进企业的长远发展,一旦房租、税收等优惠到期,企业就会考虑迁往可以享受优惠政策的其他基地去。这样的迁移,对基地、对企业、对整个行业的正常发展都会产生阻碍。

国内动漫产业基地的授权和审批,由广电部、文化部、科技部、新闻出版总署等多个部委管理,为避免重复建设,就需要赋予扶持动漫产业发展部际联席会议以统筹管理的

[①] 郝振省.中国动漫游戏产业发展现状调研报告[M].北京:中国书籍出版社,2010:205-209.

职权,明确审批办法。同时,政府在进行动漫基地建设时,要分析影响产业发展的社会、经济、文化等方面的因素,遵循区域供求关系,因地制宜,探求发展方向。

(二)基地内部协作不足

由于地理位置上的集中,产业基地能促进企业间的分工,优化资源、信息、人才方面的配置,从而提高生产率,促进企业发展,增强企业的竞争力。但是,目前我国的动漫产业基地中,企业间的联系明显不足。我国大型动漫企业很少,进驻基地的动漫企业以中小型为主,这些企业又以自主创作为主,涉及推广营销、衍生品开发的下游企业还很少,难以形成一个相互协作的机制。这就需要基地出台相关政策,引导、扶持下游企业创立和发展,这不仅能促进基地内部企业的合作,也对产业链的不断完善起到至关重要的作用。

(三)人才储备严重不足

当前,动漫教育的师资和硬件水平跟不上相关专业的快速膨胀,造成毕业生数量剧增,但真正符合企业要求的人才却相对匮乏。动漫教育多将教育的重点放在动画制作技术上,造成制作人员过剩,而策划、管理、营销等方面的人才却严重不足,人才结构失衡的现象十分严重。这就使得动漫产业基地的人才储备严重不足。面对这种情况,动漫产业基地要发挥平台作用,推动高校与企业的合作,搭建教学、生产、科研之间的桥梁,也给学生提供更多的实践机会,培养更多的创意、营销人才。

动漫基地将创意、制作、发行、衍生品等纵向延伸的产业链的各个环节横向上组织在一起,在技术、信息、人才等方面都存在较大的优势。产业基地能够使产业资源得到有效的整合,在动漫产业的发展中发挥着重要的作用。近年来,国家对动漫产业的发展给予了高度重视,在各级政府的政策扶持下,全国各地出现了兴建动漫产业基地的热潮,涌现出了一批发展态势良好的动漫基地,并生产出一系列优秀的作品。但是,我国动漫产业起步晚、根基浅,动漫产业基地的发展还存在许多问题,需要在不断的探索中去解决、完善。

第三节 动漫主题公园

一、动漫主题公园概述

所谓动漫主题公园,就是以动漫文化为特定主题,开创一种动漫形象授权的特许经营方式。动漫主题公园从视觉、触觉、听觉等方面吸引受众参与互动,一定程度上满足了受众的精神需求。它是运用现代技术和多层次空间活动的设置结合,将动漫元素与娱乐活动、休闲要素、表演服务等融为一体的现代旅游目的地。主题公园根据特定的动漫主题创设虚拟环境,以动漫形象和动漫故事为主要内容贯穿整个游乐项目。

动漫主题公园作为衍生品范畴的一个分支模式,它具有以下特点:它以游客需求为导向,与游客近距离接触,在可观可感中不仅满足受众的心理期待,而且能最大程度地慰藉人们的心灵;它不同于以往任何一种一次性消费衍生品,可多次体验消费。动漫主题公园会根据动漫的发展进程不断添加新的娱乐观赏内容,受众即使重复消费也可感受到不同之处;动漫主题公园生命力漫长,主要经营动漫明星形象授权,而动漫明星又能在出色的主题公园营销手段中保持生命的常青;动漫主题公园作为一种旅游业,它的利润空间巨大,完全可以做到"一劳永逸"。

二、国内外发展概况

说起主题公园,不得不提它的始祖——1955年迪斯尼第一座主题公园在洛杉矶建成。随后迪斯尼公司在全球范围内建立了6座迪斯尼乐园,分别位于美国佛罗里达州和加利福尼亚州、日本东京、法国巴黎、中国香港和上海,这些主题公园明显成为当地的代表性标志。各地的迪斯尼乐园的内容也不尽相同,有的主题乐园会适当与当地民族特色和风俗相结合。迪斯尼乐园一直坚持"三三制"的方式,即过滤掉三分之一的硬件设施,填充三分之一的新兴内容,扩展三分之一的娱乐项目和设施,这样,迪斯尼乐园作为一种可多次体验的衍生品,总能给人们带来新鲜感。[1]

迪斯尼乐园是由米老鼠经典形象创意扩展而成的动漫商业帝国。在迪斯尼公司的大胆探索下,以动漫人物和故事情节为背景的主题公园成为最具创造性且可持续盈利的衍生产品。它利用主题公园树立品牌知名度,借此机会销售其他衍生品,如服装、玩具、音像制品等。主题乐园与已经树立起来的品牌在产业链中互相支撑,可以进行多次体验性消费。迪斯尼抓住人类成长规律及受众心理等特征,每隔七年就重新放映一轮动

---

[1]《中国动画产业年报》编委会.中国动画产业年报(2007)[M].北京:海洋出版社,2008:223.

漫作品,这样就无限期地延长了动漫明星的使用寿命,它们可以经久不衰,长期为动漫企业做虚拟形象代言人。主题公园建成之后,众多动漫明星就可与喜爱它们的受众群体近距离接触,为原本没有生命力的动漫角色增加了亲和力。这些动漫明星不会索要报酬,不会有生老病死的困惑,也不会产生负面新闻,通过经营这样的形象授权,迪斯尼"长寿企业"的头衔可谓当之无愧,它全球化的营销手段带来了巨额的回报。

我国主题公园的盈利主要依靠出售门票,而每座主题公园的投资都数额巨大,仅仅依靠出售门票是难以收回成本的。纵观世界各国,成功的主题公园都有配套设施项目,多数都将餐饮、娱乐、住宿等融为一体。迪斯尼主题公园的收入来源为各类衍生品,它对动漫明星授权的经营范畴非常广泛,除了门票,它还将周边衍生品的配套服务网罗进来,将衣食住行都囊括在内,形成了稳赚不赔的动漫产业链条。

三、中国动漫主题公园的未来之路

21世纪,文化产业成为国民经济发展新的经济增长点,动漫产业作为国家重点扶持的创意产业,也将随着文化产业发展进入黄金时期。根据世界旅游组织推测:中国将成为世界第一大旅游目的地,每年预计吸引国际游客1.4万亿人次。[①]可见,以动漫作品为内容的主题公园,具有吸引大众文化消费的基础,它作为旅游景点的新兴项目,将会产生巨大的收益。伴随着动漫产业不断前行的步伐,我国很多地方都在规划主题公园的建设方案。

我国有各种各样的主题公园正在各地筹建,一项不完全统计表明,我国北京、上海、山东、辽宁等19个省、市、自治区共有主题公园60座。这些主题公园都有各自的特点,有的以文化为建设内容,有的以科技为主导,有的以影视为主题,当然也有综合主题项目……我国很多企业都把迪斯尼的模式作为参考学习的对象,试图打造出"中国的迪斯尼"。比较成功的案例有"方特欢乐世界""环球动漫嬉戏谷"等。其中位于安徽芜湖的方特,以动漫和科幻为主题内容,总建筑面积125万平方米,于2007年试营业,从近几年情况看,方特的经营业绩在全国主题公园中位于前列;环球动漫嬉戏谷位于江苏常州,是一座国际动漫游戏体验博览园,以现代数字文化为主要体验活动,园中有1/3的动漫项目为全球首创。[②]"长影世纪城"位于吉林长春,吸纳了国外成功动漫主题公园的精髓,创造性地打造出中国第一座世界级电影娱乐园。它集合了大电影概念,运用环幕动感电

---

① 卢斌,郑玉明,牛兴侦.中国动漫产业发展报告(2012)[M].北京:社会科学文献出版社,2012:322.
② 卢斌,郑玉明,牛兴侦.中国动漫产业发展报告(2012)[M].北京:社会科学文献出版社,2012:324-326.

影、巨幕电影、水幕电影、4D电影、激光电影、悬浮电影等各种形式,揭秘电影制作环节,不仅让受众有身临其境的感觉,也普及了电影知识,这样的模式在受众中反响良好。[①]

在我国大大小小的动漫主题公园中,存活下来的不多,成功的更少,大多数主题公园产业导向不清晰,缺乏自己的明确定位。从失败案例中追本溯源,原因还是我国动漫缺乏原创和有影响力的品牌,造成主题单一、形式雷同。只有个性鲜明的动漫设计、深入挖掘的核心内容,以及创意的持续性开发,才能对受众产生强大的吸引力。有些主题公园先建设园林,再去创造或引进需要的动漫产品,这是一种本末倒置的行为,一定程度上阻滞了动漫主题公园的落成。

动漫主题公园是文化产业和旅游产业结合的产物,迪斯尼乐园开创了一种全新的动漫产业经营模式,它的成功为全世界动漫产业的发展提供了一种新颖的可借鉴模式。我国动漫主题公园正处于起步阶段,而已经拥有60多年经营经验的迪斯尼乐园,保持创新,不断扩展新的有影响力的内容,才能保持生命力的旺盛,迪斯尼主题公园的经营策略对我国的动漫产业发展具有十分重要的参考价值。此外,我国在动漫主题公园建设方面应更多地融合中国文化元素,突出自己的建设特色,努力形成鲜明的个性。

第四节 青少年动漫产业面临的机遇与挑战

较之20世纪90年代和21世纪初,中国动漫产业在近年来取得了较大的发展。但是,中国动漫产业仍然存在着许多严重甚至致命的问题。

一、中国动漫企业资本运营能力差

动漫产业属于资本密集型产业,项目投资大、回收周期长,若无充足的资金做后盾,产品版权价值链难以成型。中国的动漫企业以中小企业为主,自身资金实力有限,在企业运营中需要大量融资,但是,大多数风险投资商并不看好这一行业,只是持观望态度。本应成为中小企业主要融资渠道的银行,也因动漫企业没有抵押物、企业的知识产权和潜在投资价值难以评估,不愿意贷款给动漫企业。许多动漫企业的工作以动画的代工、加工为主,经营短期能产生经济效益的业务以维持生存,但是,受国际金融危机的影响,许多依赖国外动画加工的企业都面临生存危机,一些老牌代工公司,如鸿鹰动画、翡翠动画,因业务难以为继纷纷倒闭。巧妇难为无米之炊,没有充足资金的中国动漫企业,势

[①]《中国动画产业年报》编委会.中国动画产业年报(2007)[M].北京:海洋出版社,2008:210.

必难以走远。

二、播出平台收购价格低，动漫企业投入资金回收困难

通过播放获利，这是动画最原始的获利方式。国内电视台的收购价格偏低，播出平台收购价格最高的是中央电视台，每分钟在 700 元到 1000 元左右，然后是卡酷，每分钟在 100 元左右，地方台的收购价格一般是每分钟 20 到 30 元。并且，全国真正有实力购买动画片的电视台仅三四十家，其他的都只能免费送播。但是，动画片的制作成本远高于收益。以二维动画片《校园三剑客》为例，每分钟的制作成本是 10 000 元，收益仅为制作费的 1/10。即使是《喜羊羊与灰太狼》这样的 Flash 动画片，每分钟的制作成本也在 3500 元以上，无法通过播出费收回成本。近年来，因国产动画生产过剩，许多播出平台不但不给钱，还向企业要钱，使本来就挣扎在生死线上的动画企业雪上加霜，想要回收成本更加困难。针对动画产业投入大、成本回收周期长的特点，国家和地方政府推出了动画补贴政策，但是，这也让许多动画企业钻了空子——为了套取政府补贴，许多企业在生产动画片时粗制滥造，钻政策的漏洞。像《高铁侠》《戚继光英雄传》等以垃圾作品换取政府补贴的丑闻层出不穷。这些令人愤慨的案例向社会传递了负面信息，损害了整个行业的形象，也搅乱了动画市场。

三、中国动漫产业链不完整，衍生产品开发模式弱

动漫企业要赢利，很大程度上依赖于衍生产品。在日本，动漫销售额与动漫衍生产品销售额的比例为 3∶7，在欧美接近 1∶9，但中国大多数的动漫企业却很难靠衍生品赚到钱，衍生品的开发模式十分脆弱。中国动漫产业链极不完整，各个环节各自为政，没有形成完整的链条，这也令本土动漫行业看起来不像一个产业。另外，中国动漫产业极其缺乏竞争力，有人用"老、弱、病、残"来形容中国动漫的产业链："老"指货架上的动漫作品是《黑猫警长》《葫芦兄弟》《大闹天宫》这样的"老派动漫"，缺乏新面孔；"弱"指本土动漫人物形象"太弱"，缺乏个性；"病"指国产动漫病恹恹的，提不起"时尚"精神；"残"指国产动漫缺乏支撑起百亿美元市场的产业链。[1]

四、知识产权保护不力，盗版现象严重

知识产权是企业提高核心竞争力的战略资源，也是企业利润的重要来源，但在中国却很难得到保护，盗版现象异常严重。对于动画企业来说，付出艰苦的劳动，投入大量资

---

[1] 赵永新.动漫衍生产品营销[M].北京：机械工业出版社，2009：31-32.

金,会因为盗版行为而遭受毁灭性的打击。一些有影响力的国产动画片的衍生品,如《喜羊羊与灰太狼》《虹猫蓝兔七侠传》等正版制品,也因没有授权、价格低廉的仿冒产品充斥市场等原因失去了销路,蒙受了巨大的损失。笔者在2008年曾到义乌考察动漫衍生品市场,发现那里盗版猖獗。当时中央电视台正在播放动画片《小鲤鱼历险记》,央视依靠衍生品基本上没有赚到钱,但当地的一家盗版商,却仅仅靠销售这部动画中的一项衍生品,一年获利就超过了千万元。

五、国产动画片有数量没质量,得不到目标观众认同

国家的一系列政策和措施,改变了国产动画产量不足的状况,但是,有市场竞争力、艺术性强、受观众欢迎的作品仍然太少,粗制滥造、抄袭模仿、胡编乱改的现象严重,平庸之作占较大比重。另外,2009年后,出现了"大跃进"式的、有数量没质量的"动画热"。如2011年,国内生产的动画片为435部,总计261 224分钟[1],高于日本数倍,严重供过于求。(令人欣喜的是,2012年,中国电视动画片的产量和前一年相比,首次出现了下降的趋势,动画生产热正在退烧。)但是,受观众欢迎的作品却少之又少。"中国青少年喜爱的动漫作品"调查显示:喜欢日本动漫的人占60%,喜欢欧美动漫的人占29%,而喜欢中国动漫(包括港澳台地区)的人只占11%。此外,动漫作品同质化现象严重,想象力不足,缺乏创意,外行指导内行现象严重,从剧本到画面水平都不高……也是中国动画企业和作品普遍存在的问题。

动漫产品本身具有巨大的市场空间,而动漫产品的衍生品市场空间更大。据统计,儿童音像图书市场空间为100亿元/年,童装为900亿元/年,玩具为200亿元/年,文具为600亿元/年,儿童食品为350亿元/年。[2]虽然中国动漫产业目前还不景气,但其拥有的发展空间巨大。中国动漫要成为能够赢利、能创造巨大市场价值、影响少年儿童世界观和价值观、提高国家软实力、在国际市场上具有竞争力的产业,必须实施以下引导策略,才能改变现状,走向未来。

一是建立成熟的产业链,为动漫企业的发展建"高速路"。

曾经有这样一个比喻——"在中国做动画很辛苦,如果把企业比作小轿车,把产业比作路的话,那我们不但要自己建加油站,还要修高速公路!"要改变中国动漫产业链不

---

[1] 国家广电总局.关于2011年度全国电视动画片制作发行情况的通告[EB/OL].http://www.gov.cn/zwgk/2012-02/14/content_2066505.htm,国家广电总局[2012]3号,2012-02-09.
[2] 卢斌,郑玉明,牛兴侦.中国动漫产业发展报告(2012)[M].北京:社会科学文献出版社,2012:357.

完整的现状,国家应尽快制定和完善相关的政策和措施,为中国动漫企业与国际市场的接轨搭建平台,积极吸收民营资本、境外资本和金融资本,让商人、企业家和金融家参与介入,整合不同行业、地区的动漫产业资源,从而形成中国动漫产业发展的"高速公路"——以资本为主线的、成熟的动漫产业链。

二是加强知识产权保护,打击盗版。

针对知识产权保护不力、盗版现象严重的动漫产业现状,国家应对现有政策进行细化与更新,并积极完善动漫作品著作权登记制度,加强动漫产品市场监管,开展动漫市场专项整治行动,严厉查处和打击各种侵犯动漫知识产权的盗版行为,保护动漫企业和动漫作者等知识产权权利人的合法利益,以保证动漫产业有序发展。

三是让市场决定企业的生存、发展及淘汰。

只看数量不讲质量、按动画制作的分钟数进行补贴的政策,在刚推出时对鼓励原创、配置动漫资源方面起到了一定的积极作用。但是,基于中国动漫产量供大于求、动漫企业多但产品质量不高的现状,这一政策反而会起到鼓励粗制滥造、抄袭作弊及误导动漫企业把政府当作市场的反作用,因此,这一政策应当逐渐废除,政府要从动漫企业的竞争中退出,让市场对动漫企业进行优胜劣汰。

四有针对性地培养专业人才。

不管对于动漫企业还是动漫产业,人才都是最重要的因素。动漫产业的发展,不仅需要制作高手和创意研发人才,更需要经营开发人才,但是,中国培养动漫人才的教学机构,即便是北京电影学院动画学院和中国传媒大学动画学院,也没有开设动画制作以外的专业,这就与市场的需求脱节了。另外,当前的动画教育以美式动画教学为主,在教学内容上,应增加日本、韩国等其他国家动画教育的内容,吸收其教育经验,最终培养出适应市场的动画人才队伍。此外,很多动画公司在招收应届大学生时,发现多数应届毕业生眼高手低,有理论没实践,从进公司到上手,至少需要三个月,有的甚至一两年都不能满足公司的用人需求。建议院校多与企业合作,产学结合,增加动漫专业毕业生的就业机会,同时提高动漫企业对应届毕业生的满意度。

五是创作动漫精品,培育本土动漫明星。

动漫企业自身应加强原创,多出精品,力争推出像外国的米老鼠、哆啦A梦、火影忍者那样深受目标受众欢迎的本土动漫明星。另外,因漫画杂志和图书的制作成本低,只有动画片成本的1/300到1/200,我们也可以吸收国外漫画先行、动画从漫画中出的成功经验,先用原创漫画培养粉丝、培育市场,在条件成熟的时候,再向动画、网游、游戏软件等其他形式转化,并开发相关的衍生产品,实现动漫作品向商标形象转让、设置专卖店的纵深方向发展。

  总之,中国动漫产业患的是从内容到形象,再到产品营销、衍生产品开发、产业链构建、知识产权保护等方面都存在较大问题的"产业发展综合征"。我们必须对症下药,各个击破,才能创造出中国本土的动漫明星和动漫品牌,让我们的动漫产业健康发展,实现真正意义上的腾飞,再铸辉煌。

本编参考文献

[1] 赵永新.动漫衍生产品营销[M].北京:机械工业出版社,2009.

[2] 邓林.世界动漫产业发展概论[M].上海:上海交通大学出版社,2008.

[3] 卢斌,郑玉明,牛兴侦.中国动漫产业发展报告(2012)[M].北京:社会科学文献出版社,2012.

[4] 李家国.中国动漫产业结构优化研究[M].南京:南京大学出版社,2012.

[5] 昝胜锋,王书勤.动漫产业:新型业态与盈利模式[M].济南:山东大学出版社,2011.

[6] 吴新兰.存在与感知——日本动漫在中国的跨文化影响[M].北京:知识产权出版社,2012.

[7] 周兰平.动漫的历史[M].重庆:重庆出版社,2007.

[8] 盘剑,等.中国动漫产业发展报告(2004—2009)[M].北京:中国社会科学出版社,2010.

[9] 盘剑.中国动漫产业发展报告(2010—2011)[M].北京:中国社会科学出版社,2012.

[10] 卢斌,郑玉明,牛兴侦.中国动漫产业发展报告(2013)[M].北京:社会科学文献出版社.2013.

[11] 殷俊,谭玲.动漫产业[M].成都:四川大学出版社,2009.

[12] 王传东,郑琳.动漫产业分析与衍生产品研发[M].北京:清华大学出版社,2009.

[13] 金元浦.动漫创意产业概论[M].北京:高等教育出版社,2012.

[14] 宋磊.解码外国动漫——源流·创作·观念·营销[M].北京:中国传媒大学出版社,2012.

[15] 潘瑞芳.动漫产业模式研究与实践[M].北京:中国广播电视出版社,2010.

[16] 卢斌,郑玉明,牛兴侦.中国动漫产业发展报告(2011)[M].北京:社会科学文献出版社,2011.

[17] 文化部扶持动漫产业发展工作小组.推动我国动漫产业发展工作参考资料[M].文化部市场司,2006.

[18] 2008中国动漫产业发展报告课题组.2008中国动漫产业发展报告[M].合肥:安徽美术出版社,2008.

[19] 《中国动画产业年报》编委会.中国动画产业年报(2007)[M].北京:海洋出版社,2008.

[20] 国家扶持动漫产业发展部际联席会议办公室.中国动漫产业发展报告(2009—2010)[M]长沙:湖南美术出版社,2011.

[21] 郝振省.中国动漫游戏产业发展现状调研报告[M].北京:中国书籍出版社,2010.

[22] 唐代兴.文化软实力战略研究[M].北京:人民出版社,2008.

[23] 王庸生.现代漫画概论[M].北京:海洋出版社,2005.

[24] 周越.动画史[M].重庆:西南师范大学出版社,2013.

[25] 彭玲.动画创意产业[M]上海:东方出版中心,2009.

[26] 李明.手机动漫艺术论[M]北京:中国书籍出版社,2012.

[27] 孙立军,马华.美国迪斯尼动画研究[M].北京:京华出版社,2009.

[28] 山口康男.日本动画全史[M].于素秋,译.北京:中国科学技术出版社,2008.

[29] 宫原浩二郎,荻野昌弘.社会学[M].京都:世界思想社,2001.

[30] 中国互联网络信息中心（CNNIC）.第34次中国互联网络发展状况统计报告[R].2014-7-21.

[31] 王沪宁.作为国家实力的文化:软权力[J].复旦学报(社会科学版).1993(3).

[32] 肖永亮.新兴媒体时代的动漫舞台剧[J].戏剧文学,2009(3).

[33] 刘长明.无纸动漫与传统纸媒动漫的对比[J].电影文学,2011(23).

[34] 金元浦.大动漫,寻找更广阔的天地[J].艺术百家,2012(2).

[35] 黄起才.发展中的中国动漫产业[J].太原大学学报(社会科学版).2007(6).

[36] 林吉.话说日本漫画[J].世界文化,1995(3).

[37] 陈怀之.美国动漫:世界动漫业的霸主[J].重庆与世界,2005(12).

[38] 吴红. 美日韩动漫产业机制对建构我国动漫产业链的借鉴 [J]. 韩山师范学院学报,2007(4).

[39] 陈博.韩国发展动漫产业的政策措施评析[J].当代韩国,2008(2).

[40] 龚海红.动漫出版业发展的实践与思考[J].决策探索,2009(5).

[41] 薛静.中国动漫产业及其衍生品发展现状初探[J].东方企业文化,2013(20).

[42] 隋杨洋,毛佳.动漫产业全球格局与中国发展[J].南方论丛,2006(6).

[43] 高一凡.浅议美日韩动漫产业对中国动漫产业发展的启示[D].石家庄:河北师范大学,2009.

[44] 王静.中国动漫产业政策探析[D].沈阳:东北大学,2009.

[45] 李波.我国动漫产业政策研究[D].长春:长春工业大学,2012.

[46] 唐肇鸿.动漫画产业基地的发展与发展策略研究[D].长沙:湖南师范大学,2014.

▶ 第四编

青少年数字化产品研究

数字化产品是指一系列民用数据处理和表征装置及其服务，人们从装置和服务中建立起包括新闻、音乐、视频、网络文学、网络游戏、网络社交在内的数字交互行为。数字化产品可划分成两个大类：一类是数字化娱乐类产品，以网络文学、网络音乐、网络视频和电子游戏为代表，用户可通过个人电脑、手机、互联网、数字电视和 iPad 等载体，获得多媒体、多应用、多功能的数字娱乐效果。另一类是数字化交流沟通产品，其源头是电子邮件，经由 BBS、博客、即时通信工具、社交网站，不断发展完善。数字化产品的考察对象为：与青少年文化环境密切相关的新媒体和网络文学、网络音乐、网络视频、网络游戏、网络社交等数字化产品。

数字技术与互联网的发展，对传统大众传播媒介产生了巨大冲击，引发了一场信息储存与传播方式的革命，同时也改变了传统的传播商业模式、营销策略与市场份额；数字时代的文化与经济的边界渐渐模糊，趋于消失，而数字化产业的兴起，从很大程度上改变了青少年的消费模式。目前，我国数字化产业呈现出发展更新速度快、使用者众多、信息传播迅速、互动性强等特点。毫无疑问，青少年正成为这一产业中最值得关注的消费群体，同时也是数字化产品受众研究的重中之重。

第一章 数字文化概述

第一节 传播媒介与青少年数字化产品

一、传播媒介的历史

在大众传播媒介的历史上，出现过七种里程碑式的标志物：语言、文字、印刷术、电报和电话、摄影技术和电影、广播和电视，以及电脑和以互联网技术为依托的数字多媒体设备。这七种传播工具,在人类历史的每一个特定时期,都起到了不可或缺的重要作用。

(一)语言。语言的产生有助于人类进行抽象化的思考,它是人类传播历史上第一次巨大的变革,但是,这种口传文化的缺点在于,人类的记忆容量是有限的,且具有一定的时效性,因此,口传文化传统中的知识与信息的增长极其缓慢,且无法被有效保存。

(二)文字。文字的发明使得一个特定知识体系的持久储存和流传成为可能。在这之前,听和说是人们共同拥有的技能,而一旦拥有了文字,人们可能掌握的信息量将大大超过以往。不过,利用手工抄写方式保留下来的图书典籍,制作过程耗时久,费时费力,而且,拥有读写能力,在历史的某个特定阶段一度只是部分人的特权。

(三)北宋时期,中国的毕昇发明了活字印刷术。400年后,德国的约翰·古登堡发明了印刷机。这两项发明,渐渐将人们从繁重的手工制书的劳动中解放出来,图书开始可以以低廉的成本大批量生产。此后,阅读图书不再是有钱有闲人的专利。印刷术也大大促进了各地、各国之间的科学、宗教、艺术、文学等方面的交流。

(四)电报最初诞生时,曾被形容为"伟大的时间与空间的消灭者",它也是世界上第一种采用数字传播(点与横)的媒介。电报与电话的发明,突破了时间与空间的限制,以大大优于纸质传播媒介的速度风行世界。

(五)摄影技术和电影。20世纪初期,人们的生活节奏大大变快,这两项发明大大节省了人们了解某种事物的时间,并且人们在观看这些照片和动态影像时,会更有身临其境之感。

(六)无线电广播和电视。19世纪末,科学家发现了电磁波,并推动了无线电广播事业的发展。20世纪20年代,精明的商人嗅到了无线电广播中蕴藏的巨大商机,为迎合大众日益增长的需求,他们在无线电广播中容纳了丰富的内容,娱乐、音乐、新闻、对话、体育等不一而足。美国学者尼尔·波茨曼在他的《童年的消逝》一书中认为,电视的发明和普及终结了以印刷术发明为标志的"文字说明时代",取而代之的是终结了人类"童年"的"娱乐时代",成年的权威和童年的好奇心就此失去了存在的意义。

(七)20世纪以来,数字技术迅猛发展,以互联网、电脑和手机等为代表的数字多媒体传播工具以一种势不可挡的方式迅速渗入到人们生活的方方面面,改变着人们的生活方式和思维方式。美国的约瑟夫·R.多米尼克将数字技术描述成把信息——声音、文本、图像、数据、图片、影像——编码成一系列通常被表现为0和1的断续的脉动。一旦被数字化,信息就能以极低的成本被轻易地复制和传播。[①]就这样,传统的通过口耳相传或通过印刷制品等媒介来传播信息的方式被彻底颠覆,取而代之的是令人应接不暇的现代化通信工具和传播媒介,时间和空间的限制被打破,信息传递的周期被大大缩短,一场声势浩大的数字革命就此掀起。

世界迅速进入了数字传播的时代。伴随着这个崭新的数字时代的到来,应运而生的是一系列的数字文化产业和日新月异的数字化产品。当然,在人们为之狂欢的同时,这场数字盛宴对于人们生活方式、思维方式的影响也是值得深思的,对处于成长期的青少年来说更是如此。

二、青少年与数字化产品

(一)定义与分类

目前,我国的青少年人口数量大概在四亿人左右,已占到我国总人口数的30%。关于青少年的定义,社会学和心理学研究领域一般采用世界卫生组织的说法,指的是10岁到19岁的正在成长中的个体。而我国一般会将完成高等教育、可以自食其力、在生活上能独立自主作为成人的标准。因此,我国青少年主要是指处于小学高年级到大学毕业这一年龄区间的人群。之所以选择这一年龄区间的人群作为研究对象,是因为现有的文献表明,这一群体正是当前数字化产品的主要受众。随着信息全球化时代的到来,信息传递途径的巨大转变与飞跃,对处于成长期的中国青少年的冲击是显而易见的。

2015年12月15日,中国网络空间研究院在浙江乌镇发布的《中国互联网20年发展报告》显示,20年来,中国网民数量为6.68亿人,网民规模达到全球第一。2016年6月1日,中国互联网络信息中心在第二届国家网络安全宣传周上发布了《2014年中国青少年上网行为研究报告》。本届国家网络安全宣传周突出青少年网络安全教育,《报告》显示,截至2014年12月底,中国青少年网民规模达2.77亿人,占整体网民的42.7%,占青少年总体的79.6%。

而据2011年的资料,截至2010年底,我国网民总数只有4.57亿人,但其中19岁以下网民已占28.4%,30岁以下网民占近六成。根据网络使用率分析,几乎全部青少年网民都是数字化产品的用户。2010年中国大型网络游戏活跃用户规模为1.1亿人,其中学

[①] 约瑟夫·R.多米尼克.大众传播动力学:数字时代的媒介.7版[M].蔡骐,译.北京:中国人民大学出版社,2009:377.

生用户比例占 40.7%。截至 2010 年 12 月,中国网络交友用户有 2.35 亿人,其中青少年成为网络社交的主力军和增长点,以 QQ 等为代表的即时通信工具在我国青少年中已经普及。

数字化产品,通常指的是无形或虚拟数字产品,具体来说,是指可经过数字化技术的处理,通过数字网络传输、处理和储存的产品,如计算机工具类(计算机软件、App 应用等)、信息类(如远程教育等)、即时服务类(如技术支持、售后服务等)等数字化产品。

从传播媒介的角度来讲,数字化产品亦可称为数字多媒体产品。所谓数字多媒体,是指以信息科学和数字技术为主导,以大众传播理论为依据,以现代艺术为指导,将信息传播技术应用到文化、艺术、商业、教育和管理领域的科学与艺术高度融合的综合交叉性学科。数字多媒体包括图像、文字以及音频、视频等各种形式,以及传播形式和传播内容中采用数字化,即信息的采集、存取、加工和分发的数字化过程。数字多媒体已经成为继语言、文字和电子技术之后最新的信息载体。[1]

数字多媒体可按不同的方法分成很多类。如果按时间属性分,数字多媒体可分成静止媒体和连续媒体:静止媒体是指内容不会随着时间而变化的数字多媒体,比如文本和图片;而连续媒体是指内容随着时间而变化的数字多媒体,比如音频和视频。按来源属性分,则可分成自然媒体和合成媒体:自然媒体是指客观世界存在的景物、声音等,经过专门的设备进行数字化和编码处理之后得到的数字多媒体,比如数码相机拍的照片;合成媒体则是指以计算机为工具,采用特定符号、语言或算法表示的,由计算机生成(合成)的文本、音乐、语音、图像和动画等,比如用 3D 制作软件制作出来的动画角色。

从功能方面来说,数字化产品可划分成两个大类:一类是数字娱乐类产品,这类产品以网络文学、网络音乐、网络视频和游戏为代表,用户可通过个人电脑、智能手机、数字电视和 iPad 等载体,获得多媒体、多应用、多功能的数字娱乐效果。另一类是数字交流沟通产品,其源头是电子邮件,经由 BBS、BLOG、即时通信工具、社交网站等,不断发展完善。

通过一系列虚拟的数字化产品——网络(原创)文学、电子书、网络视频、网络社交工具(微博、社交网站、QQ 等聊天工具)、网络游戏,以及这些虚拟数字化产品的硬件载体——多媒体设备(主要关注近些年流行的一些便携数字设备,如 iPad、智能手机、PSP)

---

[1] 孙戈.中外艺术设计简史[M].沈阳:辽宁美术出版社,2016:87.

等,青少年畅游在以互联网为技术依托的数字化世界里,享受着数字化革命带来的方便与快捷。

在网络文学方面,网络原创作品,具有青春化、娱乐化、通俗化、游戏化、自由化、类型化等特征。从蔡智恒《第一次的亲密接触》、安妮宝贝《告别薇安》等"80后"熟悉的网络文学作品,到此后的幻想文学、青春文学热潮,再到玄幻、武侠、悬疑、言情、盗墓、历史、校园题材的逐一火爆,网络文学中出现了一系列对青少年影响巨大的作品。

在网络音乐方面,新颖的数字化音乐产品制作、传播和消费模式,加上网友的原创、翻唱、改唱都可以上传分享、接受评论、传播互动,其反精英化、草根化的特点和开放性、参与性都对广大青少年构成了极大的吸引力。

同样,网络视频也具备原创和分享的特性,能够满足青少年体验新生事物、探索外部世界、缓解精神压力的需要,成为青少年重要的数字化消费品。国内比较成熟的视频网站如爱奇艺、优酷等均以青少年为主要用户群体。

在网络游戏方面,这种新型数字娱乐方式通过信息网络传播可实现多人同时参与,使青少年在一定程度上摆脱现实,进入虚拟空间,凭借角色转换完成任务以体验更具互动性、真实性的游戏快感。

在网络社交工具方面,我国青少年中常见的数字化交流沟通形式日趋多样,如微博、即时通信工具(QQ、飞信、微信、MSN)、社交网站等,吸引了大批青少年参与其中。

(二)数字化产品的特性

1.无消耗性。数字化产品的一个重要特点是它可以通过对信息的数字化处理来实现信息的瞬间流动。不同于传统实物消费品的付费流动,众所周知,在网络上,虽然有一些服务和信息是有偿的,但绝大多数信息与服务都是免费提供的,可以随时随地供用户下载、复制、传播。正是因为数字化产品具有这一特点,所以除了购买硬件设备的花费之外,网络上的信息产品几乎可以说是予取予求,不用付出任何成本。

2.平等、自由、开放的信息源。数字化产品的发展之所以如此迅速,是因为它们以互联网空间内的信息为主要资源库,因此,数字化产品也具有了和互联网信息基本同步的平等、自由、开放等共性。只要有一根数据线、一台支持TCP/IP协议的计算机,就可以连接到网络,实现信息资源的共享。互联网是一个无国界的虚拟自由王国,在那里,信息流动自由、使用自由。在网络空间里,你是怎样的人仅仅通过你的键盘操作而体现。如果你说的话听起来像一个聪明而有趣的人说的,那么在网上你就是这样一个人。至于现实生活里你是老是少、长得如何,是学生、商业管理人士还是建筑工人都没有关系。个人、企业、政府组织之间也是平等的。作为平等自由的信息沟通平台,信息的流动和交互是双向的,信息沟通双方可以平等与另一方进行交互。

3.多元性。基于互联网的数字化产品是集报纸、广播、电视三大传统媒介的诸多优势于一体的数字多媒体,它整合了报纸、广播、电视三大媒介的优势,实现了文字、图片、声音、图像等传播符号和手段的有机结合。数字多媒体的多元性特征,首先表现在传播主体上。从网络属性上讲,政府、企事业网站乃至个人网站都有能力发布新闻,成为传播新闻的主体。其次,数字多媒体通过超链接、超文本的手段,运用数字技术,将全球文化用网络的方式联结在一起。第三,数字多媒体的传播方式也具有多元性的特点。传统媒体的传播方式一般是点对面的传播,而数字多媒体除了网站向网民、某一网民向不特定的其他网民发布信息的"点对多"方式之外,还有网民通过网络向其他某个网民发送信息的"点对点"方式,众多网民向某一个网站发送信息、反馈意见的"多对点"方式,以及网上聊天室、电子公告牌等"多对多"的传播方式。

4.定制与个性化。数字化产品可以鲜明地突出个人的特色,只有有特色的信息和服务,才有可能不被信息的海洋所淹没。当今的青少年处在一个被数字技术引导的个性化的时代,使用数字化产品的人可以随意改变他们的电脑桌面、网页、手机铃声、屏保等。他们使用数字化产品,不仅能够享受网络提供的信息资源,同时也创造着信息资源,参与改变数字化产品的使用环境。

5.产品质量的不稳定性。除了以上特点外,数字化产品还具有互动性、便利性、没有时空限制、没有固定的语言和行为准则等一系列特征,这些特征吸引着当代青少年趋之若鹜。他们在网络上查找学习资料、浏览新闻、聊天、在线观看或下载视频,通过电子商务平台购买商品……他们享受着数字化产品带来的便利与好处。然而,数字化产品同时存在着许多致命的缺陷,其主要信息源——网络上存在着大量不良信息,诸如政治意识形态反动信息,侮辱和诽谤他人、泄露个人隐私以及污秽信息(色情、暴力、恐怖、赌博、迷信等)等。因此,有相当一部分缺乏自制力和判断力的青少年,会沉迷于网络游戏、浏览色情网站……无节制地追求着感官与心理的刺激,消耗着宝贵的精力与时间。

第二节 数字化时代的青少年

一、社会化模式的转变

青少年时期是个体成长最重要的一个阶段。在这一时期，个体的活动范围逐渐从家庭扩展到学校、社会；人际交往的对象从家人扩展到同学、朋友、同事。在这一过程中，青少年参与了越来越多的社会活动，逐渐成为社会的一分子。青少年在一定的社会和文化环境中，通过与他人、社会的交互作用来适应社会的行为准则，成长为一名合格的社会公民的过程，即青少年的社会化。从传统意义上来说，青少年接受教育、实现社会化成长是在三个环境中实现的。第一个是家庭环境，在这里，青少年学会了最基本的伦常礼节，如何在日常生活中对待父母家人。第二个是学校环境，老师的当面传授是青少年学得书本知识、了解大千世界的主要途径。第三个是社会环境，青少年在这里经受社会这个大熔炉的淬炼，最终成长为一名能履行一定社会义务的社会人。而如今，身处这个瞬息万变的数字化时代，青少年社会化的主导信息源和主要渠道变成了形形色色的数字化产品，青少年的社会化模式较以往也有了相当大的改变。

（一）信息接收途径的转变

我们可以看到，当下的家庭、学校、社区、图书馆、公共场所等社会实体越来越多地使用多媒体设备进行信息的传递，尽管它们的功能并没有改变，但是信息传递的途径却有了很大的改变。过去，青少年的成长程度主要由他们住在哪里、能够去到哪里来决定，阅读纸质印刷品在一定程度上也可以拓宽他们的视野，增长他们的知识量。但是，这种成长方式的弊端在于，之前他们想要了解某种知识或信息，只能通过询问家长、老师或身边那些经验丰富的人，或者去图书馆进行查询、翻阅，这样的方法既耗时又费力。如今，青少年沉浸在数字多媒体构建的世界中，他们掌握了各种新潮的数字产品的用法，只要轻点鼠标、轻击键盘，短短几秒钟之内，便能获取自己所需要的信息，大大突破了传统学习娱乐和人际交往过程中时间和空间的限制。

（二）自主化成长倾向

在数字化时代背景之下，青少年社会化的模式比以前更加自主化了。在传统的社会化模式中，青少年曾经被认为是"缩小的成人"，家庭、学校和社会充当的是引导和训诫的角色，它们把自己掌握的风俗、文化、知识与信仰孜孜不倦地传递给青少年，致力于把青少年塑造成符合社会道德规范、价值观和行为准则的社会成员。而这种单向的教育方式，导致青少年的学习生活几乎没有什么自主性，完全是被动地接受。如今，他们可以通过互联网畅游"地球村",轻松地获得各种信息,表达自己的想法,与朋友甚至陌生人进行互动与交流。在那里,他们不受父母、老师等权威的"压制",成为一个个相对独立的个体。可以说,新时代数字化产品给予了青少年更大更精彩的成长舞台,它们让青少年突破以往机械、被动的社会化方式,通过自主判断,勇敢地表达在现实生活中有时不敢表达的真实想法。他们利用数字化产品查询信息、浏览新闻、娱乐休闲、聊天游戏,积极参与各类社会化活动。例如,他们可以通过撰写个人博客、成立活动小组等方式来发起一场场年轻人感兴趣的活动,内容从组织公益活动、分享生活经验、闲置物品置换到交流观影体会及游戏心得等不一而足;他们充分利用了社交网络的传播力量,在网络上自发成立了一个个无权威、无领导的"组织"。在这方面,国外最成功的例子非Facebook莫属。国内这类著名的网站有豆瓣网、开心网、人人网等。

(三)全新的成长空间

数字化产品就这样深刻影响着青少年的社会行为。这种影响不仅仅是信息爆炸的力量,还在于形形色色的数字产品所构建的世界,重新构建了青少年活动的社会环境,削弱了有形地点与社会地点之间曾经非常密切的关系。这种做法,模糊了数字世界和真实世界的界限,成为数字化时代青少年成长的别样风景。伯克利大学的社会学家达纳·博伊德认为:"成年人控制着家庭、学校和大多数活动场所,告诉青少年该去哪儿,该怎么干。许多青少年在家里缺乏控制权,也没觉得家里是他们的私人空间。"[①]现在,青少年可以利用数字化产品为他们搭建的平台,不断构建自己在数字化时代的新"身份",建立属于年轻人自己的共享空间,获得一种全新的隐私空间。在QQ空间、个人博客、微博、人人网等个人主页上,他们撰写心情、感悟,并通过朋友甚至陌生人之间的互相评论和留言来获得他人对自己的评价,增进对自我的了解。这个过程,成为青少年学习全新社交规则不可或缺的一环,可帮助他们有效处理信任、尊重、地位等成长过程中必须要面对的问题。

二、数字化时代的青少年消费

数字技术与互联网的发展,对传统大众传播媒介产生了巨大冲击,激发了一场信息储存与传播方式的革命,同时也改变了传统的传播商业模式、营销策略与市场份额;数字化时代的文化与经济的边界渐渐模糊,趋于消失,而数字化产业的兴起,从很大程度上改变了青少年的消费模式。目前,我国数字化产业呈现出发展更新速度快、使用者众

---

① 唐·泰普斯科特.数字化成长(3.0版)[M].云帆,译.北京:中国人民大学出版社,2009:10.

多、信息传播迅速、互动性强等特点。毫无疑问,青少年正成为这一产业中最值得关注的消费群体。

中国青少年研究中心发布的一项2005年至2006年《青少年媒介与消费市场研究报告》显示,随着城市发展水平和居民生活质量的提高,中国青少年凭借他们作为独生子女的优越地位,创造出庞大的消费空间。这首先表现在他们每月从父母那里得到的零花钱上。调查结果显示,8个城市(北京、上海、广州、西安、成都、武汉、南京、沈阳)青少年每月的零花钱平均为207元,其中广州最高,达289元;西安最低,为140元。按总体平均水平推算,青少年一年的零花钱累计为2484元。也就是说,他们每年仅零花钱一项就有将近2500元左右的消费额度。按8个城市青少年共2 452 689人推算,他们每年的零花钱总额高达56亿元。而在2000年,某国内市场研究公司所做的同类调查结果显示,中国15个城市的青少年每月零花钱平均为76.5元。由此可以看出,青少年消费力的提升速度是惊人的,青少年市场将会变得更加活跃。调查更发现,除食品、饮料等行业是青少年市场的传统消费热点外,运动产品、网络游戏、教育、旅游、个人数字产品等逐渐成为开发青少年市场的重要力量。例如,在网络游戏方面,52%的青少年在过去6个月中玩过网络游戏,他们每月在网络游戏(不包括上网费)上的支出花费达82元;青少年对MP3播放器、MP4播放器、电子学习机等个人数字产品未来一年的预购率分别高达44%、31%和24%。以上数据表明,数字产品已然成为青少年消费的主力增长点。

青少年是社会的一个特殊群体,他们在这一阶段的主要任务是学习知识以获得更好的成长空间,因此,他们的主要经济来源是父母长辈。他们的现实消费能力并不强,但是,随着个人意识、社会意识的增强,他们的消费意识也在觉醒。现实消费能力与强烈的消费欲望之间的不对等关系,导致青少年急需寻求更为价廉物美的消费品,以满足自己的消费需求。而数字化产品的兴盛,使他们有一种久旱逢甘霖的感觉。众所周知,当代青少年的社会化活动,如放松娱乐、交友沟通、搜索信息、学习知识、浏览新闻等,有很大一部分时间都是在网络上完成的。在数字化产品的世界里,除了必要的需要付费的虚拟网络产品,如正版软件、游戏装备等,对于青少年来说,数字化时代带给他们最大的惊喜就是网络上存在着大量的免费数字化产品,这使得曾经处于弱势地位、只能靠父母提供经济支持的青少年获得了极大的"经济自主权"。例如,网络聊天工具可以大大节省打电话发短信的费用;去优酷、土豆这样的免费视频网站观看视频,不仅可以观赏到因学习、考试而错过的电视剧,还可以节省下一笔买票看电影的开支;网络上更有着取之不尽、用之不竭的电子书。不仅如此,青少年正成为网络购物的最大消费群体。他们会选择淘宝、当当、京东这样的热门电子商务平台(B2C)去购买书籍、学习用品、游戏点卡、衣服、鞋子和创意小玩具等,因为这些网站提供的商品的价格远远低于实体店的价格。走在时代前沿的青少年追新求异,敏锐地把握着时尚、娱乐、科技的动向。从这一点来说,他们是数字化时代最大的受益者,尽情享用着形形色色的数字化产品。

三、困境与反思

高科技、信息化、多元化的数字化产品,极大地满足了青少年选择、接受文化的途径和需要,真正获得了社会文化的知情权、参与权、表达权,享受到了前所未有的自由和快乐。正如《数字化成长》的作者唐·泰普斯科特所盛赞的那样,处于数字化时代的青少年,尽享数字化产品给他们带来的种种好处,他们运用数字化产品的各种先进性能,改变着工作、市场、学习、家庭和社会。他们向往从行动到表达的自由,喜欢对数字化产品进行定制和个性化修饰;他们有强大的市场影响力,可以对商家和雇主提出更多的要求,商家要是想做好他们的生意,就必须在产品、推销手段和公司运作方面做充分准备,迎接他们的严密审视;他们买东西或求职的时候,要求公开、公正、公平;他们善于把娱乐融入学习、工作和社会生活中;他们注重协作关系,会为了工作、学习,甚至只是为了好玩而去共享文件,通过网络讨论着品牌、公司、产品、服务或其他的事情,以至于互相影响对方的好恶和价值观;他们不仅仅在玩网络游戏的时候需要速度,在实时聊天、信息传输时同样如此;他们享受新潮的数字化产品,并积极参与创新,为生活在一个前沿、有活力、有创意、有效率的环境中而努力着。

数字化时代的科技产品,对于青少年来说,就像空气一样不可或缺,为他们在新时代的成长发挥了积极有效的作用,其对青少年成长过程中的正面影响——个体身份的建构、个性的养成、价值观的塑造是多维度的,无需赘言。但另一方面,多元文化格局的碰撞与数字化产品的市场化、消费化倾向,以及网络上不良信息的存在,又使青少年价值观的形成在即时与长远共存、自由与重负共生、批判与消费共在的背景下面临多重困境。阿多尔诺曾这样形容文化工业:"文化工业的全部实践就在于把赤裸裸的盈利动机放到各种文化形式上。甚至从这些文化形式一开始作为商品为它们的作者在市场上谋生存的时候起,它们就或多或少已经拥有了这种性质。"[①]作为文化工业中一种独特的商

---

① 阿多尔诺.文化工业再思考[M].高丙中,译//陶东风,金元浦.文化研究:第1辑.天津:天津社会科学院出版社,2000:199.

品形式,以盈利为主要目的的数字化产品对当今青少年心理、生理成长所产生的种种影响,已经到了必须引起全社会高度重视与警惕的时候。"北京市曾对近3000名中小学生做过一项调查,看看他们上网的目的究竟是为了什么。结果只有近30%的学生上网的目的是与学习相关的'搜索信息'和'下载软件',而有35%的学生上网是为了'玩游戏',近30%的学生是为了'聊天'。调查还发现,46%的学生曾光顾色情网站,76%的学生曾沉迷于网上聊天。更为严重的是,调查表明,66%的学生利用网络聊天、玩游戏甚至光顾色情网站是在家长的眼皮底下进行的,因为许多家长不懂电脑,也就无法对孩子的不良行为进行限制。"[①]调查更表明,目前网络上的非学术信息中,47%与色情有关。对于正处于身心发展"暴风骤雨"阶段、认知能力和成熟人格尚未形成的青少年而言,数字化产品中的色情、暴力等不良信息已经极大地威胁到了其健康成长,甚至成为诱发其堕落与犯罪的陷阱。近几年来,随着智能手机、PSP、iPad等便携式数字化产品的兴起,要对孩子使用数字化产品的情况进行监管,更是难上加难。

四、数字化产品对青少年的负面影响

目前,数字化产品对青少年成长主要会产生以下几方面的负面影响。

(一)道德失范

道德规范指人们在日常生活中的行为准则和道德原则,指引人们在各种场合和环境中以正确的、合适的方式来行动。20世纪90年代以来,数字化世界这种全球化的生存理念冲击着多元文化和多元世界,人们收集、保存、传输信息的方式发生了根本性的变化,呈现出开放、快速、变动和相互影响及渗透的状态,蜂拥而至的各个国家和地区的思想文化、伦理观念、道德意识通过形形色色的数字化产品对青少年的思维方式、行为模式及个性心理产生着长期的、潜移默化的影响,改变了青少年的日常生活和人际交往,重新定义了青少年的价值观。随着数字技术的不断发展,数字化产品已成为各种思想文化信息的集散地和社会舆论的放大器,使青少年的世界观、人生观、价值观的形成和发展都被深深地打上了数字时代的烙印。然而,由于数字化产品虚拟化的重要特征,相关部门尚不能形成健全、完善、有效的道德约束机制以与现实生活中的道德观念、价值规范完全接轨。而且,数字技术所特有的非实名性和信息传播的无序性,使数字化产品的世界中充斥着大量消极、颓废和低俗的内容,这一切都深刻影响和侵蚀着青少年的思想

[①] 王劲松.网络空间不良信息防范探讨[D].上海:华东师范大学,2004.

行为和价值取向。

频繁接触数字化产品的青少年正处于身心发展的关键阶段,在这一时期,他们尚未形成正确、稳固的价值观,缺乏社会经验和一定的鉴别能力,对新鲜事物的好奇心使他们降低了对数字化世界中负面价值观的抵御能力和警惕能力,他们一旦被数字化世界中虚假的、暴力的、色情的信息和拜金主义、个人主义等思想诱惑和影响,就很容易将现实世界的道德监督和法律约束抛于脑后,忘记自己真实的社会角色、地位和社会责任,道德意识将逐渐淡薄,行为也更易失去约束与规范。长此以往,青少年将成为这些不良价值观的最无辜的受害者。

(二)自我同一性的危机

自我同一性是一个与自我、人格的发展有密切关系的多层次、多维度的心理学概念。本质上,它是指人格发展的连续性、成熟性和统合感,它包含三个层面的内涵:1.最基本的层面,即 ego-identity;2.个人同一性;3.社会同一性。因此,自我同一性可以理解成是个体在寻求自我的发展中,对自我的确认和对有关自我发展的一些重大问题,诸如理想、职业、价值观、人生观等的思考和选择。在这一过程中必然要涉及个体的过去、现在和将来这一发展的时间维度。而自我同一性的确立(identity-achievement),就意味着个体对自身有充分的了解,能够将自我的过去、现在和将来组合成一个有机的整体,确立自己的理想与价值观念,并对未来自我的发展做出自己的思考。

青少年有着独特的成长机制。从儿童时期、少年时期直至成年,会经历外形、生理功能的变化,逐步完成社会化和心理成长,并克服自我同一性危机,形成自我意识与自我角色。美国著名精神病医师、新精神分析派的代表人物埃里克森认为,青少年时期是个体自我同一性形成的最混乱的时期。自我同一性的确立意味着个体对自身充分的了解,能够将自我的过去、将来和现在整合成一个有机的整体,确立正确的理想和价值观,对未来的发展做出思考。经过这个阶段,青少年的自我认同感将更加坚定和稳固。青少年的自我同一性如果能顺利实现,可促进个体人格的形成,反之,将在青少年内心形成强烈的矛盾冲突,导致他们困惑、迷茫,甚至产生价值观与生存意义的危机。

1.失落的童年

尼尔·波茨曼在《童年的消逝》中为读者梳理了童年概念的产生与消亡——印刷术如何创造了童年,电子媒介又如何使童年"消逝"的过程。他认为,电子媒介引起了青少年角色塑造的模糊化,造成了大量"成人化的儿童"与"儿童化的成人"。科技日新月异的数字多媒体时代赋予青少年更多的"自由",以一切可以想象或难以想象的方式向青少年开放,那里并不特别强调成人和青少年的区别,青少年有机会接触到更广泛的、与提供给成人一样的无区别无限制的信息,青少年的天真无邪、好奇心和可塑性渐渐退化,心性被扭曲成"成人"。

2.脆弱的归属感

这一阶段的青少年强烈希望摆脱成人社会加诸自身的各种束缚,独立意识不断发展,并形成具有自己独特个性的行为模式。处于数字化时代的青少年,自在、丰富的数字化世界让他们摆脱了家庭、学校和社会的监督与束缚,满足了他们追求新鲜、时尚、刺激与神秘感的内心需求。他们可以根据自己的喜好,选择自己中意的产品和服务,他们的选择权和决策权在此得到极大的尊重。同时,数字化世界让他们获得了个体的归属感,他们在其中或特立独行,或加入一个个群体,从而找到自己的"位置",按照自己的意愿构建出和真实生活中完全不同的自我形象,赋予自己各种凌驾于现实生活之上的能力,并根据他人对自己的评价获得自我的满足。然而,这种归属感毕竟不是在真实社会中产生的,更容易偏离青少年社会化的正常轨迹。

3.消极的自我

在现实的社会行为中,青少年为了迎合社会规范和父母、老师的期望,往往表现出自我积极的一面,而刻意隐匿和压抑自我消极的一面。而在数字化世界中,由于其非实名性的特性,加上缺乏传统社会道德力量的约束和外界的监督、法律法规的管制,许多在现实生活中被压抑的负面行为就会被充分激发出来,青少年消极自我的一面就会表露和发泄出来,其个性中对他人恶意的攻击性、狂妄自大、崇尚暴力的消极心理很容易就会被其他带有猎奇心理、起哄看热闹、不负责任的"看客"激发出来,甚至无限放大。例如,在互联网日益发展的今天,互联网的应用可以说涉及了生活的方方面面。可是,一不小心,个人信息就会在互联网上泄露出去,给人们带来不小的困扰,而且往往有人恶意泄露他人信息,著名的"人肉搜索"就是一个显著的例子。且不论被人肉搜索的对象个人品格是否优劣,有时候,缺乏判断能力、心理脆弱、意志薄弱的青少年就会成为这些看客中的一分子,这种行为很容易滋长他们盲目从众的心理和网络"暴行"。当青少年不能抵挡数字化产品的诱惑、沉迷其中时,数字化产品就会成为他们人格发展的最大障碍,导致他们对自我与他人关系的认识、自我与社会关系的认识之间发生剧烈的冲突。

4.角色混乱

当代青少年自我同一性的塑造是在数字化世界和真实世界中共同完成的。如果青少年的角色长期在虚拟与真实世界中切换，那么他很有可能因为无法协调这两个世界的关系而导致自身角色的混乱，从而出现双重甚至多重人格而引发身心疾病。角色混乱是指青少年对自身角色丧失同一性的一种综合表现。数字化世界的非实名性、虚拟性等多重特征，使青少年的心理和行为往往表现出与现实生活截然不同的一面，因此可能导致一部分自我整合能力较差的青少年表现出虚拟自我和现实自我、现在自我与理想自我的分离和冲突，导致其角色同一性的混乱，严重时易造成多重人格或人格分裂。这种现象在网络角色扮演游戏中屡见不鲜。媒体报道，某少年跳楼自杀的原因竟是追寻网络游戏中的虚拟人物；更有青少年因网络"情侣"或"夫妻"一方提出分手而轻生；因网络上不良信息的误导而在真实生活中成为暴徒的新闻也曾见于报端……种种青少年角色混乱导致的严重后果让人触目惊心。

第三节　青少年数字化产品的研究现状与任务

一、青少年数字化产品的研究现状

数字化的交流沟通方式带来了很好的传播效果，数字化产品给青少年打开了看见另一个世界的窗口，扩展了他们的视野。但是众所周知，伴随数字化世界海量免费信息而来的一个严重问题就是信息质量的良莠不齐，而不良信息对青少年身心成长的负面影响无法估量。因此，在一部分人为这场旷日持久的信息盛宴而狂欢的同时，对青少年是否具备甄别信息优劣的能力的担忧自始至终都存在着。而如何制定相关法律和政策来对青少年使用数字化产品的行为进行有效的监管，如何开展全面的理论研究，社会、家庭、学校如何开展合适的心理、生理引导机制……则成为一个个刻不容缓、亟待解决的棘手问题。然而，尽管国家相关部门对此已给予足够的重视，理论界的研究也在持续进行，但在这些措施的实施方面，均存在着不同程度的问题。

（一）法律、政策监管的缺失

青少年接触数字化产品的过程中暴露出的诸多问题、隐患尚未得到有效的引导。诸如网络文学存在的整体质量不高、价值观多元、商业化气息浓重、惯性复制等不良倾向；网络音乐中部分渲染悲观颓废等负面情绪的作品对青少年心理的不利影响；网络视频的虚拟性和开放性造成的监管困难，导致暴力低俗内容丛生；网络游戏存在的内容不健康问题和伴随而来的游戏成瘾的心理问题；社交网站不做实名认证导致各种信息混杂，

容易对青少年形成不良影响等。

目前,尽管我国的数字产业发展迅速,但处于少监控和少辅导的状态。近年来虽有《全国人大常委会关于维护互联网安全的决定》《关于涉及网络空间安全的决定》《中华人民共和国电信条例》《互联网从事登载新闻业务管理暂行规定》等法律法规出台,但这些行政法规还存在着如内容不够明确、不够细化、有争议条款和盲点等问题,在执行方面存在可行性不强、多头执法等难题。更重要的是,这些规定没有聚焦于青少年,整个行业对青少年数字化产品的监管方面存在巨大漏洞。

(二)理论研究的片面化

理论界对数字化产品的研究数量与质量明显不足,一些社会调研机构或咨询公司的行业研究报告或业界人士的网络专栏文章存在研究不规范、样本不足、泛泛而论、个别问题讨论较多而基础研究严重不足等问题。数字化产品存在的隐患极有可能导致青少年产生各方面的问题,如价值观失落、认知改变、社交能力减退、现实和想象混淆、个性改变、社会行为改变、色情暴力信息引发犯罪等。

纵观国内外研究成果,虽从基本理论和基本可能性方面分析了数字文化的形态,但直接针对我国青少年数字产品生产与接受现状、产生的具体问题和可能的发展等方面所展开的研究极为不足,或缺乏准确、科学、权威的影响数据,局限于陈述现象,或没有试图揭示心理原因、提出治理方式,或没有形成面向整个行业的教育战略,缺乏心理学和教育学研究的指导,辅导机制不健全等。

二、青少年数字化产品的研究重点与任务

本部分的研究重点在于从众说纷纭且质量堪忧的前期工作中深入下去,获得较为扎实而有说服力的新结果。因此,本部分拟从剖析问题入手,纵深展开如下几个项目的调研:

(一)网络音乐、视频类产品的多维研究

2006年12月11日,文化部正式出台了《关于网络音乐发展和管理的若干意见》,明确规定了网络音乐的概念:网络音乐是音乐产品通过互联网、移动通信网等各种有线和无线方式传播的,其主要特点是形成了数字化的音乐产品制作、传播和消费模式。主要由两个部分组成:一是通过电信互联网提供在电脑终端下载或者播放的互联网在线音乐,二是无线网络运营商通过无线增值服务提供在手机终端播放的无线音乐,又被称为移动音乐。

网络视频是指通过有线以及无线的方式在网络上以 wmv、rm、rmvb、flv 以及 mov 等视频文件格式传播的动态影像。狭义的网络视频包括各类影视节目、新闻、广告、Flash 动画、自拍 DV 等内容,广义上还包括聊天视频、游戏视频、监控视频等。因聊天视频更多地带有即时通信的意义,游戏视频隶属于网络游戏部分,监控视频并不具备广泛传播的性质,因此本文所说的网络视频仅限于狭义网络视频包含的内容。

(二)网络社交(微博、网站、聊天工具)对青少年社会化的影响考评

网络社交的考评范围主要集中在以下几个方面:

1.E-mail

电子邮件(Electronic mail,缩写为 E-mail)是一种利用互联网进行的一人对一人或一人对多人的数字信息交换方式。通过网络的电子邮件系统,用户可以以非常低廉的价格(只需负担电话费和网费),以非常快速的方式(几秒钟之内可以发送到世界上任何你指定的目的地),与世界上任何一个角落的网络用户联系,这些电子邮件可以包含文字、图像、声音等各种内容。

2.BBS

电子布告栏系统(Bulletin Board System,缩写为 BBS)是一种站点系统,它允许用户使用终端程序进行连接和登录。登录之后,用户能够上传和下载软件或数据,浏览新闻和公告,通过电子邮件、站内布告栏或者联机对话来与其他用户交流。许多 BBS 还提供在线小游戏、聊天室等让用户有更多的方式与他人交流。简言之,BBS 是一个有多人参加的讨论系统,用户通过注册获得 ID,登录之后就可以进入讨论区浏览其他用户的文章(在 BBS 中被称为帖子)、问题和建议,也可以发表帖子或回复他人。

3.Blog

Blog 是网络日志 web log 的合成词,中文叫作博客,又被称为部落格,是由一个人或一个群体管理、发布文章的信息站点,博客上的文章通常按照发布的时间倒序排列。博客可以专注于某个特定话题,也可以作为个人日记进行创作。目前典型的博客结合了文字、图像、其他博客或网站的链接及其他与主题相关的媒体,能够让读者以互动的方式留下意见。

4.IM

即时通信或即时通信工具(Instant Messaging 或 Instant Massager,缩写为 IM),是一种用户可以通过电脑、手机等终端设备,利用网络一对一或一对多进行即时信息传递的

沟通方式或工具。其实,信息在发出者和接收者之间即时传递,就是网上进行的聊天,因此IM也被称为聊天工具、网上聊天等。目前,即时通信支持在线语音聊天、在线视频、网络电话和超链接媒体。

5.SNS

社会性网络服务(Social Network Service,缩写为SNS)是为用户提供的一种基于共同的兴趣爱好或活动的网络社交平台,用户利用社会性网络软件在社交网站上建构一种社会关系网络。

6.微博

微博客(Microblogging或Microblog)简称微博,是一个基于用户关系的信息分享、传播的平台。用户可以通过Web、Wap以及各种客户端组建个人社区,以140字以内的文字更新信息,实现图片、视频、音乐的即时分享,可以通过关注、转发、@、评论的方式互动。

(三)网络游戏与青少年网瘾的克服对策

网络成瘾(简称网瘾)的概念,由美国心理学家格登博格(Goldberg)提出,随后,匹兹堡大学的金博莉·杨博士(Dr. Kimberly Young)发展完善了他的这一概念。网络成瘾(Internet Addiction,缩写为IA)、网络成瘾症(Internet Addiction Disorder,缩写为IAD)或病态网络使用(Pathological Internet Use,缩写为PIU),指在无成瘾物质作用下的上网行为冲动失控,表现为由于过度使用互联网而导致个体明显的社会、心理功能损害。

研究表明,青少年长期沉溺于网络、动漫、数字化产品,会从根本上改变其价值观,导致人生理想错位、个人主义抬头、思想道德滑坡、价值信仰多元;同时也会改变青少年的认知方式、社会行为,导致社交能力减退、语言陌生化(如"火星文")、性格孤僻(宅男宅女现象)。

目前,国内对于网瘾这一问题的学术研究多援引国外的定义与标准。评判标准的前提(必要条件)为:上网给青少年的学习、工作或现实中的人际交往带来不良影响。在这一前提下,只要满足以下三个条件中的任何一个——总是想着去上网;每当互联网的线路被掐断或由于其他原因不能上网时会感到烦躁不安、情绪低落或无所适从;觉得在网上比在现实生活中更快乐或更能实现自我——即判定属于网瘾。

第二章 青少年网瘾及其管理对策

近年来,"网瘾治疗"问题已引发社会各界关注,据央视报道,在我国戒除网瘾已经悄然成为一项拥有 300 多家机构、规模达数十亿元的产业。目前网瘾治疗行业情况不容乐观,多数治疗机构存在着网瘾判定标准不明确、网瘾形成原因研究不深入、网瘾治疗的方法没有针对性、网瘾治疗机构师资力量难以保证等问题,甚至有些机构还把治疗网瘾当成赚钱的工具。① 其中以临沂网络成瘾戒治中心主任杨永信的电击疗法最引人关注。

杨永信独创的"醒脑疗法"是让 1~5 毫安的电流通过太阳穴或手指,以电流刺激脑部进行治疗。虽然杨永信称"醒脑疗法"很安全,改造成功的比例超过 90%,但很多孩子离开后,纷纷在网上发帖陈述自己的痛楚,用文字、图片、视频等方式表达对电击疗法的厌恶、恐惧和抗议。有网友形容电击疗法"让人生不如死",迫于对电击的恐惧,很多孩子违心地接受改造,盼望早日离开治疗中心。这种以暴制暴的方式让很多孩子身心受到伤害,甚至会萌生怨恨父母、报复治疗中心的想法。

网瘾治疗机构暴露出一系列引人反思的问题:什么是网瘾?网瘾的判定标准是什么?网瘾是否需要治疗?用治疗精神疾病的电击疗法治疗网瘾是否合法?如何保障网瘾治疗机构中青少年的身心健康权益?

第一节 网瘾的概念与评判标准

一、网瘾是代际鸿沟导致的

前辈对数字原住民一代的不理解和偏见形成了代际鸿沟。对青少年网瘾问题的探讨,需要放在整个数字化时代的大背景之下。当国内很多人视网瘾为洪水猛兽时,美国哈佛大学的网络社会研究中心和瑞士圣加仑大学的信息法研究中心正在从另一个角度协作研究网络化生存的问题,以更好地理解和支持在数字化时代长大的这代人。他们提出了两个新的概念——数字原住民(Digital Natives)和数字移民(Digital Immigrants),以表明当代青少年与前人在数字化时代的巨大差异。

---

① 中国青少年网络协会,中国传媒大学调查统计研究所.中国青少年网瘾调查报告(2009)[R].2010.

数字原住民是伴随着数字化技术成长起来的一代人。他们一出生就生活在一个被电脑、视频游戏、数字音乐播放器、摄影机、手机等数字化产品包围的时代,并无时无刻不在使用信息技术进行信息交流和人际互动。对于他们而言,网络就是他们的生活,数字化生存是他们从小就开始的,也是最习惯的生存方式。

数字移民是指那些在数字化时代之前成长起来的人们。因出生较早,在面对新的数字科技、数字文化时,需经历并不顺畅且较为艰难的学习过程。[①]

对于数字移民而言,网络与闯入他们生活的其他新奇事物,如汽车一样,只是他们认识世界的新工具。但是,对于数字原住民而言,网络深刻影响着他们的认知方式、生活方式和价值观念。数字原住民与他们的前辈相比,有许多截然不同的特征,例如:(一)数字原住民能充分享受信息技术带来的便利,并能积极主动尝试创造性地应用信息技术。(二)数字原住民对多元化、差异性及共享信息展现出的态度更加开放。(三)与前辈相比,数字原住民的思维方式体现出了超文本、跳跃、图形化的特点。(四)数字原住民能娴熟地应用网络进行即时快速的人际沟通,如果未随身携带即时联系工具,大部分数字原住民会感觉不自在。(五)接收信息及对信息做出反应时速度快,并能在多个任务间快速切换,同时高效地处理。[②]

当上一代人——明确区分着网络和现实的那一代人,视网瘾为洪水猛兽,谈网色变,严厉指责数字原住民这一代人沉溺于网络是种病态行为,甚至用治疗精神疾病的药物和电击疗法治疗网瘾时,不得不说,是时候从冷静客观的角度去理解数字原住民了。"对上一代人而言,网络是工具,对这代人来说,网络就是世界。"中山大学研究网络心理学的学者程乐华在接受《青年周末》记者采访时说。网络就是数字原住民依赖的生存方式,甚至有时网络比网络之外的现实生活更具意义,网络对于他们的重要性并不亚于网络之外的那个世界。

是网瘾可怕,还是对数字原住民这一代人生存方式的不理解可怕? 2008年8月于美国出版的《数字人生:理解第一代数字原住民》(*Born Digital: Understanding the First Generation of Digital Natives*)中指出:"被数字革命引发的最持久的改变,不是新的商业模式和新的算法研究,而是数字时代出生者和非数字时代出生者之间的代际鸿沟。"从这

[①] 曹培杰,余胜泉.数字原住民的提出、研究现状及未来发展[J].电化教育研究,2012(4).
[②] 顾小清,林仕丽,汪月.理解与应对:千禧年学习者的数字土著特征及其学习技术吁求[J].现代远程教育研究,2012(1).

个角度来看,网瘾是代际鸿沟导致的前辈对数字原住民一代的不理解和偏见。

二、网瘾的概念界定

目前对网络成瘾的界定还存在争议,没有明确的统一概念。所用术语包括网络成瘾(IA)、网络成瘾症(IAD)、病理性网络使用(PIU)以及网络行为依赖(IBD)等。

戴维斯(Davis)主张使用病理性网络使用(PIU)这一术语,并将其分成两类:特殊性PIU和一般性PIU。特殊性PIU是指患者依赖网络内容的某种特殊功能,包括滥用在线色情信息、在线商品交易等。一般性PIU是普通的、多维度过度上网,包括在网上毫无明确目的地浪费时间,如在线聊天等。[1]

Hall Alex S.和Parsons Jeffrey认为,网络行为依赖(IBD)的并发症包括意志消沉、冲动控制障碍和低自尊。他们认为网络的过度使用是生活中的一个良性问题,它弥补了在生活其他方面缺少的满意感,是普通人生活中都有可能遇到、并需要克服的问题。他们认为IBD仅仅是一种适应不良的认知应付风格,可以通过基本的认知行为干预加以矫正。[2]

我国台湾学者周荣与周倩在世界卫生组织对物质成瘾的定义的基础上,将网络成瘾定义为:由重复地对网络使用所导致的一种慢性或周期性的着迷状态,并带来难以抗拒的再度使用之欲望,同时会产生想要增加使用时间的张力与忍耐、克制、戒断等现象,对于上网所带来的快感会有一种心理与生理上的依赖。[3]

北京军区总医院的陶然主任通过对1300余例网络成瘾者的临床观察和研究,将网络成瘾定义为:个体反复过度使用网络导致的一种精神行为障碍,表现为对网络的再度使用产生强烈的欲望,停止或减少网络使用时出现戒断反应,同时可伴有精神及躯体症状。[4]

以上不同学者的不同称谓,都反映了由于过度使用网络而导致的负面结果,虽然称谓不同,但内涵基本相同。本部分把网络成瘾定义为IAD这个概念,指的是在无成瘾物质作用下的上网行为冲动失控,表现为过度使用互联网而导致个体明显的社会、心理功能损害。

---

[1] 马庆国,戴懿,王小毅.网瘾概念的定义研究[J].管理工程学报,2006(2).
[2] 昝玲玲,刘炳伦,刘兆玺.网络成瘾研究现状综述[C]//中华医学会行为医学分会.中华医学会首届国际行为医学学术大会暨第九次全国行为医学学术会议论文汇编,2007.
[3] 朱美燕,朱凌云.透视青少年"网络成瘾综合症"[J].中国青年研究,2002(6).
[4] 晋琳.青少年网络成瘾的研究现状[J].中国心理卫生杂志,2008(6).

三、网瘾的评判标准

国内外很多研究编制了相关量表来评判网络成瘾。比较有代表性的有如下几种:

(一)金博莉·杨博士编制的《八题项网络成瘾诊断问卷》(1998)

问卷提出了 8 个问题,受试者的答案如果超过 5 项给予肯定的回答,就认为已经符合网络成瘾。这 8 个问题是:

1.你是否对互联网着迷,在下线后仍继续想着上网的情形?

2.你是否需要花更多的时间在线才能获得满足?

3.你是否努力想控制或停止使用网络但总是失败?

4.当较少或停止使用网络时,你是否会觉得沮丧,心情低落易发脾气?

5.你在网上的时间比预期的要久?

6.你是否由于上网影响了学习成绩、某项工作或朋友关系?

7.你是否对家人或朋友说谎,以隐瞒自己痴迷网络的程度?

8.你上网是为了逃避问题或释放一些感觉,诸如无助、罪恶或焦虑、沮丧?[①]

这一量表具有简单、易操作的特点,是目前许多研究者经常采用的评判标准。但是这一量表的信度与效度指标不明确。这在未来的研究中应该得到重视。

(二)高柏(Goldberg)关于网络成瘾的描述性诊断标准(1998)

高柏认为网络成瘾的行为必须同时满足如下 6 项标准:

1.突显性(salience):互联网使用占据了用户的思维与行为活动的中心。

2.耐受性(tolerance):互联网用户为了获得满足感不断地增加上网时间与投入程度。

3.戒断症状(withdrawal symptoms):停止互联网使用会产生不良的生理反应与负性情绪。

4.冲突性(conflict):互联网使用与日常的活动或人际交往发生冲突。

5.复发性(relapse):尽管对互联网成瘾进行控制与治疗,但成瘾行为还是反复发作。

6.心境改变(mood alteration):使用互联网来改变消极的心境。[②]

相对于金博莉·杨的标准,高柏的标准更严格,但缺少心理测量学检验。

(三)陈淑惠编制的《中文网络成瘾量表》(2001)

[①] 赵鑫.青少年网络成瘾的标准设定及网络成瘾对青少年社会性发展的影响[D].上海:华东师范大学,2004.

[②] 胡珊珊.大学生网络成瘾问卷修编及其特点研究[D].重庆:西南大学,2009.

我国台湾学者陈淑惠依据美国精神障碍诊断标准（DSM-IV）关于物质成瘾的诊断标准，发展出《中文网络成瘾量表》。该量表从5个维度来衡量网络成瘾状况。它们是：

1.耐受度（上网时间越来越长）。

2.强迫上网症状（不能抑制上网欲望）。

3.网络戒断症状（不上网时的心理状况）。

4.时间管理（上网时间与非上网时间的安排）。

5.人际健康损害（对人际关系和身体的影响）。[①]

该量表按照较严格的心理测量学程序编制，具有良好的信度和效度，但它在大陆没有常模。

除此之外，还有莫拉汉·马丁（Morahan-Martin）的病理性网络使用问卷（2000）、戴维斯在线认知量表（2001）、比尔德（Beard）的临床诊断法、尼克尔斯（Nichols）的网络成瘾量表（2004）、台湾学者周（Chou）的互联网相关成瘾行为量表（2001）、崔丽娟和赵鑫的网络成瘾诊断量表（2004）、欧居湖的青少年学生网络成瘾鉴别量表（2003）等。

现有对网络成瘾的量表编制主要围绕"行为成瘾"进行，众多量表的共同参照标准为DSM-IV中关于物质成瘾的标准，并且都围绕着网络用户的内在心理体验和外在行为问题展开。许多量表的信度和效度指标还不明确。总体来说，网络成瘾的评判标准研究还处于探索阶段。

当人们对网瘾的界定尚处在混沌状态时，网瘾治疗机构却已经红红火火。接受治疗的所谓网瘾青少年，大部分是被父母欺骗和强制送来的。父母主观认定孩子有网瘾，治疗机构在利益驱使下，往往来者不拒。网瘾评判标准的制定非常必要。网瘾的评判标准不宜过于宽泛，不宜把网瘾特殊化，不宜把网瘾变为众矢之的。只要不危害身心健康，不造成明显的社会功能损害，社会应尊重和包容数字原住民一代的生存方式。

第二节 网瘾成因与克服对策

一、网瘾分类及成因

网络成瘾是一个宽泛的概念，包含了大量的行为问题和冲动控制问题。概括起来，网络成瘾大致有以下五种基本类型：

[①]陈淑惠,翁俪祯,苏逸人,等.中文网路成瘾量表之编制与心理计量特征研究[J].中华心理学刊,2003(3).

(一)网络色情成瘾,即沉溺于网络上的色情内容,包括色情文字、色情音乐、色情动画、色情电影和色情聊天等。它的成因是性冲动与自控力的矛盾影响下的性好奇心理。青少年正处于性意识从萌芽到成熟的阶段,且时常被性意识所困扰,而且由于获得性教育的渠道不畅,会产生一种强烈的性好奇心理,于是产生了网络色情成瘾的问题。

(二)网络关系成瘾,指利用各种聊天软件以及网站聊天室进行人际交流,过分迷恋通过网络上的人际交往建立彼此的友谊或爱情,并用这些关系取代现实生活中真实的人际关系,网友逐渐变得比现实生活中的家庭成员、朋友和同学更为重要。它的成因是闭锁性与交友意向的矛盾影响下的交往心理。由于心理不成熟、缺乏交往经验等原因,青少年在交往中往往会出现一系列的心理问题,如自闭与防御心理、自卑心理、交往恐惧等。而网络交往使双方逃避了现实交流中必须面对面的压力,可以隐瞒真实身份,使得青少年觉得这种交往方式更随意,没有压力,于是逐渐形成网络关系成瘾。

(三)网络游戏成瘾,这是最早引起人们注意的网络成瘾类型。指人们在登录网络游戏时所产生的一种生理和心理的依赖,通常伴随着对网络游戏的沉迷和对个人生活、社会交往以及工作、学习上的障碍。它的成因是理想与现实的矛盾影响下的幻想、玩乐心理。处于青春期的青少年好幻想,容易脱离现实,沉溺于幻想不能自拔,网络游戏给这种心理提供了一个很好的表现渠道。调查发现,近一半的网瘾青少年属于网络游戏成瘾。在玩网络游戏的过程中,个体通过角色扮演,把自己想象成游戏中具有超强本领的英雄人物,通过努力完成伟大的使命获得成就感和满足感。

(四)信息收集成瘾,经常强迫性地浏览网页,收集无用的、无关紧要的或不迫切需要的信息。这种现象与以强迫性物品收集为主的强迫症类似。

(五)网络技术成瘾,强迫性地沉迷于电脑编程或游戏程序。这与电脑程序员的工作不同,网络技术成瘾者往往无目的、无计划。

后两种网瘾类型的成因是求知欲与认识水平的矛盾影响下的信息占有心理与探索心理。青少年个体求知欲旺盛,占有信息的需要较强烈。网络上的丰富信息极大吸引着求知欲旺盛的青少年,但若分不清信息的实质,不加选择地占有,就容易形成信息收集成瘾和网络技术成瘾。

二、网瘾的克服对策

(一)社会方面

顺应数字化的发展趋势,用包容、尊重的姿态理解数字原住民一代的生存方式。冷静理性、全面客观地看待青少年网瘾。随着数字科技的发展,或许有一天,网瘾会成为历史名词。建议不将网瘾纳入精神疾病的范畴,网瘾治疗机构不宜使用治疗精神疾病的药物和电击方法。对于学习、生活受到严重影响的青少年,网瘾治疗机构重在心理辅导。

网络其实并不像家长们所担心的那样糟糕,随着使用者对网络的控制力和分辨能力的增强,情况还在不断好转。牛津大学进行"增进认知能力"方面研究的安德斯·桑德伯格博士说:"有人已经证明,电脑游戏能够提高我们注意力的某些方面,例如对视野范围内目标的数量进行快速计算的能力等。这是一种不同的思考方式吗?可能有那么一点。在数字信息世界里,快速掌握目标数量或许是一项有用的技能。"

另外,社会应加强对网络的监督管理,建设网络法制环境。对信息资源进行分级筛选,使信息交流健康有序。

(二)家庭方面

当青少年因为沉迷于网络而影响身体健康、学习成绩、人际交往的时候,父母首先想到的不应该是交钱把子女推给一个治疗机构,而是应该反思自己需要承担的责任。网瘾青少年普遍存在家庭方面的问题。父母与子女需努力营造良好的家庭氛围,建立良好的亲子关系。父母应尊重孩子,多交流沟通,民主、平等地对待孩子,防止孩子产生情感缺失。

家长应加强对网络和数字原住民一代生存方式的了解,帮助孩子认清网络世界的复杂性、虚拟性,提高其分辨是非的能力,并指导孩子合理分配学习和上网的时间,帮助孩子从网络中获取丰富而有益的知识,为学习和成长打下良好的基础。

(三)学校方面

数字化时代对教师的素质提出许多新的要求。教师应掌握网络知识,提高自身的网络素质,建立良好的师生关系,成为学生网络生活的指导者。教师要改变对网络的片面看法,认识到网络并非洪水猛兽,积极主动培养青少年正确上网的观念,引导学生科学、合理、健康地上网。

对于网瘾已经影响到学业和人际交往的青少年,学校应加大对学生心理健康教育的投入,重视心理辅导的作用。根据青少年学生的身心特点,加强对青少年上网心理、网络人际交往的心理特征等问题的研究,培养青少年正确认识自己、评价自己的能力,人际交往能力以及角色适应和扮演能力,并在学习心理、人际交往心理和性心理等现实生活方面给予指导。

(四)青少年自身方面

青少年处于身心发展和成长期,自制力薄弱,自我意识等还没有完全定型,具有较强的可塑性。因此,预防网络成瘾首先要从培养其自我意识做起,有意识地锻炼和提高青少年自控力,强化自我管理意识和应对现实生活的能力,加强自觉抵制互联网消极影响的能力,并制订自己的发展目标和切实可行的学习生活计划,做到合理安排时间。

青少年可以减少利用网络消磨时间的消极行为,利用网络从事更多有意义的、创造性的活动。

第三章　网络音视频对青少年的影响与对策

近年来,随着网络宽带等基础条件的继续改善,网络应用的形式也越来越多样。网络音乐一直是颇受网民青睐的网络应用之一,并且随着网络视频的迅猛发展,网络视频的用户也逐年增多。根据中国互联网络信息中心(CNNIC)的统计,截至2012年6月底,中国网络视频用户规模增至3.5亿,半年内用户增量接近2500万人,在网民中的使用率由2011年底的63.4%提升至65.1%。[①]排在前3位的青少年网民娱乐应用分别是网络音乐(88.1%)、网络游戏(77.2%)和网络视频(67%),使用率均高于整体网民的平均水平。网民消费习惯正在发生改变,网络音视频媒体成为网民获取电影、电视、视频等数字内容的主要渠道。

第一节　网络音视频的特点与行业现状

一、网络音乐与网络视频

2006年12月11日,文化部正式出台了《关于网络音乐发展和管理的若干意见》,使网络音乐的概念首次得到了规范,即"网络音乐是音乐产品通过互联网、移动通信网等各种有线和无线方式传播的,其主要特点是形成了数字化的音乐产品制作、传播和消费模式"。可见,网络音乐的主体由两个部分组成:一是通过电信互联网提供在电脑终端下载或者播放的互联网在线音乐;二是无线网络运营商通过无线增值服务提供在手机终端播放的无线音乐,又被称为移动音乐。网络音乐中所指的"网络",不仅包括我们通常

---

① 中国互联网络信息中心(CNNIC).第30次中国互联网络发展状况统计报告[R].2012.

所说的计算机国际互联网,而且包括电信网、移动互联网、有线电视网等。[①]

网络视频是指通过有线以及无线的方式在网络上以 wmv、rm、rmvb、flv 以及 mov 等视频文件格式传播的动态影像。狭义的网络视频包括各类影视节目、新闻、广告、Flash 动画、自拍 DV 等内容,广义上还包括聊天视频、游戏视频、监控视频等。因聊天视频更多地带有即时通信的意义,游戏视频隶属于网络游戏部分,监控视频并不具备广泛传播的性质,因此本文所说的网络视频仅限于狭义网络视频包含的内容。

从某个方面来说,网络视频与网络音乐的文件格式基本相通。同时,网络音乐虽然以音乐为主,但它的内容,尤其是以 flash 为主的动态影像,属于网络视频的一部分。因此,本章将网络音乐与网络视频结合在一起,称之为网络音视频。

二、网络音视频的特点

从某种意义上说,网络音视频是依靠互联网进行传播的动态影像,那么必然具有传统视频的特征。尤其是网络视频,包括高度的兼容性,更是"集视觉、听觉手段于一体,通过影像、画面、声音、字幕以及特技等多方面地传输信息给受众以强烈的现场感、目击感和冲击力"。同时,网络视频必然具备了网络时代的新特征,这使得它与传统视频有所区别。

(一)内容储备多元化

1.存储的无限制

网络带宽的拓展以及服务器容量的增加,极大地突破了传统储存方式如录像带、VCD/DVD 等存储介质的容量限制,扩大了网络视频的内容。因此,网络视频具有庞大的电视节目及影视资源,既可以成为图像节目几十年来的历史资料库,也随时随地接收上传的新鲜血液。

2.内容的多样化

目前来看,网络视频的内容,一方面来自专业内容制作机构(电视媒体、影视制作、音乐制作、体育组织等),包括各大电视台成立的网络电视台,各大网站与影视制作单位购买的热门影视版权,还有对热门体育比赛、重大社会事件的实时报道与转播等;另一方面则主要来自草根网民原创、转载、二次加工,包括各种搞笑视频、网友自拍等。深受众人欢迎的,既有来自欧美国家的情景喜剧,也有来自日韩的综艺节目;既有国内热门

[①] 黄李娜.中国大陆网络音乐的现状分析[D].武汉:华中师范大学,2007.

影视的同步直播,也有网友自行加工的搞笑短篇。

(二)传播方式复杂化

1."推"与"拉"的结合

网络音视频作为网络应用的一部分,将网络的个性化与公共性统一起来,具有多种传播形式,比如人际传播、群体传播、大众传播,但其传播方式较之传统音视频,形成了独特的"推"与"拉"方式。

网络音视频用户可以接受由他人"推"过来的大量信息,实现很强的共时性传播效果。比如在网络上收看大型体育比赛的实况转播,与现场观众一起观看赛事。同时,突破了播出时序的约束,将传统的时序化传播变成了立体的空间化传播,自由地"拉"出自己所需的信息,满足个性化的信息需求,达到"按需分配"的服务效果。比如用户在欣赏视频内容的时候,不再需要为等待某个节目的开始而焦躁不安,也不再需要为错过节目的某个片段后悔不已,他们可以一览全局,从时间轴上的任意一个节点,随时点开自己喜爱的节目,既可以跳过自己熟悉的内容,又可以来回拖动选择观看最感兴趣的部分,还可以暂停、点播。

2.接收方式的新突破

随着智能手机价格的持续下降、手机操作系统的高度智能化、4G网络和Wi-Fi的普及,手机上网成为网络发展的新趋势,使用手机上网的用户也呈现出了迅猛增长的势头。截至2011年12月,中国青少年手机网民达1.85亿人,同比增长8.9%。中国青少年网民中使用手机上网的占比达80%,高出整体网民的平均水平(69.3%)10.7个百分点。未成年网民中使用手机上网的比例首次超过台式电脑,达73.0%,人数达9441万。手机成为未成年网民上网最重要的终端。[①]

这些因素都为手机音视频发展提供了用户基础和硬件支持。同时,国内的音乐、视频网站纷纷推出移动客户端,抢占无线市场,部分网站加强与电信运营商的合作,手机音乐、视频内容不断丰富。

随着网络的升级,我国网络音乐进入了快速增长期,发展更为迅猛。艾瑞市场咨询的数据显示,2003年中国网络音乐市场规模约为7.7亿元,到2007年达到55.8亿元;2003年中国移动音乐市场规模约为7.5亿元,2007年达到53.8亿元;2003年中国在线

[①] 中国互联网络信息中心(CNNIC).2011年中国青少年上网行为调查报告[R].2012.

音乐市场规模为0.13亿元,到2007年,达到2.04亿元。用户群十分庞大,其普及率远远超过了网络游戏、网络视频和电子商务等互联网应用服务。①

在视频网站运营商等多方的积极推动下,2012年上半年,通过互联网收看视频的用户增加了约2500万人。而手机端视频用户的增长势头更为强劲,使用手机收看视频的用户超过一亿人,在手机网民中的占比由2011年底的22.5%提升至27.7%。②其中,青少年作为走在时代前端的弄潮儿,已经占了较大的比重。

(三)用户表达意见自由化

网络音视频用户与传统音视频用户存在着较大的区别,他们不再是被动地接收信息,也不再是单纯的大众传播的受众,网络的多向互动式传播模糊了传播者与受众之间的界限,实现了其地位的相对平等。因此,网络音视频的用户在观看网络视频的同时也加入到了传播的过程之中,并且扮演着极其重要的角色:网络音视频的点击率、下载率和分享率直接代表了网络音视频用户的意见,更决定了该音频或视频的质量高低;同时,网络用户还可以直接参与音频或视频的制作,直接决定其内容与风格,更可以上传自己的音频或视频作品,成为网络音视频制作大军的一员。因此,现在越来越多的运营商注意到了这一点,他们开设了诸多的平台供用户讨论与表达意见,从而了解并迎合大众的口味,制定网络音乐或视频的推广与营销策略,这使得用户的自我表达达到一个新的高潮。

三、网络音视频行业现状

2005年网络音视频产业在海外呈现高热度的发展趋势。首先以YouTube为代表的视频分享类网站访问量短期内迅速攀升,其次各个传统门户类巨头纷纷开始提供自己的网络视频服务。

2006年成为中国网络音视频产业发展的元年。截至2006年7月,中国互联网宽带用户数已经达到了7700万。宽带用户数迅猛的增长势头,为网络音视频产业的发展打下了坚实的用户基础,并预示了网络音视频市场良好的发展势头。据统计,截至2006年10月,视频分享类和P2P流媒体类中的很多网站都获得了不同程度的投资,累计总额超过1亿美元。③

---

① 中国互联网络信息中心(CNNIC).中国互联网发展报告(2007)[R].2007.
② 中国互联网络信息中心(CNNIC).第30次中国互联网络发展状况统计报告[R].2012.
③ 2006年中国网络视频研究报告[J].声屏世界(广告人),2007(5):156.

由于宽带网络的普及、CDN 与 P2P 等技术革新以及相对宽松的版权环境,我国网络音视频行业经历了探索发展期和快速普及期后,在 2007 年进入产业盘整、洗牌期,并向多样化、融合化方向发展。到了这一阶段,视频分享和 P2P 流媒体这两类更重要的服务形态集中在垂直类运营平台上,得到了突破性发展。特别是以土豆、优酷为代表的视频分享类网站,发展尤其迅速,可以说是一夜蹿红,大出风头。据统计,在 2007 年,国内的分享类视频网站数量就由 30 家猛增到 200 多家,其强劲势头令人惊叹。当然,P2P 流媒体类的网络电视也不甘示弱,由 Stream、PPlive、QQlive 领头的视频直播点播类网站利用 P2P 技术,为用户提供以影视和电视节目为主要内容的"直播 + 点播"的功能服务,短期之内聚集了大量人气。①

当前,国内的网络音视频行业主要分为音视频分享类、在线点播/直播类、音视频搜索类和 P2P 流媒体类四个大类。其中,音视频分享类包括以 YouTube、土豆网、优酷网等为代表的专业音视频分享网站,新浪播客等门户类音视频频道,以及以央视网、凤凰网等为代表的广播电视媒体音视频网站。在线点播/直播类指提供音视频点播或直播的网站,如互联星空、天天在线等。音视频搜索类包括百度音视频搜索、Google Video 等提供音视频搜索服务的网站。P2P 流媒体类则是以迅雷、PPLive 为代表的采用流媒体技术提供音视频下载和浏览服务的网站。②

多样化的网络音视频行业满足了网民不同的观赏需求,也给了网民更多的选择机会。而网络音视频网站本身也具有相当细致的功能划分,使得网络音视频展现的窗口更加丰富。比如堪称史上最全的互联网视频平台的优酷网,在网站建设方面,就包含多种元素:有忠诚的拍客阵营、原创联盟与专业的影像达人;有庞大的工作室、影视媒体合作联盟供给丰富的内容资源;有包罗万象的视频标签,如热点、原创、电影、电视、体育、汽车、音乐、游戏、动漫等;有视频达人自定义专辑、影视剧连播、明星专场点播、即点即播、连播功能等。除了看视频的功能,还有让人眼花缭乱的找视频、玩视频、传视频和拍视频等多项功能,可以满足视频用户的个性化需求,从而更好地达到吸引用户的目的。

传统的电视媒体已经解放了传播的地理空间,然而网络的多媒体性和无限兼容性打破了单一媒体传播的局限,跨越了媒体之间的虚拟空间界限。多媒体的融会贯通使得

---

① 曹婷.新视听时代网络电视传播的建构——以中国网络电视台(CNTV)为例[D].合肥:安徽大学,2010.
② 李小兰,王一梅,马玥.网络音视频发展及影响力[J].中国传媒科技,2008(10).

网络视频不再像传统电视媒体那样依据台系与频道的节目编排，而是将整个网络系统所覆盖的全球影视资料都纳入其中,也打破了传统视频的时间库存性,将过去库存的节目都展示在众人面前,实现了真正的自由和开放。兼容并蓄,使得网络视频既存在专业化的美轮美奂,也包含着草根族的原汁原味。正因其内容的多样化,网络视频才具有吸引用户的最基本条件。

正是由于可以自主选择观看片段和观看内容，网络视频用户拥有相对于传统电视观众而言更大的自主选择空间,网民的参与性和创作热情才被调动起来。

第二节 网络音视频对青少年的影响

一、青少年网民在网络音视频上表现出的心理特征

根据中国互联网中心（CNNIC）的定义,网民是指"半年内使用过互联网的6周岁及以上中国公民",青少年网民是指"年龄在25周岁以下的网民"。[①]也就是说,青少年网民的年龄跨度应该是6—25周岁。

青少年作为网络使用的主体,其行为模式本身就带有青少年自身的心理特点。青少年时期正是个体身心发展的重要时期,身体的各个方面都在迅速发育并逐渐达到成熟,其心理的各方面也在迅速发展,在个性及其他心理品质上表现出更加丰富的特征。青少年具有强烈的求知欲和探索精神,兴趣广泛,思想活跃敏感,对外来信息的接受度高,具有强烈的表现欲望及高涨的自我意识,思维逐渐从经验型向理论型过渡。与此同时,因为青少年处于心理、生理及社会的综合作用时期,人生观、世界观、价值观尚未成型,自我同一性也仍在建设中,所以很容易受到外界的影响。因此在生活中扮演着越来越重要的角色的网络,给青少年的心理特征及行为模式带来了鲜明的影响。

网络出现在科技日新月异的消费时代。在这个以"快""闪"为特征的消费时代里,一切都被打上了商品与消费的痕迹。快节奏的生活模式,让青少年开始追求更为直接、更为炫目的表达方式和沟通方式,比如图像。他们更愿意追求感官的刺激和直截了当的表达。在网络视频的推动下,提倡图像中心化的"80后"宣称以前的感受方式是理性推论性的,而现在所追求的感受方式则是感觉图像性的。对于他们来说,视觉感受方式更优于刻板的语词感受方式。因此,在伴随网络成长的年轻人的观念里,感觉优于理解,图像优

---

① 中国互联网络信息中心（CNNIC）.2011年中国青少年上网行为调查报告[R].2012.

于文字,直接感知模式优于间接学习模式。①因此,青少年网民在网络音视频上表现出来的心理特征主要分为以下几个方面:

(一)个性意识的张扬

传统音视频媒体的传播方式是点对面的,个体仅仅作为受众中的一员存在,任何一家广播电视公司都不会针对某个特定的人的特定需求来制作音频或者视频。在传统大众传播媒介中,受众的个别需求通过受众自己在"大众化"的信息产品中进行挑选而得以部分满足。而网络音视频却使点对点传播成为可能,也就是网络音视频实现了为个体"量身定做",提供用户所需要的有关信息,完全满足用户个体的独特需求。同时,青少年网民对于网络音视频的关注也使得网络音视频带有较强的个性色彩。

(二)社会联系的强化

网络音视频表现出来的个性色彩也促使了音视频用户之间社会联系的变化。网络音视频用户的点击、转发、评论、投票等行为,都会对他人产生影响。当个别行为集合起来时,更是有可能对网络音视频传播的整体局面产生影响,并由此形成一种自发的调整机制,反作用于网络音视频的制作。最简单的例子就是,现在各大视频网站均以点击率作为视频选择行为的风向标,并由此来引导网络视频的制作。青少年网民也从中意识到了自己能够左右社会潮流变化的力量,从而促进他们个性意识的张扬。

社会联系的强化与个性意识的张扬紧密地联系在一起,不过并非都是相互促进,也有阻碍的一面。比如"视频搜索"表明了由视频搜索等形成的信息引导网络与视频用户间的选择行为之间已经形成了紧密的关联状态,各大视频网站都开设了此项功能。视频用户间的相互引导可以在一定程度上降低人们在网络中获得特定信息或知识的成本,青少年用户对于视频的最终评价,往往不是基于自己的独立判断,而是在人际传播或群体传播渠道中与他人互动后形成的一种认识。这种认识甚至会超越某一个别信息,而影响到个体对更高层面事物的判断。这也是部分不雅网络视频得以风行的原因之一。

(三)虚拟社会的特质

网络音视频用户是在网络这一虚拟环境下,接受音视频信息或服务的。很多时候人们不使用任何名称而进入"全匿名"状态,或用昵称这样一种假名进入"半匿名"状态。但匿名状态并不一定意味着网络音视频用户的表现是虚假的。著名的计算机产业分析家

---

① 钟倩.网络视频用户心理行为研究[D].长沙:湖南大学,2010.

埃瑟·戴森认为——"假名更可能是这样一种面具：人使用它来表现自己的真实面目而不是隐藏自己的本性，或者说它允许一个人真正表现其性格的某一方面。"[①]相对于现实空间而言，网络音视频为人们提供了开放的环境。在匿名状态下，网络音视频用户会更加追求在现实世界里得不到满足的需求。网络音视频具有一种满足边缘性与补充性需求的功能。

网络音视频用户可以在网络音视频的空间中自由决定身份这样一种特性，用"虚拟性"来表达更为确切。虚拟性意味着网络音视频用户可以对自己的角色进行多重设定、自由分解，在这种环境里的表现，往往不是单一的。一个网络音视频的用户可能会分化成几个完全不同的甚至看上去完全不相关的人，有时甚至用户自己都很难对此做出准确描述。

二、网络音视频吸引青少年的原因

正是因为网络音视频与传统音视频迥异的时代特征契合青少年网民独有的心理模式，青少年网民才青睐网络音视频这样的网络应用模式。调查研究发现，网络音视频在青少年网民中的普及率达到了66.6%，而其在全体网民中的普及率为62.1%，在大学生群体中的普及率甚至高达86.6%。[②]这说明青少年网民对于网络音视频非常青睐。网络音视频吸引青少年的原因有以下几点：

（一）打破了传统音视频的局限，迎合新生代受众的审美习惯

当前的青少年熟悉无厘头和流行文化元素，关注热门娱乐八卦话题，擅长外语表达方式，接收信息的要求相对较高。网络音视频不仅突破了传统音视频的单向、台系传播的限制，给青少年打开了通向世界的影视之窗，更给青少年提供了自主选择的机会，打造个性化的接收平台。网络音视频大胆地打破已经定型的制作、观赏模式，通过分解与重构，对传统音视频进行了某种程度的颠覆，运用夸张、变形的语言技巧取得戏剧性的效果，或者采用无厘头、恶搞的方式形成爆笑风格。有的视频还会采用大量的新兴词语，产生出其不意的效果。这些表现手法使得网络音视频展现出的开放性与前卫性迎合了新生代受众的审美习惯。

（二）题材来源于现实生活，引发青少年群体的情感共鸣

网络音视频的题材大多来源于当前社会一些颇受关注的热点问题和公众话题，满

[①]埃瑟·戴森.2.0版 数字化时代的生活设计[M].胡泳,范海燕,译.海口：海南出版社,1998：70.
[②]中国互联网络信息中心(CNNIC).2011年中国青少年上网行为调查报告[R].2012.

足用户的需求。其中,大部分话题有关求职、友情、爱情等,正是青少年正在面临的问题。许多网络音视频都站在平民百姓的立场和视角,题材来源于生活,贴近现实,音视频中的人物与青少年网民有着相似的经历,从而引起他们的情感共鸣,帮助他们认清自己的情绪、心理和行为,提供一些解决问题的方法。

(三)零距离、交互式的分享模式,激发青少年参与创作、观赏的热情

不同于传统音视频单向传播时,话语权都掌握在制作者与传播者也就是媒体的手上,网络音视频在制作和传播的过程中,话语权开始分配到创作者、制作者、网友手中。创作主题具有更大程度的多向性和自主性,创作者、制作者和欣赏者的界限开始模糊,网友开始承担起以上三种角色。网友不仅可以发表相关评论,还可以直接决定音视频的生存发展境况,这极大地提升了网友的参与热情。尤其对青少年来说,极大地满足了这一时期他们膨胀的自我效能感,进而激发了他们参与创作、观赏的热情。

第三节 治理网络音视频中的乱象

青少年网民对于网络音视频的青睐有利于网络音视频的持续发展,网络音视频也给青少年网民的成长提供了更为广阔的视野和天地。随着网络音视频市场的发展,目前也出现了几种非常火爆的现象,对青少年的健康成长有较大影响,值得注意。

一、内容驳杂,恶搞成风

当前,国内对网络音视频内容与传播的审核并不严格、规范,使得网络音视频的准入门槛相对较低,这样,一方面使其拥有作者数量庞大、平民化、贴近生活等优势,但另一方面其粗制滥造的混乱现状也制约了网络音视频质量的提升。许多音视频极尽搞笑、搞怪之能事,内容庸俗不堪。还有一些作者为了显示自己的个性,难免会用一些黑色、灰色的歌词或者影像来表现自己,使得许多作品带有明显的不良倾向。同时,部分网站擅自传播未经审查的进口网络音乐产品,甚至出现了一些侵害民族风俗习惯、影响社会稳定的内容。网络音视频可谓泥沙俱下,存在大量粗制滥造的"网络垃圾",因此需要网络用户具有较高的鉴赏能力。但作为主体的青少年网民不仅不具备较高的鉴赏素质,反而容易被其中低劣的内容影响。长此下去,不仅会扰乱青少年网民的审美判断,更会影响青少年网民的审美水平。其中,对青少年影响最大的当数火爆一时的恶搞视频。

最初的恶搞视频是借助视频技术手段,对经典影片重新剪辑:解构拆分、拼贴戏仿,植入搞怪元素,以新的戏剧化的视频作品表达作者的社会观。恶搞的两个"超级主题",

一是解构主流文化、社会权威,包括权威机构,拥有政治、文化权力的精英,以及被这些机构、精英奉为"经典"的文化、道德观念;二是解构商业化,包括大众媒介内容的娱乐化趋势、商业性炒作事件、流行文化的名人以及各种文化产品。①

(一)恶搞视频给青少年打开了另一扇窗

恶搞视频作为颇受青少年追捧的视频作品之一,对青少年的影响可谓广泛而深重。从某些层面来说,恶搞视频作为现代文化的产物,给青少年打开了一个全新的世界:

1.恶搞视频给青少年带来文化前沿的资讯

网络恶搞体现了后现代文化思潮的特点,同时也表现出了有别于其他亚文化的两大特征——互文性和去中心性,有着明显的拼贴特征。它发轫于2001年的网上《大史记》,其内容是影射中央电视台新闻评论部的内幕故事。风行于网络的《一个馒头引发的血案》第一次进入主流文化的视野,受到社会各界的广泛关注,并成为2006年度相当大的文化事件,走向了网络文化的前沿。②恶搞视频借助网络这个媒介,在各大视频网站的大力推动下,以一种新的表现形式在网络上迅速风靡起来,并很快引发了其他内容形式上的恶搞。恶搞所表现出的前卫当然会吸引青少年的注意力,使得他们不自觉地关注文化前沿的各种资讯,并促使他们思考其所针对的问题,对他们的思维发展有明显的促进作用。

2.恶搞视频帮助青少年宣泄叛逆的社会情绪

青少年认同恶搞视频的动力在于一种"情绪的写实主义",即青少年都认识到了现实的不完满,并由此产生了不同程度的焦虑和反感情绪。当前的青少年面对的是巨大的升学、就业压力,他们将要承担巨大的责任,面临严峻的环境考验,其中的艰辛他们尚未深刻地体会,但也知道无法逃避,因此酝酿了许多负面情绪。恶搞视频在内容上固然是扭曲变形和非真实的,但这些视频对社会权威和商业化的讽刺和省思,契合了青少年对现状的不满、叛逆的社会情绪以及无可排解的郁闷,也为这些负面情绪提供了发泄的便利渠道。同时,青少年对于恶搞视频的追捧还体现了其表现自我、肯定自我的心理需求。

3.恶搞视频有利于激发青少年的想象力与创造力

网络恶搞视频这个新媒介的出现,为青少年提供了一个重新解读社会历史文化的

---

①张磊.和谐社会、公民社会与大众媒介[M].北京:中国传媒大学出版社,2009:178.
②王笑楠.对网络恶搞现象的文化分析[J].河南师范大学学报,2010(5).

平台。它通过对文学名著的自我解读和改造、对原著的符号元素重组定义,表现出新的对抗性的意义。如何去表达自己内心的不满,如何吸引他人的眼球,如何彰显自己的机智与幽默,如何展示自己的个性,都是青少年在制作与欣赏恶搞视频的时候要面对的问题。自己制作的视频受到了观者的认同,对于创作者而言,是实现自我价值、张扬个性的表现。因此,对于恶搞视频的热衷也使青少年的想象力与创造力得到了较大的锻炼,使得青少年真正走在时代的前沿。

(二)恶搞视频对青少年的负面影响

从另一个层面来考虑,处于"大众集体狂欢"的社会文化氛围中,对于心智不成熟的青少年来说,无法抗击网络恶搞视频的视觉侵袭,势必对他们的文化素养发展产生负面影响:[1]

1.恶搞题材泛滥,使青少年失去精神的归属感

恶搞视频的主题一般倾向于解构主流文化与社会权威,所用的题材绝大多数来自一些经典作品、历史人物和英雄人物。恶搞视频娱乐化、商业化的趋势势必要依靠搞怪夸张的表现方式才能迎合青少年的叛逆情结,并得以迅速传播。但这样的恶搞势必会诱发青少年对无厘头生活的向往和模仿,他们热衷于消遣与调侃,不再认真思考生活的意义和人生的方向。同时,对经典作品的恶搞易造成青少年对文学价值精髓的误读与误判,使他们是非不明、荣辱颠倒,从而失去对深层次问题的探究精神。再者,对历史人物与英雄人物的恶搞,往往会使青少年对历史与英雄失去信任与尊重,更颠覆了主流意识形态和价值观念,亵渎了民族认同感和自豪感,造成青少年精神家园的贫瘠与缺失。恶搞视频的过多传播会造成青少年精神情感缺乏归属感。

2.恶搞制作粗劣,使青少年失去对真善美的追求

恶搞视频诞生于网民娱乐消遣的心态。制作恶搞视频的人绝大多数来自草根阶层,他们没有经过专业的训练与学习,视频制作技术水平有限,并不讲究镜头构图与剪辑手法,因此,不少恶搞视频的画面质量粗糙杂乱,缺少影像艺术应有的美感。青少年在接受、欣赏这些恶搞视频的同时,会不自觉地效仿其夸张的行为、随性的表现,只能发现其呈现出来的低俗与暧昧,无法欣赏到真善美,从而缺少对美好人生的认识,也无法受到真正的审美教育。

---

[1]陈李鹏.网络恶搞视频对青少年发展的负效应及其对策研究[J].基础教育研究,2011(7):9.

3.粗俗音乐的滥用,造成青少年对音乐鉴赏的误解

恶搞视频的制作者绝大多数并未掌握专业的音频制作技术,他们追求刺激、怪诞的音效,造成了诡异、调侃的音乐风格的盛行。《后舍男孩处女作》是广州美术学院的两名男生在学校宿舍里,通过搞怪的假唱以及各种搞怪动作创作的。在肯定其想象力与创造力的同时,我们也应该看到,艺术成分的缺失是其中一个很大的缺陷。而某些经典音乐作品往往是恶搞视频制作者的改编对象,例如《恶搞迈克尔·杰克逊》《恶搞版千手观音》等。对经典音乐的恶搞,很大程度上会歪曲青少年对经典音乐的理解,使音乐失去原本的那种对青少年灵魂的感染熏陶作用,更使得青少年缺乏审美感受,从而影响他们的审美品位。

二、恶搞视频的治理对策

恶搞视频覆盖面广,涉及的内容也均是当下的热门话题和人物,它凭借自身的草根性与娱乐性,在网络中得以飞快地传播,深深影响着青少年的成长。为避免其带来的消极影响,引导青少年健康成长,可以从以下几个方面着手:

(一)制定和完善相关的管理办法,防止网络恶搞成风

国家也在制定和完善相关的管理办法,防止网络恶搞成风,有效地规范恶搞视频的制作与传播。早在2000年,国家广电总局就出台了《信息网络传播广播电影电视类节目监督管理暂行办法》(166号文件),约束网络影视作品的传播。依据该规定,只有"持有《网上传播广播电影电视类节目许可证》"者,"方可开办通过信息网络向公众传播广播电影电视类节目的业务"。2003年1月和2004年7月,国家广电总局又先后颁布了《互联网等信息网络传播视听节目管理办法》的15号令和39号令,规定只有取得了《信息网络传播视听节目许可证》(15号令中表述为《网上传播视听节目许可证》)者,方可从事信息网络传播视听节目业务。根据上述管理办法,互联网上的电视节目和视频短片,均属广电总局的监管范围之列。这也就意味着,恶搞视频这样的网络作品,由于具有"向公众传播"的目的,必须取得许可证才能在网上发布。①

(二)创作新风格网络视频,引导青少年建立正确的价值导向

在如此开放的网络环境中,企图通过封闭和封杀恶搞视频的方式,阻挠青少年观看恶搞视频是不明智的,而且不利于网络平台的自由发展。但我们可以从青少年的思维角

---

① 张磊.和谐社会、公民社会与大众媒介[M].北京:中国传媒大学出版社,2009:184.

度出发,有意识地以青春励志为主题创作新的网络视频,为青少年争取更多的话语权,不再是高高在上的一味说教,而是注重平等对话与心灵交流,引起他们的情感共鸣,引导他们在灵魂精神上进行深度的思考,从而帮助他们重建自己的精神家园。比如2010年出现的青春励志短片《老男孩》,虽然表现方式是无厘头的,但展现的却是广大"80后"学生时代的梦想以及成人后的现实窘境,使观众在会心一笑的同时也深刻感受到青春的活力与梦想的可贵,唤起了青少年的情感共鸣,引发他们对人生深刻的思考,引导他们建立正确的价值导向。

(三)加强审美教育,提高青少年的审美水平

青少年热衷于恶搞视频,是因为喜欢其颠覆传统经典的娱乐性。但纯粹的游戏、一味的解构、对于一切的反讽,不仅会促使他们形成虚无主义的价值观,更会模糊其对真正的美的认知与欣赏。因此,对于我们来说,真正要做的是对青少年进行正确的引导,加强审美教育,帮助他们正确地辨识恶搞视频中美的价值以及各种垃圾信息,从而让他们在观看恶搞视频释放压力的同时,提高他们的审美水平,真正发挥恶搞视频的娱乐放松功能。

三、盗版猖獗,翻唱盛行

我国2006年颁布的《信息网络传播权保护条例》第二条规定:除法律、行政法规另有规定的外,任何组织或者个人,将他人的作品、表演、录音录像制品通过信息网络向公众提供,应当取得权利人许可,并支付报酬。也就是说,影视作品的版权受到法律保护。但现实状况堪忧。很多通过合法渠道获得正版网络音乐传播权的网络音乐经营者,很难从正版化经营中受益。互联网的普及和科技的进步在给人们的生活带来便捷的同时,网络侵权和非法下载对网络音乐产业也产生了极大的冲击。由大度咨询及国内主流媒体共同发起的一项调查显示,当前中国网吧影视盗版率已达到89.4%,网络环境下的版权问题已经成为中国互联网创新发展的瓶颈。[1]

盗版是指在未经版权所有人同意或授权的情况下,对其拥有著作权的作品、出版物等进行复制、再分发的行为。在绝大多数国家和地区,此行为被定义为侵犯知识产权的违法行为,甚至构成犯罪,会受到所在国的处罚。盗版出版物通常包括盗版书籍、盗版软件、盗版音像制品以及盗版网络知识产品。从源头上分析,网络视频盗版现象主要有两

---

[1] 大度咨询.中国网吧行业影视版权状况调查报告(2009)暨中国城市数字影视版权状况调查报告[R]. 2009.

种：一是由网民转载盗版视频到一些大型网站上；二是有些网站打着娱乐分享的幌子，以赢利为目的，主动提供盗版视频。在版权保护还是免费分享的选择中，音视频网站往往保持中立态度。也有许多网站的细则上明确规定：网友上传到网站的作品均以娱乐分享为目的，没有涉及任何直接的商业用途。如果有版权问题，经网站核实后，会立刻将侵权内容删除。由于投入与产出的矛盾，大部分音视频网站对网友的侵权行为持宽容态度，以"网友上传"作为挡箭牌，似乎网民侵权与网站无关。因此，盗版日益泛滥。

从表面上来看，网络音视频的盗版不仅与青少年无关，甚至还给青少年带来诸多的好处。因为种种原因，国外很多节目还没有办法正式引进国内，但网络却给青少年带来了世界各地的新鲜信息。新鲜的节目制作理念、异域独特的生活方式、异国迥异的文化氛围，青少年都可以在第一时间接触到。有兴趣的青少年还可以加入相关的节目组中，从事翻译或字幕、时间轴的制作等工作，得到一定的锻炼。尤其是网络音乐，由于它的歌词没有各种"清规戒律"的限制，表达更加口语化，更加贴近生活语言。网络音乐与传统音乐作品相比，不需要高难度的发声技巧，易学易唱，加上其全民创作的特点，能激发青少年的热情与创造力。因此，网络音乐的翻唱成了当前颇受青少年追捧的网络应用之一。

按照中国音乐著作权协会的官方解释，"翻唱"实际上是指将已经发表并由他人演唱的歌曲，根据自己的风格重新演绎，但不改变原作品的一种行为。[1]当前网络上出现了不少翻唱网站，市面上也出现了诸多的翻唱教材，吸引了很多网民上传自己录的歌。网站提供丰富的歌曲伴奏，网友只需一个麦克风和一个录音软件就可以借此伴奏录音演唱歌曲了。网站可以提供相应的服务，让网民将自己录制的音乐作品放到网上供他人欣赏或根据点击量进行排名。这样，在网络世界里，人们不仅可以在电脑前实现唱录一体，更能满足当一回明星的心愿。虽然这样录出来的歌达不到专业录音棚的效果，但因为其"低门槛"与自我意识的张扬，很受青少年的欢迎。

但事实上，盗版现象并不利于网络音视频的健康发展，甚至已经严重干扰了网络音视频市场的正常秩序。音乐以及影视制作业属于创意产业，不仅要有好的创意，还要有充足的资金投入。盗版的泛滥，尤其是网络音视频的广泛传播，会导致音乐以及影视成品不仅赚不到钱，甚至还有可能出现亏损，从而影响到音乐以及影视制作业的再次投

---

[1] 土人工作室.我为歌狂：电脑翻唱快速入门[M].济南：山东电子音像出版社,2005：8.

入,如此恶性循环,将阻碍音乐以及影视行业持续健康的发展。

更重要的是,盗版音视频的传播,会影响青少年对于版权的认识,并进一步阻碍青少年正确价值观的形成。版权即著作权,是指作者及其他著作权人对文学、艺术和科学作品依法享有的各种专有权利,包括人身权和财产权两部分。影视著作权包括整部电影或电视剧的著作权和影视作品中可单独使用的作品,如剧本、音乐等。[①]这些权利都是公民的基本权利。盗版音视频明显侵犯了这些权利,但它们不仅没能被制止惩戒,反而在网络上风靡传播,给人一种"合理合法"的错觉。久而久之,接触盗版音视频的青少年不再具有版权意识,也不能形成对知识产权的正确认识,从而阻碍正确的价值观的形成,对他们的成长十分有害。

四、有效整治网络盗版音视频

要有效地防治网络音视频的盗版现象,需要从多方面入手,加强监管,进行综合治理。具体可以从以下几个方面进行防治:

(一)完善反网络音视频盗版法律,加强相关法规建设

2006年12月,文化部发布《网络音乐发展和管理的若干意见》,提出了网络音乐市场的发展目标:鼓励扶持民族原创、健康向上的网络音乐产品的创作和传播,拓展民族网络文化的发展空间,规范网络音乐市场秩序,保护知识产权,完善监管体系,增强网络音乐企业竞争能力,努力打造一批具有中国风格和国际影响力的民族原创网络音乐品牌。[②]

截至目前,已经有多家影视公司对音视频网站的盗版侵权行为进行了起诉,如酷6网因擅自传播电影《赤壁》被北京海淀法院判决赔款5.5万元。国家版权局、公安部、工信部三部门连续多年展开专项行动,查办网络侵权案件数千件。但从有些网络音视频盗版侵权案件来看,原告通过法律途径维权成本高而得到的赔偿低,即侵权网站的违法成本低,导致有些网站屡罚屡盗。因此,在制定及完善反网络音视频盗版法规方面刻不容缓。只有完善反网络音视频盗版法律,加强相关法规建设,提高法律的威慑力,才能使保护版权的行动更加规范有力,才能使对盗版的处罚有法可依,使音视频盗版网站不敢以身试法。2006年7月1日,《信息网络传播权保护条例》开始实施,对构成犯罪的侵犯作者著作权的个人或网站,依法追究刑事责任,彰显了国家对于知识产权保护的重视。

---

① 魏永征,李丹林.影视法导论:电影电视节目制作人须知[M].上海:复旦大学出版社,2005:192.
② 杨谷.网络文化建设与管理概论[M].北京:国家行政学院出版社,2008:146.

（二）强化网络音视频行业自律，为青少年网友创造健康网络环境

除加强国家的监管力度外，网络音视频行业的自我约束与管理也是防治盗版音视频的重要手段之一。只有网络音视频行业加强自律，才能为网络音视频的持续发展创造有利的条件，也才能为接触、喜爱网络音视频的青少年创造一个健康的环境。

激动网、优朋普乐和搜狐3家国内新媒体版权拥有和发行方共同发起，联合全国110家互联网视频版权机构共同创建中国网络视频反盗版联盟，旨在共同抵制网络侵权盗版行为，维护网络视频市场的正常秩序。2009年12月，酷6网站对所有无版权的影视剧进行清理、删除，并禁止用户上传影视剧，这标志着中国网络视频行业在主动保护知识产权方面迈出了坚实的一步。与此同时，酷6网宣布将与搜狐视频共同出资1000万美元，建立国内首个"国际影视版权联合采购基金"，创建国际版权合作模式，加强国际版权保护，促进中国网络视频版权市场繁荣发展，开了中国网络视频史上最大规模国际版权采购的先河。①

中国移动为进一步拓宽音乐版权合作范围，在 www.music.10086.cn 推出"无线音乐内容合作专区"，提供音乐内容合作在线申请服务，打造了一个更加开放、透明的合作平台。这种"低门槛、易操作"的合作模式，使更多音乐爱好者足不出户就能完成音乐的创作、提交审核及发布，为中小型音乐工作室、独立音乐人提供了直接参与音乐产业链的机会，改变了翻唱长期以来被黑化的形象，也扭转了原创音乐人长期以来处于产业链边缘的劣势地位。②

（三）加强青少年网民的版权意识，培养正确的价值观

只有提高青少年网民的版权意识，加强青少年网民素质的培养，才能帮助青少年树立正确的价值观。只有着手从青少年网民自身道德建设做起，让青少年网民做到不主动上传、转载盗版音视频，拒绝观看盗版视频并主动向主管部门投诉，才能缩小盗版音视频的市场生存空间，进一步净化网络音视频的生存环境。只有网络音视频盗版现象减少乃至消失，整个影视产业才会繁荣发展，网络音视频节目才能更加丰富多彩，从而进一步满足青少年网民的需求，并在青少年网民的成长中起到正确的引导作用。

---

① 尹磊.酷6宣布删除无版权国际影视剧，联合搜狐筹建千万国际版权采购基金[EB/OL].(2009-12-22) http://it.sohu.com/20091222/n269128929.shtml.
② 罗昱，秦磊.无线音乐"现金牛"的坚守与困惑：中国移动数字音乐版权保护机制透析[J].中国新通信，2011(13).

五、高度重视网络音视频的不健康内容

网络新技术极大地降低了内容规制的可操作性。一方面,网络视听作品的传播方式创新的速度远远超过了政策法规调整的速度。另一方面,网络自身的特性加大了内容规制的难度,包括无中心、跨国界的信息传播方式,网络使用者具有信息的传送者和接受者这样的双重身份,网络使用的匿名性,等等。因此,网络上传播的信息往往泥沙俱下。作为网络热点之一的网络音视频,也存在质量参差不一、内容良莠不齐等诸多问题,给受众带来多方面的影响,尤其是给青少年网民的身心健康带来了一定的危害。

现今网络中的垃圾信息已经泛滥成灾,强烈地刺激着每一个网络使用者的眼球。青少年自我控制力比较薄弱,网络音视频中包含的不健康信息,会对青少年的心理产生一种暗示和强化作用,这也是引发其中某些人犯罪的重要诱因。

中国青少年犯罪研究会的统计资料显示:目前70%的少年犯是受互联网色情、暴力内容影响而实施盗窃、抢劫、强奸等几类严重犯罪行为,形成一种"青少年网络犯罪现象"。[1]青少年网络犯罪,通常与上网环境(比如网吧)、网络暴力游戏、网络即时通信软件等因素相关。

色情文化的污染是导致青少年性犯罪的直接诱因。据有关专家调查,60%的青少年是在无意中接触到淫秽信息的,而在网络上接触过淫秽信息的青少年90%以上有性犯罪的行为或动机。[2]在日常生活和司法实践中,因受互联网上淫秽信息的影响而走向违法犯罪的事例也是屡见不鲜。"据调查,北京市未成年犯管教所中关押的因网络直接导致犯罪的61名未成年犯中,强奸犯有14人,占23%。"[3]除色情信息外,网络上还储存着大量的反动、暴力信息。20世纪60年代格伯纳在对美国社会的暴力和犯罪问题进行研究时发现,电视暴力内容对青少年犯罪具有"诱发效果",并且发现,暴力内容放大了人们对于现实社会环境的危险程度的判断。[4]也就是说,各种负载境内外暴力文化特质的影碟、游戏软件,通过电脑和网络传输给青少年,对青少年的成长造成了巨大的影响。甚至有人在网上通过视频教授如何制造炸弹、如何实施各种暴力犯罪。在这种网络氛围中,暴力已经作为一种价值观念渗透到群体成员的品质之中,把应用武力或者暴力手段

---

[1]中国青少年网络犯罪研究会.中国青少年网络犯罪研究报告[J].青少年犯罪研究,2010(6).
[2]高广生.为未成年人构建绿色网络环境[J].教育研究,2005(9).
[3]刘清龙.北京市未成年人网吧犯罪的情况调查及对策[J].犯罪与改造研究,2004(8).
[4]奥格尔斯,等.大众传播学:影响研究范式[M].关世杰,等,译.北京:中国社会科学出版社,2000:219.

来解决日常生活中的问题看成是理所当然的事,甚至崇尚暴力而对不使用暴力者歧视或排斥。①

网络音视频带来的不健康的思想内容已经给青少年的身心健康带来了巨大的损害,甚至使他们走向犯罪的歧路,这不得不引起我们对于这一问题的重视,并采取相关措施加以防范:

(一)制定统一的互联网管理法律制度,切实加强网络信息管理和相关的组织管理

网络违法行为和犯罪行为是紧密相关的。与刑法的计算机犯罪立法相对应,我国颁布的一系列有关互联网的行政法规和部门规章中,也有一系列制裁网络违法行为的规定。这些规定弥补了刑事立法的不足,在刑事立法完善前,完全可以充分依靠行政法规和部门规章加强对网络违规和越轨行为的治理力度。相关部门在此基础上要加强对网站的管理和对网站发布信息的技术监控,对有害于青少年健康成长的信息内容和不法行为进行及时警告和处理。管理和规范网络文化信息传播程序,确保网络文化信息内容的安全。

(二)建立和完善网络音视频分级体制,营造网络音视频的健康环境

为了保护影视节目的创作,解开网络音视频艺术发展的束缚,规范网络音视频的发展,保护青少年网民的身心健康,有学者大胆地提出了网络视频分级体制:②

1.用户年龄维度。用户年龄维度划分借鉴的是当前国际上多数国家采用的6—7岁、12—13岁和16—17岁三个年龄段,同时考虑到分级研究的主要群体是未满18岁的青少年,因此,根据每个年龄阶段的特点设立了"禁止"与"推荐"两个不同的级别划分方式。

2.内容分级维度,又分为网络视频的内容维度和网上道德规范与国家政策法规维度。首先对网络视频的内容维度进行细分,借鉴国际上常用的影视级别划分标准,同时参照我国的国情与政策法规,划分为:(1)中华民族优秀文化传统;(2)中国新时期主旋律;(3)性、裸体;(4)暴力;(5)邪教;(6)歧视、激进;(7)药物;(8)烟酒毒品;(9)赌博;(10)军国主义、极端主义、恐怖主义;(11)破坏民族团结;(12)反动语言;(13)其他非法行为。网上道德规范与国家政策法规维度分为"禁止"与"限制"两个级别。

3.各维度之间的对应关系。这三个维度之间是相辅相成、紧密相关的。首先由网络视

---

① 中国青少年网络犯罪研究会.中国青少年网络犯罪研究报告[J].青少年犯罪研究,2010(6).
② 杨琪.中国网络视频分级研究[J].软件导刊,2011(12).

频内容维度确定其所属标准定义范围,而后由网上道德规范与国家政策法规维度决定是"推荐"还是"限制",最终确定年龄维度推送给用户。

这样的构想使得网络视频能得到整体的规范和管理,促进我国网络信息环境的优化,为广大青少年提供健康、积极的网络环境。虽然目前还没能实施,但非常具有参考价值。

(三)构建家庭、学校、社会三位一体的防控体系,切实加强青少年网络素质教育

青少年网络犯罪是一个综合性的社会问题,涉及社会、学校、家庭以及青少年个体等多个层面的因素。构建家庭、学校、社会三位一体的防控体系,切实做好每一个环节的预防工作,是预防青少年网络犯罪的有效措施。

社会环节,除了上文提到的完善法律法规,还应加强以体验为核心的青少年的社会教育,关怀引导青少年的健康成长。学校和家庭是青少年主要的学习和生活场所,因此,发挥学校和家庭的教育、引导功能,是预防青少年网络犯罪的首要措施。一方面,学校应当重视对学生精神和心理的教育和关怀,尤其是注重道德方面的引导;另一方面,父母应当重视与子女的交流,关心子女的人际交往情况,以及网络信息的接收,为青少年创造一个相对健康和谐的成长环境。同时,也要积极引导青少年参与网络文化和网络社会建设,通过不同年龄段"阶梯化"媒体素质教育,提高青少年媒介知识涵养和媒介运用能力,使他们能够正确辨别和选择媒介传播,能够有效地运用、评价和监督大众传媒,更能自觉地鉴别网络音视频带来的不良信息,从而大大提高青少年抵御外界不良信息干扰的能力,让青少年的身心得到健康发展。

综上所述,网络音视频由于其带有的显著的新时代特征,打破了传统媒体的诸多限制,给青少年带来了全新的感受。同时,它特有的草根性与平民性,降低了准入门槛,使得青少年能够广泛参与。而网络音视频表现出来的个性与自我意识,也迎合了青少年的心理需求,从而使得网络音视频一跃成为数字化时代对青少年影响最为深远的数字化产品之一。而其衍生出的各种现象,均给青少年的成长打下了数字化产品的烙印,使得他们成为走在时代前端的人,具有明显的前瞻性与挑战欲望,给他们带来了积极的影响。当然,我们也必须警惕其中所包含的各种不健康的信息。比如色情信息、暴力信息、盗版等,同时我们需要采取必要的措施加以防治,才能给生活在数字化时代的青少年的成长保驾护航,引导青少年成为新时代真正的弄潮儿。

第四章 网络交流沟通产品对青少年社会化的影响与对策

数字化产品可划分成数字化娱乐产品和数字化交流沟通产品两个大类。数字化交流沟通产品,其源头是电子邮件,经由 BBS/论坛、博客/个人空间、即时通信、社交网站、微博等,不断发展完善。

第一节 网络交流沟通产品及其研究思路

一、网络交流沟通产品的主要功能是实现人际交往

自 20 世纪 90 年代以来,互联网从以信息为中心的 Web1.0 网络模式走向了以用户关系为中心的 Web2.0 时代,并正在探索同时重视信息与用户的"以人为本"的 Web3.0 新模式。而在每一次网络模式转变中,网络交流沟通产品的更新速度最快。20 世纪 90 年代,电子邮件尚未进入日常生活,BBS/论坛的雏形平台上发布的还是远离普通用户的源代码;十年之后的 2004 年,Facebook 已经风靡全球;两年之后,Twitter 成为互联网新宠;截至 2012 年 6 月,每七个中国人中至少有一个微博用户。就在这短短二十几年间,网络交流沟通的手段发生了天翻地覆的变化。从 Web1.0 时代使用图形界面的浏览器登录 BBS/论坛,到 Web2.0 模式下拥有欢迎界面和个性化订阅的社交网站页面,再到 Web3.0 模式下随时随地刷新的微博平台,网络越来越"了解"和"及时满足"我们的需求,越来越深地"入侵"我们的生活,也越来越多地改变了我们的存在本身。

这种改变同样发生在作为网民新生力量的青少年之中。2011 年 4 月中国互联网络信息中心(CNNIC)发布的《青少年上网行为调查报告》显示,截至 2010 年底,中国青少年网民(指年龄在 6—25 周岁的网民)规模达 2.12 亿人,占网民总数的 46.3%,中国青少年互联网使用普及率达 60.1%。青少年既是网民中最大的群体,也是使用网络交流沟通工具最为活跃的群体。调查发现,青少年网民在网络交流沟通[①]上表现得非常活跃,社交网站、即时通信、微博的使用率高于整体网民平均水平 10 个百分点。[②]中国少先队事业

[①] 中国互联网络信息中心 2011 年 4 月发布的《中国青少年上网行为调查报告》中,认为青少年网络交流沟通的渠道包括博客应用、即时通信、社交网站、电子邮件、BBS/论坛和微博。
[②] 中国互联网络信息中心(CNNIC).2010 年中国青少年上网行为调查报告[R].2011.

发展中心 2012 年发布的《2011 中国未成年人互联网及社交网络运用状况调查报告》显示,有 58.4% 的被调查对象(10—17 岁在校学生)使用微博。利用网络产品进行交流沟通已经成为当代青少年重要的生活内容和数字化生存的重要组成部分。

互联网诞生的初衷就是信息分享,网络交流沟通工具首先也是信息传播的媒介,它们改变了青少年的信息获取习惯,为青少年获得更为广泛而真实的社会信息提供了新的渠道。电子邮件、BBS/论坛、博客/个人空间、即时通信、社交网站、微博,为青少年提供了更为宽广的信息接触平台,开阔了青少年的视野,为青少年参与社会生活提供了多种可能。同时,用户参与内容创作程度的提高,也调动了青少年参与信息发布的积极性,释放了青少年的创造力。也正是由于自由性与用户参与创作的特征,网络交流沟通工具缺乏相应的把关人,海量的信息未加过滤就出现在青少年用户面前。其中的色情暴力内容、负面信息、极端情绪、谣言、碎片化的表达等,都会令青少年的价值观、道德观出现偏差,还容易导致青少年群体产生信息焦虑、网络道德失范、同一性危机等问题。

交流沟通的主体是人,网络交流沟通产品的主要功能是实现人际交往,人际交往正是青少年社会化的重要内容。不难发现,从电子邮件到社交网站再到微博,人际交往功能的比重不断加大,用户生产内容、真实性、互动性和娱乐化等特征越来越突出。这些功能为青少年提供了更为平等、自由的表达和交往空间,虽然满足了青少年对参与、归属感、被需要和自我实现的渴望,但是虚拟互动不能代替现实中的人际交往。这些交流沟通工具并不能有效地扩大交友范围,交往的质量也不能因此提高,反而会让青少年面临人际交往能力下降、角色混乱、责任感和道德感及信任感削弱、产生自恋情结、疏远现实生活、沉溺网络等严重问题,还会出现个人信息泄露的危险,青少年的自我认同危机也容易发生,社会化进程也会因此受到阻碍。网络交流沟通工具并不能缓解青少年内心的孤独。

二、网络交流沟通产品研究的新思路

从 Web1.0 时代的 BBS/论坛,到 Web2.0 时代的博客/个人空间、即时通信、社交网站,再到 Web3.0 时代的微博,青少年与网络结缘的时间越来越早,程度也越来越深。面对这一趋势,初始研究曾显露出乐观的态度,认为网络交流沟通工具会让青少年告别孤独,加速其社会化进程。然而,当研究逐渐深入,以麻省理工学院教授雪莉·特克(Sherry Turkle)为代表的学者开始反思网络技术对生存方式的全面占有。在每一个网络时代,交流沟通产品都在发生新的变化,对青少年产生新的影响,而对这些变化的研究和认识将决定我们对网络交流沟通产品的价值判断。

已有的相关研究往往以两种方式进行：一是以某一种网络社交产品为例，定性或定量分析网络交流沟通工具对青少年社会化的影响；二是不具体区分某一种产品，而将网络交流沟通作为整体概念分析其对青少年社会化的影响。第一种方式不便考察整体，第二种方式不便分析各种社交产品之间的异同，容易导致泛泛而论。导致此种情况的主要原因是，网络社交正处于发展之中，其对青少年的影响也在不断变化。因此，本部分试图依据互联网发展的三种模式，考察网络社交的发展历程，以不同网络模式下的代表性网络交流沟通产品为例，从网络模式的新特点出发，考察某一网络时段青少年所受的影响，努力聚焦新变化，呈现网络交流沟通工具在新形势下产生的新问题。

第二节 Web1.0模式之下的网络交流沟通产品对青少年社会化的影响 ——以BBS/论坛为例

在Web2.0出现以前，并没有Web1.0这一名词。截至目前，也并没有关于Web1.0、Web2.0和Web3.0这三种网络模式的确切定义。但我们却能将2003年之前的网络模式、2003年至2007年的网络特征和Twitter出现之后的网络现实对比，来区分这三个不同时代，并根据它们的核心特点判断某一种网络产品、技术或者服务属于哪一个网络时代。

互联网诞生的初衷是为了更好地分享和传递消息。以传统门户网站、电子邮件、BBS/论坛、新闻组等为代表的网络工具属于Web1.0网络模式。"Web1.0的本质是聚合、联合、搜索，其聚合的对象是巨量、芜杂的网络信息。"[①]Web1.0模式中，用户的焦点是信息，比如使用搜索引擎查找信息和在门户网站查看新闻，用户关心的是信息是什么，而非哪些人和我一样关注这些信息，人是隐藏在信息背后的。

从传统门户网站向用户单向发出信息，到电子邮件打破时空界限传递信息，再到BBS/论坛在用户之间展开现实生活中无法实现的超时空交往，Web1.0时代的网络逐渐从单一的信息传递功能发展出交流沟通功能，并开始具备有限的互动社交功能。而BBS/论坛以其用户频繁的互动交往而成为Web2.0时代SNS等社交网站或社交网络服务的

[①] 刘畅.网人合一·类像世界·体验经济——从Web1.0到Web3.0的启示[J].云南社会科学,2008(2):81-86.

先声。①我国目前知名的 BBS/论坛可以分为四类：以天涯、猫扑、西祠胡同为代表的社会论坛，以百度贴吧、搜狐社区和网易论坛为代表的门户网站论坛，以阿里巴巴为代表的商贸论坛和以水木清华为代表的高校 BBS。

在青少年中，BBS/论坛的影响不可小觑。根据 2011 年 4 月 CNNIC 发布的《2010 年青少年上网行为调查报告》的数据，青少年在利用电子邮件和 BBS/论坛进行交流沟通时，使用比例均超过整体网民平均水平。2010 年 BBS/论坛在小学生中的普及率达到 10.2%，在中学生中达到 31.8%，在大学生中则高达 60.4%。青少年参与程度之高可见一斑。在青少年群体中，大学生在 BBS/论坛中的交往行为及产生的影响尤为突出。大学生 BBS/论坛的使用比例超过青少年整体平均水平 25.5%，超过网民整体平均水平 28%，极具代表性。BBS/论坛在大学生中的普及率远远高于中小学生，更能够集中反映问题。而大学生中普及率最高的 BBS/论坛当数高校 BBS。对于青少年群体而言，虽然他们也经常登录天涯、百度贴吧等，"但这两类 BBS 的用户中社会人士占了主流，其中的意见领袖也多为社会人士，青少年的发言和回应通常得不到足够的关注，不能如校园 BBS 一般产生实质性影响"②。因此青少年虽然经常浏览前两类 BBS，但前两类论坛并不如高校 BBS 产生的影响大。故而本部分以高校 BBS 对在校大学生的影响为例，分析 Web1.0 网络模式下的网络社交对青少年的影响。

一、高校 BBS 的历史与特点

（一）历史沿革

高校 BBS 是基于校园网建立的 BBS，由各高校版主建立和管理，主要面向高校师生的网络交流平台。1995 年 8 月，清华大学"水木清华"、北京大学"阳光创意"（现名为"北大未名"）相继开通，成为中国大学最早的 BBS。之后，各大高校陆续拥有了自己的 BBS，比较有影响力的还有南京大学"小百合"、复旦大学"日月光华"、中国人民大学"天地人大"等。在高校 BBS 中，师生可以发表自己对时事新闻、学校管理、人生情感及日常琐事

---

① 需要指出的是，BBS/论坛虽然也有用户参与，但是以信息（论题）为中心组织数据的，而不是以人为中心来组织数据（比如 Blog），虽然也被用于网络交流沟通，但仍属于 Web1.0 时代而非 SNS。传统媒体权威地位的逐渐丧失、用户参与内容创造、用户之间互动的增加，使得 BBS/论坛有时也被与 SNS 混为一谈而认为是社交网站。

② 杨学丽.我国大学生意见领袖的网络素养研究[D].武汉：华中科技大学，2010.

的观点和看法,高校BBS成为校园内交流沟通的重要方式,成为解决大学生学习、生活、就业等各种问题的重要途径。2004年12月28日,教育部、共青团中央《关于进一步加强高等学校校园网络管理工作的意见》明确要求,高校BBS严格实行用户实名注册制度,用户通常需要使用真实姓名、学号、校园邮箱等信息注册。2005年,著名高校BBS相继由开放型转为校内型,实行实名制,限制校外IP访问。

(二)特点

与传统的门户网站相比,BBS的信息开放性和交流互动性更强。虽然关注的焦点仍然是由中心一点向周围扩散的信息,但用户已经能够通过评论、转帖等形式展开讨论,而不是单纯浏览而不发表任何意见,受众的身份已经转变为参与者。虽然BBS中仍然存在意见领袖,但已经打破了传统门户网站那样的信息权威,每一个注册后拥有ID的用户都能够自主地展示自我、平等地参与讨论。

高校BBS除了具备其他社会论坛/BBS具备的身份匿名性、信息开放性、交流互动性和展示自主性之外,还有自身的特点:普及率高,用户群相对稳定——主要是经历相对简单、思维活跃、关注社会热点、容易接受新鲜事物、也容易偏激的在校大学生;匿名性较弱(尤其是2005年以来);话题比较集中,贴近校园生活;用户身份容易确认,负面信息和道德失范现象能够得到相对有效的控制;功能综合性强,大学生用户除了可以在BBS上发帖、转帖、交友、浏览新闻外,还可以学习、了解社团活动信息、求助和帮助别人、下载共享资源、买卖物品、建立私人空间等。高校BBS已经深入用户生活的方方面面。

二、高校BBS对大学生的积极影响

(一)高校BBS为大学生提供了更为宽广的信息接触平台

Web1.0网络模式下,网络产品首先引发了信息获取方式的转变,传统媒体和门户网站已经不再垄断信息,新闻组、E-mail、BBS/论坛中的信息更广泛、真实,传递更为迅捷。高校BBS能够集中有效地传播未经过权威媒体过滤的原始信息。而针对BBS/论坛中有争议的话题,用户的发帖、评论、转帖等交互行为也能够帮助个体感知意见与态度的分流,多方采纳信息而形成相对理性的认识。高校BBS的海量信息,为大学生开阔视野、关注社会热点、参与公共事务提供了良好平台。

(二)高校BBS为大学生提供了更为平等、自由的表达和交往空间

Web1.0后期的产品(E-mail、BBS/论坛)用户能够参与信息内容的创建、评论和传

播,也能以信息为中心和其他用户互动。高校 BBS 匿名性[①]、开放性和自由性,为大学生平等、自由的交往提供了环境,人人都可以参与到 BBS 的互动中来,参与的内容和方式完全由自己决定。在匿名、平等的话语环境下,主体更倾向于表达自己的真实情感,从而实现情感宣泄的需要,有效缓解压力。同时,真实情感的表达也能帮助用户找到志趣相投的朋友,建立起社交关系。高校 BBS 让用户易于找到与自己有共同话题的同伴,产生一种对群体的归属感,同时在回应他人及接收他人回应的过程中增强自我感受。高校 BBS 中丰富多样的自我表现方式和个性化的自我展示,能够帮助大学生塑造和维护个人形象,达到支配感需求的满足,释放他们的创造性。高校 BBS 通过满足大学生平等参与感、归属感和被需要感而有利于大学生身心健康发展。[②]

(三)高校 BBS 中的交往行为满足了大学生自我实现的需要

大学生具有文化优越感,希望受到社会重视,实现自身价值。高校 BBS 作为平等、自由的交流沟通平台,让大学生能够摆脱现实中的身份、年龄、地位、角色等社会条件的限制而平等地发表观点和意见。大学生热衷于追求个性,而 BBS/论坛已经是去中心化的网络社区,没有了权威话语和主流观点,为大学生充分展示自我、满足个性需求提供了多种可能。

三、高校 BBS 对大学生的消极影响

实证研究显示,大学生网络交往一般有三个目的:获取信息、交流沟通和游戏娱乐。调查显示,大学生进入高校 BBS/论坛,往往是为了了解社会热点新闻或者获得信息。[③] Web1.0 对大学生的影响也首先是从信息的获取、传递和放大开始的,网民由负面信息引发的不良情绪可能会被放大而引发群体性危机事件。在 E-mail、BBS/论坛上进行交流沟通时,大学生在网络上扮演的角色不再是单一的受众,而是以"草根身份"参与原本只属于精英阶层的信息建构,甚至成为意见领袖,网络角色发生了变化。这种变化很可能导致大学生社会化危机的出现。以 BBS/论坛为代表的后期产品中,已经开始出现有限的网际互动,也暴露出疏远现实社会的人际互动等问题。

---

① 高校 BBS 虽然实行实名制,但用户仍然使用网名交流,只有管理人员能够通过 ID 判断用户的真实身份。
② 胡凛.BBS 带给我们的思索[J].思想·理论·教育,2001(8):34-35.
③ 文德义.校园 BBS 对大学生思想政治教育的影响及策略研究[D].重庆:重庆工商大学,2011.
范丁媛.石家庄地区大学生论坛行为与态度调查研究[D].保定:河北大学,2011.

(一)高校 BBS 负面信息的传递和放大导致大学生群体性事件发生

BBS/论坛巨大的信息存储量使其无法避免信息良莠不齐的现实。它作为大学生获取信息的重要来源,暴力、色情、低俗等有害内容却混杂其中,也容易导致大学生理想信念模糊、价值取向扭曲、社会责任感缺失、道德沦丧等问题。这与其他网络产品,诸如网络音视频、网络游戏、网络文学只有形式上的差别,而在对大学生的危害方面存在很大的相似性。在此不再赘述。本部分主要针对高校 BBS 中由社会热点引发的负面信息展开讨论。

从 2003 年的"孙志刚案"开始,几乎所有热点话题如"重庆钉子户事件""山西黑砖窑事件""华南虎照片案""罗彩霞冒名顶替案"等,都因网络论坛的参与、推动而出现了意想不到的结果。而这些事件在高校 BBS 上均有转载和讨论。在对 BBS 议题的研究中发现,关于社会热点的探讨已经成为 BBS 讨论的主流。[①]高校 BBS 是大学生获取信息的重要平台。热点事件发生时,大学生会在第一时间关注 BBS/论坛。当有过激言论出现时,如果不及时采取应对措施,负面信息会在传播过程中被扩大、扭曲,甚至从网络走向现实,从校园传到社会,引发大学生群体性事件。在 BBS/论坛传播力、影响力不断扩大的现实情况下,高校 BBS 已成为一些群体性事件的主要动员手段和传播渠道。2004 年浙江大学"10.20"事件、2007 年南开大学"12.24 别克门"事件、2008 年"抵制家乐福"事件等,都是通过高校 BBS 发起的群体性事件。

1."沉默的螺旋"与负面信息的放大

高校 BBS 中存在"沉默的螺旋"的现象。"沉默的螺旋"这一概念最早是由德国社会学家伊丽莎白·诺尔－诺依曼提出的。她认为:个人为避免受到社会孤立,会在发表个人观点之前对周围的意见环境进行观察。当发现自己处于"多数"或者"优势"时,他们便倾向于积极大胆地表明自己的观点;反之,一般人则会屈服于环境压力而转向沉默或者附和。一方的沉默造成另一方"优势"意见的更加强大,这种强大又反过来迫使更多的"唱反调者"转向沉默。如此循环,便形成了一个螺旋式上升的过程。也就是说,即使是不合理的少数意见也会被受众当作"合理的多数意见"来认知,导致人们价值判断和行为方式发生连锁反应,从而造成现实中占压倒性优势的多数意见的产生。而这正是高校 BBS 中负面信息得以传播的原因。

[①]杨乐.网络论坛议题演变分析[D].西安:西北大学,2008.

大学生思想活跃,具有文化优越感,渴望参与社会事务,以引导大众思想潮流、维护国家民族形象、促进社会公平、推动社会发展为己任,然而这一群体思想单纯,缺乏社会阅历和经验,对某些复杂问题的分析辨别能力有限,容易冲动,极易在某些事件发生时发表充满个人情感的偏激观点,而这样的观点更容易被大学生群体所接受。如果资深网友或者意见领袖发表标榜"爱国""维护民族尊严""促进社会公平"而实则偏激的观点,很可能会引发广大网友的共鸣。在实名制背景下,出于对社会孤立感的恐惧,原本远离讨论或者对极端观点持反对态度的大学生感受到环境压力,发现自己处于劣势时,他们选择沉默或附和的可能性很大。因此,即便少数用户发表的只依据片面事实或者存在诸多不合理因素的观点,也会成为多数意见被群体所接受。那么,负面的信息就在传播过程中被不断放大,甚至代替原信息成为焦点。

2."群体极化"与矛盾升级

"沉默的螺旋"与"群体极化"相互作用,就会让原本带有倾向性的观点向着更极端的方向发展。哈佛大学法学教授凯斯·R.桑斯坦认为,群体中原已存在的某种倾向性观点,通过群体成员互动而得到加强,使这种观点朝着更极端的方向转移。"群体极化之所以发生,往往是由于人们彼此把自己所知道的告诉对方,而他们所知道的却在一个可以预测的方向上呈偏斜状态。当他们倾听彼此的意见时,他们就采取行动。"[①]大学生在高校BBS上看到带有倾向性的偏激观点成为大多数人的共识而相反观点占少数时,他们的信念就会自觉转向群体倾向。而提出了偏激观点的人会因为感受到群体支持而更加自信,并鼓励自己采取行动让观点、事件朝更有利于自己的极端的方向发展,而这种行动很可能是不道德行为,极易导致无序状况。"人肉搜索"就是在从对某网友不道德或不合理言论、行为的批评转变为谩骂、侮辱,再上升到泄露个人信息、曝光个人隐私等极端行为的群体性事件。这种群体性极端事件也可能从虚拟的网络空间蔓延到现实生活中,甚至会引发一些危及社会稳定的事件。原本影响范围有限的负面信息如同滚雪球一般不断被放大和极端化,一旦导致集会示威、抗议游行等群体极端行为,事态就会难以控制。

在对高校BBS上高频率转发帖子的观察中发现,在某些群体性事件中,一些资深网友的言论对事件的发生发展起到了推波助澜的作用。他们的言论极易引起学生的共鸣,

---

① 凯斯·R.桑斯坦.极端的人群——群体行为的心理学[M].尹宏毅,郭彬彬,译.北京:新华出版社,2010:28.

甚至误导一些态度客观的学生改变中立态度,迎合他们的意见。这种行为带有群体性,往往会传染群体的其他成员,甚至出现一呼百应的现象,致使影响范围越来越大,最终上升为群体性事件。一个高校发生群体性事件后,如果不及时控制引导,会引发其在高校之间的横向蔓延,形成 A 校骚动、B 校响应、C 校拥护的局面,使事态进一步恶化。

3.从众心理与线下参与

一旦有人倡议进行群体集会、示威游行等活动,大学生会在从众心理的影响下参与到活动中去。在社会团体的压力下,个人不愿因为与众不同而感到被孤立,从而放弃自己的意见,采取与大多数人一致的行为,以获得安全感、认同感和归属感。从众心理对某些交往主体的态度及行为的产生具有明显的影响作用。2004 年 10 月 20 日,浙江大学"10.20"事件是高校 BBS 实名制实施之前的最后一次群体性事件,在"是中国人就站出来""维护民族尊严"等口号的号召甚至变相威胁下,该校 BBS 上极端的言论被高频率转发,事件的现场视频、手机直播等也成为 BBS 上最热门的帖子,越来越多的学生表示愿意加入集会人群。参与者认同的已经不是这样的行动是否能够维护民族尊严,而是自己的行动是否跟同伴保持了一致。一些相对理性的学生对集会人群进行劝说,却以遭到亢奋的参与者的打骂而宣告失败。意见不同者被孤立或打压的现实也导致了从众心理的强化,原本参与目的不够明确或者持观望态度的学生也会放弃自己的立场,以获得群体认同。虽然校方在事态扩大前关闭了校园网络,但学生的行动已经从线上走到线下,一时间难以控制。

我国正处于社会转型时期,社会利益关系复杂,各种社会矛盾较为凸显,不同的价值观念相互激荡。因此,一些情绪化的信息传递很可能引发舆论风暴。如果信息是正在发生的社会热点问题尤其是负面消息集中的公共突发事件等大学生极为关注的内容,而又没有采取适当措施加以控制,就极易在高校 BBS 上迅速传播。在大学生评论、转帖的过程中,对事件的客观分析容易被情感交流淹没,许多未经深思熟虑的观点往往被用户认可。[①]再经由"沉默的螺旋""群体极化"和"从众心理"的作用,负面情绪被上升为不可调和的矛盾,进而发生线下群体行为。

(二)高校 BBS 中角色虚拟性导致大学生自身角色混乱,影响社会化进程

在 Web1.0 网络模式中,用户以 ID 的形式存在。从表面来看,在高校 BBS 中,发帖、

---

① 钟瑛,刘海贵.论网络 BBS 的议题特征及议题建构[J].新闻与传播研究,2004(4):47-52.

评论、转帖、交流互动的主体是 ID。然而 BBS 中 ID 的角色和现实中大学生的角色有所不同,大学生能否将这两种角色统一于一体,决定了大学生社会化进程的顺利与否。

所谓社会化,就是自然人转变为能够适应一定的社会文化、参与社会生活、履行一定角色行为的社会人的过程,也是自然人在一定的社会环境中通过与他人的接触与互动,逐渐地认识自我并成长为一个合格的社会成员的过程。社会学家帕森斯认为,社会化的核心内容是学习扮演社会角色,青年时期社会化的主要任务是依照社会对青年的要求和标准学会承担特定的社会角色,即实现期待角色与现实角色的整合。也可以说,青少年社会化是青少年在特定的社会和文化环境中,个体通过与社会的交互作用,成为能够履行一定社会角色行为的社会人的过程,角色社会化是社会化的基本内容。

网络社会学认为人们在网络空间也在进行角色扮演活动,而这种角色活动因身体的缺席而满足了人们想自由扮演角色的愿望。网络角色就是在网络空间中产生的适合网络规范的行为模式。网络中的角色扮演在青年社会化过程中发挥着越来越重要的作用,"真实社会化与虚拟社会化的断裂可能导致青年角色认同危机"[1]。

在高校 BBS 中,现实角色和虚拟角色存在巨大差距。以性别为例,高校 BBS 虽然实行实名制注册,但用户可以选择是否公开个人性别,还可以通过设计个性化 ID 自觉或不自觉地隐藏真实性别。大学生可以模仿同性或者异性在 BBS 中发言和互动,生理性别缺席和 ID 性别的真假难辨促成了"网络无性别"的结论。"高校 BBS 中的情感交流板块内容主要涉及婚恋话题,而对参与讨论的大学生而言,辨别其他用户的生理性别并不重要,交流本身试图在对话中达到个体信息需求满足。"[2] 对思想自由开放、具有反传统意识的大学生们来说,生理性别虽然无法改变,但并不意味着他们必须按传统性别角色来塑造适应未来生活的性别角色,现实角色可能受到虚拟角色的线下延续而发生改变。

在高校 BBS 上,大学生可以按照自己的喜好自由扮演任意角色,但这种角色只能在网络虚拟空间中存在。社会角色代表着社会对个体的某种期望,个体的行为模式往往依据社会角色的内在要求而生成和发展,并且受现实环境的各种因素的影响。现实角色的建构依据是现实生活中群体对角色的期待,现实需要决定了现实角色。而虚拟角色的选择和塑造只依据个体的个人喜好。网络空间是虚拟的,角色如何扮演取决于扮演者对角色如何理解和想象。虚拟角色比现实角色更为灵活多变,受到的约束和必须遵循的规范

---

[1] 风笑天,孙龙.虚拟社会化与青年的角色认同危机[J].青年研究,1999(12):15-19.
[2] 余兰.大学生 BBS 交往中的网络角色研究[D].重庆:西南大学,2007.

更少。

这两种角色的差异与"自我"和"本我"的差异极为类似。弗洛伊德认为,社会和他人的外在监督和自我防御机制相互作用,压抑和控制"本我"欲望的满足,而展现的是符合道德要求、能够被社会接受的"自我"。在外在监督条件和自我防御机制弱化的情况下,遵循快乐原则的"本我"会以满足生理和心理欲求为目的指导行为。[①]现实角色类似于"自我",而虚拟角色类似于"本我",二者遵循不同的原则。在各大高校BBS上都出现过由现实中占座、插队、影响他人作息时间等极其琐碎的小事引发的网上人身攻击事件,现实中双方可能囿于社会道德规范已经解决问题,但当事人可以在网上发帖将问题恢复到"进行时"。换言之,虚拟角色并不认同现实角色的行为准则和对事件的解决方案,在现实中迫于外在监督和压力而被限制的心理表征在网络环境中集中释放。如果被有类似经历的网友关注,就会形成讨论热潮,引发利益双方的谩骂、盗取对方账号、揭露对方隐私的网络暴力行为。也就是说,类似于"本我"的虚拟角色因为规范的缺乏而容易造成青少年网络越轨行为,例如偷窥他人隐私、登录色情网站、在网上进行人身攻击或施行网络暴力,甚至盗用他人信息、传播网络病毒、篡改网站内容或信息、从事网络诈骗活动等,给现实社会带来严重危害。

这些冲突矛盾不仅发生在道德失范者和受害者之间,也发生在现实角色和虚拟角色之间。网络世界和真实社会的脱节导致两种角色的冲突,网络交往和现实交往的不同规范,在线上线下不断转换,容易导致大学生多重人格的出现,不利于个体内化社会规范,会导致个体社会化过程中的认知偏差和对现实社会的认同危机,引发道德失范行为。

自身角色的混乱,让青少年无法以稳定的个性特征参与社会生活,也无法形成对他人的信任,导致人际互动无法正常进行。

第三节　Web2.0模式之下的网络交流沟通产品对青少年社会化的影响
——以社交网站为例

一、人际沟通与社交网站

Web1.0只解决了人对信息搜索、聚合的需求,而没有彻底解决人与人之间沟通、互动和参与的需求。以参与、展示和信息互动为本质特征的Web2.0应运而生。技术思考者

[①] 戴维·波普诺.社会学[M].刘云德,王戈,译.沈阳:辽宁人民出版社,1988:239-242.

蒂姆·奥莱利（Tim O'Reilly）和约翰·巴特勒（John Battelle）在2004年第一次Web2.0大会上正式提出了这个概念。布洛格·丹（Blogger Don）在他的《Web2.0概念诠释》一文中提出："Web2.0是以Flickr、Craigslist、Linkedin、Tribes、Ryze、Friendster、Del.icio.us、43Things.com等网站为代表，以Blog、TAG①、SNS、RSS②、Wiki③等社交软件的应用为核心，依据六度分隔、Xml、Ajax等新理论和技术实现的互联网新一代模式。"④博客（Blog）、即时通信软件（IM）、社交网络服务（SNS）、网络标签（TAG）、简易聚合（RSS，一个站点用来和其他站点共享内容的一种简易方式）、维基（Wiki，一种提供共同创作环境的网站）等新工具和应用，被认为是Web2.0的主要代表形态。

"Web2.0是互联网的一次理念的升级换代，由原来自上而下、由少数资源集中控制主导的互联网体系，转变为自下而上、由广大用户集体智慧和力量主导的互联网体系。"⑤换言之，Web2.0是一种"去中心化"的传播方式，是在用户集体的共享、参与和创造中建构起来的。Web1.0时代的用户只是单向接收媒体信息的受众、消费者，而Web2.0时代是以用户生产内容（User Generate Content）为主要特征的，用户拥有属于自己的网络空间，作为信息的生产者发布原创信息，也接收个人定制的网络信息，信息能够被更方便快捷地共享。

Web2.0互联网应用模式也开始从以信息为核心，转变为以广大用户——即人——为核心。在Web 1.0网络模式下，用户只是一个ID符号，而Web2.0却能以拓展用户的真实交际圈为特色。Web1.0就像一个冰冷的信息库，用户在其中搜索、传播、偶尔生产信息（在BBS/论坛上发帖），而Web2.0将人们联系在一起，用户之间可以通过互动和交流获得丰富信息，网络更具人性化，更符合人类与生俱来的诸如自我表达、人与人联系以及归属感等需求。

---

① TAG，也被称为"标签"或"分类"，是一种关键词标记，对网络上的信息进行标记，网络服务器会整合相关标记推荐给其他人，以便于搜索。
② RSS(Really Simple Syndication)也称聚合内容或网络摘要，是一种网络共享信息的链接工具，用户能够通过订阅RSS在第一时间获得自己需要的信息，也能够调用其他网站内容，从而形成"新闻聚合"。
③ Wiki是一种在网络上开放且可供多人协同创作的超文本系统，允许任何造访它的人快速轻易地添加、删除和编辑所有的内容。
④ Tim O'Reilly.What is Web 2.0:Design Patterns and Business Models for the Next Generation of Software[EB/OL].http://www.oreillynet.com/pub/a/oreilly/tim/news/2005/09/30/what-is-web-20.html page=1.
⑤ 中国互联网协会.中国Web2.0现状与趋势调查报告[R/OL].http://www.internetdigital.org/report/Web2.0.reportintro.pdf.

基于用户创造内容和以人为核心的特点,在博客、即时通信工具、社交网站、维基中,能够有效进行人际边界管理、集多种虚拟交流于一身的社交网站是最为典型的Web2.0应用。Web1.0模式中开社交先声的BBS/论坛以自由性、匿名性和开放性为特点,但却是以帖子为中心,信息一旦被置于BBS/论坛中,就不再属于个人,缺少私密空间。博客/个人空间虽然以博主个人为中心,但仍然保留有浓重的Web1.0色彩,博客中的交流更多是以博文为基础的。另外,博客的个人化程度高,缺少公共空间。而普及率极高的即时通信的个性化自我呈现方式却极为有限,其中的信息还会随时间流逝而消失。社交网站有效地解决了这些问题,用户可以通过隐私设置将个人信息、日志、相册等置于私人空间或公共视野,可以通过插件完成私信交流、即时通信、多媒体文件分享等功能。社交网站典型地体现了Web2.0模式用户集体参与、网站平台化、个性化信息表现和丰富的交互功能等特征,以开放、分享的精神成为Web2.0的代表。

社交网站一经出现,就在全球迅速扩张。目前,社交网站领军者Facebook已经覆盖了全球82%的互联网用户——总人数高达12亿。在2008年的美国大选中,奥巴马竞选团队更是充分利用Facebook等社交网站为奥巴马争取选票,"Web2.0时代的总统大选"让社交网站的力量为世人瞩目。2005年,国内社交网站迅速崛起,至2007年已经成为占据中国互联网重要地位的网络媒体形式,几乎所有传统网络媒体纷纷引进和融合SNS元素,互联网的形态和格局发生了重要改变。国内社交网站主要分为三种类型:以开心网、51.com为代表的休闲娱乐型,以人人网、占座网为代表的校园型和以联络家、XING为代表的商务型,以中国移动、中国电信为代表的电信运营商也开始尝试SNS服务。对青少年影响较大的是前两类社交网站。

根据CNNIC发布的《第30次中国互联网络发展状况统计报告》,虽然在即时通信和微博的挤压下,社交网站用户有减少趋势,但截至2012年6月,社交网站普及率仍然达到46.6%。该中心2012年3月发布的《2011年中国网民社交网站应用研究报告》数据显示,截至2011年底,我国社交网站用户数量为2.44亿,有近三成的用户每天至少访问一次社交网站。可以认为,社交网站已经成为颇具影响力的文化产品。大度博策公司2010年发布的《SNS网站用户行为研究报告》中指出,SNS网站用户与整体网民年龄分布相比,更具低龄化特征。90%以上的用户年龄在30岁以下;21到25岁的用户在整体中所占比例最大,达到四成以上;16到20岁的用户约占三成。青少年无疑是社交网站的主力军。CNNIC发布的2010年《青少年上网行为调查报告》的数据显示,青少年网民的社交网站使用比网民整体平均水平高了10%。聚焦在青少年内部,大学生的社交网站使用率达到86.4%,超过中学生(58.6%)、小学生(42.2%),也比网民整体平均水平高出35%。大学生成为使用社交网站最具代表性的人群。①

因此,本部分从分析社交网站对大学生的影响入手,讨论Web2.0模式中的网络社交对青少年的影响及应对策略。

二、社交网站的发展历史

基于Web2.0技术,社交网站建成了融公告栏、群组讨论、即时通信、个人空间、互动、无线增值服务、营销、搜索等于一体的开放平台,提供了日志、相册、游戏、音乐、视频等多种服务,集合了各种网络媒介的优点,成为当今网络发展的趋势。社交网站在世界各地有各种不同的形式,在北美,Facebook、Myspace、Flickr盛行,欧洲除了Facebook、Myspace之外还有Skyrock、Tuenti、Bebo受到网民追捧,日本的Mixi、韩国的Cyworld在该国网民中普及率也极高。

国内社交网站发展经历了三个阶段。第一阶段,模仿风靡美国的Fridenster建立的以中国同学录、Chinaren为代表的校友录,但此类网站迅速衰落;第二阶段,模仿Myspace建立UU地带、51.com等,但除了51.com在转型后涅槃,其余已经销声匿迹;第三阶段,主要模仿Facebook的海内网、一起网、占座网、人人网、开心网等一大批SNS站点问世,掀起SNS热潮。网民不仅可以通过个人电脑访问SNS网站,也可以下载客户端即时了解网站动态,还可以通过手机WAP网站或手机客户端访问。目前,我国社交网站已经超过千家,但相比于国外社交网站,仍处于相对初级的阶段,平台不够开放、应用相对单一、创新仍显不足、数据研究相对落后。

借助网络知名信息架构专家彼得·莫维尔(Peter Morville)的"用户体验蜂巢模型",我们可以一探社交网站的构成。如今,我国大部分社交网站大体上由几种因素构成:身份、关系、状态、分享、会话、群组和声誉。其中,身份是核心因素。用户可以通过基本信息和个人主页来呈现每个人的"身份"。比如性别、年龄、头像照片、地理位置、出生日期、教育背景、工作背景、兴趣爱好,另外还有电子邮箱、QQ账号等。社交网站里的关系因素并

---

① 需要特别指出的是,国内的社交网站使用者与国外的社交网络使用者存在差异,美国西北大学传播与社会学研究小组的艾滋特教授在《谁的空间——SNS中的使用者和非使用者》这篇文章中指出,尽管目前美国的SNS网络青少年受众居多,但是通过调查研究发现,SNS网络的真正的使用者是那些具有高等教育背景和社会地位的成年人。〔Eszter Hargittai.Whose Space? Differences Among Users and Non-Users of Social Network Sites.Journal of Computer-Mediated Communication,13(1),article 14.〕

不仅仅指静态的一度或者几度的关系,也不仅仅是好友列表中所有的朋友关系,而更多的是指好友之间信息的沟通与互动,以及在此基础上所产生的内涵与意义。社交网站能够记录下用户及其好友在使用过程中的各种动态。比如发布心情、发表日志、上传照片、分享信息、发布留言、参与投票、发起讨论等,都会出现在该用户好友首页的"好友动态"中。用户可以随意分享其他用户发布的日志、视频、相册、音乐等内容,并且在用户的首页上也能看到好友的分享内容。社交网站中的会话也就是交流沟通,它大体上被分为两种方式,即显性交流和隐性交流。显性交流是指能够通过即时聊天工具或者发送短消息、站内信、赠送礼物等方式进行的交流沟通。而隐性交流则体现为好友之间相互访问个人主页和查看个人信息等。社交网站中存在许多群组,每个群组的成员都在特定方面具有共同点,比如具有共同的兴趣爱好,都喜爱同一位名人、同一部电影等,成员们可以在这个圈子里发表意见、讨论话题。声誉目前在社交网站中体现得并不明显,主要表现为"意见领袖"和"品牌忠实者"。在实际应用中,热门的社交网站都实现了大部分因素构成,但侧重点有所不同。比如 Flickr 侧重于"分享图片",Facebook 侧重于"身份"和"关系"。①

三、社交网站的特点及其对青少年的积极影响

与 BBS/论坛相比,SNS 匿名成分越来越少。如果把 BBS/论坛比喻成一个茶馆或者咖啡馆,让来自不同社会背景的人聚集在一起分享信息,那么 SNS 就是好友聚餐,我们和现实中结成关系的人在一起讲述自己的经历、感情并期待他人的回应。社交网站除了具备 BBS/论坛所具有的开放性、自由性等特点之外,更加突出了用户生产内容、真实性、互动性和娱乐化等特征。与此相对应,社交网站也是大学生开阔视野、关注社会热点的良好平台。平等自由的表达和交往空间,为他们提供了宣泄情绪、舒缓压力的可能,满足了他们对平等参与、归属感、被需要感和自我实现的需要。在人际交往方面,人人网比高校 BBS 更具优势,社交网站降低了人际交往的成本,提高了安全性,扩大了人际交往的范围,扩展了人际交往的内容,为大学生展示自我提供了平台,有助于大学生真实表达自我,增强自我认同感和自信心。

(一)用户生产内容与创造活力

Web2.0 时代的互联网被称为一个由大众生产和提供的信息内容汇聚成的海洋。社

---

① 金璐.我国 SNS 网站的发展现状、问题及完善策略研究[D].郑州:郑州大学,2011.

交网站的使用者可以同时拥有"传者""受者"的双重身份。用户不仅可以添加多媒体内容,也可以删除自己上传的内容,并对相应内容的访问权限进行管理。任何一个网络节点都能产生和发布内容,并且这些内容以分散传播的方式存在。在默认状态下,每个用户发布的信息都能够被其他用户分享,这种分享促成了信息的动态完善。[①]

用户生产内容是 Web2.0 的核心精神,个性化正是这种精神的产物。个性化的展示和表达,契合并鼓励了青少年的创造性和自我实现的需要,激发了青少年网络原创的活力。对青少年而言,社交网站的使用几乎没有门槛,青少年能够以极低的成本将自己的创造性、创新性呈现出来,而不必受到现实中有限资源的约束,能够更加自由地享有平等,从而随时随地释放自己的创造力。

传统媒体都是以同一张面孔面对所有受众的。比如,同一个节目或同一份报纸。社交网站却使每个受众的个人页面呈现出不同的内容,社交网站的个人页面就像是个人标签。青少年可以随意修改个人主页的风格,设定页面的背景音乐,分享自己感兴趣的信息,实时发布个人的心情状态等,从而得到好友的关注和回馈。社交网站更多是通过某个成员所列出的兴趣爱好来展现一个人的形象与思想,实际上也成为人们塑造自我形象的一种手段。它有助于青少年真实表达自我,增强自我认同感和自信心,释放创造活力。

(二)真实性与交友安全

以人人网为代表的校园类社交网站采用实名制注册,要求用户使用真实姓名、真实头像照片、真实个人信息、真实邮箱进行注册,保证用户来源的相对真实性。社交网站实名制是为了以真实人际关系为基础,在网络中再现真实的人际交往。这在一定程度上弥补了 Web1.0 时代网络匿名性造成的低可信度,拉近了网友之间的距离,以"熟人的熟人"的方式提高了交友的可靠程度,提高了青少年网络交友的安全性,使青少年能够以更加真诚的态度在网络中展现真实自我,扩大社交范围。但随之而来的问题是对主体隐私的保密障碍。

(三)互动性与人际交往的多样化

社交网站建立的初衷就是人与人之间的互动,这一点在 Web2.0 模式网络应用中得以体现。社交网站在网络世界再现了真实的人际关系,也为用户提供了分享信息、交流

[①] 这一点在维基百科中体现得更为充分,只有一个程序开发员受雇于维基百科进行工作,而其他管理工作、服务器维护、内容筛选更新都是由志愿者通过公开的代码和编辑平台来完成的。

沟通和娱乐游戏的平台。用户基于人际关系进行互动,互动又促成了人际关系的强化和新的人际关系的形成。社交网站集论坛、博客、在线聊天、游戏于一身,用户与好友通过回复、评论、转发、分享、游戏等进行互动。以人际关系为基础,以多种多样的互动方式为手段,社交网站建立起了强大的互动平台,不仅促成在线交流沟通,还鼓励用户将互动延伸到线下,以豆瓣网同城活动为代表的社交网站线下活动已经在青少年中成为时尚。人际交往手段的多样化,有助于青少年扩大交往范围,为自身成长寻求更多的可能性,积累更为丰富的社会资本,有可能加速青少年的社会化进程。

(四)娱乐化与不良情绪的释放

在各类社交网站的应用中,游戏、星座、情感、娱乐信息等插件最为引人注目。大部分社交网站均有好友买卖、抢车位、买房子等社交网络游戏(Social Network Game)。社交网络游戏无需下载或者安装客户端,通过浏览器就能直接在线运行,玩家可以和好友共同参与。社交网络游戏呈现出快速增长的趋势,已经成为社交网站中使用最多的应用程序。[1]合理参与社交网络游戏,能够帮助青少年释放现实生活中积累的各种压力和不良情绪,有利于青少年的身心健康。

四、社交网站对青少年社会化的消极影响

社交网站对人际交往的负面影响有网络信息的良莠不齐威胁青少年心理健康和个人安全,角色混乱导致道德失范和自我同一性危机从而阻碍大学生社会化进程等,但更主要的问题表现在对现实人际互动的影响方面。

社交网站的核心在于好友之间的交流。对中外青少年的实证研究都发现,人际关系的建立和巩固是青少年使用社交网站的重要动机。[2]社交网站有效降低了人际交往的成本,扩大了人际交往的范围,提高了人际交往的安全性。我们满怀希望地在社交网站中找到了许久不联系的同学、朋友,又通过熟人的熟人结成了新的社会关系,列表中成百的好友让我们收获归属感、被需要的感觉和自我实现的喜悦。但不久我们便产生了困惑,网络中已经扩大了的人际交往范围并没有在现实中出现。调查显示,大学生在人人网的好友绝大多数是老朋友,而新朋友则因为交往频率低和沟通流于表面化而没有成

---

[1] Chen S.The Social Network Game Boom [EB/OL].(2009-04-29)[2012-08-20].http://www.gamasutra.com/view/feature/4009/the_social_network_game_boom.php.

[2] 王晓夏.校园 SNS 对大学生的人际传播效果研究[D].上海:上海外国语大学,2010.
郝若琦.美国大学生社交网站使用动机研究[D].西安:西北大学,2010.

为真正的好友。①过于庞大的好友数量还导致了信息过载,让我们疲于应付。而且,我们"有 1000 个 SNS 好友,却没有人能说句心里话。SNS 成了好友收藏夹,我们成了收藏夹的奴隶"②。正如麻省理工学院的雪莉·特克教授在 Ted 演讲中用"Being together while not being together(我们彼此联系,但我们依旧孤单)"来说明网络正在吞噬我们的生活,结果往往是我们身处人群却更加孤独。

(一)社交网站无法解决社交范围扩大和质量提高等问题

1.社交网站无法有效扩大交往范围

1967 年,哈佛大学心理学教授米尔格提出"六度分隔理论":最多通过六个人你就能够认识任何一个陌生人。2002 年,哥伦比亚大学瓦茨教授开展的"小世界研究计划"通过电子邮件发送验证了"六度分隔"在虚拟世界同样适用。社交网站正是建立在这一理论上的,每个用户都作为人际关系网络中的一个节点,以自身的节点为起点,通过自己的现实人际关系脉络,向庞大的网络用户群体辐射,最后将会形成一个巨大的网络人际关系圈。从理论上说,这个交往圈子可以无限扩大,就是说我们在社交网站中的好友会遍布世界,数量庞大。然而,事实并非如此,社会学家卡梅隆·马洛发现,Facebook 用户好友的平均数量为 120 人,其中与用户互动频繁的仅在 10 人以内。③

这不是因为社交网站对六度分隔理论应用不充分,而是因为真实的社交网络远远比线上的社交网络更为复杂。罗宾·邓巴的研究发现,人类的大脑认知能力允许人类拥有稳定社交网络的人数是 150 人左右,超过这一数字人类将无法很好地维系社交关系。因此,150 人是人们可以与之保持社交关系的人数最大值,这就是"邓巴数字"。即使在网络空间,人类的认知能力依然有限,人类学家拉塞尔·伯纳德和彼得·基尔沃兹推测人类社交网络的上限几乎是邓巴数字的两倍。卡梅隆·马洛的发现也符合"150 人"法则。也就是说,社交网站在扩大人类社交规模方面的作用有限。

研究发现,青少年在社交网站上的多数好友是现实中已经认识的朋友、同学,而"熟人的熟人"很少。④社交网站并没有帮助大学生扩展人际交往的范围,大学生保持频繁互动的好友数量极为有限,很多好友只是一个头像,加为好友可能是彼此之间唯一的互动

---

① 慈兆泓.从人人网看校园 SNS 中人际传播的特征[D].长春:东北师范大学,2010.
② 徐珊璞.SNS 是工具,我们是奴隶[J].南都周刊,2008(243).
③ Primates on Facebook[EB/OL].(2009-2-26)[2012-8-20].http://www.economist.com/node/13176775?story_id=13176775.
④ 张丽璇.当代大学生在社交网站中的行为研究及思想政治教育对策[D].北京:北京化工大学,2011.

联系,现实中的好友并没有因为社交网站中好友数量的增加而增加。当青少年使用社交网络以满足自身交往需要的时候,他们并不能有效实现交往范围的扩大。

2.社交网站使用者的人际交往质量并没有提高

六度分隔理论没有给"联系"一个明确的权值区分,而事实上这种区分无论是在真实社交关系还是线上社交关系中都是确实存在的。[①]换言之,六度分隔理论虽然强调了人与人之间建立社交关系的可能性,却忽视了社交关系的价值和深度。

社交网站为我们提供的是一种规模和范围、深度和价值都有限的"弱连接"。1974年美国社会学家格兰诺维特提出了"弱连接"理论,认为在社会人际交往中人与人之间存在"强连接"和"弱连接"两种不同的关系,亲属、朋友、同事、同学的交往因为比较稳定和长久而称为"强连接",而见过几次面的朋友、长久不联系的同学等和我们的交往关系就是"弱连接"。显然,日常生活中的弱连接范围更广,而强连接关系更稳固。

社交网站虽然采用个人的真实信息注册,但是能够提供给别人的真实身份数据也仅仅局限于姓名、家乡、学校和爱好等浅层信息。这些信息只能用于身份识别,难以用来深入了解对方。青少年会通过人人网寻找许久不联系的同学和朋友,但交往频率却不高,往往是刚刚恢复联系时联系较多,而之后又恢复了长久不联系的状态[②],弱连接的情况并没有得到改善。

美国加州伯克利大学博士生丹雅·博伊德(Danah Boyd)在研究了Friendster、Myspace和Facebook等SNS网站后,认为社交网站容易导致"交友妓女化"。她指出,太廉价获得的朋友不会被珍惜,而会被轻易放弃。社交网站中好友关系的建立只需轻轻点击鼠标,缺乏情感投入的"弱连接"并不持久和可靠。另外,无法了解朋友的真实情况,因而好友关系是虚幻的。[③]研究发现,出于隐私安全的考虑,用户不会按照SNS平台设计的方式发布个人信息。[④]社交网站中的交往依然存在信任感缺乏的问题。她还指出,由于没有采取措施对好友的亲疏予以结构化,反而使得真正关系近的好友被湮没了。[⑤]交往人的数量多到一定程度的时候,交往的密切程度就会受到限制;当一个人与另一个人的关

---

① 吴景.SNS(社会网络服务)的发展现状及前景研究[D].长沙:湖南大学,2010.
② 慈兆泓.从人人网看校园SNS中人际传播的特征[D].长春:东北师范大学,2010.
   周曦.SNS网站对于大学生同学间人际关系的影响——以"校内网"为例[D].厦门:厦门大学,2009.
③ 任卓.SNS社交网站传播策略研究[D].长春:吉林大学,2011.
④ 王荻.SNS用户信息披露及影响因素研究[D].成都:电子科技大学,2011.
⑤ 任卓.SNS社交网站传播策略研究[D].长春:吉林大学,2011.

系比较密切时,就会疏远其他人。目前,大部分社交网站没有实行亲疏设置并有效区分,也没有有效细分人际关系权值,使得人际交往逐渐呈现扁平化的趋势,不利于人际交往的深度扩展。

现实中的好友关系转移到网络中也并不能得到深化。许多社交网站用户经常遇到被好友更新刷屏的情况,当浏览器被驳杂的好友个人化的状态、日志、照片、分享等内容充斥时,好友越多,信息越多,而且缺乏重要性筛选,只能面对信息过载的现实。过量的更新信息会导致用户注意力的分散,对好友们的关注相应减少。不加选择地浏览好友更新、回复留言、分享内容,会让用户迷失在信息之中而浪费大量时间和精力。时间和精力的有限也决定了用户与每个好友交往的时间减少,而忽视了交往的深入程度。不依靠面对面交流,仅依靠数字化符号与好友进行的无意义的、碎片化的交流并不是交谈,通过点击鼠标和好友打招呼、赠送礼物等也并不能实现关系的深化,现实中面对面、有温度的交往变成了冷冰冰的人与机器的互动。好友数量的盲目膨胀、信息碎片无休止的泛滥,使得大多数人与人之间都成了泛泛之交。[①]社交出现扁平化的趋势,用户对好友的关注可能转变为一种窥探的心理。

(二)社交网站容易导致青少年人际交往能力退化

"宅文化"就是在社交网站普及之后出现的,"宅男""宅女"时时刻刻挂在网上,穿梭于各种 Web2.0 模式的网络产品之间,长期待在家中,不愿出门交际,只擅长使用"网络语言"通过互联网进行人际沟通。但网上的人际互动只是局部人格的交流,并非青少年人格的完全碰撞,无法促进青少年人际交往能力的提升。

青少年渴望情感交流却又惧怕情感伤害。社交网络有效屏蔽了与我们完全不相关——没有共同兴趣爱好、没有共同朋友、没有共同话题——的陌生人,用户可以拒绝陌生人添加好友的请求,对"话不投机"的好友也可以不再关注,从而让社交变得更为容易。用户个人仅需要从自身的兴趣和爱好出发,来决定是否要和某人、某机构建立联系,因为我们总能找到彼此的共同点。但是,与此同时,我们丧失的正是真实交往中不可回避的与陌生人相处的能力,因为这样一种片面的判断标准在现实生活中是不存在的。青少年的社会化过程,是其不断按照社会规范塑造自己的过程,也是在与现实的磨合中不断完善自身的过程。而青少年这种理想与社会现实的磨合,在社交网络中被呈现为青少

[①] 李克.SNS 网站对青少年人际交往影响的研究[D].上海:复旦大学,2010.

年与同龄人用户之间的共识,虽然避免了社交失败,但却让青少年丧失了从挫折中成长的可能。在现实与网络一冷一热的比较之下,青少年很容易倾向于在社交网站进行人际互动,长期依赖虚拟社交会造成现实中人际交往交流沟通能力的退化,阻碍青少年的社会化进程。

除了使我们无力面对人际交往中的挫折,社交网站还会让我们丧失孤独的能力。德国学者斯普兰格曾说:"在人的一生中,再没有像青年时期那样强烈地渴望被理解的时期了。没有任何人会像青年那样深陷于孤独之中,渴望着被人接近与理解,没有任何人会像青年那样站在遥远的地方呼唤。"① 如何面对孤独是青少年必然要面对的问题。社交网站造成了一种假象:只要我们身处社交网站,我们就能和朋友一起分享信息,交流情感;只要每时每刻都在社交网站中,我们就永远不会孤独。大学生在寂寞时打开人人网,发布自己的状态试图获得情感支持——这时候好友的回复行为本身比回复的内容更重要,或者看看好友正在干什么,这种关注营造的是一种并不在场的参与感,好友亮着的头像给用户提供了一种被陪伴的感觉。也就是说,我们利用社交网站这一媒介试图逃离孤独的时刻。蒋勋在《孤独六讲》中写道,"当你被孤独感驱使着去寻找远离孤独的方法时,会处于一种非常可怕的状态","当惧怕孤独而被孤独驱使着去找不孤独的原因时,是最孤独的时候"。

在社交网站上与我们相处的是那个拥有众多好友、分享最新资讯的"表演者",而非隐藏在后台的"自我"。无法忍受孤独而求助于社交网站的时候,我们害怕的其实是和孤独的自己相处的机会,而自我审视、自省等重要的心理过程正是在和真实的自己独处的过程中发生的,社交网站正在让我们失去这样的机会。因为无法和自己相处的人,便无法认同自己正在扮演的角色,没有明确的角色定位也就很难和别人相处,无法和别人相处会让人感觉到更大的虚无感。社交网络并没有帮助我们摆脱孤独,如果我们不能面对自己,不能够承受孤独,我们将更加寂寞。将大量时间投入到社交网站进行人际交往,是无法像在现实生活里通过增加人际交往活动那样减轻个人孤独感的。②

(三)社交网站可能造成青少年角色混乱

在匿名的 BBS/论坛中,我们可以观察到青少年的角色混乱以及由此引发的道德失范、同一性危机。那么在实名制的社交网站中,网络中的真实信息塑造的"我",是否就是

---

① 郑宇钧,林琳.当校园 SNS 照进现实:校内网的人际传播模式探讨[J].广东技术师范学院学报,2008(3).
② 周曦.SNS 网站对于大学生同学间人际关系的影响——以"校内网"为例[D].厦门:厦门大学,2009.

真实的自我呢?

一个简单的例子就能说明问题:用户在社交网站中上传的照片,即使没有经过加工处理,也是被精挑细选出来的,用户试图用这些照片展示自己最理想的一面。用户希望在社交网站中展示理想自我,网络的虚拟性并没有因为社交网站的实名制注册和真实人际关系的网络化而消除。大多数学者一致认为,用户在网络中比面对面交往更可能进行夸张的、理想化的自我陈述。[①] "由于自我认同必须在与他人的关系中逐渐建立,网络也使得人们可以跨越时间、地域及生理上的限制,与虚拟社区中的其他人共同投入这个探索自我认同的游戏,进而在幻想与交互感应之下,强化这个过程的效果以及对个人心理的影响。"[②] 换言之,社交网站为同一个圈子的用户提供了共同的角色规范和个体扮演角色的可能。

人人网的日志往往有隐私设置功能,用户可以选择此篇日志是只有自己能看到,还是所有人都能看到,或者特定好友能够阅读,即发表日志时有期待读者的存在。也就是说,用户通过文字塑造自我,这个自我是希望他人看到的。这种情况在页面设置中同样存在。如果好友发出"你的页面颜色太暗了"的提醒时,用户很可能会改变页面颜色,呈现出令期待观众满意的自我。这些期待读者、期待观众是我们的好友,我们会根据他们的期待来调整自己在社交网站中的形象。换言之,我们试图取悦同辈人,他们的期待是我们构建理想自我的标准。

美国埃默里大学的英语教授马克·鲍尔莱恩在《最愚蠢的一代:数字时代如何让美国年轻人变愚笨而且威胁到我们的未来》一书中写道,"知识的源泉无处不在,但是年轻的一代却驻扎在沙漠里——图片、音乐和短信,从同龄人的瞩目中获取快感依靠","这会滋生陋习,即同龄人的同化作用。从学校的同学到周围熟悉的朋友,青少年更加关心的是其他青少年的想法,他们关注的是属于自己的'小世界'"。马克·鲍尔莱恩指出的"小世界",正是新媒体环境下青少年的亚文化圈。当下,青少年的"小世界"有下列内涵:颠覆传统的后现代性特征、青少年群体争夺话语权、个性追求和娱乐精神狂欢化。[③] 这个小世界中的角色显然与社会期待的青少年形象截然不同。青少年需要在同龄人期待

---

① Cornwell B, Lundgren D (2001). Love on the Internet: Involvement and Misrepresentation in Romantic Relationships in Cyberspace vs. Realspace[J]. Computers in Human Behavior, 2017(2):197-211.
② Sherry Turkle.虚拟化身[M].谭天,吴佳真,译.台北:远流出版社,1998:4.
③ 乔丽华.论新媒体环境下青少年亚文化及其价值意义[D].新乡:河南师范大学,2010.

和社会期待的两种角色之间进行选择。如果不能正确地选择生活角色或在选择生活的角色上缺乏一致性和连贯性,无法形成牢固的自我同一性,那么个人必然一直处于确立自我同一性的过程中,不能很好地适应社会。[①]

从另一个角度来看,在现实中需要岁月磨砺而形成的完美,在网络中可以轻松实现。我们在现实中所获得的成功、喜悦、认同的心理和情感体验,在网络世界中被无限夸张并放大。以开心网的买房子游戏为例,用户只要"经营农场"就能够获得对等的收益,只要辛勤劳动、不断赚钱就能拥有房子并不断提升房屋质量。这一过程似乎与现实无异,但实现目标的时间却从现实中的几十年缩短为一两个月。这是一种快餐式的情感体验,只是在想象与视觉层面用虚化、符号化的游戏满足了用户的需求。这种开心与其说是实现"付出就有收获"这一理想的快乐,不如说是一种自我娱乐的体验。用户从这种体验中获得的满足感越大,反观现实时感受到的差距越大,心理落差也会更大,有可能会加重负面情绪,甚至影响现实生活。

(四)社交网站的娱乐化倾向容易导致网络沉溺

美国《新闻周刊》记者斯蒂夫·图特曾充满悔恨地写道:"如果我没退出 Facebook,我也不可能写这篇关于 Facebook 的报道,因为我根本没有时间。回想过去一年浪费在 Facebook 上的时间……让我感到非常沮丧。"使用社交网站造成网络沉溺,在青少年中也并不罕见。但这并不仅仅是由网络人际交往造成的。社交网站的娱乐性是影响用户持续使用的因素之一,排在互动性之后。[②]

随着社交网站的日益成熟,其功能也越来越强大,应用插件越来越丰富。除了传统的日志、照片、评论和新鲜事等功能外,娱乐、游戏也日渐融入网站应用。目前校园社交网站呈现了重娱乐轻社交的现象,开心网就是最典型的例子。社交网络游戏呈现出快速增长的趋势,已经成为社交网站中使用最多的应用程序。[③]在人人网的2000多个应用程序中,最大的应用是开心农场、阳光牧场、开心水族箱等游戏,获得了超过百万的日活跃用户。大学生玩网页游戏、美化个人主页、使用星座算命、分享娱乐八卦等的时间越来越多,很多用户登录人人网只是为了娱乐,而非交际需求。社交网站不再是一种交往工具,

---

① 戴维·波普诺.社会学[M].刘云德,王戈,译.沈阳:辽宁人民出版社,1988:242-245.
② 徐文静.影响 SNS 用户持续使用动机的因素分析[D].长春:东北师范大学,2011.
③ Chen S.The Social Network Game Boom [EB/OL].(2009-04-29)[2012-08-20].http://www.gamasutra.com/view/feature/4009/the_social_network_game_boom.php.

而是变成了用户个人的娱乐工具。"有关的调查数据显示,(由于网络的使用,)他们(指青少年)远离书籍,深深地陷入了青春期娱乐活动的漩涡。"① 由于盈利前景广阔,社交网站的发展呈现出泛娱乐化的倾向。如果说基本功能是为了满足用户的社交需求,那么娱乐功能则是满足用户的休闲需求。基本功能保证了网站的基本点击率,娱乐功能则试图让用户在网站里停留的时间更长,也意味着用户更大可能地出现网络沉溺。社交网站为了提高用户黏性而采取的措施,可能导致网络沉溺的出现。

在社交网站开始进入盈利阶段并在全球掀起热潮的时候,在美国,MySpace、Facebook 和 YouTube 已位居被家庭、学校和企业封杀的网站前三名,可见 SNS 在国外的发展遇到了挫折。在国内,2009 年 4 月,八匹马传媒网发起的"反庐舍②联盟",将开心网等网站列为主要打击对象,不惜以辞退等强硬手段禁止员工上班时间沉迷于社交网站。

社交网站泛娱乐化的密集传播,使大学生容易将以娱乐、消遣、休闲、游戏为主要特征的通俗文化视为时尚。他们盲目追逐海量、驳杂的娱乐信息,一味沉溺于游戏呈现的欢乐幻景中,会造成理性思考能力的严重退化和人生追求的庸俗化。用轻松、欢乐的虚拟娱乐环境代替现实本身,会使他们陷入真假难辨、理想与现实冲突、内心追求与实际行动相矛盾的尴尬境地。他们在现实和网络的对比之下,会无力面对心理落差,而将更多的时间和精力投入社交网站以寻求心理安慰,最终导致网络沉溺。

(五)青少年面临个人信息泄露的风险

哈佛大学伯克曼互联网与社会研究中心的大卫·阿尔迪亚曾指出,人们在向社交网络提交隐私材料时,会尽量隐瞒真实信息。实证研究显示,出于隐私安全的考虑,用户不会按照 SNS 平台设计的方式发布个人信息。③

社交网站上的信息安全主要包含两个层次,一是用户的个人信息被用于商业用途。瑞星公司发布的《网民隐私与社交网站(SNS)安全报告(2009)》指出,网民在社交网站注册个人资料后,很容易遭遇手机号泄露、MSN 和邮箱账号密码被盗等安全风险。而利用各种方式骗取网民个人资料用以牟利,已经成为个别社交网站利润的重要来源。社交网络服务提供商的数据库中保存着大量用户的真实个人信息,如果被用于其他用途,将会危害广大用户的个人利益。出于商业目的的用户信息泄露可以从技术层面解决,但是社

---

① 马克·鲍尔莱恩.最愚蠢的一代[M].杨蕾,译.天津:天津社会科学院出版社,2011:69.
② 每天沉迷于社交网站的网民自称为"庐舍"(Losers)族。
③ 王荻.SNS 用户信息披露及影响因素研究[D].成都:电子科技大学,2011.

交网站"熟人的熟人"模式本身在用户之间造成的信息泄露,或者准确地说是个人隐私的跨界传播会给用户造成更大困扰。

2001年,桑德拉·佩特罗尼奥提出了著名的"传播边界管理理论",认为"人际关系中的各方不停地进行边界管理的工作。他们主要是管理公共领域和私人空间之间的边界。在此,边界是指在思想和情感上愿意与对方分享的和不愿意分享的之间的边界,或者说是私密性的和非私密性的事物之间的边界"[①]。边界管理就是要在适当的时候透露或分享适当的信息,合理地保护不愿为人知的私人空间。戈夫曼的戏剧理论为秘密的维护提供了一种策略——将"观众"和"剧班"分隔。

依据戈夫曼的"戏剧理论",个人"角色"是和"剧班"密切相关的,人们的"前台角色"和"后台行为"都要在"剧班"中完成。"一个特定的参与者投射的情境定义是一个以上的亲近参与者所树立和维持的投射的组成部分。"戈夫曼把这些"亲近的参与者"叫作"剧班"。剧班内外有"我们"与"他们"之分,"我们"与"他们"的最大区别就是"我们"享有某些共同的信息和后台区域,而"他们"没有。表演者为在"前台"演出中充分展示自己理想化的形象,往往不可避免地要在演出中隐瞒或掩饰那些与自己的理想化表演不一致的活动、事实和动机。在人际传播中,允许对传播情境有帮助的某些特性存在,限制可能破坏情境的某些特性进入,防止其渗入到框架内造成混乱,戈夫曼称这种框架的界线为"保护膜"。将"观众"和"剧班"进行分隔是建立"保护膜"的有效方式。SNS实名制和开放性的网络人际关系却很难做到将"观众"和"剧班"完全分隔,因为"剧班"和"角色"是随时变化甚至是相互交叉的,总有不同人知道自己不同的方面。好友列表中混杂了自己的邻里乡亲、工作同事、兄弟姐妹、兴趣相投者等各种"圈子"的朋友。当其中的一位好友浏览自己的主页时,自己其他的所有好友也分门别类地全部呈现出来,只要他愿意,就能认识其中任何一个人。现实中不可能有交集的人在社交网站上可能会产生互动。举例来说,A的朋友B在人人网上结交了A的表兄弟C,B可能会向C传递"A不喜欢C"的信息,C也可能向B传递"A不喜欢B"的信息,而造成A在与B、C分别交往时的障碍。而"A不喜欢C""A不喜欢B"很可能是A在特定情况下的牢骚而已。

除了在不同的社会舞台上扮演不同的角色,人们还会随着情境的转变,改变自己所扮演的社会角色。然而在Web2.0的语境下,尤其是SNS应用里,"前台"与"后台"的边界

[①] 李特约翰,等.人类传播理论:第九版[M].史安斌,译.北京:清华大学出版社,2009:247.

变得模糊不清,"剧班"和"角色"不清,个体的"后台行为"很容易被带到"前台"展现,使个人信息的公共空间和私人空间出现混乱,从而导致隐私管理困难。

第四节 Web3.0模式之下的网络交流沟通产品——以微博为例

Web3.0的本质是深度参与、生命体验以及体现网民参与的价值。① 2005年圣诞节,比尔·盖茨在美国微软公司高管会上提出了Web3.0概念。Web3.0是基于用户行为习惯和信息聚合而构成的互联网平台,网站内的信息可以直接和其他网站相关信息进行交互,能通过第三方信息平台同时对多家网站的信息进行整合使用;用户在互联网上拥有自己的数据,并能在不同网站上使用;完全基于Web,用浏览器即可实现复杂系统程序才能实现的系统功能。Web3.0更直观的特征是,用户之间的交流完全个性化,信息检索智能化,各种多样化应用终端并存,网络使用方式由Web2.0时代固定地点有线上网转变为移动无线上网。微博属于Web3.0模式下的网络产品。

一、微博概述

(一)Web3.0模式②特点

在Web2.0模式下,UGC创造了海量的信息。同时,用户开始面临无法便捷、准确、高效地获取自己所需信息的问题。因为Web 2.0连接的是人而不是信息,不能将信息库中的海量信息与用户精确地联系起来,进而帮助用户,于是Web3.0应运而生。我们可以把Web3.0理解为基于用户行为习惯和信息聚合而构成的互联网平台。直观来看,Web3.0以个性化、界面友好、简单易用为核心,让网络服务更加个性化、精准化和智能化。

Web3.0虽然尚未形成严格定义,但对于其特点,学界已有共识:

1.终端多样化。Web3.0将互联网与通信服务融合起来,打破了用户的终端局限,使用户的信息终端出现多样化,个人电脑、固定电话、移动电话、电视等都可以成为智能终端。

2.完全个性化。在Web3.0环境下,基于开放平台(Open API),用户可以根据自己的

---

① 刘畅.网人合一·类像世界·体验经济——从Web1.0到Web3.0的启示[J].云南社会科学,2008(2):81-86.

② 目前对于Web3.0这个名词,业界和学界多有争论。有学者认为没有必要以"Web3.0"命名,完全可以称为"后Web2.0"模式。但其实"后Web2.0"模式与"Web3.0"模式所指的实质和产品是一致的,只是名称有差别。本研究为称说之便,采用了"Web3.0"的称谓。

需求建立个性化的信息平台。平台根据用户需求,智能化处理互联网海量信息,聚合满足用户需求的资源,形成个人门户。每个人通过浏览器看到的网页都按照个人的喜好来提供信息。用户在互联网上拥有自己的数据,并能在不同网站上使用。

3.搜索智能化。在Web3.0环境下,搜索引擎实现智能化。Web3.0应用Mashup、RSS等技术对用户生成的信息进行整合,突出信息的特征,提高信息描述的精确度,从而有利于用户精确的个性化检索。

Web1.0模式下的网络产品更像是陌生人聚集的茶馆、咖啡馆,用户看重的是能否从"道听途说"中获得有用的信息。Web2.0模式下的社交互动更像是好友聚会,用户在意的是人际关系,信息是负载于人际关系之上的。而Web3.0模式则依据用户的不同需求呈现不同的样貌,可以是个性化内容发布的沙龙,也可以是获得热点资讯和相关评论的新闻发布会,还可能是便于用户获得个性化信息的个人图书馆。

(二)微博发展概况

现在,只要我们打开互联网,微博的身影便随处可见。借助于网站之间的开放连接平台,微博实现了从一站之内走向多站之间的分布式服务,以挂件、窗体、按钮等嵌入式的形式出现在各大门户网站,成为标配服务。只要我们观察一下身边的人,轻而易举就能发现"微博控"。基于终端的多样化,随时随地登录微博已经成为一种时尚。而我们聚焦于微博内部又会发现,由于Open API的使用,微博成为最佳应用平台之一,丰富多彩的应用服务让用户欲罢不能。

这样一种颠覆交流沟通模式、改变我们的生活进而塑造着我们的新媒介,于2006年诞生于美国。2006年7月,最早的微博网站Twitter向公众开放;2009年开始成为微博行业的领军者;截至2010年11月,注册用户已经达到1.75亿。Twitter的成功,促使世界各地微博网站纷纷涌现。国内微博网站创始于2007年,饭否、叽歪、嘀咕等成为最早的微博代表,但不久都归于沉寂。2009年10月,新浪微博发布之后,门户网站纷纷试水微博,国内微博热潮正式开始。目前,国内微博产品主要包括新浪微博、百度贴吧、搜狐微博、网易微博、腾讯微博等,此外,新华网、人民网、凤凰网以及和讯财经等多家网站也推出了自己的微博产品。

根据CNNIC在2011年至2012年发布的四次《中国互联网络发展状况统计报告》,2010年12月至2011年6月,微博用户以208.9%的速度增长。截至2012年6月,我国微博用户已经超过2亿7千万人,在网民中的普及率超过50%,并仍然保持着近10%的增长率。另外，微博手机端用户数量由 2011 年底的 1.37 亿增至 1.70 亿，增速达到 24.2%。也就是说，每七个中国人中至少有一个微博用户。

在微博热潮中，我们还可以发现，截至 2010 年 12 月，也就是在微博进入公众视野仅仅一年以后，8.6% 的小学生、超过 20% 的中学生和三分之一的大学生已经开始使用微博产品，微博在大学生中的普及率已经是全体网民的两倍还多。[1] 截至 2011 年 12 月，58.4% 的 10—17 岁在校学生使用微博。[2] 2011 年，《中国青年报》进行的一项调查显示，84.7% 的"80 后""90 后"受访网友开通了微博。[3] 青少年无疑已经成为微博用户的生力军。

二、微博的特点

与 Web1.0 模式、Web2.0 模式下的交流沟通工具对比，微博的特点更加鲜明：[4]

网络模式	交流沟通工具	产品特点	微博特点
Web1.0	BBS/论坛	以话题为中心	以用户状态为中心
Web2.0	博客/个人空间	内容信息详尽，互动性较弱	只言片语，互动性强
Web2.0	即时通信	信息封闭，注重双向沟通，交互式信息传播	信息公开，注重单向关注，广播式信息传播
Web2.0	社交网站	注重好友关系，功能丰富	注重单项关注，功能单一

（一）即时性

微博的长度一般被限制在 140 个字以内，三言两语就可以组成一条微博。相较于需要经过深思熟虑的博文或者日志，简短的微博更利于即时发布。另外，微博借助手机终端，可以随时随地发布和传播内容，让微博"随时、随地、随性"的特点更加鲜明。2007 年 4 月 13 日墨西哥城发生地震时，Twitter 的用户早于任何一家媒体率先向世界发出了这则新闻。

---

[1] 中国互联网络信息中心(CNNIC).2010 年中国青少年上网行为调查报告[R].2011.
[2] 中国少先队事业发展中心.2011 中国未成年人互联网及社交网络运用状况调查报告[R].2012.
[3] 向楠.84.7% 的 80 后 90 后受访网友开通了微博[N].中国青年报，2011-12-15(07).
[4] 黄琪.中国微博客的发展困境和策略研究[D].武汉：华中科技大学，2011.

(二)开放性

与 Web2.0 模式下的网络产品相比,微博中的信息不仅更为丰富多样,而且信息传递打破了好友之间的封闭空间,充分展现了信息平台的开放性特点。用户发布的信息能够被所有人接收,而只要"加关注"(follow),其他用户发布的信息也能够随时随地被我们看到,中间没有任何过滤环节。

(三)参与性

微博用户可以在电脑终端、手机终端等多种设备上完成微博更新。微博使用的门槛比博客、社交网站更低,只要拥有微博账户,用户就相当于自己创建了一个媒体、一个快捷发布信息的渠道,可以根据自己的需要在媒体上发布、转载和删除内容。这些内容能够被广大的受众群体接收,而接收者也能够随时随地收到订阅的消息。微博是自媒体[①]的典型代表,也将 UGC 发挥到了极致。

(四)碎片化

微博上的海量信息大部分是以 140 字以内的片段形式出现的,因此一个完整的意思可能需要好几条微博才能表述清楚。一个人当下的生活、思想被分割成无数的片段,随时随地发布出来,我们无法通过一条微博看到全貌。这适应了现代都市人群碎片化的情感表达方式和奔波忙碌的生活状态。

三、微博对青少年社会化的积极影响

微博的核心功能是即时信息的发布与获取,这就决定了微博首先是信息平台,为青少年提供了开放的、海量的信息,能够帮助他们开阔眼界,提高认知能力和参与社会的能力。与前两种网络模式下的网络交流沟通产品不同,微博用户创造内容的理念更为深入,青少年用户参与网络信息创造、传递和接收的程度也日益加深。他们活跃的思维、创造的热情、对个性的追求,都能够在随时随地发布微博的同时获得满足。网络原创精神得到了最大程度的发扬。微博的便捷性使之成为青少年低成本、少约束、即时的创造性思维记录装置,青少年新鲜的创意、突发奇想的灵感都能够在第一时间发布在公众面前,并在广大网友的集思广益中迅速完善。从这个角度而言,微博能够为青少年创新性思维能力的发展、学习手段的多样化和自学能力的提高提供帮助。

---

① 自媒体(We Media)是普通大众经由数字科技强化、与全球知识体系相连之后,一种提供与分享他们本身的事实、他们本身的新闻的途径。自媒体包括但不限于博客/个人空间、社交网站微博等。

另一方面,根据喻国明教授提出的"无影灯效应",如果广大网民合理利用微博,就能够传播更贴近真实的信息,让青少年有可能接触到更多没有被过度屏蔽的信息。从信息接收角度来看,微博能够更为清晰地呈现争辩双方的观点,为青少年提供更为全面的观点和情感倾向来源。某中学高二年级学生曾就韩寒与方舟子的"对骂"展开讨论,学生普遍持有中立、理性的态度。微博中争辩双方不同观点、态度和素养的清晰呈现,资深"意见领袖"的深入点评,广大草根的多角度分析,提供了全方位的信息来源。这些都有利于青少年从不同角度接触信息、理解问题,逐渐形成理性、辨证分析问题的能力。

微博的人际互动以延伸功能的形式出现,为青少年畅所欲言提供了开放的平台,也为他们找到志趣相投的朋友而获得情感支持提供了途径,有利于其释放消极情绪、缓解压力和扩大交往范围。微博还极大地满足了青少年自我表现的愿望,为他们实现自我价值提供了新的途径。此外,微博多样化网络应用的附加功能为青少年提供了娱乐休闲的新方式。

四、微博对青少年社会化的消极影响

(一)微博带来的信息冲击可能导致青少年自我认同障碍

微博的核心功能是即时信息的发布与获取。微博的出现首先增加了青少年获取信息的渠道。埃瑟·戴森曾说:"数字化世界是一片崭新的疆土,可以释放出难以形容的生产能量,但它也可能成为恐怖主义和江湖巨骗的工具,或是弥天大谎和恶意中伤的大本营。"[①]微博中的信息具有海量化、谣言化、碎片化等特点,会给沉溺其中的青少年带来焦虑感、幻灭感、不信任感,也会导致极端情绪和事件的发生。这些都冲击着青少年正在形成的价值观和道德规范,对他们的社会化造成阻碍。

1.微博负面信息传播可能引发青少年群体事件

我们讨论了在Web1.0模式下BBS/论坛中负面信息在传播过程中倾向性愈加鲜明,最终发展成为极端言论引发不可调和的矛盾冲突。如果我们关注微博,也会发现类似的问题。2011年8月,伦敦爆发骚乱,骚乱主体70%是20岁以下的青少年。除了深层次的社会矛盾,微博等社交网络平台的严密组织也是使骚乱难以控制的重要因素。从网络暴力到现实暴力,微博的负面能量不可小觑。

作为公众宣泄情绪的重要渠道,微博在有意无意间成为负面信息的温床。各种社会

---

① 埃瑟·戴森.2.0版 数字化时代的生活设计[M].胡泳,范海燕,译.海口:海南出版社,1998.

问题充斥其中,这是社会转型期社会矛盾的集中表露,但经由媒体的放大,会造成人们对社会的不满情绪泛滥。不可否认的是,目前微博对某些社会不公现象的传播确实形成了舆论压力,进而促进了事件的解决和社会公平正义的维护。然而,对于青少年中的代表性群体——大学生来说,他们正处于校园和社会的交界地带,理想和现实之间本来就存在亟待解决的矛盾。大学生对社会充满信心又害怕挫折,能够理性分析一些社会问题而又容易感情用事,过多的负面信息往往让大学生形成"社会整体病态"的印象,而产生怀疑、不满的情绪,理想与现实之间的落差会更大。这种落差会使他们犹豫不前,沉溺于虚拟世界而放弃理想和奋斗,阻碍社会化进程;或者会使他们出现极端情绪,仇视社会既得利益者,放大社会丑恶现象。这种情绪一旦在微博中受到意见领袖的肯定或引导,很容易经过"沉默的螺旋"和群体极化生成极端言论,由此导致青少年群体性行为的发生,引发深层次的社会矛盾。虽然在伦敦骚乱事件中,Twitter 对制止骚乱、维护公共秩序起到了很好的作用,功过相抵[1],但我们仍然不能对微博中负面信息的威力掉以轻心。

2. 微博海量信息可能导致青少年产生信息焦虑

"信息时代人们困惑的不是信息欠缺,据统计,近三十年来生产的信息,超过了过去五千年生产的信息的总和……"[2]微博出现以后,信息过载的问题严峻。2010 年 7 月,新浪微博诞生不足一年,产生的微博总数就超过了 9000 万条,每天产生的微博数超过 300 万条,平均每秒会有近 40 条微博产生。[3] 随着微博用户群体的扩大,这一数字还在迅速增加。海量信息在网络诞生之后就出现了,但是在 Web1.0 模式下,只有专业人员才能生产信息,而专业人员数量有限,因此信息过载的问题并不突出;在 Web2.0 时代,用户生产内容使信息成指数级增加,但用户生产内容的成本高,不是每个网民都能够生产内容;在 Web3.0 时代,微博变成了每个用户的个人平台,只要愿意,每个网民都可以通过微博发布任何信息。全民参与的信息发布产生了真正无法估量的海量信息。

对大学生使用微博的动机研究发现,获取信息已经成为大学生使用微博的首要目的。然而,在海量信息中,有用的信息却越来越难以获得。正如迈克尔·海姆在他的《从界面到网络空间——虚拟实在的形而上学》一书中所写的:"所获得的信息越多,可能有的

---

[1] 英国有研究者认为 Twitter 在此次事件中功大于过,对于防止骚乱、平息公众情绪起到了极其重要的作用。
[2] 雷跃捷,辛欣.网络新闻传播概论[M].北京:北京广播学院出版社,2000:68.
[3] 新浪网.中国微博元年市场白皮书[R].2010.

意义便越少,这就是所谓的收益递减律。"① 人们可用的信息源不断萎缩,信息的汪洋大海反而造成了信息荒漠。

在信息爆炸的时代,大学生必须通过占有更多、更新的信息以应对学业和就业压力,在信息海洋或者荒漠中探索就必然需要投入更多的时间和精力,而效果却不尽人意。"久而久之,我们的注意力就只能调动起'无所用心'的感官去从事在网上的'浏览'活动,一种仅仅是为了'打发时间'的信息消费。"② 于是,微博中的信息搜索很可能转变成从一条微博到另一条微博、从一条信息转移到下一条信息的无意义行为。在信息不能告知人们需要了解的东西时,信息焦虑就会发生。③ "信息焦虑"是大脑面对过多的信息输入产生的一种承受力和适应性降低的表现。在短时间内接收复杂的信息而无法消化,超出机体承受力,就会产生诸如头晕、焦躁、出汗甚至呕吐等生理不适感以及抑郁、紧张、疲乏、思维迟钝、判断力下降等不适感。大学生更容易产生信息焦虑,他们正处于人生的转折点,人生观、价值观尚未完全定型,在社会经验不足和对未来没有明确定位的前提下,面对海量的信息会不知所措,更易心生动摇与迷惘。大学生心理尚不稳定,正处于一种较敏感、容易情绪波动的时期,心理调控能力有限,面对海量信息却难以找到自己需要的东西,就比较容易产生较大思想压力,更加容易产生信息焦虑。

信息超载会挫伤探索欲,大学生对自然的好奇、对社会的关注、对自身的追问等,都可能在大量信息的阻挡或者诱惑下而熄灭。微博用户沉浸于信息海洋之中,醉心于信息采集,但是自我却没有获得满足和幸福感,反而加剧了焦虑感,减弱了自控能力。而这无疑是人的自我异化,自我异化的后果减少了可能的自我实现和自我幸福的感受。

3.微博信息的谣言化可能引发青少年网络道德失范

微博的"去中心化"带来了信息发布的成本和门槛降低,"全民新闻"的景象出现,人人都可以参与新闻的发布与传播,但不可能人人都具有新闻从业者的职业道德,更遑论受过新闻专业的严格训练,同时微博又缺少"把关人"的过滤。通过这种渠道传播的信息很难被分辨出是新闻、无意义的信息还是谣言。

---

① 迈克尔·海姆.从界面到网络空间——虚拟实在的形而上学[M].金吾伦,刘钢,译.上海:上海科技教育出版社,2000:9.
② 谭楚子.医治网络语境下"信息焦虑综合症"的一剂良药[J].图书馆,2008(5):44-46.
③ Richard Saul Wurman.信息饥渴——信息选取、表达与透析[M].李银胜,译.北京:电子工业出版社,2001.

2011年3月11日,日本东北部海域发生里氏9.0级地震并引发海啸,福岛县核工厂受灾害影响发生核泄漏事故。很快,这样一条微博出现在网络上——"BBC新闻:日本已经证实核泄漏。现场人员紧急撤离,警告区扩至70km,美军航母撤离,日本向JAEA(日本原子力研究开发机构——引者注)求援。亚洲地区的居民应采取必要措施。在出现下雨的24小时内待在家里,并关闭所有的门窗。穿能遮盖全身的衣物,并一定要遮盖脖子,辐射会第一时间命中甲状腺。请采取积极的额外防护措施。预计今天下午四时左右受空气影响到达东南亚,请相互转告!"[①]这条微博迅速在网民中间流传,"谣盐"也在这条微博的基础上诞生,恐慌情绪也从网络蔓延到现实中,民众掀起抢盐风潮。微博进入公众视野三年的时间里,微博中灾害信息、社会冲突、官员腐败、名人被死亡、断章取义等谣言不曾间断。2016年5月,微博联合公安部推出的辟谣平台上线。

当代大学生信息的主要来源是网络。微博在大学生中普及率高,也是大学生重要的信息来源之一。调查显示,大学生微博使用动机中居于第一位的是信息获取。中国人民大学的喻国明教授认为,在微博中人人都是真相的披露者,人人都有发言权,那么微博就有可能还原事件真相,这就是"无影灯效应"。每个人的观点都会出现"灯下黑"的现象,而所有知情人的观点汇聚起来,就能够互相补充,互相纠错,互相印证,互相延伸,从而呈现信息的全部面目。[②]从这个角度来看,微博似乎能够帮助大学生更清醒地看待现实问题。然而,"无影灯效应"是对有关事件的全部微博分析后得出的结论,而就大多数大学生微博用户而言,对于一个事件的关注,往往仅仅局限于几条、十几条、几十条微博,或者他们只信赖他们"关注者"的信息与评论。缺少"把关人"的审查和过滤,用户只能依靠自身的常识去甄别和筛选信息,判断其是否为谣言。但是大学生的辨别能力有限,理性思考往往被感情、情绪所取代。因此,虚假信息、谣言的发布和传播会增加他们识别信息的难度,而导致其做出错误的判断。此类信息的泛滥让大学生根本来不及做出理性思考和筛选,信息甄别和批判的能力会随着信息超过个体承载的能力而减弱。谣言制造与传播是典型的网络道德失范行为,谣言在微博中大肆横行会模糊大学生的网络责任意识,降低大学生对网络的信任感。如果造谣者没有得到应有的惩罚,毫无疑问会造成心智尚不成熟的青少年理想信念模糊、社会责任感缺失、道德沦丧等问题。

(二)微博信息的碎片化与同一性的破碎

---

① 周诗妮.微博辟谣:公共突发事件中网络谣言治理的新模式[J].东南传播,2011(4):9-11.
② 喻国明.微博影响力发生的技术关键与社会机理[J].新闻与写作,2011(10):64-66.

与 Web1.0 和 Web2.0 模式的网络产品相比,微博的信息还具有碎片化的特点。BBS/论坛中的帖子、博客/个人空间中的博文、社交网站的日志一般篇幅都比较长,能够表达一个完整的意思,对写作者创建内容的时间和驾驭文字的能力要求比较高。而随着社会节奏越来越快,人们的时间被分割成碎片,人们开始迫切希望发布或者阅读精简而快速更新的信息来填补碎片时间,冲淡碎片时间中的无聊感。用 140 字左右表达核心信息的微博正满足了人们的需求。微博的写作没有任何门槛,对社会热点的评论、个人状态的书写、一时兴起的情绪、随时随地发现的趣事甚至"无意义"的琐碎无聊的絮语也都可以在微博上发布出来。于是,人们开始随时随地发布微博,以碎片化的方式建构微博世界中自己的生活。

微博突破了时间和地域的界限,当下生活的絮语、社会热点的评论、国际大事的最新消息等都不加选择和组织地出现在同一个虚拟空间中,而这些碎片信息却无法按照一定的规则组成关于世界的完整画面。这也意味着,我们无法按照一定的组织结构将微博中的信息碎片分层次放置,也就无法合理地分布我们的注意力,最终我们的注意力不会集中在任何一条微博上,只是一眼掠过自己感兴趣的信息点,这样的阅读显然不是以深度为质量标准的,会造成大学生思想的扁平化。而碎片化的表达更是让未经深思熟虑的观点、口水信息、无意义的絮语充斥微博,长此以往,大学生会越来越没有时间和耐心去阅读大段文字,而是沉溺于快餐式的浏览、不连贯的表达,思考的能力也会随着阅读的表面化而停留在浅层次。

借助多种终端,微博能够随时随地把我们的时间切割成碎片。当微博更新提示音响起的时候,我们无法克制打开它获取新消息的冲动。而在手中的事情被打断之后,我们会陷入一种混乱的状态,注意力难以集中,甚至转而去做其他事情。微博中希腊债务危机的消息可能远比现实中去食堂吃饭这件事更受关注,于是我们停下脚步,在微博海洋中寻找债务危机的消息,现实生活就这样被来自遥远异域的碎片割裂,我们的生活场景和文化情境都不再连续。于是,我们的世界也呈现出了碎片化的形态。埃里克森认为,人都有建立自我认同感的需要,自我认同感包括我们的个体感、唯一感、完整感以及过去与未来的连续性。微博带给大学生的是突破了时间和地域界限的支离破碎的世界,缺少整体性的世界无法建构出个体的完整感和连续性。在不同的碎片情境中,大学生扮演着不同的角色,而这些情境彼此也许并不关联。大学生无法立足于一个整体性的世界来回答"我是谁"的问题,容易造成自我认同感的幻灭,面临同一性危机。

五、微博的泛娱乐化倾向给青少年带来虚假的幸福感

在Web1.0模式中,BBS/论坛上的娱乐是在线小游戏,也是对娱乐新闻的讨论。在Web2.0模式中,娱乐是多种附加应用和游戏,是娱乐八卦的多媒体分享,也是偶像站点和名人主页的关注。在微博中,娱乐是对娱乐明星、网络名人的生活细节的追踪和全方位的关注。微博使人际关系更加扁平化、更有人情味,并给予每个人被关注的感觉和成为明星的机会。但是微博也让名人的曝光率增加,降低了名人的神秘性,让围观名人成了随时随地可以进行的廉价行为,普通人与名人近距离对话的难度已经大大降低,与明星即时互动的诱惑力是如此之大,我们的社会正在进入"全民八卦"的时代。

在已有的调查数据中,微博内容依据受关注的程度排序,第一位有可能是热点新闻,也有可能是朋友更新。但稳居第二位的是名人动态和娱乐八卦。① 截至2010年7月,新浪微博人气关注榜前十名多以娱乐明星为主,其中姚晨和小S的粉丝已经突破200万。名人效应已然成为微博提高用户黏性的重要手段。聚焦到用户内部,不同学历用户关注的微博内容不尽相同,高中/中专以下学历的微博用户较多关注明星偶像。在微博资讯内容的关注方面,"90后"更加偏好娱乐八卦和名人动态。② 被大学生高频率转发的微博娱乐性、趣味性较强。女生转发的微博则主要为明星八卦类、抒发感情类和精品汇集类,其中明星八卦类占47.3%。③ 市场化背景下的商业媒体运作,泛娱乐化的倾向不可避免,而这种倾向无疑会对大学生造成不良影响。

泛娱乐化指的是对娱乐形式和渠道的无限膨胀和夸大,无限度地扩大娱乐在传媒中的覆盖面,已经完全超越了娱乐带给人们的健康的审美享受的极限。④ 市场化的网络媒体为追求商业效益而迎合一些庸俗、消极的思想潮流,将一些包含凶杀、暴力、色情元素的灰色文化和工业化制作的快餐文化以哗众取宠的方式呈现出来。根据伊丽莎白·诺尔-诺依曼的"沉默的螺旋"理论,传媒强调的即使是不合理的少数意见也会被受众当作"合理的多数意见"来认知,导致人们价值判断和行为方式发生连锁反应,从而造成现实中压倒优势的多数意见的产生。换言之,网络媒体会出于自身需要而塑造泛娱乐化的

---

① 在对上海、广州、山东、四川地区的部分高校调查中发现,娱乐消息的关注高居榜首,而在对兰州地区高校的调查中发现,关注名人八卦的比例不高。
② 新浪网.中国微博元年市场白皮书[M].2010.
③ 张航.大学生高频率转发微博的行为分析与思考[J].经济研究导刊,2012(12):286-287.
④ 陈亮."泛娱乐化"对校园BBS的影响及对策研究[D].上海:上海交通大学,2008.

受众。

大学生好奇心强、思想开放、追求个性和独立、富有怀疑精神,同时涉世未深、思想单纯,又不甘落后于时代潮流,正是媒体泛娱乐化的重要目标。微博泛娱乐化的密集传播,使大学生容易将以娱乐、消遣、休闲、游戏为主要特征的通俗文化视为时尚,盲目追逐海量、驳杂的娱乐信息,一味沉迷于游戏呈现的欢乐幻景中,纵容自己的窥伺欲望,造成理性思考能力的严重退化和人生追求的庸俗化,用轻松、欢乐的虚拟娱乐环境代替现实本身,陷入真假难辨、理想与现实冲突、内心追求与实际行动矛盾的尴尬境地。在现实和网络的对比之下,大学生很可能无力面对心理落差,而将更多的时间和精力投入社交网站以寻求心理安慰,而最终导致网络沉溺。

六、微博草根崛起可能引发青少年严重的自恋情结

现实社会中的精英群体频繁见于报纸、广播、电视、大型门户网站等媒体,他们拥有较高的社会知名度,一呼百应。而草根群体只是不为社会大众广泛知晓的普通人群。大众媒介一方面带来了大众的"集体无意识"和总体生活趣味的趋同性、标准化;另一方面,备受压抑的个体总是要寻找各种途径竭力去实现自我的展示和解放。而在网络时代,尤其是微博时代,草根群体完全有机会通过网络创建个人媒体,发出自己的声音,每个人都有表达、分享、传播的权利,人人都有关注和被关注的机会。微博中的普通人,完全可以以"我"为主,关注身边琐事,分享"我"的日常生活。

个体博主的针砭时弊可能被忽略,但当微博在传播过程中成为社会热点,就会形成舆论压力,可能会促进社会问题的解决和社会公平的维护。在微博中,草根个体的"微动力"可能汇聚为一股"大潮流"。2011年初,新浪微博掀起了微博打拐的热潮。广大网友将在生活中遇到的那些流浪在城市大街小巷的乞讨儿童照片发布至微博,普通民众参与到被拐儿童的找寻中,信息一点一滴汇聚成强大的力量,多名乞讨儿童获得解救。微博中草根的力量如此巨大,不仅草根群体成为时代的名人,草根个体也能够成为明星。以芙蓉姐姐、后宫优雅、凤姐为代表的微博用户将自己炒作成明星,实现草根成名的梦想。"他/她都能出名,我为什么不能呢?"许多博友频繁追问。

微博有对明星的祛魅功能,也是草根告别平凡的造星工厂。微博中的草根力量是如此强大,当大学生遇到了微博,他们就找到了自我实现的平台。大学生自我意识较强,追求独立、自由,期待个性化的自我展示和表演,而微博正是以个体为中心进行的信息传播,二者的契合度很高,微博在大学生中的高普及率也就不足为奇了。大学生人际观的主要特点是追求共同理想、兴趣相投、交流思想等,他们最看重的是志趣相投、性格相近、真诚可靠等因素。[①] 在微博中,大学生会拥有自己的粉丝团队,志趣相投是他们最大的特点,这些跟随者的存在实现了大学生被信任、被期待的心理需求。而同时,以个人为中心的传播方式、草根个体的强大能量,也可能造成大学生对个人力量过分重视和夸大,从而形成"自恋"人格。

《纽约时报》记者克里夫·汤普森指出,在微博上喋喋不休地讲述日常琐事,体现的是现代人自恋情结的一个新极端,"他们认为自己的每句话都那么动听,以至于值得和整个世界分享"。自恋人格被描述为"过分的自我意识""渴望情感体验""渴望与别人相处但是不能建立真正的友谊""试图出卖自我,好像他的人格是一种商品"。[②] 微博也分为前台和后台,粉丝看到的都是博主在前台的表演。微博极为强调外表、展示、印象设计的那种表演性自我,鼓励了强烈的自我意识,容易导致用户"自恋"。显然,自恋人格对大学生的寻找稳定角色定位、实现自我同一性、与他人建立良好的人际关系等社会化必须完成的任务有阻碍作用。自恋还可能让大学生的自我意识走向以自我为中心、自我膨胀,而出现更加叛逆、不负责任、自私自大等问题,引起理想信念的丧失和网络道德失范。

七、微博无力缓解青少年孤独感

其实,自恋的草根也是孤独的。微博的核心功能是信息的传播,人际交往不过是它的附加功能。微博用户以信息为纽带建立了一种比较松散的契约关系,博主有展示信息的欲望,粉丝有索取信息的需求,双方会有不同程度的互动。但如果这样的圈子发展到不以信息为中心而是纯粹以人际关系的维护为核心,用户很可能就会离开微博而进入社交网站延续人际关系。[③] 微博能够让用户逃避独处的无聊和孤独,却并不能有效帮助用户进行人际互动。大学生"微博控"往往依赖于网络而生活,虽然在网络上发言比较活跃,但关闭微博,进入现实生活,他们之中的许多人却一反在微博上的积极,回到孤立、封闭的状态。这种状态的人可以被称为"容器人"。"容器人"是指人的内心世界有类似于一种罐状的"容器",这个容器是孤立的、封闭的。"容器人"为了摆脱孤独状态也希望与他人接触,但是这种接触只是一种容器外壁的碰撞,并不深入到对方的内部,因为他们

[①] 林崇德.发展心理学[M].杭州:浙江教育出版社,2002:453.
[②] 李林容,黎薇.微博的文化特性及传播价值[J].当代传播,2011(1):22-25.
[③] 喻国明,欧亚,等.微博:一种新传播形态的考察[M].北京:人民日报出版社,2011:10.

都不希望对方深入自己的内心世界,于是保持一定距离便成了人际关系的最佳选择。许多人接触微博正是为了摆脱孤独的内心世界,寻找一个释放的空间,而在微博上释放得越多,他们在现实生活中越安于保持"罐状"的心态,更不在意现实生活的互动了。尽管他们也渴望摆脱孤独,试着与他人接触,但这种接触只在网络上表现得活跃,很少转移到真实生活中去,也无法在现实关系中与对方坦诚相对,他们成了一个自我封闭的容器。微博缩短了人与人之间的物理距离,却未必能够拉近人们之间的心理距离。"微博控"终究逃不掉"容器人"的宿命。

第五节 加强青少年网络社交管理的相关对策

通过分析 Web1.0、Web2.0、Web3.0 三种网络模式下有代表性的网络交流沟通产品,不难发现,网络交流沟通产品对青少年的影响主要集中在网络信息传播、网络人际传播和网络社会化三个方面。我们不能否认网络交流沟通产品在这三方面对青少年产生的积极影响,但也必须意识到所存在问题的严重性。因此,本部分立足于存在的问题,试图分析如何根据网络交流沟通产品的特点将其消极影响降低,并将其有益于青少年社会化的方面尽可能放大,从而正确引导网络交流沟通产品,使其帮助青少年健康成长。

一、加强网络交流沟通工具的信息治理

在《童年的消逝》一书中,尼尔·波兹曼说,当大量的信息尤其是成人曾经秘密收藏起来的信息不再是秘密时,童年就不再是真正的童年。成人既然将海量、驳杂的信息呈现在青少年面前,就有责任对信息进行有效管理。

(一)转变观念,变"堵"为"疏",分层治理

针对网络交流沟通工具的信息治理,首先要转变观念,变"堵"为"疏",对信息进行分层管理。通过简单的"封""堵"遏制不良信息和谣言传播的策略,在一定程度上能起到保持稳定的作用,却切断了青少年的宣泄渠道,容易引起逆反心理,导致极端情绪出现,也破坏了网络的开放性与自由性原则。因此,互联网监管机构、网络运营商、校园网络管理者应采用以"疏"为主、"删""堵"为辅的灵活处理方式,对帖子、日志、发言、微博等和ID进行分层管理。管理人员对色情、暴力、反动、迷信的言论要及时删除,并及时关注ID;对言语过激的言论要及时联系ID,通过"私人消息"提醒或进行讨论,进行正面引导;对字符很多的帖子,应设置先审查再发表的机制;政治类专题或板块应由专职人员负责,社会热点类信息要由专职人员指导参与管理;对反映网络管理问题的帖子不能删

除,要及时反馈、澄清并联系相关部门解决问题。

(二)加强网络法治,提供有效的法律保障

针对网络交流沟通工具负面信息放大和谣言传播问题,尤其是微博谣言的泛滥,相关法律的制定与实施是当务之急。互联网监管机构和网络运营商必须贯彻执行相关法律法规,如《互联网信息服务管理办法》(2000)、《中国互联网行业自律公约》(2002)、《关于加强我国互联网域名管理的规定》(2003)等,对虚假有害信息的传播者采取相应措施,制裁恶意炒作网络热点的商业公司,为网民提供一个良好的网络环境。在用户创造内容的时代,信息事先审查过滤往往力不从心,这就需要借鉴西方国家出版界普遍采用的先出版再审查的策略,加大惩罚力度,从而对不良信息的发布与传播起到警示作用。Web2.0、Web3.0时代网络运营商最主要的服务是提供网络平台,其中的专业服务则是由专业的服务商提供,运营商提供的只是一个接入点。知名网站应当带头承担起对青少年的责任,严格依照法律法规对服务商进行监管和筛选,有效地遏制不良信息传播,并有效预防用户信息泄露,遏制网络犯罪,维护网络安全。

(三)加快技术更新,提供合理的技术支持

过滤技术的不断更新是遏制不良信息的基本保障,网络监管方、网络运营商首先要制定统一的网络安全策略,充分使用各种不同的网络技术,虚拟局域网(Virtual Local Area Network VLAN)、代理、防火墙技术已经取得了良好效果,还需要运用过滤技术,建立对超文本代码和特殊字符、关键字词的过滤机制,防止色情、暴力内容入侵,屏蔽不健康内容。利用网络热点监测系统监控网络舆情也是有效的策略,通过监控某个话题的关注率,能够预测可能出现的话题热点,在负面事件发生之前及时预警。同时,网络监管者可以按年龄、受教育程度或性别等将用户合理分类,开发出适合不同群体的网络信息资源,尤其是要做好青少年群体的网络信息资源分类,使青少年能找到适合自己的网络信息资源,从而约束网站和青少年用户的网络行为,促进青少年群体社会化的顺利进行。

(四)鼓励网众监督,自主净化网络环境

网众监督对于网络交流沟通工具的健康持续发展也具有重要的意义。广大用户既是媒介的使用主体,也是媒介生态保护的主体,应当具有舆论监督意识。要鼓励和引导用户对BBS/论坛、社交网站、博客进行监督举报、舆论谴责。这种做法有利于社交网站的可持续发展,有利于维护媒介的总体平衡,有利于网络社会的和谐和稳定。

(五)建立信用评价体系,遏制不良信息传播从长远来看,还可建立一套网络交流沟通工具的用户信用评价体系。对每个用户给予一定的信用等级,令每个用户在发布或转发信息时更为小心谨慎、主动求证,从而遏制那些出于"宁可信其有"或简单盲从心态的不良信息传播。青少年应当树立责任意识,遵守网络规范,发布和传递真实可靠的有效信息,在传播过程中尊重他人的知识产权和隐私。社会和学校要引导青少年制订自律公约,增强网络法治意识、责任意识、政治意识、自律意识和安全意识,形成良好的网络道德规范。对于不确定的信息,青少年应学会独立思考,正确判断信息来源的可靠性,学会用显著方式标注出"未经证实""向广大博友求证"等字样;转发时最好选择经过实名认证、有较高公信力的意见领袖所发布的信息,并注明出处;要有质疑意识和求证精神,学会利用常识及搜索等网络技术对信息内容进行分析、判断。

(六)开展危机公关,有效遏制微博谣言

在 Web1.0 和 Web2.0 网络模式下,法律、技术手段、网众监督及信用体系能够有效遏制 BBS/论坛、社交网站、博客等网络交流沟通工具中不良信息的传播。但在"人人都是记者""人人都是信息来源"的微博时代,还需要建立完善的谣言净化机制,这就需要全社会多方面的联手努力进行危机公关。

有关方面要利用 BBS/论坛、社交网站、即时通信工具和微博平台遏制不良信息的传播。政府机构、非政府组织可以在危机事件发生后及时展开危机公关,利用迅捷、直接、有力的网络平台面对网友,第一时间发布权威消息,澄清事实,提高政府的舆论引导力,防止事态恶化。主流网络媒体应当利用强大的采编力量以及与政府部门之间良好的对话渠道,展开事件调查,发布全方位的真实信息,瓦解不良信息存在的基础。主流媒体还应加强行业自律,制定媒体微博发布规范,从源头上防止类似事件再发生。

互联网媒体运营商要培养能够迅速分析、破解不良信息和谣言的专业团队,提高分析信息的效率;设置议程,保证真实信息及时有效传递给每一位用户;鼓励舆论领袖和民间组织参与辟谣,弥补官方信息的不足,为民众提供非官方的可靠信息源。

二、加强全社会媒介素养教育

(一)加强青少年媒介素养教育

青少年的网络沉溺、信息焦虑和长期虚拟社交导致的人际交往能力退化等问题的产生,是对"网络塑造人类生存方式"认识不足的结果。网络交流沟通工具已经过度入侵现实生活,而我们依然认为它们只是一种工具而已。这就需要加强对青少年的媒介素养教育,"媒介素养教育是指媒介受众对各种媒介信息的解读批判能力以及使用媒介信息为个人生活、社会发展所应用的能力"①。

媒介素养教育有必要成为青少年的必修课程,但目前大学、中小学信息技术教育往往侧重于技术层面或者流于形式,主要把网络作为一种工具介绍给青少年,而忽视了网络对使用者的塑造,忽视了培养青少年认识自我与网络之间关系的能力。我们以电视大众传媒时代美国的青少年媒介教育为例,来展示国外媒介素养教育的内容:

1.幼儿园和小学阶段:了解并辨识广告,区别事实与虚构,理解节目的形态(如纪录片、新闻、戏剧等),了解电子媒介与印刷媒介的区别,对自己观看电视的行为有一定了解并给予评估。

2.初中阶段:认识电视和生活的关系,了解电视戏剧的组成元素、电视摄影技术、电视的说服意图,进行电视新闻分析,了解和分析自己的内容偏好,知道如何成为一个具有批判能力的电视观众。

3.高中阶段:评估和管理个人的媒介接触行为,能对电视有所质疑,能辨别电视的说服意图,能意识到媒介对人类生活的可能影响,能利用电视加强与家人的沟通等。

4.大学阶段:了解美国电视工业结构,包括电视制作技术、节目创意过程、电视事业的经济观点、联播的传播法规以及电视的社会影响等;了解说服性节目的可信度,观察分析黄金时间段所呈现的社会行为、价值观念,进行文化批判;探索电视新闻来源与社会控制的关系。②

从上述内容中不难发现,美国青少年的媒介素养教育从认识和理解媒介开始,然后要求青少年觉察媒介对个人生活的影响,并辨识自己与媒介的关系,在此基础上合理使用媒介。根据这些经验,我们需要将传统的信息技术课程发展为媒介素养教育课程,尤其要重视网络交流沟通工具教育部分,并需要制订课程规划,贯穿小学至大学,形成完整的脉络。

而在内容上,应包括:了解基础的网络交流沟通知识以及如何使用相关工具;学习判断网络交流沟通工具发布和传播的信息的意义和价值;能够区分网络社会与现实社会,认识到网络中的信息也存在虚假与真实的区别,辨别说服性信息、娱乐信息和不良

---

①胡莹,项国雄.传者素养:媒介素养教育的根本[J].传媒观察,2005(8):42.
②金涛.网络环境下青少年社会化偏离问题研究[D].南京:南京师范大学.2007.

信息,对不同的信息采取不同的应对策略;学习利用网络交流沟通工具创造和传播原创信息的知识和技巧,合理利用社交网站、微博等平台发布原创作品,并在与其他网友的讨论中不断完善;了解如何利用网络交流沟通工具提升自己,进行自我管理能力和科学使用网络能力的训练,发掘有利于自身成长的社会资本,培养关注社会、参与社会事务的意识和能力。以上内容能够有助于青少年在网络使用中有关获得、分析、评价和创造能力的培养。

此外,还要重视青少年对网络的基本认识,培养青少年具有下列意识:网络媒介信息都是被人为建构起来的、一些特定的语言让网络由虚拟变得"真实"、同样的网络媒介产品对不同的人会产生不同的效果、大部分网络媒介产品是为了获得利益和权力建构起来的,等等。[①]让青少年学会辨证地看待网络并及时反思自身与网络的关系,尤其要认识到网络中的交流沟通不能代替现实中面对面的人际交往;网络交流沟通工具的泛娱乐化倾向是出于商业目的的营销手段,而非网络社交的缺省配置。

2007年4月6日,全国首部文明上网系列全书——《夏薇的网络世界》正式出版。此书通过中学生夏薇学习上网的经历,介绍了网络与学习、交友、娱乐、消费等青少年上网中容易遇到的问题,教育青少年如何科学、合理地利用网络帮助学习、获取信息、加强交流、结交益友,同时提醒青少年提高对网络色情、网络诈骗的警惕,在面对危险时增强自护意识,为青少年文明上网搭建了阶梯。在网络普及的今天,更多高质量的网络媒介素养教育出版物应当被开发和应用,促进青少年网络媒介素养的提高。

(二)媒介素养教育需要家庭的大力支持

根据CNNIC在2011年4月发布的调查结果,未成年人的博客和即时通信的普及率都超过60%,即时通信在中学生中的普及率超过80%。Web2.0产品在未成年人中的高普及率和可能对未成年人社会化进程造成的阻碍,需要社会、网站管理者、学校和青少年自身共同努力解决。但媒介素养教育不是仅靠学校和青少年的努力就能够实现的,家长的作用也必须得到重视。

然而,现实情况却是,家长只是在网络使用时间和使用内容上对子女有要求,而认为其他方面的工作应该由社会、网站和学校来完成。[②]"如果父母不具备相应的网络素养,他们就没有能力教育自己的孩子。家长应该是自己孩子的最佳保护者,因为家长最

[①] 金涛.网络环境下青少年社会化偏离问题研究[D].南京:南京师范大学.2007.
[②] 中国少先队事业发展中心.2011中国未成年人互联网及社交网络运用状况调查报告[R].2012.

了解孩子。家长关注、指导孩子使用网络,是保证孩子安全的最有效的方法。"[1] 国外的调查也显示,家长认为自己应该在帮助子女正确使用互联网方面承担主要责任。

家长应当学习有关网络方面的知识和技能,更新自己的知识,使自己不至于成为网络时代的"新文盲"。调查显示,网络在家长中的普及率超过80%,却有超过三成的未成年人的家长并不了解社交网络,这与青少年中社交网站的高普及率形成鲜明对比。了解新时代的新型网络产品,是家长的当务之急,唯此才能在子女面前建立基于共同背景知识而非先天权威的"话语权"。

如果家长在子女面前过度使用网络交流沟通工具,那么对子女约束的权威性就会下降。而目前的调查显示,家长对孩子只了解基本情况,对子女网络的使用只有时间上和内容上的要求。因此家长应当秉持坦诚、宽容、理性的态度与子女分享和交流网络使用的情况和感受,与子女一起制定家庭网络使用规范,了解双方的网络交流沟通产品的使用情况,并对双方的社交网站使用行为进行约束。

三、开发校园网络交流沟通工具

(一)利用现有网络交流工具,开展教育教学

美国教育专家蒙克曾指出:"一个人所应负有的责任应当与他能力所及之范围相适应。我们既然给予了孩子们可以接触到整个社会的工具,那么我们就有责任教育他们把这些工具用于有益的用途。"[2] 既然网络交流已经成为青少年重要的信息渠道,学校就有必要进入这一领域把握青少年思想动态,利用BBS/论坛、博客、即时通信工具和社交网站、微博等开展思想政治教育。学校应当将网络交流沟通工具作为学校思政教育、党员教育和辅导员工作中网络教育的新方式和手段,因势利导,通过网络交流沟通工具丰富的内容、有针对性和感染力的传播方式,深入了解青少年的真实状态和需求,及时解决他们遇到的问题,提高集体凝聚力,最大限度地实现青少年同辈群体自我教育的可能,从而优化青少年思想政治教育的效果。目前,校园BBS/论坛的建设已经相对成熟,有关学校不妨参考高校BBS的组织架构和运行规则,结合自身情况,充分借助校园网络平台创建学校官方、班级、思政教育的BBS、博客、微博,鼓励学生自主创建班级社交网站公共页面、即时通信公共群等,为青少年的情感满足和自我价值的实现提供多样空间,将网络交流沟通工具建设成青少年合理社交、有效学习、发展自我的场所。

---

[1] 秋沛笙,等.媒介素养教育论集[M].成都:四川大学出版社,2005:221.
[2] 金吾伦.塑造未来——信息高速公路通向新社会[M].武汉:武汉出版社,1998:184.

除了进行思想政治教育,网络交流沟通工具也可能在知识和技能学习方面发挥所长。目前,大学英语、大学语文、思政等公共课程的BBS/论坛已经在不少高校普及,学生可以在虚拟社区中交流学习体会,分享学习经验,共同探讨学习中遇到的问题;也可以提交作业、与教师互动、在线测评,有效提高了学生自主学习的热情和效率,对教学有良好的辅助作用。在校园网络普及的前提下,以课程为中心内容的网络交流沟通平台应当成为未来的发展趋势。江苏地区已经有中学尝试将微博用于语文教学[1],福建地区已经有小学将微博引入信息技术课程[2],都不失为一种有益的尝试。

(二)教育机构与商业机构合作,开发青少年网络社区

利用现有的网络交流沟通产品进行教育和教学是有效途径之一,学校等教育机构还可以与开发商展开合作,建立适宜青少年的网络交友社区,打造适宜青少年的网络空间,帮助青少年在娱乐和社交中掌握知识,增进品格。[3]具体方式有两种,一是未成年人互联网相关机构与商业网站进行合作,共同开发未成年人的互联网需求,以知名网站为平台,进行优质内容的推送;二是综合商业网站为未成年人建立专区或频道,而这些专区或频道的内容则由未成年人服务机构进行规制和指导,以平衡商业利益和社会责任,确保内容服务对未成年人有利。

(三)校园网络社交工具的应急机制

一旦校园引入网络交流沟通工具,就必须面对其中可能出现的不良信息传播、线上极端情绪引发群体事件、虚拟社交冲突等问题。这就需要在开发校园网络社交工具的同时,建立应急机制,培养专门人员,以应对可能发生的网络道德失范等情况。高校BBS在这方面已经取得不少成功经验,比如制定校园BBS管理办法《校园计算机网络管理暂行规定》《校园网络BBS站管理规则》《学生使用计算机网络违纪处分规定》等;设置专职人员对BBS上的信息进行即时跟踪、分析综合,及时屏蔽或删除违反国家政策和学校规定的错误信息;建设一支由高校思想政治教师和辅导员组成的网络评论员队伍,不断完善网络评论员机制;建立高校群体性事件线上、线下联动的应急处理机制,一旦网络监控发现问题,线下应急措施也要及时展开,为其他校园网络交流沟通产品提供了有益的借鉴。

---

[1]张国建.微博——中学语文学习的新平台[J].语文教学通讯,2011(10):79-80.
[2]林志清,任杰.浅析微博在小学信息技术课程中的应用[J].中国教育信息化·基础教育,2012(3):41-43.
[3]中国互联网络信息中心(CNNIC).2010年中国青少年上网行为调查报告[R].2011.

此外，学校有必要特别关注校园BBS/论坛、社交网站、博客圈、QQ群、微博中的意见领袖。意见领袖是拉扎斯菲尔德所建立的"两级传播理论"中的核心概念。在人际关系网络中，有一些人经常为他人提供信息、观点或建议并对他人施加影响，这样的人物就是"意见领袖"。"意见领袖"是信息传播的中间，又为人们所信赖，其影响力通常比媒体更甚。在校园网络交流沟通工具中，意见领袖通常非常活跃，发布的言论能够得到广泛的支持并具有强大的号召力。实证研究发现，大学生意见领袖比其他人更积极地关注时政民生，更主动地审核信息的真实性。[1] 意见领袖能够自主进行信息把关，能够通过潜移默化的示范作用引导网络风气，也能够通过身处一般网民之中的优势进行舆论疏导。因此，学校要注重培养意见领袖，用"每日之星""精品推荐""首页推荐"等方式将他们置于醒目位置，将其有代表性的正确言论置顶，以强化主流言论，鼓励和排斥非主流立场，充分发挥其把关、示范和疏导作用，建构和谐的校园文化，减少极端言论和行为出现的概率。

四、降低网络吸引力，引导青少年健康成长

(一)网络运营商应当承担自身责任

在营销专家鼓吹"提高网络社交用户黏性"的背景下，网站的建设者或管理者，尤其是对青少年影响极大的社交网站的建设者和管理者，一定要明确用户集体玩游戏、"粉"明星不应该是中国网络交流沟通的未来，以娱乐产品吸引青少年与青少年的成长需求并不匹配。社交网站、微博的拥有者和管理者有必要向青少年用户说明网络社交的利与弊，鼓励青少年合理利用网络交流沟通工具进行健康交往，倡导青少年走出网络，进行现实交往。还可以通过设计插件来提醒青少年网络使用时间、频率，或者限制青少年在网络社交工具中分享多媒体内容的次数、使用娱乐应用的频率、参与互动游戏的时间等措施，协助青少年进行自我监督，防止网络交流沟通工具对青少年消极影响的蔓延。

(二)家庭和学校应当重视青少年的心理健康

青少年时期是人生中心理变化最为剧烈的时期。情感失衡等心理问题或社会适应不良等问题易引发青少年心理障碍，对健康人格的发展造成不利影响。家长要促进家庭内部成员之间的交往，为青少年提供情感上和实质性的理解、支持和帮助，并对青少年进行心理疏导，缓解心理冲突，帮助青少年抵御外在的压力，减少心理落差，满足青少年

---

[1] 杨学丽.我国大学生意见领袖的网络素养研究[D].武汉：华中科技大学,2010.

心理需求,降低青少年面对网络冲击时的无所适从感。

学校应加强青少年心理辅导,可以通过开设公共课程、专题讲座、座谈会、提供心理咨询服务、增加覆盖率高的校园活动等措施,培养青少年人际交往的能力和适应社会的能力,提高青少年抗压能力和应对挫折的能力,让青少年能够在实践中实现交往的需要,体会到参与感,实现自身价值。另外,学校和家庭要重视青少年人格发展,树立多层次教育目标和任务,注重理论与实践相结合,使教育回归人文关怀。在注重青少年知识培养的同时,还应满足青少年的情感需求,提高青少年的自我效能,帮助青少年实现自我价值。

(三)青少年需要明确使用目的,积极面对现实生活

青少年要明确使用网络交流沟通的目的,不能与现实社会脱节进行盲目的交往,要明确使用网络交流沟通工具是为了与朋友保持联系,增进交流;更要明白虚拟社交无法取代真实社交,虚拟社交虽然可以帮助我们摆脱一时的烦恼,但不能真正满足现实情感需要。青少年要自觉走出网络,增进人与人的心灵距离,克服心理障碍进行面对面的交往,促进社会化进程的顺利完成。

青少年还要积极培养自身社会交往能力,在实践活动中认识自我,勇于面对生活中的挫折和失败,培养交流沟通技巧,学会向他人寻求有效帮助,完成角色转变,摆脱网络依赖。青少年还应当提高自身参与公共事务的能力,合理宣泄情绪,在参与社会公共话语建构时从解决问题的态度出发,理性思考,真正提高参与社会公共事务的能力。

社会活动的增加会让青少年使用网络的时间相应减少,对网络的依赖程度也相应减弱。将网络亲社会行为[①]发展到线下,是青少年由社交网络走向真实社会交往的有效途径。

第五章　移动新媒体对青少年的深层影响与对策

随着无线信息网络和移动信息终端技术的不断进步,移动新媒体的推广和普及成为一种必然趋势。移动新媒体已参与到青少年成长过程中,因此移动新媒体带来的影响

[①] 网络亲社会行为是指在网络上发生的利他行为。用户通过免费信息共享、无偿提供信息咨询、网上支持行为、为校园网提供义务管理和服务、宣传和发动社会救助等参与亲社会行为。因为网络中旁观者效应的减弱,亲社会行为发生的可能性比现实中高很多。

也成为大家争论的焦点。本部分主要是通过文献的整理来了解国内外现有的对该问题的研究成果与进展。如移动新媒体从哪些方面影响青少年,这些影响是好是坏,如何帮助青少年在移动新媒体环境中趋利避害。

2010年,智能手机和以iPad为标志的平板电脑的诞生,标志着移动互联网时代的到来。移动互联网时代意味着人们可以不再借助于宽带连接电脑,而是通过智能手机以及平板电脑等便携式终端就可以实现互联互通。[1]在互联网时代,信息以爆炸式的方式增长,使人们习惯于生活在被信息包围的环境中。随着移动互联网时代的到来,许多非移动的固定终端已经无法满足人们对信息的需求,人们需要"永远在线",否则就会因信息的相对缺失而变得无所适从。出于网络环境的变化,越来越多的人会选择智能手机、平板电脑、电子书等便携式个人移动新媒体,来满足他们随时随地获取信息以及与他人交流的需求。对愿意接受新鲜事物的青少年来说,以平板电脑、智能手机、电子书为代表的时尚新奇的移动新媒体对他们有着强烈的吸引力。随着媒体形式越来越多样化,青少年已经成为增长最快的移动新媒体用户群体。[2]

第一节 移动新媒体及其对青少年影响的研究

移动新媒体是一个相对的概念,新是相对于旧而言的,因此新媒体的内容与形式也会随着时间的变化而不断改变。本章中的移动新媒体是指以无线信息网络和移动信息终端为信息传播载体的媒体,可分为公众移动媒体和个人移动媒体:公众移动媒体主要指公交车上的移动电视、出租车上的信息显示屏等媒体;个人移动媒体主要包括移动智能终端,如智能手机、掌上电脑、平板电脑等。[3]研究中涉及的青少年主要包括中学生与大学生这两大群体。本章旨在探究平板电脑、智能手机、电子书等个人移动新媒体对青少年思维方式、阅读方式、行为习惯以及娱乐等方面带来的影响。

一、移动新媒体的特点

移动新媒体的广泛使用让我们不得不思考这样一个问题:究竟是哪些因素在促使它们受到人们的青睐。移动互联网的时代,终端用户的目光已聚焦在终端内容的丰富应用上。以iPad为例,iPad平台是一个数字工具箱和显示系统,它兼具笔记本电脑和电子

---

[1] 穆弓."后PC时代"探析[J].青年记者,2011(6).
[2] 周伶.非群体化传播时代的青少年媒介素养教育[J].长春理工大学学报,2012(4).
[3] 周伶.非群体化传播时代的青少年媒介素养教育[J].长春理工大学学报,2012(4).

阅读器的功能。以 iPad 为代表的平板电脑携带轻便,可以连接无线网络,随时随地分享网络资源、与他人交流、阅读等。智能手机既是一部掌上电脑,同时又具备普通手机的通信功能,还可作为电子阅读器,超越了时间、地域的限制。手机成为我们生活工作必不可少的一部分且不能被其他工具所代替时,也就相当于成了我们人体的一部分,离开它我们就会产生功能性的障碍。电子阅读器(E-book device 或 E-book reader)是一种浏览电子图书的硬件工具,又称为电子书阅读器、电子书、电纸书,它支持 TXT、PDF 等多种文件格式,其屏幕的大小决定了单屏显示字数的多少。电子阅读器由于重量轻、容量大、电池使用时间长、屏幕大、携带方便等特点,越来越发展成为人们日常必备之读书设备,可以说一个电子阅读器就是一个小型的移动图书馆。[①]电子书作为一种阅读时尚产品,出现的时间比平板电脑、智能手机要早,但进入主流阅读市场的时间却和后两种媒体差不多。电子书既能满足人们随时随地阅读的需要,又能够节省资源、保护环境。

这些移动新媒体除了拥有它们自身的一些特点外,还有一些共同的特征。第一,媒介融合的趋势加强。智能手机、平板电脑等新兴移动媒体几乎囊括了所有传统媒体形式和功能,正朝着全媒体的方向发展。第二,互动性强。移动新媒体已不仅仅是单向接收信息的工具,它更多地表现为一种信息的获取与分享的双向互动过程。因此在使用移动新媒体的过程中,我们既是信息的接收者也是信息的创造者。第三,即时性与大众性。移动新媒体带来了平等互动的交流、大众参与式的文化。[②]第四,移动性与便携性。与 PC 终端相比,移动新媒体的小巧给人们的携带带来了极大的便利,移动性更是为满足人们的"永远在线"提供了可能。

移动新媒体的发展带来了平等互动的交流、大众参与式的文化。在这种环境的影响下,青少年找到了自己独有的与这种文化相适应的表达方式。乔丽华在《论新媒体环境下青少年亚文化及其价值意义》一文中指出,新媒体即时性、快捷性的表达效果符合青少年青春期的表达特点;新媒体个性化、趣味化的语言表达符合青少年求新求异的心理特征;新媒体个性化的生活方式与青少年宣扬独立的心理不谋而合。移动新媒体与文章中提到的"新媒体"相比移动便携的优势更大,因此移动新媒体的出现更能满足青少年表达自我、融入社会的需要。

[①] 杨孙超.电子阅读器——引领图书馆未来阅读新方式[J].图书馆建设,2010(7).
[②] 乔丽华.论新媒体环境下青少年亚文化及其价值意义[D].新乡:河南师范大学,2010.

二、国内有关移动新媒体对青少年影响的研究

关于平板电脑、智能手机等移动新媒体,国内外早已有了一些相关的研究,因此有必要在了解现有研究的基础上对该领域进行更深入更广泛的探索。已有的研究主题涉及在移动新媒体环境的影响下青少年的阅读习惯、学习方式、思维方式、娱乐等方面的变化。

以国内研究为例,学者周伶做了青少年使用移动新媒体的状况调查后指出,青少年偏爱智能手机、平板电脑等新生媒体,移动新媒体已经成为该群体获取信息、接收信息和传播信息的重要途径。但现实中青少年接触移动新媒体的主要目的是休闲娱乐、追求时尚,娱乐化倾向严重。另外,青少年对移动新媒体过分地信任与依赖,缺乏正确的认识和批判精神;移动新媒体内容监管缺位导致不良信息的传播,亦会给青少年带来负面影响。

就对阅读的影响来看,陈清指出,网络阅读、电子书阅读时代的到来意味着,与传统的"深阅读"相比,"浅阅读"成为青少年当下最流行的阅读方式,他们抛弃了传统阅读下的反复思考以及对阅读对象的品味。[①] 另外,陈清还对网络环境下不同阶段青少年的阅读心理做了分析。2006年11月至12月,山西省青少年研究所对1500名青少年的阅读状况进行了调查,结果显示,在回答"目前你最重要的阅读方式是什么"时,选择"网上在线或下载阅读"的占71%。[②] 网络阅读有便捷、资源丰富、内容呈现方式多样化、互动性强等优势,但也会受不良信息影响而导致阅读品位下降,出现阅读快餐化、低俗化倾向。另外,多媒体的网络阅读氛围容易导致青少年思维的碎片化、泡沫化,思维的广泛性、深刻性、批判性、灵活性、敏捷性也会受到极大的影响。

时任国家新闻出版总署办公厅主任孙寿山在2006年中国数字出版年会上表示:"我国国民传统介质阅读率持续六年下滑,网络阅读率六年增加了6.5倍。"在他看来,随着互联网以及高新技术的快速发展,大众的阅读方式已经不再局限于传统的纸质媒体,新型的数字媒体,比如新闻网站、电子图书、数字杂志,还有以手机为载体的手机报纸、手机小说等众多的新的阅读方式和阅读载体正在悄然兴起,传统阅读方式正在面临数字化的巨大改变。[③] 在领略到新兴阅读方式的高效便捷的同时,时任中国关心下一代工

---

① 陈清.网络时代青少年阅读心理浅析[J].中共福建省委党校学报,2009(11).
② 梁涛.青少年网络阅读的负效应及对策[J].中国青年研究,2007(6).
③ 调查显示我国网络阅读率6年增加了6.5倍[J].印刷世界,2006(10).

作委员会专家委员会主任张侃认为,电子阅读需改进,用 iPad 的阅读效果现在还无法和书籍相比较;时任中国教育学会常务副会长郭振有指出,经典阅读无法替代,需要关注电子阅读可能产生的消极影响,为孩子创造一个良好的阅读条件。[①] 从以上的信息中能够看出移动新媒体对青少年阅读方面的影响让人喜忧参半,新的多元化阅读方式给青少年的阅读带来的新体验,刺激他们通过多种方式获取丰富的资源,汲取必要的信息,但同时又给他们带来了需要筛选、判别大量信息的困扰。针对网络阅读的负面影响,梁涛认为,应从网络环境和青少年自身两方面着手寻找对策,既要加强对网络环境的管理与网络文化的建设,又要注重培养青少年的阅读品位、端正阅读目的以及在阅读中积极思考,发展认知、想象、创造等能力。

移动新媒体的发展使青少年的学习方式发生了较大的变化。具体而言,移动学习(Mobile Learning)使学习空间不再固定,人们可以在不同的空间进行学习活动,办公室、地铁车厢、咖啡厅都有可能成为学习的场所。与传统的课堂学习相比,移动学习的内容也不再固定,而是根据个人需要进行选择,完全取决于个人兴趣。另外,在学习时间的选择上,移动学习也可以发生在任何时候。以平板电脑和智能手机为例,这些移动学习工具的普及充分地凸显了移动学习的优势,能够打破时空的限制使学习变得无处不在,能够获取共享学习资源使学习成本降低,能够根据个人需要实现个性化学习。基于移动学习的互动性,研究性学习、创造性学习、自主性学习成为可能。

在当代青少年的日常生活中,移动新媒体的娱乐功能也扮演着非常重要的角色。网络音乐、网络游戏、网络影视剧以及一些专门的大型娱乐网站等,大量地渗透到青少年的生活中。作为使用移动新媒体最大的增长群体,青少年是网络娱乐功能的主要受益者之一。适当地运用网络音乐、网络游戏等全新的娱乐方式,有利于减轻青少年的精神压力,丰富青少年的课余生活。另外,青少年可以在娱乐过程中感悟创造者的智慧,也可以间接地获取知识以增强人文素养,提升自身素质。[②] 很多人对网络娱乐方式持一种消极的态度,认为以网络游戏为代表的网络娱乐方式会给青少年带来负面的影响,如不良网络游戏中的暴力、色情因素有可能会导致青少年道德意识淡薄,严重者还可能形成攻击性人格。另外,过度的网络娱乐也容易导致青少年对网络娱乐产生依赖,这不仅影响着

---

① 幼儿使用 iPad 阅读仍需谨慎[N].中国青年报,2012-05-17(03).
② 张军军.大学生网络娱乐生活的现状调查与分析[J].新教育,2011(10).

青少年的身心健康,也会干扰青少年社会适应行为的改变。过度参与网络娱乐也会减少青少年与人交往、参加各种社会实践活动的机会。事实上,正常适度的网络娱乐本身并不存在危险性,相反,还会给人带来全身心的放松,但如何能做到适度的运用,确实值得思考。

事实上,移动新媒体的出现给我们日常生活带来的便利也不可小视。无论是智能手机还是平板电脑都有即时通信、即时搜索的功能。通过通信工具,亲子之间、师生之间、朋友之间的沟通也变得方便快捷,可以减少因沟通不畅给日常生活带来的麻烦。在日常生活中遇到的问题也可以及时地通过网上搜索获取一些解决的方法。现在年轻人中流传着一句"不懂不会找度娘(百度)",这也算是移动新媒体便利性的又一体现。还有很多青少年也乐于利用移动新媒体可随身携带的便捷性进行网上购物、下载音乐视频以及分享个人信息等。当然,如果不能合理地利用这些工具也会带来一些麻烦,比如无休止地浏览网页、打游戏、看视频等,会浪费个体大量的时间甚至让个体沉溺于此难以自拔。因此,明确了解移动新媒体的功能并做到合理利用,才能够对人们有所帮助,才能使移动新媒体的优势得到最大的发挥。

总体而言,在移动新媒体的影响下,青少年的阅读环境、学习环境乃至生活环境都有了很大的改变。对此,我们不能片面地判断这种改变是"有百利而无一害"或者"一无是处"。从上面的论述中我们也能感受到,移动新媒体作为一种新兴工具,对青少年的阅读、学习、生活、娱乐等方面产生的影响有好有坏。因此如何更好地趋利避害,引导青少年更合理地使用移动新媒体,成为具有重要意义的论题。

三、国外有关移动新媒体对青少年影响的研究

国外研究方面,美国皮尤研究中心2010年的数据调查显示,18—29岁的群体中有81%使用无线网络,30—49岁的群体使用率为63%,其他年龄段人群使用率为53%。13—19岁的少年群体拥有手机的比例是75%,18—29岁的群体拥有手机的比例是93%。青少年是无线网使用的主力军,因此他们也是移动新媒体的主要消费者。同时这些青少年也是在信息、网络的高科技陪伴下成长的一代,在国外被称为"数字原住民"。

随着移动新媒体的普及,青少年更是生活在被互联网包围的环境中。多数数字原住民都能熟练地利用网络平台获取信息,但越来越多的研究表明他们依然缺乏检索和评价信息的基本能力。例如在完成学习任务时通常会遇到信息搜寻方面的问题,表现为不懂得选择合适的搜索方式、阅读策略以及判断内容相关性等。这些问题只是当下青少年遇到的信息素养(information literacy)问题的一小部分,而更甚者可能是信息素养文盲(information illiterate)。调查显示,这部分青少年在进入高等学府后同样会面临信息搜集处理方面的问题。美国学校图书馆员协会(American Association of School Librarians)为21世纪的学习者提出了适应信息通信技术时代现实环境的新标准。该标准包括四方面的能力:查询知识、获取知识以及进行批判性思维的能力;得出结论,做出明智的决定,应用知识、创造新知识的能力;分享知识和道德并有成效地参与民主社会生活的能力;追求个性与提升审美的能力。这些标准以及信息素养是由美国图书馆协会(the American Library Association)与美国国家机关、其他国际组织共同提出的,表现为:青少年能够从定义一个问题、识别需要的信息开始,到搜索文献,区分出合适的资源与内容,验证来源和内容,检索、存储和组织信息,以供将来总结和使用,产生新的知识的同时尊重著作权。针对数字原住民存在的信息处理问题与信息素养培养的需要,许多信息搜寻的模型被提了出来,但最核心的因素是处理好信息需求(information need)、搜索器的特点(searcher's characteristics)以及环境三个实体间的相互关系。

就阅读来看,帕图埃利(Pattuelli)和罗宾纳(Rabina)在关于"便携式电子书阅读器的使用"调查研究中揭示了该调查数据解释框架中最重要的四个方面,它们分别是使用模式(usage patterns)、用户交互(user interaction)、阅读习惯的影响(effect on reading habits)以及未来应用(future applications)。该研究最主要的发现是,不受时间地域限制的可移动的电子阅读设备超越了阅读设备本身的局限性,能够加强学生的阅读体验。因此在他们看来,借助便携式阅读工具的阅读方式是值得提倡的。

关于移动学习,赫洛丹(Hlodan)谈到,许多教育者已经认识到了移动学习的价值,认为移动学习能够把教育扩展到课堂之外;基于无线移动技术的发展,许多移动学习中心得以成立,丰富的移动学习资源得到持续的发展,一些移动学习的程序与方法得以开发。虽然有许多这样或那样的事件表明,借助便携式移动设备能够使学生参与到学习中来并能促进他们学习,但支撑这一事实的经验性数据并不多。鉴于此,一个大规模的跟踪研究项目K-Nect在美国北卡罗来纳州的高中展开,主要研究学生利用智能手机学习数学的情况。该项目评估结果显示,借助设备进行学习对学生成绩已经有了可测量的影响。除此之外,7个欧洲国家联合召集了一批由工程师、科学家、教育者组成的团队,基于最新的无线技术和手持移动设备建立了一种新型学生反映系统(Student Response System,简称SRS),用以增强学生主动学习的能力以及评估学生的理解水平。SRS借助

iPod Touch 和 iPhone 等设备,采用直观的控制界面,提供方便灵活的按键操作,便于教学者使用。另外,此团队对该系统具体如何运用到教学中以及在教学中师生的表现特征等都做了详细介绍。

就个性以及人际关系而言,随着人机交互的增多,人与人交往的机会变得越来越少。麻省理工学院的雪莉·特克教授一直致力于这种社会现象的研究,并把这种现象概括为"我们彼此联系,但我们依旧孤单"。信息技术正慢慢地改变着人际关系,人们已经不太习惯面对面的交流,甚至更为认同自己的网络身份,因此他们找很多借口来避免现实中的交流。在移动新媒体的环境中,我们已经习惯了"一起独处"的相处方式,大家都愿意借助移动媒体终端和另一端的虚拟人联系,而不愿意面对面地交流。人们想定制自己想要的生活,因此他们连线到想去的不同地方,从而控制和分配自己的时间与精力。事实上这种控制和分配有时候会浪费掉大量的时间。乔纳(Jonah)在他的文中提到与特克不同的观点,他认为移动新媒体有利于促进人们社交能力的提升,有利于促进心理健康,人们利用媒体是为了加强他们在现实生活中的交往关系,而不是取代。

移动新媒体强大的娱乐功能使青少年的生活变得充实愉悦,但同时也产生了一些负面影响。国外部分研究表明,一些流行媒体如数字便携式监听设备(digital portable listening devices)在青少年中的广泛使用已经对他们的听力造成了一定的负面影响,已经有研究人员探讨了与娱乐性倾听有关的听觉危险问题,并试图确定出安全的音量范围和使用时长。在他们看来,青少年在使用 iPod 等音乐媒体时,长时间选择高音量对耳朵进行刺激,很有可能使听力下降。

从以上的综述中我们能够发现,在关注移动新媒体给青少年带来的影响方面,国内研究与国外研究有相似的部分,比如都提到了在媒体环境影响下学习方式、阅读方式以及人际关系、思维方式的改变,但在研究的视角和方法上还是有很大的出入。相对而言,国外的研究比国内的更细、更深、更注重知识的创造与建构。单从影响来看,移动新媒体对青少年成长的影响利弊兼有,因此有必要分析相关影响并做出应对。

第二节 移动新媒体对青少年的影响问题与对策

一、移动新媒体带来的问题

任何事情都有两面性,移动新媒体的出现也是如此。它在给人们的生活带来了革命性变化的同时,又附加性地给人们带来了困扰。就移动新媒体本身而言,它的出现不仅仅是技术的进步，更重要的是与人类发展密切相关，即为了更好地满足人类进步的需求。虽然在本部分，我们只讨论移动新媒体对青少年的影响，但事实上是为了更好地理解"技术进步与人类发展"是如何互动的。

本部分主要在文献综述的基础上讨论移动新媒体对青少年产生的影响。首先，移动新媒体几乎集现代流行媒体的所有功能于一身，最直接的目的是更好地服务于生活。以 iPad 为例，它轻便易携，借助它我们能够更好地解决学习、工作、生活中遇到的各种问题。青少年更易于掌握 iPad 的各项功能，如通过 iPad 与他人交流、阅读学习、网购娱乐等。这些功能不仅使青少年的生活变得丰富多彩，更重要的，这是一种培养青少年与外界互动能力的重要手段。受移动新媒体多元文化的影响，青少年的价值观更加多元化，这些变化有助于青少年独立思考、多方位多视角分析能力的培养。现代社会是复杂多变的，移动新媒体更能够帮助新一代成员更快更好地适应当下。

就前文提到的研究来看，大家通常都更关注移动新媒体带来的问题，就移动新媒体对青少年的影响分析也是如此。通过对他们研究的问题进行分析，不难发现，很多问题并非是由客体本身带来的，而是由于主体对客体的不合理甚至不加控制的利用造成的。前文提到的青少年对移动新媒体缺乏正确的认识和批判精神这一问题，实际上青少年由于阅历不足，对很多事物的认识都会存在偏差，而并非只针对移动新媒体。在现实生活中，成人也同样面临这一问题，因此我们把这一现象仅仅局限在青少年身上时需要更加谨慎。对于网络阅读会造成青少年思维泛化、碎片化的问题，其实现代社会的复杂多元性已经对人们提出了发散思维、多元思维的要求，因此思维的发散能够促使青少年形成更周全地思考问题的能力。一个人学知识，先是博然后才是精。人的思维也是一样，我们思考更多之后才能逐渐地思考更深。移动新媒体有助于培养青少年有张有弛的思维方式。另外，关于娱乐倾向化严重问题，要认清娱乐是生活中必不可少的一部分，但如果控制不好度，必然会给青少年带来不好的影响，如国外研究中提到了青少年偏爱高分贝随身音乐会对他们的听力带来影响，同理，长时间注视移动新媒体也会对青少年视力造成影响。最后，关于移动新媒体会阻碍青少年社会交往的问题，其实移动新媒体环境能够帮助青少年逐渐建立更完善的社交关系。除了不合理的运用给青少年带来的问题之外，移动新媒体本身作为一个分享和传播的载体也会有不良信息存在，如淫秽网页、欺骗性信息等。经过分析，笔者认为移动新媒体给青少年带来负面影响主要有两方面原因，一是主体对客体的不合理利用；二是媒体环境本身存在一定的风险隐患。从主客体这两方面下功夫,才能保证移动新媒体环境下青少年的健康成长。

二、对策探讨

经过前一部分的讨论,对于移动新媒体给青少年带来的影响还是应持较乐观的态度,合理使用移动新媒体是有助于青少年全方位的成长的。俗话说"三分智慧七分见识",移动新媒体给青少年带来了多元文化,在这种多元文化影响下成长起来的一代,他们的发展状况如何,未来社会可以给出验证。在肯定移动新媒体的同时,我们也不能忽略移动新媒体给青少年带来的困扰性问题。总体来看,主要有两个关键性的问题:一是青少年主体如何合理有效地使用移动新媒体;另一个就是如何维护一个良好的移动新媒体环境。

要引导青少年合理使用移动新媒体,首先要帮助青少年正确认识移动新媒体,明确移动新媒体的功能与意义,才能做到有效使用移动新媒体。学校可以针对青少年安排一些关于移动新媒体的讲座或者移动新媒体使用者之间的经验交流会,一方面普及移动新媒体的功用,另一方面了解别人利用移动新媒体做哪些事情。另外,我们应帮助青少年明确移动新媒体只是解决问题的辅助性工具,不能完全代替我们思考、代替我们做事。

其次,我们应该引导青少年适度使用移动新媒体。大多数网络成瘾或者因为沉溺媒体环境而产生一些生理或心理问题的青少年都与自身不能把握好使用的度有关。针对这种问题,可以做一些实证性研究。如上网时间与视力的关系、声音大小与听力的关系、网络社交与现实社交的关系等。如果能有相应的成果,我们可以做成相应的标准给青少年提供一个理性引导。

再次,要改善移动新媒体的不良环境,就需要网络运营商以及相关法律部门做出相应的行动。网络运营商是用户的服务者,他们有义务对网络环境做出相应的维护,为青少年创造一个良好的互动网络环境。如对网站进行分类,列出哪些适合青少年,哪些不适合青少年,并对不适合的做出技术上的限制。就相关法律部门而言,须建立针对移动新媒体环境的法律法规,完善对媒体环境的监管。

移动新媒体是互联网发展的又一个阶段性的成果展示,它向我们呈现的不仅是技术的进步,更是人类思维方式的转变。以青少年为代表的移动新媒体用户将很可能成为"后 PC 时代"的见证者与推动者。

第六章 儿童电子游戏与儿童文学

电子游戏作为一种产业,其市场规模已经远远超过了电影。目前全球游戏市场规模达到 870 亿美元,中国游戏市场占比超过 40%。

未成年人对于新鲜事物的热情使他们成为电子游戏最大的受众群体。《2010 年中国青少年上网行为调查报告》显示,网络游戏在青少年网民中的普及率达到了 74.8%,特别是小学生的网络游戏使用率达到 86.7%,远高于网民平均值并且呈继续上升趋势。[①]

网络娱乐在青少年网民中的普及率(截至 2010 年 12 月 31 日)

		小学生	中学生	大学生	非学生	青少年总体	网民总体	青少年与网民总体的差距
网络娱乐	网络音乐	67.7%	85.9%	93.0%	84.9%	85.1%	79.2%	5.9%
	网络视频	55.0%	65.2%	86.6%	62.7%	66.6%	62.1%	4.5%
	网络文学	22.2%	47.5%	60.2%	49.8%	48.1%	42.3%	5.8%
	网络游戏	86.7%	76.4%	69.9%	72.3%	74.8%	66.5%	8.3%

2009 年与 2010 年不同年龄段青少年网络游戏普及率

	中小学生	大学生	非学生	青少年总体
2009 年	82.3%	81.0%	67.1%	77.2%
2010 年	86.7%	76.4%	69.9%	72.3%

除了电脑游戏,风头正劲的手机游戏等也已成为青少年课余生活的重要组成部分。随着"80 后"家长数量的不断增加,对电子游戏由堵变疏的态度、亲子游戏观念的形成,使家庭游戏机如 PS3、Xbox 等的普及率不断提高。

在电子游戏大行其道的当下,学界对于电子游戏的研究主要集中在对游戏本体的

---

① 中国互联网络信息中心(CNNIC).2010 年中国青少年上网行为调查报告[R].2011.

研究,与儿童相关的研究主要从教育、网瘾等方面着手,站在儿童立场对电子游戏的研究则相较不足。加之我国对电子游戏的分级制度迟迟没有设立,导致一部分仅适合成年人的电子游戏出现在孩子们的视野里,对他们产生了极大的不良影响,从而使研究更加倾向于游戏对儿童的危害性,而儿童电子游戏的概念、界定和品格等问题则处于被忽视且亟待研究的状态。

在这种状况下,儿童文学作为一种与时俱进、关注现实、放飞想象的文学类型,在当下这个信息时代、电子时代、网络时代,敏锐地抓住了电子游戏对少年儿童生活产生巨大影响的现实,与其进行了多角度、多方面的结合。电子游戏的文本特性使其与儿童文学之间的文本转换成为可能。以游戏精神为共同的精神内核,儿童电子游戏成为儿童文学新的主题来源,成为儿童文学的一块崭新疆域。"植物大战僵尸:武器秘密故事系列"、"小鸟大冒险"系列、"赛尔号·精灵传说"系列、"无敌摩尔团"系列等儿童文学作品随着游戏的走红不断推出,受到孩子们的欢迎,雄踞销售排行榜前列。根据开卷公司的少儿畅销图书排行榜,2012年每月榜单前十名中均有儿童电子游戏改编的图书,"植物大战僵尸:武器秘密故事系列"和《洛克王国神宠传说》分列5月和11月童书畅销榜榜首。而儿童文学也以自己的品格影响着电子游戏的面貌。有许多成功的儿童文学作品被改编成电子游戏,"哈利·波特"系列、"纳尼亚传奇"系列就是其中的代表,而小红帽、匹诺曹等经典童话形象也被引入到电子游戏中,成为一些网络游戏中的主人公。

然而这种结合也面临着一些问题,媒介形式、艺术特点的不同使得转换遭遇困难,转换后的作品失去原来的趣味,变得生硬,市场经济浪潮中不可避免的商业化和产业化又让这些文化产品的舞蹈负载了枷锁的重量。如何使两者之间的文本转换顺利进行?这样的转换是否存在更具深度的可能性?这些问题需要我们的探索和思考。

第一节 电子游戏与儿童电子游戏

一、电子游戏

电子游戏诞生于1958年,物理学家威利·希金博汉(Willy Higginbotham)在自己工作的实验室开发了第一个视频互动电子游戏,它在示波器上运行,能够模拟一场网球比赛,因此被命名为"双人网球"。[①] 2002年,日本电子游戏设计师小岛秀夫登上美国《新闻

---

① 雅克·埃诺.电子游戏[M].马彦华,译.成都:四川文艺出版社,2005:2.

周刊》,当选年度人物,他被认为可能"塑造未来"。①电子游戏无论作为一种文化形式还是产业类型,其影响力和蓬勃发展的态势都毋庸置疑。或许正因如此,尽管青少年是电子游戏的主要受众群体,儿童与电子游戏的关系却似乎被掩盖在科技力量和成人世界的光环之下,教育、网瘾等成为与儿童相关的电子游戏研究的主题,"儿童电子游戏"的概念缺失。而事实上这种模糊的概念界定也是部分不适合儿童的电子游戏在未成年人群中大行其道并产生不良影响的原因之一。

二、儿童电子游戏的定义

界定儿童电子游戏概念的重要性不仅取决于青少年作为电子游戏的主要受众群体的现状,也与游戏本身的性质和定义有密切关系。自古罗马时期开始,人们便认为"玩耍是儿童的天职,在生命开始的几年中,游戏在儿童的生活中占有重要的地位"②。根据《简明不列颠百科全书》,游戏常见于未成年动物,是学习成年行为过程的一部分。该定义与柏拉图对游戏的定义一脉相承,柏拉图认为游戏是动物和人的幼子的模拟行为,主要目的是获取能力。从以上定义中对"未成年""幼子""儿童"的主体身份的强调,我们可以发现游戏与儿童有着密不可分的关系。电子游戏是电子信息化时代的新游戏类型,从本质上依然具有游戏交互性、娱乐性、规则性的主要特征,其游戏本质决定了儿童与电子游戏也有着难以分割的联系。

传统游戏的规则多由儿童自行"发明"和制定。在游戏中,孩子们聚在一起,合作制定规则并且遵循规则,每个人都监督自我和他人在游戏中按规则进行,在规则的强制力下分出胜利和失败,让游戏得以顺利进行。可以说,传统意义上的游戏是一种自由的文化形式,从游戏种类到游戏伙伴,儿童都有着自主权,掌握着决定的自由。③而电子游戏由于其科技含量和媒介特性,其开发、推广等环节均掌握在成年人手中。受到商业化大潮的影响,电子游戏的制作也与口授身传的传统游戏不同,各种目的性因素掺杂其中,不适合儿童的电子游戏数量庞大,并且难以识别。在这种情况下,对儿童电子游戏进行定义与范围划分势在必行。

---

① 雅克·埃诺.电子游戏[M].马彦华,译.成都:四川文艺出版社,2005:17.
② 内罗杜.古罗马的儿童[M].张鸿,向征,译.桂林:广西师范大学出版社,2005:255.
③ 申晓燕,陈世联.儿童游戏·游戏文化·儿童文化——基于文化学的探讨[J].重庆师范大学学报(哲学社会科学版),2008(3):127.

三、儿童电子游戏的分级制度

国外对于儿童电子游戏的定义一般以游戏分级制度的形式出现,即适合18周岁以下玩家的游戏。国外一些电子游戏发展较为成熟的国家和地区,都有官方或者非官方的组织来制定电子游戏分级制度。这些制度通过大部分游戏厂商和玩家的认同及遵守确立其地位。以北美地区的游戏分级机构娱乐软件定级委员会（Entertainment Software Rating Board,简称 ESRB）为例。首先,它根据游戏内容对适合不同年龄玩家的游戏进行分级,包括6个级别:适合3岁及以上玩家的EC级(Early Childhood,即幼儿),适合6岁及以上玩家的E级(Everyone,即所有人),适合10岁及以上玩家的E10+级(Everyone 10+,即10岁以上),适合13岁及以上玩家的T级(Teen,即青少年),适合17岁及以上玩家的M级(Mature,即成人),限18岁以上成人玩家的AO级(Adults Only,即仅限成人),还有不包含在其中的等待分级的RP级(Rating Pending)。其次,在游戏分级基础上,它又根据游戏内容确定了32项不同描述,如血腥、色情、赌博、饮酒、药物等。让父母或玩家除了参考年龄分级标示外,还能针对特定内容进行筛选。[1]其他较有代表性的分级制度还有欧洲的PEGI、日本的CERO等。

ESRB游戏分级制度在零售商和父母中都有较高的认同度。名为Peter D. Hart的研究协会在2009年5月进行的调查显示:在有孩子玩电子游戏的家庭中,有87%的父母对ESRB分级系统有所了解;给孩子选购游戏软件的时候,有76%的家长会仔细查看分级标志并将其作为选择的重要标准之一。[2]

由此可见,游戏分级制度通过年龄分层和内容整合对游戏进行了划分归类,尽管没有提出儿童电子游戏的概念,但却在事实上圈定了儿童电子游戏的范畴,并且具有销售时的实际参考价值,对少年儿童健康娱乐、电子游戏全面发展等有重要意义。

电子游戏分级制度一般由非官方、非营利性的自律组织规定,北美的ESRB、日本的CERO等均在此列。由于其中非官方的性质,这些分级制度都遵循自愿原则,并没有强制力,但均在特定地区范围内产生了较大的影响。

在电子游戏的规范管理方面,我国也出台了一系列规定。2002年新闻出版总署和信息产业部联合颁布了《互联网出版管理暂行规定》,其中的管理原则和办法主要针对互

---

[1] 叶慧娟.网络游戏分级制度比较研究[J].华东理工大学学报(社会科学版),2011(2):84.
[2] 叶慧娟.网络游戏分级制度比较研究[J].华东理工大学学报(社会科学版),2011(2):84.

ESRB 游戏分级表

等级	图标	启用年代	描述
无限制			
幼儿 (Early Children)		1994	包含的内容适合3岁到10岁的儿童。不会包含父母认为不合适的内容。被定位为此级别的游戏特别适合幼儿,通常具有教育意义。
所有人 (Everyone)		1997	包含的内容适合6岁或者以上的玩家。此类游戏通常包含少量的卡通、幻想或者适度的暴力,或者有轻度的不良语言。
10岁以上所有人 (Everyone 10+)		2005	包含的内容适合10岁以上的任何玩家。被定为此级别的游戏通常会包含具有卡通效果的暴力,或者最小限度的争议性主题。
青少年 (Teen)		1994	包含的内容适合13岁以上的玩家。此级别游戏会包含暴力、暗示性主题,粗鲁的幽默,少量血腥和粗口。
有限制			
17岁以上 (Mature 17+)		1994	包含的内容适合17岁以上玩家。此类别游戏有强烈的暴力、血腥、性、粗口、宗教的内容。建议销售商不要将此类游戏卖给未成年人。
仅限18岁以上 (Adults Only 18+)		1994	包含不适合18岁以下玩家的内容,任何低于该年龄的人都不能购买。其内容包括性和裸露内容、极端暴力和血腥内容。以2010年为例,已经有23个产品被评级为AO,此级别为游戏销售的最高限制级。

		其他	
等待分级 (Rating Pending)	RP	1994	产品已经提交 ESRB 审定，正在等待分级结果。这个标志只会在游戏上架前的广告中看到。
儿童到成年 (Kids to Adults)	K-A	1994—1997	内容包含适合6岁及以上人群。这类游戏符合多数人的口味和年龄。一般包含最少的暴力和漫画粗俗内容或者粗鲁语言。这一分级于1998年被"所有人级"取代。

各国、各地区游戏分级制度一览表

国家/地区	分级系统/年龄	1	2	3	4	5	6	7	8	9	10	11	12	13	14	15	16	17+	成人
北美	ESRB				EC			E			E10+			T			M		AO
澳大利亚	OFLCA			G				PG					M			MA15+			RC
新西兰	OFLCNZ			G				PG						R13		R15	R16		R18
英国	BBFC	UC			U				PG				12			15			18
	ELSPA			3+				7+					12+			15+	16+		18+
欧洲	PEGI				3+			7+					12+				16+		18+
芬兰	VET				3+			7+					12+				16+		18+
德国	USK	Alle					6						12				16		18
巴西	MJ/DEJUS				L						10		12		14		16		18
日本	CERO			教育·数据库									B			C	D		Z
				A															
	EOCS					一般向										R 指定			18 禁
	CSA															R-15			成人向
韩国	GRB				A								12			15			18
全球	TIGRS				适合家庭						青少年内容						成人内容		
	苹果				4+					9+			12+					17+	

联网出版活动,也包括网游。[①] 2003年,新闻出版总署将《游戏健康忠告》(全文为"抵制不良游戏,拒绝盗版游戏。注意自我保护,谨防受骗上当。适度游戏益脑,沉迷游戏伤身。合理安排时间,享受健康生活")规定为游戏出版物中必须刊载的内容。[②] 文化部于2011年3月1日印发《"网络游戏未成年人家长监护工程"实施方案》,要求在网络游戏行业全面实施"网络游戏未成年人家长监护工程"。[③] 从以上各项规定和方案可以看出,我国电子游戏的监管责任部门并不明确,对儿童电子游戏的范围并没有明确的划分和限制,对青少年进行电子游戏娱乐的规范主要还是以鼓励青少年自觉和家长监督为主,缺乏具体的制度。

与国外电子游戏分级制度的制定类似,我国也曾有一些非官方组织尝试制定和推广电子游戏分级制度。中国青少年网络协会游戏专业委员会于2008年9月26日公布《中国青少年网络协会绿色游戏推荐标准》,将网络游戏根据年龄段划分为五级。[④] 该标准的推出极具意义,在实际实施中却困难重重。其原因有以下几点:测评标准尤其是动态指标的制定针对的主要是网络游戏,未能做到涵盖电子游戏整体;国内游戏运营商由于从未进行过分级操作,很难迈出第一步,而出于经济效益考虑,基本都持观望态度;玩家和家长对该分级的认知度和认同度不高,家长更担心不健康游戏会借着分级之机正大光明地进入市场;非官方和非营利性组织在国内的影响力不够,非强制性的民间标准接受度和效力都成问题,而官方政策法规的出台时机又尚未成熟。

在我国,制定游戏分级制度还有一段路要走,而儿童电子游戏的范围划分又迫在眉睫。在这种情况下,既不属于官方又不属于社会组织的学界有责任做出自己的努力,尝试为儿童电子游戏下一个定义。

要定义儿童电子游戏,首先应当了解电子游戏是什么。电子游戏又称数字游戏(digital game)、视频游戏(video game),是一种娱乐性的电子软件。[⑤] 与电影、小说等文化文本不同,游戏的目的是娱乐而不是认知,这体现了电子游戏具有娱乐性的特征。虽然电子游戏与电影一样以视觉为基础,但参与度显然高于电影。著名游戏设计师希丽亚·

[①] 政策快报.《互联网出版管理暂行规定》8月1日起实施[N].国际金融报,2002-07-11(02).
[②] 王彦峰.游戏出版物须登载健康忠告[N].长沙晚报,2003-09-24(A12).
[③] 搜狐IT.网游业3月1日起全面实施家长监护工程[EB/OL].http://it.sohu.com/20110131/n279182891.shtml.
[④] 邓兴军.青少年网络协会推出《绿色游戏推荐标准》[N].北京青年报,2004-11-09.
[⑤] 恽如伟,李艺.面向实用的电子教育游戏界定及特征研究[J].远程教育杂志,2008(5):75.

皮尔斯(Celia Pearce)认为,我们在游戏中不是去认识我们所扮演的角色,而是定义和引导这个角色。① 这体现了电子游戏的交互性特征。而作为游戏,规则性也是其基本特征之一。

儿童电子游戏显然具有电子游戏的一切特征,而究竟怎样的电子游戏是属于儿童的呢？儿童电子游戏与儿童文学具有相似之处,而儿童文学作为一门与时俱进、立足现实的学科,研究范围十分广泛,涵盖了青少年文化产品的不同方面,因此在定义上值得借鉴和参考,可把一切适合儿童的电子游戏作品囊括到儿童电子游戏的范畴中。与儿童文学一样,儿童电子游戏是由成年人创造的,接受群体却是儿童,游戏设计出发点和立足点的不同使得儿童电子游戏包含了两大门类:一类是专为儿童设计的电子游戏,或者预设玩家中包含儿童的电子游戏,这类电子游戏的设计以儿童为中心,立足于儿童的娱乐、学习或者成长需求,可称为"儿童本位的儿童电子游戏";另一类则是并非出于为儿童设计的意愿,却因为其中的契合儿童心理的元素而深受儿童喜爱,精神品质和难易程度适合儿童的电子游戏,可称为"非儿童本位的儿童电子游戏"。

四、儿童电子游戏的类型

电子游戏类型划分可遵循不同的分类标准。每年发布中国网络游戏行业发展报告的艾瑞咨询集团将电子游戏分为电视游戏、手机游戏、PC 游戏和其他平台游戏四大类。②

艾瑞咨询集团电子游戏分类图

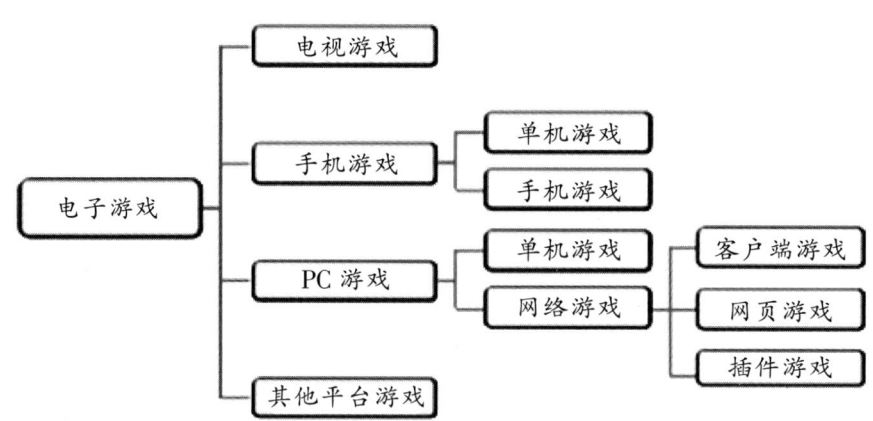

---

①Pearce C.Story as Play Space：Narrative in Games[M].London：Lawrence King,2002：112.
②黄鸣奋.21 世纪初西方数码游戏本体研究概览[J].吉首大学学报(社会科学版),2011(1)：14.

另一种较为通行的分类方法是按照游戏方式分类。如电子游戏设计师亚当斯将电子游戏分为动作游戏、角色扮演游戏、解谜游戏、策略游戏等。[①] 现在的大型游戏一般都会整合两种或两种以上的游戏方式，分类时参考其主要的游戏类型，或将类型也进行整合，如策略动作游戏。

儿童电子游戏的分类也遵循电子游戏的分类标准，但有其独特之处。如按游戏人数分类，一般电子游戏可分为单机游戏、联机游戏、网络游戏等，而儿童电子游戏中有一种重要类型——亲子联机游戏就属于多人联机游戏中较为特殊的一种。一般多人联机游戏多属于竞技对战形式，如PSP平台上的《怪物猎人》《三国无双》等。而亲子联机游戏则更多地强调亲子互动，合作完成任务，培养亲子感情，并且融知识性、教育性与娱乐性于一体，如任天堂Wii游戏主机上的《亲子一起玩 米菲的玩具箱》等。调查显示，拥有电子游戏设备的家庭中，有48%的家长至少每周与孩子共同玩一次电子游戏。他们认为，一起玩电子游戏能够培养家庭成员之间的感情，游戏起到了情感纽带的作用。[②]

另外，在儿童电子游戏分类中，依据年龄层进行的分类极为重要。尼尔·波兹曼在《童年的消逝》中提出，童年是一种社会产物，印刷技术导致了童年的产生，而电视则在无形中消融了成人和儿童的界限，导致童年消逝。由于看电视不需要像阅读一样进行训练，成人文化通过电视渗透到儿童当中，成人社会完全对儿童敞开，不再保有秘密。新型的计算机网络可以说将这扇大门更加毫无保留地打开了。因而，界定儿童电子游戏的范围，并且对其进行层次分级，具有保护童年、制止其消逝与褪色的意义。

儿童文学很早就提出并且正在实践分级分层次阅读的理念，而国外游戏分级就是按照年龄层进行电子游戏分类的一种制度。在调查世界各国的游戏分级制度后可以得知，儿童电子游戏可以形成3—7岁、7—12岁、12—18岁的基本划分，与儿童文学幼年、童年、少年三个层次的划分不谋而合。

适合幼儿的电子游戏一般画面简洁明快，操作简单易懂，在游戏的同时注重培养幼儿的手眼配合能力，开发幼儿兴趣爱好，并且与早期教育紧密相关，形式多样，经常与互动图画书、动画等相结合，比如iOS设备上的《儿童快乐涂鸦》《动画游戏：龟兔赛跑》等。这类游戏大多是专为儿童开发的。与幼儿文学不同，电子游戏具有视觉化、图像化的特点，不一定需要家长始终陪伴指导。

---

① Adams E.Fundamentals of Game Design[M].New Riders，2010.
② ESA.2010年美国电子游戏行业重要统计数据[Z].2010.

7—12岁的儿童处于小学阶段,好奇心旺盛、求知欲强,但为避免影响学习和身心健康,不宜长时间进行电子游戏。一些简单的策略、逻辑游戏以及关卡制游戏较为适合这一阶段的儿童。如《植物大战僵尸》,需要合理分配、手脑配合,才能以有限的阳光和植物资源打退僵尸的进攻。植物和僵尸的形象鲜明可爱,关卡制的设置使得游戏时间能得到较好的控制。《愤怒的小鸟》同样是关卡制的游戏,对于抛物线原理的应用能对儿童的物理认知有一定的启发,色彩鲜艳、简洁明朗的画面也很适合儿童。尽管这两款游戏并非专为儿童设计,却适合儿童操作水平并满足儿童的娱乐需求,受到儿童的广泛喜爱。此外,当前独生子女家庭相当普遍,儿童的交往需求难以得到满足。当父母忙于工作,无人陪伴的时候,儿童很容易通过游戏排解孤单,但独自游戏容易让交际困难的情形雪上加霜,儿童网游即儿童虚拟互动社区应运而生。"摩尔庄园""洛克王国""赛尔号"等互动社区满足了儿童游戏和交往的双重需求,它们是专为7—12岁儿童设计开发的,各种小游戏、任务的整合较为合理,还设有方便家长控制的防沉迷系统。

12—18岁的儿童进入了少年期,生理的成熟和心理的波动重合在一起,导致这一阶段成为成长的"危险期"。少年的游戏操作能力已与成年人无异,旺盛的好奇心和薄弱的自制力更容易让他们沉迷于游戏,或者受到不良游戏的影响。因此,以18岁为界的划分必须更加审慎和明确。一些中学生特别喜爱的战争游戏不可避免地出现血腥暴力场面,是否适合少年儿童需要更多考量。

五、儿童电子游戏的特点

作为电子游戏中的特殊门类,儿童电子游戏也同样具有电子游戏的特点,即娱乐性、规则性、互动性。这三个特点也能帮助区分一些程序是否是儿童电子游戏。例如电子绘本,由于其阅读并未在固有规则的框架下进行,阅读者与程序之间的互动也没有超越纸质图书的翻页功能,因此并不属于儿童电子游戏。而一些互动阅读软件,在阅读到一定页数时会有奖励性的娱乐小游戏,或者不同的操作能带来阅读走向的不同,满足了娱乐性、规则性、互动性的特点,则可归入儿童电子游戏的范畴。

此外,儿童电子游戏也有其独有的特点。首先,儿童电子游戏具有受限性。由于儿童处在身心发育的阶段,他们接触的电子游戏从内容和程序设计上都应有一定的限制。儿童电子游戏的内容应避免血腥、暴力、色情等不利于儿童心理健康的元素。由于电子游戏很大程度上是通过数字技术模拟出一个与真实世界类似的虚拟世界,这个世界反映的事物、观念很容易被儿童投射到现实世界中,因此,艺术审美的加工是必需的。过分的

"真实"对儿童认知的影响还难以估计。如果这种"真实"会造成儿童对虚拟世界和现实世界的混淆或者通过虚拟世界逃避现实压力,则显然是应当避免的,而毫无掩饰的对黑暗的暴露对儿童来说也是不必要的。在程序设计上,防沉迷系统和家长控制系统应当是儿童电子游戏的必要组成部分,从游戏时间上进行限制,防止过长时间的游戏损害儿童身体发育和视力,以及儿童因自制力欠缺而沉迷游戏。

其次,儿童电子游戏具有多样性。电子游戏本身具有内容、类型的丰富性,儿童电子游戏更与其他各种形式的电子娱乐、教育方式相结合,将绘画、乐器、阅读等引入电子游戏,产生出更具想象力的游戏形式。多样性的另一个内涵则是儿童电子游戏的接受群体特征所带来的多层次的细分现象。从幼儿到少年,从身体到心智变化的剧烈程度是人生的任何其他阶段难以比拟的,因此儿童电子游戏的年龄层次不仅划分为三层,每个层次中又可以细分。比如幼儿时期,3岁和7岁的儿童,无论在知识储备还是心智发育方面都有很大的不同,适合他们的电子游戏显然也不尽相同。北美 ESRB 游戏分级系统就以5岁为界,将这一阶段继续细分。

再次,儿童电子游戏具有专门性。成人电子游戏的分级多是出于心理健康等的考虑,不存在专为某个年龄段制作的问题。而 18 岁以下的儿童电子游戏年龄划分,则又多了一层专为某年龄段儿童设计开发的意味。特别是前文提到的"儿童本位的儿童电子游戏",各个层级的儿童电子游戏分别迎合不同年龄段儿童的身心发育、娱乐陪伴、学习教育等各方面的需求,如帮助幼儿认识世界的识物游戏、满足小学阶段儿童交往陪伴需求的儿童虚拟社区、满足少年浪漫幻想的角色扮演游戏等。

此外,儿童电子游戏一般画面简洁明朗、色彩绚丽丰富、配乐轻快悦耳,符合儿童的审美需求。游戏中的主人公也一般也是与玩家年龄相仿的少年儿童或者可爱的动物角色,这也体现了儿童电子游戏不同于成人电子游戏的特征。

第二节　儿童电子游戏与儿童文学文本转换的可能性与现状

一、文本转换发生的可能性研究

虽然并不是所有游戏都需要故事,但动人的情节、鲜活的人物能够增加游戏的娱乐性,令玩家保持较长时间的游戏兴趣,游戏剧情策划的重要性由此可见一斑。文学作品中优秀的故事和创意吸引了电子游戏开发商的注意,不仅《哈姆雷特》《基督山伯爵》这一类的世界名著被电子游戏化,《福尔摩斯》《银河英雄传说》等类型文学也都有了电子游戏版本。儿童文学作品以情动人、以善为美,情节富有幻想性,又简洁明快,非常适合作为游戏剧情脚本。此外,儿童文学具有游戏精神,这种游戏精神被认为是真正体现和确立儿童文学美学个性及美学品格的永恒精神[1],与电子游戏娱乐、狂欢的内在品质相呼应。童话中英勇的少年英雄、神秘的法宝咒语在电子游戏中几乎是必不可少的元素,这使得儿童文学作品转换为儿童电子游戏成为可能。

电子游戏是一种媒介文本,它的叙事性使得它能够转换为其他不同的媒介形式,因为叙事的一大特征就是可以在不同媒介形式之间转换。[2]电子游戏转换为电影的热潮一直没有退去,《古墓丽影》《最终幻想》等影片毁誉参半。而电子游戏转换为文学作品的势头也是方兴未艾。尤其是儿童文学,作为一种与时俱进、关注现实、放飞想象的文学类型,在当下这个信息时代、电子时代、网络时代,敏感地抓住了电子游戏对少年儿童生活产生巨大影响的现实,与其进行了多角度、多方面的结合,并尝试推动两者的共同发展。

二、儿童电子游戏的叙事性

纵观电子游戏研究的发展史,直到20世纪90年代中期,一次重要的"游戏学"转向才将游戏研究从文学理论的羽翼下解放出来,不再仅以研究小说、戏剧的"叙事学"立场解析电子游戏,转而关注电子游戏本身,强调其与传统文本的差异。[3]电子游戏作为一种新型媒介,与传统文本必然有不同之处,但近四十年的电子游戏叙事学研究说明它的文本性与叙事性不容否认。事实上,电子游戏从人物、连续行动、故事情节、环境以及时间等方面均表现出其叙事的一面。

电子游戏诞生之初,由于当时数字技术发展的局限性,许多类型游戏的开山之作都是文字游戏,没有图片,更不用说动画。比如1978年诞生的第一款在个人计算机上运行的冒险游戏《冒险岛》,以及网络游戏的奠基之作——以聊天室和数据库组成的纯文字交流平台MUD(Multiple User Domain,又称"泥巴",意为多用户虚拟空间游戏)。[4]这类纯文字游戏与小说的相似性似乎揭示了电子游戏的文本内核。而第一部以电子游戏为研究对象的博士论文——德国文学研究者玛丽·安的《交互小说:电脑故事游戏"冒险游

---

[1] 王金禾.论儿童游戏与儿童文学的游戏精神[J].钦州师范高等专科学校学报,2001(2):19.
[2] 关萍萍.互动媒介论:电子游戏多重互动与叙事模式[D].杭州:浙江大学,2010.
[3] 吴玲玲.从文学理论到游戏学、艺术哲学——欧美国家电子游戏审美研究历程综述[J].贵州社会科学,2007(8):87-92.
[4] 恽如伟.数字游戏概论[M].北京:高等教育出版社,2012:43.

戏"》则使得文学理论成为电子游戏研究的工具,并在很长时间内主导着游戏研究的方向。①

尽管有《俄罗斯方块》等完全没有故事和背景的游戏存在,但大多数游戏都以故事为线索,具有人物、环境、情节等明显的叙事特征。最显而易见的例子就是角色扮演游戏,玩家扮演游戏中的人物,体验丰富而曲折的剧情,经历战斗,积累经验,收集宝物,以迎来故事的结局为游戏的终点。而大型在线角色扮演游戏通常塑造了一个完整的"第二世界",人物可以永久地生存在这个世界里,因而也谈不上所谓"结局"。但游戏必然会设定一些具有连续性的任务,称为"主线任务"。这些任务的情节性相当强。一些关卡类游戏看似简单,实则也有故事背景。比如《愤怒的小鸟》,以猪偷走小鸟的蛋、小鸟愤而反击为情节主线,通过一定关数之后,会穿插过场动画,使整个游戏连贯起来。

叙事学(narratology)是关于叙述、叙述文本、形象、事象、事件以及"讲述故事"的文化产品的理论。②显然,叙事的内涵不仅仅是讲述故事那么简单。有些游戏看似叙事性极弱,比如《俄罗斯方块》和一些棋牌游戏,游戏内部完全没有故事情节作为支撑。但从游戏整体来看,依然构成了叙事。在这类游戏中,玩家与叙述者的身份合一,甚至也身兼叙事接受者之职,完成整个叙事。

儿童有着强烈的好奇心和冒险精神,因此他们热爱幻想,喜爱故事,情节跌宕起伏、人物性格鲜明的角色扮演游戏深受他们的欢迎。同时,儿童富于挑战精神,偏好简洁明快的风格,叙事性较弱的关卡制和运动游戏也在儿童电子游戏中占有很大比重。因此,儿童电子游戏常常处于游戏叙事性强弱的两个极端。

然而从游戏学的转向也可以看出,电子游戏这种新型媒介文本从本质上来说依然是游戏,单一的传统叙事学研究已不能满足对它的深度挖掘。事实上,叙事学对电子游戏的研究方式已经产生了变化,要求扩大自身的视野,改变没有发展变化的经典理论,采用新的范式研究新时代的文本。美国叙事学家戴卫·赫尔曼(David Herman)在《新叙事学》中提出,叙事学已经从索绪尔的结构主义阶段走向后经典,这个阶段的重要标志就是以电脑时代的叙事学来处理电子写作的新体裁,并且注意到网络技术对传统叙事的启发。③

---

① 陈定家."超文本"的兴起与网络时代的文学[J].中国社会科学,2007(3):162.
② 米克·巴尔.叙述学:叙事理论导论(第二版)[M].谭君强,译.北京:中国社会科学出版社,2003:1.
③ 戴卫·赫尔曼.新叙事学[M].马海良,译.北京:北京大学出版社,2002:16.

与传统叙事的线性结构不同,电子游戏的叙事是非线性的。游戏处理材料的方式是链接,于是产生了超文本叙事。超文本是1965年由美国学者尼尔森提出的,它最大的特点就是非线性。[1] 1987年,美国小说家乔伊斯推出了超文本小说《下午:一个故事》,点击文本中的不同词语,故事就会被引导到不同的发展方向,走向不同的阅读路径。[2] 超文本没有连续性,读者可以随意点选分散的文本进行阅读。而电子游戏就是这样的一种超文本。任务间相互关联和指引,快速链接,程序基于玩家的选择将会展开不同的任务,情节片段的排列次序甚至是否发生均由玩家的操作决定。

可以说,电子游戏是一种"活"的文本,通过交互实现了活性审美。传统意义上的作者即开发者失去了终止自己作品的权利,在游戏程序一次又一次被运行的过程中,游戏的文本无限延伸,被不同玩家演绎成不同的叙事作品。只要还有一个玩家在进行游戏,文本的可能性就是无限的。尼葛洛庞帝认为,网络将取消"已经完成、不可更改的艺术作品"的意义。[3] 在网络文学盛行之初,一种交互式创作的文学作品作为"超文本"的最新形态广受关注。这种文本是动态的,创作者可以任意接龙,作品结构是树状、网状的。这种作品有点类似"平行宇宙"的设定,不同的选择就将文本的走向分裂成了不同的几个世界。交互小说《活着,爱着》《风中玫瑰》等都是这类作品的代表。而电子游戏可以看成是这种"超文本"更进一步的新形态,玩家通过人机互动、人际互动创作单机游戏和网络游戏中独属于个人的叙事。随时读档、任意上下线的游戏规则,俨然是一种全新的超文本召唤结构。这种结构破坏了时序,消解了传统叙事中过去、现在、未来的历史秩序,以一种自由的姿态编织以空间为线索的叙事。无怪有学者认为,未来的文学就是游戏。

三、儿童文学与儿童电子游戏后现代特征的共鸣

"后现代主义"作为一种文化风格,"以一种无深度的、无中心的、无根据的、自我反思的、游戏的、模拟的、折中主义的、多元主义的艺术反映这个时代性变化的某些方面"。[4] 电子游戏的游戏本质、技术基础和时代特征,使其带上了浓厚的后现代主义色彩。

后现代主义消解了具有神圣性的绝对主体,宣扬去中心和多元化的基本品格。非线性的选择过程体现了电子游戏的交互性,也决定了玩家并不等同于只能解读而不能写

---

[1] 米金升,陈娟.游戏东西:电脑游戏的文化意义研究[M].桂林:广西师范大学出版社,2006:81.
[2] 张晶.论网络文学创作的自由性[D].济南:山东大学,2007.
[3] 尼葛洛庞帝.数字化生存[M].胡泳,范海燕,译.海口:海南出版社,1997:261.
[4] 特里·伊格尔顿.后现代主义的幻象[M].华明,译.北京:商务印书馆,2000:VII.

作文本的读者,而是兼顾了读者与作者的双重身份。每个人都在电子设备上叙述属于自己的游戏文本,作者即游戏设计者的中心地位被推翻了,他从游戏被设计出来的那一刻就隐没了,转而由玩家掌控大权。游戏的流程没有统一的标准,每个玩家都是"一元",电子游戏的叙事是一种零散的去中心化的叙事。

而儿童精神与电子游戏去中心化的后现代品格的另一层面不谋而合——玩家的"自我"在游戏中遭遇的去中心化。游戏精神是儿童文学的基本美学品格之一,同时也是一种颇具后现代主义色彩的精神气质。儿童心理学的研究表明,儿童常常是主客不分的。[1]在儿童成长过程中发生"客体"与"自我"分离之后,儿童会本能地进行"象征性游戏"来抵抗这种分离。李白诗中的"郎骑竹马来,绕床弄青梅"是传统游戏中典型的象征性游戏,多见于幼儿阶段。而电子游戏同样具有"象征性游戏"的意味,并且拓宽了玩家的年龄范围。玩家通过鼠标、键盘、手柄或可触摸屏幕,操控游戏界面上人物或物体的运动,而且,许多玩家在操控赛车急速奔驰的时候,身体也会不自觉地左右摇摆;操纵游戏人物跳跃的时候,会不由自主地腾跃。此外,玩家还会进一步通过想象,以游戏中虚拟的物品和成就来满足现实的需求。在这种想象中,玩家试图将自我意识投射于现实,而不是受到现实的影响,他们试图以此消解自我和客体的分离,回归"赤子"状态。

后现代主义的碎片化同样体现在电子游戏当中,完整的线性叙事被打破,时间失去了意义。可选择、可循环的任务使得游戏的时间是混乱的、破碎的,白昼和黑夜不再代表真实的时间,而只是场景的组成部分。海德格尔为"时间性"设立了一个终点,称为"最本己的别具一格的能在"(即"死亡")。[2]电子游戏消解了死亡的概念,单机游戏可以读取存档,而网络游戏则都有复活点。在经典国产游戏《仙剑奇侠传》中,当玩家扮演的主角生命值下降为0时,屏幕上血色渐染,在凄美的音乐声中,"胜败乃兵家常事,大侠请重新来过"的字样宣告的仅仅是失败,而不是死亡,因为永远都有"重新来过"的机会。当死亡的恐惧消失,个体生命的终点不再具有意义,时间也碎裂了。

杰姆逊认为后现代主义艺术最根本的特征是平面感,表面化、深度缺失、失去内涵——"崇高成为一种歇斯底里"。[3]这也是电子游戏受到诟病、被认为难登大雅之堂的

---

[1] 孙建江.二十世纪中国儿童文学导论[M].南京:江苏少年儿童出版社,1995:251.
[2] 曾晓东.电子游戏的美学思考[D].长沙:湖南师范大学,2004.
[3] 詹明信.晚期资本主义的文化逻辑[M].陈清侨,等,译.北京:生活·读书·新知三联书店,1997:42.

原因之一。在《劲舞团》里，没有真正的舞蹈教学，没有对动作和情绪的深入赏析，有的只是跟随流行歌曲的节奏，在有限的时间里正确地按下"上下左右"的方向键的机械操作，以及投入大量时间和金钱来追求虚拟的服装和道具。这类游戏不需要思考，玩家仿佛身在生产流水线上而不自知。

但从另一个角度来说，平面感也带来了明快鲜活的画面、简单易懂的操作和性格分明的形象。由于接受对象的特殊性，幼年和童年阶段的游戏更需要具备这些特征。正如《植物大战僵尸》中植物和僵尸是泾渭分明的正邪双方，并没有为了挖掘深度而塑造个性丰满的典型形象，反而造就了明快的风格，有助于树立儿童的正义感，并且为改编留下了更大的空间。

拼贴和戏仿也是后现代主义的重要特征。电子游戏是一种综合性的媒介，由图像、声音、窗口等一系列令人眼花缭乱的多媒体部件构成，集成了多重娱乐模式，本身就是一种拼贴式的程式。游戏在内容上一般也综合了不同类型，特别是网络游戏，战斗系统、打怪系统、任务剧情系统、生活技能系统分别可以看作不同类型的游戏结合在大的网络游戏体系下，并且可以随时更新。在"偷菜"流行的时候，不少网络游戏也推出了种菜偷菜系统，而裁撤掉不受欢迎的小部件，整个游戏是处于松散无中心状态下的。林达·哈琴指出，戏仿跟后现代主义几乎是同义词。电子游戏的戏仿精神达到了前所未有的地步，网络上的热点事件几乎都在第一时间改头换面进入游戏，体现出一种敢于嘲讽的精神。

在传统的阅读过程中，特别是阅读现代主义作品，审美距离的存在是极为必要的。这种距离排除了日常生活、个人事务的干扰，建立起隔离的美学世界，让读者在其中展开审美阅读。但电子游戏文本和儿童文学一样，是一种融入性较强、解析性较弱的文本。这两种文本的读者不必拉开审美距离，脱离日常状态，而更多的是代入其中。玩家在电子游戏互动性的作用下成为文本的主人公和叙述者，调动全身心去参与整个叙事；儿童读者则经常将自己想象为作品的主角，在文字的世界里经历奇趣的冒险，随人物的喜怒哀乐而心潮起伏。这两种文本阅读时审美愉悦的获得方式，与经典文本的阅读是截然不同的。

现代经典文本所表达的，大多是作者的个体经验，是"我手写我心"。在儿童文学作者的创作过程中，读者的隐性存在则更为他们所考虑，为儿童创作是儿童文学的一大特征。到了电子游戏，就干脆让玩家充当作者的一部分，亲手去写独属于自己的故事。这两种文本的作者—读者的关系也是与传统文本不同的，具有两者之间独有的共鸣。

四、儿童电子游戏与儿童文学文本转换的现状研究

当下,儿童电子游戏已经登陆各类游戏设备和游戏平台,成为新一代少年儿童日常生活中一个较为重要的组成部分;儿童文学则哺育了一代又一代人,在继承了灿烂成果的同时不断开发新的疆域,适应当下儿童的精神世界。更多的家长认识到,物质的丰沛无法完全满足孩子在成长过程中的需要,而更应当关注孩子的心灵世界,满足孩子游戏、探索、求知、陪伴的需求。在儿童的精神文化需求越来越得到重视的情况下,这两种文化产品的市场也更加广阔,越来越多的力量参与到两者的开发、创作、推广、研究过程中。由于这两者在精神气质、叙事形式上存在着呼应与共性,它们呼唤自身在形式和内容上的进一步发展,又加上跨界合作的开发过程带来的启发和对市场的精准把握,两者之间的相互转换已成为少年儿童文化产品生产过程中不可忽视的一种重要现象。

值得注意的是,不同于以往的改编过程中一种形式转换为另一种形式占压倒性多数的情形,儿童电子游戏与儿童文学之间的相互转换,在数量和质量上可以说是平分秋色,文本转换是双向的。也正是这种双向的转换,使得儿童电子游戏与儿童文学两者都有新的灵感火花迸发,取得了新的成果,实现了双赢共生。

文本转换的形式是多种多样的,儿童电子游戏与儿童文学具有不同的叙事特点和审美特质,简单粗暴的相互摹写无法体现各自的优点,反而会磨灭两种文本的特性,使得原本在网络空间中的畅游变得凝滞不畅,文学作品的诗性之美丧失殆尽。因此,必须把握文本本身的特点,采用不同的转换方式,在保留原作精华的基础上生发出更多精彩的闪光点。著名叙事学家杰拉尔·德普林斯以"引用、改写、吸收、扩展或在总体上加以改造"来总结文本之间的关系。[1]电影作为一种以影像为核心的视听媒体,其文本特质与电子游戏有一定的相似之处。电影与文学文本的转换由来已久,已经较为成熟。借鉴电影的文本转换方式,则可以总结出"节选、移植、浓缩、取材、借用"五种方式。[2]

(一)从儿童文学到儿童电子游戏的文本转换现状

对于电子游戏来说,一个好的背景设定或者故事线索会提升游戏整体的文化意义和可玩程度。儿童文学作为幻想和故事的宝库,自然受到了电子游戏产业的充分挖掘,通过不同的文本转换方式,以各种不同的面目出现在儿童电子游戏中。在儿童文学作品为儿童电子游戏提供素材的同时,儿童电子游戏也在为儿童文学做贡献。当前,互动媒

---

[1] 程锡麟.互文性理论概述[J].外国文学,1996(1):72.
[2] 李智辉.论电影与电子游戏的文本转换[D].福州:福建师范大学,2009.

介于电子媒介之后兴起,成为一种新兴并且强势的媒介,受众面之广超越大多数人的想象。印刷媒介遭遇危机——很多少年儿童对"梦幻西游"等游戏津津乐道,却没有读过《西游记》原著。一项调查发现,有60.5%的人是通过电视、电影了解文学名著的,但是也有18.5%的人在观看完影视剧作品之后会找原著来阅读。尽管从百分比上来看数字不够有说服力,但如果没有影视作品的推广,很可能这部分人也不会阅读原著。因而与其哀叹文学在这个时代生不逢时,不如乐观看待影视剧的广告作用。而儿童电子游戏也一样,可以看作对儿童文学作品另一种方式的推广。

"哈利·波特"系列作品由于原著小说在世界范围内的火爆,衍生出电影、电子游戏、玩具、文具等众多文化产品,形成了较为完整的产业链,而其中的电子游戏产品可以说是儿童文学转换为儿童电子游戏的代表作。以"哈利·波特"系列作品为蓝本的电子游戏主要有大型游戏"哈利·波特"系列、乐高"哈利·波特"系列,以及各类"哈利·波特"相关小游戏。

"哈利·波特"系列角色扮演游戏由美国艺电公司推出,共有八部。与小说不同的是,大结局"死亡圣器"分为上、下两部分。该游戏在个人电脑、Game Boy、PlayStation、GameCube、Xbox等平台均推出了适用版本,游戏设备覆盖面极广,抓住了不同的玩家群体。

从文本转换上来看,该系列与原著的关系基本属于"移植"。游戏与原著小说的容量大致近似,只玩游戏也不会错过小说中重要的人物、情节,霍格沃茨魔法学校的环境塑造也纤毫毕现。但文本媒介和叙事目的的不同毕竟会带来文本上的区别,游戏的娱乐性和互动性是其本质特征,而情节起到的是铺筑和支撑作用,在游戏中必然会被削弱。一些情节被简化,比如《哈利·波特与魔法石》游戏的开篇,当人物变为可操作状态时,就已经身在霍格沃茨,而之前哈利在姨母家的苦难生活、为了进学校进行的种种准备都以电子图画书的形式被一笔带过;一些情节被删除,由于玩家扮演的是哈利的角色,因此叙事是以哈利为中心出发的,而对周围人的塑造就比较薄弱了,比如他与宿敌马尔福的初遇等情节在游戏中就没有出现;一些情节的作用被改变,小说中描写了哈利最初几堂课的感受,表现了不同教师的性格和对哈利的态度,以及不同学院之间微妙的关系,而游戏中上课的重点则仅仅在于让玩家学习发出魔法招式的操作方法,以便在之后的冒险中使用。

该系列游戏的最大特色是,它不仅以小说为蓝本,同时也与同一系列的电影作品息息相关。不管是情节设置还是人物形象,都借鉴了电影的设置,特别是在七年中不断成长的人物,与电影中几位演员的形象完全一致,形成了一种产业化的统一性和真实性,塑造出完整的毫无破绽的"第二世界"。

乐高"哈利·波特"系列游戏将哈利的冒险分为"1—4年"和"5—7年"两部分,由华纳兄弟公司发行,也拥有多平台版本。这款电子游戏属于动作冒险类游戏,并且将7部小说的内容整合在两部游戏中,因而在改编过程中更多地采用"浓缩"和"取材"的方法。该游戏在剧情上只采用了原著中一些经典的动作场面,比如第一部中格兰芬多的三个小伙伴共同对付巨怪的情节等,并不关注人物内心情感的变化、关系的发展等。

而该游戏最突出的特点在于,它不仅通过文本转换将电子游戏与儿童文学联系在一起,同时也引入了现实中儿童喜爱的积木游戏——乐高积木。游戏中的人物、场景、道具均由乐高积木搭建,乍看有些笨拙,实则充满了童趣,引起玩家的童年回忆。在游戏中最重要的任务就是收集积木。这些积木是推进剧情发展、提升人物能力的重要道具,有时甚至完全将剧情改变,将所有情节的目的都设置为得到积木。比如完成调制魔药的任务后就可以得到金色积木,而不是教师的表扬。这种方式在很大程度上可以说只是取材于"哈利·波特"的人物和背景,却生发出了新的内容和游戏方式,后现代主义戏仿的意味浓厚。同时,现实中发售与游戏中完全一样的乐高积木,玩家可以在线下构建自己的魔法城堡,体会不同的游戏乐趣。线上和线下的游戏相互照应,对于提升玩家游戏兴趣有很大作用。

除了大型游戏,与"哈利·波特"相关的小游戏数量也相当庞大,其转换策略各有不同。有些只借用小说中的人物形象,制作连连看、换装等游戏;而有些则节选了小说片段——如三强争霸赛中的湖底救援、魔法迷宫等情节——进一步展开;还有一些将目光对准小说中出现的运动,将其制作成电子运动游戏,比如魔法魁地奇等。这些小游戏的文本转换已放弃叙事情节,但玩家自然会将读过的作品在脑海中构建成背景来支撑这些游戏,使得完整的转换由游戏内的转换和游戏外的转换共同构成。

与"哈利·波特"系列类似的从儿童文学到儿童电子游戏的转换还有"纳尼亚传奇""爱丽丝漫游奇境"等。这类作品一般情节丰富,主要集中在 RPG 即角色扮演类游戏,使玩家有深入原作,成为主角之一参与冒险的体验。这种体验满足了少年儿童超越常规、自由飞翔的梦想。这类游戏的原作以童话或者幻想文学为主,从而也具有了德国童话作家威廉·豪夫所推崇的童话的魅力:玩家们在跟随游戏的线索进行游戏、体验剧情的同时,"也在编造自己的故事,身临其境地去面对那些神奇的探险,分享故事中人物的命运,精神超越了现实,而升华至故事中的境界"。①

电子游戏和阅读、学习的结合,在适合幼儿及低年龄段儿童的儿童电子游戏中应用较为广泛。这种文本转换一般属于"浓缩"的范畴,做法大体上与文学作品的"少年版"类似,将情节较为复杂、篇幅较长、人物众多的儿童文学作品进行简化,在保留原文韵味和重点的同时使其变得适合儿童阅读。同时,段落的划分、语言的风格也要适合电子游戏的节奏。有些作品采用超链接的方式,穿插各类小游戏,增强互动性;有些则利用文字冒险游戏等形式,开发出文本更多的可能性。国外已有经典童话如"白雪公主"等的电子游戏,国内一些出版社也正抓紧机会,开发如《昆虫记》等既有教育意义又有趣味的儿童阅读电子游戏。

一些非儿童本位的儿童文学作品以其丰富的精神内核受到儿童的喜爱,尤其是经典名著,是少年儿童不可或缺的精神食粮。而以这部分作品为蓝本的电子游戏,绝大多数不是针对儿童开发制作的,其中有一些可以归入"非儿童本位的儿童电子游戏",另一部分则需要进行鉴别,不鼓励儿童接触。这部分"非儿童本位的儿童电子游戏"一般采用"节选""移植"或者"浓缩"的方法,也就是不脱离原著的设定和情节主线,并且没有为迎合成年玩家的取向而蓄意夸张某些暴力、战争、色情场面,也就是电子游戏分级中的"Everyone(所有人)"或通常所说的"全年龄"游戏。儿童文学作家马光复认为,根据文学名著改编的部分网络游戏比一般网络游戏水准更高。②这部分游戏比较适合少年阶段的儿童的理解能力和游戏水平,能够激发他们对文学作品的兴趣,丰富他们的知识储备,提升他们的鉴赏能力。不脱离原著情节的文本转换也不一定都适合儿童,毕竟非儿童本位的儿童文学作品在创作之初并未考虑到儿童的接受角度。不适度的暴力、色情成分,对成人世界阴暗面过分渲染,以及其他违反儿童文学"以善为美"的准则的因素,如果被作为吸引成人玩家的噱头放大了,就容易对儿童造成不良影响。比如以《三国演义》的情节为主要线索的电子游戏《真·三国无双》,玩家化身为其中的武将,必须不断斩杀敌方士兵,直到攻破城门,取得敌将首级。在这个过程中,画面上鲜红的文字会提醒玩家已杀死多少敌人,这也仿佛成为玩家的荣耀。此外,游戏中的女性角色身材丰满,衣着暴露,利用青少年对"性"的好奇吸引玩家,却无法起到正确的引导作用,这也是它不适合

---

① 舒伟.走进童话奇境:中西童话文学新论[M].北京:外语教学与研究出版社,2010:42.
② 杨鹏.儿童文学 vs.网络游戏[N].文艺报,2005-04-16(001).

少年儿童的原因之一。

当前还有一部分电子游戏,虽然是根据儿童文学进行的文本转换,却完全脱离了原著的精神内核和情节线索,采用"取材""借用"的手法,将童真童趣从作品中剔除,引入黑暗残酷的元素。比如《爱丽丝:疯狂回归》将天真烂漫的少女爱丽丝塑造成了一个手持利刃、残忍嗜血的疯子,而《绝对迷宫格林童话》则致力于让玩家诱惑童话中纯洁的女孩,与小红帽、灰姑娘谈情说爱,最终目的就是与她们发生性关系。这样的文本转换显然从内容、品格上都与原著没有什么联系,只是借用美丽的女性形象作为卖点。这样的游戏连在童话的熏陶下成长的成年人都会觉得难以忍受,更不用说少年儿童了。这种拼贴、戏仿的所谓"后现代主义手法"在文学作品中已有不少例子,儿童文学也曾"被黑暗"过,出自日本作家之手的《令人战栗的格林童话》被贴上"原版"的标签,对儿童造成了极大的不良影响。对此,我国儿童文学理论家王泉根提出了严正的批评,要求将暴力、色情等题材从儿童文学的园地中驱逐出去。① 可见,这样破坏性的文本转换完全不适合儿童。而这些或许为了进行某种文化试验,但更多的是为了迎合部分玩家的猎奇心理、获取商业利益的文本转换"成果",不应该出现在儿童的案头或者游戏机里。

(二)从儿童电子游戏到儿童文学文本转换的现状

近年来,一批以儿童虚拟社区为背景的儿童小说在我国的童书销售榜上掀起了巨大的热潮。儿童虚拟社区是一个网络虚拟空间,同时也是一个向儿童提供包含成长、装扮、游戏、互动等各类服务的平台。②

国外的儿童虚拟社区"企鹅俱乐部"被巨资收购,在世界范围内刺激了儿童虚拟社区的兴起。③ 而国内的"摩尔庄园""奥比岛""盒子世界"等儿童虚拟社区也纷纷上市。截至 2014 年 3 月,仍在运营的儿童虚拟社区约为 25 款。④

2009 年,依托儿童虚拟社区的儿童图书开始上市,"奥比岛""摩尔庄园"等成为第一批由电子媒介文本转化为文学文本的儿童网游小说。但此时,儿童虚拟社区的热潮才刚刚兴起,儿童游戏图书的重点依然在游戏图鉴、攻略等工具图书,儿童网游小说并未引起真正的关注。而随着儿童虚拟社区的不断发展,儿童游戏图书市场也迎来了新的变

---

① 吴越.《格林童话》如何"被色情"?剽窃版权行销 10 年[N].文汇报,2010-12-20(38).
② 王秀红.儿童虚拟社区及其互动设计研究[D].曲阜:曲阜师范大学,2011.
③ 王秀红.儿童虚拟社区及其互动设计研究[D].曲阜:曲阜师范大学,2011.
④ 崔昕平.网游文学:儿童文学新景象[N].文艺报,2012-05-14(009).

革,网络公司给出品牌授权,出版社策划出版,民营公司实施创意和渠道建设,开始形成良性合作。一批儿童文学作家也操起键盘鼠标"大杀四方",担纲儿童网游文学的创作,成果是诞生了周锐的"功夫派"系列小说、杨鹏的"奥拉总动员"系列小说和李志伟的"赛尔号Ⅱ"系列小说等儿童网游小说作品。①

在儿童文学作家联合儿童虚拟社区推出的网游小说成功打开市场之际,一些备受少年儿童喜爱的单机游戏吸引了儿童图书出版界的注意。金波、高洪波、白冰等五位儿童文学作家以电子游戏《植物大战僵尸》中的植物、僵尸和场景为素材编创低幼童话故事,已出版"武器秘密故事""植物必胜故事""美德故事"等多个系列、40余种图书。②2012年,以"愤怒的小鸟"为蓝本的《小鸟大冒险》出版。它们与儿童网游小说一起占据了儿童电子游戏文学的大部分版图。

儿童电子游戏文学可以说是儿童图书出版界的一匹黑马,其数量与销量均十分可观。这类图书与儿童爱玩的电子游戏相互照应,开拓出游戏之外的另一个神奇世界,讲述儿童喜爱的游戏主人公更多的冒险故事。它们专为儿童创作,符合儿童好奇心强、想象力丰富的心理特点,受到儿童的欢迎。而对家长来说,能够在游戏之外培养儿童读书的兴趣,又有儿童文学作家参与创作的质量保障,也使他们愿意选择这类书籍给孩子。因此,很多儿童电子游戏文学一经推出便大受欢迎,并且能保持长销。"植物大战僵尸:武器秘密故事"系列图书于2012年1月上市,推出后的半年内一直是畅销书单的常客,在开卷公司的2012年少儿图书半年榜中占据了4个席位,并且直到2013年都在榜。而在2012年12月的榜单Top100中,与"植物大战僵尸"相关的书籍占到了21种,可见其火爆程度。

五、从儿童电子游戏到儿童文学的转换方式研究

儿童电子游戏转换为儿童文学的过程多采取"取材"的方式。儿童虚拟社区通常设定了较为完整的虚拟世界背景、人物性格形象,但情节任务由于非线性的电子媒介特征而较为破碎,直接转换困难较大。因此遵照游戏的环境、背景和人物生发出新的故事,是比较合理的选择。现在大多数的儿童电子游戏小说都是遵循这样的原则和方式进行创作的。儿童网络社区的几大领军品牌纷纷推出属于自己的儿童文学作品,在游戏的背景平台上发展出更富有趣味性且与游戏原作密不可分的故事。无论是"摩尔庄园""赛尔

---

① 崔昕平.网游文学:儿童文学新景象[N].文艺报,2012-05-14(009).
② 王泉根.他们正在用儿童文学改变网游[N].文艺报,2012-03-21(003).

号"还是疯狂的戴夫守卫的带花园和泳池的家,除了游戏主线之外每天都在发生的新奇的冒险,被这些小说带到了好奇的玩家和读者面前。

儿童喜爱新鲜事物,如果只是重复游戏中的内容,不免有炒冷饭的嫌疑,容易令儿童失去兴趣。因此在文本转换的过程中,作家采取多种尝试来增强作品的趣味性和吸引力,使其更适合儿童读者。

其一,与游戏结合紧密,以游戏性、娱乐性吸引读者,更多地引起读者对游戏的联想,尝试唤起"爱屋及乌"的心理。如《摩尔勇士哈皮》,作品中对武器、职阶、星豆的设定完全是游戏化的,情节也比较分散,类似电子游戏"组队打怪"的冒险模式。而"植物大战僵尸谍战版长篇小说"更是直接把游戏中的战斗场面通过文字表现出来。

> 高坚果抽个空,在五条通道的前方分别种上气味浓郁的大蒜。
> "咦,为什么要种大蒜?"机枪射手问,"有种大蒜的工夫,为什么不多种点机枪射手呢?我们是植物特种兵,超级厉害!"
> "大蒜便宜。"玉米投手说,"机枪射手,你就别管了,好好打僵尸。"①

尽管作品把玩家的操作转换为植物的自主行为,但是游戏的画面感依然不减,反而通过植物的对话有了更丰富的趣味性。这样的战斗场面描写让读者仿佛也经历了一场对阵僵尸的战斗,熟悉游戏的玩家甚至可以想象出植物的排兵布阵、看到五彩斑斓的游戏画面,以及听到机枪射手用豌豆子弹击打僵尸的效果音乐。这样的阅读体验充分将游戏与文学连接在了一起,通过文字让读者体会到游戏的操作快感。

同时,游戏性突出的儿童电子游戏文学与游戏攻略也有着相通之处。游戏攻略是一种由游戏公司、游戏设计人员或者技术精湛的玩家撰写的,供玩家参考、学习的游戏教学文本,通常包括剧情、地图、敌方战斗参数、武器道具收集方法以及各类隐藏小窍门等。官方提供的攻略文本一般言简意赅,具有指导性,与说明书类似。但一些对游戏充满热情的玩家通常会在撰写攻略的时候投入相当多的感情,将对人物、剧情、场景等的热爱表现在行文上,创作出既有参考价值又有文学色彩的攻略。比如以下是《仙剑奇侠传三》的攻略:

---

① 萧袤.植物大战僵尸谍战版长篇小说:我们是兄弟[M].北京:中国少年儿童出版社,2013:56.

景天从永安当后门偷偷溜到卧房里,打算带走一些心爱的古董,然后就跟雪见浪迹江湖。拿东西的途中,景天失手打碎东西,引来当铺伙计和赵文昌的注意。赵文昌骂他偷当品,景天百口莫辩。此时,魔剑又自己动了起来,把他们吓得屁滚尿流,景天乘机逃出永安当。①

尽管这样的攻略有一定的文学性,但还是比较简单,缺乏深层次的文学审美内涵。而游戏性丰富的儿童电子游戏文学则可以借鉴攻略文本的游戏指导价值,真正与游戏紧密结合在一起,对比较庞大的游戏背景设定进行穿插介绍,也可以对游戏的"第二世界"中发生过的具有较大影响的历史事件进行补充,让读者在阅读的同时得到对游戏的进一步认识。之后比如《摩尔庄园 2》中讲述的黑魔法师库拉年少时与菩提大伯成为好友之后又反目成仇的故事,能够让读者和玩家了解现在的库拉为何性格如此怪异,为何执着于破坏摩尔庄园的和平,进而思考现在摩尔庄园的各种规定是如何在各种事件的影响下产生的。也可以在其中巧妙地加入游戏技巧等的介绍,提升小读者的游戏水平,开拓游戏思路。比如"植物大战僵尸谍战版长篇小说"中使用大蒜让僵尸不断在行列间逃窜无法前进的小诀窍,能使读者进一步认识和开发游戏中植物的不同能力,进行合理配置。

在转换过程中注重游戏性的儿童电子游戏文学,不仅让读者体会到游戏时的快感,同时也能深化读者对游戏的认识,指导游戏的进行,启发玩家新的游戏思路,开发游戏智慧,是一种游戏特色最为突出的文本转换方式。

其二,创造新的类型故事,原创性和新鲜感强,与游戏背景的结合不是特别紧密。如"洛克王国·魔法侦探"系列,作者本身是儿童推理小说作家,这一系列作品继承了原创作品的风格,以轻度的"陌生感"吸引读者;同时,采用"魔法学院"的设定,借鉴"哈利·波特"的成功经验,借校园小说的亲切感打动小读者;在每个章节结束之后,都附上关于这章的推理提问,答案都能从小说中找到,有利于小读者的思考与重读,培养他们阅读归纳知识点的能力。这类小说作品尽管在一定程度上摆脱了游戏原作的束缚,但又落入了新的类型故事的限制之中,较难写出真正的新意。比如推理类故事的案件总是大同小

---

① 岚雾浮云.《仙三》完美攻略[DB/OL].http://games.sina.com.cn/z/pal3/2004-11-22/187672.shtml.

异,科幻类小说又总是局限于宇宙飞船等场景,魔法类故事在"哈利·波特"的巨大光辉下失去了创新的力量。在一些儿童电子游戏文学中,甚至原模原样地出现了万圣节飘浮在礼堂上空的南瓜灯,施了魔法的天花板能够映射出外面的星空,而用一根头发就能变身成其他人的复方汤剂也出现在其中,甚至成为情节发展的重要道具。优秀的作品确实能够带给读者无穷的灵感,但取其神而非取其形是一条重要原则,最重要的还是拥有原创精神。

在结合游戏背景创作新的类型故事的儿童电子游戏文学中,"植物大战僵尸谍战版长篇小说"系列是较为有新意的作品。该系列采用了在《潜伏》等影视剧带动之下风靡起来的"谍战"题材,让植物和僵尸大玩"无间道",故事情节曲折生动,同时也有较为复杂的人物关系,适合小学高年级及以上的儿童阅读。作者在序言中表示,要立足"植物大战僵尸"的游戏设定,更要超越这个原有的基础,写出更棒的故事,要有悬疑性,要幽默逗乐,更要可读易读,发人深思。序言的最后还强调,除了形象,他的故事都是原创。在这部作品中,植物和僵尸都说着孩子们中间最时髦的语言,开着有趣的玩笑。倭瓜一直强调自己不是傻瓜,而迷糊菇则嘲笑他从墙头摔下去就会真的变成傻瓜,嘴上虽然不饶人,其实却是在关心倭瓜,提醒他小心。僵尸们开办的墓地宾馆打出了广告:热烈欢迎各位加(嘉)宾,深入墓地,前来参棺(观)访问!一语双关的错别字让人忍不住发笑。而故事的结尾,一直苦战的植物们即将败北,潜伏在僵尸之中暗暗帮助植物、内心也一直渴望变成植物的普通僵尸先生牺牲了自己,在大爆炸中与其他僵尸一起化成了烟尘,其悲壮和反转的魅力令人感叹。

其三,将游戏中的次要人物、线索作为主角创作作品,扩充游戏世界的容量,使其更丰富、更完整,并且游戏与文学作品互为补充,展现出互文性的效果。如"植物大战僵尸学校"系列另辟蹊径,不着重写主角植物,而表现小僵尸们为了成为合格的僵尸,在学校勤学苦练的生活。这种写法角度新颖,富有趣味性,塑造了"可爱又迷人的反派角色"。以同样方式进行转换的作品还有"赛尔号精灵学园"系列等。

其四,塑造原创人物形象,在本身情节简单、背景模糊的游戏基础上自由发挥,更接近原创作品。如"小鸟大冒险"系列,虽然打出改编自游戏《愤怒的小鸟》的旗号,实际上除了小鸟和野猪这两种动物的外在形象和敌对状态之外,基本与该游戏关联性不强。最大的原因是"愤怒的小鸟"是一款关卡制的物理游戏,交代背景和故事的只有简单几个画面的过场动画,如果局限于此,是无法展开完整的文学叙事的。于是,作者在创作过程中展开丰富的想象,揣摩人物的心理活动,结合丑小鸭和木马屠城的故事,把电子媒介"戏仿"的后现代主义特色引入儿童文学创作中,是一种新鲜的尝试。在第二季的故事中,野猪更是与小鸟化敌为友,它们偷走小鸟的蛋不是因为想吃,而是因为这是野猪界的时尚,让人啼笑皆非。在小鸟和野猪的共同努力下,它们打败了凶残的海盗猪,并且在一次飞船的大爆炸中来到了天狼星,与披羽兽、三角兽等更加神奇的生物一起展开了新的冒险。可以说,故事已经完全脱离了游戏中简单的冰块和木材搭起的堡垒,从环境背景到人物关系都发生了翻天覆地的变化。这类作品原创性强,作者发挥的空间更大,能够摆脱游戏原作的束缚,高扬儿童文学想象的翅膀。但对于游戏的忠实玩家来说,则未免有些遗憾了。

当然,在电子游戏到儿童文学的转换过程中也存在着一些与以上转换方式不同的例子,比如"仙剑奇侠传"系列作品。作为主线清晰、故事性丰富的角色扮演类游戏,情节感人、文学性丰富本身就是"仙剑奇侠传"系列游戏的闪光点之一。无数玩家为李逍遥、赵灵儿和林月如可歌可泣、缠绵悱恻的爱情故事,以及舍生取义的凛然精神感动不已。如果在转换过程中擅自改动故事情节,不一定能取得更好的文学效果,同时会招致众多"仙剑"爱好者的不满。因此,这些本身就具有浓厚的故事氛围、在情节上有独到之处的游戏,在转换为文学作品时,反而会遵循原作的情节,只将游戏文本简单整理为文学文本,以保留原作的精髓。

杨鹏把具有幻想性和游戏性的"新神话主义"作品作为儿童文学的"突围策略",因为这类作品都有深厚的历史意蕴,能够生发出系列作品,催生品牌意识。[1] 大型电子游戏,特别是网络游戏、虚拟网络社区,都在设计之初创设了一个不同于现实世界的"第二世界",这个世界有着独特的自然环境、生物种类、文化历史。借助游戏的世界观设定,不论是游戏中已经展开的情节、活跃的人物还是原创的故事、新鲜的面孔,不论是专业作家的创作还是热心玩家的同人作品,都可以顺利地拓展开来,齐聚在这一游戏的商标之下。上海淘米网络科技有限公司开发的"赛尔号"中的赛尔机器人、外星精灵、赛尔号飞船以及能源枯竭的现状等基本的设定,生发出了无限的空间。在以"赛尔历"纪年的时间长河中,精彩的故事层出不穷:有以寻找能源为主线的"雷伊传说"系列,另辟蹊径以外星精灵为主角的"精灵传说"系列,以游戏中最受欢迎的 SPT 塞尔先锋队(SEER Pioneer

---

[1] 杨鹏.儿童文学的突围策略[N].文艺报,2004-11-30(003).

Team)任务为内容的"SPT先锋队"系列;还有以衍生动画片和电影为题材的漫画,以当下热门的穿越为衍生方式的科幻小说"赛尔号大冒险"系列等。游戏提供的是一个基础平台、一个故事发生的舞台,作家和玩家可以从游戏的不同层面得到启发,演绎出截然不同但异彩纷呈的儿童文学作品。可以说,儿童电子游戏文学正是这种"新神话主义"的成功尝试。

六、儿童电子游戏图书火爆现状的原因分析

儿童电子游戏图书在装帧设计和板块拟定上都花费了很多心思,尽量做到符合儿童审美,印刷质量高,制作精美,小说之外的衍生部分设置合理。在装帧上,封面色彩鲜艳,游戏中的人物赫然在目,对儿童玩家极富诱惑力;几乎每本图书都有人物和背景介绍的彩页,方便儿童认识和查找,令人爱不释手;作家简介通常附有作家的卡通头像,对儿童文学作家的粉丝来说值得收藏,也方便家长选择;根据作品的不同内容、类型,出版商设计了不同的延伸知识、阅读练习、小游戏,满足儿童寓教于乐、拓展能力的需求。比如"赛尔号大冒险"是一系列以"赛尔号"为背景的儿童科幻童话,第一人称的叙事视角令读者的参与感更强,并且每一章节都有主人公的爸爸解说科学小知识的部分,集游戏、科幻、科普于一体,又利用"精灵卡片"板块推广游戏,综合性非常强。

儿童电子游戏文学的另一个新鲜尝试是产业化经营,形成"游戏—动画—电影—图书"的产业链,各部分相互联系,相互带动,形成一个良性循环。几乎每种图书中都会有小赠品,比如绘有游戏中形象的书签、卡片;更有游戏装备大礼包和神秘宠物蛋,既吸引已经是游戏玩家的儿童购买,又能引起非玩家的兴趣,刺激游戏的下载率,一举多得。而动画和电影的影响广泛,对儿童的吸引力强,还能进一步为书籍提供素材。"摩尔庄园"已经推出了三季动画片,共156集,迅速占据央视少儿频道收视榜第一的宝座,并可以在淘米视频官方网站上在线观看;而摩尔庄园"海妖宝藏""冰世纪"两部电影已在全国各大院线上映,扩大了整个产业链的影响;随之推出的"'摩尔庄园'动画抓帧书""'摩尔庄园'电影连环画"和电影配套小说趁热打铁,进一步推广了"摩尔庄园"的品牌概念。

儿童书籍与成人书籍在出版销售上具有本质上的差异。虽然读者是儿童,创作、编辑、出版、推广甚至购买图书的却都是成人,因此,由儿童电子游戏改编成的儿童文学作品的火爆肯定离不开成人的运作。但是,这类作品自出现以来,已经可以称得上是长销长红,同类作品不断推出,后劲十足,其中原因必然不只是成功的营销,而是作品有着独特的文学价值,从故事、形式到内涵都能吸引当下的儿童。

电子游戏的娱乐精神对当前缺乏童趣、承受过多压力的少年儿童具有强烈的吸引力。当这种令人无法自拔的游戏精神从游戏小说的字里行间流露出来，魅力更是有增无减。现在的少年儿童，在本该自由玩耍的年龄背负着太多期待，业余时间几乎都被补习班、兴趣班占满，或者成日与祖辈为伴，失去呼朋引伴的自由。昔日的儿童游戏如捉迷藏、丢手绢等很可能渐渐被遗忘，儿童的目光便不由得转向电子游戏，到虚拟世界中去体验大自然、体会游戏乐趣、释放自由天性。比如在"摩尔庄园"中，从来没有去过农村的城市儿童可以体验自己饲养小猪、种花养草的快乐。亲自动手给小猪洗澡、喂食等步骤看似烦琐无聊，却让儿童乐此不疲。因为在重复的劳动中，儿童可以忘却功课、抛开补习，让身心得到愉悦和自由。儿童电子游戏改编的儿童文学之所以受到欢迎，是因为玩过游戏的儿童能从中重温游戏的快乐，没有玩过游戏的儿童则更加心向往之。可以说，没有一个儿童能抵抗游戏的魅力，因此，儿童电子游戏文学几乎对所有儿童都有着强烈的吸引力。

现代主义的情绪是焦虑而又强烈的[①]，而后现代主义在消解了焦虑的中心之后，主体已经零散化了，这种忧郁和孤独的情绪便被一种浅表的快乐所取代。电子游戏的一大特征就是娱乐性，寻求快乐、刺激是蕴藏于游戏根基之中的本质要求，而这种对快乐的向往显然也符合儿童的需求。由电子游戏改编的文本具有快乐审美的后现代特征，相对于一些说教式的儿童文学作品更符合儿童的天性。在儿童电子游戏文学中，读者能够体验到冒险的刺激、伙伴的可靠、成功的快乐，即使像"植物大战僵尸：美德故事"这样在写作之初便有着德育初衷的作品也不例外。在《小喷菇，喷喷喷》一节中，胆小的寒冰射手原本不敢对可怕的僵尸发射子弹，但是它的伙伴小喷菇不顾人小力弱，奋勇作战，保护寒冰射手。在伙伴的帮助和鼓励下，寒冰射手终于克服了胆怯，用自己的寒冰子弹减缓了僵尸的行动速度，与伙伴们携手作战，取得了最后的胜利。僵尸来袭的惊险、发射子弹的快感、赢得胜利的欢乐都能给儿童读者带来不可取代的乐趣，尽管这种快乐更多地来源于人的快乐本能。出自本能的快乐召唤儿童的多次阅读，无形中加深了融入作品之中的美育作用。可以说，对于儿童文学，这种浅层次的快乐是恰如其分的。正如相比起典型形象，类型形象可能更适合儿童文学，尤其是低幼故事。

---

① 弗·杰姆逊.后现代主义与文化理论——杰姆逊教授讲演录[M].唐小兵，译.西安：陕西师范大学出版社. 1986：186.

在分级阅读的原则下，由儿童电子游戏改编的儿童文学作品有游戏故事、游戏童话、游戏小说等不同体裁，适合不同年龄层次的儿童阅读。以游戏"植物大战僵尸"为例，由知名儿童文学作家金波、葛洪波、白冰等参与撰写的"植物大战僵尸：武器故事""植物大战僵尸：植物必胜故事""植物大战僵尸：美德故事"等三大系列三十余种游戏故事书，显然较为适合学龄前以及小学低年级儿童。每本书都由三个小故事组成，故事简洁有童趣，语言浅易生动，书籍每页都有大型彩色插画，游戏中的角色栩栩如生，每个故事后还配有美德小贴士，既可以亲子共读，也可以让小朋友尝试根据彩图和文字独自阅读。而"植物大战僵尸谍战版长篇小说""植物大战僵尸学校"等系列则属于游戏小说，适合小学中高年级儿童。这些小说的情节比较复杂曲折，人物性格也刻画得比较丰满，比如《101个秘籍》中的向日葵就因为求胜心切而中计，从得意扬扬到悔不当初再到发奋雪耻的转变十分生动。这种层次分明、体裁明确的创作方式与每个年龄层次的儿童读者本身的阅读需求和认知水平相适应，而不是以成人的立场进行想当然的写作和推广。

此外，儿童电子游戏转换为儿童文学，不可避免地带来了电子游戏这种后现代主义文化产品中蕴藏的后现代主义趣味，包括重复，也包括戏仿。电子游戏是一种可以无穷重复的文本，由于其超文本的特性，玩家可以从任意节点无限读档，将喜爱的情节或对话自主循环播放。换言之，电子游戏文本是一种具有重复性的文本，由于其互动性的存在，每一次重复时，早已写定的程序不变，而玩家的个人游戏经历却发生了改变，随着游戏能力的提升、游戏经验的积累，还能不断获得新的成就感，因而让玩家产生多次重读的兴趣。一些电子游戏还具有回环往复的特点，游戏的结束也就是起点。比如《贪吃蛇》中，一次冒险结束，屏幕上剩下的还是开始时的那一点闪烁的光标，因此玩家可以连续不断地玩，游戏永远没有终点。儿童电子游戏转换而来的儿童文学作品，从形式到语言都带有这种重复的特性。童谣、谜语大量被引入作品，使得作品语言浅显风趣，音韵上抑扬顿挫，适合反复诵读。比如"植物大战僵尸谍战版长篇小说"系列中介绍大蒜的时候就引用了一个朗朗上口的字谜，"二小二小，头上长草"，谜底是一个"蒜"字。念着字谜的植物们得意扬扬地看着咬到大蒜的僵尸们反胃恶心、无法前进的模样，像极了兴高采烈拍着手念诵童谣的孩子。大批儿童电子游戏文学都被做成系列书的形式，这与电子游戏重复回环的特征也是紧密相关的。因为可以不断重复、不断复活、不断开始新的冒险，所以相关的文学作品也一反常态，连绵不断，高潮迭起，没有终点。无论是"摩尔庄园"还是"小鸟大冒险"，几乎所有的儿童电子游戏文学都以一季数十本、数季连发的形式"轰炸"

儿童图书市场，让小读者和选购图书的家长眼花缭乱。而每本书的故事似乎也带有重复的色彩，从形式上总是开始于一场意外或者阴谋，结局则是通过努力或者在阴差阳错之下解决困难，而尾声则留下新的悬念，吸引读者继续翻开该系列的下一个故事。这样的形式和内容与游戏不断开发的新任务、新地图、新副本有异曲同工之妙。依然是同样的主角，却永远可以讲出新鲜的故事，只是这种"新鲜"是表象的还是内核的，值得深思。

同样，儿童电子游戏文学中的戏仿能够带来乐趣，这也是其为少儿读者所喜爱的原因之一。首先，儿童电子游戏对现实和各类经典文本、桥段、神话有着大量的戏仿。比如西方的魔法、巫术，在"哈利·波特"带来的旋风般的影响之后，几乎所有儿童电子游戏中的人物都与魔法的神秘力量有了或多或少的牵连。而在游戏中施魔法并不需要复杂的魔药配比、精妙地抖动魔杖或分毫不差地背诵咒语的能力，点击按钮即可实现。在"摩尔庄园"中，怪盗RK几乎是所有玩家都非常喜爱的角色，他性格酷帅、能力超强，是一个充满了魅力的人物。他戴着面具，仿佛假面舞会上翩翩起舞的王子，身世神秘高贵，就如同古龙武侠小说中的主人公，而不留情面的犀利言辞又让人想到以福尔摩斯为代表的名侦探们。人物身上所隐约显露出来的影子，也是一种戏仿和拼贴。由此，在儿童电子游戏转换而来的儿童电子游戏文学中，同样带有这样的戏仿色彩也就不足为奇。在《赛尔号精灵学园二·冰河世纪》中，反派人物是一对兄弟，叫金角大魔王和银角大魔王，让人不禁想起《西游记》中的金角大王和银角大王。而依据"摩尔庄园"创作的《怪盗RK·皇家密令》的结尾写道："突然天空中乌云翻滚，血红色的双眼出现在乌云里……伴随着一声惊天怒吼，一场新的危机即将降临到摩尔庄园。"无论是宏大的场面描写还是悬念的设置，都与美式大片的片尾为下一部影片的推出奠定基调的做法如出一辙。这样的戏仿，让读者仿佛置身电影院，灯光亮起时，无法不去期待下一部的精彩。当然，儿童电子游戏文学的戏仿没有仅仅停留在文化和文学的层面，它追随原创儿童文学的脚步，立足现实，关注时事，尽管多了一些"模仿"而非"表现"的成分，依然能够引起小读者的深入思考。"摩尔庄园·时空裂痕"系列则把目光对准了自然生态环境，将一些值得了解和思考的环境问题融入小说中。比如其中的第一部《魔鬼树传说》，从时空裂痕穿越而来的迷烟吞噬了摩尔庄园的水，连积雨云也不放过，造成了大面积的干旱，并且在积累了足够水量后倾泻下来，形成酸雨。而酸雨中潜藏着迷烟里的远古黑魔法，能让接触到它的摩尔们变成一种可怕的魔鬼树，失去思考的能力，并且攻击其他小摩尔。大气污染、PM2.5居高不下、雾霾天气、酸雨……这些与日常生活息息相关的环境污染现象在故事中以一种魔法的面貌存在,其产生的严重后果也可以从险象环生的故事中窥得一二。这种立足实际、引人深思的戏仿,不仅能让小读者关注环境保护、关注社会现实,从小树立起正确的环保理念,而且也对普及科学发展观有着"从娃娃抓起"的重要意义。更重要的是,这类作品给予儿童合理的尊重,让他们也能参与到对社会重要问题的思考和讨论当中,让他们在阅读的同时产生社会主人翁的自豪感,对于培养儿童的责任感也有一定的作用。而戏仿的形式,则便于儿童理解问题,符合他们的认知水平和思维方式,又能带来阅读的乐趣。这种方式对儿童接受并喜爱这类作品有着重要作用。

第三节 儿童电子游戏与儿童文学文本转换中存在的问题分析

电子游戏与文学作品、影视动漫之间的文本转换进行得如火如荼,但其中存在的问题也逐渐暴露出来,引起广泛关注。张贺军认为,在文学作品转换成网络游戏的过程中,产生了极大的对文学性的消解:经典的人物形象大量繁殖,比如在网络游戏《剑灵》中,每个玩家都是洪门最后一个弟子,踏上为师父复仇的道路,悲剧形象的独特性消失了;战斗成为主题,命运的偶然成了必然,死亡被无限的复活抹杀。"于是文学作品中的人文关怀被扭曲,强权至上、成王败寇的价值观在游戏中确立。"[①]而电影与电子游戏的文本转换则被认为体现了嘲笑崇高和非理性的娱乐化特征,利益至上的取向则暗含了商业化、市场化的倾向。[②]令人遗憾的是,这些问题同样存在于儿童电子游戏与儿童文学的文本转换过程中。

一、媒介形式:交互性与叙事性的矛盾

电子游戏的媒介形式决定了它与传统叙事的不同,它是一种非线性的、交互的、有读者即玩家的强烈参与意识的新型叙事。比如在网络游戏中,每个玩家作为游戏中的角色,所接到的任务、体验的"人生"都是不同的,每个玩家都能书写出不同的故事。这使得电子游戏的叙事是开放性的,读者和作者身份合一,在游戏的同时也在进行创作。这符合后现代时期叙事的特点,即大叙事到小叙事的转变,个人叙事组成了历史叙事。[③]

而事实上,电子游戏的交互性和叙事性之间存在着很大的矛盾。叙事性强的电子游

---

① 张贺军,刘胜枝.从人物角色看网络游戏对小说文学性的消解——以小说《诛仙》及其同名网络游戏为例[J].北京邮电大学学报(社会科学版),2012,14(1):21-24.
② 李智辉.论电影与电子游戏的文本转换[D].福州:福建师范大学,2009.
③ 马克·柯里.后现代叙事理论[M].宁一中,译.北京:北京大学出版社,2003:108.

戏,情节路线指引着玩家前进,玩家能够掌握的只有个人战斗能力等很少的一部分,而人物命运是无法因玩家的主观能动性而改变的,互动性相对弱化。而叙事性弱的游戏,比如《弹珠台》《俄罗斯方块》《泡泡龙》等,成败都掌握在玩家自己手中,互动性很强。这种叙事性和互动性之间的矛盾,给儿童电子游戏与儿童文学作品的文本转换带来了很大的困难。

一方面,在从儿童文学到儿童电子游戏的转换过程中,怎样保持参与感、互动性与叙事性的平衡成为重要课题。

一味保持作品原貌,只会让游戏与电子书之间的界限模糊不清,甚至可以说,"如果电子游戏没有了交互性,叙事只能成为一个虚妄的想象"[1]。所以在转换过程中,把握电子游戏的互动性、娱乐性、规则性非常必要,互动参与、娱乐效果、规则界定缺一不可。在电子游戏中,叙事并不是目的,而只是提供支持、增加趣味的一种并非不可或缺的组成部分。对游戏来说,最重要的始终是"玩",是操纵的快感,是像儿童玩具一样由玩家掌握的感觉,是挑战的刺激。成功的游戏通常特别关注创意和可玩性,比如《俄罗斯方块》,简单的方块图形抓住了人们潜意识中渴望完整无缺的心理,驱动玩家无数次重复游戏。而现今3D影像技术日趋成熟,可供转换的文学作品也数不胜数,游戏制作者热衷于技术开发,成年玩家对可以轻松进行的具有丰富情节的游戏又较为偏爱。有研究者担心,完全被成人意志操纵的电子游戏,将会失去儿童热衷的"玩"的真谛,而彻底沦为制作精美的"互动电影"。但在文本转换的过程中只注重游戏的乐趣而完全放弃叙事,显然也是违背文本转换的初衷的。这种情况通常发生在一些试图通过原著的名声和读者群迅速赚取一定人气,而并无长远发展的小型Flash游戏上。比如"哈利·波特"的近百种连连看之类的小游戏,完全只是换汤不换药地转写复制连连看游戏的编写代码,然后换上"哈利·波特"中的人物头像。这种"转换"不能称为真正的文本转换。

为了保持游戏的可玩性和叙事性的平衡,采取一些折中的手段、拼贴的方法是比较可行的。比如在"哈利·波特"游戏中,用图画书的方式简要介绍小说开篇的情节,然后场景直接跳到可以操控人物进行游戏的霍格沃茨大厅,对没读过原著的玩家来说,能够快速了解故事背景,产生对人物、故事的兴趣;对于对原著烂熟于心的玩家来说,图画书也是一个崭新的形式,既新奇又能唤起对游戏的兴趣。

---

[1] 洪帆.故事还是程式?探索电子游戏中的叙事性与交互性冲突[J].北京电影学院学报,2007(5):8.

游戏玩家一般在游戏中扮演主角,采用第一人称视角。非第一人称的文学作品转换为电子游戏时,许多情节线索、人物心理等都在转换中被损耗了,这一点在角色扮演游戏、动作游戏、赛车游戏中更加明显,文字冒险游戏的情况要稍好一些。比如背景宏大、线索庞杂的文学巨著《三国演义》,显然想要以一部游戏来涵盖是无法实现的。这种情况下,传统的单一主角模式应当有所改变,如《真·三国无双》游戏中玩家可扮演多个角色的设定,或者如光荣公司以"三国志英杰传""曹操传""孔明传"等不同人物为主线的游戏来完善作品世界观的方法,都是值得借鉴的。这种多线程的叙述方式尽管会带来碎片化、去中心化的效果,但通过这种方式反而能在保持鸿篇巨制的完整性的基础上,细致入微地塑造每个人物的形象,使得更多在原著中算不上主角的人物的光辉为人所见。原本需要深度阅读才能够发现的妙笔,在计算机和网络技术的作用下平面化地铺展开来,虽然失去了一定的深度,却扩展了其他维度。这种方式对于采用超链接关联信息代码的电子游戏来说,正是对其媒介特质的充分利用。

一些由文学作品转换而来的电子游戏较为重视互动性,玩家自由度较高,可以展开丰富的个人游戏叙事,甚至能够凭借自我的意志改变原作中的人物关系、故事走向和最终结局。这种游戏在提升了可玩性的基础上也带来了一个难题:在玩家手中可能变得面目全非的情节会给原作以及人们对原著的理解带来怎样的影响?以游戏《三国志》为例,玩家可以选择让忠诚的关羽被曹操的礼贤下士感动,转而与刘备、张飞两位"但愿同年同月同日死"的金兰兄弟同室操戈,随后,三国历史瞬间大变,曹操与曹丕父子相残,孙权与孙策争权夺位,而刘璋则从中得利,取董卓而代之……电子游戏表现出的自由、开放的互动性与文学特别是经典文本产生了冲突,可以说,在这样的转换过程中,文学文本的表层结构和深层结构都完全被破坏了。然而自由带来毁灭,毁灭带来新生,这样的悖论无时无刻不在发生。游戏中无限的可能性带来无限的思考,尤其是像三国、战国等被电子游戏文本连根拔起的历史,在信息的时空中延伸出无数的平行宇宙。但必须承认的是,可能这样的转换并不适合对历史和文学都尚待吸收的儿童。

另一方面,在从儿童电子游戏到儿童文学的转换过程中,仅仅还原游戏中的任务剧情是缺乏文学性和吸引力的。比如儿童虚拟社区"摩尔庄园"中很多日常任务只是饲养小猪,给它们喂食。在游戏中,能够体验现实中无法亲身尝试的农活儿,看着小猪成长、作物开花结果,对城市儿童来说是非常具有新鲜感和成就感的,娱乐性很强。但将这些日常任务平铺直叙地改编成文字,可以说是毫无审美价值的。游戏的故事情节一般比较简单,人物形象也较为扁平,甚至有许多电子游戏缺乏故事和人物。电子游戏的互动性和参与感可以弥补这个缺陷,但真正的文学作品不能这样简单化处理。电子游戏采取模拟的技术手段,以技术逻辑控制主体,而这种模拟消解了现实世界的复杂和多变,也吞噬了文学世界的想象和隐喻,使得文本转换失去了所有意义。

但换一个角度来看,每个玩家的游戏过程都是一次个人化的叙事,没有故事、没有角色的游戏也一样。"电子游戏中共存共荣的三类互动更为电子游戏的意义生成提供了全新的平台,玩家与游戏、玩家与计算机和玩家与玩家的互动,使得电子游戏中的叙事展现出区别于传统大众媒介宏大叙事的全新叙事特征。玩家通过游戏中的互动不断表达自己,最终构建个人化的小叙事。"[1]当一局《俄罗斯方块》结束,玩家就完成了"遵照游戏规则堆砌方块,直到规定时间结束/规定区域被填满,得到分数"这个叙事,其中还包括了玩家的技巧、心态、成就感、挫败感等,可开发的余地比限定了故事情节的角色扮演游戏大得多。传统文本的叙事性是"激发读者对隐藏的结局的求知欲",而电子游戏的结局却经常是已知的,打败BOSS或者成功挑战某种限制是比较常见的结局。因此,游戏并不是因为人物角色和固定情节而吸引人,而是源于"玩家完成任务的成就感"。[2]因此在儿童电子游戏转换为儿童文学作品的过程中,更需要儿童文学作家参与进来,并且他们应当熟悉游戏,有丰富的个人游戏体验,采用"取材"等方式,拓展游戏世界中的新空间。游戏的互动性使得每个玩家的体验都不同,一遍遍运行和重写的游戏文本是一个意义的螺旋体,每一次的指涉积累成了庞大的素材库,从中选取独特的个人游戏经历对于儿童文学的转换来说是极佳的方式。每个玩家的经历都具有其合理性和存在的意义空间,可以说,是玩家自身的选择催生了电子游戏与传统文本线性叙事完全不同的独特的叙事模式。因此,个体选择和个体体验应当在文本转换中受到重视。就算只是"偷菜"这样的简单游戏,每个人也都有自己的独特经历和方式,甚至总结出了独属于自己的游戏"秘诀"。成功的喜悦、失败的懊丧、偶发的事件,其中都蕴含着文学的要素,而结合这些要素生发出来的故事、人物和文学空间是无穷的。

二、艺术特点:审美特征的混乱

由于媒介特性的不同,电子游戏与文学作品的艺术审美特征也存在相当大的差异。这种差异也为两者之间的文本转换带来了困难。如果说儿童文学的审美特征是一种以

---

[1] 关萍萍.互动媒介论:电子游戏多重互动与叙事模式[D].杭州:浙江大学,2010.
[2] 洪帆.故事还是程式?探索电子游戏中的叙事性与交互性冲突[J].北京电影学院学报,2007(5):8.

善为美的语言文学之美,那么儿童电子游戏则具有一种后现代的综合媒体的审美特征。

电子游戏是一种强调交互和参与的媒体,玩家成为游戏的一部分,与整个游戏叙事的完成不可分割,由此产生了强烈的"沉浸"体验。1997年,莫瑞在《全息成像平台上的哈姆雷特》中将"沉浸"看作是虚拟环境的美学特征之一。[①]这种感觉类似潜水,陌生的水取代熟悉的空气占据每一寸空间,而人将被周围环境彻底的变化吸引全部的感官注意力。精心设置的虚拟空间与平时体验的现实空间的差距能够使玩家忘却一切,产生愉悦体验。玩家渴望得到沉浸的体验,理智只会加强这种真实感,而不会怀疑。玩家体验到权力与控制感,从而不断自我强化。可以说,这种沉浸的体验是玩家狂热地进行游戏甚至沉迷其中的原因之一。而文学作品的审美是有距离的,这就容易产生一种审美落差。比如角色扮演游戏《仙剑奇侠传》,它作为国产武侠游戏的代表作影响了几代玩家,是众多"仙迷"心中的经典。而现在看来,九十年代推出的DOS版游戏似乎并没有记忆中那样精美,受到技术的局限,游戏画面粗糙,人物是三头身的小人,战斗系统也比较简单。抛开这些因素,为玩家称道的凄美剧情、优美诗词其实也只是普通的多角恋情和几首平仄不论的打油诗,但依然让玩家为之痛哭流涕、辗转反侧。这就是沉浸体验的力量,玩家完全被"仙剑"的世界所吸引,他们从不怀疑故事的合理性、诗词的韵味、人物的容貌,而是自我催眠,一味让自己沉醉其中。但当这款游戏被改编成小说之后,这种落差就体现出来了。玩家的身份转换成读者之后,很快由于失去了沉浸体验而发现故事的乏味、美感的缺失,并开始指责作家笔力不够,亵渎了游戏。沉浸体验的力量之大由此可见一斑。

而当这种沉浸体验来得过于强烈、过于迅猛,当电子游戏中的种种符号将玩家裹挟其中,让玩家来不及反应、完全处于被动状态时,沉浸就会被"精神分裂感"所取代,也就是游戏成瘾的状态。这是一种令人迷醉的快感,却也如毒品一样让人无法自拔。这种"精神分裂感"的出现源于审美距离被剥夺,而文学作品的审美距离总是存在的。这样一来,如果转换中存在的审美落差能够把握得当,反而能使得两者的转换和平衡成为一种新思路,打开两种文本的新局面。

文学作品是一种语言文字的艺术,而电子游戏则是一种综合性的艺术,不仅有语言、图像,还结合了影像、声音和操纵体验,有可能发展成为触及人类一切感觉器官的新兴媒介。媒介即信息,媒介即文化。视觉媒介崛起给人类文化和印刷文明带来的冲击是

---

① Murray J.H.Hamlet on the Holodeck: The Future of Narrative in Cyberspace[M].The MIT Press,1998.

显而易见的。电子游戏融合了语言文化和视觉文化，对现有的知觉模式有了全新的超越，"虚拟世界的造就者也许会变出从未听到过的景、声、形的混合物，在语言的语法和句法之外有意构造的信号，不服从言语和视觉信息的传统逻辑"[①]。当这种综合媒介与文本媒介相互转换时，这种知觉模式的超越就成为一道鸿沟，使得转换无法顺利进行。视觉被黑格尔看作不同于其他感官的一种认识性感官，人们通过视觉甚至依赖视觉来认识世界，并且发现其中存在的规律。这种视觉的认识是一种与文字截然不同的方式，该如何将其独特性在文学作品中表达出来？儿童虚拟社区中悦耳动听的背景音乐、操纵人物时由大脑到指尖的贯通体验，更是难以在小说中体现出来的。

但这道横在语言与游戏之间的鸿沟并非无法跨越，电子游戏文化与语言文化有着精神内涵上的共鸣。电子游戏与语言文学一样，具有丰富的想象力。视觉文化的兴起曾经带来了想象力的危机，它直接而具有冲击力，却消解了想象空间和深邃的内涵。而电子游戏融合了语言文化的特征，天然就具有想象的美感。同时，语言具有游戏性的本质。荷兰学者赫伊津哈认为，在构思和进行谈话的过程中，精神一直在起作用。令人惊讶的是，它的一项特征是在物我之间不断"引发"，或者说主动地进行游戏。[②] 在文本转换的过程中，应当抓住语言与游戏之间精神共鸣的特质。

电子游戏采用多媒体技术，将文字、图片、声音、动画结合在一起，玩家并不需要阅读游戏文本，他们所做的很大程度上仅仅是观看。刺激的情节、精美的画面稍纵即逝，不耐烦的鼠标点击让对话框飞快更迭，脚本编剧的精心设计化为泡影。视觉、听觉等五感接收的信息铺天盖地，玩家完全没有余暇去思考，只是麻木地接收，又让所有的信息迅速从脑海中消失，不留一点痕迹。电子游戏可以说已经是当下日常文化的一个重要组成部分，迈克·费瑟斯通对后现代日常文化的描述与之有着相当程度的契合。他认为这种文化的形式极其富于变化，有着异质的色彩，大量存在的虚拟和模仿击碎了现实，消解了真实的意义。没有人有时间、有精力或者有能力把符号和形象连贯成一条线，时间的连续性即历史破碎了，成为无数的当下，而现在这一刻便成为最受重视的紧张概念，生命的体验变得直接而刺激。这种真实意义的消失让沉默和思考进一步失落，喧嚣的电子音乐、紧张的指尖操作和爽快的打击感成为游戏俘获人心的利器。电子游戏成为一种没

---

① 马克·波斯特.信息方式：后结构主义与社会语境[M].范静哗，译.北京：商务印书馆，2000：119.
② 约翰·赫伊津哈.游戏的人：关于文化的游戏成分的研究[M].多人，译.杭州：中国美术学院出版社，1996：5.

有人耐心"阅读"的文本,只是被视为一过性的程序。同样,诗性的文学文本在当下也受到了漠视。但是,在电子游戏到文学作品的转换中,还是应当保持文学本身的审美特质,特别是作为儿童文学作品。唤起儿童阅读而不仅仅是观看的兴趣,唤回被直观的图片和影像屏蔽了的想象力,需要肩负儿童电子游戏和儿童文学两者之间文本转换的作家的责任和担当。

此外,电子游戏的后现代主义精神气质也使得转换总是得其形而不得其意,而且一些后现代主义的元素并不适合儿童文学,比如某些黑暗颓败的戏仿、拼贴等,勉强为之只是画虎不成反类犬,成为失去儿童文学审美特质的失败作品。在成人的文学作品中,使用戏仿的手法有时反而能激活经典的生命力,将其召唤回人们的视野中。而对于儿童来说,尚未阅读经典就被"祛魅",对他们的审美接受将有毁灭性的破坏。《大话西游》是被年轻人推崇的电影,并且已推出同名大型网游。如果将其转换为文学作品,显然是不适合尚未接触过《西游记》原著的儿童阅读的。否则当他们阅读原著的时候,很可能因为审美特质的不同而难以接受。比如虔诚坚毅的唐僧和话痨搞笑的唐僧,儿童有可能认为后者才是原型,毕竟对于文学经验几乎是一张白纸的儿童来说,第一印象十分重要。作为人类接触的第一批文学作品,儿童文学需要善,需要美,需要崇高。因此,在文本转换过程中应当注意鉴别,去讥嘲而取幽默,舍黑暗而用活泼,立足于文本本身的特征。

布洛赫把戏仿作为互文性的一种形式来看待,而互文性的其他方面包括改编、模仿、引用等。可见,在文学发展的漫长历史过程中,戏仿一直与文本转换有着不解之缘。因而,儿童电子游戏的后现代戏仿特质尽管为文本转换带来了诸多困难,甚至因为"一个作家唯一的权力是混合各种作品,使它们相互对立"[①]而导致了"作家已死"的局面,但也提供了更多的可能性。首先是读者的解放,文本失去了特权的意义,每个读者都能在其中读出自己的意义;其次是文本的封闭性失效,它变得更加开放,具有复调的色彩。哈罗德·布鲁姆在《西方正典》中指出,经典的力量在于其原创的、独一无二的震撼力,而在后现代主义大行其道的当下,机械复制和戏仿拼贴使经典失去了生长的土壤。站在文学的角度上来看,互文性使得几乎所有类型的文本都有着同一张面孔。儿童文学也已经无可避免地沾染上戏仿所带来的互文性。无论是西方色彩浓厚的魔法巫术故事,还是东方神话遗留的痕迹,都让完全的原创成为难以触摸的幻影。儿童电子游戏文学更是带着脚

[①] 刘辉.后现代主义小说中的戏仿[M].北京:北京语言大学出版社,2013:16.

镲跳舞,作家很大程度上丧失了自主性,只是机械地对游戏文本进行改编,将游戏中人物的对话和行动通过键盘的敲击固定在纸面上。然而,应对已成事实的局面,放眼新的可能性才是应有之策。如何让一个文本在不同的读者眼中生发出不同的魅力,包含对话的意味,是当前的儿童文学作者应当思考和解决的问题。经典的文学作品早在"后现代主义"发端之前就已经拥有了这样的特质,鲁迅先生评《红楼梦》,便列举了在不同身份、心态的读者眼中作品显示出的不同内涵。成功的儿童文学作品中,很大一部分是大人和孩子都爱读的作品。比如哲理童话《小王子》,成年人也许会偏爱其中以诗意的笔调探讨人生的哲学,而孩子则更多地喜爱与他们一样有着无穷好奇心和纯真心灵的小王子的冒险经历。可见,戏仿和改编并不是将儿童文学之路堵死的"后现代主义"拦路虎,恰恰相反,合理利用之后它将成为一把能够引起思考、带来改变的魔法钥匙。

在传统的童话故事里,主角目标明确向着一个方向前进,做出一个总不会是错误的选择,甚至有《小红帽》这样的童话警告人们行差踏错的严重后果。而后现代的电子游戏并不是这样,即使有且仅有一个出口的迷宫,或者拯救公主的目标,玩家还是可以尽情地在迷宫的岔路里游荡。救出公主带来的并不是崇高的荣光,而只是游戏结束的遗憾。因此,在电子游戏玩家的眼中,结局的光辉更多地被过程中一些世俗化的愿望所掩盖。《超级玛丽》中,总是一脸笑嘻嘻的马里奥热衷于收集金币,以提高自己的生命次数,而往往把拯救公主忘在脑后。《仙剑奇侠传》中,李逍遥往往在最后一个迷宫耗费大量的时间来获取终极武器,而不愿去面对赵灵儿牺牲的悲伤结局。这是电子游戏的设计者和玩家意志的双重体现,而从根本上来说则是后现代主义取消崇高、淡化远大目标、神圣使命而造成的一种轻松自由的气氛。这从某种程度上来说也是一种视而不见的逃避策略,显然并不适合世界观尚未形成的儿童。童话的幻想带来的慰藉和逃避,最终是要让儿童鼓起勇气面对现实,并且找到新的思路去解决现实中遇到的问题。而这种嘲笑崇高、虚化理想、漠视问题的思维方式,有可能对儿童造成负面影响,让他们忽视或者逃避必须认真思考的人生问题,过早产生"看开一切""人生无用"等负面情绪。在两种文本的转换过程中,还是应当注意电子游戏这种倾向,在儿童文学作品中尽量表现正确的价值观。

电子游戏是一种虚拟的艺术形式,所有的一切都发生在1和0的变化之间,游戏中的美丽形象、亿万财富、绝世兵器都只是一堆数据和信号的累加。虚拟技术上的优势,再加上玩家抱着娱乐放松的目的追求炫目的效果和新奇的经历,绝大多数电子游戏都描绘了异世界、异时空的场景,无论是贪吃蛇爬动的电子轨迹、马里奥拯救公主的长路还是李逍遥生活的剑仙世界,都是异于现实世界的虚拟空间。然而,电子游戏又是如此真实,不仅仅是仿真的人物和风景让人感觉真实可感,就连骇人的巨兽都仿佛是真实的存在,反而是脱离电子屏幕后见到的身边的真人一个个都显得面目扭曲、令人怀疑。这种复制的真实模糊了现实的真实的效果,就是萨特所说的"非真实化"。所以,电子游戏如果没有玩家的加入,就是一种从内容到内核都远离现实的文本。而儿童文学是一种立足现实的文学类型,无论是贴近社会现实的留守儿童问题,还是牵动全国之心的震灾,儿童文学都第一时间积极反应,产生了《流动的花朵》《云裳》等一系列佳作。因此,在电子游戏到儿童文学的转换过程中,玩家的个人体验应当是两者的连接点,是玩家的行为、思想让电子游戏从屏幕上的光电转变为活生生的牵动人心的艺术形式。不仅是网络游戏中的人际互动、人机互动拥有纷繁的魅力,玩同样的游戏也能让现实中同伴之间的关系发生微妙的变化。以儿童电子游戏为例,在同一个班级中,玩《摩尔庄园》的孩子和《赛尔号》的孩子可能会分别形成不同的交流圈子,而这两个圈子之间可能又会擦出不同的火花。这种情形与儿童喜欢的偶像、节目、图书在儿童中产生的作用相似,但又更多具有儿童个人参与的成分,更能牵动他们的心。因此,表现小游戏迷在日常生活和游戏世界中的完全不同却又息息相关的生活和冒险的儿童电子游戏文学,可能也是这类文学作品的一种方向,同时也更具有亦真亦幻的魅力。

三、产业化与商业化:质与量的辩证困境

自从20世纪70年代以来,电子游戏及其相关产业在世界范围内发展迅猛,各国政府不断加大投资开发力度,如日本、韩国等国的电子游戏产业已成为国家支柱产业之一。2000年,在娱乐产业产值排行中似乎不可撼动的影视业的霸主地位被电子游戏相关产业夺走,这证明人类的娱乐需求在变化,他们已经不仅仅满足于"观看"这种单纯的接受行为,而开始跃跃欲试地要求参与其中。而从经济意义上来说,电子游戏已成为需要在 GDP 中认真计算的朝阳产业。[①]中国大陆的游戏出版业始于1994年,虽然起步晚于西方游戏产业,但发展极为迅猛。据业界报告显示,中国网络游戏市场规模在2011年达到468.5亿元,增长速度十分惊人,网络电子游戏的玩家人数也达到了数以亿计的惊人数量。在电子游戏产业化的发展过程中,形成了"文学作品—影视作品—电子游戏—周边产品"的产业链,产生了巨大的商业价值。特别是儿童电子游戏,由于其用户在经济能

[①] 西门孟.游戏产业概论[M].上海:学林出版社,2008:199.

力上受限,也没有较强的独立判断能力,因此成人电子游戏中的广告投放盈利模式无法复制,而主要依靠虚拟物品交易和会员收费制度进行线上收费的方式又多有争议。因此儿童电子游戏和儿童文学作为电子游戏和文学作品的特殊门类,在电子游戏产业链结构中的收益成为游戏运营商瞄准的一块大蛋糕。如"哈利·波特"系列、"纳尼亚传奇"系列以及国内的"喜羊羊与灰太狼"系列等,都是该产业链的成功例证。

2003—2011年中国网络游戏市场规模及增长率

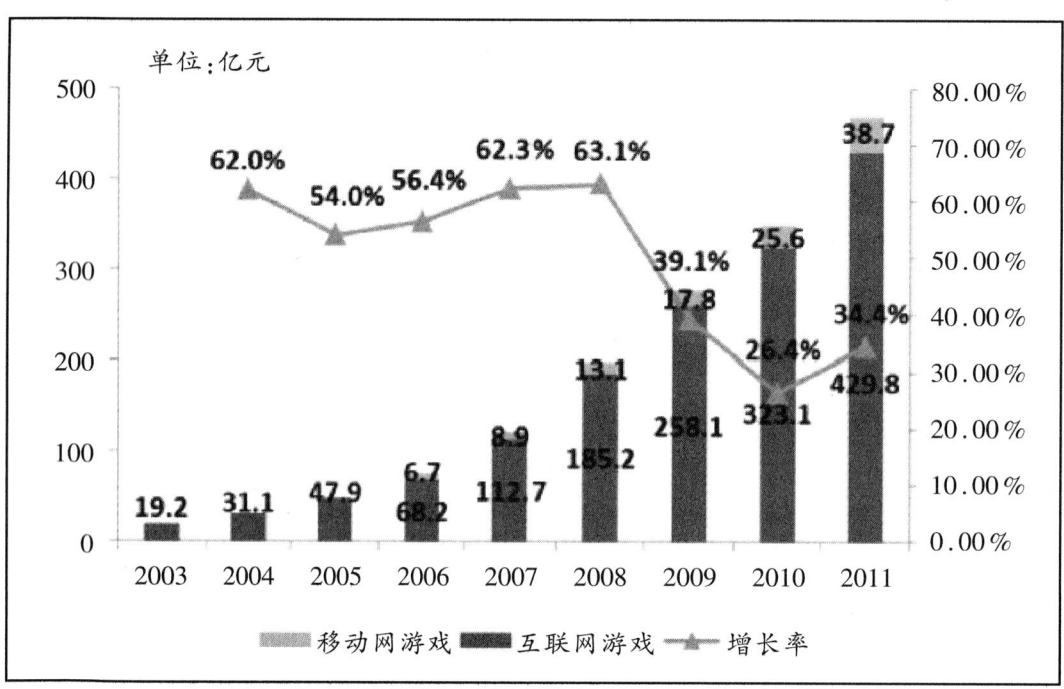

儿童电子游戏与儿童文学之间的文本转换,体现了该产业链的灵活性,其中的无限商机被充分挖掘。但这种产业链的商业化营销模式下生产的文化产品,很可能如波德里亚在《消费社会》中所说,是一种文化的虚幻参与。因为工业的大规模复制属性和大众文化的平民化而在真正的价值上天然贫瘠,并且由于将统一的观念模式强加在所有人的头上而毫无原创精神。[①]在儿童电子游戏与儿童文学的文本转换中存在一些商业化带来的问题。

首先是部分儿童电子游戏和儿童文学作品在商业利益的驱动下迎合低俗趣味,在

---

① 波德里亚.消费社会[M].刘成富,全志钢,译.南京:南京大学出版社,2000.

文本转换过程中刻意降低原作品格调,博取眼球。此类情况在儿童文学转换为电子游戏的过程中较为多见。经典的儿童文学作品本身具有的纯美气质和高尚品格成为游戏改编时嘲弄的对象,童话中纯真的少女被设计成游戏中可以任意愚弄亵玩的角色,积极向上的情节被黑暗化。这种游戏只是商业化的产物,以追逐利益为根本目的,既亵渎原著作品,也无法成为游戏经典,应被排除在儿童电子游戏的范围之外。

其次是市场经济条件下,文本转换的"快餐化"。当一股热潮涌现的时候,抓住机遇扩大生产是必然选择。但文化产品,尤其是给儿童的游戏和文学作品,不应在这种热潮中被流水线化生产。这种速食型的文化产品缺乏内涵,没有营养,对儿童的成长没有帮助。

当前,我国儿童电子游戏与儿童文学的文本转换存在这种大规模快餐化的生产状况。可以看到,有些作家在一年内完成了数套几十种儿童游戏小说,这正是商业化和产业化驱动下儿童电子游戏文学创作恶性循环的集中表现。2011年前后,儿童电子游戏文学大热,开始长期占据畅销榜。出版商看到了其中的商机,抓住机遇,大力推进儿童电子游戏文学的创作和出版。这本是一个好现象,但商业利益驱动下的操之过急以及迅速扩大产品线的愿望,使得这一现象开始变质。作家与出版社签约之后失去了创作时间上的自由度,不得不在很短时间内完成数量巨大的作品。虽然不排除有些作家具有旺盛的创作力,但好的作品毕竟还是需要时间的沉淀的。后果就是,许多儿童电子游戏小说情节简单老套,人物设置也大致雷同,缺乏意蕴和内涵,失去了文学本身的美感。更有甚者,以惊悚、恐怖等元素作为卖点,不顾儿童文学阅读对象的特质,一味追求销量。还有一些作品则陷入"借鉴"的泥淖,将一些优秀作品中的桥段稍微改头换面便拼凑出新的作品。作品质量良莠不齐,使得儿童电子游戏小说无法健康稳步地发展,而畅销的现象则使其生产规模不断扩大,导致创作依然摆脱不了流水线生产的局面。可以说,整个儿童电子游戏文学依然缺乏坚实的基础和深厚的底蕴。《环球企业家》评价说,虚拟儿童社区网站本身存在着几乎可称为"原罪"的先天问题:号称为儿童设计开发、支持儿童成长发展的网站都是为金钱所驱动的,表面上看来充满善意的设计,实质上都是在鼓励孩子伸手朝父母要钱。与儿童虚拟社区同在一条产业链条上的儿童游戏文学也沾染了这种"先天不足",使得无功利的文学特别是给孩子看的儿童文学彻底变色,这是需要引起警惕的。

而电子游戏产业也存在这种情况。当"哈利·波特"的风潮席卷全球的时候,除了华纳等大公司出品的质量较高的改编游戏,一大批相关小游戏也同时上线,很多只是借用其中人物形象再套上某些类型游戏内核的粗制滥造的产品，不仅可玩性不高，更造成了文化产品的侵权。

再次是大量"复制品"的出现。文本转换需要注重不同媒介的不同特性，而在产业链不断扩张的状况下，不顾媒介特性生搬硬套的现象屡见不鲜。不仅在游戏与文学作品中，产业链其他环节也在"复制"之列。如果从电影到文学的转换只是平铺直叙地描述画面而不注重内在的挖掘，如果从文学到游戏的转换只是文字配上可以点击翻页的画面，这种转换还有何存在的意义？转换并不是复制，而是需要用心地再创造。

最后，产业链的主次形式有时也会影响转换的质量。比如在很多情况下，儿童文学作品是作为游戏的周边产品而存在的。这样的文学作品只是游戏的附庸，失去了主体地位，很可能会唯游戏马首是瞻，成为播报游戏最新动态的基地，与会刊、杂志相类似，从而失去了儿童文学真正的精髓，失去了存在的价值和意义。

产业化和商业化是推动儿童电子游戏与儿童文学共同发展的动力，但过分依赖商业力量的文化产业很可能会失去自身的立场，在经济大潮中随波逐流。因此，坚守自身的特质十分重要，儿童文学的审美特质和儿童电子游戏的积极精神是不可舍弃的。同时也需要更多专业人士介入其中，在产业化的积极推动下划定底线，保证产业的前进方向。

第四节 儿童电子游戏与儿童文学相互推进的深度可能

尽管在儿童电子游戏与儿童文学的转换过程中存在着这样那样的问题，但是因此而否定其存在的意义和价值，将这种新鲜的跨界现象一棒子打死也是不可取的。一种新的文学现象的出现与盛行，必然有其内在的原因。儿童电子游戏和儿童文学的文本转换的大规模流行，很大程度上是顺应了信息时代新媒介的发展趋势，同时也适应了新时期少年儿童生活和心理的全新变化。面对这种新型的文本转换现象，承认其存在、肯定其价值是首先应当具备的理性态度。其次，发现其中存在的问题，由儿童文学作家、出版界和评论界联合研究改进策略，做出文本转换的有益尝试，是面对新的文学现象应当采取的理性措施。此外，文本转换的可能性及其实践显示了儿童电子游戏与儿童文学之间相互借鉴、互为促进的深度可能。进一步深挖两者的特色和长处，以文本转换的经验为基础，对两种不同文本形式进行深度借鉴的合理尝试，融合两者的部分特点，让两种文本焕发新的活力，得到提升和深化，是对儿童文学未来的理性展望。

一、儿童电子游戏对儿童文学空间的拓展

儿童电子游戏作为信息时代的一种全新的文本,与传统文本相比具有极其突出的特色,其形式也别具一格,对儿童文学具有深刻启发。儿童电子游戏的互动性能够提升读者参与度,将读者变成儿童文学文本的一个有机组成部分;超文本特征拓展文本的广度,使线性的文本变为值得小读者探索的神秘地图;后现代特征从作者、读者、文本、世界的角度对儿童文学产生颠覆性的影响;游戏精神则呼唤儿童文学本质特征的回归,将因为商业利益、成人意愿而四散的儿童本位意识带回儿童文学的创作和推广当中。

(一)互动性

在后现代主义者看来,主体已经消亡,特别是在网络空间中,主体的中心性早已被无数悬浮的比特所取代。电子游戏特别是网络游戏的主体不确定性特征更加明显,程序的创作者不是主体,每一个玩家也都称不上主体,所谓的主体处于一种被分享、被搁置的状态。在这种情况下,主体间性取代主体性,成为游戏文本叙述的基础。这里的主体间性,就包含了人机互动、网络人际交互。这种主体间性的强调让游戏文本得以自由言说,以程序运行的无尽次数和不同状况将自身无限阐释。事实上,不仅是网络文本,文学文本同样体现出对交互的渴望。这种渴望并非后现代主义甚嚣尘上的结果,而是早就已经存在和潜藏在每一次对传统文本的不满足的心态中。一个非常明显的例子就是《红楼梦》批注版本和续书创作的惊人数量。据统计,《红楼梦》续书从原作流传开始便已出现,数量达到百余种,并且还不断有爱书成痴的书迷动笔试图接续这一代奇书,从笔墨纸砚的案头到网络社区,用不同的方式表现着相同的渴求。古来已有的批注传统是读者表达自我的一种手段,还称不上一种交互,而续书这种读者作为作者之后的新的决策者,以其认识和选择为文本展开新篇章、接续新发展的做法,毫无疑问体现出一种互动的愿望。续写的同时,读者与文本、人物、作者之间建立了对话的关系,这可以看作是主体间性的雏形。而文学文本发展到现在,更遭遇到了主体性式微的状况。在这种情况下,电子游戏的互动性成为儿童文学值得借鉴的特征之一,对主体间性的重视可能成为打开当下文学枷锁的钥匙。

当互动性引入儿童文学文本,读者与作品的互动能够开发出更多新的文本。这不仅是"一千个读者就有一千个哈姆雷特"的阐释,更是文本在叙述上切实的区别。与电子游戏中的玩家一样,读者在互动文学作品的阅读中身兼数职,不同读者有不同的选择,不同的情境下同一个读者也能"创作"出不同的文本。比如全媒体游戏书"墨多多谜境冒险"系列就引入了互动解谜游戏,每本图书配发一张解密卡。在故事进行的过程中,需要读者破解密码,对比指纹,追踪足迹,分析推理,解答问题。如果无法答对问题,这一次的文本叙述就在这里中止或者走上歧路,直到下一次尝试成功,一个新的文本又诞生了。可以说,互动性开启了文学文本的无限可能。

互动性是电子游戏的基本特征之一,既包含了玩家与程序的互动,也包含了玩家之间的交互。互动性使得玩家在游戏文本中获得了一种不同于一般文本的感受,玩家的行动会收到反馈,选择会决定文本的走向。这种体验让玩家在喧嚣纷繁、身不由己的日常生活之外获得心灵上的自由,操控游戏人物、战胜邪恶力量、升级更新装备似乎是玩家能够通过自身努力便可以完成的。在游戏中,玩家经常会产生一种重新找回现实中失落的主体性的错觉,实现个体的心理满足。

而事实上,这种主体性的复归也仅仅是一种错觉。电子游戏的程序是早已设定好的,尽管程序员也不能被称为游戏的主体,但他也以一种隐性在场的状态参与程序的每一次运行;在被创造和编写出来之后,游戏程序也加入交互个体的群集之中,广阔的"第二世界"、一板一眼的反应机制、尽忠职守的NPC(NON-Player Character,非玩家角色),在人机互动中扮演着重要角色;日益发展的各类平台网络游戏中,竞争、合作,甚至仅仅擦肩而过的人际互动几乎就是现实世界的反射镜像。在电子游戏中,孤立的个体主体并不存在,而是主体间的共在、对话、交往,是交互主体性。

现代化的社会生活让很多人异化为消费动物,而儿童则成为他们的预备军。深度的思考被抹杀,独立而自由的个体不复存在。对自然无尽的索求、对他人的冷眼旁观、对自我心灵的疏离与漠视则导致主体间性的破坏。儿童本该与泥土亲近、与自然为伴,却被困于钢筋水泥的丛林;伙伴间亲密的游戏嬉笑被祖辈无微不至的关心代劳取代;孩子稚嫩的心灵在外部世界的刺激下,更是有被暴力血腥等污秽侵染的危险。主体间性的弱化已经影响到了下一代,"80后"常见的自我中心、人际淡漠等问题在"90后""00后"身上愈加显现。

要解决这些问题,光靠儿童文学的努力显然是不够的,最关键的还是必须恢复和重建主体间性,给孩子正常的与自然接触、与同伴交往、与心灵对话的机会,修复交往理性。游戏在儿童与同伴交往的过程中是一种主要形式,电子游戏同样也是一种交往形式。儿童在电子游戏中发展的人际关系主要有两种类型,首先是在游戏之中虚拟角色之间的关系,之后有可能在游戏之外发展为现实的伙伴关系。这两种关系都为儿童的友谊、责任、自我认知等方面的发展提供了广阔空间,并且引导儿童形成规范意识和伦理精神。皮亚杰认为,儿童的游戏发展经历了从单独游戏、平行游戏到联合游戏,最后发展为合作游戏的过程。[1]游戏发展到今天,电子游戏类型中的单机游戏、联机游戏、网络游戏也正符合儿童游戏发展的轨迹。由此,儿童电子游戏的交往性和互动性给儿童文学带来的启示应当得到重视,使得具有交互性的儿童文学在构建儿童交往理性的过程中发挥文化层面的作用。

在现有的儿童文学作品中,"大宇神秘惊奇"系列作品同样尝试将儿童文学与游戏交互性结合在一起。在阅读过程中,读者同时化身为故事的主人公大宇,在关键时刻做出决定的并不是作家而是读者。比如当在黑暗的小屋中听到屋外有可怕的脚步声时,抉择的时刻也到来了,如果你选择躲在屋里不出去,便可以接下去阅读;如果你选择走出小屋一探究竟,作者便邀请你跳至数十页之后的一个页码继续阅读。读者的选择带来的结果是无法预料的,躲在屋里的读者也许会被早就躲在屋中的恐怖杀手杀害,也可能有勇无谋地走出小屋遭遇杀身之祸。这种互动的形式在读者与作者、读者与文本之间构成了主体间性,不仅让文本的叙述充满读者的个性因素阐发出无限的文本数量,也通过主体间性的构建让儿童了解选择的重要性和由此而带来的责任。同时,这种代入感极强的互动故事打破了审美距离,将电子游戏所具有的沉浸体验纳入其审美体系之中。

此外,儿童电子游戏的"人际交互"的模式也是值得儿童文学借鉴的。巴赫金认为,单一的声音毫无意义也毫无力量,两个声音才是生命的最低条件、生存的最低条件。[2]他的论述发端于"复调小说"的前提。然而不仅是文本,人作为一种社会动物,多重声音的存在也是必要的。如今孤独成为儿童面对的一大生活和心理难题,人际的交互应当从不同层面引入儿童的生活,重建主体间性,文学即是其中一个方面。幼儿文学常常采用亲子共读的方式,表面上看似是以家长为主导,引领孩子阅读作品,但事实上,儿童的智慧是人类天性的闪光,很多孩子在这个过程中得到的启发并不弱于家长。因此,亲子共读是一种互动的阅读方式,与电子游戏特别是网络平台电子游戏很类似。尽管以计算机网络为媒介的人际沟通所形成的人际关系被认为是消磨个体特征、弱化社会认同、加强自我感和自我认同的[3],但玩家与玩家通力合作,共同经历游戏,战胜游戏文本的挑战,

---

[1] 钱雨.基于学生研究的课程与教学丛书:儿童文化论[M].济南:山东教育出版社,2011:150.
[2] 刘康.对话的喧声:巴赫金的文化转型理论[M].北京:北京大学出版社,2011.
[3] 雷雳.青少年网络心理解析[M].北京:开明出版社,2012:14.

其中相互支持、相互启发的方式使得这种人际互动在当前交往理性缺失的状况下显得十分可贵。在电子游戏转换为儿童文学的过程中,如果能保存这种"人际交互"的方式,可能对儿童的成长有正面的影响。从现有的转换方式、技术水平来看,增强作品的共读性是一种可取的做法。比如在"植物大战僵尸:美德故事"中,每个故事后都有"美德小贴士",拓展了亲子共读时探讨、交流的空间。或许在传感等技术更发达的未来,还会出现需要多人合作的解谜书,身处不同空间、时间的读者可以交流、启发,共读一本书,将文学文本中的"人际交互"进一步发展。

(二)超文本

"超文本之父"尼尔森有严重的"注意力不集中症",他的思维千头万绪,无法直线推进。超文本铺展、串接的方式事实上是这种思维方式在电子空间的另一种存在方式。因而电子游戏体现的是一种新的思维模式。这种模式缺乏深度和力度,但是其广度却无可限量。

儿童文学与成人文学相比,具有浅近易懂的特征。特别是幼儿文学,从语言上来说都是一种浅语文学。这并不是将儿童置于低于成人的地位,而是从儿童身心发育的角度出发、专为儿童设计的文学作品所必须具备的特征。由于知识储备、生命经验的限制,过分直白的现实、过于深刻的思想并不适合儿童文学毫无掩饰地展现。从生命的过程上来看,少年儿童正处于好奇心旺盛、学习意愿高涨的时期。探索广阔的世界,为今后的人生打下广博而坚实的基础,是这一人生阶段最重要的任务之一。因此,超文本所具备的无法想象的广度和一定程度上欠缺的深度,正好契合少年儿童成长的阶段性特点,将其引入儿童文学不失为一种值得进行的尝试。

事实上,网络空间的超文本与文字有不解之缘。文本链接至不同的文字、图片、影像,是一种超文本的存在方式,而具有情节的超文本小说则引入了"选择"的概念,模糊了读者与作者的界限,故事随读者的点击选择而走向不同的岔路。电子游戏特别是角色扮演类游戏直观地发展了这种超文本模式,玩家身兼作者和读者的双重身份,撰写属于自己的游戏文本。而儿童文学的"超文本"尝试显然受到电子游戏的影响,与上文提及的互动性息息相关。已有的一些成功作品如"大宇神秘惊奇"系列、"鸡皮疙瘩·百变闯关大探险"系列、"冒险你来定"系列等,都从读者与文本的互动入手,强调游戏性,以此展开超文本的广度。

"鸡皮疙瘩·百变闯关大探险"系列的宣传语中这样介绍该书的特征:读者可以选择

不同的阅读路径,故事尽管有着一样的开头,却能够被书写出二十多种不同的结局。书本身蕴藏着冒险的潜力,而阅读就成为需要小心自己每一个脚印的探险。阅读行为有了全新的阐释,读者不再是被动地接受,而是参与其中,甚至拥有了参与创作的权利。读者可以通过这种新型阅读锻炼胆量、思维和应变能力,对创作水平的提升也有好处。这些系列作品尽管背景不同,各有特色,但相似之处也一目了然:作品题材都是惊悚冒险类的,并且通篇采用第二人称,通过读者的参与增强代入感,以恐怖的描写和阴森的情境刺激读者的肾上腺素,以此吸引读者。可见,这类作品从文本创作的目的到架构的方式,都与电子游戏如出一辙。这样的儿童文学之所以受到儿童的喜爱,是因为他们对游戏有着天然的热爱。然而这种超文本在儿童文学中的应用并不能算是真正的化为己用,而只是一种对电子游戏的复制,儿童文学的特质在复制过程中损耗甚巨。这种复制的后果就是在不同背景下的冒险经历却极为相似,情节设计也无法推陈出新,甚至聪明的小读者在多读几本之后就能猜出不同的选择将带来的不同结果,使得超文本的意义不复存在。

事实上,超文本带来的不仅是选择之后未知的方向所带来的恐惧和期待,更多的是无限广阔的可能性。这种可能性对儿童读者来说是一种积极的暗示,潜移默化地将人生的宽广、生命的潜力展现在他们面前,开阔他们的心胸。选择带来的不一定是惊吓恐惧,而是一条条道路,也许曲折,也许狭窄,却都能让他们在不同的际遇中受到文学的熏染。莱恩将超文本的文本层次归纳为三层:作者所书写或"设计"的文本;向读者呈现、展示的文本;读者心理上构建出来的文本。如果第一层次文本是"1"的话,第二层次文本就是"n",而第三层次文本根据"一对多"的原则生发出与第二层次的多对多关系。三个层次放置在一起分析的话将会产生极为复杂的"化学反应",而这种碰撞带来的阅读"潜在能量"是不容忽视的。[1]将这种"潜在能量"激发出来,并以真正的儿童文学精神为基底的儿童文学作品,才谈得上是对电子游戏超文本特征的成功借鉴。

(三)后现代特征

博尔赫斯在《曲径分叉的花园》中曾经讨论过一个叙事学的问题:一本书用什么方式才能是无限的?他认为,"除去是圆形、循环的书卷外,不会有别的方法。书的最后一页与第一页完全相同,才可能继续不断地阅读下去。《一千零一夜》中有一个夜晚,王后讲起了'一千零一夜'的故事本身,冒着重回开头的危险,直到无休无尽"[2]。电子游戏以一

---

[1] 欧阳友权.网络文学论纲[M].北京:人民文学出版社,2003:305.
[2] 博尔赫斯.博尔赫斯文集·小说卷[M].王永年,陈众议,等,译.海口:海南国际新闻出版中心,1996:136.

种最直观的方式展现了这种循环的文本的魅力,《俄罗斯方块》《贪吃蛇》等简单的游戏,正是通过无限的循环,仿佛咬住尾巴的乌洛波洛斯之蛇,从屏幕上的一个点开始,一点点地堆积增殖,直到充满整个屏幕,然后又回归为一个点。复杂庞大的网络游戏永远在市场竞争中提心吊胆,很多红极一时的网络游戏早已成为明日黄花,而这些简单的游戏却以一种无尽而永恒的魅力,永远在一个点和一个面之间往复,衍生出无穷的文本。

尽管后现代主义的一些嘲笑崇高、颠覆戏仿的特质并不适合儿童文学,但将其完全驱逐出儿童文学的领地未免过于极端。事实上,儿童文学与后现代主义的精神共鸣不仅有前文所述的去中心化、平面感和特殊的审美距离,儿童文学中回环往复的童谣、幽默可乐的玩笑、图画书被无数母亲讲读而产生的千千万万个版本的故事,无不透露出后现代主义的色彩。"从前有座山,山上有座庙,庙里有两个和尚,一个老和尚和一个小和尚。老和尚在给小和尚讲故事:从前有座山……"循环往复的童谣,在每一次不同情境的讲述中成为循环往复的文本,与电子游戏有异曲同工之妙,也印证了博尔赫斯的结论。这样的结构与超文本的形式不同,但达成的效果却有相似之处,都大大地扩展了文本的广度。儿童文学中运用这种具有后现代主义色彩的结构,无疑是具有极强的特色和趣味性的。除了博尔赫斯提到的《一千零一夜》,也有一些优秀作品做出了尝试。比如入选了"每个人都应该知道的 100 种图画书"的《要是你给老鼠吃饼干》。在这本深受儿童喜爱的图画书里,因果关系像多米诺骨牌一样环环相扣,要是你给老鼠吃饼干的话,可爱的逻辑就会带着你如同坐过山车一样地掠过一个又一个不断冒出来的新要求,最后你能精疲力尽却又快活无比地回到给老鼠吃饼干上来。这给孩子带来不可取代的快乐。[①] 而戏仿带来的幽默和趣味,在恰当的情况下,不仅能够带给儿童快乐,也能够引起他们对原著的兴趣。比如《三只小猪的真实故事》,从大灰狼的角度叙述人们耳熟能详的"三只小猪"的故事,虽然文字一本正经,画面上看来却破绽百出。孩子们看着出洋相的大灰狼哈哈大笑的同时,也能对原本的故事和大灰狼的狡猾有更深的体味。

站在另一个角度来看,儿童文学也应当承担起解决儿童电子游戏中的后现代特征带来的弊端之重任。在去中心化的、主体性消逝的后现代电子游戏中,青少年玩家往往扮演不同于现实生活中的角色,可能是角色扮演游戏中的高贵的公主、冷血的刺客,也可能是网络游戏、互动社区中玩家选择塑造的形象。在匿名性的前提下,玩家在游戏空

---

① 彭懿.图画书:阅读与经典[M].南昌:二十一世纪出版社,2008:193.

间里重新塑造了全新的自我,从外形上来看,大部分游戏都可以选择五官、发型、体形、服饰等形象要素;而从人格特征上来说,单机游戏玩家可以通过深思熟虑来掌控作战策略,表现出与现实人格不同的步步为营或者勇猛冲动等特质,而网络游戏更通过延时交流等途径,允许玩家在沟通、合作中展现出不一样的自我,这个自我可能是玩家向往的,也可能是在现实中掩藏起来的真实。后现代的电子游戏中的自我与传统游戏中不同,是一种虚拟自我。这种虚拟自我显然带有虚饰夸大的意味,尽管为青少年释放压力、获取自信提供了一种全新的方式,但带来的消极影响也不容忽视。游戏中虚拟自我的成功可能带来对真实自我的怀疑和不自信,青少年处于自我认同构建的关键时期,自我价值感的降低对健康积极的自我认同的构建极为不利。此外,着迷于虚拟自我也容易让青少年沉迷游戏,拒绝现实,减少现实中的人际交往,在虚幻的追捧中迷失自我。

而文学的审美距离能够带来冷静的自我审视,让被卷入虚拟世界的心灵得到安宁。儿童文学应当有这样一种特质,使小读者在文学诗性的喜悦中逐渐建立起健康正确的自我认同。儿童文学对后现代主义的正确借鉴也应当对儿童电子游戏产生正面的影响。

(四)游戏精神

儿童文学与游戏有着精神上的共鸣,有着相似的本质。儿童文学作家通常在作品中无法抑制地表现游戏,也把游戏精神融入作品中。究其原因,一来是试图再造童年,在回忆中重新回到无忧无虑的人生阶段,并且将成长过程中对游戏的进一步认识以及对游戏重要性或显或隐的认知作为再现童年游戏的基石,构建起文学的童年游戏;二来是一种精神补偿,对童年游戏的渴望依然留存在成年作者的心中,这种补偿既是给当前无法自由游戏的成人自我的,也是给渴望游戏而受到限制的童年自我的;三来是一种游戏冲动,文学创作需要冲动,也需要能量,特别是儿童文学作家,在其创作心态上更由于作者、读者的二元关系而具有特殊性,游戏精神正好符合作家的精神状态,并且自觉不自觉地进入作品当中。可见,游戏精神与儿童文学的本质属性有着无法分割的关系。缺少了游戏精神,儿童文学的精神源泉就会枯萎。

然而成人本位的儿童观长期占据主流,使得儿童文学的游戏精神无法充分展现。成人本位的儿童观或者将儿童的正常需求视为浪费时间和精力,要求儿童时刻为成人后的"前途"奋力学习,做好准备,而忽视人的成长是全方位的、个人化的;或者过度消费童年的概念,将其作为成人社会不如意的避风港,美化甚至神化童年和儿童,这种做法同样没有从儿童本身出发来理解和对待儿童。这样的儿童观导致游戏精神在儿童文学作品中被驱逐或者曲解。

相对的,儿童本位的儿童观要求我们"不是把儿童当作成人的预备,然后按照成人自己的人生设想去规正儿童的发展;也不是从成人的精神需要出发去利用儿童,而是从儿童自身的原初生命欲求出发去解放和发展儿童"[①]。因此,应当认识到游戏是儿童生命发展的正常需求,是儿童解放和发展自我所必需的重要环节,在为儿童成长提供养分的儿童文学中应继续高扬游戏精神。

电子游戏作为儿童游戏的新形式,为新时期儿童文学对游戏精神的融合与表现提供了必要的借鉴。主人公在游戏中不断地练习、升级的形式对应文学作品中的成长、追寻,表现出一种克服接连不断的困难的成长模式;夸张变形的人物形象、多种多样的人物身份、曲折多变的人物命运拓宽了儿童文学形象的疆域;幻想的宝物、宏大的背景、中西结合的设定展现了想象的新可能;荒诞滑稽、戏仿嘲讽的后现代风格使得对儿童思维和接受能力的思考与验证更加深化……电子游戏尽管本身也受到一定的局限,无法展现出儿童游戏精神的全部,但其崭新的形式、实验的精神以及大范围的实践推广能为儿童文学中游戏精神的重构提供一定的参考。而以电子游戏本身作为描写对象的儿童电子游戏文学受到众多孩子的追捧的现象本身也说明,即使电子游戏带来的游戏精神在儿童文学中表现得并不成熟完善,也能产生爆发性的效果,从侧面反映了这种参考借鉴带来的巨大价值。

二、儿童文学对儿童电子游戏的引领与解放

在这个追求"消费时的情感快乐及梦想与欲望"的时代,享乐主义的强烈欲求使得大量复制、快速生产成为一切产品包括艺术作品的生产原则。作家成为机械复制时代的抒情诗人,想象力被不断地复制拼贴在物质、肤浅的快乐上,作者的想象力极度弱化。而视听媒介的异军突起使得文学的诗意想象失去了生存的空间,所有精妙的比喻、隐晦的表达都被纤毫毕现却拙重不堪的图像、声音抹去,读者的想象力也被限制,甚至被抹杀。儿童文学的稚拙、善意的美学特征与人类初始的力量遥相呼应,成为一股对抗新时代生产消费和机械复制的文本模式的清新之风。

儿童电子游戏本身作为新时代、新媒介的新型文本类型,想象力的弱化是客观存在

---

① 朱自强.儿童文学的本质[M].上海:少年儿童出版社,1997:68.

的。可以说,电子游戏的类型化比文学文本更加鲜明,其娱乐性又使得这种类型化深入发展,导致电子游戏的想象空间被极大地压缩,呈现一种戴着镣铐跳舞的状态。比如塔防游戏无论套用怎样的背景和形象,总是有敌我两方的炮塔和士兵,攻击—防御的模式简单直接,缺乏变化空间。同为类型文本的文学作品,推理小说尽管也有杀手—侦探—被害者的三元构成,其过程却千变万化,结局也并非简单的"胜利"或"失败"可总结的。面对电子游戏所处的困境,儿童文学作为一种放飞想象的文学类型,借助童年回忆或者童心未泯的力量,尝试着对抗异化带来的想象力弱化,带来文学审美创造力的复归。

(一)儿童趣味

在电子游戏产业高唱凯歌的现今,产业规模数字喜人,新游戏研发大动作频频。然而在 3D 技术、游戏引擎高度发展的同时,游戏的可玩性或者说趣味性方面却没有什么新鲜感可言。棋牌游戏在变化的只有牌面的图案,网络游戏中不同的也只是怪物的形态和名称,英雄手中是雷神之锤还是青紫双剑并没有本质上的区别,只要玩过几个相同类型的游戏人们就会兴味索然……电子游戏在最核心的创造力上的欠缺,是再多的技术突破也无法弥补的短板。

试想,当科技进一步发展,脑电波可以通过一定装置进入游戏世界时,如果我们面对的依然是种菜喂鸡的游戏内容,除了给城市儿童一点稍纵即逝的新鲜感之外,还能有什么游戏趣味呢?甚至对于动动手指就能够享受丰收和满足占有欲望的键鼠操作游戏来说,技术的发展甚至会让人感受到身体的劳累,而将游戏重新打入劳动的行列。可见,为了跟上技术发展的脚步,游戏的趣味性和可玩性也不能停滞不前。

儿童文学是一种放飞幻想、锐意创新的文学类型,儿童的趣味不拘泥于成年人的僵化规则,而有着无穷无尽的想象力和创造力。其中最鲜明的代表就是儿童文学四大母题之一的"幻想"。儿童文学通过无边无际的幻想创造出与现实世界紧密相连却又存在于想象中的"第二世界",也创造出性格鲜明却又匪夷所思的人物,描绘出他们令人称奇的经历。英国作家托尔金在他的童话诗学著作《论童话故事》中这样描述幻想的可贵:"幻想……当然不会破坏甚或贬损理智。"[1] 托尔金认为,幻想并不影响科学,它不会让人们失去理智而反对科学,也不会使人们丧失追求科学真理的理想、勇气和愿望;理智与幻

---

[1] 舒伟.走进童话奇境:中西童话文学新论[M].北京:外语教学与研究出版社,2010:26.

想甚至是相互补充、相互促进的,清醒的理智能够带来更棒的幻想。可见,幻想并非任意妄想或者成人世界里见不得光的意淫,而是一种以认真的姿态进行的富有神奇因素的创造。

真正的幻想具有恢复、逃避和慰藉的功能。通过幻想,儿童能够更加明晰地认识现实世界,因为真正的幻想是与理智相伴的。它能够恢复混乱模糊的世界的本来面貌;能够以心灵的力量逃离充满悖论、禁锢和弊病的现实,找到问题的其他解决途径;能够让内心获得净化和慰藉。托尔金以"霍比特人"和《指环王》证明了自己对"幻想"的理念。在中州的神奇世界生活的形形色色的种族,尽管面貌奇异、各怀绝技,但他们都拥有悠长的历史、各自的传统,他们相互争斗也相互合作,就像现实世界的投影,让读者在中州世界的漫游中拨开现实社会纷纷扰扰的烟幕,去除掩人耳目的枝蔓,看到一个更本质的世界。矮人与精灵的世代仇怨能够通过吉穆利和莱戈拉斯的努力化干戈为玉帛,似乎给看惯了以怨报怨的人们一点安慰,偷偷告诉读者,世仇不一定会带来罗密欧与朱丽叶的悲剧,事情的发展还有更多更美好的可能性。而受尽磨难站在火山口,将魔戒熔毁的一刹那,读者在肾上腺素飙升的同时,也获得了心理的安慰,获得了自信,因为现实中再艰险再困难再危急的情况也没有作品中毁天灭地的危机来得可怕。连那样的绝望都能克服,还有什么值得担忧呢?

优秀的幻想带有一种神话的意味,让人心甘情愿地接受不可能的解释,没有怀疑,满心虔诚,带来心灵的慰藉。而当今儿童电子游戏无论从游戏方式还是游戏内容上都缺乏健康的幻想带来的新鲜趣味和悠长余韵。一旦幻想的翅膀被束缚僵化,其恢复、逃避和慰藉的功能也就难以正常发挥。儿童在照搬成人电子游戏血腥暴力因素的游戏中一直处于惊恐亢奋的阶段,无法在恢复作用下取得清晰的思路和视角,只能在无节制的逃避中对现实世界避而不见,而不是寻求问题解决之道,并且在持续的紧张中始终无法放松下来得到真正的心灵慰藉,并由此加深游戏成瘾的症状。因而,游戏工作者应当以优秀的儿童文学作品中儿童的趣味和真正的幻想,作为儿童电子游戏健康发展的引路灯塔。

首先,儿童文学运用幻想创造了鲜活的第二世界,对儿童电子游戏的宏观背景设定有着极大的参考价值。"哈利·波特"中以九又四分之三站台连接起现实世界和魔法世界,构造成一个完整的幻想世界观。魔法世界的孩子们一样要学习、考试、就业,一样面对亲情、友情、爱情的考验,甚至也有宿舍生活和食堂就餐的场景。这样的幻想世界既让读者挣脱了现实的束缚,自由展开心灵的翅膀,又不会损害他们的理性思考,反而给予他们更宽阔的视野和更独特的思路。根据原著改编的电子游戏可以说是较为忠实于原著的世界观设定,以先进的电子技术重现了神奇的魔法世界,让小玩家在这个世界尽情畅游。在这个"第二世界",孩子在学习用鼠标画出魔法符号的时候,会想到勤奋练习对学习的重要性;在与伙伴联手进行魔法棋大战的时候,会懂得友情和牺牲的可贵;在面对可怖的伏地魔的时候,也许抛掷咒语的手会颤抖,但胜利的结局会带给他们勇气,也会推动他们回归现实世界,带着更加成熟的思考。由此可见一个成熟的幻想世界观对于电子游戏的重要意义,可以说它是抵抗游戏成瘾、增强游戏内涵、提升游戏趣味的保障。国内现阶段较为成功的儿童电子社区一般都有这样的幻想设置,比如《洛克王国》也是一个魔法王国,小玩家在其中化身为魔法师,在魔法学院学习,结交朋友,尝试各种职业;而《赛尔号》的故事则发生在地球资源枯竭的未来,小玩家成为赛尔机器人,探索资源,训练精灵,掌握科学知识。但这些设定通常比较浅层次,玩家的幻想体验通常比较零碎,这与网络社区的游戏模式有关。但也可以设计一些具有一定故事长度的任务,或者串联起本来零散的小任务,带给玩家较为完整的幻想世界体验。

其次,儿童文学通过幻想的方式塑造了一大批符合儿童审美的趣味形象。说起儿童文学的经典形象,几乎所有拥有过童年或者正在经历童年的人都有自己心目中的最爱。为了爱化为泡沫的小美人鱼、戴着圆眼镜的哈利·波特、叶圣陶笔下的稻草人、调皮捣蛋的马小跳……不管是典型人物还是扁平人物,它们都有自己鲜明的特征和独特的经历,都符合儿童的审美需求,使其区别于其他的形象,留存在儿童文学光辉的历史中,也留存在一代又一代儿童的记忆深处。电子游戏与文学文本的不同之处在于,它是一种多媒体的新媒介。在文学文本中以文字勾勒的人物,在电子游戏中视觉上可以切实看到,甚至能够亲手操控。在一些情况下,玩家甚至与人物是合二为一的。比如在第一人称角色扮演游戏中,主人公可以说就是玩家的化身。如果儿童电子游戏的人物形象塑造失败,无论是性格、经历还是外形上不符合儿童趣味,背离他们的逻辑,超出他们的理解,都会导致整个游戏无法为儿童所接受。比如"仙剑奇侠传"系列游戏,在第一部中,主人公李逍遥年少潇洒,志向高远,从小小渔村少年成长为蜀山派掌门,很容易让玩家产生共鸣。而其英挺俊朗的外形,不仅让三位女主角赵灵儿、林月如和阿奴倾心相许,也赢得了玩家的喜爱。而第二部的主角王小虎则不如李逍遥具有人格魅力,相比于李逍遥从吊儿郎当的少年成长为道义一肩挑的大侠,王小虎义字当先的性格显得缺乏灵气和变化,略显粗犷的外形也与李逍遥的"翩翩少年"模样相去甚远。这些因素都影响到了第二部作品在玩家中的接受度。最为热门的塔防类游戏"植物大战僵尸"与一般塔防游戏不同,它打破了坚船利炮的定式思维,以可爱的植物和有些呆的僵尸作为激战双方的人物形象,植物作为正义的一方,在玩家的自我代入过程中毫无阻碍,并且符合儿童朴素的正义感;而假如游戏失败,被那些傻兮兮的僵尸吃掉脑子的结局也并非惊悚可怖到无法接受。这样的设计符合童话"净化"和慰藉的原则,也是值得大部分儿童电子游戏设计者在人物设计过程中作为参考的。

最后,在游戏形式上,儿童文学尽管是以文字架构的文本,却对儿童电子游戏有着极大的启发。游戏是儿童文学的一大主题,不少作家对自己少年时上树下河、戏鸟偷蛋的经历都津津乐道,也将这些极富儿童趣味的活动写入作品中。然而这种真实的游戏似乎正在渐渐淡出儿童的生活。电子游戏尽管在互动性和娱乐性上都具有极大的吸引力,却不能够让儿童得到身体、心灵的滋养。身体的记忆在某种程度上比单纯储存在大脑中的记忆更加深刻,对儿童的成长来说更是不可或缺的。当下少年儿童的成长环境与以往相比有了很大的不同,儿童电子游戏应当从儿童文学中汲取精华,开发新的游戏形式,力争让孩子动起来,身心同时参与到游戏中,在电子游戏中渗透经典童年游戏的精髓。以日本任天堂公司2006年推出的家用游戏主机Wii为代表的体感游戏主机近年来不断发展,成为电子游戏开发的新形式,是将玩家身心同时纳入游戏范围的尝试。在这类体感游戏平台上,玩家可以体验到各种体育运动以及各类丰富多彩的游戏。与传统电子游戏不同的是,其操作均以身体运动感应来进行,并且强调共同游戏,其代表平台Wii的谐音即为"we"(我们)。当前,电子游戏已经能够让玩家"动起来",制造大脑记忆和身体记忆同步的游戏体验。如何进一步将儿童文学中大放异彩的传统儿童游戏引入体感游戏之中,利用网络、3D投影等方式实现不同空间的伙伴共同游戏,让少年儿童体验到传统游戏的快乐,值得游戏开发商和研究者进行思考和尝试。

(二)精神内核

文学作品对读者尤其是儿童读者毫无疑问有着深远的影响,幼时读过的故事往往会成为一生的记忆,这些作品的内涵也在潜移默化之中对儿童的人生观、世界观、价值观的形成起到了重要的作用。塞尔维亚著名作家帕维奇曾借笔下人物之口说过,作家的墨水瓶里隐藏的权力具有恐怖的力量:他们的文字给予他们留存思想的途径,不管这些思想是否值得留下;他们可以仅用几行文字就杀死文字世界里活生生的主人公,或者用几个隐喻和捏造的人物来杀死现实世界中有血有肉的读者。①文学作品的力量令人惊叹,对青少年的影响更是令我们不得不重视起来。少年儿童的思维与成人不同,不属于"横向思维",又没有形成"社会化思维",而是一种处于两者之间的"自我中心思维"。这种思维与原始人的思维有相似之处,都缺乏自我意识和对象意识,不能区分主体和客体。在这种思维的作用下,一些成年人认为无害的幻想故事会对孩子产生意想不到的影响,它们由于正好符合儿童读者的思维方式和思维水平,在儿童眼中看来可信度极高,从而进行模仿。因此,为祖国未来的栋梁奉上怎样的文学作品,需要经过慎重的思考和严格的筛选。当下对儿童文学作品的精神内核的重视程度已经越来越高,儿童本身的精神趣味和成人正确的牵引指导并重,高举儿童文学"以善为美"的旗帜,远离血腥、暴力、色情等内容,并且注重想象力、创造力的开发,让成人创作的儿童文学作品真正适合儿童阅读。

而当下,新型媒介发展迅猛。除了文学作品之外,少年儿童的文化娱乐生活越来越丰富,也越来越被各种视听媒介所占据。动画片、电视剧等视听媒介通过电视、网络等传播,以生动的形象、悦耳的音效、刺激的情节、斑斓的画面迅速俘获了孩子的心;电子游戏则后来居上,通过爽快的操作感、互动的趣味性受到一大批儿童游戏迷的追捧。我国的影视、游戏分级政策尚未出台,对电子媒介等介入少年儿童生活的研究还刚刚起步,控制和指导力度均不够强。而这些媒介本身具有极强的感染力,对少年儿童的影响直接而迅速,短期内的影响甚至可能超过文学作品。究其原因,可能是得益于其循环往复的叙述模式。文学作品中的儿歌、童谣采用了回环不断的形式,因而一旦在儿童时期吟诵上口,很可能终身不忘。而影视、动画作品的重复播放,电子游戏无限读档重玩的模式,在一定程度上就是不断地加深记忆、灌输观念,对少年儿童有着"洗脑"般的影响力,让他们在不知不觉中接受了一些观念,某些是非观也产生了偏差。2013年5月,江苏三名儿童模仿《喜羊羊与灰太狼》中的情节,火烧同伴,造成其中两人严重烧伤②;2012年12月,一名"90后"男孩模仿根据《盗墓笔记》改编的网络游戏,损毁700余个骨灰盒,偷窃盒内财物。③前者显然是儿童接受了动画片中的角色在遭受各种火烧、水淹、击打之后依然毫发无伤,并且喊出"我还会回来的"这类台词的影响,认为这些行为都是没有危险

---

①米洛拉德·帕维奇.哈扎尔辞典[M].南山,等,译.上海:上海译文出版社,1998:281.
②朱光.儿童被烧伤"喜羊羊"该负责吗?[N].新民晚报,2013-12-19(A20).
③黄祖祥.狂砸700多个骨灰盒只为偷硬币上网[N].泉州晚报,2012-12-13(08).

性的而进行模仿。虽然行为本身只是无恶意的模仿，却造成了严重的后果。如果不纠正孩子对于危险行为不以为意的态度，这种认知偏差恐怕会酿成更大的恶果。而后者显然更严重，是一种是非观、生死观的扭曲，已经构成了违法犯罪。这类例子不胜枚举，重视电子游戏这类新媒介文化产品精神内核的重要性可见一斑。真正的游戏精神存在于儿童生活的方方面面，也存在于优秀的儿童文学作品中，它关乎自由的想象，关乎创造和超越，也关乎人格的平等。而儿童电子游戏由于经济利益的介入产生了人民币玩家等不平等的现象，需要予以规范。此外，电子游戏特别是网络电子游戏消解了道德行为的基础，熟人社会在网络面前一再崩溃，使得构建儿童电子游戏精神内核的任务迫在眉睫。

电子游戏作为一种新兴文本，在构建自身独有特质的同时，也尝试以全新的形式诠释心灵和精神层面，试图用电子的手段对其进行模仿甚至超越。电子游戏对人宠陪伴模式孜孜不倦的展现，就是其中比较典型的例子。限于现今的技术和伦理，真正拥有与人类相同智慧的人工智能尚未出现。因此，电子游戏中的随身宠物都只是一段比较简单的程序，形象或可爱或威猛，而能够产生的反应却是较为僵化的。在一些大型在线游戏中，宠物一般以骑行兽的形式存在，可以作为代步工具提升行进速度；有的还能陪同主人进行比较简单的活动，但与主人进行交流的极为少见。儿童电子社区为了模拟现实生活中的家养宠物，带给儿童玩家陪伴感，对宠物的设计则比较用心，宠物在一些时候能够充当指引的角色，也参考了一些早期国外的游戏如《宠物小精灵》等，可以抓捕、训练宠物，为游戏中的人宠互动——事实上是人机互动增添了不少乐趣。在儿童电子游戏转换为儿童文学的过程中，也有不少作者把目光聚焦到了宠物的身上，比如在"赛尔号精灵传说"系列的一些故事中，宠物的战斗能力也被重点渲染。前者很大程度上是一种另辟蹊径的思路，把眼光放到配角的身上，开发出与游戏故事主线完全不同的新的故事，或者表现宠物眼中的主人——即玩家或者NPC，富有夏目漱石《我是猫》的理念。而后者则将游戏中最富于激情的部分——战斗表现得淋漓尽致，如《摩尔庄园》中小拉姆的战斗，不同的属性产生各种炫目的效果，宠物为了主人们战斗，尽忠职守，直到最后一刻，令人感动的同时，也让人紧张得喘不过气。

但如果止步于此，就仅仅是被技术牵着鼻子走了。因为被技术局限的人宠关系，无法表现出电子游戏独立的精神内核。可以说，饲养宠物是人类心理需求的一种体现，从狩猎、实用等目的出发饲养的动物，发展到作为家庭一分子的宠物，其中必然有着人类物质丰富之后的心灵空虚所带来的渴望和需求。这种心灵的隐秘而微妙的渴求，是文学应当捕捉的灵光，是文学应当展现的触动读者的关键因素。事实上，相当一部分优秀的儿童文学作品展现了人与宠物之间充满温情的关系，展现了宠物与人类之间似有还无、难以捉摸的联系。有人认为，饲养宠物的类型能够反映主人的性格。许多日常生活中戴着"面具"的人，在宠物面前将会无所遁形，因此人们会不自觉地选择最契合自己心灵的宠物。这种情形在一些文学作品中很容易找到佐证。比如"哈利·波特"小说中，魔法宠物是霍格沃兹的学生们重要的伙伴，不同的宠物反映了主人的性格和命运。聪明的赫敏养了一只姜黄色的胖猫，其他人都不怎么喜欢这只猫，但赫敏非常宠爱它，还为此差点跟罗恩闹翻。刚入学的时候，赫敏确实是一个每日往返于教室和图书馆的小书呆子，跟同学们相处得并不融洽，直到与哈利、罗恩二人在一场惊险的意外中携手战斗，结成格兰芬多铁三角。黑暗的魔王伏地魔的宠物是一条巨大的蛇，黑魔标志中有它的存在，它也是伏地魔的魂器之一，存放着黑魔王的灵魂碎片，可见就连冷酷无情的黑魔王也对自己的宠物充满了信任，而他的多疑、残暴也通过它的宠物表露无遗。"哈利·波特"系列作为优秀的儿童文学作品，并没有停留在这一以宠喻人的象征层面，而是更进一步用温暖的笔触表现了人和宠物之间的互动，甚至把宠物作为推动情节、展现人性的重要线索，赋予宠物真实的性格与生命。比如罗恩与他的耗子斑斑。尽管斑斑年纪很大也并不可爱，罗恩还是非常珍惜这只宠物，喂它补药，时时保护它，斑斑也在危急关头咬住对罗恩不利的人，保护主人。尽管最后发现斑斑就是害死哈利父母的元凶——小矮星彼得的化身，让罗恩受到了很大的伤害，但也促使他成熟起来。而之前他们相处的点点滴滴，也让彼得的形象从一个单纯的卑劣的叛徒变得有几分复杂的人性色彩。同样，在普尔曼的奇幻小说"黑暗物质"三部曲中，人类拥有自己的伴灵，这些伴灵呈现出动物的形象，是人的灵魂的象征和珍贵的分身。

  这些优秀的儿童文学作品中宠物的形象可能为游戏中的宠物设定提供灵感，不同的宠物对于主人性格和选择的映射、人物与宠物之间的互动和心灵牵绊都是重要的突破口。在游戏中不仅可以有简单的喂养、训练和战斗关系，相互陪伴、信任与背叛、心灵的隔膜与相通，都是极富儿童文学特质又值得借鉴的主题。在家庭饲养宠物蔚然成风的当下，一家三口与可爱的宠物的模式在儿童的成长过程中占有重要的地位，对于宠物与小主人关系的表现，能够反映儿童在交往、陪伴、爱等各方面的成长。只有电子游戏突破或者绕开了技术局限，将儿童文学的品质引入人宠关系及其他现在依然较为机械的设定之中，才能真正构建属于自身又高于自身的精神内核。

(三)民族品格

当今社会,中国的许多传统音乐渐渐被遗忘,其原因并不是曲高和寡,而是我们的品位——从音乐、服饰到日常习惯——完全被西方淹没。[①]这种"现代化"过程在网络时代对儿童的影响尤有引起警惕的必要。儿童的价值观和判断能力处于尚未完整形成的状态,网络世界的信息以一种爆炸性的态势蜂拥而至,并且良莠不齐,容易让儿童不知所措;对网络和计算机的过度依赖、虚拟世界自我形象的扮演以及现实社会交往的减少都有可能削弱儿童的主体性,让他们对信息的判断、筛选能力进一步下降。这种时候,网络文化价值多元的体系容易让人在各种文化体系和价值体系中间摇摆不定。据调查,在网络空间,英语的使用频率高达84%,几乎处于绝对霸权地位,其后从高到低依次是德语、日语和法语。这表明网络信息霸权确实存在,西方国家的意识形态正占据网络的主导地位,儿童容易在不知不觉中落入一些蓄意的文化灌输行为的陷阱中。

一个人从牙牙学语到融入社会,对自我、家庭、社会的认知在一点一滴地积累,而游戏毋庸置疑也是这种积累进行和完善的重要组成部分,儿童的成长离不开游戏。可以说,游戏是一种社会文化现象,是儿童早期文化适应的基本途径。朱迪斯·凯夫(Judich E. Kief)等人认为,儿童游戏能够反映他身处的文化背景,并且是与时俱进、不断变化的。事实确实如此。比如中国的传统游戏"过家家"中,孩子们总是热衷于演绎新娘子上花轿的场景,西方则有教堂婚礼的游戏场面,这些都反映着当时当地的风俗习惯。这些儿童游戏由在社会生活中孩子们的耳濡目染加上儿童的自由创造和丰富想象编制而成,是儿童的生活乐趣,也是他们成长的第一课。而时至今日,游戏迈入电子化、网络化时代,由于技术的鸿沟,儿童无法亲自参与游戏的设计和制作,原本由他们自主掌控的游戏成了成年人股掌之中的玩物和橱窗之内的商品。由于西方电子游戏发展时间长,产业较为成熟,更深层次则由于全球化进程中西方模式的宰制,商业浪潮中成年人设计的电子游戏西化严重,中国传统文化失语,现代社会文化更在自我挣扎中被忽视。这种追捧、模仿和复制西方电子游戏的做法造成了严重的后果,即新一代的中国少年儿童在人生最重要的早期文化适应过程中接受的是西方的思想观念、生活习惯乃至思维模式。长此以往,我国的民族文化将可能被遗忘殆尽。这种文化的蚕食是需要引起足够的警惕的,国产电子游戏必须找到一条与我国民族文化相融合的道路,不仅是为了国产电子游戏产业的

[①]欧阳友权.数字化语境中的文艺学[M].北京:中国社会科学出版社,2005:66.

明天,也是为了我国少年儿童的成长和民族文化的未来。

幸而在中国本土电子游戏发展的道路上,早已有人注意到民族品格对这类文化产品内在精神的重要性,并开始探索和实践,创造出一些让人眼前一亮的成果。其中较成功的原创游戏有《仙剑奇侠传》《轩辕剑》《古剑奇谭》等单机角色扮演游戏,以及《剑侠情缘》网络版、《天下3》等大型多人在线网络游戏,以及根据经典名著或者武侠作品等与电子游戏有着精神共鸣的文学作品改编的《三国群英传》《幻想三国志》《流星蝴蝶剑》《新神雕侠侣》等。

从游戏标题就可以看出,原创游戏往往紧紧围绕"剑"这一武侠经典主题,让玩家在剑侠的世界中展开冒险,体验江湖险恶、兄弟情深、侠骨柔肠。除却"武侠"这一主题,游戏对中国神话传说、传统文化也有一定的参考借鉴。例如《仙剑奇侠传三》中,所有主人公都是以传统中草药命名的,景天、重楼、雪见等名字既唯美又饱含意蕴,且与人物的性格命运有着千丝万缕的联系,给玩家留下深刻的印象。

在游戏中需要注意树立和区分中外不同的经典神话形象,借鉴而非全盘照搬国外的电子游戏文化,是国产电子游戏表现民族品格的重要原则。如《古剑奇谭》中作为重要配角和故事背景的应龙悭臾,原本只是一条小小的水虺,却志向高远,与友人太子长琴誓约,立志修成神通广大的应龙,让友人坐在龙角之旁,看尽天地山川——南朝《述异记》上记载,水虺要化为应龙需要三千年的漫长时光。然而历经千辛万苦成功之后,悭臾却成为神仙坐骑而失去了自由。故事中,在生命的最后一刻,它依然执着,兑现了对友人的承诺,带着拥有友人一半灵魂的同样重伤垂危的主角遨游云端,乘风千里,为游戏的结局平添几许豪情与悲情。在中国,自古以来龙就是高贵与吉祥的象征,是可以司云布雨的神性动物,而在西方则不同,西方的龙是邪恶而危险的,《圣经》中的怪物利维坦就是一条巨龙。因此,在受西方影响的电子游戏中,英雄屠龙是常见的内容,比如"勇者斗恶龙"系列游戏,甚至家喻户晓的《超级玛丽》中的"大boss"也是一条长得像乌龟的龙。

整理和发现中国古代神话传说,发掘富有游戏精神的文化内容,也是中国原创儿童电子游戏应当着手努力的方向。我国古代富有童话精神、儿童精神、幻想品格的资源可谓数不胜数。如果能让这些资源进入儿童电子游戏中,对提升电子游戏的民族品格的作用不言而喻,又能在娱乐休闲中潜移默化地普及传统文化知识和美德精神,保存和复活我国传统经典,可谓一举数得。在《古剑奇谭》游戏中,主角一行乘船出海,所乘之船名为"论波舟"。它可以潜入水底航行,是一艘神奇的潜水艇。而这论波舟正是出自因"事多诡异,文尚浮艳"而不受重视的《拾遗记》,"舟形似螺,沉行海底,而水不浸入,一名'论波舟'"。① 从《山海经》《搜神记》到隋唐五代的传奇笔记,从《太平广记》《子不语》到《西游记》《聊斋志异》,我国的神话传说虽然较为零散,却散发出质朴的魅力,充满了奇特的构想,甚至有不少科幻小说的要素。可以说它是一个未经开采的宝矿,等待儿童电子游戏去进一步发掘和打磨。

此外,将中国传统美德和精神品质有机融入儿童电子游戏,能够最大限度地彰显民族品格,是解决电子游戏领域民族性失语的重要途径。在《植物大战僵尸》游戏走红之后,一批儿童文学作家以该游戏为平台,创作了一系列儿童故事,分为"美德故事""武器秘密故事""植物必胜故事"等。这一系列故事赞颂友情、褒扬勇气,将中华民族传统美德与电子游戏紧密结合。比如其中的五个故事分别体现了勤劳肯干、热爱祖国、仪表整洁、保护环境、尊重他人这五种美德,让游戏中的植物勇士身上的美好品质感染小读者,取得了良好的效果。这不禁让我们思考,儿童电子游戏是否也可以少表现一些西方价值观中的个人英雄主义,多展现我国的传统道德思想呢?

在重视中国历史文化传统的同时,儿童电子游戏也应当把目光投向当代的青少年,关注他们的学习生活、精神状态,不能让这一领域一直处于空白状态。可以看到,在儿童文学作品中有一大批反映中国社会现实和青少年生活的作品,比如杨红樱的"淘气包马小跳"系列对校园生活和儿童心理真实生动的表现,以及直面自然灾害、留守儿童等现实问题的《云裳》《流动的花朵》等。这些作品无不展现了儿童文学立足现实、关注当下的精神,也彰显了民族品格。电子游戏的娱乐性和幻想性对其表现现实的水平提出了更高的要求,而儿童文学在这方面的成功尝试表明,真正优秀的作品在具备现实性和民族性的同时,也能够保证其审美品质。因此,民族现实不应当是电子游戏发展的绊脚石或者题材禁区,而是可以成为儿童电子游戏新的生长点。

三、儿童文学与儿童电子游戏结合的前瞻

儿童文学与儿童电子游戏作为陪伴当今社会青少年成长的精神食粮,在各自发展、不断诞生佳作的同时,也在相互结合、相互启发的领域带给读者和学界巨大的惊喜。以儿童文学为养分催生的优秀儿童电子游戏与以儿童电子游戏为刃开辟的儿童文学新疆域,都给人耳目一新的感受。

---

① 某树,宁昼.古剑奇谭:琴心剑魄[M].长沙:湖南文艺出版社,2012.

当然,这种结合也存在着一定的问题。在担心这种惊喜只是一闪而逝的同时,拨开商业化的迷雾,发现文本转换中的理论症结所在,使儿童电子游戏与儿童文学不仅能够在各自领域得到健康的发展,同时能够在相互结合的过程中碰撞出更加惊艳的火花,已成为当务之急。

2014年1月8日,开卷公司发布了2013年大众畅销书排行榜TOP30,其中儿童文学作品占到23项,可见儿童图书市场之广阔。[①]其中除了沈石溪的动物小说、杨红樱的《笑猫日记》等耳熟能详的作品,全媒体游戏书"墨多多迷境冒险"系列有15部作品上榜,占据了整个榜单二分之一的席位。这套游戏书将儿童文学与儿童电子游戏紧密结合,既远离游戏平台,解决了家长的后顾之忧,又能够让儿童同时体会到文学作品与游戏解谜的快乐,为儿童电子游戏与儿童文学结合的新方式提供了参考。

当下,大量信息如洪水般涌入,视觉文化取代印刷文化已成事实,身处这个信息时代的青少年要获取知识,除了传统的读写能力之外,还要具备理解和利用新媒介的能力。由于信息良莠不齐、数量巨大,还需要21世纪的少年儿童同时具备分辨能力,能够分辨海量的媒介信息中的正确和谬误,有选择地接受。这需要从根本入手,广泛推行以未成年人为主体的媒介素养教育,也需要未成年人有身处媒介时代的自觉意识。

同时,媒介从业者也应当意识到未成年人身心发展的特质,更多关心儿童在新媒介上的真正需求。在商业利益的驱动下,一些缺乏文化良知的商人很可能会推出一些戕害少年儿童身心健康的媒介产品,这也需要市场和行政力量形成合力,将不适合未成年人的内容驱逐出这片应当洁净的园地。

---

① 夏帆,黄琪奥.开卷2013年度大众畅销书榜单出炉:柴静的《看见》领跑,少儿类群体上榜[N].重庆日报,2014-02-21(16).

本编参考文献

[1] 孙戈.中外艺术设计简史[M].沈阳:辽宁美术出版社,2016.

[2] 陶东风,金元浦.文化研究:第1辑[M].天津:天津社会科学院出版社,2000.

[3] 张磊.和谐社会、公民社会与大众媒介[M].北京:中国传媒大学出版社,2009.

[4] 土人工作室.我为歌狂:电脑翻唱快速入门[M].济南:山东电子音像出版社,2005.

[5] 魏永征,李丹林.影视法导论:电影电视节目制作人须知[M].上海:复旦大学出版社,2005.

[6] 杨谷.网络文化建设与管理概论[M].北京:国家行政学院出版社,2008.

[7] 雷跃捷,辛欣.网络新闻传播概论[M].北京:北京广播学院出版社,2000.

[8] 林崇德.发展心理学[M].杭州:浙江教育出版社,2002.

[9] 喻国明,欧亚,等.微博:一种新传播形态的考察[M].北京:人民日报出版社,2011.

[10] 秋沛笙,等.媒介素养教育论集[M].成都:四川大学出版社,2005.

[11] 金吾伦.塑造未来——信息高速公路通向新社会[M].武汉:武汉出版社,1998.

[12] 恽如伟.数字游戏概论[M].北京:高等教育出版社,2012.

[13] 孙建江.二十世纪中国儿童文学导论[M].南京:江苏少年儿童出版社,1995.

[14] 舒伟.走进童话奇境:中西童话文学新论[M].北京:外语教学与研究出版社,2010.

[15] 萧袤.植物大战僵尸谍战版长篇小说:我们是兄弟[M].北京:中国少年儿童出版社,2013.

[16] 刘辉.后现代主义小说中的戏仿[M].北京:北京语言大学出版社,2013.

[17] 米金升,陈娟.游戏东西:电脑游戏的文化意义研究[M].桂林:广西师范大学出版社,2006.

[18] 西门孟.游戏产业概论[M].上海:学林出版社,2008.

[19] 钱雨.基于学生研究的课程与教学丛书:儿童文化论[M].济南:山东教育出版社,2011.

[20] 刘康.对话的喧声:巴赫金的文化转型理论[M].北京:北京大学出版社,2011.

[21] 雷雳.青少年网络心理解析[M].北京:开明出版社,2012.

[22] 欧阳友权.网络文学论纲[M].北京:人民文学出版社,2003.

[23] 欧阳友权.数字化语境中的文艺学[M].北京:中国社会科学出版社,2005.

[24] 博尔赫斯.博尔赫斯文集·小说卷[M].王永年,陈众议,等,译.海口:海南国际新闻出版中心,1996.

[25] 彭懿.图画书:阅读与经典[M].南昌:二十一世纪出版社,2008.

[26] 朱自强.儿童文学的本质[M].上海:少年儿童出版社,1997.

[27] 某树,宁昼.古剑奇谭:琴心剑魄[M].长沙:湖南文艺出版社,2012.

[28] 戴卫·赫尔曼.新叙事学[M].马海良,译.北京:北京大学出版社,2002.

[29] 埃瑟·戴森.2.0版 数字化时代的生活设计[M].胡泳,范海燕,译.海口:海南出版社,1998.

[30] 约瑟夫·R.多米尼克.大众传播动力学:数字时代的媒介.7版[M].蔡骐,译.北京:中国人民大学出版社,2009.

[31] 唐·泰普斯科特.数字化成长(3.0版)[M].云帆,译.北京:中国人民大学出版社,2009.

[32] 奥尔格斯,等.大众传播学:影响研究范式[M].关世杰,等,译.北京:中国社会科学出版社,2000.

[33] 凯斯·R.桑斯坦.极端的人群——群体行为的心理学[M].尹宏毅,郭彬彬,译.北京:新华出版社,2010.

[34] 戴维·波普诺.社会学[M].刘云德,王戈,译.沈阳:辽宁人民出版社,1988.

[35] Sherry Turkle.虚拟化身[M].谭天,吴佳真,译.台北:远流出版社,1998.

[36] 马克·鲍尔莱恩.最愚蠢的一代[M].杨蕾,译.天津:天津社会科学院出版社,2011.

[37] 马克·柯里.后现代叙事理论[M].宁一中,译.北京:北京大学出版社,2003.

[38] 李特约翰,等.人类传播理论:第九版[M].史安斌,译.北京:清华大学出版社,2009.

[39] 迈克尔·海姆.从界面到网络空间——虚拟实在的形而上学[M].金吾伦,刘钢,译.上海:上海科技教育出版社,2000.

[40] 雅克·埃诺.电子游戏[M].马彦华,译.成都:四川文艺出版社,2005.

[41] 内罗杜.古罗马的儿童[M].张鸿,向征,译.桂林:广西师范大学出版社,2005.

[42] 米克·巴尔.叙述学:叙事理论导论(第二版)[M].谭君强,译.北京:中国社会科学出版社,2003.

[43] 尼葛洛庞帝.数字化生存[M].胡泳,范海燕,译.海口:海南出版社,1997.

[44] 特里·伊格尔顿.后现代主义的幻象[M].华明,译.北京:商务印书馆,2000.

[45] 詹明信.晚期资本主义的文化逻辑[M].陈清侨,等,译.北京:生活·读书·新知三联书

店,1997.

[46] Richard Saul Wurman.信息饥渴——信息选取、表达与透析[M].李银胜,译.北京:电子工业出版社,2001.

[47] 弗·杰姆逊.后现代主义与文化理论——杰姆逊教授讲演录[M].唐小兵,译.西安:陕西师范大学出版社,1986.

[48] 马克·波斯特.信息方式:后结构主义与社会语境[M].范静哗,译.北京:商务印书馆,2000.

[49] 约翰·赫伊津哈.游戏的人:关于文化的游戏成分的研究[M].多人,译.杭州:中国美术学院出版社,1996.

[50] 波德里亚.消费社会[M].刘成富,全志钢,译.南京:南京大学出版社,2000.

[51] 米洛拉德·帕维奇.哈扎尔辞典[M].南山,等,译.上海:上海译文出版社,1998.

[52] Pearce C.Story as Play Space:Narrative in Games[M].London:Lawrence King,2002.

[53] Adams E.Fundamentals of Game Design[M].New Riders,2010.

[54] Murray J H.Hamlet on the Holodeck:The Future of Narrative in Cyberspace [M].The MIT Press,1998.

[55] 中国青少年网络犯罪研究会.中国青少年网络犯罪研究报告[J].青少年犯罪研究,2010(6).

[56] 2006年中国网络视频研究报告[J].声屏世界(广告人),2007(5).

[57] 曹培杰,余胜泉.数字原住民的提出、研究现状及未来发展[J].电化教育研究,2012(4).

[58] 顾小清,林仕丽,汪月.理解与应对:千禧年学习者的数字土著特征及其学习技术吁求[J].现代远程教育研究,2012(1).

[59] 马庆国,戴懿,王小毅.网瘾概念的定义研究[J].管理工程学报,2006(2).

[60] 朱美燕,朱凌云.透视青少年"网络成瘾综合症"[J].中国青年研究,2002(6).

[61] 晋琳.青少年网络成瘾的研究现状[J].中国心理卫生杂志,2008(6).

[62] 陈淑惠,翁俪祯,苏逸人,等.中文网路成瘾量表之编制与心理计量特征研究[J].中华心理学刊,2003(3).

[63] 李小兰,王一梅,马玥.网络音视频发展及影响力[J].中国传媒科技,2008(10).

[64] 王笑楠.对网络恶搞现象的文化分析[J].河南师范大学学报,2010(5).

[65] 陈李鹏.网络恶搞视频对青少年发展的负效应及其对策研究[J].基础教育研究,2011(7).

[66] 罗昱,秦磊.无线音乐"现金牛"的坚守与困惑:中国移动数字音乐版权保护机制透析[J].中国新通信,2011(13).

[67] 高广生.为未成年人构建绿色网络环境[J].教育研究,2005(9).

[68] 刘清龙.北京市未成年人网吧犯罪的情况调查及对策[J].犯罪与改造研究,2004(8).

[69] 杨琪.中国网络视频分级研究[J].软件导刊,2011(12).

[70] 刘畅.网人合一·类像世界·体验经济——从Web1.0到Web3.0的启示[J].云南社会科学,2008(2).

[71] 胡凛.BBS带给我们的思索[J].思想·理论·教育,2001(8).

[72] 钟瑛,刘海贵.论网络BBS的议题特征及议题建构[J].新闻与传播研究,2004(4).

[73] 风笑天,孙龙.虚拟社会化与青年的角色认同危机[J].青年研究,1999(12).

[74] 徐珊璞.SNS是工具,我们是奴隶[J].南都周刊,2008(243).

[75] 郑宇钧,林琳.当校园SNS照进现实:校内网的人际传播模式探讨[J].广东技术师范学院学报,2008(3).

[76] 谭楚子.医治网络语境下"信息焦虑综合症"的一剂良药[J].图书馆,2008(5).

[77] 周诗妮.微博辟谣:公共突发事件中网络谣言治理的新模式[J].东南传播,2011(4).

[78] 喻国明.微博影响力发生的技术关键与社会机理[J].新闻与写作,2011(10).

[79] 张航.大学生高频率转发微博的行为分析与思考[J].经济研究导刊,2012(12).

[80] 李林容,黎薇.微博的文化特性及传播价值[J].当代传播,2011(1).

[81] 胡莹,项国雄.传者素养:媒介素养教育的根本[J].传媒观察,2005(8).

[82] 张国建.微博——中学语文学习的新平台[J].语文教学通讯,2011(10).

[83] 林志清,任杰.浅析微博在小学信息技术课程中的应用[J].中国教育信息化·基础教育,2012(3).

[84] 穆弓."后PC时代"探析[J].青年记者,2011(6).

[85] 周伶.非群体化传播时代的青少年媒介素养教育[J].长春理工大学学报,2012(4).

[86] 杨孙超.电子阅读器——引领图书馆未来阅读新方式[J].图书馆建设,2010(7).

[87] 陈清.网络时代青少年阅读心理浅析[J].中共福建省委党校学报,2009(11).

[88] 梁涛.青少年网络阅读的负效应及对策[J].中国青年研究,2007(6).

[89] 调查显示我国网络阅读率 6 年增加了 6.5 倍[J].印刷世界,2006(10).

[90] 张军军.大学生网络娱乐生活的现状调查与分析[J].新教育,2011(10).

[91] 申晓燕,陈世联.儿童游戏·游戏文化·儿童文化——基于文化学的探讨[J].重庆师范大学学报(哲学社会科学版),2008(3).

[92] 叶慧娟.网络游戏分级制度比较研究[J].华东理工大学学报(社会科学版),2011(2).

[93] 恽如伟,李艺.面向实用的电子教育游戏界定及特征研究[J].远程教育杂志,2008(5).

[94] 黄鸣奋.21 世纪初西方数码游戏本体研究概览[J].吉首大学学报(社会科学版),2011(1).

[95] 王金禾.论儿童游戏与儿童文学的游戏精神[J].钦州师范高等专科学校学报,2001(2).

[96] 吴玲玲.从文学理论到游戏学、艺术哲学——欧美国家电子游戏审美研究历程综述[J].贵州社会科学,2007(8).

[97] 陈定家."超文本"的兴起与网络时代的文学[J].中国社会科学,2007(3).

[98] 程锡麟.互文性理论概述[J].外国文学,1996(1).

[99] 张贺军,刘胜枝.从人物角色看网络游戏对小说文学性的消解——以小说《诛仙》及其同名网络游戏为例[J].北京邮电大学学报(社会科学版),2012,14(1).

[100] 洪帆.故事还是程式?探索电子游戏中的叙事性与交互性冲突[J].北京电影学院学报,2007(5).

[101] Cornwell B, Lundgren D(2001).Love on the Internet: Involvement and Misrepresentation in Romantic Relationships in Cyberspace vs. Realspace[J].Computers in Human Behavior,2017(2).

[102] 向楠.84.7%的 80 后 90 后受访网友开通了微博[N].中国青年报,2011-12-15(07).

[103] 幼儿使用 iPad 阅读仍需谨慎[N].中国青年报,2012-05-17(03).

[104] 政策快报.《互联网出版管理暂行规定》8 月 1 日起实施 [N]. 国际金融报,2002-07-11(02).

[105] 王彦峰.游戏出版物须登载健康忠告[N].长沙晚报,2003-09-24(A12).

[106] 邓兴军.青少年网络协会推出《绿色游戏推荐标准》[N].北京青年报,2004-11-09.

[107] 杨鹏.儿童文学 vs.网络游戏[N].文艺报,2005-04-16(001).

[108] 吴越.《格林童话》如何"被色情"?剽窃版权行销 10 年[N].文汇报,2010-12-20(38).

[109] 崔昕平.网游文学:儿童文学新景象[N].文艺报,2012-05-14(009).

[110] 王泉根.他们正在用儿童文学改变网游[N].文艺报,2012-03-21(003).

[111] 杨鹏.儿童文学的突围策略[N].文艺报,2004-11-30(003).

[112] 朱光.儿童被烧伤"喜羊羊"该负责吗?[N].新民晚报,2013-12-19(A20).

[113] 黄祖祥.狂砸700多个骨灰盒只为偷硬币上网[N].泉州晚报,2012-12-13(08).

[114] 夏帆,黄琪奥.开卷2013年度大众畅销书榜单出炉:柴静的《看见》领跑,少儿类群体上榜[N].重庆日报,2014-02-21(16).

[115] 中国互联网络信息中心(CNNIC).中国互联网发展报告(2007)[R].2007.

[116] 大度咨询.中国网吧行业影视版权状况调查报告(2009)暨中国城市数字影视版权状况调查报告[R].2009.

[117] 中国青少年网络协会,中国传媒大学调查统计研究所.中国青少年网瘾调查报告(2009)[R].2010.

[118] 中国互联网络信息中心(CNNIC).第30次中国互联网络发展状况统计报告[R].2012.

[119] 中国互联网络信息中心(CNNIC).2010年中国青少年上网行为调查报告[R].2011.

[120] 中国互联网络信息中心(CNNIC).2011年中国青少年上网行为调查报告[R].2012.

[121] 中国少先队事业发展中心.2011中国未成年人互联网及社交网络运用状况调查报告[R].2012.

[122] 中华医学会行为医学分会.中华医学会首届国际行为医学学术大会暨第九次全国行为医学学术会议论文汇编[C].2007.

[123] 王劲松.网络空间不良信息防范探讨[D].上海:华东师范大学,2004.

[124] 赵鑫.青少年网络成瘾的标准设定及网络成瘾对青少年社会性发展的影响[D].上海:华东师范大学,2004.

[125] 胡珊珊.大学生网络成瘾问卷修编及其特点研究[D].重庆:西南大学,2009.

[126] 黄李娜.中国大陆网络音乐的现状分析[D].武汉:华中师范大学,2007.

[127] 曹婷.新视听时代网络电视传播的建构——以中国网络电视台(CNTV)为例[D].合肥:安徽大学,2010.

[128] 钟倩.网络视频用户心理行为研究[D].长沙:湖南大学,2010.

[129] 杨学丽.我国大学生意见领袖的网络素养研究[D].武汉:华中科技大学,2010.

[130] 文德义.校园BBS对大学生思想政治教育的影响及策略研究[D].重庆:重庆工商大学,2011.

[131] 范丁嫒.石家庄地区大学生论坛行为与态度调查研究[D].保定:河北大学,2011.

[132] 杨乐.网络论坛议题演变分析[D].西安:西北大学,2008.

[133] 余兰.大学生BBS交往中的网络角色研究[D].重庆:西南大学,2007.

[134] 金璐.我国SNS网站的发展现状、问题及完善策略研究[D].郑州:郑州大学,2011.

[135] 王晓夏.校园SNS对大学生的人际传播效果研究[D].上海:上海外国语大学,2010.

[136] 郝若琦.美国大学生社交网站使用动机研究[D].西安:西北大学,2010.

[137] 慈兆泓.从人人网看校园SNS中人际传播的特征[D].长春:东北师范大学,2010.

[138] 张丽璇.当代大学生在社交网站中的行为研究及思想政治教育对策[D].北京:北京化工大学,2011.

[139] 吴景.SNS(社会网络服务)的发展现状及前景研究[D].长沙:湖南大学,2010.

[140] 周曦.SNS网站对于大学生同学间人际关系的影响——以"校内网"为例[D].厦门:厦门大学,2009.

[141] 任卓.SNS社交网站传播策略研究[D].长春:吉林大学,2011.

[142] 王萩.SNS用户信息披露及影响因素研究[D].成都:电子科技大学,2011.

[143] 李克.SNS网站对青少年人际交往影响的研究[D].上海:复旦大学,2010.

[144] 徐文静.影响SNS用户持续使用动机的因素分析[D].长春:东北师范大学,2011.

[145] 黄琪.中国微博客的发展困境和策略研究[D].武汉:华中科技大学,2011.

[146] 陈亮."泛娱乐化"对校园BBS的影响及对策研究[D].上海:上海交通大学,2008.

[147] 金涛.网络环境下青少年社会化偏离问题研究[D].南京:南京师范大学,2007.

[148] 乔丽华.论新媒体环境下青少年亚文化及其价值意义[D].新乡:河南师范大学,2010.

[149] 关萍萍.互动媒介论:电子游戏多重互动与叙事模式[D].杭州:浙江大学,2010.

[150] 张晶.论网络文学创作的自由性[D].济南:山东大学,2007.

[151] 曾晓东.电子游戏的美学思考[D].长沙:湖南师范大学,2004.

[152] 李智辉.论电影与电子游戏的文本转换[D].福州:福建师范大学,2009.

[153] 王秀红.儿童虚拟社区及其互动设计研究[D].曲阜:曲阜师范大学,2011.

余论：
青少年文化产品与青少年文化创意产业

青少年文化创意产业是青少年文化产品的综合、整合与产学研"深加工"。进入21世纪，随着数字出版与文化创意产业这一全球性大潮的到来，如何将青少年文化产品及时有效地融入数字出版与文化创意产业中，求新求变求进步，这已成为21世纪的战略性课题。

文化创意产业是指依靠创意人的智慧、技能和天赋，借助高科技对文化资源进行整合和提升，通过知识产权的开发和运用，产出高附加值产品，打造具有创造财富和就业潜力的产业。联合国教科文组织认为，文化创意产业包含文化产品、文化服务与智能产权三项内容。文化创意产业属于知识密集型新兴产业，主要有三方面的特征：

首先，文化创意产业具有高知识性特征。文化创意产业一般是以文化、创意理念为核心，是人的知识、智慧和灵感在特定行业的物化表现。文化创意产业与信息技术、传播技术和自动化技术等的广泛应用密切相关，呈现出高知识性、智能化的特征。

其次，文化创意产业具有高附加值特征。文化创意产业处于技术创新和研发等产业价值链的高端环节，是一种高附加值的产业。在文化创意产品价值中，科技和文化的附加值比例明显高于普通的产品和服务。

最后，文化创意产业具有强融合性特征。文化创意产业作为一种新兴产业，它是经济、文化、技术等相互融合的产物，具有高度的融合性、较强的渗透性和辐射力，为发展新兴产业及其关联产业提供了良好条件。文化创意产业在带动相关产业的发展、推动区域经济发展的同时，还可以辐射到社会的各个方面，全面提升人民群众的文化素质。

青少年文化创意产业，是指以青少年为服务对象、消费群体，为青少年量身打造的文化创意产业。青少年蓬勃向上的生命力与强烈的好奇心、趋新性、求知欲，决定了青少年文化创意产业必然具有时尚性、前卫性、探索性的特征。少年智则中国智，少年强则中国强。一代代青少年不断成长、发展、变化，决定了青少年文化产业必然在整个文化产业中占有很大比重，属于文化产业中的核心产业。中国16岁以下的少年儿童有3亿多人，因而中国理应拥有全球最大的少儿文化创意产业。据统计，现在城市儿童消费在家庭总支出中的比例已超过33%。中国6岁以下儿童的消费市场将达到5000亿元的规模，甚至在高端市场占到90%以上的份额。为抢占中国儿童市场的先机，儿童行业正酝酿着行业变革和融合。中国目前正处于第四波婴儿潮，家长在孩子身上的投入不断加大，未来的消费市场将非常巨大。调查显示，这一波婴儿潮将带动国内消费进入加速期。中国传统家庭结构已经发生重大变化，对于儿童，或许有6个人围着1个"小太阳"转。光是中国国内城镇居民对童装的消费需求量，每年就高达8亿件。中国青少年文化创意产业无疑市场巨大、前景广阔，将是永远的朝阳产业。

青少年文化创意产业可以分为以下四大类：

一是核心产业，即围绕"作品"打造的主产业。包括图书出版、影视、动漫、戏剧、游戏等。从传统平面阅读的纸质图书，到视、听结合的游戏、影视，形成立体阅读产品，有人称其为"三维阅读"。如围绕"哈利·波特"这一"作品"打造的少儿文化创意核心产品就有哈图书、哈电影、哈DVD、哈录像带、哈电视片、哈唱片等。

二是衍生产业，即由核心产品（作品）延伸开发出来的亚产品。如电子书、点读笔、手机阅读等。

三是附加产业，即以核心产品（作品）的艺术形象、品牌以及作家名字为象征性符号与号召力的产品。如以哈利·波特为形象制作的少儿生活、学习必需品，包括玩具、书包、服装、文具、儿童食品、饮料等。短短十年，"哈利·波特"的文化创意核心产品与附加产品已超过60亿美元，形成了一条巨大的产业链。

四是综合产业，即以著名文学形象、品牌打造的跨行业、跨艺术的综合性产品。如儿童主题公园、主题旅游、儿童培训机构、学校等。最成功的无疑是迪斯尼乐园。想当年华特·迪斯尼只是一个穷困潦倒的卡通画家，一只在墙角乱窜的小老鼠触发了他的创作灵感，并成就了他的第一部配音卡通片，继而风靡全球。米老鼠、唐老鸭这两个卡通形象，成就了全球第一个集娱乐、影视、儿童产品、零售、主题乐园于一体的青少年文化创意产业与跨国集团，仅靠收取艺术形象与品牌的版权费就已财源滚滚。

就我国当代青少年文学的著名艺术形象与品牌而言，已有一些作品正在被开发成青少年文化创意产业。但总体上看，我国的青少年文化创意产业还刚刚起步，还在围绕图书的核心产品领域摸索,尚少衍生产品、附加产品,更缺综合产品。从整体上看,青少年文化创意产业还是一块处女地,因而发展空间广阔,机会良多。

我们认为,当前我国的青少年文化创意产业需要从以下三方面加以努力:

第一,必须认清青少年文化创意产业的关键是品牌与艺术形象。而品牌与艺术形象主要来自青少年文学,尤其是幻想文学。因为幻想文学最能出故事、出形象,也最易激发青少年好奇、好动、好玩、好探索的那根敏感神经。

第二,花大力气打造属于我们民族自己的幻想文学品牌与艺术形象资源。这是青少年文化创意产业的重中之重、难中之难、关键中的关键。文化创意产业的核心是"内容",关键是"艺术形象"。国际上一切成功的文化创意产业,无不在品牌与形象上下足功夫,花大力气塑造一流的品牌、形象。迪斯尼如此,"哈利·波特"也如此。没有真正被青少年记得住、叫得响、传得开、留得下的艺术形象,就没有青少年文化创意产业的一切。在这方面,我们还存在着三方面的误区。

一是本末倒置,急功近利,盲目开发。在手上还没有一流艺术形象或形象还不成熟的情况下,误以为只要借助高科技、高投入,只要靠广告、炒作,就能获得成功。当然这样做或许也能赢得一时的市场效益与媒体吆喝,创意产业在初创阶段可能会出现"形式大于内容"乃至"形式打败内容"甚至劣币驱逐良币的现象。但可以预见,过不了多久这类产品就必然从畅销榜单上败下阵来。回顾近些年那些跟风热播影视片而制作的动漫以及动漫书、快餐书,短期抢占市场后很快赔本走人,这样的例子还少见吗?

二是"外来的和尚好念经",瞧不起我们自己的本土艺术形象,反倒是老外"慧眼识珠",把我国的花木兰、功夫熊猫等打造成了大片与创意产品。

三是技术至上,认为只要掌握了数字化技术、信息技术、传播技术就有了一切。而实际上,技术永远只是工具、手段,文化创意产业永远是创意第一、内容为王、品牌至上。举例来说,据统计,我国现有大大小小1000多所高校设有动漫专业,动漫制作人才层出不穷,但为什么我国的动漫产业还是很难搞上去呢?之所以其中多数只能做外来产品的代工业务,根本原因就是缺乏优质的动漫内容,缺乏创意,缺乏青少年真正喜欢的记得住、传得开的艺术形象。这就难免出现我们的不少动漫专业人才只能老是给国外动漫公司的老板打工,而自己做不了老板的情况。因而青少年文化创意产业的成功之道永远是优质的内容、形象、品牌以及上乘的技术。

第三,抓紧培养复合型出版专业人才。这里的复合型人才是指既熟悉青少年文学、儿童文学、幻想文学,又掌握数字出版技术、计算机技术、网络技术,懂得创意设计、产业开发的人才。加强复合型出版人才的培养,已成为文化创意产业的当务之急,也是发展的瓶颈。数字出版的兴起,意味着青少年文化创意产业的开发必须需要IT行业人员的参与。他们对网络技术的掌握、对经营风险的认识、对财力的运用,都是传统出版专业人员无法相比的。但同时,由于隔行如隔山,他们对青少年文学、儿童文学、幻想文学、少儿出版、少儿阅读接受心理的专业知识可能知之甚少,这就必然会影响对艺术形象与作品的认知价值、审美价值、人文价值的理解和开掘。因而,理想的青少年文化创意产业人才,应当是这两个行业人才的复合体。青少年文化创意产业对于人才的要求更高、更全面、更专业。可以预见,在未来的文化创意产业中,谁拥有这类复合型人才越多、越强,谁就越能把握主动,赢得更多的发展机遇。

青少年是民族的未来,青少年文化产品与青少年文化创意产业也是为了未来的事业。为青少年就是为明天、为民族、为未来。为未来的事业永远是朝阳产业。让我们打开思路,放开手脚,张开双臂,迎接21世纪中国青少年文化产品与青少年文化创意产业新浪潮的到来,为实现中华民族伟大复兴的中国梦而努力!

后记

《青少年文化产品研究》是一项充满学术原创的研究成果。记得2011年春,当我提出这一设想并组织攻关团队时,国内学术界还没有这方面的现成东西可以借鉴,甚至连"青少年文化产品"这一概念也难以觅见,因而我们完全是"赤手空拳""筚路蓝缕"艰难起步。

经过反复思考,我提出了青少年文化产品的内涵与研究对象应当是:最受青少年欢迎同时也是对青少年身心影响最大的青少年文学、影视、动漫、数字化产品等四大门类。本书正是本着此理念组建攻关团队的。显而易见,本书的研究内容具有明显的前沿性、学理性、现实性与应用性。团队组建以后,我们曾在北京、太原等地召开过数次研讨会,要求在整个研究过程中努力做到视角创新、方法创新,一切从中国社会文化生态、中国青少年成长的现实出发,一切为了促进中国文化产业与青少年文化产品的发展繁荣,并为构建具有中国特色、问题意识、创新精神、学术规范的"青少年文化"理论做出我们实质性的努力。

由于青少年文化产品既涉及青少年问题,又涉及文化问题与文化产品问题,因而本书属于跨学科性质的交叉研究,既有理论观念,也有具体实证与实践问题。从当时国内外研究现状考察,专门研究"青少年文化产品"的研究成果尚是一个薄弱环节,更遑论对我国青少年文化产品的现状分析与引导策略研究,因而本书自然具有直面现实问题的"补白"性质,这一"补白"性质无疑也成为本书必须攻克的难点。

难点之一:相关参考文献与科学数据的缺乏,须通过广泛、深入的调研,从而获取客观数据与第一手资料。难点之二:研究对象具有跨学科、交叉性的特点,涉及教育学、艺术学、传播学、社会学、语言文学等学科,同时又涉及网络、电影、动漫、出版、青少年管理等诸多行业和部门。这就要求我们必须充分了解、把握与运用这些学科所涉及的与本书研究内容有关的新观念、新思维、新现象,以及对青少年主体生命的实质性影响;同时又必须充分协调和利用相关学科与部门的学术资源和力量。

经过数年努力,本书终于收官,最终定稿分为4编23章61节,电子版文字58万余字。

第一编,青少年文学与传播研究,分为6章,涉及青少年文学(青春文学、成长小说)、幻想文学、图画书(绘本)与青少年图书出版传播。第二编,青少年影视研究,分为4章,包括主流电影、商业大片、儿童故事片、儿童电视剧和电视娱乐节目。第三编,青少年动漫研究,分为7章,重在探讨动漫产品(动画片、漫画书、动漫衍生产品)与动漫产业。第四编为青少年数字化产品研究,分为6章,涉及网络音视频、网络社交(E-mail、BBS、Blog、IM、SNS社交网站)、网络游戏等。

需要说明的是,本书的前期成果曾在《华南师范大学学报》《长江文艺评论》《南方文坛》《现代出版》《文艺报》《文学报》等报刊上发表,产生过一定影响。

毋庸赘言,本书是对一种正在变化运动着的文化产品与文化现象的全方位关注与研究,更何况是对发展变化最快的包括网络、影视、动漫在内的文化产品的研究,而变化着的事物一时是很难看清楚的,更是不易说清楚的。正因如此,本书就具有了双重属性:既具有开拓性,同时也具有挑战性,特别是青少年文化产品中的数字化产品之发展变化,可谓日新月异。因而如果我们持续加以追踪跟进,此书将永远无法完成,显然这是不切实际的,根本做不到的。为此,本书在各编主体内容完成后,由我收盘统稿,在统稿过程中,又不断补充最新资料,直至定稿。本书的研究对象已在绪论开篇加以说明:"本书的研究对象是21世纪以来的青少年文化产品。因本书定稿与调研的时间关系,本书研究对象的取样时间主要为21世纪以来的十余年,即2000年至2013年。"对2013年以后的青少年文化产品发展变化的研究,自然需要用另一本书来完成,借用鲁迅先生的一句话"而望垦辟于健者也"。

深深感谢本书团队的所有学者,特别感谢:北京师范大学文学院张国龙教授、天津理工大学舒伟教授,他们参与本书第一编的撰写;文化部中国电影艺术研究中心郑欢欢副研究员,参与本书第二编的撰写;中国社会科学院文学研究所杨鹏副研究员,参与本书第三编的撰写;南方科技大学吴岩教授,参与本书第四编的撰写。感谢天津出版传媒集团新蕾出版社的支持与高品质的出版举措,感谢焦娅楠、潘晶雪女士的辛勤工作与精心编制。由于本书是一项跨专业、跨领域的交叉学科研究,所涉及的范围实在太多,我们自知存有不足之处,诚望学术界与广大读者批评指正。

王泉根

己亥年中秋于北京海淀